대중서사장르연구회

박유희, 정환국, 엄기영, 이 [illegible] 이주영, 이주라, 문선영,
이현경, 고장원, 박상준, 조 [illegible] 노현, 백지은, 최승연

박유희 | 고려대학교 미디어 [illegible]

정환국 | 동국대학교 국어국문문예창작학부 교수.

엄기영 | 대구대학교 국어국문학과 교수.

이종필 | 대구대학교 국어교육과 교수.

엄태웅 | 강원대학교 인문대학 국어국문학과 교수.

이정안 | 고려대학교 민족문화연구원 HK연구원.

정종화 | 한국영상자료원 선임연구원.

조은숙 | 춘천교육대학교 국어교육과 교수.

고영란 | 고려대학교 민족문화연구원 HK연구교수.

이주영 | 가산불교문화연구원 상임연구원.

이주라 | 한림대학교 한림과학원 HK연구교수.

문선영 | 상명대학교 강사.

이현경 | 영화평론가.

고장원 | SF작가이자 평론가.

박상준 | 서울SF아카이브 대표.

조계숙 | 대진대학교 한국어문학부 초빙교수.

송효정 | 대구대학교 기초교육대학 교수, 영화평론가.

박인하 | 청강문화산업대학교 만화콘텐츠스쿨 교수.

박숙자 | 경기대학교 융합교양대학 교수.

김유미 | 단국대학교 교양교육대학 교수.

이영미 | 성공회대학교 문화대학원 초빙교수.

박노현 | 동국대학교 경주캠퍼스 국어국문학과 교수.

백지은 | 문학평론가.

최승연 | 뮤지컬평론가.

대중서사장르의 모든 것 : 5. 환상물

대중서사장르연구회(원고 수록순)
박유희, 정환국, 엄기영, 이종필, 엄태웅, 이정안, 정종화, 조은숙, 고영란, 이주영, 이주라, 문선영,
이현경, 고장원, 박상준, 조계숙, 송효정, 박인하, 박숙자, 김유미, 이영미, 박노현, 백지은, 최승연

대중서사장르의 모든 것 : 5. 환상물

글 대중서사장르연구회(박유희 외) | **처음 찍은날** 2016년 2월 25일 | **처음 펴낸날** 2016년 3월 10일 |
펴낸곳 이론과실천 | **펴낸이** 최금옥 | **등록** 제10-1291호 | **주소** (121-822) 서울시 마포구 포은로8길
32 (망원동, 국일빌딩) 201호 | **전화** 02-714-9800 | **팩스** 02-702-6655

ISBN 978-89-313-6015-8 94680
978-89-313-6010-3 (세트)

값 35,000원
*잘못된 책은 바꾸어 드립니다.

대중서사장르의 모든 것

5_환상물

박유희 기획 | 대중서사장르연구회 지음

이론과실천

제4부
징후로서의 환상 537

이 책을 내면서

대중서사장르 연구의 다섯 번째 결과물인 '환상물'을 내놓는다. 지금까지 네 개 장르에 걸친 대중서사장르 시리즈를 내놓으며 그랬던 것처럼, 이번에 환상 장르 연구를 일단락지은 소회도 이렇게 시작하지 않을 수 없다. "동서양을 막론하고 문학에서 '환상'이라고 하는 것은 진지한 논의의 대상이 되지 못했습니다."라고….

'환상(幻想)'은 일반적으로 현실적인 기초나 가능성이 없는 헛된 생각이나 공상을 가리키거나, 사상이나 감각의 착오로 말미암아 사실이 아닌 것을 사실로 인정하는 심리적 현상을 일컫는다. 그러다 보니 이미 환상과 관련된다는 것은 헛된 것, 부질없는 것, 현실에 소용되지 않는 것임을 함의할 수밖에 없었고, 주변이나 잉여, 혹은 이단으로 간주되었다. 그래도 서구에서는 18~19세기에 근대 합리주의에 대한 문제의식이 일어나면서 환상이 대두한다. 가장 먼저 산업화된 영국을 중심으로 고딕소설이 성행하면서 인간의 이성과 과학에의 믿음에 의해 억압된 불합리한 내면과 불가해한 세계가 귀환하는데, 그것이 근대 환상문학의 전통을 형성하게 되는 것이다.

그런데 우리의 경우에는 한자문화권 안에서 중국과 같이 유불선의 영향을 받았음에도 불구하고, 현실적 불교와 이념적 유교가 발달한 데 비해 상대적으로 도교적 상상력이 발화하지 않았다. 그리고 식민지화와 함께 근대를 맞이하여 '있는 그대로의 현실을 목도하고 드러내는 것'이 문필에 있어서 최상의 테제가 되며 환상이 발 디딜 여지는 없었다. 이후 전쟁과 분단을 겪으며 벗어날 수 없는 이분법 구도 안에서 그러한 경향은 한층 강화되어 1990년대에 이르렀고, 우리나라에서 환상서사가 대두하기 시작한 것은 탈냉전과 디지털 정보화가 본격화되는 1990년대 중반부터였다.

그러다 보니 전근대로부터 근대와 현대에 이르는 우리 환상서사의 계보와 맥락을 정리하는 것은 불가능한 일이었고, 고전설화로부터 소설, 영화, 드라마, 만화 등에서 나타나는 환상서사를 갈래짓는 것조차 지난한 일이었다. 일찍이 근대 환상서사가 발달한 유럽의 경우에도 19세기 환상문학에 대한 체계적인 논의가 20세기 후반에야 가능했으니, 21세기에 이르러 비로소 환상물 장르의 개화가 이루어졌다고 할 수 있는 우리의 경우에 보다 체계적인 이론을 정립하기 위해서는 당연히 좀 더 기다려야 할 일일 것이다. 어쩌면 애초에 환상서사 장르라는 이름 아래 하위 장르와 매체를 포괄하겠다고 나선 것 자체가 무모한 일일 수도 있겠다.

따라서 현재의 문화상황에서 개념을 정리하고 시작하는 것이 최선이었다. 우선 '환상서사'는 우리에게 익숙한 세계의 법칙으로는 설명할 수 없는 비현실적인 사건이 발생하고 그 비현실성이나 불가해함이 텍스트의 끝까지 이어지는 이야기를 통칭한다고 하고, 그러한 이야기를 내재한 문화 산물을 '환상물', 환상물의 집합을 '환상(서사) 장르'라 부르기로 했다. 여기에는 SF, 공포물, 판타지, 대체역사물과 같은 하위 장르가 포함되고, 그 범위는 출판된 소설이나 만화와 같은 활자매체로 된 텍스트를 비롯해 영화, 방송드라마, 애니메이션 등의 영상매체, 그리고 1990년대 중반 이후 인터넷을 통해 활성화된 웹소설, 웹툰 등에 이른다.

이와 같이 광범위한 장르를 한 권의 책에서 정리하기 위해서는 통시적으로 각론을 배치하는 가운데 시대에 따라서는 하위분류를 병행할 수밖에 없었다. 그 결과 이 책은 총론을 포함하여 4부로 구성되고 각 부는 통시적 맥락과 공시적 갈래를 고려하여 두 부분으로 나뉘게 되었다.

'제1부 총론' Ⅰ에서는 환상 장르 논의를 위한 서설로서 환상서사의 개념과 범주, 그리고 유형을 정리하고, Ⅱ에서는 각론에 근거하여 우리 환상서사의 전개과정을 개략적으로 훑어보았다. 이는 750페이지가 넘는 이 책을 독자가 읽는 데 조금이나마 도움을 주기 위한 가이드에 해당한다.

'제2부 환상의 지표와 지형'에서는 동아시아 초기 서사에서 '환상적인 것'으로 논의할 수 있는 유형부터 근대 서사물까지 살펴보았다. Ⅰ에서는 전근대 서사를 다루었는데, 워낙 시대구분의 구간이 넓다 보니 큰 고민 없이 시대 순으로 배열할 수 있었다. Ⅱ에서는 번안소설, 영화, 동화, 연극 별로 근대 서사물에 나타난 '환상적인 것'의 양상을 보여주고자 했다. 우선 '천일야화'를 통해 번안의 형태로 유입되고 전유된 '환상적인 것'을, 〈아리랑〉을 통해서는 한국영화사에서 리얼리즘을 추구하는 가운데 '환상적인 것'이 차지했던 자리를 살펴보았다. 그리고 식민지시기에서 1960년대에 이르는 아동 판타지의 전개과정을 통시적으로 고찰하였다. 아울러 우리의 현대 공포물에까지 영향을 미치고 있는 일본의 서사물을 참조한다는 관점에서 에도시대 일본 괴담을 살펴보는 절을 마련하였다.

'제3부 환상서사의 갈래'에서는 현대 환상서사의 대표적 하위 장르인 공포물, 그리고 SF와 판타지의 전개과정을 고찰하였다. Ⅰ에서는 조선 중·후기 필기·야담에 나타난 귀신담부터 식민지시기 여귀 괴담과 한국전쟁 이후 방송 드라마를 거쳐 2000년 이후 한국 공포영화에 이르기까지의 과정을 추적함으로써 한국 공포물 장르의 특성을 역사적 맥락에서 조망할 수 있도록 하였다. 그리고 Ⅱ에서는 SF와 판타지가 미분화된 채 유입되고 장르로 형성되는 과정부터 해방 이후 한국 과학소설의 형성과 발전, 그리고 SF영화의 특성과 SF만화의 역사를 살펴보았다.

'제4부 징후로서의 환상'에서는 한국 환상서사의 독특한 영역 중 하나인 무속의 문제와 1990년대 이후 현재에 이르는 환상서사의 전개과정을 고찰하였다. 전근대 서사에서 드러나는 실재와 환상의 미분화 내지 봉합의 경향과 태도는 현대 우리의 문화에도 저류하고 있는데, 그것을 잘 보여주는 것이 '굿'이다.

Ⅰ에서는 한국전쟁과 분단, 그리고 민주화의 실패 속에서 '괴물과 같은 남성 인물'이 태어나는 과정부터 전근대적이고 비과학적인 '굿'이 1970~1980년대에 민주주의 운동과 결합하는 기현상의 현장을 추적해보았다. 그리고 Ⅱ에서는 디지털시대를 맞이하여 인터넷 소설, 게임, 웹툰 등 컴퓨터 웹을 통해 새로운 서사물이 생성되고 확산되는 양상을 살펴보았다. 현재는 기존의 재현 개념이 무너지며 환상적인 것의 약진이 두드러지는 상황이다. 이는 비단 새로운 매체에만 국한되지 않고, 소설, 영화, 방송 등 기존의 서사매체에서도 두루 나타나는 현상이기에 매우 징후적인 것이라 보았다.

지난 3년 동안 환상물 공동연구를 진행하며 우리는 '왜 우리의 역사에서는 환상서사가 발달하지 못했는지?', '왜 우리의 공포물은 그다지 무섭지 않은 것인지?', '왜 우리의 SF는 민족주의로 수렴될 수밖에 없었는지?'와 같은 의문에 대해 어렴풋이나마 해답을 구할 수 있었다. 그리고 그것은 전근대 문화 전통 속에서 식민지 경험, 전쟁, 분단, 개발독재를 겪는 동안 우리를 옭매어온 이분법과 긴밀하게 연관되어 있다는 것을 알게 되었다. 이분법 때문에 합리적 추리가 발달하지 못했던 것처럼 이분법은 환상의 날개를 묶는 굴레일 수밖에 없었던 것이다. 이를 통해 이번에도 텍스트와 장르에서 시작된 우리의 연구는 역사와 정치의 국면과 마주치지 않을 수 없었다. 대중서사장르를 연구해온 지난 11년 동안 우리가 거듭 깨달은 것이 있다면 사회과학적 지식을 통해 텍스트를 재단하는 것이 아니라, 텍스트에 대한 고민을 통해 역사와 정치를 만날 때 문화연구자만의 민주적인 목소리를 낼 수 있다는 것이었다.

이제 이 책을 끝으로 멜로드라마, 역사허구물, 추리물, 코미디, 환상물에 걸친 5개 대중서사장르 시리즈를 일단락짓는다. 2005년에 멜로드라마 연구로 첫 번째 장르 세미나를 연 이후 환상물 연구를 마무리하기까지 만 11년이 걸렸다. 처음부터 11년에 걸쳐 5개 장르를 연구하겠다고 마음먹은 것은 아니었다.

이 시리즈가 세상에 나올 수 있었던 것은 전적으로, 고(故) 김태경 사장님 덕분이었다. 2006년에 12명의 연구자가 쓴 멜로드라마 원고를 가지고 출판사들의 문을 두드렸을 때 아무도 눈여겨보지 않았다. 젊은 연구자들의 공동저서, 게다가 '대중서사장르'라는 낯선 표제까지 달고 있었으니 어쩌면 당연한 일이었다.

출판사를 구하지 못해 막막해하고 있을 때 우리 책의 소문을 들은 김태경 사장님을 지인의 소개로 만나게 되었다. 김태경 사장님을 만나러 가는 날 많이 긴장했던 것 같다. 1980년대에 마르크스의 『자본론』을 출간하여 투옥된 사람이라는 것만으로도 필자를 긴장시키기에 충분했는데, 신문에 실린 사진에서 본, 수염을 기르고 선글라스를 끼고 있는 모습은 필자가 어디에서도 만나본 적이 없는 사람일 것 같았다. 홍대 앞에 있는 이탈리안 레스토랑에서 만났을 때 사장님은 병색이 완연했지만 그 눈빛만은 형형했다. 사장님은 필자가 식탁에 앉자마자 우리의 원고를 미리 훑어봤다며 계약서를 쓰자고 했다. 그러면서 이런 책은 한 권만 나와서는 의미가 없으니 시리즈를 만들어야 할 텐데 기획이 있느냐고 물었다. 필자는 그때 이게 꿈이냐 생시냐 싶었고, 일주일 안에 기획안을 가지고 오겠다고 대답했다. 일주일 뒤에 필자는 5개 장르의 기획안을 가지고 사장님을 만났고, 그날 계약서를 썼다. 그때 사장님은 멜로드라마 표지의 날개에 5개 장르가 출간 예정임을 홍보하겠다며 그것은 독자와의 약속이니 꼭 지켜야 한다고 다짐을 하셨다. 그리고 당시에 이론과실천에서 내고 있던 '모든 것' 시리즈의 맥락에서 '대중서사장르의 모든 것'이라는 시리즈 이름까지 붙여주셨다. 이것이 이후 11년 동안 5개 대중서사장르의 연구와 출판이 이루어지게 된 경위이다.

김태경 사장님은 환상물 연구가 진행 중이던 2014년 4월 17일에 세상을 떠나셨다. 세월호 사고가 난 다음 날 새벽이었기 때문에 뉴스를 보시다가 화가 나서 돌아가신 것은 아닌가 싶기도 했다. 사장님이 떠나신 후 마지막 권의 운명에 대해 걱정도 되었으나, 다행히 이론과실천에 오래 몸담아온 최금옥 대표가 기꺼이 출판을 맡아주셨다. 이렇게 출판이 어려운 시기에 이런 책을 선뜻 출판하겠다고 하는 것은 출판에 대한 소신과 독자에 대한 신의가 없다면 불가능한 일이라고 생각한다. 소신이니 신의니 하는 말이 어디에 있는지도 모르는 난세라 그 고마움은 더욱 크다. 방대한 원고의 편집을 맡아 처음부터 끝까지 애써주신 이론과실천 편집부에도 필자 모두의 고마움을 전한다.

시리즈를 마감하는 마당에서 감사를 드려야 할 분이 너무나 많다. 세어보니 1권부터 5권까지 공동저자로 참여하신 선생님만 마흔 세 분에 이른다. 장르별로 개최했던 심포지엄에 토론자로 도와주셨던 분들, 원고를 쓰지는 않으셨지만 세미나에 참석했던 분들, 그리고 물심양면으로 도와주셨던 분들까지 합하면 육십여 분의 선생님들께서 대중서사장르 시리즈의 주연 또는 조연으로서 참여하신 셈이다. 지면 사정으로 한 분 한 분께 고마움을 표하지는 못하나, 그 분들이 계셔서 긴 도정을 마무리할 수 있었다는 말씀을 드리고 싶다.

5개 장르를 연구하는 동안 우리가 주로 몸담았던 공간은 민족문화연구원이었다. 10년 세월에 강산이 변하듯 민족문화연구원도 많이 변했지만, 우리에게는 동료들과의 연대감을 경험하고 인문학도로서 치열한 문제의식을 견지하며 연구자로서 한층 성장할 수 있었던 공간이었다. 대중서사장르연구회를 대표하여 민족문화연구원에 감사한다.

2016년 2월

박유희

제1부

[총론]
대중서사로서의 환상 장르 논의를 위한 서설

Ⅰ. '환(幻)'과 '상(像/想)'의 문제들

| 제1절 |

한국문화사와 '환상'

환상서사란 무엇인가? 현재의 문화상황에서 개념을 정리하고 시작하자면, '환상서사'는 우리에게 익숙한 세계의 법칙으로는 설명할 수 없는 비현실적인 사건이 발생하고 그 비현실성이나 불가해함이 텍스트의 끝까지 이어지는 이야기를 통칭한다. 그리고 그러한 이야기를 내재한 문화 산물을 '환상물'이라 하고, 환상물의 집합을 '환상(서사) 장르'라 부른다. 여기에는 SF, 공포물, 판타지와 같은 하위 장르가 포함되고, 그 범위는 출판된 소설이나 만화와 같은 활자매체로 된 텍스트를 비롯해 영화, 방송드라마, 애니메이션 등의 영상매체, 그리고 1990년대 중반 이후 인터넷을 통해 활성화된 웹소설, 웹툰 등에 이른다.

주지하다시피 이와 같은 환상서사 장르는 물론이고 '환상문학'조차도 한국의 문화사에서 오랫동안 논의의 대상이 되지 못했다. 그것은 논의할 만한 텍스트가 풍부하지 못한 것에도 이유가 있지만, '환상'이라는 관념 자체의 부재 혹은 부정에서 비롯된 면도 컸다. 전근대에는 "현실성을 존중하는 유교주의의 영향"과 '술이부작(述而不作)'이라는 보수적 학문 태도 아래 허구 자체를 '괴력난신(怪力亂神)'으로 부정하고 경계했기 때문에,[1] 전근대적 질서에서 용인하는 신이(神異)나 영험(靈驗)으로 수렴되지 않는 환상은 발 디딜 틈이 거의 없었다.

근대에 들어서도 환상성이 텍스트 전체를 지배하는 경우는 드물었다. 텍스트에 부분적으로 꿈, 광기, 환영 등의 '환상적 요소'가 들어 있을 뿐이었다. 이에 대해서는 "상상하는 존재라기보다는 이념을 실현하는 존재로 문학인을 간주해온 문사(文士) 전통"에 "식민지라는 민족적 현실이 문학에 부과한 정치적 현실 발견의 요구", 그리고 "외부에서 수입된 서구 근대 리얼리즘의 성숙성에 대한 인식"이 결합하면서 한국 근대문학에서 환상성이 발달하지 못한 것이라는 분석[2]이 설득력을 지닌다.

한국전쟁 이후 감당하기 힘든 경험을 형언하고자 하는 욕망 속에서 장용학, 김성한 등에 의해 관념적 환상이 시도되고, 1960년대에는 최인훈, 이제하, 박상륭, 김승옥 등에 의해 꿈, 샤머니즘, 알레고리적 환상 등을 빌려 개인 내면의 문제를 표현하는 방식이 등장하였다. 이러한 경향은 서구의 환상문학이 보여주는 환상성과는 다르나, '한국적 환상성'을 드러내며 우리의 문학을 풍부하게 하는 데 기여하였다. 그러나 전체 흐름으로 본다면 리얼리즘이 주류를 이루는 가운데 이러한 경향은 특이한 일부에 해당하는 것이었다. 이때 청소년을 대상으로 하는 과학소설이나 야담에서 연원한 공포담이 소개되고 창작되기도 했다. 그러나 그것은 이른바 '본격'이나 '주류'에서 멀리 떨어진 것이었기에 비평의 대상도 되지 못했다. 이러한 환상서사의 전통은 영화나 드라마에도 영향을 미쳐서 1980년대까지 여귀(女鬼)가 나오는 공포물 이외에는 다양한 환상물이 거의 제작되지 못했다.

그런데 최근 한국영화나 드라마에서는 공포나 판타지라고 장르를 표방하지 않더라도 변신, 초능력, 시공간변환 등의 환상적 모티프가 들어 있는 경우를 종종 발견할 수 있다. 예컨대 영화 〈늑대소년〉(조성희, 2012)이나 〈7번방의 선물〉(이환경, 2013)과 같은 경우에는 기조는 멜로드라마이면서 변신이나 불가능한 상황 설정을 통해 현실적 개연성과 환상성이 텍스트에 교직되어 있고, TV 드라마 〈시크릿 가든〉(2010), 〈너의 목소리가 들려〉(2013), 〈별에서 온 그대〉(2014) 등에서도 유체이탈, 초능력, 시간여행 등이 별다른 설명 없이 삽입되어 있다. 그리고 수용자도 현실적 개연성을 벗어나며 장르에 관계없이 틈입하는 이러한 환상적 요소들을 극적 재미로 망설임 없이 받아들이면서 기존의 장르 관습이 바뀌고 있다.

이러한 변화가 일어나기 시작한 것은 1990년대이다. 소설계에서는 1994년부터 PC통신을 통해 연재된 『퇴마록』이 한국 판타지문학 장르의 장을 열었고, TV 드라마에서는 〈M〉(1994)이 그 신호탄이 되었으며, 영화계에서는 〈은행나무 침대〉(1996)에서부터 본격화되었다. 1990년대에 변화가 일어난 것에는 이유가 있다. 우선, 1990년대는 모든 매체를 중성화·표준화하는 디지털 기술이 보편화되며 세계적으로 정보혁명이 일어나고 기존 아날로그적인 경계의 해체가 가속화된 시기였다. 한국에서도 1994년에 인터넷이 상용화되며 디지털 정보화가 본격화되기 시작했다. 바로 이 해에 『퇴마록』이 연재되기 시작하고, 〈M〉이 방영되어 전 국민의 반절이 시청한 것이다. 그러한 변화를 더욱 부추긴 것은 소련의 페레스트로이카, 독일의 통일과 더불어 40여 년 동안 세계를 지배했던 냉전구도가 무너진 것이다. 이러한 세계정세는 냉전으로 인한 분단국가인 한국의 정치경제뿐 아니라 사회문화에도 큰 영향을 미치며 다방면에서 기존의 이분법적 경계가 의심받는 계기가 되었다. 현실과 비현실, 실재와 환영에 대한 질문을 전제로 하는 환상 장르가 이 시기에 뿌리내리기 시작한 것은 그러한 변화 중 하나라고 볼 수 있다.

이후 2000년대에 들어서는 '판타지'라는 이름으로 소설, 영화, 만화, 드라마 등 다양한 매체에서 창작이 이루어져왔다. 그러면서 매체 간 콘텐츠의 교류와 이동도 빈번해지고 있다. 일찍이 『퇴마록』부터 1998년에 영화화되었고, 『전우치』와 같은 고전 전기소설, 하멜른의 「피리 부는 사나이」와 같은 동화가 영화의 원작이 되고 있으며, TV 드라마 〈전설의 고향〉으로 공포물의 고전이 된 '구미호 이야기'가 새롭게 영화나 드라마로 제작되기도 했다. 또한 환상적 요소가 많은 웹툰이 인기를 끌며 영화나 드라마의 원작으로 각광받기 시작하고 있고, 웹소설의 경우에도 환상적 요소가 큰 비중을 차지하고 있다. 장편 장르소설에서도 판타지가 늘어나고 있으며, 판타지 장르는 게임의 상상력을 공유하며 게임의 단계적인 서사 구조와 유비되는 관습을 형성하고 있다.

이와 같이 '환상물'은 복잡한 문화사의 흐름과 맥락 속에서 현재에 이르러 통매체적, 전방위적으로 합종연횡하고 있다. 그러다 보니 SF와 판타지와 같은 장르 명칭을 비롯해 '환상성', '환상적인 것' 등의 개념은 그때그때 따라 저널리즘 관습에 기대어 정의되거나 서구 문학이론을 편의적으로 사용하고 있는 상황이다. 따라서 환상물의 논의를 위해서는 역사적 맥락 속에서 현재의 움직임을 포착하고 해명할 수 있는 틀이 필요하다. 그런데 SF와 판타지를 지칭하는 데서부터 '환상성', '환상적인 것'을 함유하는 모든 텍스트에까지 펼쳐져 있는 '환상물'의 개념을 정의하고, 문자서사와 영상서사를 아우르는 통합적 논의를 위한 이론적 모형을 만드는 것은 불가능하다. 뿐만 아니라 정태적인 개념과 이론으로는 현재의 탄력적이고 역동적인 장르 상황을 설명하기도 어렵다. 이에 환상 개념의 차이와 그 맥락들을 짚어보고 그 안에서 최소한의 공통분모를 추출하는 데에서 기본 좌표를 설정하고 출발할 수밖에 없다.

| 제2절 |

재현적 시각성과 본질적 전도성

'환(幻)'에 '생각할 상(想)'이 합성된 '환상'은 국어사전의 의미로는 "현실적인 기초나 가능성이 없는 헛된 생각이나 공상"(표준국어대사전)을 가리키거나, "사상이나 감각의 착오로 말미암아 사실이 아닌 것을 사실로 인정하는 심리적 현상"(한국어대사전)을 일컬으며, 유의어로는 공상, 몽상, 망상, 환영, 환각 등이 맥락에 따라 두루 쓰인다.

한자 제자(製字)의 기원에 의하면 '幻'은 본래 베를 짤 때 쓰는 북을 의미하는 '予(예)'자를 거꾸로 한 모양을 본뜬 글자라고 한다. 베틀에서 북이 거꾸로 되면 실이 짜이는 방향부터 직조되는 베의 방향까지 모든 것이 바뀔 것이다. 따라서 '幻'에는 뒤집혀 혼란스럽다는 의미가 바탕에 자리하고 있다. 그러다 보니 그 의미의 폭이 넓고 용법도 다양하여, '전도되다'를 비롯해 '변하다, 어지럽히다, 미혹하다, 헛보이다'와 같은 의미의 동사로 사용되고, 때로는 '괴이하다, 신기하다'는 뜻의 형용사나 '요술, 허깨비, 환상'과 같은 명사로도 쓰였다. 여기에 '생각할 想'이 붙은 것은 그 조어에서부터 그러한 기이(奇異)나 괴이(怪異)가 실재에 근거한다기보다는 생각에서 비롯되는 것임을 드러내고 있다고 할 수 있다.

한편 서구에는 '환상'을 의미하는 단어가 여럿 있으나, 우리의 '환상' 혹은 '환상적인 것'에 해당하는 말로는 'fantastic/fantastique'가 가장 일반적으로 쓰인다. 이는 라틴어 phantasticus에서 나온 말인데, 그것은 다시 희랍어로 '나타나 보이게 하다'는 의미의 phantasein에서 파생된 단어이며, 중세 프랑스어에서 쓰이기 시작했다고 한다.[3] 또한 지금 장르 명칭으로 많이 쓰이고 있는 'fantasy'도 희랍어의 같은 어원에서 파생한 것이고, 라틴어로는 '실재가 아닌 헛것이나 환영'이라는 뜻의 phantasma에서 유래한 것이라고 알려져 있다. 어원이 말해주듯 전근대 서구에서도 환상은 현실에 근거한 사유와 대비되는 비현실적이거나 초현실적인 생각으로 통용되었다.

기본적으로 근대에 이르기까지 환상과 허구의 개념과 경계는 모호했으며, 환상, 나아가 상상 자체를 헛된 것으로 도외시하고, 경우에 따라서는 유해한 것으로 배격했다는 점에서는 동양과 서양이 마찬가지였다. 동아시아에서 기괴한 이야기는 그 시대의 세계관과 질서 안에서 합리화될 수 있는 범위 안에서 수용되었고, 그렇지 못할 경우 정통에서 벗어난 주변이나 잉여로 남겨질 수밖에 없었다. 유럽에서도 교회의 세계관과 질서 의식 안에 배치될 수 없는 상상이나 생각은 이교도나 악마의 것으로 배척되었다. 그 안에서 실재와 환상은 근대적인 개념과는 다르게 배치되었으며, 그 대비의 경계선에 대한 판단은 합리적 이성에 바탕을 둔 근대의 그것과는 사뭇 달랐다. 따라서 근대의 눈으로 볼 때에는 대립 항들이 넘나들고 혼재하는 것처럼 보이기도 한다.

그런데 한 가지 주목할 점은 'fantastic/fantastique'나 'fantasy'에는 '시각성'의 함의가 동양의 '幻想'에서보다 분명하게 드러난다는 것이다.[4] 다시 말해 비현실적 상상이나 감각의 착오로 인해 '보게 되는 이미지'라는 의미가 'fantastic/fantastique'나 'fantasy'에는 들어 있다. 이러한 함의는 근대에 올수록 한층 명확해진다. 그것은 'fantastic/fantastique'가 상상 속에만 존재하지만 그 유형과 존재의 형상을 지니는 유령이나 요정 이야기, 혹은 초자연적 존재가 등장하는 이야기를 가리키게 되었기 때문이다. 더구나 초자연적이거나 비현실적인 현상을 이성과 과학으로 해명하려는 근대정신이 대두하면서 환상은 실재한다고도 아니라고도 단언할 수 없는 애매모호한 상(像)이 된다. 환상서사를 시학적으로 이론화하려고 했던 토도로프가 현실의 원리로는 설명할 수 없는 '경이'와, 이상하지만 합리적 이성으로 설명할 수 있는 '괴기' 사이에 놓인 '망설임'을 환상의 본질로 내세운 것은 이러한 맥락에 기인한다. 또한 환상적인 것의 필수 인자로 '재현(representation)'을 들고 있는 것은 '시각성'이 환상의 필수 요소임을 직접적으로 말해주는 것이라 하겠다.

아울러 '환(幻)'이라는 것은 본질적으로 '전도성'을 내포할 수밖에 없다. 예컨대 C. S. 루이스의『나니아 연대기』의 주제가 기독교적 선악구도와 보수적 위계주의로 귀결되고 있어서 현실이념에 기반한 논리적 재구성을 보여준다 하더라도 옷장을 통해 환상 속으로 들어간다는 행위 자체가 이미 현실적 개연성에 대한 전도성을 내포한다. 나아가 환상이라는 2차 세계에서는, 비현실이기 때문에 사악한 충동, 죄의식과 이상심리 등이 마음껏 노출될 수 있다면, 이미 그 표상 자체가 현실의 질서와 규범에 대한 전복성을 가지게 된다.[5] 따라서 재현적 시각성과 함께 환상이라는 것 자체에 내포되어 있는 본질적 전도성은 환상서사의 기본요소이다. 그리고 그 두 요소는 '환상적인 것'이라는 한 몸을 가진 샴쌍둥이처럼 연관되어 작동한다.

그 작동의 효과가 무엇이냐에 따라 환상과 현실의 관계가 유형화될 수 있다. 다시 말해 흔히 '현실'이 환상의 대립 항으로 설정되곤 하는데, 현실과 환상의 관계는 내부와 외부, 순응과 저항 식의 이분법적 대립관계만으로 존재하지 않는다는 것이다. 환상은 현실에 대해 반(反)할 수도 있으나, 피(避)할 수도 있으며, 초월(超越)할 수도 있다. 또 때로는 환상 장치를 통해 보수적인 현실 논리를 강화하기도 한다. 꿈에서 과자 나라를 방문한 어린이가 과자의 해로움을 깨닫고 깨어나서 스스로 과자를 덜 먹게 된다는 동화는 그러한 예에 해당할 것이다.

| 제3절 |

환상서사 담론의 차이와 맥락

현재 우리는 서구의 'fantastic/fantastique'에 해당하는 개념으로 '환상'을 사용하고 있다. 'fantasy'는 아예 '판타지'라는 형태로 장르를 지칭한다. 이와 같이 'fantastic/fantastique', 'fantasy'에 대응하는 의미로 '환상'이라는 조어가 만들어진 것은 일본에서는 메이지(明治) 10년대(1878~1887)로 추정된다. 그런데 일본에서는 에도(江戶)시대부터 환영을 다루는 연극이 발달하였기 때문에 서구적인 의미의 환상문학을 빨리 전유할 수 있는 토양이 마련되어 있었다. 또한 개화 이후 에드거 앨런 포의 소설과 같은 문학이 수입되는 가운데 일찍부터 근대적 환상 장르가 발달하게 된다. 그런데 서구 근대의 'fantastic/fantastique'나 'fantasy'에 해당하는 '환상'이라 하더라도 일본에서 사용되는 '환상'은 유럽에서 말하는 '환상'과는 다르다. 그것은 '환상에 지나지 않는다', '환상을 품는다'와 같은 용례로 쓰일 때의 '환상 뉘앙스'를 강하게 지니며, 오히려 '환영(illusion)'[6]에 가깝다고 할 수 있다.[7] 따라서 일본에서 환상물이라고 하면 『반지의 제왕』이나 『해리포터』와 같은 판타지류를 가리키지만, 환영을 다루는 작품들을 다수 포함한다.

이와 같이 환상의 필수요건으로 환상을 정의하고 범주를 설정한다 하더라도 그 안에는 맥락에 따른 차이를 내장하고 있다. 그것은 두 가지로 요약될 수 있는데, 하나는 동서양에서 환상의 개념이 형성되어온 맥락이 다른 것이고, 다른 하나는 전근대, 근대, 현대에 이르기까지 시대에 따른 환상 개념이 다른 것이다. 그리고 이 두 가지 맥락은 깊이 착종되어 있다.

우선 서구에서 환상문학이라고 하면 일반적으로 유령과 같은 초현실적 존재가 나타나는 이야기를 일컬으며 그 중심에는 18~19세기에 영국을 중심으로 성행한 고딕소설이 있다. 호레이스 월폴의 『오트란토 성』이나 SF의 효시라고 평가되는 메리 셸리의 『프랑켄슈타인』, 뱀파이어 소설의 원조로 불리는 브램 스토커의 『드라큘라』 등이 대표적이라 하겠다. 또한 그러한 기괴하고 모호한 분위기의 연장선상에 있는 에드거 앨런 포의 소설도 이 범주에 포함되곤 한다.

이러한 소설들은 기본적으로 근대 합리주의에 대한 문제의식을 드러내고 있다. 인간의 이성과 과학의 진보에 대한 믿음에 의해 억압되어온 불합리한 내면과 불가해한 세계가 귀환하면서 기괴함의 존재를 환기시키고 세계에 대한 음울한 전망을 보여준 것이다. 따라서 그 밑바탕에는 16세기 이후 계속되어온 근대적 인식의 틀이 전제되어 있다. 즉, 인간의 사고능력에 대한 합리적 유형화를 기반으로 주관과 객관, 자아와 세계, 실재와 관념 등의 경계를 나누어 정의하고, 그것에 따라 사유하고 추론하는 틀이 깔려 있는 것이다. 따라서 여기에는 경계 짓기와 경계에 대한 민감한 질의가 아울러 작동하고 있을 수밖에 없다.

물론 동아시아에서도 인간과 사물에 대한 철학적 개념이 발달했기 때문에 경계 짓기가 기본이라고 할 수 있다. 그러나 동아시아의 사유체계에서 개념을 정의하고 사물을 분류하는 방식은 서구의 근대철학과 다를 수밖에 없으며, 근본적인 사고방식 자체가 다르다. 이는 환상에 대한 개념 규정에서 서구와 동아시아가 상이하고 환상문학의 발달 과정 또한 달라질 수밖에 없었던 근본적 이유이다. 동아시아에서는 시대와 지역에 따라 유불선(儒佛仙)이 다양한 역학으로 작용하고 혼융되는 가운데 환상성이 발달했고, 이는 우리나라에서도 특수한 양상을 만들어내었다.

중국의 환상적인 문학은 소설의 계보와 맥을 같이한다. 즉 환상적인 문학은 신화에서부터 태동했으며, 육조(六朝)의 지괴(志怪)와 당(唐)의 전기(傳奇)에서 기틀을 잡아 송(宋)·원(元)의 의화본(擬話本), 명(明)의 신마소설(神魔小說)로 이어지며 소설의 계보를 형성하게 된다. 따라서 중국 소설사에서 지괴, 전기, 신마 등의 장르가 보여주는 기이하고 낯선 요소는 문학의 본질로 간주되어왔다. 다시 말해 '환상'은 사실이 아니라는 점에서 '허구'와 동일시되며 혼용된 것이다. 후대로 올수록 소설 장르가 성립되며 허구의 영향력이 커진 것은 그것이 역사를 기록하고 이해하는 또 하나의 유력한 방식으로 채택되어갔음을 의미한다.[8] 이는 실재와 관념을 구별하는 서구의 사유체계와는 근본적으로 다른 것이며, 그래서 동아시아의 고전문학은 모두 환상문학이라고 해도 과언이 아니라는 말이 가능했던 것이다.

그런데 우리나라의 경우에는 기본적으로는 중국과 같으면서도 특수한 양상을 드러낸다. 그것은 유불선의 유입과 영향력의 정도, 그리고 그 정착 과정과 전유방식에 따른 변용일 것이다. 이에 대해 정환국은 우리의 경우 도교서사가 거의 전무하다시피 했기 때문에 불교 영험담이 중요한 환상의 지표가 된다고 보고, 우리 환상서사의 원류가 된 특징들을 지적한다. 첫째, 신선이나 선계(仙界)와 같은 도가계(道家系) 소재나 요괴, 정령이 거의 등장하지 않는다는 것, 둘째, 귀신의 등장이 많지 않으며 등장한다 하더라도 주로 축귀담(逐鬼談)에 해당한다는 것, 셋째, 불교 관련 설화에서도 저승담이나 재생담보다는 폭사(暴死)나 변신(變身) 모티프를 활용한 영험담의 비중이 높다는 것이다. 그래서 우리의 환상서사는 '괴기적(怪奇的)'이라기보다는 '신이적(神異的)'이며, 지배 욕망이 주입된, 위로부터의 환상성이 강하다는 것이다.[9]

근대에 이르러 서구 문물의 유입을 통해 한국의 서사 지형은 다시 큰 변동을 겪게 된다. 유럽에서는 근대에 들어서며 합리적 이성과 과학에 대한 믿음을 전제로 환상에 대한 과학적 해명이 본격화되었으나, 그러면서 환상에 대한 폄훼의 국면도 달라졌다. 공상과 환영에 사로잡힌 인간의 정신세계가 과학적으로 분석되면서, 중세의 이교도나 마녀들은 정신병자라는 진단을 받아 사회로부터 격리되었다. 유럽에서 발달한 이러한 인식의 틀은 주지하다시피 근대 제국주의의 발호와 함께 세계로 퍼져나갔다. 이에 따라 전근대 동아시아에서는 생활의 일부로 수용될 수 있었던 귀신이나 기괴함이 과학의 잣대에 의해 미신이나 망상으로 비판되기 시작했다.

근대 예술론에서도 환상이 주변으로 배척되기는 마찬가지였다. 일찍이 플라톤은 시인을 광인(狂人)과 동일한 것으로 간주했는데, 그러한 태도는 근대에도 여전히 유효했다. 토마스 홉스는 『리바이어던』에서 어떤 목적에 대한 지향과 일관성 없이는 아무리 위대한 상상력이라도 광기에 지나지 않는다고 말한다. 그는 상상력과 환상을 구별하지는 않았지만, 인간의 상상이라는 것이 이성적 판단력에 의해 철저히 통제될 필요가 있음을 주장한 것이었다. 이후 콜리지는 『문학평전』에서 환상(fancy)과 상상력(imagination)을 아예 동력이 다른 것으로 엄밀히 구분함으로써 위대한 상상과 가볍고 저급한 환상 사이의 위계를 뚜렷이 하고, 이른바 시인의 위대한 상상력에 통합되지 못하는 환상들을 헛된 공상으로 간주하여 진지한 문학의 범위에서 밀어내는 데 기여한다. 시대정신을 표상하는 근대문학의 위상은 그러한 계몽적 위계화를 바탕으로 세워진 것이었다. 그러니 환상은 터무니없고 헛된 것이므로 교양 있고 학술적인 논의에서 본격적으로 다루어질 수 없는 것이고, '본격문학'에서도 배제될 수밖에 없다는 인식은 오래갈 수밖에 없었다.

이러한 인식이 개항 이후 유입되며 우리의 문화에 영향을 미쳤음은 자명한 일이다. 그런데 그것이 일본을 경유하여 식민지 조선에 유입되었을 때, 또 다른 변곡과 재전유의 지점이 발생한다. 또한 우리는 식민지 경험 이후 냉전으로 인한 대리전을 치르고 분단에 이르는 특수성 속에 놓이게 된다. 이러한 근현대사가 환상서사의 발달을 억제하거나 정향했다는 것도 자명하다. 원래 근대적 환상서사란 과학과 미신, 실재와 환상, 현실과 비현실 등 이분법적 경계에 대한 의문에서 갈등이 발생하는 것인데, 분단이라는 현실적 이분법이 사회 전체를 통어할 때 경계를 의심하는 사유는 발 디딜 틈이 없기 때문이다.

그런데 그러면서도 한편으로는 간간이 창작되는 현대 환상물 속에서 전근대서사의 특징들이 면면히 계승되었다는 흔적 또한 어렵지 않게 발견된다. 예를 들어 우리의 공포물에서는 유난히 귀신의 사연을 이해하고 원한을 풀어주려는 경향이 강하고, 그러기에 섬뜩하거나 무서운 효과보다는 멜로드라마적 감동을 지향한다. 이러한 현상을 볼 때 위로부터의 훈도적 언설 성격이 강했던 전근대서사가 겹쳐 보이곤 하는 것이다. 그러나 질곡 많은 역사와 복잡한 맥락 속에서 이와 같이 섬세한 부분까지 고려할 만한 논의는 이루어지기 힘들었다. 그것은 앞서 말했듯이 주변이나 잉여, 혹은 이단으로 간주되어온 환상의 위상에서 비롯되는 것이었다.

유럽에서도 근대 환상문학에 대한 체계적인 논의가 처음으로 이루어진 것은 20세기도 후반부에 접어드는 1970년에 이르러 토도로프가 『환상문학 서설』을 내놓으면서부터이다. 토도로프는 문학 장르에 대한 근본적인 질문에서부터 시작하여 '과학적 방법'으로 환상문학 장르의 특질과 속성을 밝혀나가며 정면 돌파를 시도한다. 그의 논의는 당시 유럽 사상계를 풍미했던 구조주의의 맥락에 있는 것으로 논리적으로는 여러 모순을 노정하지만, 결과적으로 문학 장르 안에서 환상문학의 자리를 마련하는 데 결정적인 역할을 한다.

이후 로지 잭슨이나 캐서린 흄 같은 연구자들에 의해 '환상문학' 연구가 활성화된다. 기본적으로 그들은 토도로프가 설정해놓은 장르의 틀을 기반으로 환상문학에 새로이 접근하거나 환상문학의 범주를 확장시킨다. 로지 잭슨이 마르크스주의 관점에서 환상의 사회적 효용을 강조한다면, 캐서린 흄은 전통적으로 문학의 본질로 인식되어온 미메시스 옆에 환상을 놓음으로써 환상적인 것은 장르를 넘어 문학의 본질임을 주장한다. 이러한 논의들은 오랜 세월 문학의 장 안에서 제대로 대우받지 못했던 '환상적인 것'의 의미와 위상을 역설하는 방향으로 전개된다. 그러다 보니 그들의 이론은 프로이트의 논급과 마찬가지로 환상의 개념과 작용에 대해 폭넓은 이해를 보여주나, 장르로서의 환상물에 대한 논의를 심화시키는 데로 직결되지는 않는다. 또한 그들의 이론은 서구문학, 그중에서도 근대문학을 거점으로 삼고 있는 만큼 동아시아의 환상 전통과는 분명히 다른 부분이 있다. 게다가 전근대 문자매체에서 현대 영상매체에 이르는 '환상물' 장르를 포괄하고 분석하기에도 한계가 있다.

그럼에도 불구하고 서구의 환상문학 이론은 1980년대 이후 한국문학계에 수용되어 환상문학 연구에 큰 도움을 주었다. 한국에서 '환상성'에 대한 연구가 시작된 것은 1980년대로 고전문학 분야에서 선편을 쥐게 된다. 그 후 새 천년을 앞두고 디지털 정보화가 가속화되며 새로운 문화 패러다임에 대한 토론이 활성화되는 와중에 환상에 대한 논의도 활발해진다. '환상성'은 디지털 기술로 인해 현실(real)과 비현실(unreal)의 경계가 모호해지며 기성의 계몽적 가치 판단이 전면적으로 의심받는 시대에 당연히 대두될 만한 주제였다. 이때 고전문학에 이어 현대문학 분야에서도 환상성에 주목하기 시작하여 각종 문예지에 특집이 마련되고, 학계에서는 기획 학술대회가 열리곤 했다. 앞서 언급한 토도로프를 비롯해 로지 잭슨이나 캐서린 흄의 저서가 번역된 것도 이즈음이다.

그러나 그러한 환상성 담론은 2000년을 전후로 하여 부상했던 일시적인 것에 그치고 지속적인 의제가 되지는 못한다. 오히려 21세기 젊은 작가들이 내놓는 실제 창작 텍스트에서 실재와 환상, 현실과 초현실(혹은 비현실)을 무시로 넘나드는 새로운 경향이 나타나며 환상성에 대한 논의는 문학 텍스트 비평으로 스며든다. 그러다 보니 환상성은 '전복, 전도, 불확실성, 저항, 포스트모던, 탈중심' 같은 어휘들과 친연성을 지니는 것으로 그 성격에 대한 담론만 재생산되어온 면이 없지 않다. 서구의 19세기 환상문학에 대한 이론이 20세기에야 가능했으니, 21세기 한국문학계에 나타난 환상성이 이론으로 정립되려면 당연히 좀 더 기다려야 할 일일 수도 있다.

그런데 여기에서 유의할 것은 디지털 멀티미디어 시대의 문화 산물에 두루 드러나는 환상성은 문학에서의 환상성, 즉 20세기까지의 위상이 약화되어 매체 자체가 소수자와 저항의 내포를 갖게 된 경우와는 다르다는 것이다. 사실 토도로프가 내놓은 '순수 환상적인 것'은 텍스트의 어떤 순간에 해당하는 것이지 텍스트 전체가 환상적인 것에 속하는 경우는 드물다. 따라서 19세기 서구 문화 특유의 산물로 '환상문학'이라 불리는 대부분의 텍스트들도 토도로프가 환상의 양옆에 배치시켜놓고 있는 '기이'와 '경이' 사이에 걸쳐 있다고 하겠다. 그리고 지금은, 토도로프가 '경이' 장르로 분류했던 전설이나 요정담이 영상화되어 '판타지'라는 이름으로 수용된다. 눈앞에 보이는 이미지가 현실일까 비현실일까에 대한 '망설임' 없이도 즐길 수 있는 '환상물'들이 넘쳐난다. 정신분석학에서는 환상이 본능의 정신적 표현이라고 한다. 환상은 언어를 습득하기 이전부터 형성되어 개인의 내면을 지배하는 것이므로 이미지로 구성될 수밖에 없다고 한다. 그렇다면 언어라는 상징적 매개 없이도 상상했던 것 자체가 곧바로 눈앞에 펼쳐질 수 있는 영상물이 중심을 이루는 21세기 문화콘텐츠에서의 환상성은 어떻게 정의되고 범주화될 수 있을까?

| 제4절 |

환상서사 장르의 범주와 유형

환상서사가 우리에게 익숙한 세계의 법칙으로는 설명할 수 없는 비현실적인 사건이 발생하고 그 불가해함이 텍스트의 끝까지 이어지는 이야기를 통칭한다고 할 때, 그것은 그 사건이 발생하는 공간의 위치, 그 이야기가 독자와 맺는 관계, 그리고 그것이 다시 현실과 맺는 관계 등에 따라 세분화될 수 있다.

우선 현재 우리의 환상서사 장르 논의를 위한 준거 틀을 마련하기 위해, 환상문학 장르 논의의 효시가 된 토도로프의 이론 중 참고할 만한 지점에서 출발해보겠다. 토도로프에 의하면 환상서사는 이 친숙한 세계의 법칙으로는 설명할 수 없는 사건이 발생하는 데에서 시작된다. 그 사건을 알아차리는 자는 가능한 두 해결책 중 하나를 선택해야만 한다. 하나는 그 사건이 감각들의 착오, 상상력의 산물일 뿐 세계의 법칙은 그대로 남아 있다고 생각하는 것이고, 다른 하나는 사건이 실제로 일어났고 그것이 현실의 일부분이지만 그때 그 현실은 우리가 모르는 법칙들에 의해 지배된다고 생각하는 것이다. 토도로프는 전자를 '기이', 후자를 '경이'라고 하고 그 사이에서 망설이는 불확실성의 시간을 '환상적인 것'이라고 보았다.[10] 그는 자신의 이론을 다음과 같이 도식화했다.[11]

순수 기이	환상적 기이	환상적 경이	순수 경이

순수 환상

위에서 볼 수 있듯이, 토도로프는 '순수 환상'을 '환상적 기이'와 '환상적 경이' 사이에 놓인 '경계 경험의 순간'으로 정의했기 때문에 그 개념이 지나치게 협소하다는 비판을 받아왔다. 그러나 이러한 개념은 오히려 현재의 다양한 문화 콘텐츠 분석에 응용될 수 있는 가능성을 가지고 있다. 왜냐하면 토도로프는 환상 장르를 작품 전체의 구조와 연계시키는 무모함을 범하지 않았기 때문이다.[12] 다시 말해 '순수 환상'의 망설임이 끝까지 지속되는 것이 환상 장르의 필요충분조건이라고 국한하지 않는다면 '순수 환상적인 것'의 양쪽에 펼쳐진 기이와 경이의 스펙트럼은 현재 환상서사의 유형 분류에 유용한 모형이 될 수 있다. 과거에는 '환상문학'의 범주에서 논의되지 않았던 신화나 동화도 영상매체로 재현되며 '환상서사 장르'의 하위 유형인 판타지 장르[13]로 재구성되고 있기 때문이다.

예컨대 『삼국유사』에 전하는 다음과 같은 이야기를 보자.

第十四儒禮王代 伊西國人 來攻金城 我大擧防禦 久不能抗 忽有異兵來助 皆珥竹葉 與我軍幷力 擊賊破之 軍退後不知所歸 但見竹葉積於未鄒陵前 乃知先王陰騭有功 因呼竹現陵

제14대 유례왕 때 이서국(伊西國) 사람들이 금성(金城)에 쳐들어왔다. 우리도 군사를 많이 동원하여 막았지만 오래 버틸 수 없었다. 그런데 갑자기 기이한 군사들이 와서 우리를 도와주었는데, 그들은 모두 댓잎을 귀에 꽂고 있었다. 그들과 우리 군대는 힘을 합쳐 적군을 쳐부수었다. 그러나 적군이 물러난 뒤 그들이 어디로 갔는지 알 수 없었다. 다만 댓잎이 미추왕릉 앞에 쌓여 있을 뿐이었다. 이를 보고 돌아가신 왕이 도와주셔서 공을 세울 수 있었음을 알았고, 이로 말미암아 미추왕릉을 죽현릉(竹現陵)이라고 부르게 되었다.

—'未鄒王 竹葉軍', 『三國遺事』 卷第一 紀異 第一[14]

댓잎을 귀에 꽂은 죽엽군이 홀연히 나타나 용감하게 싸우고는 흔적 없이 무덤으로 사라지는 모습은 〈반지의 제왕〉에서 사우론으로부터 중간계를 지키기 위해 인간과 연대하여 싸우고는 사우론 군대를 궤멸시키자 홀연히 떠나고 마는 요정 군대를 방불케 한다. 과거에는 이러한 고대 설화가 시조(始祖)나 위인의 신이함을 보여주고 통치 이념을 드러내는 알레고리로 해석되었지만, 지금은 우리가 상상하는 죽엽군 그대로 영상으로 재현할 수 있다. 만약 이 이야기가 영화로 제작된다면 그것은 판타지 블록버스터 장르에 속할 것이다. 실제로 단군왕검이 거느렸다는 비, 구름, 바람은 판타지드라마 〈태왕사신기〉(2007, MBC)에서 '우사 현고', '운사 처로', '풍백 주무치'라는 캐릭터로 형상화되었다. 또한 전기소설 『전우치전』은 첨단 컴퓨터 그래픽을 만나면서 SF판타지영화 〈전우치〉(최동훈, 2009)로 새롭게 탄생한 바 있다. 저자 톨킨이 절대로 영화로 만들 수 없을 것이라던 소설 『반지의 제왕』이 버젓이 영화화되는 데에서 증명되듯이, 이제 인간이 상상하는 모든 것은 영상화될 수 있다. 그것은 실사가 아니라 그래픽이기에 가능한 것이다. 이로써 이미 디지털 매체 안에서는 실사와 애니메이션, 실재와 환상, 나아가 기록과 허구 사이의 경계가 무너진다.

기술이 뒷받침되자 스펙터클에 대한 욕망이 본격적으로 발현되며 마음속이나 그림책에서만 볼 수 있었던 온갖 신화와 영웅담이 영상을 통해 귀환한다. 〈반지의 제왕〉은 대표적인 경우라 할 것이다. 고구려, 발해 등 고대왕국을 다룬 한국의 역사드라마들도 이에 해당한다. 일견 달라 보일 수 있으나 〈어벤저스〉나 〈스타워즈〉와 같은 SF시리즈들도 〈반지의 제왕〉이나 〈태왕사신기〉와 마찬가지로 21세기의 신화들이다. 영화나 드라마에서 대표적인 환상서사는 바로 이러한 신화와 영웅담들이다. 따라서 토도로프의 분류에서 경이 장르에 해당되는 텍스트들은 지금의 환상서사 장르에 포함시킬 수밖에 없다.

이러한 변화를 고려하여 정리할 때 '순수 기이—환상적 기이—환상적 경이—순수 경이'로 펼쳐진 스펙트럼에서, 추리서사에 속하는 '순수 기이'와의 경계 영역부터 '순수 경이'에 이르기까지가 환상서사 범주에 속할 수 있다. 여기에서 '순수 기이와의 경계 영역'이라고 말한 것은 추리서사와 환상서사가 워낙 친연성을 지니기 때문이다. 두 서사 유형 모두 기이한 사건이 발생하는 데에서 출발한다는 점에서는 동일하다. 다만 추리서사가 그러한 사건이 발생되기까지의 과정을 역으로 추적하고 현실 법칙에 의거하여 그 원인을 밝혀내는 것으로 귀결된다면, 환상서사는 그 원인이 불가해함으로 남는다는 데에 기본적인 차이가 있다. 그런데 최근으로 올수록 추리서사라 하더라도 사건의 원인을 과학적·합리적으로 전부 해결하지 못하는 경우가 잦아지고 있다. '스릴러'라는 장르는 그러한 변화를 잘 보여준다. 스릴러는 추리서사에 속하지만, 수용자가 주인공의 행동과 동일시될 때의 심리효과를 극대화시키는 장르이다. 이때의 심리효과는 공포물이나 활극을 볼 때의 스릴, 서스펜스, 놀람, 호기심 등과 유사하다.[15] 따라서 실제 텍스트 분석에서는 스릴러와 공포물의 경계 짓기가 어려운 경우가 많다. 또한 관습적 장르는 유동적이고 혼성적인 특징을 지니는데 재현 매체끼리 얼마든지 융합될 수 있는 디지털 멀티미디어 환경에서 그러한 혼성은 한층 활발해졌다. 예컨대 '공포 스릴러', 'SF 스릴러', '판타지 공포물' 등 얼마든지 조합이 가능한 것이다.

게다가 장르의 구분이 시대와 상황에 따라 달리 판단되어야 하는 경우가 있다. 예를 들어 우리가 현재 SF를 경이로 본다 하더라도 과학이 발달하여 그것이 실현되었을 때 그것은 더 이상 경이가 아닐 수 있다. 멜리에스의 〈달나라 여행(Le voyage dans la lune)〉(1902)은 제작 당시에는 터무니없는 상상이었으나 1960년대에 이르러 가가린과 암스트롱에 의해 현실이 되었다. 또한 1960년대에 21세기를 상상했던 SF 〈2001 스페이스 오디세이〉(스탠리 큐브릭, 1968)나 〈스타트렉〉(1966~1969, 미국 NBC)은 당시에는 '공상 과학'으로 간주되었으나 그 안에서 상상되었던 많은 일들이 21세기에는 실제로 가능하게 되었다. 과학 발달에 의해 과거의 경이 장르가 현재의 기이 장르까지 될 수 있는 것이다.

요컨대 환상서사 장르는 환상서사가 포함된 문화 산물을 포괄한다고 할 때, 그것은 재현 매체와 관습적 장르 구분 등에 따라 다시 하위 유형화될 수 있을 것이다. 위에서 보인 공포물, SF 모험물, 판타지 등은 그러한 하위 유형들이다. 이 하위 유형들은 일정한 상위 유형에 배타적으로 속하지 않으며 '순수 기이'와의 경계로부터 '순수 경이'에 이르기까지 넘나들 수 있다. 이를 도식으로 정리하면 다음과 같다.

<table>
<tr><td>순수 기이</td><td>환상적 기이</td><td>환상적 경이</td><td>순수 경이</td></tr>
<tr><td>추리서사</td><td colspan="3">환상서사</td></tr>
<tr><td>탐정물/범죄물/스릴러
(필름느와르, 하드보일드)</td><td colspan="3">공포물, SF, 대체역사물, 모험물, 판타지…</td></tr>
<tr><td colspan="4">현실계 / 현실계(1차 세계) - 환상계(2차 세계) / 환상계</td></tr>
</table>

이러한 환상서사는 사건이 발생하는 공간의 위치와 현실계(1차 세계)와 환상계(2차 세계)의 관계, 그리고 그 이야기가 현실과 맺는 관계에 따라 다시 분류될 수 있다. 우선 사건이 일어나는 위치가 우리가 살고 있는 현실의 시공간이라면 그것은 현실계(1차 세계)에 속한다. 그렇지 않고 우리의 현실과는 다른, 자체의 자율적 질서로 움직이는 시공간이라면 그것은 환상계(2차 세계)에 속한다. 완전한 환상계를 보여주는 것으로는 『반지의 제왕』이나 〈스타워즈〉 등이 있다. 이 이야기를 대할 때 수용자는 그곳에 나오는 낯선 질서나 규범에 대해 의문을 제기하지 않고 그대로 받아들이게 된다.

그런데 환상계에서 사건이 전개된다 하더라도 대부분의 환상서사는 현실계와 통하는 문을 열어놓는다. 예컨대 『해리포터』에서는 런던 기차역에 호그와트로 가는 문이 있고, 『나니아 연대기』에서도 피난지 집의 옷장을 통해 나니아로 가게 되는 것이다. 이는 동화나 환몽소설에서 쉽게 볼 수 있는 환몽구조와 동궤를 이룬다. 현실계와 환상계가 상통하게 되어 있다 하더라도, 우리가 꿈의 논리에 대해 현실과 다르다고 문제를 제기하지 않듯이, 환상계 자체의 질서를 그대로 수용하기는 이 경우도 환상계만으로 구성된 경우와 마찬가지이다.

이러한 유형에는 판타지, 모험물, SF, 그리고 가상 역사를 상상하는 대체역사물 등이 포함된다. 이러한 하위 장르들은 이야기의 기반을 이루는 나름의 논리를 각각 가지고 있다.

첫째, 판타지는 환상계 나름의 세계관과 규범으로 전개된다. 판타지에서 마법사가 하늘을 날고 용(龍)이 나타나 말을 한다 하여도 그것은 자연스러운 일이다.

둘째, SF는 말 그대로 과학 허구(Science Fiction), 즉 과학적 사고를 전제로 한 상상력의 산물이다. SF는 합리적 이성과 과학 지식을 토대로 한 서사 논리를 갖추고 있다는 점에서 추리서사와 인접한 장르이기도 하다.

셋째, 대체역사물은 역사를 가정하는 것이니만큼 이야기는 우리에게 친숙한 현실계의 법칙과 개연성에 따라 전개된다. 대체역사물은 역사를 기반으로 한다는 점에서 역사 허구(Historical Fiction)의 하위 장르도 될 수 있지만, 현실계의 법칙으로 미래에 대한 전망까지 할 때 과학적 인식을 바탕으로 하는 SF와도 가까워진다.

넷째, 모험물은 시공간의 위상이나 사건의 논리보다는 '모험'이라는 모티프를 중심에 놓고 있는 장르이기 때문에 환상서사 스펙트럼 안에서의 유동성도 가장 크다. 모험물은 2차 세계로서의 환상계를 여행할 때에는 판타지와 겹치지만, 현실계의 원칙을 따르는 서사에서의 모험은 추리서사나 성장담, 혹은 액션 활극에도 가까워지며 환상서사 장르의 범주에서 멀찍이 벗어날 수도 있다.

사건의 공간성 면에서, 1차 세계로서의 현실계와 2차 세계로서의 환상계가 구분되어 2차 세계의 자율적 원리가 존중되는 유형과 달리, 현실계 안에서 현실계의 개연성으로는 설명할 수 없는 사건이 발생하는 경우에는 현실계와 환상계의 자율적 원리가 분리되지 않는 가운데 혼동과 망설임이 유발된다. 이러한 경우는 대개 보편적 인식과 개인의 심리적 현실이 충돌하며 세계에 대한 인식에 균열이 생긴다. 꿈속에서 눈사람과 함께 산타클로스가 사는 북국을 여행했는데, 아침에 깨어보니 산타클로스가 꿈속에서 준 목도리가 주머니에 들어 있었다는 동화[레이먼드 브릭스, 『눈사람(The Snowman)』]에서, 평범한 주인공이 어느 날 문득 다른 사람의 눈에는 보이지 않는 살인마에 쫓기며 죽음의 위협에 시달리게 된다는 공포물에 이르기까지 이 유형에 속하는 이야기는 많다. 특히 공포물은 '공포'라는 심리효과에 주안점이 있는 장르이기 때문에 현실과 환상의 착종이 두드러지는 장르이며, 추리서사의 심리 스릴러와 장르적으로 겹치는 수도 많다.

여기에서 장르의 구분이라는 것은 어디까지나 텍스트에 대한 거시적 이해와 논의의 효율성을 위한 준거 틀이지 절대적인 율법이 될 수는 없다는 것을 다시 한 번 상기할 필요가 있다. 특히 대중과의 소통과 텍스트 관계망 안에서의 반복되는 관습에 기반을 두고 있는 대중서사 장르는 더욱 그러하다. 지금까지 마련한 환상서사에 대한 정의와 유형화는 세상의 모든 환상서사 텍스트를 귀납하고 있는 것이 아닌 만큼 모든 텍스트를 설명할 수도 없을 것이다. 다만 대중서사 차원에서 전유된 나침반을 가지고 텍스트에 접근할 때 동시대의 텍스트가 구성하는 공시적인 특징과 통시적 추이를 조망하며 텍스트의 좌표를 세워나갈 수 있을 것이다.

이제 남은 과제는 환상서사 텍스트를 분석하는 일, 즉 전도되고 변형된(幻) 텍스트의 '상(像)'을 통해 시대 또는 현실의 '상(想)'을 읽어내는 일일 것이다. 환상과 현실과의 관계는 앞서 다룬 장르 내적 유형화와는 또 다른 차원의 문제이며 장르 차원에서 연역될 수 있는 것이 아니다. 예컨대 현실계와는 완전히 구분되는 2차 세계가 다루어진다고 해서 그것이 현실계와 연관이 없을 수는 없다. 수용자는 이야기 속 2차 세계를 바라보면서 현실계를 끊임없이 환기할 수밖에 없기 때문이다. 따라서 그 이야기의 의미는 텍스트 내적 구조에 수용자의 시각을 봉합하여 현실의 논리를 강화하는 쪽으로 귀결될 수도 있고, 반대로 현실을 혁신할 수 있는 새로운 현실 재구성의 논리를 시사할 수도 있다. 또한 현실계와 환상계가 충돌하는 가운데 발생하는 균열이 본질적으로 전도성을 지닌다 하더라도 그것의 종국적인 효과는 텍스트의 의미 구조에 대한 분석을 통해 들여다보아야 한다. 다시 말해 환상서사의 지난날과 현재 삶을 들여다보고 그것을 통해 우리의 삶을 묻는 문제는 텍스트와의 대면과 대화라는 실천을 통해서만 해결될 수 있는 것이다.

Ⅱ. 환(幻)의 스펙트럼

| 제1절 |

기(奇), 괴(怪), 환(幻), 몽(夢), 동아시아의 환상 지표

동아시아 초기 서사에서 '환상적인 것'으로 논의할 수 있는 유형은 신화(神話), 지괴(志怪), 전기(傳奇) 정도이다. 이 중에서 알레고리적 경향이 강한 신화를 제외하면 지괴와 전기로 대별된다. 이후 지괴와 전기가 지닌 환상적 성격은 전근대소설로 이어지게 된다. 이러한 전근대서사 장르는 현재 의미에서 '환상적 요소'가 있는 서사물로 우리 환상물의 역사와 현재를 고찰하는 데 유용한 참고점을 제공한다.

괴(怪)보다 영험(靈驗)

초기 환상서사에서 대부분을 차지하고 있는 지괴류와 불가의 영험담은 중국의 경우와 비교하여 그 특징을 추출할 때 우리나라 환상서사의 특수성을 가늠하는 하나의 지표가 될 수 있다. 우리의 환상서사에는 요괴나 정령이 거의 등장하지 않고 귀신도 횡행하지 않으며, 저승담이나 재생담도 적다. 반면 폭사(暴死)나 변신(變身)의 소재가 빈번한 편이며, 그것은 대부분 '영험담'의 성격을 지닌다는 점에서 지배계층의 이념에 의해 서사가 구성된 위로부터의 '환상성'이 강화되어 있다. 그로 인해 환상으로 인한 효과는 '괴기적'이라기보다는 '신이적'인 것에 가까우며, 이는 우리의 환상서사가 덜 섬뜩하고 무서운 이유이기도 하다.[16]

21세기에 이르러서도 한국의 공포물은 일본 것과 비교할 때 그 공포의 강도에서 차이가 크다. 게다가 일본이나 중국의 애니메이션에 등장하는 다양한 요괴나 정령은 우리의 판타지에서 찾아보기 힘들다. 또한 원한의 이유를 추적하여 해원하려는 경향이 강하다. 여기에서 그 이유를 따져 묻는 합리적 추론 과정이 아니라 공감과 연민에 의한 심리적 해결이 중요시된다. 이러한 현재의 특징은 물론 다양한 역사적 맥락에서 형성되어온 것이겠으나, 초기 서사에서부터 면면한 흐름이 있었음을 짐작케 한다.

기(奇)의 실재성

전근대 환상서사의 대표적인 장르로 지칭되는 전기(傳奇)에서 환상의 지표가 되는 기(奇)는 '비일상적인 인물이나 사건'을 가리킨다. 그러나 그렇다고 해서 그것이 사실이 아니라는 의미는 아니다. 다시 말해 전기에서 전하려는 기(奇)는 일상적인 것이 아니고 특별한 것이라 하더라도 사실로 실재했고, 앞으로 일어날 수 있는 것이라는 전제 아래 전해지는 것이다. 따라서 전기에는 감각적 모호함에서 비롯된 환상과 실재 사이의 망설임이 없다. 이러한 점에서는 '지괴(志怪)'도 마찬가지이지만, 다만 '기'가 일상적이지 않은 사건의 실재성에 주목한다면, '지괴'는 유명세계(幽冥世界)의 실재성을 증명하는 것에 집중한다는 데 차이가 있다. 따라서 전근대의 '기(奇)' 개념은 근대의 '환(幻)'과는 구별되어야 한다.[17]

환(幻)의 전복성

『최고운전』은 최치원을 주인공으로 삼은 다른 서사에 비해 '환상'의 차원에서 그를 해석하는 징후가 보다 분명하게 드러난다. 그것은 16세기 도가적 사유의 확산으로 인해, 경색되어가는 성리학의 이념과 위계질서 속에서 교조화 되어가던 최치원이라는 인물이 재구성되면서 발현된 것이다. 특히 『최고운전』에서 주목할 만한 부분은 아버지에 대한 거부 화소이다. 최고운이 아버지에 의한 기아(棄兒)의 부당성을 '잔인박행(殘忍薄行)'이라고 표현함으로써 중세의 서사문학에서는 거의 찾아볼 수 없는 아버지에의 거부가 드러난다. 이는 황제로 상징되는 중세의 국제질서에까지도 문제를 제기하는 것으로 이어진다. 또한 그러한 전복성이 결국 주인공의 은거로 귀결됨으로써 명분이 분명하고 능력이 비범함에도 불구하고 패배할 수밖에 없는 현실이 노출된다.[18] 전근대뿐만 아니라 근대에 이르러서도 아비를 부정하는 것은 은연중에 금기시되어온 우리 문화사에서 전근대에 이러한 텍스트가 존재한다는 사실은 놀랍고도 흥미롭다.

환몽(幻夢)의 현실성

『구운몽』의 여러 이본 중 완판본은 텍스트의 구조와 주제가 변이되면서 '환몽'의 의미가 변화하는 과정을 잘 보여준다. 선본 계열에서 환몽구조는 보다 더 궁극적인 깨달음으로 나아가는 과정에 해당한다면, 완판본에서는 환몽을 둘러싼 관념적 의미를 축약하고 환몽 자체를 현실적인 것으로 대체하면서 세속적 윤리의식에 부합하는 서사로 변모한다. 이러한 변화는 상당수의 독자들이 환몽에서 환상적 체험보다는 현실적 욕망을 충족시키고 싶어 했음을 시사한다.[19] 이는 근대문학에서 리얼리즘이 주류를 이루는 이유에 대해 현대문학 연구 내부에서의 논의와는 다른 측면에서 생각해볼 만한 단초를 제공한다.

| 제2절 |

근대 환상서사의 유입과 전유

근대에 이르러 서구의 문물과 함께 장르 인식이 유입되면서 근대소설과 동화와 같은 활자매체와 영화와 같은 영상매체의 환상서사가 형성된다. 이때의 번안서사와 동화에 나타나는 환상적인 요소는 미지의 세계에 대한 모험담의 성격을 강하게 띤다. 이때 모험담은 현재 판타지와 SF를 아우르며, 경우에 따라서는 스릴러와 공포물에도 걸쳐 있다. 한편 영화에서는 아직 환상 장르가 형성되지 않았으며, 부분적으로 차용된 환상적인 요소는 관객의 심리적 리얼리티 안으로 봉합된다. 이러한 특성은 번안서사나 동화에도 해당하는 것으로 전반적으로 근대서사의 환상성은 현실 논리를 강화하는 방향으로 전개된다.

번안서사와 모험의 근대성

과학기술을 이용한 미지의 영역에 대한 탐구는 근대를 특징짓는 표징 중 하나다. 탈것과 무기를 선점한 국가들이 제국으로 부상하면서 식민지 경쟁을 벌이던 시대에 새롭고 신기한 이국의 풍물과 이야기들은 모두 모험의 성격을 가지고 있었고, 대중에게는 가장 흥미로운 관심사였다. 이때 서사 장르로서의 '모험'은 판타지 장르의 하위 유형으로서의 '어드벤처'에 국한되는 것이 아니라, 알지 못하는 영역에 대한 정신적 활동과 물리적 행위를 포괄하는 것이었다. 따라서 이 시기의 모험담이라고 하면, 지금의 판타지는 물론이고, 여행기에서부터 소년동화, 추리물, 공포물, 액션활극까지 포함될 수 있었다.

19세기 말부터 '유옥역전', '삼촌설', '만고기담', '홍등야화', '천일야 기담' 등의 명칭으로 번역된 '천일야화[아라비안나이트(Alf Lailah and Lailha)]'[20]는 '아라비아'가 가지는 특유의 환상성으로 식민지 조선에서 지속적인 인기를 끌었다. 여기에서 아라비아는 미국이나 일본과 같은 근대제국들과는 달리, 식민지의 열등감을 자극하지 않으면서 상상력을 마음껏 펼쳐볼 수 있는 공간이었다. 그래서 아라비아는 과학적 호기심으로 탐구할 특정한 공간이 아니라 기이하고 신기한 미지의 세계로서 수용되고 그러한 아라비아의 이야기들을 담은 '천일야화'는 '기담'으로 수용된다.

그런데 이러한 수용 과정에는 식민지 조선의 근대적 욕망이 투영된다. 예를 들어 '신드바드의 모험'과 같은 이야기가 지속적으로 인기를 끌었던 것은 신드바드가 미지의 나라들에서 모험을 하며 그 나라의 재화를 취해 부를 축적하는 과정이 매력적이었기 때문이다. 다시 말해 식민지 조선인들에게 신드바드의 불공정한 행동은 제국주의적 약탈이 아니라 능동적 태도와 기지로 부자가 되는 이야기로 읽혔던 것이다.[21] 이는 해방 이후 근대화 프로젝트가 본격적으로 가동하는 시기에도, '신드바드의 모험'이 동화에서 만화에 이르는 다양한 버전으로 각색되어 어린이와 청소년들에게 적극적으로 읽혔던 이유에 대해 설득력 있는 단서를 제공한다.

동화와 환상계의 현실성

우리나라에서 판타지 장르에 대한 논의를 한다면 그것은 아동문학에서부터 시작해야 할 것이다. 식민지시기부터 동화에서는 현실계와 구별되는 제2차 세계로서의 환상계가 상상되었기 때문이다. 1930년대 말 《소년》에 연재되었던 주요섭의 『웅철이의 모험』은 그 첫자리에 놓일 수 있는 텍스트이다. 이 동화는 『이상한 나라의 앨리스』의 모티프와 서사 구조를 차용하여 재구성하고 있는데, 여기에서 '어린이 나라'는 "천성의 순수함을 보존한 어린이의 영원한 낙원"

으로 묘사되어 있다. "세계 경제공황과 식민지 수탈의 이중적 고통, 제국주의의 압력과 광기가 점차 높아져가던 1930년대 말에 쓰인 『웅철이의 모험』은 반(反)근대·반문명적인 '어린이 나라'를 통해 당대적 현실을 초월하고자 하는 염원을 드러낸다."[22]

1949년에 나온 이원수의 『숲 속 나라』는 '숲 속 나라'라는 유토피아에 해방으로 인한 낙관적 전망과 국가 재건에의 의지를 투사하여 "진보하는 시간 속에 건설되는 어린이의 이념 공동체"를 그려낸다. '숲 속 나라'는 식민지시기 어린이 나라와는 달리 문명과 도시의 시스템을 갖추고 민주주의적 이상을 구현하는 신생 공동체였다. 『웅철이의 모험』의 웅철이가 꿈을 통해 현실로 돌아오는 반면, 『숲 속 나라』의 노마는 현실세계로 돌아오지 않음으로써 이 동화에서 그리고 있는 제2차 세계가 현실에서 실현해야 할 이념적 이상태임을 시사한다.

1964년 김요섭의 『날아다니는 코끼리』에서는 "서구 문명에의 선망이 투사된 어린이의 도시 공화국"을 보여준다. 이 동화 속의 어린이 나라는 네버랜드처럼 어른들이 들어가기는 힘든 곳이며 어린이의 욕망 충족이 최고의 선(善)이 되는 공간이다. 이 동화 속 어린이들은 세계 각국을 여행하는 것으로 설정되어 있는데, 그 여행에서 목도하는 각국의 현실을 통해서 서구에 대한 선망과 함께 한국 현실에 대한 콤플렉스가 드러난다. 그 괴리 때문에 이 동화의 주인공들은 소리 소문 없이 밤에 몰래 현실로 돌아온다.

그러나 2000년대 동화에 오면 이제 아이들이 모험을 떠나고 돌아오는 것이 아니라 아예 어디로 가는지 모르게 사라지는 사건이 발생한다. 또한 현실과 환상 사이에서 판단을 망설이게 되는 현상이 나타난다.[23] 이는 유토피아에 대한 전망은 사라졌고, 그 존재에 대한 믿음은 없는 디스토피아적 현실에서, 억압된 욕망이나 꿈이 환상을 통해 귀환하는 양상을 보인다는 점에서 다른 서사물들과 동시대의 자장 안에 놓인다.

근대영화와 환영(幻影)의 리얼리티

일반적으로 환상영화(Fantasy Film)라고 하면 공포, SF, 동화, 모험 영화를 말한다.[24] 그런데 식민지 조선영화에서 그러한 장르를 발견하기는 힘들다. 환상적인 장면이 필수적인 〈심청전〉, 〈흥부전〉, 〈장화홍련전〉과 같은 영화에서도 그러한 장면은 일종의 속임수로서의 '트릭'으로만 간주되고, 이 영화들은 현재의 '인정(비)극'으로 수용되었기 때문이다. 아직 환상적인 장면을 구현할 만한 기술이 없었기 때문이기도 하고, 그래서 영화라는 장르 인식이 성립하지 않았던 것이기도 하다. 또한 당시 환상적인 장면에 대한 이해가 '근대적 의미의 공포나 불안으로서의 환상성'이 아니라 전근대적인 세계관 안에서 이루어졌기 때문이기도 하다. 따라서 식민지 조선의 영화에서 '환상성'을 논하는 것은 그만큼 어려운 일이다.

그런데 영화는 영상을 필요충분조건으로 하여 성립하는 예술형식이기 때문에 본질적으로 시각성을 지닌다. 이에 대해 장 루이 뢰트라는 영화의 표현 수단이나 장치 자체가 본래적으로 환상성을 가진다고 했다.[25] 또한 리얼리티를 지향하는 영화이든 판타지 장르이든 간에 관객을 허구의 세계로 끌어들이는 순간 본질적으로 환영(illusion)으로서의 환상성을 가진다고 볼 수도 있다. 그렇다고 하면 영화에서의 환상적인 것에 대한 논의는 한없이 확장될 수도 있는 것이다.

정종화는 이러한 영화의 본질에 착목하고, 노엘 버치의 이론을 원용하여 '환영(illusion)'이라는 키워드로 영화를 세 가지 유형으로 정리한다. 우선 할리우드 영화와 같이 사실적 환영을 구성하여 디제시스 안으로 관객을 통합하는 '제도적 재현 양식(Institutional Mode of Representation, IMR)'과 그러한 양식이 보편화되기 이전 초기영화가 보여준 반(反)환영주의적 노선으로서의 '원시적 재현 양식(Primitive Mode of Representation)'이 있다. 그리고 할리우드의 환영주의적 노선이 주류가 된 이후 그것에 도전하는 양식, 예컨대 독일 표현주의, 소비에트 몽타주 영화 등과 같은 '균열 노선 영화(the crestline films)'가 있다는 것이다. 그리고 그는 '균열 노선 영화'의 관점에서 식민지 조선의 대표작 〈아리랑〉의 '환상성'을 논의해볼 수 있는 가능성이 있다는 가설을 세우고 영화소설 『아리랑』 분석을 통해 영화 〈아리랑〉의 환상성을 유추한다.

〈아리랑〉에는 네 번의 환상 장면이 등장하는데, 이 중에서 사막의 격투 장면은 두 번 등장한다. 이러한 장면 삽입은 이질적인 것이지만 '극중극(劇中劇)'의 형태로 수용되면서, 영진의 살인을 환상 속의 행동으로 합리화하는 데 기여한다. 이와 같은 형식은 식민지 조선의 영화가 변사, 악대와 같은 외재하는 공연 요소와 넘나드는 가운데 허구를 구축했기 때문에 가능했던 것으로 보인다. 또한 영화 안에서 서사요소의 배치가 얼마나 인과적이고 개연적인가의 문제보다는 그것이 외재요소들과 통합했을 때 어떠한 현실을 충족시키느냐가 더 중요했던 것으로 보인다. 다시 말해 "영화적 현실(cinematic illusion of reality)을 구현하는 방법론보다는 '현실적 영화'여야 한다는 당위가 더 지배적이었다는 것이다."[26] 여기에서 현실적 영화는 영화가 기술적으로 얼마나 리얼리티를 구축하고 있는가, 혹은 이념적으로 리얼리티를 구현하고 있는가의 문제보다는, 얼마나 관객이 공감할 수 있는 현실, 다시 말해 감정적으로 몰입할 수 있는 현실을 다루고 있는가가 문제였다. 이는 식민지시기부터 한국의 대중문화사에서 관객의 감정적 동화를 이끌어내는 멜로드라마가 오랫동안 주류를 차지했던 것과 상통하는 것이기도 하다.

| 제3절 |

공포의 환(幻)

우리의 환상서사 중에 전근대부터 현대에 이르기까지 가장 꾸준히 맥을 이어온 장르가 있다면 공포물이다. 인간에게 죽음이 있는 한, 귀(鬼)와 영(靈)의 문제는 언제나 곁에 있는 문제인 동시에, 해결될 수 없는 문제이기도 했다. 또한 그것은 각 시대의 억압과 두려움을 반영하며 변모해왔다. 현대에 가장 흔하게 볼 수 있는, 원한에 찬 귀신이 많이 나타나는 것은 조선 후기부터이다. 그것은 근대 이후 신문, 라디오, 영화, 텔레비전 등 여러 매체를 거치며 공포서사의 관습을 형성하게 되고 공포물 장르로 성립된다.

조선 후기, 원귀(冤鬼)의 확산

조선 전기에는 귀물(鬼物)이나 요물(妖物) 등으로 불리는 기괴한 사물로서의 다양한 귀신에 관한 이야기가 많으며, 그러한 귀물과 요물을 물리치는 퇴치담이 주류를 이루었다.[27] 그런데 조선 중기 이후에는 조상신, 여성 원혼, 여귀(厲鬼)와 같이 생활과 관련된 귀신 이야기가 늘어나며, 귀물이나 요물의 다채로운 형상은 감소하는 추세를 보인다. 그리고 임진왜란과 병자호란, 양란 이후 사회의 규범과 질서에 내부 균열이 일어나며 현세에서 해결되지 않은 원한이나 문제들이 귀신을 통해 귀환하는 형태를 보이기 시작한다. 조선 후기에 이르면 인간과 귀신의 관계는 더 이상 화해롭지 못하고 인간은 그러한 귀신에 대해 거리를 두려고 한다. 『금오신화』에서와 같은 아름다운 인귀교구(人鬼交媾)는 거의 이루어지지 않고 귀신은 반드시 쫓아내거나 물리쳐야 할 대상으로 인식된다. 이때 예외가 되었던 귀신이 조상신이다. 유교적 상·제례가 전란으로 인해 무너진 유교 질서와 규범을 버티는 역할을 하게 되면서, 조상신에 대한 믿음이 확산되고, 이야기 속에도 조령(祖靈)이 증가하는 현상이 일어난다. 그러면서 조령담(祖靈談)이 조선 후기 귀신 이야기의 주종을 이루게 된다.

조선 후기에 눈에 띄는 귀신으로는 신원을 요구하는 '아랑형' 여귀(女鬼)와 불현듯 나타나 산 자들을 괴롭히는 사귀(邪鬼)·잡귀(雜鬼)가 있다. 전자는 출현의 목적이나 이유가 있는 귀신이어서 공식적으로 그 원한을 풀어주면 고이 사라지는 반면, 후자는 그 출몰에 뚜렷한 이유가 없기 때문에 축귀(逐鬼)에 어려움이 크다. 조선 후기에는 전란, 기근, 역병 등을 귀신의 농간으로 여기는 이야기들이 많아지며, 역신(疫神)이나 두억신과 같은 사귀나 여귀(厲鬼)와 같은 잡귀가 자주 등장하게 된다. 이러한 귀신들의 출현이나 행동은 인과적으로 설명이 되지 않으므로 합리적인 대응도 불가능하다. 그저 요구를 모두 들어주거나 비는 방법뿐인데, 그렇다고 해서 재앙이 닥치지 않는 것도 아니다. 이는 그만큼 예측할 수 없는 현실과 시대의 불안을 반영하고 있다고 볼 수 있다. 요컨대 조선 후기에는 일상과 밀접한 연관을 맺는 귀신 이야기들이 늘어나는데, 그 귀신들의 돌연한 폭력이나 부당한 요구를 통어할 수 없는 경우가 나타난다. 이미 중세적 규범으로는 포용하고 제어할 수 없는 불안의 징후가 나타나기 시작했다고 할 수 있다.[28]

그러나 근대적 환상성 개념으로 설명할 수 있는 징후가 조선 후기에 나타난다 하더라도 기괴한 이야기 뒤에는 편자의 논평을 통해 수용자로 하여금 중세적 규범 안으로 수렴하려는 형식이 유지되곤 했다. 다시 말해 기괴한 이야기를 통해 수용자가 상상계의 쾌락에 머무는 것은 아직 가능하지도, 허용되지도 않았던 것이다.

근대 괴담의 오락화와 공포물의 특화

괴담이 오락화되고 공포물이 특화되는 것은 근대에 이르러서인데, 그것도 1930년대로 넘어가면서부터이다. 1910년대 신문에서는 귀신과 도깨비 이야기가 실제로 있었던 일처럼 보도되곤 하다가 1920년대 후반이 되면 보도의 영역에서 허구의 영역으로 넘어가며, 1930년대에 들어서면서 재미있는 이야기 유형 중 하나가 된다. 여기에는 전근대적 '기이'와 달리 오락적 허구성의 함의를 지닌 '괴기'가 강화되고, 야담 중에서 공포의 효과가 두드러지는 이야기들이—'기담'과는 또 다른— '괴담'이라는 표제어를 달고 나오는 과정이 있다.

한자문화권에서 비일상적이거나 낯설고 놀라운 것에 대해서는 '기(奇)'나 '괴(怪)'로 나타내곤 하는데, '기(奇)'에 비해 '괴(怪)'가 보다 비정상적이고 불가해하다는 함의가 강하다.[29] 그러나 그렇다 하더라도 중세에 '기괴/괴기'라는 말은 부정적인 의미로 사용된 것은 아니다. 한 연구에 의하면 '기괴/괴기'는 비일상적이지만 경이롭다는 긍정적인 의미로도 사용되곤 했다고 한다.[30] 그것은 희귀하고 불가해한 일이라도 중세적 질서와 규범 안으로 포용하려 하거나, 혹은 알레고리적 의미로 해석하려고 했던 태도의 소산일 것이다. 이러한 태도에서 비롯된 '기괴/괴기'의 용례는 근대 초기까지도 발견된다. 그런데 1930년대를 전후로 하여 일본을 통해 '그로테스크' 취향이 수입되면서 '기괴/괴기'가 전근대의 야만적이고 비합리적인 부분을 지칭하는 의미로 전화(轉化)되었다. 이때 '기괴'에 비해 섬뜩하고 비정상적이라는 뉘앙스가 보다 강한 '괴기'의 사용 빈도가 늘어나게 되고, '기괴/괴기'에 근대적 불안의 함의가 강화되었다.[31]

이때 '기담'에서 괴상한 이야기로서의 '괴담'이 점차 독자적 지위를 가진다. 식민지시기에 '기담'은 비일상적이고 초현실적인 이야기를 포괄하는 용어였다. 그래서 전우치, 사명대사와 같은 전근대 이인(異人) 이야기로부터 텔레파시, 도플갱어 등 근대과학으로 해명하기 힘든 현상들, 그리고 새롭게 등장한 범죄 수법에 이르기까지 '기담'이라는 표제어를 달고 기사화되곤 했다. 그런데 '괴담'은 그러한 기담 중에서 한층 더 그로테스크 감각을 자극하는 이야기들이었다. 괴담은 현재와 다른 공간을 이질적이고 타자적인 것으로 대상화하며, 과거를 공포나 불안의 감각으로 상품화했다.[32] 이는 해방 이후 라디오 드라마에 수용되고 다시 텔레비전 드라마로 이어지면서 한국 대중서사의 공포물 장르 관습에 영향을 미치게 된다.

그렇다면 〈전설의 고향〉을 비롯하여 우리의 공포물에 자주 등장하는 '머리 풀고 소복 입은 처녀 귀신'의 형상은 언제 어디에서부터 비롯된 것일까? 그러한 여귀의 형상이 근대에 이르러 나타났으리라는 것은 전근대의 귀신 이야기를 고찰하면서도 짐작할 수 있었다. 귀신담에서 여귀의 흉측한 외모는 그녀가 당한 억울함을 호소하기 위한 증거물이지, 일부러 공포스러운 효과를 노리고 연출되거나 의도한 결과는 아니기 때문이다. 이에 고전문학계에서는 1910년대 근대 시각문화가 소개되면서 형성되기 시작했을 것이라는 추측이 있었다.[33] 그러나 1930년대에 제작된 영화 〈장화홍련전〉(홍개명, 1936)에서 원귀가 색동옷을 입는 스틸 컷은 이때까지도 여귀의 형상이 관습화되지 않았음을 시사한다.[34] 따라서 1960년대 〈월하의 공동묘지〉(권철휘, 1967)와 같은 영화를 통해 공포영화의 장르 관습이 형성되면서 여귀의 이미지가 정형화되었을 것이라는 영화학계의 주장[35]이 가장 유력한 것이었다.

그런데 이주라는 두 주장 사이의 큰 간극을 메우는 증거로 1930년대 《매일신보》에 실린 삽화들을 제시한다. 이 삽화들에는 소복을 입고 머리를 산발한 채 피를 흘리거나 입에 칼을 물고 있는 여귀(女鬼)의 형상이 뚜렷하게 나타난다. 그는 이러한 형상이, 재래의 이야기에서 유래한 요소에 일본에서 도입된 외래의 요소가 결합하여 형성되었을 것이라고 본다. 에도시대 제작되었던 마루야마 오쿄의 미인 유령화는 이후 일본에서 제작되는 유령화 이미지에 결정적인 영향을 미쳤고, 유령화가 대량으로 제작되면서 일본의 여귀 형상은 정형화되고 관습화되었는데, 그러한 이미지가 1930년대 괴담의 유행과 함께 근대 매체를 통해 조선에 소개되며 귀신의 주류 이미지로 자리 잡게 되었다는 것이다. 특히 이 시기의 삽화에 나오는 귀신들은 다리 부분이 기체처럼 표현되어 있는 '무각유령(無脚幽靈)'의 형상을 지니고 있는데, 이는 인간이 도망칠 수 있는 속도를 추월하여 언제라도 귀신이 눈앞에 출현할 수 있을 것 같은 공포감을 자극한다. 따라서 이러한 형상은 이후 귀신의 시각적 재현에도 영향을 미쳤을 것이라고 추정해볼 수 있다.

1967년 권철휘 감독의 〈월하의 공동묘지〉에서는 머리 풀고 소복 입은 귀신이 문을 그대로 통과하고 다리에 바퀴를 단 듯이 스르르 움직이는 모습을 보여준다. 이는 앞서 말한 무각유령 형상의 일종이라고 볼 수 있다. 이와 같이 식민지시기 귀신 형상을 구체화하며 관습화했던 것은 영화였다. 해방 직후부터 간헐적으로 공포영화가 제작되기는 했으나 장르화되는 것은 1960년대에 이르러서이다. 이 시기에 한국영화산업이 궤도에 오르고 이에 따라 장르들이 성립되면서 공포영화도 관습을 형성하게 된 것이다. 〈월하의 공동묘지〉는 그 대표적인 영화 중 하나였다.[36]

공포물 관습의 형성과 여귀 원혼담의 주류화

1960년대 후반 이후 공포영화가 활발하게 제작되는데, 〈월하의 공동묘지〉와 같이 전근대의 표상을 지닌 여귀물뿐 아니라 당시 대중에게 큰 인기를 끌던 할리우드 공포영화나 스릴러의 영향을 받은 공포물들이 시도되었다. 그런데 여귀물이 한국 공포영화의 주류로 자리 잡고, 지금까지도 우리가 '무서운 영화'라고 하면 머리 풀고 소복 입은 귀신의 형상부터 떠올리게 되는 데에는 방송 매체의 힘이 컸다. 1966년 5월부터 1983년까지 MBC 라디오에서 방송했던 〈전설 따라 삼천리〉와 1977년부터 1989년까지 KBS TV에서 방송한 〈전설의 고향〉은 그 일등공신이라고 할 것이다.[37] 원래 전설은 평범한 인간 혹은 비범하다 해도 예사 사람의 차원을 완전히 벗어나지 못한 인물들을 행위자로 한, 실제로 있었다고 믿어지거나 혹은 그러한 믿음을 요구하는 이야기이다.[38] 그런데 〈전설 따라 삼천리〉나 〈전설의 고향〉에서 '전설'은 이러한 함의 이외에 '전근대 괴담'으로서의 의미를 지니게 된다. 1960년대 후반에 국가 정책 차원에서 역사성이 강조되고 방송이 그 창구 역할을 하게 되면서 '야담'과 같은 흥미 위주의 프로그램들이 '고전', '역사의 향기' 등으로 명칭이 변경되는데, 이때 야담을 대체하게 된 용어가 '전설'이었다. 그래서 초기에는 '전설'이라는 이름 아래 위인담, 효행담, 보은담 등의 교훈적 야담들이 방송되었고 부분적으로 원혼담이나 이물교혼담과 같은 괴담류가 있었다. 그런데 교훈적인 이야기보다는 흥미 위주의 이야기들이 인기를 얻자 그중에서도 괴담류의 비중이 높았다. 이때 라디오 방송의 음향효과는 공포 분위기를 조성하는 데 적절하여 괴담류의 이야기들이 인기를 끄는 데 중요한 역할을 했다.[39] 그러면서 대중에게 전설이라고 하면 '전근대 괴담'부터 떠오르게 되었다. 1968년에 〈전설 따라 삼천리〉라는 제목의 공포영화가 두 편[40]이나 제작되었던 것은 그 의미의 전성을 말해준다.

이러한 흐름은 1970년대에 텔레비전 매체로 계승된다. 1970년대 들어서며 텔레비전이 영상매체의 헤게모니를 쥐는 가운데 〈전설의 고향〉은 온 국민이 즐기는 공포물이 되었다. 이 프로그램의 서사는 〈전설 따라 삼천리〉의 콘텐츠를 기반으로 하였지만, 영상 표현의 부분은 1960년대 공포영화의 표상을 이어받게 된다. 이때 머리 풀고 소복 입은 원녀(怨女)를 주인공으로 하는 '아랑형' 원혼담이 인기를 끌면서 한국 공포물의 주류 장르로 자리 잡는다. 특히 〈사녀〉(1979), 〈구미호〉(1979)와 같이 뱀, 여우 등의 이물과 결합된 여귀(女鬼) 이미지가 수많은 시청자의 뇌리에 무서운 이미지로 각인된다. 1980년대에 가면 이러한 여귀 이야기들이 납량특집이라는 이름으로 매년 여름이 되면 방송되는 인기 레퍼토리로 정착하면서, 여귀는 정기적으로 귀환하는 한국의 대표 귀신이 된다. 1980년대까지 이러한 무서운 여귀들의 원한은 서사 구조 안에서 권위 있는 남성에 의해 설원되거나 믿음직스러운 남성해설자의 목소리에 의해 교훈적인 결론으로 수렴되곤 했다. 그러나 1990년대에 가면 국면이 달라진다.

근대적 억압의 귀환과 장르 관습의 변화

〈전설의 고향〉은 1996년부터 1999년까지 총 72편의 특집 시리즈로, 그리고 2008년에 8편, 2010년 10편의 미니시리즈로 방영되었다. 이때부터 남성해설자의 목소리는 사라지고 원귀의 모습도 변화한다. 1980년대 후반에 〈V〉와 같은 미국 SF시리즈가 방송되어 큰 인기를 끌었고, 〈환상특급〉, 〈X파일〉과 같은 환상물도 수입되어 시청자의 안목을 넓혔으며, 1994년에 이미 새로운 차원의 공포물 〈M〉이 방송되어 50%에 육박하는 시청률을 기록했다.[41] 이는 현실 안에 억압된 것으로서 환상이 귀환하고 출몰하는 본격적인 환상물의 서막을 의미했고, 그만큼 우리 사회가 서구의 사회구성체 발달 단계적 의미로 현대화되었다는 것을 함의한다. 〈전설의 고향〉의 여귀가 1980년대까지의 스테레오타입에서 벗어나 다양한 괴수 이미지를 혼성하게 된 것은 당연한 결과였다. 또한 서사가 교훈적인 결론으로 수렴되지 못하고 원한이 해결되지 못한 채 남는 일이 잦아지는 것도 자연스러운 현상이었다. 2000년대에 들어서면 이러한 경향은 더욱 심해진다. 그러나 그렇게 동시대의 취향과 변화를 반영했음에도 불구하고 〈전설의 고향〉은 더 이상 큰 인기를 얻지 못한다. 이제 '전근대 괴담'보다 무서운 현실의 괴담들이 넘쳐나 '전설'은 과거의 이야기에 지나지 않게 되었기 때문이다.

현실 문제를 보다 첨예하게 반영한 것은 방송보다 표현의 수위가 높을 수 있는 영화였다. 1998년에 등장한 〈여고괴담〉은 이미 합리적 해명이나 해결의 가능성이 보이지 않는 한국의 학교 문제를 전통적인 여귀에 대한 공포와 접목시키며 한국 공포물의 패러다임을 바꾸었다. 이후 〈여고괴담〉이 시리즈로 제작되었다는 것은 학교 문제가 한국 사회에서 중요하고 민감한 사안이자 계속 해결되지 않는 문제임을 말해준다. 이외에 원조교제, 인공수정, 장애인 학대,

디지털 시대 동영상 등의 사회 문제가 공포영화의 소재가 된다. 그럼에도 불구하고 한국 공포영화의 서사에서는 여전히 여성의 원한과 복수담이 중심을 차지한다. 이는 현실에서 풀리지 않는 원한이 이 사회에 만연해 있고, 여성이 여전히 타자의 대표 상징이라는 것을 말해준다.[42] 그러나 한편으로는 한국의 공포영화가 혁신되지 못하고 관습 안에서 맴돌고 있음을 드러낸다고도 할 수 있다. 공포영화는 지금 우리가 처한 억압과 공포를 표현할 수 있는 예리한 문제의식과 새로운 형식의 모색을 통해 혁신될 수 있을 것이나, 현재는 답보 상태에 있다.

| 제4절 |

SF와 판타지

SF(Science Fiction)와 판타지(Fantasy)는 장르 명칭이 말해주듯이 외래의 것이다. 그런데 이 명칭이 보편화된 것은 1990년대 이후의 일이다. 그 이전에는 '공상과학소설', '과학동화', '환상동화', '어린이모험소설' 등과 같은 이름으로 불리는 이야기들이 지금의 SF와 판타지에 해당하는 것이었다. 지금은 인류의 문제를 진지하게 다루는 SF들과 〈반지의 제왕〉과 같은 막강한 콘텐츠 덕분에 SF와 판타지에 대한 인식이 많이 바뀌었으나, 1980년대까지만 해도 SF와 판타지는 현실과 꿈이 미분화된 어린이를 위한 미숙하고 어린 장르로 간주되었다.[43] 헛된 상상을 일컫는 '공상'이라는 표현을 장르 명칭 앞에 붙이거나[44] 두 장르를 동화와 동일시하곤 했던 태도는 그 위상을 단적으로 말해준다. 그러다 보니 SF는 과학적 인식을 기반으로 하고, 판타지는 실재와 환상에 대한 문제의식을 바탕에 두고 있는 이야기임에도 불구하고, 오히려 장르의 범주가 불분명한 상태로 여행담이나 모험담과 같은 신기하고 기이한 이야기를 포괄하는 의미로 사용되었다. 그렇게 범위가 넓음에도 불구하고 1990년대 이전까지는 다양한 유형을 통틀어도 손에 꼽을 수 있을 정도로 창작되었을 뿐이다.

『해저여행기담』(1907)과 『완전사회』(1965)

우리나라 SF 역사의 첫 장에는 쥘 베른의 『해저 이만리(Vingt Mile Lieues Sous Les Mers)』를 박용희가 번역한 『해저여행기담(海底旅行奇譚)』(1907)이 놓이곤 한다.[45] 또한 창작 SF의 징후를 보여준 소설로는 김동인의 「K박사의 연구」(1929)를 말한다. 그리고 최초의 본격 SF소설로는 문윤성의 『완전사회』(1965)를 든다.[46] SF소설이 수입된 지 거의 60년 만에 성인 독자를 대상으로 한 창작 SF소설이 나온 셈이다. 그런데 정작 『완전사회』는 《주간한국》이 주최한 제1회 추리소설 공모전의 당선작이었다. 추리소설과 SF는 모두 근대의 과학주의와 합리적 추론에 기대고 있는 장르이므로 기본적으로 친연성이 없다고 할 수는 없다. 그럼에도 불구하고 이는 1960년대까지 SF 장르에 대한 인식이 얼마나 미흡했는가를 짐작할 만한 대목이다.

〈헨델박사〉(1952)와 〈라이파이〉(1959)

이러한 SF에 대해 가장 먼저 장르적 인식을 했던 매체는 만화였다. 1945년 해방 이후 우리말로 된 신문과 잡지가 창간되며 저널의 지면에는 만화가 감초 역할을 하기 시작했다. 그리고 한국전쟁기 피난지에서 모든 놀이문화를 잃어버린 어린이들을 대상으로 10여 쪽의 만화들이 제작되어 인기를 얻었는데, 그중에 모험만화, 활극만화와 함께 SF만화가 한 자리를 차지하고 있었다. 〈헨델박사〉(최상권, 1952)가 그것인데, 인조인간, 방사선 무기, TV방송국 등 최첨단 과학기술에 대한 상상력이 제대로 구현된 만화였다. 이후 1950년대 말부터 1970년대 초까지 한국 SF만화사에서 의미 있는 작품들이 나온다. 〈라이파이〉(산호, 1959), 〈싸워라 지구함대〉(신동우, 1962), 〈설인 알파칸〉(이정문, 1965~1971) 등이 그것이다. 이 만화들은 모험과 활극, 혹은 괴수물에 SF가 혼성된 작품들로 한국만화가 붙들었던 '환상'이 고스란히 담겨 있다. 제2차 세계대전 이후 서구의 만화는 냉전의 불안 속에서 중산층의 이상을 SF만화에 담아내는 데 성공했고, 일본만화는 고통스러운 전쟁 경험을 딛고 특유의 묵시록적인 SF의 세계를 개척했다. 그러나 한국의 만화는 서구의 이상을 담기에도 묵시록적인 세계를 그리기에도 주변적이었기 때문에 혼성적인 장르로 시작될 수밖에 없었다.[47]

《학생과학》(1965), '한국SF작가클럽'(1969), 그리고 『한국과학소설(SF)전집』(1975)

한국문학에서 SF에 대한 관심이 시작된 것은 1960년대였다. 1960년대 근대화 프로젝트 안에서 과학 강국이 지향되며 아동과 청소년에 대한 과학교육의 중요성이 강조되기 시작한다. 정부는 경제개발5개년계획과 마찬가지로 '과학기술진흥5개년계획'을 세운다. 이때 경제와 과학은 근대적 발전을 위한 필수요소로 간주되었으며, 그 안에는 애국주의가 내장되어 있었다. 이러한 분위기 속에서 1960년대 중반에 미국의 SF가 '과학소설'이라는 이름으로 소개되었고,[48] 《과학세기》나 《학생과학》과 같은 과학 전문 잡지가 창간되었다. 그리고 과학교육의 차원에서 《새벗》, 《새소년》 등과 같은 아동 잡지나 《학원》, 《학생과학》과 같은 청소년 잡지에 과학소설이 게재되었다. 특히 1969년에 결성된 '한국SF작가클럽' 작가들은 《학생과학》에 작품을 발표했고, 연재된 작품들을 묶어서 1975년에 『한국과학소설(SF)전집』으로 출간하기도 했다.[49]

그러나 과학 강국을 만들려는 국가 차원의 정책적 노력에도 불구하고 1970년대 후반부터는 새로운 창작 작품이 나오지 못했다. 국가가 최첨단 과학교육에 의한 애국적 과학도의 양성을 표방하면 할수록, 합리적으로 사고하고 새로운 논리를 구축해야 가능한 과학적 상상력은 오히려 위축되어갔다. 그러면서 1960~1970년대의 SF는 애국주의의 환상 속에서 소년 소녀의 범주에 유폐된 채 더 이상 나아가지 못하고 말았다.[50]

〈투명인의 최후〉(1960)와 〈대괴수 용가리〉(1967)

그런데 영화에서는 보다 흥미로운 현상이 발견된다. 한국에서 SF영화는 현재까지도 한국의 대중서사장르 중에서 가장 빈약한 것 중 하나이고, 지금까지도 독자적인 장르로 정립되지 못했다는 것이 일반론이다. SF영화는 2000년대 들어 제작된 몇 편에 불과한 데다 이 영화들조차 판타지와의 경계가 불분명하며, SF적인 설정이 부분적으로 들어 있다 하더라도 그것은 다른 장르의 보조적인 기능을 할 뿐인 경우가 대부분이기 때문이다. 그러나 이러한 혼성성, 혹은 미분화된 정체성 자체가 한국 SF의 특징일 수 있다. 미국의 SF와는 다르지만, '과학적 상상력'을 소재로 하는 영화는 1960년대 이후 제작되었다.

송효정은 이러한 SF영화의 경향을 크게 두 가지로 나눈다. 하나는 초자연적 현상과 원한까지 '과학적 실험'의 대상으로 삼는 과학자가 등장하는 영화들로 이를 '고딕SF'라 부른다. 이 영화들은 성인을 대상으로 하며, 한국에서 가장 오래된 SF로 평가되는 〈투명인의 최후〉(이창근, 1960)에서 시작된다. 그리고 〈공포의 이중인간〉(이용민, 1974), 〈반수반인〉(김기, 1975)과 같은 1970년대 중반 영화까지 이어지는데, 이 영화들은 과학자의 과도한 실험과 광기, 그로 인한 비윤리성을 다루고 있다.

다른 하나는 1967년을 기점으로 등장하기 시작한 '소년SF'이다. 이 해에는 한국 최초의 장편 애니메이션 〈홍길동〉(신동헌)이 개봉했고, 인형극 영화도 선보였다. 1950년대 말부터 1960년대 중반까지 한국영화의 폭발적인 성장세 속에서 영화 장르가 성립되면서 새로운 기술과 영역에 대한 시도가 이루어지기 시작했다. 또한 이때부터 한국전쟁 이후 출생한 세대가 성장하며 아동 관객층이 하나의 시장으로 인식되기 시작했다. 이러한 분위기 속에서 "한국 최초의 괴물영화" 〈우주괴인 왕마귀〉(권혁진)와 "한국 최초의 특수촬영 영화" 〈대괴수 용가리〉(김기덕)가 제작된다. 이 영화들은 식민지시기부터 지속적으로 인기를 끌어온 '소년모험서사'를 따르고 있는데, 그 속에 과학 근대화에 대한 지향과 함께 냉전시대의 불안과 평화에의 갈망이 착종되어 있다.[51]

이는 당대 근대화 과정에 대한 두 가지 반응이라고 볼 수 있다. 그런데 고딕SF가 보여주는 근대과학에 대한 불안과 공포는 과학 계몽의 확산 속에서 은닉 혹은 배제되어가고, SF영화는 애국주의, 반공주의와 결합하며 아동을 위한 장르로 한정된다. 1960년대 말 이후 어른을 위한 SF는 더 이상 제작되지 못한다. 그것이 보여주었던 불안과 광기는 소년SF로 옮겨져 전쟁과 핵에 대한 공포를 상징하는 괴물에 투사되고, 괴물만 처치하면 되는 서사 구조로 단순화된다.

〈마징가 Z〉(1975)와 〈로보트태권V〉(1976~1977)

이러한 소년SF가 정부의 중화학공업 육성정책과 맞물리며 새로운 국면을 맞이하는 것은 일본의 '거대로봇 애니메이션'이 소개되면서부터이다. 1975년 8월 11일 MBC에서는 〈마징가 Z〉를 방영한다. 이 애니메이션은 단박에 거대로봇 신드롬을 일으켰고, 정부에서 다른 일본문화는 다 막았지만 거대로봇 애니메이션은 규제하지 않았다. 〈우주소년 아톰〉을 비롯해 〈그랜다이저〉, 〈독수리 오형제〉 등 1970년대 일본의 인기 SF애니메이션은 거의 다 수입되었다. 그러자 '철인 캉타우', '로보트태권V'와 같은 한국의 로봇 캐릭터가 개발되었다. 특히 〈로보트태권V〉(이청기, 1976~1977)는 민족 전통의 무예 '태권도'와 거대로봇을 결합하여 1970년대 한국이 꿈꾸던 강대국에의 열망을 환상적으로 그려내 큰 성공을 거두었다.[52] 그러나 이러한 SF애니메이션도, 과학소설과 마찬가지로 1970년대 후반 이후에는 제작되지 못하고, 〈똘이장군〉과 같은 반공소년 모험물이 그 자리를 대체한다. 그 후 오랫동안 한국영화사에서 SF영화는 공백기를 가지게 된다.

판타지, 1990년 이후의 장르

이러한 동향은 판타지 장르에서도 유사하게 감지된다. 1960년대에 릴리언 H. 스미스의 『아동문학론』이 번역되는 등 판타지 장르론이 본격적으로 소개되기 시작한다.[53] 그런데 '공상', '모험', '환상' 등의 개념이 혼용되고 있었고, 이는 SF와 혼동되는 경우도 많았다. 또한 판타지도 SF와 마찬가지로 아동과 청소년을 위한 장르로 간주되었다. 판타지가 동화와는 다른 것으로 구별되어야 한다는 주장이 제기된 것은 1980년대 중반에 이르러서이다. 이오덕은 「판타지와 리얼리티」에서 동화와 판타지를 구별하고, 동화가 메르헨의 마법적 환상에 바탕을 둔 것이라면, 판타지는 소설적 서사문법에 입각하여 내적 리얼리티를 지향하는 장르라고 말한다.[54] 그러나 그러한 판타지 개념을 충족시킬 작품이 거의 없는 상태였다. '판타지'가 비로소 독자적 영토를 획득하는 것은 1990년대에 들어서 동화의 영역을 넘어 어른을 위한 판타지가 창작되고 외국의 판타지도 적극적으로 번역되면서부터이다.[55]

| 제5절 |

무(巫)와 사회적 환(幻)

전근대 우리의 기괴한 이야기들 속에서는 현실과 비현실의 경계가 불분명한 상태에서 조상의 '현몽(現夢)'이 자손에 대한 음우(陰佑)로 해석되고, 이야기 속 이물(異物)의 출현과 퇴치가 현실계의 교훈으로 의미화되곤 했다. 이러한 실제와 환상의 봉합 내지 미분화는 자연스러운 일상으로 수용되며 근대 서구와는 다른 환상의 양상과 기능을 만들어왔다. 이는 근대에 들어서도 우리의 서사에 저류하는 특징이 되어, 소설이나 영화에서 리얼리즘이 강세를 보이게 된다. 그 가운데 무성영화 〈아리랑〉(나운규, 1926)에서처럼 환상 장면이 변사의 해설, 음악과 같은 공연요소와 더불어 관객의 심리적 리얼리티 구성으로 수렴되는 현상이 나타나곤 했다. 이러한 양상은 해방 이후 대중문화에서도 지속적으로 나타났는데, 그것을 잘 보여주는 것이 '굿'이다. 다시 말해 굿은 우리 사회에서 환상적인 것의 효과를 살피는 데 매우 유용하다.

무(巫), 음탕과 전근대적 악덕의 상징

굿은 무당이라는 영매가 중심이 되어 산 자들이 모인 곳에 죽은 자의 혼을 불러 인간의 길흉화복을 조절하고자 하는 의식이다. 또한 음식과 제물 앞에 신이 왕림한다는 믿음으로 산 자들이 모여 노래와 춤으로 신명을 북돋는 일종의 축제이기도 하다. 이러한 굿은 조선시대에서부터 유교 규범에 의해 음탕하고 부도덕한 것으로 배척되었다. 무당은 광대와 동일시되며 풍속을 교란하는 음탕한 집단으로 천시되었고 굿은 공식적으로는 금지되었다.[56] 근대 이후 전근대적 풍습에 대한 배척은 더욱 심해져서 굿은 타파해야 할 전근대적 인습의 상징이 되고, 무당은 민중을 기만하는 사기꾼이 되어 음지로 추방되었다. 식민지시기에나, 해방 이후에나 굿은 근대의 미덕과 대척점을 이루는 전근대적 악덕의 상징이었다. 이는 식민주의와 제국주의를 통해 세계 각 지역의 서양화 내지 근대화가 진행되면서 기독교 교리에 기반을 둔 종교관과 진화론에 바탕을 둔 근대주의가 계몽과 이성의 이름으로 샤머니즘을 배척한 맥락과 연관된다. 그 배척은 매우 포괄적이고 일반적이어서 이념에 따라서도 크게 다르지 않았다. 오히려 공산주의 국가에서는 "사회발전 단계설에 따라 무당은 봉건제 사회에서 민중을 기만하며 지배층에 봉사한 계층"으로 비판받고, 말살되어야 할 존재로 탄압되었다. 현대의 이념이라는 것도 결국은 진화론과 같은 근대적 사상과 가치의 자장 안에 존립하고 있는 것이기 때문에 이는 당연한 결과일 수 있었다.[57] 샤머니즘에 대한 이러한 인식은 1960년대 전반기까지 비교적 분명하게 작동했다.

무속의 귀환과 그 맥락

그런데 1970년대 영화를 보면 굿에 대한 인식이 바뀌고 있음을 알 수 있다. 그리고 1980년을 전후로 하여 그러한 인식이 또 다시 변화하고 있음이 드러난다. 1972년 〈무녀도〉(최하원)부터 1987년 〈나그네는 길에서도 쉬지 않는다〉(이장호), 1994년에 완성되었지만 1980년대부터 제작이 시도되었던 〈태백산맥〉(임권택)에 이르기까지, 1970~1980년대 한국영화에서는 굿의 주체인 무당이 텍스트의 중심으로 이동하며 그 표상이 1960년대보다 훨씬 다원화된다. 그러면서 무당은 1970년대 전반기에는 수난받는 여성을 함의하다가, 1970년대 후반기부터는 억압받은 피지배층의 대표적 상징이 된다. 동시에 굿은 천시되고 적대시되는 미신에서 한번 되돌아보아야 할 '우리 고유의 것'이자 과학으로 진지하게 분석해볼 만한 탐구의 대상이 된다. 한편 1980년대에는 무속이 위험하면서도 매혹적인 에로티시즘의 단골 소재가 되기도 한다.[58]

그렇다면 한국영화사에서 이와 같이 무속의 표상이 변화하게 되는 맥락은 무엇인가?

첫째, 영화사적인 차원에서 볼 때 1960년대 후반을 풍미했던 향토 서정의 소재가 고갈되어 1970년대에는 국책 차원에서 보상을 받는 예술(문예)영화를 위한 새로운 소재가 필요했다. 예술영화의 양대 경향으로서 경쟁했던 '모더니즘 계열'과 '향토 서정 계열'은 1960년대 후반에는 향토 서정 계열의 승리로 기울면서 향토 서정 계열이 한국의 예술영화를 대표하는 관습이 되어갔고, 일정한 유형의 영화가 양산되었기 때문이다.[59]

둘째, 유신체제와 함께 강화된 민족 이데올로기,[60] 그것의 구체적인 문화 사업으로 전개된 전통 복원 사업이 새로운 소재를 원하는 영화계의 요청과 손을 잡는다. 전통 복원 사업이 반공 이데올로기와 민족 우상의 선전에 주안점을 두기는 했지만, 그것의 부수적인 효과로서 전근대에 대한 재평가와 재발견을 유도하기도 했기 때문이다.[61]

셋째, 1970년대 텔레비전의 보급으로 인한 영화계의 심각한 불황은 영화 생산자로 하여금 텔레비전과는 차별되는 영화를 지향하게 만들었다. 그것이 에로티시즘의 성행을 가져왔다. 한편 불황으로 인해 영화산업의 국가 의존도가 커질 수밖에 없었기 때문에 영화계로서는 체제 이념에 부합하는 영화를 만드는 것도 중요했다.[62] 이때 무당은 전통문화의 일부로서 정부의 포상을 받기 위한 예술(문예)영화의 조건을 충족하는 동시에, 수난받는 하층민 여성의 이야기로 에로티시즘이 개화할 여지를 충분히 가진 소재였다.

게다가 김동리라는 본격 문학의 대부가 '생명의 구경', '민족의 원형'이라는 슬로건을 걸고 「무녀도」와 『을화』를 썼고, 이 소설들은 이미 한국문학의 정전이 되어 있었다.[63] 김윤식은 "김동리에게 인간의 운명(죽음)은 그 누구도 어쩔 수 없지만 이를 뛰어넘는 방법을 모색하는 것이었고 그중의 하나가 예술(문학)이었다."[64]고 말한다. 이런 맥락에서 '운명론'으로서의 샤머니즘은 남한의 정통문학을 대표하는 사상으로 자리 잡을 수 있었다.[65] 또한 1970년대 위기에 빠진 영화는 그것을 수용하여 예술로서의 '문예―'라는 수식어이자 보증서를 얻은 것이었다. 이러한 맥락에서 생산된 무속 관련 영화들은 예술영화인 동시에 에로티시즘 영화가 될 수 있었고, 억압에 순응하는 영화인 동시에 여성의 욕망을 드러내는 영화가 되었다. 그리고 1970년대 '무당' 표상이 지녔던 여성의 수난과 욕망이라는 함의가 1980년대에는 기층 민중의 상징으로 전화(轉化)하며 굿은 민중의 수난과 해원의 의미로 치환되어간다.[66] 이는 굿이 지니는 환상성이 1970~1980년대 당대적 맥락에서 재구성되었음을 의미한다.

굿의 재발견과 저항적 엘리티즘

1970년대 연극에서 굿은 전통의 재발견 담론을 통해 수용된다. 여기에서 굿은 연극의 환상적 측면을 환기시키면서 한편으로는 사실적인 측면을 돋보이게 한다. 또한 국가의 전통문화 발굴 정책에 대한 순응으로서의 전시효과를 가지면서 한편으로는 기성의 가치관과 형식을 혁신하는 전복적인 면모를 보여주는 매개가 된다. 나아가 이는 서구 연극을 한국적으로 전유하고 그것이 다시 서구의 오리엔탈리즘에 어필하게 되는 역설적 고리가 된다. 요컨대 1970년대 연극에 수용된 굿은 양날의 칼로서 순응과 전복의 속성을 동시에 드러냈다고 할 수 있다.[67]

이영미는 당시 상황에 대한 증언을 통해 굿이 양날의 칼로 역할하게 되는 사회적 맥락을 생생하게 들려준다. 1970년대 정권은 강력한 국가주의적 단합을 주도하기 위해 전통문화를 호출했으며, 그것은 전근대적이고 비민주적인 정치 상황의 합리화에도 유용했다. 그러나 대학을 중심으로 한 젊은 지식층은 민족주의를 식민지적 상황에 대한 근거로 삼으며 자주적인 민주화를 위한 논리의 거점으로 전통문화를 소환했다. 그것은 전통문화가 서구 근대문화를 넘어서는 뿌리이자 전위일 수 있다는 논리에서 비롯된 것이었고, 그러므로 전통문화에의 호응이 결코 정권에의 순응으로도, 전근대적 회귀로도 기울지 않을 것이라는 엘리트적 자신감이 깔려 있었다. 또한 그 자신감에는 아비 세대와 자신들을 구별 짓는 의식이 전제되어 있었다.

1980년대의 굿, '대동공감(大同共感)'의 환영(幻影)

그런데 1980년대에 가면 굿은 1970년대 엘리트 중심의 전유에서 벗어나 훨씬 대중적인 문화로 확산되었고, 연극뿐 아니라 마당극, 탈춤 등과 접목되어 으레 대중 집회에는 빠지지 않는 요소가 된다. 그리고 굿은 역사적·사회적 피해를 해원하는 구심점 역할을 하며 '대동공감'의 환상성을 구현한다. 1980년대가 사회의 구조와 전개를 과학적으로 설명하려는 사회과학 이론의 전성기였다는 것을 상기한다면, 굿의 부상은 매우 아이러니한 일이 아닐 수 없다.

여기에서는 '광주'라는 역사적 트라우마를 짚지 않고는 그 아이러니를 온전히 설명할 수 없다. '광주'의 씻을 수 없는 상처와 원한은 어떤 언어로도, 매체로도 형용하고 설원할 길이 없었고, 이때 그 해원의 매개로 부상한 것이 굿이었던 것이다.[68] 그래서 1980년대 대학의 축제나 대중 집회에는 죽은 넋을 인도하는 씻김굿이 배치되는 경우가 많았고, 1980년대 후반 박종철, 이한열 등의 죽음으로 이어지면서 이러한 굿의 역할과 효과는 더 고조되어갔다. 요컨대 1980년대 굿은 종교와 유물론, 미신과 과학의 경계를 지우며 초현실적 해원을 통해 현실적 공감의 에너지를 마련하여 근대적 민주주의의 진일보에 일정 정도 기여하게 된다. '종교는 아편이다'와 같은 단순한 명제로는 설명할 수 없는 혼융과 환영의 지점을 보여주는 일이었다.

| 제6절 |

포스트시대의 환상

1990년대 이후에는 서사물 전반에서 환상적인 요소의 활용이 눈에 띄게 늘어난다. 디지털시대를 맞이하여 인터넷 소설, 게임, 웹툰 등 컴퓨터 웹을 통한 새로운 서사물의 생성과 확산 속에서 판타지 장르가 형성되고, 기존의 재현 개념이 무너지며 환상적인 것의 약진이 두드러진다. 이는 비단 새로운 매체에만 국한되지 않고, 소설, 영화, 방송 등 기존의 서사매체에서도 두루 나타나는 현상이 된다.

환상물의 주류 관습, 부분과 틈입

인터넷 소설이나 게임이 젊은 층을 중심으로 향유되는 것과는 달리, 방송은 가장 대중적인 매체로서 현재 한국 사회에서 환상적인 것의 양상과 징후를 잘 보여준다. 박노현에 의하면, 환상적인 요소가 첨가된 드라마는 1990년대 실험단계와 2000년대 안착 단계를 거쳐 2010년대 들어서며 폭발적으로 증가한다. 1990년대에 〈M〉(1994, MBC)이나 〈환상여행〉(1996, KBS)과 같은 새로운 경향의 드라마 6편에, 삽입 리메이크된 〈전설의 고향〉 4편(1996~1999)을 포함하여 10편에 그쳤던 환상물이 2000년대에 들어서면서 새로운 경향의 드라마로만 14편이 제작되고, 2010년대에는 2014년까지의 통계로도 35편에 이른다. 환상물을 구성하는 요소로는 초능력자, 반인반수(半人半獸) 등 캐릭터에서 환상성이 비롯되는 경우가 70% 이상으로 가장 큰 비중을 차지하고, 시간여행과 같이 시간성에서 발생하는 경우가 약 20% 정도였으며, 이계(異界)가 설정된 경우는 10% 정도로 가장 적었다. 한마디로 "한국 텔레비전 드라마는 공간을 통한 환상의 창출에 상대적으로 취약하다"고 볼 수 있는 것이고, 바꾸어 말하면 한국 드라마에서의 환상은 〈반지의 제왕〉에서와 같은 2차 세계가 아닌 "현실의 질서를 따르는 세계"에서 부분적으로 발생하거나 틈입하는 경우가 주류를 이룬다고 할 수 있다.[69]

대중의 환영(illusion)과 팬덤(fandom)문화

그런데 이러한 환상의 양상은 비단 텔레비전 매체에서만 나타나는 것이 아니라 영화나 소설에서도 유사하게 드러난다. 또한 환상은 기존의 리얼리티 관습으로는 재현할 수 없는 현실을 재현하려는 과정에서 새로운 환상물로 나오기도 하지만, 대중이 보고자 하는 환영을 구성하는 차원에서 생성되기도 한다. 1990년대 이후 한국 사회에서 눈에 띄게 확산된 '팬덤(fandom) 현상'은 대표적인 것이다. 이에 대해서는 뮤지컬의 팬덤 현상에 대한 분석을 통해 그 일단을 들여다볼 수 있다. 예컨대 〈프랑켄슈타인〉은 뮤지컬로 전환되면서 비애와 운명의 아이러니가 강조된 멜로드라마 장르의 성격이 강화된다. 이로 인한 감정의 과잉은 서사 구조 상으로는 개연성을 약화시키는데, 오히려 수용자의 향유 공간에서는 부가 텍스트가 창출되는 근거가 된다. 즉 주인공의 감정에 공감하여 수용자들이 자신들의 사연을 접속하면서 새로운 텍스트가 생성되고 이것이 팬덤문화의 기저를 구성하는 것이다.[70]

이때 팬덤은 정보화시대의 특징 중 하나인 '프로슈머(prosumer)'의 문화적 버전이라고 할 수 있으며, 전문적이고 폐쇄적인 속성을 지닌다. 따라서 그들이 구성하게 되는 환영 또한 개별적이고 '마니아'적이다. 이는 1980년대까지 대중 집회를 통해 구현되었던 대중의 환영과는 다른 것이다. 1980년대 굿을 통해 대중이 보았던 환상이 역사적 변화의 힘이 응결되는 지점에서 이례적으로 형성된 집단적 공감의 환영이라면, 1990년대 이후에 그러한 환영은 약화된다. 그것은 1980년대의 이념적 지향이나 집단적 이상이 무너지고 개인적 차원의 경제문제가 가장 큰 문제로 대두하면서 그러한 대동 환상을 가능케 했던 사회적 맥락이 붕괴되었기 때문이다. 오프라인 집회와 대동의 환상이 무너진 자리에 디지털 정보화와 함께 마니아층과 팬덤이 등장한다. 이와 더불어 역사적 발전에 대한 믿음을 전제로 하는 리얼리즘의 전형이 무너지고 새로운 리얼리티가 모색되며 다종 다기한 환상이 만연하고 있는 것이기도 하다.[71] 이에 대해서는 현실의 상식이 무참히 허물어지는 사회에서 환상의 몰상식이 오히려 상식이 될 수 있기 때문에 대중이 환상물을 찾게 된다는 지적도 있다.[72]

포스트시대, 환상 장르 부상의 의미

환상의 양상이 그것이 비롯되는 사회에 대해 일종의 징후적 성격을 지니는 것은 당연하다. 그렇다면 현재 우리 사회에서 일어나고 있는 환상물의 부상과 확산은 우리 사회와 미래에 대한 부정적 징후이기만 한 것인가?

근대 이후 리얼리즘의 실현은 우리 서사의 지상과제였다고 해도 과언이 아니다. 식민지배와 냉전으로 인한 분단체제 하에서 현실에 대한 지시적 발언은 억압되었고, 우리 편이 아니면 적(敵)이라는 강고한 이분법은 모든 생각과 표현의 틀이 되었다. '임금님 귀는 당나귀 귀'라는 비밀을 에둘러 표현한다고 해도, 그것을 시원스레 외치고 싶은 욕망은 해소되지 않는 것처럼, 직설이 허용되지 않는 상황에서 환상은 현실을 투명하게 말하고자 하는 갈망에 사로잡혀 마음껏 날아오를 수 없었다.

또한 환상서사는 어떤 형태로든 현실과 환상의 관계에 대한 문제를 기반으로 한다. 현실과 유비되는, 혹은 반(反)하는 2차 세계를 창조하든, 현실적 개연성 안에 개연적이지 않은 사건을 출몰시켜 현실과 환상의 경계에 대해 의심하게 하든, 아니면 현실이라는 질료를 새롭게 바라볼 수 있게 하는 형상으로서 환상을 택하든, 환상이 심리적 현실을 보여주는 기제가 되든, 그것은 현실과 환상의 관계를 마음대로 설정할 수 있는 상상의 자유를 필요로 한다. 따라서 강고한 이분법 속에서 환상은 전개되기 어렵다. 그러니 1980년대까지 한국 사회에서 환상 장르가 발달하지 못한 것은 자명한 이치이다. 그리고 1990년대 이후에 환상 장르가 부상하는 것도 필연적인 현상이다.

이러한 맥락에서 바라본다면, 2000년대 이후 환상서사의 다원화와 장르의 분화는 말도 안 되는 현실에 대한 반응 내지 그것으로부터의 도피라는 비판 이전의 긍정적 의의를 생각할 수 있게 해준다. 지금의 환상물들이 각자의 그림자만 한 경제적 이해에 묶여 고립된 개인의 심리적 현실을 보여줄 뿐이라고 하여도, 혹은 현실로부터 도망쳐 순간의 위안을 받고자 하는 나약함을 돕고 있다 하여도, 환상이라는 계기로 현실과의 관계를 달리 설정해볼 수 있는 상상의 가능성이 열려 있다면, 그것은 그나마 불행 중 다행한 일이 아닐 수 없다. 우리가 지금 환상 장르에 주목하는 것은 바로 그러한 이유 때문이다.

주석

1 최기숙, 『환상』, 연세대학교 출판부, 2003, 45면.

2 방민호, 「해설: 한국 현대소설에 흐르는 환상의 발원지를 찾아서」, 방민호 편, 『환상소설첩』, 향연, 2004, 301-302면.

3 *Dictionnaire de l'Académie Française*(1831), *Littré Dictionnaire: Dictionnaire de la Langue Française*(1863), *Tresor de la Langue Française Ⅷ*(1890); 최기숙, 『환상』, 연세대학교 출판부, 2003, 7면에서 재인용.

4 현재 우리가 사용하는 '환영(幻影)'이나 '환각(幻覺)'과 같은 단어는 근대에 서구의 'fantastic/fantastique'가 번역되면서 그 의미가 파생되어 쓰이게 된 근대적 한자어로 추정된다.

5 로지 잭슨이 환상의 본질을 전복성으로 보고 환상문학을 분석한 것이나 캐서린 흄이 환상을 문학에 편재(遍在)하는 본질적 요소로 보고 보다 폭넓은 문학을 환상적 텍스트로 분석한 것은 환상의 필수요건과 그 의미의 확장 가능성을 잘 보여준다.

6 환영(幻影)이란 사전적 의미로, "공상이나 환각에 의하여 눈앞에 있지 않은 것이 있는 것처럼 보이는 것"을 말하며, 심리 용어로 "생각이나 감각의 착오로 사실이 아닌 것을 사실처럼 인정하는 현상", 그리고 "이루지 못할 희망이나 이상을 비유적으로 이르는 말"이다.

7 須永朝彦, 『日本幻想文學史』, 平凡社, 2007, 10-12면; 고영란, 「에도(江戸)시대 환상문학 소고(小考)—『도카이도 요쓰야 가이단(東海道四谷怪談)』의 환영의 의의」, 《일본언어문화》 28집, 한국일본언어문화학회, 2014, 465-466면에서 재인용.

8 최기숙, 『환상』, 연세대학교 출판부, 2003, 37면; 이유선, 『판타지문학의 이해』, 역락, 2005, 75면.

9 정환국, 「동아시아 환상의 지표와 한국 초기 서사의 환상성」, 본서 제2부 Ⅰ. 제1절 참조.

10 츠베탕 토도로프, 최애영 옮김, 『환상문학 서설』, 일월서각, 2014, 53면.

11 츠베탕 토도로프, 위의 책, 93면.

12 최애영, 「역자 후기」, 츠베탕 토도로프, 위의 책, 344면.

13 여기에서 판타지 장르는 우리가 사는 세계와는 다른 2차 세계를 무대로 자체적인 일관성을 가지고 사건이 전개되는 이야기를 가리키며 『반지의 제왕』이나 『나니아 연대기』가 대표적인 경우이다. 이는 '환상적인 것(the fantastic)'을 함유한 환상서사장르의 하위 유형에 해당한다. 이러한 구분은 John Clute & John Grant, 『판타지 백과사전 (The Encyclopedia of Fantasy)』(New York: St. Martin's Griffin, 1997)의 정의를 따른 것으로, 송태현, 『판타지』, 살림, 2003, 22-23면에서 재인용하였다.

14 이 이야기는 정환국, 「고전소설의 환상성, 그 연구사적 전망」(『민족문학사연구』, 민족문학사연구소, 2008), 94면에서 읽고 원전을 찾아 인용한 것이다.

15 스릴러와 공포물, 모험 활극 등의 장르적 친연성에 대해서는 박유희, 「총론: 한국 추리서사와 탐정의 존재론」, 대중서사장르연구회, 『대중서사장르의 모든 것: 3. 추리물』, 이론과실천, 2011, 24-25

면 참조.

16 정환국, 「동아시아 환상의 지표와 한국 초기 서사의 환상성」, 본서 제2부 Ⅰ. 제1절 참조.

17 엄기영, 「초기 전기(傳奇)에 나타난 기(奇)의 성격」, 본서 제2부 Ⅰ. 제2절 참조.

18 이종필, 「『최고운전』, 환상과 전복의 서사」, 본서 제2부 Ⅰ.제3절 참조.

19 엄태웅, 「이본의 파생, 서사의 추이와 환몽의 향방」, 본서 제2부 Ⅰ.제4절 참조.

20 김병철, 『한국근대번역문학사연구』, 을유문화사, 1975; 이동은, 「천일야화의 번역본에 대한 소고」, 《통번역학연구》 3호, 한국외대통번역연구소, 1999.

21 이정안, 「신드바드의 모험 속에 가려진 것들」, 본서 제2부 Ⅱ. 제1절 참조.

22 조은숙, 「한국 아동 판타지에 나타난 '어린이 나라' 공간과 유토피아적 상상력의 계보」, 본서 제2부 Ⅱ. 제3절 참조.

23 조은숙, 위의 글 참조.

24 수잔 헤이워드, 이영기 역, 『영화사전: 이론과 비평』, 한나래, 1997, 365면.

25 장 루이 뢰트라, 『영화의 환상성』, 동문선, 2002. 21면.

26 정종화, 「조선영화의 실천과 '환상'의 문제」, 본서 제2부 Ⅱ. 제2절 참조.

27 강상순, 「조선 전기 귀신 이야기에 잠복된 사회적 적대」, 《민족문화연구》 56, 고려대학교 민족문화연구원, 2012, 97-136면.

28 이주영, 「조선 중·후기 필기·야담의 귀신담: 귀신의 출현 양상을 중심으로」, 본서 제3부 Ⅰ.제1절 참조.

29 최기숙, 『환상』, 연세대학교 출판부, 2003, 8면.

30 김지영, 「'기괴'에서 '괴기'로: 식민지 대중문화와 환멸의 모더니티」, 《개념과소통》 5호, 개념과소통학회, 2010, 39-78면.

31 '기괴/괴기'의 의미 변화에 대해서는 김지영, 위의 글 참고.

32 이주라, 「식민지시기의 여귀·괴담과 근대적 공포물의 전환」, 본서 제3부 Ⅰ.제2절 참조.

33 김정숙, 「조선시대 필기, 야담집 속 귀신, 요괴담의 변화 양상」, 《한자한문교육》 21권, 2008, 한국한자한문교육학회, 572면.

34 백문임, 『월하의 여곡성: 여귀로 읽는 한국 공포영화史』, 책세상, 2008, 152-154면.

35 백문임, 위의 책, 176면.

36 1960년대 한국 공포영화 장르의 형성에 대해서는 백문임, 위의 책, 95-141면 참조.

37 〈전설 따라 삼천리〉와 〈전설의 고향〉에 대해서는 문선영, 「전설에서 공포로, 한국적 공포 드라마의 탄생」, 본서 제3부 Ⅰ.제3절 참조.

38 김흥규, 『한국문학의 이해』, 민음사, 1998, 69면.

39 문선영, 「전설에서 공포로, 한국적 공포 드라마의 탄생」, 본서 제3부 Ⅰ.제3절 참조.

40 1968년 장일호 감독에 의해 〈전설 따라 삼천리〉, 〈전설 따라 삼천리 2—상사초〉가 만들어졌다.

41 박노현, 「한국 텔레비전 드라마의 환상성: 1990년대 이후의 미니시리즈를 중심으로」, 본서 제4부 Ⅱ.제1절 참조.

42 이현경, 「2000년 이후 한국 공포영화에 드러난 '환(幻)'의 작동방식」, 본서 제3부 Ⅰ.제4절 참조.

43 SF나 판타지는 '소년소녀 공상과학전집', '소년소녀 과학모험전집' 등 '소년소녀용 전집' 형태로 출간되고 번역되었다. 1990년대 이후에야 완역본이 나오면서 장르에 대한 진지한 접근이 시작되었다. 이에 대해서는 최애순, 「우주시대의 과학소설: 1970년대 아동전집 SF를 중심으로」, 《한국문학이론과비평》 60집(제7권 3호), 한국문학이론과비평학회, 2013, 215면 참고.

44 고장원과 박상준에 의하면, SF를 '공상과학소설'이라고 부른 것은 일본을 통해 이 용어가 수입되면서 의미가 와전된 결과이다. 고장원·박상준, 「한국 과학소설 도입사 시론(時論): 우리나라에 SF는 어떻게 다가왔는가?」, 본서 제3부 Ⅱ.제1절 참조.

45 대중문학연구회, 『과학소설이란 무엇인가』, 국학자료원, 2000, 58-69면.

46 조계숙, 「과학적 애국주의와 환상의 제국: 《학생과학》지 수록 한국 과학소설의 지형도」, 본서 제3부 Ⅱ.제2절 참조.

47 박인하, 「한국만화의 환상성과 근대성: 근대만화에서 1970년대까지 SF를 중심으로」, 본서 제3부 Ⅱ.제4절 참조.

48 김창식, 「서양 과학소설의 국내 수용 과정에 대하여」, 『과학소설이란 무엇인가』, 국학자료원, 2000, 72면.

49 김지영, 「한국 과학소설의 장르소설적 특징에 대한 연구: 『한국과학소설(SF)전집』(1975)을 중심으로」, 《인문논총》 32호, 경남대학교 인문과학연구소, 2013, 385면.

50 조계숙, 「과학적 애국주의와 환상의 제국: 《학생과학》지 수록 한국 과학소설의 지형도」, 본서 제3부 Ⅱ.제2절 참조.

51 송효정, 「한국 SF영화의 출현과 전개: 1960년대 고딕SF와 소년SF를 중심으로」, 본서 제3부 Ⅱ.제3절 참조.

52 박인하, 「한국만화의 환상성과 근대성: 근대만화에서 1970년대까지 SF를 중심으로」, 본서 제3부 Ⅱ.제4절 참조.

53 조은숙, 같은 글 참조.

54 이오덕, 『어린이를 지키는 문학』, 백산서당, 1984.

55 조은숙, 같은 글 참조.

56 이능화, 이재곤 역, 『조선무속고』, 동문선, 1991, 17면.

57 샤머니즘에 대한 탄압의 역사에 대해서는 조흥윤, 『한국의 샤머니즘』, 서울대학교 출판부, 1999, 머리말 참조.

58 이에 대해서는 박유희, 「샤먼의 기억: 한국영화에 나타난 무당 표상」, 《현대문학이론연구》 48집, 현대문학이론학회, 2012, 185-216면 참조.

59 1960년대 후반 모더니즘 계열과 향토 서정 계열의 경쟁에 대해서는 박유희, 「文藝映畵의 함의」, 《영화연구》 44호, 한국영화학회, 2010, 117-157면 참조.

60 1970년대 영화법과 방송법에는 '민족의 주체성 함양에 관한 사항'과 '민족문화의 창조적 개발에

관한 사항'이 포함되어 있었다. 이에 대해서는 오진곤, 「유신체제기 영화와 방송의 정책적 양상에 관한 연구」, 《언론정보연구》 48권 1호, 서울대학교 언론정보연구소, 2011, 229-259면 참고.

61 전통에 대한 반성적 인식과 전근대 문화에 대한 재평가, '근대 내발론(內發論)'의 대두, 그리고 서민문화에 대한 재발견 등이 그러한 효과에 해당한다.

62 당시 체제가 요구하는 우수영화는 외화수입권과 직결되어 있었기 때문에 영화업계로서는 사활이 걸린 문제였다.

63 1970년 이후 김동리 문학은 '전통', '풍속', '토속'이라는 이름으로 민족문화를 대표하는 문학으로 다시 소환된다. 이에 대해서는 「서울시문화상의 김동리 씨/ 전통과 보편성의 조화」, 《동아일보》, 1970. 3. 20. ; 「한국문학전집 출판 붐/ 황순원, 김동리 개인전집」, 《동아일보》, 1970. 4. 29. ; 「삼중당 간 한국대표문학전집」, 《경향신문》, 1970. 5. 12. ; 「문화예술상위원위 위촉」, 《경향신문》, 1970. 8. 31. 등 당대 기사 참조.

64 김윤식, 「을화론: 이승과 저승 사이에 걸린 등불 하나」, 『을화: 김동리전집⑥/장편』, 민음사, 1995, 196면; 김윤식, 『한국근대문학사상사연구2: 문협정통파의 사상구조』, 아세아문화사, 1994, 261-341면.

65 다음과 같은 견해는 1970년대 남한에서 샤머니즘이 소환된 맥락을 이해하는 데 도움을 준다. "샤먼에 의해 조절된 (환경과의) 상호작용은 사회에 이미 시행되어 있는 기성의 규범을 강화하거나 자연 환경과 인간, 초자연적 힘과 인간 사이의 조화로운 관계를 강화하는 것으로 이해될 수 있다."—R. Gilberg, "How to Recognize a Shaman among Other Religious Specialists", M. Hoppál(ed), *Shamanism in Eurasia*, Göttingen, 1984, p. 26; 김열규, 『동북아시아 샤머니즘과 신화론』, 아카넷, 2003. 72면에서 재인용.

66 이는 1970년대 사회과학, 문학, 신학에 걸쳐 포괄적인 저항담론으로서 재등장한 '민중' 개념과 긴밀한 연관을 가진다. 1970년대 민중 개념에 대해서는 장상철, 「1970년대 '민중' 개념의 재등장: 사회과학계와 민중문학, 민중신학에서의 논의」, 《경제와 사회》 통권 제74호, 2007. 5, 114-138면 참조.

67 김유미, 「1970년대 연극 속에 드러나는 무속의 두 얼굴」, 본서 제4부 Ⅰ. 제2절 참조.

68 이영미, 「공포에서 해원으로: 1980년대 전후 영화 속 무당 표상과 사회적 무당의 탄생」, 본서 제4부 Ⅰ. 제3절 참조.

69 박노현, 「한국 텔레비전 드라마의 환상성: 1990년대 이후의 미니시리즈를 중심으로」, 본서 제4부 Ⅱ. 제1절 참조.

70 최승연, 「만들어진 비애와 감성의 연대: 뮤지컬 〈프랑켄슈타인〉(2014)의 원작 변주 방식과 팬덤에 대한 고찰」, 본서 제4부 Ⅱ. 제3절 참조.

71 백지은, 「2000년대 소설에서 '환상'을 사유하기」, 본서 제4부 Ⅱ. 제2절 참조.

72 박노현, 같은 글 참조.

〈환상물 관련 연구 현황〉

정리: 전근대 환상서사 — 이주영
현대소설 — 이주라
연극 및 방송극 — 문선영
영화 — 송효정

1. 전근대 환상서사

동아시아문화권에서 '기이(奇異)'라는 개념으로 표상되어온 환상은 인식론의 측면에서 이미 문학의 기저에 자리 잡고 있었다. 기이함·낯설음·불가해함 등의 요소는 문학의 본질적 속성으로 간주되었으며, 『산해경(山海經)』의 상상세계에서 보듯 사실의 기록과 더불어 세계를 이해하는 방식의 한 축으로 이해되어 왔다. '기이함'을 기록하는 양식인 전기(傳奇)와 지괴(志怪) 자체가 서사문학의 출발 지점이었던 것이다. 이 밖에 불교의 인식론과 관련 있는 '환(幻)'이라는 개념은 실체가 없는 것이 능히 변화하여 인간을 미혹시키는 가상의 세계를 말하고, 불교 영험서사와 더불어 도교설화 등이 환상문학의 범주에 포함된다.

한국 고전문학에서 기이라는 개념은 비현실성·초월성·신비성·우연성 등을 모두 포괄하는 것으로, 연구사에서는 서구의 '환상성' 논의가 시작된 이후에야 그 환상의 성격을 구체적으로 규정하기 시작한바, 근대 서구의 '환상성' 개념에 곧바로 등치시키기에는 무리가 따른다. 또 요소로서의 환상과 장르로서의 환상문학에 대한 구분이 명확하지 않은 상태이며, 다루고 있는 문학 장르나 양상 및 연대가 『삼국유사(三國遺事)』 등 초기 서사류와 전기(傳奇)소설, 17세기 이후의 국문소설에 이르기까지 매우 넓기 때문에, '환상성'에 대해 공통으로 합의되고 일관된 개념의 도출 및 연구방법론상의 정체성 확립은 아직까지

미진한 편이다. 환상성 연구의 흐름에 대해서는 정환국의 논문 「고전소설의 환상성, 그 연구사적 전망」에서 자세히 논의되고 있다.

1980년대 중반 『삼국유사』·『금오신화(金鰲新話)』·『구운몽(九雲夢)』 등에 구현된 환상성, 즉 '신이(神異)'적 요소나 '꿈' 등을 통해 장르론적 관점에서 환상서사문학을 상정한 송효섭, 고소설의 우연성 및 황당무계한 사건들이 지닌 특성을 분석하여 환상성을 연구한 김성룡 등의 연구 이후 환상문학 연구가 활발해졌다. 21세기 초반에는 고전문학과 현대문학의 환상적 지점들을 탐구한 『한국문학과 환상성』이라는 연구결과물이 산출되었고, 이후 이 분야의 구체적 작품론이 다수 등장하였다.

고전문학의 환상성 연구는 장르로 보면 크게 전기소설 분야와 국문소설 분야로 나뉜다. 토도로프의 구조주의적 관점과 로지 잭슨의 이데올로기적 관점 등을 가지고 분석한 연구들이 대다수이다. 우선 인귀교환(人鬼交換)이나 이계(異界) 체험 등 환상적 요소의 성격을 규명하거나, 작품의 분위기와 인물의 태도에 대해 토도로프의 '망설임', '머뭇거림'의 개념으로 전기(傳奇)문학의 '전기성(傳奇性)'에 대해 분석한 연구들이 이루어졌다. 『삼국유사』와 『수이전(殊異傳)』 일문(逸文) 등에 실린 여러 작품은 시공간적 경계의 해체와 초자연적 현상 등을 다룬 이야기들이다. 여기에는 환상적 요소로서의 '신이'와 「조신(調信)」 등에서 보이는 문학 장치로서의 '꿈(夢)'이 등장한다. 『금오신화(金鰲新話)』 중 「만복사저포기(萬福寺樗蒲記)」·「이생규장전(李生窺墻傳)」·「남염부주지(南炎浮洲志)」 등과 그 밖의 조선 전기 전기소설에 대한 개별 작품론이 윤경희·김문희·박일용·신태수 등에 의해 개진되었다. 이 밖에 몽유록(夢遊錄) 및 몽자류(夢字類) 소설, 이인담(異人談)·신선전(神仙傳) 등의 인물담, 군담(軍談)소설 등의 소재 및 갈래 차원에서의 환상물에 대해서도 연구자들의 관심이 표출되었다.

17세기 이후 전기소설에서는 전기성이나 기이함보다는 우연성이 강조되어 나타나고 있으며, 이는 환몽소설이나 영웅소설과 같은 조선 후기 소설의 확산과 함께 발달한 현상으로 보인다. 연구사에서는 환몽구조를 갖춘 『구운몽』, 초현실적 세계를 설정한 『숙향전(淑香傳)』, 가정소설에 해당하며 원혼 이야기를 다루고 있는 『장화홍련전(薔花紅蓮傳)』, 군담소설 또는 도술소설 등에 해당하는 『유충렬전(兪忠烈傳)』과 『전우치전(田禹治傳)』 등이 거론되었고 『최고운전(崔孤雲傳)』의 환상적 성격에 대해서도 언급된 바 있다. 이 중 『장화홍련전』은 '착잡한 사회에서 원혼을 만들어내는 가학적 현실을 환상적으로 풀어내는 서사'(이정원), 『전우치전』은 '민중들의 현실적 불만을 허구적으로 해소해낸 민중적 환상'(조혜란)이라고 평가되는 등 환상성은 당대 사회와 현실을 부정하려는 기제로 풀이되었으며 이는 로지 잭슨의 '전복성'의 개념과 연결 지을 수 있다. 이 밖에 대하소설 또는 장편가문소설에 나타난 환상적 표상을 분석한 연구도 산출되고 있다.

환상문학 양식으로서의 환몽(幻夢)소설도 환상문학 연구의 한 축을 이룬다. 강상순은 일반적으로 몽자류소설·구운몽계(九雲夢系)소설·몽유(夢遊)장편소설 등으로 불리는 부류의 소설을 환몽소설이라 칭하면서, 『구운몽』이나 『옥루몽(玉樓夢)』 같은 작품들이 서사 주체의 채워지지 않은 욕망을 환상적인 꿈을 통해 전개함으로써 일종의 백일몽적 반현실을 창조한다는 형식적 공통점을 지니고 있다고 하였다. 즉 이 부류의 작품들이 환상적 세계를 배경으로 조선 후기 사대부 남성들의 팔루스적 욕망과 경험적 현실 사이의 간극에서 산출된 것이라 보고 있다.

소재적 측면에서 근현대문학 및 영화 장르에까지 영향을 미치고 있는 것으로는 귀신담이 가장 특징적이라 할 수 있는데, 귀신담의 성격에 대해서는 윤혜신·김정숙·최기숙·강상순·정환국 등의 연구자에 의해 본격적 연구가 진행되었다. 전기소설에 등장하는 귀신의 성격을 규명한 연구를 비롯하여, 『용재총화(慵齋叢話)』, 『어우야담(於于野譚)』, 『천예록(天倪錄)』 등 필기·야담집에 대해서도 귀신담 등 기이담을 중심으로 많은 연구가 진행되고 있다. 임진왜란 등 전란의 영향으로 조선 중기 이후에는 인간과 귀신의 교류 이외에 조상신과 여성 원혼의 출현, 역병귀신 이야기가 증가하는 대신, 귀물·요물 등의 다채로운 형상은 줄어드는데, 이를 『어우야담』에서부터 감지할 수 있다는 데에 다수의 연구자가 동의하고 있다. 이는 조선 후기 귀신담이 지니는 현실 반영적 측면과 동시에 귀신담에 대한 당대의 지대한 관심을 분석한 연구들이다.

정환국은 그동안의 연구가 환상성의 본질적 측면보다는 작품의 부수적 경향이나 특정 작품의 일면만이 반복되는 경향이 두드러졌고 작품마다 적용되는 환상성의 잣대가 제각각이어서 환상의 폭을 가늠하기가 어려워졌다고 지적하고 있다. 이 난점을 극복하기 위해 한국적 환상성의 상을 확립할 것을 제기하고 있고, 그런 가능성의 하나로 동아시아 문학의 영향관계라는 보편적 차원과 인격적인 주체에 집중한 한국적 특수성에 주목할 것을 제안하고 있다.

여기서는 고전서사의 환상성을 논의한 연구와 귀신담 연구와 관련한 주요 목록을 제시한다.

강상순, 「고소설에서 환상성의 몇 유형과 환몽소설의 환상성」, 《고소설연구》 15, 한국고소설학회, 2003

______, 「성리학적 귀신론의 틈새와 귀신의 귀환—조선 전·중기 필기·야담류의 귀신이야기를 중심으로」, 《고전과 해석》 9, 고전문학한문학연구학회, 2010.

______, 「조선 전기 귀신 이야기에 잠복된 사회적 적대」, 《민족문화연구》 56, 고려대학교 민족문화연구원, 2012.

김문희, 「「숙향전」의 환상성의 창출양상과 그 의미」, 《한민족어문학》 47, 한민족어문학회, 2005.

______, 「고전소설의 환상성의 양상과 인식적 기반」, 《고소설연구》 19, 한국고소설학회, 2005.

김성룡, 「한국고전소설의 환상성에 대한 연구」, 《국문학연구》 70, 서울대학교 국어국문학과,

1985.

______, 「고전소설의 환상미학」, 『한국고전소설과 서사문학』, 집문당, 1998.

______, 「고소설의 환상성」, 《고소설연구》 15, 한국고소설학회, 2003.

______, 「우연성과 환상성」, 《국어국문학》 137, 국어국문학회, 2004.

김정숙, 「조선시대 필기 야담집 속 귀신 요괴담의 변화양상—귀신, 요괴 형상의 변화와 관심축의 이동을 중심으로」, 《한자한문교육》 21, 한국한자한문교육학회, 2008.

______, 「한·중·일 文言短篇集 속 요괴와 귀신의 존재양상과 귀신담론—『天倪錄』, 『聊齋志異』, 『夜窓鬼談』을 대상으로—」, 《대동한문학》 28, 대동한문학회, 2008.

______, 「17, 18세기 韓中 鬼神 妖怪談의 逸脫과 慾望」, 《민족문화연구》 56, 고려대학교 민족문화연구원, 2012.

김지선, 「六朝 志怪의 '幻'에 대한 고찰」, 《아시아문화》 21, 한림대학교 아시아문화연구소, 2004.

박일용, 「「이생규장전」의 밀회 장면에 나타난 환상성과 그 현실적 의미」, 《고소설연구》 20, 한국고소설학회, 2005.

______, 「「이생규장전」의 결혼과 절사(節死) 장면에 나타난 환상성과 그 의미」, 《고전문학과 교육》 11, 한국고전문학교육학회, 2006.

______, 「「주생전」의 공간 구조와 환상성」, 《고소설연구》 35, 한국고소설학회, 2013.

서강여성문학회, 『한국문학과 환상성』, 예림기획, 2001.

송성욱, 「고전소설에 나타난 환상적 표상의 몇 가지 층위」, 《성심어문논집》 25, 성심어문학회, 2003.

송효섭, 「이조소설의 환상성에 대한 장르론적 접근」, 《한국언어문학》 23, 한국언어문학회, 1984.

신재홍, 「『金鰲神話』의 幻想性에 대한 주제론적 접근」, 《고전문학과 교육》 1, 한국고전문학교육학회, 1999.

신태수, 「『기재기이』의 환상성과 교환 가능성의 수용 방향」, 《고소설연구》 17, 한국고소설학회, 2004.

윤경희, 「「만복사저포기」의 환상성」, 《한국고전연구》 4, 한국고전연구학회 1998.

윤혜신, 「『어우야담』 소재 귀신담의 트라우마적 성격」, 《대동문화연구》 63, 성균관대학교 대동문화연구원, 2008.

이강옥, 「구운몽의 환몽(幻夢) 경험과 주제」, 《고소설연구》 28, 한국고소설학회, 2009.

이정원, 「「장화홍련전」의 환상성」, 《고소설연구》 20, 한국고소설학회, 2005

임수현, 「「남염부주지」의 환상성 연구」, 《서강어문》 15, 서강어문학회, 1999.

정규식, 「『殊異傳』의 환상성 고찰」, 《국어국문학》 22, 동아대학교 국어국문학과, 2003.

______, 「나말여초 전기문학의 환상성과 문학적 형상화—「首揷石枏」과 「寶開」를 중심으로」, 《동양한문학연구》 20, 동양한문학회, 2004.

정환국, 「초기 서사에서의 '신이성'」, 《민족문학사연구》 30, 민족문학사학회, 2006.

______, 「17세기 이후 귀신이야기의 변모와 '저승'의 이미지—단편 서사류를 중심으로」, 《고전문학연구》 31, 한국고전문학회, 2007.

______, 「고전소설의 환상성, 그 연구사적 전망」, 《민족문학사연구》 37, 민족문학사연구소, 2008.

______, 「'寃鬼'와 『金鰲新話』: 조선 초 寃魂敍事의 형성」, 《동양한문학연구》 35, 동양한문학회, 2012.

______, 「동아시아 환상의 지표와 한국 초기서사의 환상성」, 《한문학보》 32, 우리한문학회, 2015.

조혜란, 「민중적 환상성의 한 유형—일사본 전우치전을 중심으로」, 《고소설연구》 15, 한국고소설학회, 2003.

최기숙, 「불멸의 존재론, '한'의 생명력과 '귀신'의 음성학—18, 19세기 야담집 소재 귀신과 자살 일화를 중심으로」, 《열상고전연구》 16, 열상고전연구회, 2002.

______, 「귀신의 처소, 소멸의 존재론—『금오신화』의 '환상성'을 중심으로」, 《돈암어문학》 16, 돈암어문학회, 2003.

______, 『환상』, 연세대학교 출판부, 2007.
한길연, 「대하소설의 환상성의 특징과 의미」, 《고전문학과 교육》 20, 고전문학교육학회, 2010.

2. 현대소설

환상은 사실적 세계와 대비되는 상상의 세계, 즉 비가시적인 원리나 법칙 혹은 현실적으로 부재하지만 심리적으로 실재하는 욕망을 형상화하는 문학의 한 특징으로 여겨진다. 현실과 다른 세계를 창조하고자 하는 문학의 입장에서는, 환상은 문학의 근본 원리로까지 인식되기도 한다. 특히 허구적 형상화를 기본으로 하는 소설의 세계에서 환상은 소설의 본질이라고 언급되기도 한다. 하지만 소설이 사실적 재현을 통해 현실의 반영에 충실해야 한다는 근대 리얼리즘 소설론이 대두되면서 환상은 현실성의 검증을 필요로 하지 않는 퇴행의 세계나 현실과 무관한 유희의 세계에 불과한 것으로 여겨졌다. 그로 인해 환상을 형상화한 문학 그리고 환상성이 나타난 문학은 근대의 시작 이후 제도로서의 문학에서 소외되어왔다.

특히 한국의 경우 계몽주의의 영향 아래 근대문학이 형성되었기 때문에 문학과 현실과의 밀접한 관계를 강조하는 리얼리즘 문학론이 강세를 보였다. 인간의 감정이나 정서를 형상화하는 서정문학이 아닌 허구적 세계를 창조하는 서사문학의 경우 문학이 창조한 허구적 세계가 현실을 반영하고 현실을 변화시킬 수 있는 힘을 가져야 한다는 요구는 더욱 강력했다. 그렇기 때문에 환상문학은 근대문학이 시작된 이래 한국문학의 주요한 경향으로 나타나지 못했다.

한국에서 환상문학의 흐름이 뚜렷한 징후로 포착된 것은 크게는 두 시기로 나타난다. 1960년대를 전후하여 전쟁 이후의 왜곡된 현실과 인간상을 표현하는 한 흐름으로 환상성이 주가 된 소설들이 등장하였고, 1990년대 이후 포스트모더니즘의 담론과 맞물리면서 환상성을 도입하여 소설의 다양한 가능성을 보여주는 작품들이 나타났다. 그리고 1990년대의 흐름의 연장선상에서 2000년대 중반 이후 환상은 더욱 만연하였다. 이때 소설 속 환상은 리얼리티에 대한 일반적 합의와 그것을 형상화하는 소설의 허구성에 대한 관습적 합의의 경계를 넘어서는 지점까지 나아갔다. 현실과 환상의 경계를 해체하는 소설들이 등장하여 현실과 환상이 관계 맺는 방식에 대한 근본적인 문제제기를 던졌던 것이다. 무엇보다도 1990년대 이후 소설의 세계에 일어난 가장 큰 변화는 장르문학 시장이 확대되면서 허구적으로 구축된 2차 세계를 오락적으로 향유하는 판타지소설이나 SF소설이 증가했다는 점이다. 사실성에 대한 비판과 보완으로서의 환상성이 아니라, 오락으로서의 환상 세계 구축은 그동안 문학적으로 인정받지 못했었다. 하지만 매체 환경의 변화와 맞물려 허구적 2차 세계에 대한 향유는 더욱 증가할 것으로 보이며, 이러한 장르소설의 문법은 기존의 소설과 활발한 교류를 펼칠 것으로 보인다.

1960년대 장용학, 최인훈, 이제하, 박상륭, 김승옥 등의 작품에 도입된 꿈과 신화 그리고 샤먼의 세계 등은 현실세계의 구성 원리를 벗어나 개인의 억압된 내면이나 욕망 그리고 초월적 세계의 진실을 드러내었다. 1990년대 들어 이인성은 의식의 흐름 기법과 같은 서술 전략을 통해 환상의 기법을 구현하였으며, 김영하나 김경욱은 기술의 발전에 따라 창조되는 2차 세계를 소설의 현실에 도입하였다. 2000년대 이후 천운영이나 편혜영과 같은 작가들은 현실을 확대하거나 축소시키는 독특한 시각을 통해 현실의 세계를 기괴하게 만드는 방식으로 환상성을 보여주었다. 박민규나 황정은 등의 작가들은 심리적 현실을 환상의 방식으로 묘사하면서 가상의 세계라고만 치부되었던 환상이 실질적 힘으로 존재하는 사태가 현실 속에서 일어나고 있음을 보여주었다. 최제훈이나 배명훈 등은 SF소설이나 장르소설의 문법을 적극적으로 차용하여 소설 속에 환상의 세계를 도입하고 있다. 한편 1996년 말부터 하이텔에 연재한 이영도의 『드래곤 라자』와 같은 판타지소설은 선풍적인 인기를 끌면서 2000년대 이후 판타지소설의 기반을 마련하였다.

한국문학에 나타난 환상성에 대한 연구 또한 1990년대 이후 활발하게 나타났는데, 대부분 당대에 환상성이 새로운 경향으로 부각되는 현상을 바탕으로 환상성의 문학적 의의와 당대적 현상으로서 환상성의 특징을 밝혔다. 특히 2000년대 중반 이후로 문학에서의 환상성이 주된 흐름으로 나타나면서 이러한 환상성이 현실에 던지는 문제제기가 무엇인지에 관한 고찰 및 현실과 환상의 관계 재설정에 관한 논의가 활발하게 이루어졌다. 다른 한편에서는 장르문학의 부상과 맞물려 판타지소설 및 SF소설에 대한 연구가 활기를 띠기 시작했다. 이영도의 소설을 중심으로 한국 판타지소설의 특징 및 인터넷이 소설에 미치는 영향 등이 분석되었으며, 한국 SF소설의 역사적 흐름에 대한 연구가 이루어지며 유의미한 성과를 거두고 있다.

1990년대 이후 환상성에 대한 논의가 활발해지면서 당대 문학의 환상성의 특징을 분석하는 연구 외에 한국의 문학사적 흐름 속에서 환상성의 위치와 역할 그리고 그 특징을 밝히려는 연구 또한 증가하였다. 이 연구들은 우선 환상성의 역사적 특징을 밝히기 위해 1960년대에 나타난 환상의 특징에 주목하였다. 혹은 근대 초기 소설의 형성 과정에서 나타난 환상성의 양상에 대해 살펴보기도 하였다. 최근의 연구는 환상성이 발생한 문화적 맥락에 주목한다. 이들 연구는 문학적으로 형상화된 환상성의 특징이 아니라 문화적 유행을 통해 유통된 환상성의 존재 양상을 분석하였다. 이를 통해 제도권 문학에서는 잘 드러나지 않았던 환상성의 영향력을 확인하였다. 1930년대 '에로, 그로, 넌센스'의 유행에 대한 연구는 식민지시기 환상성이 '그로테스크'나 '괴기'라는 개념어로 수용되었음을 밝히면서 환상성의 역사가 식민지시기부터 형성되었음을 확인할 수 있게 하였다. 식민지시기 번역물에 대한 연구에서도 환상적 모험 세계에 대한 이야기나 SF소설에 대한 관심이 역사적으로 꾸준히 지속될 수 있음을 보여주었다. 또한 아동문학에 나타나는 환상성에 대한 연구는 이러한 환상성에 대한 관심이 아동문학의 영역으로 분류되기 시작하면서 한국문학 속 환상성의 영역이 축소되었음을 알려주었다.

이와 같이 1990년대 이후 환상문학에 대한 논의는 점차 그 영역을 확대해나가고 있다. 사실성에 대한 보완과 비판으로서의 환상성에 대한 분석에서 나아가, 환상과 사실의 관계를 재구축하거나, 오락적으로 향유하는 2차 세계를 수용하는 방향으로 환상소설 연구의 범위를 넓혀나가고 있다. 그 과정에서 환상성을 활용한 소설의 역사뿐만 아니라 판타지소설이나 SF소설과 같은 장르문학들에 대한 통시적 흐름까지 밝혀내면서 한국문학사에서 지워졌던 환상문학의 역사적 흐름을 복원하고 있다.

이러한 흐름을 보여주는 논문 및 단행본은 아래와 같다.

고영진, 「한국 현대 환상 소설의 전략—세계 접속과 실천 윤리」, 《현대문학이론연구》 51, 현대문학이론학회, 2012.

고장원, 『SF의 법칙』, 살림, 2008.

구수경, 「환상성, 현실의 탐색을 위한 우회의 서사: 이외수의 『벽오금학도』와 황석영의 『손님』을 대상으로」, 《구보학보》 4, 구보학회, 2008.

권선희, 「괴물성의 정치학」, 경희대학교 석사학위논문, 1998.

김경수, 「현대소설의 전개와 환상성」, 《국어국문학》 137, 국어국문학회, 2004.

김미현, 「여성소설에 나타난 환상성 연구」, 《국어국문학》 138, 국어국문학회, 2004.

김영민, 「한국 근대 서사문학에 나타난 환상성과 사실성」, 《현대소설연구》 12, 한국현대소설학회, 2000.

김영찬, 「2000년대, 한국문학을 위한 비판적 단상」, 《창작과 비평》 129, 창작과비평사, 2005.

______, 「방법론적 상상제국의 아이들」, 《문장 웹진》, 사이버 문학광장 웹진, 2006. 4.

김예림, 「조선, 별천지의 소비에서 소유까지」, 『1930년대 후반 근대인식의 틀과 미의식』, 소명출판, 2004.

김종욱, 「쥘 베른 소설의 한국 수용과정 연구」, 《한국문학논총》 49, 한국문학회, 2008.

김종태·정재림, 「창작교육적 관점에서 본 판타지의 서사 방법—『반지의 제왕』, 『나니아 연대기』, 『해리 포터』, 『드래곤 라자』를 중심으로」, 《한국문예비평연구》 30, 한국문예비평학회, 2009.

김지영, 「1960~70년대 청소년과학소설 장르 연구—『한국과학소설(SF)전집』(1975) 수록 작품을 중심으로」, 《동남어문논집》 35, 동남어문학회, 2013. 5.

______, 「'기괴'에서 '괴기'로, 식민지 대중문화와 환멸의 모더니티」, 《개념과 소통》 5, 한림과학원, 2010.

김태환, 「환상성의 구조」, 『문학의 질서』, 문학과지성사, 2007.

김형중, 「병든 신, 윈도즈Windows 속의 영웅」, 『살아있는 시체들의 밤』, 문학과지성사, 2013.

김혜영, 「판타지소설의 재미담론 연구」, 강원대학교 박사학위논문, 2011.

나병철, 「환상소설의 전개와 성장소설의 새로운 양상」, 《현대소설연구》 31, 한국현대소설학회, 2006.

나은진, 「사이버 매체와 현대의 대중 서사: 매체의 변화와 타자성의 탈 주변화 과정」, 《한국문화연구》 18, 이화여자대학교 한국문화연구원, 2010.

______, 「사이버 소설의 환상성과 한국 서사의 전통」, 《구보학보》 4, 구보학회, 2008.

대중문학연구회, 『과학소설이란 무엇인가』, 국학자료원, 2000.

모희준, 「한낙원의 과학소설에 나타나는 냉전체제 하 국가 간 갈등 양상—전후 한국 과학소설에 반영된 재편된 국가 인식을 중심으로」, 《우리어문연구》 50, 2014.

문흥술, 「환상문학의 발생론적 토대와 그 유형에 관한 연구」, 《어문논총》 42, 한국문학언어학회, 2005.

박상준, 「SF문학의 인식과 이해」, 《외국문학》 49, 1996.

______, 『SF테마기행』, 미라지미디어, 2001.

______, 「21세기, 한국, 그리고 SF—SF문학의 개괄과 한국적 SF의 반성」, 《오늘의 문예비평》

59, 오늘의 문예비평, 2005. 6.

박숙자, 「괴기에서 넌센스까지: 1920년대 취미독물에 나타난 여성인물의 재현 양상—《별건곤》을 중심으로」, 《여성문학연구》 14, 한국여성문학학회, 2005.

______, 「괴물의 탄생: 무감정, 반윤리, 비죽음 : 김승옥의 「환상수첩」을 중심으로」, 《한국문학이론과 비평》 18권 4호, 한국문학이론과비평학회, 2014.

박유희, 「한국 환상서사의 매체 통합적 장르 논의를 위한 서설」, 《한민족문화연구》 51, 한민족문화학회, 2015.

박정수, 『현대소설과 환상』, 새미, 2002.

박 진, 「환상과 현실의 다층적 관계」, 『키워드로 읽는 2000년대 문학』, 작가와비평, 2010.

백대윤, 「한국 문학과 SF: 박민규 소설의 포스트콜로니얼 탈장르화를 중심으로」, 《한국문예비평연구》 24, 한국문예비평학회, 2007.

백지은, 「신.소.설.사.—환상소설론고」, 《오늘의 문예비평》 81, 오늘의 문예비평, 2011. 6.

______, 「2000년대 소설에서 '환상'을 사유하기」, 『Journal of Korean Culture』 29, 한국어문학국제학술포럼, 2015.

복거일, 『세계환상소설사전』, 김영사, 2002.

서강여성문학연구회, 『한국문학과 환상성』, 예림기획, 2001.

소래섭, 『에로 그로 넌센스: 근대적 자극의 탄생』, 살림, 2005.

손정수, 「변형되고 생성되는 한국소설의 문법」, 《자음과 모음》 2008년 가을호, 자음과모음, 2008.

송연주, 「여성소설에 나타난 변신 모티프와 환상성 연구: 한강, 오수연, 송경아 소설을 중심으로」, 《한국문학이론과 비평》 41, 한국문학이론과 비평학회, 2008.

송효정, 「1960년대 소설의 환상성」, 고려대학교 석사학위논문, 2003.

안숭범, 「판타지 소설 『야만인 코난』의 미학적 특질과 이데올로기」, 《문학과 영상》 13권 2호, 2012.

안숭범·최혜실, 「판타지 소설에 활용된 '마법'의 철학적 의미와 기능: 『어시스의 마법사』를 중심으로」, 《국제어문》 55, 국제어문학회, 2012.
우미영, 「한국 현대 소설의 '과학'과 철학적·소설적 질문: 김보영과 배명훈의 SF를 중심으로」, 《외국문학연구》 55, 한국외국어대학교 외국문학연구소, 2014.
유승환, 「1920년대 초중반의 인식론적 지형과 초기 경향소설의 환상성: 《개벽》과 《조선지광》의 인식론적 담론을 중심으로」, 《한국현대문학연구》 23, 한국현대문학회, 2007.
이광호, 「혼종적 글쓰기, 혹은 무중력 공간의 탄생」, 《문학과 사회》 70, 문학과지성사, 2005. 5.
이남호, 『보르헤스 만나러 가는 길』, 민음사, 1994.
이정숙, 「문학의 미래, 환상성을 통한 독자와의 거리 좁히기」, 《구보학보》 4, 구보학회, 2008.
이정안, 「식민지시기 『천일야화』 수용 연구: 『신드바드 모험』에 나타난 근대적 특성을 중심으로」, 《어문논집》 73, 민족어문학회, 2015.
이주라, 「식민지시기 괴담의 출현과 쾌락으로서의 공포」, 《한국문학이론과 비평》 61, 한국문학이론과 비평학회, 2013. 12.
______, 「일제강점기 괴담의 특징과 한국 공포물의 장르적 관습—《매일신보》 소재 괴담을 중심으로」, 《우리문학연구》 45, 우리문학연구회, 2015. 1.
임태훈, 『우애의 미디올로지』, 갈무리, 2012.
장정윤, 「괴물: 임의적인 법의 폭력—메리 쉘리의 프랑켄슈타인을 중심으로」, 『19세기 영어권 문학』, 19세기 영어권문학회, 2012. 2.
전용갑 「환상성 개념의 사회적·역사적 조건 연구: 한국과 중남미 문학의 사례비교」, 《세계문학비교연구》 24, 세계문학비교학회, 2008.
조계숙, 「국가이데올로기와 SF, 한국 청소년 과학소설: 《학생과학》지 수록작을 중심으로」, 《대중서사연구》 33, 대중서사학회, 2014.
조은숙, 「한국 아동 판타지에 나타난 '어린이나라' 공간과 유토피아적 상상력의 계보」, 《한국학연구》 37집 1호, 2015.
좌담, 「당신은 '나쁜' 작가입니까?」, 《문예중앙》, 2010년 가을호.
좌담, 「우리 문학의 현장에서 진로를 묻다」, 《창작과 비평》 134, 창작과비평사, 2006. 12.

좌담, 「이제, 2000년대 문학을 말할 수 있다」, 《문학과 사회》 72, 문학과지성사, 2005. 11.
좌담, 「한국 소설의 현재와 미래」, 《문학과 사회》 85, 문학과지성사, 2009. 2.
채석진, 「제국의 감각: '에로, 그로, 넌센스'」, 《페미니즘 연구》 5, 한국여성연구소, 2005.
최수정, 「"용과 용의 대격전"의 환상성 연구」, 《한국언어문화》 15, 한국언어문화학회, 1997.
최애순, 「우주시대의 과학소설—1970년대 아동전집 SF를 중심으로」, 《한국문학이론과 비평》 60, 한국문학이론과 비평학회, 2013. 9.
최애영, 「엽기의 미학적 개념화를 위한 탐색」, 《대중서사연구》 20, 대중서사학회, 2008.
최혜실, 「개화기 소설의 현실성 획득 과정」, 《국어국문학》 111, 국어국문학회, 1994.
______, 「이상 문학이 "환상성"을 지니는 두 가지 이유: 공포의 승화와 재귀지식 탐색의 무한 역행」, 《현대소설연구》 12, 한국현대소설학회, 2000.
한금윤, 「과학소설의 환상성과 과학적 상상력」, 《현대소설연구》 12, 한국현대소설학회, 2000.
한명환, 「무협소설의 환상성 고찰: 김광주의 『정협지』 화소 분석을 중심으로」, 《현대소설연구》 12, 한국현대소설학회, 2000.
한민주, 「인조인간의 출현과 근대SF문학의 테크노크라시—『인조노동자』를 중심으로」, 《한국근대문학연구》 25, 한국근대문학회, 2012.
홍일식, 「잡지 《괴기》의 사적 연구—그 학문적 재평가를 위하여」, 《어문논집》 11, 민족어문학회, 1968.
황병하, 「환상문학과 한국문학」, 『메타비평을 위하여』, 민음사, 1997.

3. 연극 및 방송극

연극에서의 '환상'을 주제로 한 연구는 활발하지 않은 편이다. 환상성을 전제로 하는 연극의 소통방식이, 역설적으로 연극에서의 '환상'에 대한 관심을 적극적으로 갖도록 하는 것을 어렵게 했다고 볼 수 있다. 연극 분야에서 '환상'을 키워드로 한 연구는 '제의'를 활용한 연극을 중심으로 진행되어왔다. 제의적 연극에 대한 연구는 전통의 재창조라는 맥락에서 한국적인 표현양식을 탐구하는 경우가 대부분이다. 또한 반사실주의라는 미학적 특성으로 접근하는 경우도 꽤 많은 비중을 차지하고 있는데, 이러한 연구는 환상성을 파악하는 작업으로 이어졌다. 최근에는 '제의'라는 포괄적인 범위에서 보다 세부적인 연구가 진행되고 있다. 제의적 연극에 포함되어 있는 '무속', '굿'에 나타난 환상적 요소를 탐구하는 일은 연극에서의 환상성에 구체적으로 접근하고자 하는 시도라고 할 수 있다. 그럼에도 불구하고 '제의'라는 요소는 특정 작가나 연출 연구로 한정될 수밖에 없었다. 그러므로 환상의 범주 안에서 제의적 요소에 중심을 둔 연구들은 오영진, 윤대성, 오태석, 허규, 최인훈, 이윤택 등의 작품이나 연출에 주목하는 경우가 많다.

이 점은 뮤지컬에서도 다르지 않다. 환상이 근본적인 속성이며 전제 조건이 되는 뮤지컬에서 환상을 주제로 한 연구는 드물다. 2000년대 이후 뮤지컬 관련 연구가 활발해지는 가운데 '환상'에 주목한 연구는 조금씩 늘고 있는 추세이다. 현재 뮤지컬에서 환상에 초점을 둔 연구는 대체로 동화적 상상력에 기반을 둔 작품을 분석하는 글이나 스릴러, 공포 장르의 몇 작품에 한정되어 있다. 하지만 최근에는 연극 및 뮤지컬 분야에서의 디지털 기술을 도입한 무대 공간 및 연출에 대한 연구들이 시도되고 있어 연극 분야의 환상 관련 연구들은 새롭게 진행될 전망이다.

방송극에서 '환상' 관련 연구들은 2000년대 이후 활발하게 진행되고 있다. 이는 오랫동안 멜로물이나 가족 드라마 중심이었던 한국 방송극이 1990년대 이후 다양한 장르를 시도하는 변화를 겪었기 때문이다. 1990년대 이후 공포, 추리, 판타지 장르 관련 드라마가 간헐적으로 등장하다가 2000년대 이후 텔레비전 드라마는 다양한 장르와 새로운 작품에 대한 실험적 시도를 보여왔다. 이와 같은 흐름에서 방송극의 '환상' 관련 연구들도 2000년대 이후 다양한 방법으로 이루어지고 있다. 방송극 '환상' 관련 연구는 우선 장르적 특성을 중심으로 공포물과 역사물에서의 '환상'을 파악하는 연구가 있다. 다음, 소재적 차원에 주목하여 초능력, 타임슬립 등의 주제를 다룬 작품을 분석하는 연구들이 있다. 현재 한국 텔레비전 드라마의 장르적 실험이 중요한 키워드라는 점으로 미루어 보았을 때 방송극의 '환상' 관련 연구들은 앞으로 더욱 적극적으로 진행될 것으로 예상된다.

연극 및 방송극에서의 환상 관련 연구서지 목록은 다음과 같다.

강명주·이찬욱, 「〈귀신 보는 형사, 처용〉에 재현된 처용설화의 변이양상 연구」, 《어문논집》 60, 민족어문학회, 2014.

고선희, 「드라마 〈뿌리 깊은 나무〉의 판타지성과 하위주체 발화 양상」, 《국제어문》 55, 국제어문학회, 2012.

권오만, 「오영진 삼부작에 대하여—구비문학과의 관련을 중심으로」, 《국어교육》 18, 한국국어교육연구회, 1972.

권호천, 「TV 프로그램 시청자 게시판에서의 수용자의 의사사회적 상호작용 비교 분석: 퓨전 판타지 역사 드라마 〈태왕사신기〉를 중심으로」, 《스피치와 커뮤니케이션》 10, 한국스피치커뮤니케이션학회, 2008.

김기정, 「뮤지컬 〈지킬 앤 하이드〉와 〈드라큐라〉를 통해 본 19세기 환상문학의 극화 연구」, 동국대학교 석사학위논문, 2011.

김미나, 「이근삼 희곡에 나타난 환상성 연구」, 고려대학교 석사학위논문, 2015.

김미도, 「윤대성 희곡의 전통수용 양상」, 《한국연극학》 29, 한국연극학회, 2006.

______, 「한국 현대극의 전통수용」, 《한국연극학》 27, 한국연극학회, 2005.

김성희, 「오영진 희곡의 대립구조와 그 의미」, 《한국극예술연구》 6, 한국극예술학회, 1996.

______, 「한국 역사극의 기원과 정착: 역사소설/야담과의 교섭과 담론적 성격을 중심으로」, 《드라마연구》 32, 한국드라마학회, 2010.

김승옥, 「한국현대희곡의 전통수용 연구」, 단국대학교 박사학위논문, 1996.

김에셀, 「뮤지컬 오즈의 마법사를 통한 한국 아동극 고찰」, 한세대학교 석사학위논문, 2008.

김예인, 「멜로드라마 속 상호텍스트성의 변화양상에 관한 연구: 〈환상의 커플〉, 〈시크릿 가든〉, 〈오로라 공주〉 텍스트를 중심으로」, 서강대학교 석사학위논문, 2014.

김용수, 「퍼포먼스 연구의 시각에서 본 한국연극학의 새로운 접근방법」, 《한국연극학》 29, 한국연극학회, 2006.

김월덕, 「호남지역 마을굿의 전승 양상과 공연 원리 연구」, 《공연문화연구》 15, 한국공연문화학회, 2007.

김유미, 「1970년대 연극 속에 드러나는 무속의 기능과 의미」, 《한국문학이론과 비평》 63, 한국문학이론과 비평학회, 2014.

______, 「한국현대희곡의 제의구조 연구」, 고려대학교 박사학위논문, 2000.

김윤미, 「〈한네의 승천〉에 나타난 한국적 영상의 의미 연구」, 《드라마연구》 28, 한국드라마학회, 2008.

김지혜, 「김은숙 드라마의 스토리텔링이 갖는 환상성 연구」, 《문학과 영상》 15, 문학과 영상학회, 2014.

김창일, 「부산지역 무속의 연극 콘텐츠화 전망과 방안」, 《동남어문논집》 24, 동남어문학회, 2007.

김태연, 「〈안녕, 프란체스카〉의 내러티브 분석」, 《한국극예술연구》 22, 한국극예술학회, 2005.

김현철, 「윤대성 희곡의 전통극 양식 수용과 현실의 형상화」, 《한국극예술연구》 28, 한국극예술학회, 2008.

문선영, 「전설에서 공포로, 한국적 공포물 드라마의 탄생」, 《우리문학연구》 45, 우리문학연구회, 2015.

박노현, 「텔레비전 드라마와 역사적 상상력: 역사-드라마의 상호텍스트성과 아나크로니즘을 중심으로-」, 《한국문학연구》 44, 동국대학교 한국문학연구소, 2013.

______, 「텔레비전 드라마의 '王政'과 '復古': 미니시리즈의 타임슬립과 복고 선호 양상을 중심으로」, 《한국학연구》 30, 인하대학교 한국학연구소, 2013.

______, 「텔레비전 드라마와 환상(성): '환상적인 것'의 개념과 유형을 중심으로」, 《한국문학연구》 47, 동국대학교 한국문학연구소, 2014.

박명진, 「타임머신/시간여행 모티브 드라마에 나타난 자기 계발 이데올로기」, 《한국극예술연구》 47, 한국극예술학회, 2015.

______, 「텔레비전 드라마 〈나인〉에 나타난 시간 여행의 의미 연구」, 《어문논집》 59, 민족어문학회, 2014.

박미란, 「텔레비전 드라마의 친밀성, 일탈과 재인의 유희: 〈시크릿 가든〉을 중심으로」, 《한국극예술연구》 36, 한국극예술학회, 2012.

박미현, 「대중문화 콘텐츠 속 이형 캐릭터의 문화적 함의 연구: 뮤지컬 〈오페라의 유령〉, 〈지킬 앤 하이드〉, 〈노트르담 드 파리〉를 중심으로」, 동국대학교 석사학위논문, 2013.

박병성, 「무대기술과 판타지」, 《더 뮤지컬》 30, 2014.

박상완, 「텔레비전드라마의 기획과 구현 전략: 2010년대 초반 미니시리즈를 대상으로」, 충남대학교 박사학위논문, 2015.

박신영, 「미디어 콘텐츠 이용자의 판타지 욕구가 콘텐츠 몰입에 미치는 영향: TV 드라마와 영화를 중심으로」, 《한국언론학보》 54, 한국언론학회, 2010.

박유희, 「한국 환상서사의 매체 통합적 장르 논의를 위한 서설」, 《한민족문화연구》 51, 한민족문화학회, 2015.

박윤희, 「한국공포드라마에 나타난 성격분장 연구—2008년 KBS 납량특집 8부작 〈전설의 고향〉 작품을 중심으로—」, 건국대학교 석사학위논문, 2009.

박진태, 「별신굿과 공연예술—제의적 연극을 중심으로」, 《공연문화연구》 29, 한국공연문화학회, 2014.

박진희, 「텔레비전 드라마 〈시크릿 가든〉의 판타지 연구」, 동국대학교 석사학위논문, 2013.

백경선, 「텔레비전 역사드라마 〈뿌리 깊은 나무〉의 이중담론」, 《한국극예술연구》 43, 한국극예술학회, 2014.
백소연, 「TV 드라마 〈태왕사신기〉에 나타난 역사성 배제와 판타지 구축의 전략」, 《한국극예술연구》 43, 한국극예술학회, 2014.
송아름, 「인간이 지닌 공포의 근원과 텔레비전 드라마의 '이미지'」, 《한국극예술연구》 41, 한국극예술학회, 2013.
송유억, 「이윤택 희곡의 제의적 특성 연구—'오구—죽음의 형식'과 '문제적 인간 연산'을 중심으로」, 원광대학교 석사학위논문, 2003.
송　전, 「원초심성의 탐구—최인훈 희곡세계」, 《외국문학》 14, 1998. 8.
신현숙, 「제의적 연극의 의미산출 양식에 관한 연구—〈화수목 나루〉를 중심으로—」, 《기호학연구》 23, 한국기호학회, 2008.
안찬경, 「무속을 통해본 한국 연극의 연극적 원형에 관한 연구」, 《연극연구》 8, 1989.
엄문용, 「판타지를 소재로 한 연극놀이 구조화과정」, 한국예술종합학교 석사학위논문, 2012.
여세주, 「최인훈의 〈달아 달아 밝은 달아〉에 문제된 환상성과 현실성」, 《드라마연구》 31, 한국드라마학회, 2009.
우현철, 「최인훈 희곡세계의 신화 원형적 고찰」, 상명대학교 박사학위논문, 2012.
우혜민, 「퓨전사극드라마의 특성에 관한 연구: MBC드라마 〈해를 품은 달〉을 중심으로」, 서강대학교 석사학위논문, 2013.
유인경, 「극단 민예극장의 가무극 〈한네의 승천〉연구」, 《한국극예술연구》 23, 한국극예술학회, 2006.
유현주, 「'여우와 구미호' 이미지 형상에 관한 연구: 드라마 '구미호'를 중심으로」, 《콘텐츠 문화》 1, 문화예술콘텐츠학회, 2012.
윤석진, 「2000년대 한국 텔레비전 역사드라마의 장르 변화 양상 고찰1」, 《한국극예술연구》 38, 한국극예술학회, 2012.
______, 「2000년대 한국 텔레비전 역사드라마의 장르 변화 양상 고찰2」, 《비평문학》 48, 한국비평문학회, 2013.

______, 「디지털 시대, 스토리텔러로서의 TV 드라마 시론: MBC드라마 〈환상의 커플〉을 중심으로」, 《한국문학이론과 비평》 36, 한국문학이론과 비평학회, 2007.
이명현, 「〈전설의 고향〉에 나타난 구미호 이야기의 확장과 변주—90년대 구미호와 2008 구미호를 중심으로—」, 《우리문학연구》 28, 우리문학연구회, 2009.
______, 「구미호 이야기의 확장과 억압된 타자의 귀환: 〈구미호 여우누이뎐〉을 중심으로」, 《국제어문》 55, 국제어문학회, 2012.
______, 「설화 스토리텔링을 통한 구미호 이야기의 재창조: 드라마 〈내 여자 친구는 구미호〉에 나타난 주체와 타자를 중심으로」, 《문학과 영상》 13, 문학과 영상학회, 2012.
______, 「이물 교혼담에 나타난 여자요괴의 양상과 문화콘텐츠의 변용」, 《우리문학연구》 21, 우리문학연구회, 2007.
이미원, 「한국현대연극의 전통수용 양상(1)」, 《한국연극학》 6, 한국연극학회, 1994.
이 반, 「70년대 한국연극—문제작을 말한다」, 《연극평론》, 1979년 겨울호.
이상우, 「한국희곡의 동양지향성과 오리엔탈리즘」, 《한국문학이론과 비평》 39, 한국문학이론과 비평학회, 2008.
이상일, 「국립극단의 〈물보라〉를 보고」, 《동아일보》, 1978. 9. 20.
이수현, 「전자문화시대 소설의 TV영상화 연구」, 《한국문학이론과 비평》 60, 한국문학이론과 비평학회, 2013.
이승희, 「최인훈의 극작 여정, 그 보편성에의 유혹과 정치적 무의식」, 《민족문학사연구》 35, 민족문학사학회, 2007.
이여진, 「TV판타지드라마의 장르혼합 양상 연구: 〈너의 목소리가 들려〉와 〈주군의 태양〉을 중심으로」, 중앙대학교 석사학위논문, 2014.
이용복, 「리얼리즘 작품에 환상성을 도입한 무대 〈풍금소리〉」, 《연극평론》 54, 2009.
이중석, 「이현화 희곡의 포스트모더니즘 연구」, 고려대학교 석사학위논문, 2014.
정우숙, 「〈돐날〉, 〈반성〉을 통해 본 일상극의 제의성」, 《현대문학이론연구》 49, 현대문학이론학회, 2012.

주창윤, 「역사드라마의 장르사적 변화과정」, 《한국극예술연구》 25, 한국극예술학회, 2007.
주현수, 「공포의 효과적 표현을 위한 컴퓨터 그래픽 활용 연구—2008년 납량특집 〈전설의 고향〉을 중심으로—」, 한양대학교 석사학위논문, 2012.
주현식, 「디지털 연행의 가상성」, 《한국극예술연구》 43, 한국극예술학회, 2014.
채주엽, 「TV 주간 시트콤 〈안녕 프란체스카〉 분장의 사례」, 《코리아뷰티디자인학회지》 3, 코리아뷰티디자인학회, 2007.
최경성, 「한국연극에 나타난 제의 수용 양상—연극 〈산씻김〉과 〈오구—죽음의 형식〉에 나타난 제의적 특성을 중심으로」, 《공연문화연구》 23, 한국공연문화학회, 2011.
최승연, 「〈프랑켄슈타인〉의 변주와 대중의 향유」, 《한국극예술연구》 48집, 한국극예술학회, 2015.
______, 「만들어진 비애와 감성의 연대—뮤지컬 〈프랑켄슈타인〉(2014)의 원작 변주 방식과 팬덤에 대한 고찰」, 《한국극예술연구》 48, 한국극예술학회, 2015.
______, 「공포의 스펙터클—빅토리아 시대를 향한 뮤지컬의 동경 〈지킬 앤 하이드〉, 〈스위니 토드〉, 〈잭 더리퍼〉를 중심으로」, 《한국연극학》 51, 한국연극학회, 2013.
______, 「번역된 문화와 한국적 디코딩: 번역 뮤지컬의 수용에 대한 일고찰」, 《한국극예술연구》 29, 한국극예술학회, 2009.
______, 「오태석 희곡/연극의 환상성 연구—2003년도 판 〈내사랑 DMZ〉를 중심으로」, 《돈암어문학》 16, 돈암어문학회, 2003.
최윤영, 「진오기굿과 잔혹연극에 나타난 제의적 연극성 비교 연구」, 동국대학교 석사학위논문, 1996.
한윤주, 「퓨전사극에서 나타나는 타임슬립 연구: TV 드라마 〈인형왕후의 남자〉를 중심으로」, 인하대학교 석사학위논문, 2015.
허재홍, 「장진 희곡 〈웰컴 투 동막골〉 연구: 공간과 인물 분석을 중심으로」, 동국대학교 석사학위논문, 2011.
홍태한, 「서울 진오기굿의 공연예술성」, 《공연문화연구》 8, 한국공연문화학회, 2004.

황인순, 「〈아랑설화〉의 현대적 변용 양상 연구—드라마 〈아랑사또전〉을 중심으로—」, 《여성문학연구》 29, 한국여성문학학회, 2013.

4. 영화

영화 관련 환상물에 대한 본 연구사 정리는 장르적 접근 내지 서사 내적 환상에 접근하는 연구에 우선적으로 주목한다. 사실주의영화 또는 작가주의영화의 수용과 해석의 과정에서 나타나는 환상적 기제 혹은 이데올로기적 환상에 대해 주목한 글까지 포섭하면 연구 범위가 매우 넓어지기 때문이다. 이미 연구사가 축적되어 일정한 범주를 이루고 있는 정신분석학적 연구들을 제외하고 '수용 및 해석 과정에서의 환상'에 대한 연구는 가급적 배제하였다. 연구사 정리는 크게 초창기 한국영화에서 1990년대 이전까지의 영화와 1990년대 이후의 영화로 양분하였다. 사실주의영화가 주류이던 1990년대 이전까지 한국영화에서 환상적 경향의 장르영화는 주변화되어 있었으며 그 제작 편수도 매우 적었다. 1990년대 이후 도래한 한국영화 재부흥기에는 사실주의의 강박에서 벗어난 새로운 장르영화들이 역동적으로 제작되었으며, 특수효과, CG, 디지털 영화의 등장으로 인해 제작 및 관람의 경험도 이전 시대에 비해 획기적으로 변화되었다. 도서, 텔레비전, 웹툰, 케이블 드라마 등 다양한 매체를 통해 역사-환상, 공포-환상, 미스터리-환상, 멜로-환상 등 장르교배적 환상물이 대두되었고 이것이 영화 제작에 즉각적인 영향을 미치게 된 것도 이 시대의 새로운 경향이다.

초기 영화에서 한국전쟁 이전까지 한국영화에서 '환상'에 대한 연구는 매우 드물며, 주로 나운규의 〈아리랑〉에 등장하는 환상성과 관련된다(정종화). 한국전쟁 이후 1990년대 이전의 환상적인 요소가 있는 영화에서 두드러지는 점은 한국적 전통과 관련된 것들이 주를 이룬다는 점이다. 광포하고 이질적인 근대화 과정 속에서 전근대/근대의 충돌에서 일어나는 파탄과 균열의 서사적 모순이 환상의 매개를 통해 가능했던 것이다.

우선 장르물에서의 환상성은 호러, 괴기, SF영화에서 살펴볼 수 있는데, 이러한 연구를 이끈 것은 한국형 '여귀'에 관한 젠더 기반 연구들이다. 여성 귀신이 두려움을 일으켰다는 점은 유교적 가부장제에서 벗어나 있던 타자들이 영화를 통해 '호명'되었으며, 이들이 저급하고 불온하며 공포스러운 것으로 간주되었기 때문이다. 그렇기에 여귀가 등장하는 영화는 비주류 하위문화의 저급성과 동시에 급진성을 보여준다(백문임). 이에 반해 근대적 지식체계로 상징되는 과학을 과시하는 B급 SF영화는 미치광이 남성 과학자의 비이성적 폭주를 다루기도 하였다(송효정). 한편 1980년대 이전까지 한국 장르영화에서 판타지, SF 등으로 대변되는 본격 환상물의 수는 매우 적은 편이기에 이에 대한 연구도 드물다. 특히 판타지의 경우는 아동 대상 애니메이션 연구에, SF에 대한 연구는 수 편의 특수촬영 괴수 SF영화들에 국한되어 전개되었다.

비장르적 환상영화에서 무속으로 대변되는 전근대의 초현실적 체계를 대변하는 한국영화의 대표적 표상은 '무당'이다. 1960년대에서 1980년대를 거치면서 무당 표상은 전통문화의 일부이기에 정부의 포상을 받기 위한 예술영화의 조건을 충족하는 존재에서 점차 수난받는 하층 민중의 수난과 저항의 담지자로 치환되어갔다(박유희). 이러한 경향은 1980년대 이후 가부장—신—아버지의 축으로 전개된 기독교영화의 지형(노지승)과 대비하여 독해할 수 있는 흥미로운 지점을 생산한다.

1990년대 이후 환상물에 대한 연구에서 가장 두드러지는 것은 환상적 공포영화에 대한 관심이다. 영화 연구자들은 〈여고괴담〉을 필두로 하여 여성성과 모성에 주목한 환상적 공포영화들을 주된 분석 대상으로 삼았다. 1990년대 이전까지 고전적·향토적 배경을 소재로 한 여귀영화가 주류였다면, 1990년대 이후에는 현대적 공간에 틈입한 원혼이라는 초자연적 요소의 등장이 두드러진다. 이러한 영화들은 피억압자이자 약자인 여성과 관련, 한국적 '한'의 전통에 현대사회의 문제를 엮어 구조적인 공간에서 벌어지는 폭력과 배제의 경험을 재현하였다. 특히 '여고생'은 미성년인 동시에 학교라는 억압적 구조 속에 놓인 존재였으며, '엄마'는 임신, 출산, 육아를 통해 사회에서 격리된 채 주체의 상실감을 경험하는 존재로 부각되어왔다(이현경, 박진, 황혜진).

다음의 경향은 고전 기반 판타지영화에 대한 연구다. 이러한 영화들은 단순한 고전의 각색이라기보다 다양한 매체에서 진행되던 역사허구물, 팩션 제작 경향의 일부라고 보아야 할 것이다. 관련된 연구는 고전물의 현대적인 각색을 선보인 〈장화, 홍련〉, 〈D-War〉, 〈전우치〉 등에 주목하였다. 고전뿐 아니라 〈11시〉 등 웹툰 기반 환상물과 같은 동시대 판타지에 대한 연구도 진행 중이다. 장르물과 비장르물을 아우르는 정신분석학적 연구는 2000년대 이후 영화적 환상에 대한 연구의 상당 부분을 차지한다. 이들 중 이창동, 김기덕, 홍상수, 박찬욱 등 작가주의 감독의 영화에 대한 연구가 주를 이룬다. 한국형 거대서사영화라 볼 수 있는 분단(진쟁)영화, 재난영화에 등장하는 환상성에 대한 연구는 근현대사의 균열이 환상과 접합되는 지점에 주목하였다(조흡, 하승우).

다음은 이러한 연구 경향에 대한 연구서지 목록이다.

김경욱, 「〈쉬리〉 '이후', 한국 영화에서 가족 이데올로기의 향락과 환상의 재구성에 관하여—실재의 귀환을 피하는 두 가지 방법, 혹은 아들의 자살에서 어머니의 수난으로」, 《영화연구》 28, 한국영화학회, 2006.

김병선·한혜미, 「김기덕 영화에 나타나는 무속적 상징에 관한 연구」, 《한국언론정보학보》 50, 한국언론정보학회, 2010.

김소영, 『근대성의 유령들』, 씨앗을뿌리는사람, 1999.

______, 『비상과 환상』, 현실문화, 2014.

김아름, 「아버지의 세계에 소환된 환상성의 원리—〈김복남 살인사건의 전말〉을 중심으로」, 《대중서사연구》 18(1), 대중서사학회, 2012.

김영학·이용욱, 「동양 사상과 한국형 판타지: 영화 〈전우치〉론」, 《국어문학》 53, 국어문학회, 2012.

김재희, 「김기영 영화에 나타난 '무덤과 제사' 모티프」, 《영상예술연구》 19, 영상예술학회, 2011.

김지훈, 「판타지와 대항-기억으로서의 브리콜라주—영화 〈지구를 지켜라〉의 양가적 상상력」, 《문학과사회》 16(3), 문학과지성사, 2003.

김훈순·이소윤, 「한국 현대 공포영화와 장르 관습의 변화」, 《미디어, 젠더 & 문화》 4, 한국여성커뮤니케이션학회, 2005.

남수영, 「영화적 경험과 상처: 영화 이미지, 그 환상과 트라우마에 대한 고찰」, 《한국예술연구》 5, 한국예술종합학교 한국예술연구소, 2012.

문관규, 「1970년대 실험영화집단 카이두 클럽과 한옥희 감독 연구」, 《현대영화연구》 11, 한양대학교 현대영화연구소, 2011.

문재철, 「과거를 애도하기, 판타지로서의 민족영화」, 《영상예술연구》 2, 영상예술학회, 2002.

박부식, 「영화적 환상에 관한 정신분석적 연구: 〈장화, 홍련〉, 〈거미 숲〉, 〈올드보이〉를 중심으로」, 한국영화학회 학술발표대회 논문집, 2005.

박상미, 「몸 혹은 괴물-영화에서의 육체성: 구원의 자궁에 대한 환상성—김기덕 영화 〈피에타〉—」, 《현대영화연구》 15, 한양대학교 현대영화연구소, 2013.

박유희, 「샤먼의 기억—한국 영화에 나타난 "무당" 표상」, 《현대문학이론학회》 48, 현대문학이론학회, 2012.

______, 「한국 환상서사의 매체 통합적 장르 논의를 위한 서설」, 《한민족문화연구》 51, 한민족문화학회, 2015.

박　진, 「권력의 공포와 모성 이데올로기의 붕괴」, 《국제어문》 39, 국제어문학회, 2007.

______, 「정신분석 내러티브의 새로운 영역: 〈싸이보그지만 괜찮아〉와 〈지구를 지켜라!〉의 경

우」,《국제어문》 42, 국제어문학회, 2008.

박창선,「90년대 이후 한국 SF영화의 경향성 연구: 한국적 SF영화의 가능성을 중심으로」, 동국대학교 석사학위논문, 2007.

박철웅,「김기덕 감독 작품 분석—세계관의 변화에 따른 스타일의 차이점과 환상 시퀀스의 발전 경로를 중심으로—」,《영화연구》 26, 한국영화학회, 2005.

백문임,『월하의 여곡성』, 책세상, 2008.

서인숙,「이창동 영화 탐구—〈초록물고기〉, 〈박하사탕〉, 〈오아시스〉를 중심으로」,《한국콘텐츠학회논문지》 13(9), 한국콘텐츠학회, 2013.

손희정,「여귀(女鬼) 권하는 사회: 2002, 2003년 한국 공포 영화와 모성재현」,《영상예술연구》 4, 영상예술학회, 2004.

송아름,「1990년대의 불안과 〈여고괴담〉의 공포」,《한국극예술연구》 34, 한국극예술학회, 2011.

송효정,「실험실의 미친 과학자와 제국주의적 향수—1960년대 한국 고딕SF영화 연구」,《대중서사연구》 20(3), 대중서사학회, 2014.

______,「한국 소년SF영화와 냉전 서사의 두 방식—〈대괴수 용가리〉와 〈우주괴인 왕마귀〉의 개작 과정 연구」,《어문논집》 73, 민족어문학회, 2015.

심은진,「영화의 환상성」,《문학과 영상》 7(2), 문학과영상학회, 2006.

안진수,「회상의 딜레마—한국 공포영화의 식민과거의 재현」,《대중서사연구》 17(2), 대중서사학회, 2011.

오진희,「한국 단편애니메이션의 현실공간과 이종 캐릭터의 결합에 의한 판타지 연구」,《기초조형학연구》 14(1), 한국기초조형학회, 2013.

윤선희,「대중문화에 표현된 영적 주제와 종교적 대체로서 문화 표현 양식의 한계에 대한 소고: 영화 〈박쥐〉와 〈밀양〉을 중심으로」,《서강인문논총》 36, 서강대학교 인문과학연구소, 2014.

이성희,「1970년대 한국 SF애니메이션 연구: 한국사회의 근대적 욕망에 대한 소망충족을 중심으로」, 중앙대학교 석사학위논문, 2007.
이영미, 「공포에서 해원으로: 1980년대 전후 영화 속 무당 표상과 사회적 무당의 탄생」, 《민족문화연구》 65, 고려대학교 민족문화연구원, 2014.
이의경, 「한국 SF영화에 대한 고찰: 2000년대 한국 SF영화를 중심으로」, 중앙대학교 석사학위논문, 2009.
이정배, 「공간 반복을 통한 환상성 모색—홍상수 영화 〈생활의 발견〉, 〈북촌방향〉, 〈다른 나라에서〉를 중심으로」, 《어문론집》 56, 중앙어문학회, 2013.
전영선, 「북한 문화예술에서 리얼리즘과 환상의 접점—고전문학 〈심청전〉과 〈용궁부연록〉에 대한 평가와 환상 담론」, 《통일인문학》 59, 건국대학교 인문학연구원, 2014.
정봉석, 「현실과 환상을 가로지르는 오브제의 작용—〈지구를 지켜라〉(장준환 각본 · 감독, 2003)」, 《드라마연구》 9, 한국드라마학회, 2009.
정선경, 「신선설화의 대중문화적 수용양상 고찰—영화 〈전우치〉를 중심으로」, 《중국어문학논집》 62, 중국어문학연구회, 2010.
정종화, 「조선영화의 실천과 '환상'의 문제」, 《영화연구》 63, 한국영화학회, 2015.
조미라, 「한국 장편 애니메이션의 서사 연구」, 중앙대학교 박사학위논문, 2004.
조미영, 「한국 SF영화에 나타난 환상성 연구: 2000년도 이후 SF영화를 중심으로」, 경희대학교 박사학위논문, 2014.
조해진, 「영화 〈열한시, AM 11:00〉에 나타난 환상성의 시뮬라시옹」, 《동화와 번역》 28, 건국대학교 동화와번역연구소, 2014.
______, 「판타지영화의 하위장르에 관한 연구」, 《문화예술콘텐츠》 7, 한국문화콘텐츠학회, 2011.
______, 「한국 판타지영화의 시대별 양상과 특징 연구」, 《한국디자인문화학회지》 17(2), 한국디자인문화학회, 2011.
______, 「한국판타지영화의 발전환경 및 가능성 연구」, 《인문콘텐츠》 21, 인문콘텐츠학회, 2011.

조해진·박영호, 「판타지 장르의 원천 콘텐츠로서의 고전설화 연구—고전설화 “만파식적”을 중심으로—」, 《한국디자인문화학회지》 16(3), 한국디자인문화학회, 2010.

조 흡, 「분단영화의 판타지 재현에서 드러나는 카니발적 시간과 정치적 변환의 가능성」, 《문학과 영상》, 8(3), 문학과영상학회, 2007.

최원호·김치용, 「디지털영상의 환상성에 관한 연구」, 《멀티미디어학회논문지》 16(5), 멀티미디어학회, 2013.

하승우, 「포스트-정치 시대, 한국영화의 재난과 공포에 관한 상상력」, 《라깡과 한국정신분석》 15(2), 한국라깡과현대정신분석학회, 2013.

허만욱, 「디지털 융합시대 판타지 영화의 매체 미학과 서사 변용 연구」, 《우리문학연구》 39, 우리문학회, 2013.

허지웅, 『망령의 기억: 1960~1980년대 한국공포영화』, 한국영상자료원, 2010.

황혜진, 「공포영화에 나타난 가족서사 연구」, 《영화연구》 29, 한국영화학회, 2006.

제2부

환상의 지표와 지형

Ⅰ. 전근대 환상의 지표

| 제1절 |

동아시아 환상의 지표와 한국 초기 서사의 환상성
: 지괴·영험서사의 경우

1. 논의를 위한 전제

필자는 몇 해 전 고전소설의 환상성에 대한 연구사적 전망을 내놓은 바 있다. 그 글에서 서구 환상이론을 대입하여 해석하려는 종래의 방식을 뛰어넘어 동아시아 문화와 사유의 전통 속에서 한국 환상문학의 내적 자질을 조명하자고 제안했었다. 이를 위해서는 동아시아 공동의 유산인 초기 서사에 주목할 필요가 있음을 몇몇 사례로 타진해보았다.[1]

사실 이 전제는 따지고 보면 너무 빤하다. 신화를 제외하면 동아시아 초기 서사는 지괴(志怪)와 전기(傳奇)로 수렴된다. 그런데 후대의 서사, 즉 우리가 고전소설이라 부르는 거개가 직간접적으로 이들 초기 서사에 연원을 두고 있다. 그러므로 고전소설의 환상성 문제는 의당 여기서부터 따질 수밖에 없다. 당연히 초기 서사는 고전문학의 환상성 규명을 위한 출발점이 되어야 한다. 그리고 이런 전제는 서구 환상문학의 이론이 주로 신비감과 공포감을 무기로 한 18, 19세기 고딕소설 등을 입론의 근거로 삼고 있다는 점에서 애초 출발이 다르다는 데 있기도 하다. 그래서 어차피 환상성 문제가 고전문학에 적용되어야 한다면 우리는 초기 서사에 주목할 수밖에 없는 셈이다. 바로 이 점이 동아시아 문화권역이 형성된 이후 산생한 서사 작품을 통해서, 또 그런 전통 속에서 우리

서사의 환상성과 함께 환상문학에 대한 논의를 진척시켜야 하는 당위성이기도 하다. 결과적으로 이 글은 한국 환상문학의 성격을 그 역사적 소종래를 통해 자기 정체성의 산물로써 위치 짓기 위한 시론적인 모색에 해당한다.

다만 여기서 다룬 대상은 『수이전(殊異傳)』의 일문(逸文)과 『삼국유사(三國遺事)』이다. 여기에는 이른바 동아시아 초기 서사인 지괴류와 불가의 영험담이 거의 대부분을 차지하고 있다. 이들 작품의 주요 환상 지표를 꺼내 그것이 어떤 형태로 구축되어 있는가 하는 점에 한해 주목하였다. 당연히 환상 지표가 있으면 그 지표들이 어떤 맥락으로 구성되며, 거기서 드러난 문학적 이미지에 대한 상(像)을 규명해야 할 것이다. 그러니 이 두 작품집만으로 초기 서사의 전체적인 윤곽을 그린다는 점은 애초 일정한 한계를 안고 있다. 차제에 초기 전기서사, 이를테면 「최치원(崔致遠)」 등도 이 논의의 자리에 참여시켜야 할 것이다. 「최치원」 같은 문인 전기는 지식인들의 욕망과 자의식을 비일상적 소재에 투과시켜 탄생한 유형이다. 그러므로 여기서 다룰 영험세계와는 또 다른 이해를 요구한다. 요컨대 초기 서사의 환상성 문제는 앞으로도 더 많은 지면을 통해 이를 정합한 속에서 구명되어야 할 사안임을 미리 밝혀둔다.

2. 동아시아 환상 지표로서의 귀신(鬼神)과 요괴(妖怪), 신선(神仙)과 관음(觀音)

우선 고전서사에서 항용되는 환상성 담보의 소재들, 즉 귀신·요괴·꿈 등의 연원과 그 흐름에 대한 개괄이 필요할 듯싶다. 가장 이른 시기부터 문제가 됐던 대상은 귀신과 요괴였다. 이미 『순자(荀子)』 등의 제자백가서에 이런 소재가 등장하거니와, 이를 본격적으로 논란한 이는 한대(漢代)의 왕충(王充, 27~99경)이다. 그는 『논형(論衡)』의 「논사편(論死篇)」에서 귀신의 실재 유무에 대해 논증

한 바 있다. 여기서 그는 귀신이란 그 실체가 드러나지 않고 황홀하여 눈에 보이지 않는 것에 대한 이름일 뿐이라고 규정한다. 즉 귀신의 실재성을 부정한 것인데, 그 논리는 의외로 간단하다. 인간과 사물은 모두 물류(物類)로, 일반 사물에는 귀신의 현상이 없는데 어떻게 인간의 경우만 그럴 수 있냐는 것이다.[2] 나아가 사람이 죽으면 어떤 행위를 할 수 없으므로 그 상태는 잠잘 때 꿈을 꾸는 상황과 같다고 본다. 사람의 죽음은 살아 있을 때의 꿈을 꾸는 것과 같은 셈이다.[3] 그렇다면 세간에 귀신이라고 하는 것은 무엇인가?

> 무릇 천지간의 귀신이 있다 함은 사람이 죽어서 정신이 그렇게 된 것이 아니다. 이는 모두 사람의 생각에서 상상으로 만들어진 소치이다. 무엇 때문에 그렇게 되는가? 질병에서 연유하는 것이다. 사람이 병이 들면 근심과 두려움이 생기게 되는데, 이러면 귀신이 보이는 법이다. 사람이 병들지 않으면 근심과 두려움이 생기지 않는다. 그러므로 병을 얻어 몸져누우면 근심하고 두려워하는 중에 귀신이 찾아들게 된다. 근심과 두려움은 허상을 만들고 허상이 생기면 헛것이 눈에 보이게 된다.[4]

귀신은 실재하지 않고 인간의 상상의 산물인 것이다. 그런데 이 상상의 산물은 정상적이지 않은 상태에서 출현한단다. 즉 병 따위가 침범하여 두려운 심리상태를 조성하고, 이런 불안정한 상황은 허상을 자극하여 눈에 헛것이 보이는 지경에 이르게 한다. 이 헛것의 하나가 귀신이라는 것이며, 따라서 귀신은 환영이 된다.

한편 왕충은 인간 사회에서의 요상한 현상도 사실이 아니라는 시각을 견지하는데, 이를 조간자(趙簡子)의 사례로 설명하였다. 의식불명에 빠졌던 조간자가 천상을 구경하고 난 뒤 깨어난 일화는 유명한데, 그의 상천행(上天行)과 신유(神遊)한 전설 역시 실재한 것이 아닌 요상한 징조일 뿐이라고 본다. 그런데 그는 이런 요상한 현상도 꿈에서나 가능한 것이라고 봄으로써,[5] 귀신이나 요괴의 출현 및 요상한 현상 등은 모두 실재하지 않는 꿈의 차원과 같은 것으로 이해하였다.

사실 왕충의 이런 주장은 '사람이 죽어 귀신이 되고, 그 귀신은 산 사람을 해친다'는 세간의 속설과의 대결에 따른 것이었다. 이는 어쩌면 철저한 유물론자였던 그가 세간의 미신이나 편견 등에 대한 나름의 합리적 이치를 설파한 것으로 봄 직하다. 이 점에서 그의 이런 시각은 한대(漢代)에 본격화된 유가의 인식을 대변한 것으로 비춰질 수 있다. 하지만 실은 전혀 그렇지 않았다. 오히려 그는 「기요편(紀妖篇)」에서 유가 성인들의 비일상적인 탄생의 문제를 언급하면서 유가에서 부정하거나 혐피하던 대상을 전면에 내세워 모종의 분란을 조성하기까지 했다. 어쨌든 이 왕충이 논란한 소재들은 육조시대로 넘어와 도교적/불교적인 이야기에 적극적으로 소비된다는 점에서 흥미롭거니와, 한편으로는 향후 유가 담론의 향배에도 적잖은 영향을 예고하고 있었다.[6] 이제 이들 소재가 본격적으로 활용된 육조시대를 주목하지 않을 수 없다. 지괴서사가 그것이다.

그런데 육조시대로 들어오면서 이런 소재들에 관한 시선은 상당히 달라진다. 호학(好學)과 박문(博聞)으로 유명했던 곽박(郭璞, 276~324)은 『산해경』을 정리하면서 다시 이 문제를 논란한다.

> 세상에서 『산해경』을 열람한 자면 다들 크게 허탄하고 황당한 내용이라 하여 기괴하고 범상치 않은 말이 많은 것에 의심을 둔다. 이에 대해 논란해보겠다. 장자(莊子)가 '사람이 아는 것은 알지 못하는 것에 미치지 못한다'고 했는데, 나는 이것을 『산해경』에서 확인하였다. 무릇 우주가 아득하고 생물은 많으며, 음양이 따뜻하게 데워 만 가지가 다 나뉘어, 정기(精氣)가 뒤섞이면서 저절로 부딪치다 보면 떠도는 혼과 신령한 괴(怪)가 상(象)에 닿아 엮어지게 마련이다. 산천에 그 형체가 흐르고 목석(木石)에 장관을 드러내거니와 이런 사례를 어찌 이루 다 들

수 있겠는가? (중략) 세상에 이른바 기이함은 그 기이한 까닭을 알지 못하고, 세상에 이른바 기이하지 않음도 기이하지 않은 까닭을 모르는 것이다. 왜 그런가? 사물은 스스로 기이한 것이 아닌데 나(인식 주체—필자 주)를 만난 뒤에 기이해지니, 기이함은 과연 나에게 있는 것이지 사물이 기이한 것은 아니다. 그러므로 호인(胡人)이 베[布]를 보고 마[麖]인가 의심하고, 월인(越人)은 모직[罽]을 보고 짐승털[毳]이라며 놀란다. 음미함은 늘 봐온 바이고 기이함은 드물게 들은 바이니, 이는 인정이 항상 가려져서 생기는 법이다.[7]

내용은 길지만 이 주장의 요지는 간명하다. 『산해경』에 나오는 숱한 기괴한 형상과 신이한 상황이 삶의 주변에서 '실재하는 일'이라는 것이다. 하지만 사람들은 인식상의 한계와 편견의 소치로 실재하지 않는다고 치부하여 경계한다고 본다. 무한한 시공간에서의 자연의 섭리를 인식 주체인 '나'로서는 도저히 그 전체를 규명할 수 없는 법, 인간은 항상 인정(人情), 즉 인식의 한계에 갇혀 있는 것이다. 그러니 '유혼(遊魂)'과 '영괴(靈怪)'는 인간 인식의 한계 너머에 자리하고 있는 것이 된다.

중국 동한(東漢)시대 서왕모(西王母) 화상석(畵像石). 사천성(四川省) 신도현(新都縣) 출토. 서왕모의 좌우에 구미호(九尾狐)와 삼족오(三足烏)가 호위하고 있다. 『산해경』에는 서왕모가 머리꾸미개를 꽂고 호랑이 이빨에 표범의 꼬리를 하고 있다고 묘사되어 있으며, 이후 서왕모는 도교의 중요한 신으로서 여러 이미지로 재생산된다.

곽박의 이 언급은 왕충의 경우와 마찬가지로 당시 사람들이 『산해경』의 내용을 현실적이지 않은 불손한 결과물로 인정하는 것에 대한 나름의 반론이었다. 이를 자연의 오묘한 섭리에 대한 인간의 인식의 한계를 전면에 내세움으로써 상대편에 딴죽을 건 방식이었다. 그런데 여기서 언급한 '『산해경』을 열람한 자'는 분명 유가 지식인이었을 것이다.[8] 실제로 『산해경』 관련 이 시기 서문 따위에는, 거기에 등장하는 존재들을 어디에 위치 지을 것인가에 대한 고민이 들어 있다. 그 존재를 인정해야 할 것인가 부정해야 할 것인가? 일각에서는 당연히 있을 수 없는, 현실을 호도하는 내용들이라며 부정해야 했을 것이다. 그런데 곽박은 그 전체를 인정해야 한다고 나선 것이다. 더구나 그는 앞의 왕충처럼 인간과 귀신과의 관계에만 한정하지 않고 인간과 그 주변의 현상까지를 포함시켰다는 점에서 비일상성 문제에 대한 확장된 이해의 여지를 제공했다.

한편 곽박의 이 언급이 있던 시점은 바야흐로 중국 사회에서 도교가 새로운 사유체계로 그 궤도에 오르던 때였다. 그리고 뒤미처 불교가 외래사유로서 들어오기에 이른다. 요컨대 곽박의 『산해경』 논란은 신화와 박물에 대한 이해의 지평을 넓힌 것이지만, 동시에 도교와 불교가 활황 일로에 있었던 시기의 이해의 소산임도 분명하다. 그런 점에서 이런 언급들은 향후 본격화되는 지괴서사에 대한 광고의 역할을 톡톡히 했다.

실제 육조시대 지괴는 비일상적인 요소들을 재구(再構)한 결과물이다. 거기서 새로운 형태의 소재들이 창출되었으니, 바로 '신선(神仙)'과 '관음(觀音)'이다. 도가의 신선과 불가의 관음은 인간과는 다른 개체로써 하나의 다른 세계를 구비한 채 인간 세상과 민인들의 삶에 관여하였다. 이는 결과적으로 사람들의 상상의 영역을 넓히는 데 기여했을 뿐만 아니라, 구체적인 상상 대상을 확보해주었다는 점에서도 특별한 것이었다. 동시에 이를 수용한 당대인들에게 세계에 대한 복잡한 욕망을 자극하는 동시에 그들의 심리의식에 모종의 변화를 추동하였다. 이런 환상의 영역은 저승세계가 도입되면서 정점에 이르렀고, '선계(仙

고구려 고분벽화 중 학을 탄 신선. 이 밖에도 청룡(靑龍)·현무(玄武), 귀면(鬼面)의 괴수(怪獸)와 교룡(蛟龍), 삼족오, 용을 탄 신과 해신·달신, 불의 신, 소 머리에 사람의 몸을 한 농사의 신, 대장장이신, 주악천인(奏樂天人)과 선인(仙人) 등 상상의 세계가 그려져 있다. 중국 길림성(吉林省) 집안시(集安市) 소재 오회분(五盔墳) 4호묘.

界)'와 '명계(冥界)'라는 이계의 범주가 정립되었다. 이것이 지괴서사의 얼개이기도 했다.

육조시기 지괴서사는 바로 종래의 귀신이나 요괴, 꿈의 소재를 적극적으로 활용한 가운데 도교와 불교의 요소들을 만나 하나의 형식으로 안착한 유형이었다. 그 대강을 짚어두자면 이렇다. 대개 귀신이나 요괴 소재는 신선(또는 도사)이나 고승(또는 관음)들에게 타자로서 대상화된다. 자가(自家)의 사유 논리 속에 포섭된 형태로 재배치되었다는 말이다. 이 외에도 이들 소재는 섬뜩하거나 어리석은 존재로 희화화되는 등 그 모습이 다양한데, 이용 빈도는 도가계 서사에서 활발하다. 또한 꿈의 소재도 적극 활용되었는데, 도가계 서사에서의 꿈은 주로 인간의 운명을 예시하는 성격을 갖는 반면, 불가계 서사는 인간이 처한 현실을 극복하기 위한 '구원소'로 기능하였다. 이런 꿈의 활용은 불가계 서사가 더 빈번한데, 주로 변신 모티프와 혼합한 형태다. 이 시기 꿈의 서사화는 그 자체로 환상적이면서도 기타 기이한 소재와 요소를 서사화하는 데 나름의 합리성을 부여하는, 현실계과 비현실계를 연결하는 통로 같은 역할을 하기도 했다.

육조 지괴에서 비현실적 요소로 빼놓을 수 없는 소재가 '변신'이다. 이 변신의 양태는 무척 다양하지만, 대개는 인간에서 동물로의 변신과 사물에서 인간으로의 변신이 주를 이룬다. 그런데 이 변신담의 경우 계열에 따른 온도차가 분명하다. 즉 도가계 서사는 주로 '변괴'에 주목하는 반면, 불가계 서사에서는 관음의 변신이 주조를 이뤄, 꿈의 기능과 마찬가지로 '구원'을 위해 동원되는 경향이 강하다.[9]

이처럼 육조 지괴는 도교와 불교의 사유 및 인식의 차원에서 비현실적 소재들을 창출했을 뿐만 아니라, 기존의 논란거리들을 적극적으로 서사에 끌어들여 이를 하나의 이야기 형태로 구축한 새로운 문학 형태였다. 한위육조시대 기이서사는 이처럼 귀신·요괴의 등장 → 신선세계·불가 영험세계(관음·지옥) 공존 → 귀신·요괴의 재배치(지배하거나 부정되거나)와 꿈과 변신 소재의 확장을 통해 환상의 공간을 창출하고, 그에 따른 당대인의 세계 인식을 수렴하였다. 이런 양자의 비일상적 양태를 두고 명대(明代)의 호응린(胡應麟, 1551~1602)은 매우 상징적인 지적을 한 바 있다.

> 이후 세상에선 노씨(老氏) 부류는 날로 분파되어 신선 이야기가 늘어났으며, 석씨(釋氏) 부류는 날로 허탄해져 윤회설을 증험한 이야기가 많아졌다. 저들은 신선으로 세상 사람들의 선망하는 마음을 부추기고, 윤회로 세상 사람들의 두려워하는 마음을 불러일으켰다. 진한(秦漢)시대부터 송(宋)·원(元)대에 이르기까지 우주 안은 이것에로 구름처럼 모여들고 그림자가 형체를 따르듯 하였으니, 이씨(二氏)의 진면목은 절묘하다 하겠다. 그렇지만 신선과 윤회 이 두 가지는 모두 환영이다. 이 환영 중에도 등급이 있는 법이다. 사방과 천지 상하가 아득하고 진겁의 세월이 시종여일하니, 이때의 환영은 있는 것인 양 의심되고, 곤륜산과 낭원(閬苑)이 우뚝 솟고 광음(光音)과 정악(淨樂)이 화려하니, 이때의 환영은 없음을 궁구하게 된다. 없는 것은 그대로 두고 논하지 않으며, 있다 함은 내 이를 논하

나 의론 삼지 않을 것이다. 환영이냐 환영이 아니냐를 따질 필요 없이 이 모두는 나의 박문(博聞)을 돕는 것이다. 정원의 동편에 쌍수(雙樹)가 있는데, 나는 날마다 그 아래에 앉아 이씨의 말을 취하여 새기고 명명하였다. 세상 사람들은 장차 내가 환영을 좋아한다고 여길 터이다.[10]

신선과 윤회, 즉 도가와 불가의 기본적인 성격을 '환(幻)'으로 규정한 것이다. 동시에 신선세계에 대해서는 공간적 의문을, 윤회에 대해서는 시간적 의문을 제시함으로써 도교와 불교는 시공간적으로 현실일 수 없거나 현실에서 따질 수 없는, 즉 현실세계를 넘어서는 '환상의 세계'로 본다. 이들 세계는 '같은 뿌리이나 줄기가 다른 환영의 나무[雙樹幻]'인 것이다. 그러면서도 이쪽에 관심을 갖는 자신의 호기취향이 신경 쓰였던지 '환영을 좋아하는 자신'을 세상 사람들이 부정할까 조심스러워 한다. 이런 발언도 실은 유가 사회의 시선을 의식한 소치였다. 어쨌든 육조 지괴로 대표되는 도가적, 불가적 이야기들은 현실에 없는 환상적인 것으로 취급되었고, 이것이 지금 우리가 말하는 초기 환상 지표이기도 하다.[11] 이처럼 동아시아의 초기 환상의 소재들은 도교와 불교에 의해 촉진되었거니와, 이는 원래 민간·기속적인 요소들을 적극적으로 이용하면서 생겨난 생물(生物)이었다.

6세기경 제작된 국보 제287호 백제금동대향로(百濟金銅大香爐). 용이 머리를 들어 입으로 몸체 하부를 물고 있는 받침과, 연꽃잎으로 장식된 몸통, 그리고 산봉우리가 층층이 중첩된 형태에 봉황 등 상상의 동물과 현실 속의 짐승들을 다섯 명의 악사 등 인물과 함께 묘사하여 이들이 신선세계에 있는 듯한 광경을 묘사하였다. 신산(神山)을 표현한 박산향로(博山香爐)의 전통을 계승하면서 백제적인 요소를 가미하였다. 고대의 전통적인 세계관과 도가사상 등이 함께 표현되었다. 충남 부여군(扶餘郡) 능산리사지(陵山里寺址)에서 출토, 국립부여박물관 소장.

3. 한국 초기 서사의 환상 소재와 그 양상

한위육조시대를 통과하며 구축된 비현실적 서사의 소재들은 이후 주변 동아시아로 전파되었다. 이는 중국의 팽창과 그에 따른 도교와 불교의 전래와 그 궤를 같이하였다. 그 결과 일정한 시기적 편차를 두면서도 동아시아 전역은 귀신과 신선, 그리고 관음이 열어젖힌 환상적 공간을 공유하게 되었다. 그럼에도 해당 지역에선 이에 대한 향유 양상이 각이했다는 점을 간과해서는 안 된다. 이 분기는 크게 두 가지 점에서 예상할 수 있다. 즉 도교와 불교의 전래, 그리고 그것의 정착의 심도와 강도가 개별 지역마다 달랐다는 점과 이런 종교적 사유는 다시 개별 지역의 풍속과 정서에 따라, 무엇보다 기층의 무속과 충돌하고 교합하는 과정에서 '개별화'되었을 가능성이다.

1987년작 홍콩 영화 〈천녀유혼(倩女幽魂)〉의 스틸 컷. 중국 청대(淸代) 포송령(蒲松齡)의 『요재지이(聊齋志異)』에 실린 '섭소천(聶小倩)' 이야기를 원작으로 한다. 인간이 귀신을 만나 사랑을 나눈다는 내용으로, 동아시아 귀신 이야기의 한 유형이다.

그 가장 현저한 예로 한국, 베트남, 일본의 경우 중국에 비해 불가계 영험담이 도가계 지괴보다 훨씬 우세했던 점을 들 수 있다.[12] 특히 우리의 경우는 불교서사가 대부분이고, 도가서사는 극히 미미하여 거의 드러나지 않는다. 이는 불교의 동점에 따른 토착 이야기의 불교화를 짐작케 하는 대목이다. 이 점을 『수이전』 일문이나 『삼국유사』 등에서 많은 부분 확인할 수 있다.

1) 『수이전』 일문의 '신술(神術)'·'폭사(暴死)'·'변신(變身)'

먼저 『수이전』이다. 우리의 경우 가장 이른 시기의 서사물이 집적된 사례는 『수이전』 말고는 달리 찾아볼 수 없다. 현존하는 일문(逸文)으로 볼 때, 전기(傳奇)로 분류되는 「최치원」을 제외한 나머지 작품들은 대개 지괴적 성격이다.[13] 이것들은 다시 그 서사적 경향에서 두 가지로 나누어지는데, 곧 불가계 영험담과 기속적인 변괴담이다. 영험담은 「아도(阿道)」, 「원광(圓光)」, 「보개(寶開)」, 「호원(虎願)」 등이며, 변괴담은 「지귀(志鬼)」, 「영오세오(迎烏細烏)」, 「탈해(脫解)」, 「수삽석남(首揷石枏)」, 「죽통미녀(竹筒美女)」, 「노옹화구(老翁化狗)」 등이다.[14]

우선 영험담의 경우 「아도」와 「원광」은 고승의 영험담이고, 「보개」와 「호원」은 민인의 영험담이다. 특히 「보개」는 『삼국유사』와 『법화영험전(法華靈驗傳)』 등에 편폭을 달리하며 두루 전재된 사실은 잘 알려져 있거니와, 실은 위진시기 이후 관음의 영험을 서사화한 대표적인 유형 중 하나이다.[15] 이런 유형은 장사꾼의 표류, 이국에서의 고단한 생활, 그리고 순간적 귀환이라는 세 가지 요소를 겸비하고 있다. 「보개」의 경우 여기에 모친의 극진한 염불과 고승의 구원이 결합함으로써 대단히 간결하면서도 환상적인 장면을 연출하였다.

> 보개(寶開)는 우금방(隅金坊)에 사는 여자이다. 아들 장춘(長春)이 장사 때문에 바다를 건너간 후 해가 바뀌도록 어디 있는지 알지 못했다. 보개가 민장사(敏藏寺) 관음상 앞에 가서 기도한 지 7일 만에 아들 장춘이 와서 어머니의 손을 잡았다. 어머니가 놀라고 기뻐서 소리 내어 우니, 절에 있는 사람들이 그 연유를 물었다. 장춘이 말하였다. "(중략) 스님은 '네 어머니가 보고 싶다면 나를 따라 오라' 고 하시더군요. 말을 마치고 동행하였습니다. 제가 그 뒤를 따르자, 깊은 도랑이 하나 있었는데, 스님이 제 손을 잡고 뛰어넘으셨지요. 어릿어릿하여 꿈과 같더니 홀연 신라사람의 말이 들리고 또한 곡성이 들려왔답니다. 살펴보면서도 내가 아직 꿈속인가 의심하였으나 꿈이 아니었습니다."[16]

모친 보개(寶開)가 민장사의 관음상 앞에서 불공을 드린 지 7일 만에 느닷없이 저 오(吳) 땅에서 노비 생활을 하던 아들 장춘(長春)이 순간 이동한 것처럼 돌아온 것이다. 그런데 그 돌아온 과정이 매우 인상적이다. 스님에 의해 인도된 장춘은 깊은 도랑을 건너자마자 몽혼한 상태에 빠져들고 어느새 신라국에 도착하는데, 그 자신은 여전히 꿈인가 생시인가 하는 의심 상태에 놓여 있다. 영험의 수혜자가 그 영험의 불분간의 지점에 놓인 상황이다. 사실 이 이야기는 선상무역을 하다가 태풍을 만나 표류하던 중 타국에 표착하게 되었고, 천신만고 끝에 생환한 신라 어느 장사치의 체험담이 극적으로 구성되었을 가능성이 없지 않다. 그런데 그것이 현실에서는 도저히 불가능해 보이기 때문에 불교 영험담으로 채색되었을 터다. 즉 생환 주체조차도 꿈속의 일인지 실제 상황인지를 분간하기 어려울 정도의 기적적인 생환, 이것이 이 이야기를 끌고 간 원동력이었다.

한편 이 이야기의 말미에 흥미로운 부기를 하였다. 이 일이 실제 있었던 것인양 '745년 4월 8일 신시(申時, 오후 4시경)에 오(吳) 땅을 떠난 장춘이 같은 날 술시(戌時, 오후 8시경)에 민장사에 도착했다'는 내용이다.[17] 불과 4시간 만에 이루어졌다면서 '사실'임을 적시한 것이다. 물론 이는 당연히 불가 법력의 현실구현을 위한 장치이다. 인간 현실의 고난을 구원한다는 이 영험의 서사는 이처럼 수용자의 입장에서 '환'의 묘법을 이용하고 있었다.

이것이 일반적인 불가 영험담의 한 형태라면 「원광」의 경우는 또 달라, 그 구성이 좀 복잡하다. 공교롭게도 뒤에서 논의할 『삼국유사』의 「원광서학(圓光西學)」의 골자를 이루고 있거니와,[18] 기본적으로는 고승이 불가의 영험을 입게 된다는 영험수혜형이다. 그런데 이런 유형은 대개 간단한 하나의 사례로 제시되는 데 반해, 「원광」은 꽤 복잡한 구성과 다양한 모티프를 활용하여 편폭을 확대하였다. 그리고 그 얼개는 원광의 불업 성취 과정을 따라가고 있다. 그 사이에 주술을 일삼는 비구(比丘)와 신술(神術)을 쓰는 천신(天神)이 개입하여 갈등을 부추긴다. 이 비구와 천신의 갈등이 워낙 커서 원광은 서사 전면에 등장하면서도 일종의 관찰자 내지 방관자의 처지에 놓이곤 한다.

특히 천신은 3천 살을 살았고 천하의 일에 달통한 존재로, 벼락을 쳐 비구의 거처를 무너뜨리는가 하면 자신의 존재를 하늘가 구름 속에서 내보이기까지 한다.[19] 이런 신성은 그러나 갑자기 '무상(無常)의 해(害)'를 면할 수 없다며 원광더러 자신의 혼을 송별해달라고 부탁하더니 늙은 여우[老狐]로 변신하여 죽고 만다.[20] 전지전능하고 불멸의 존재일 것 같던 천신이 유한한 인격체로 변해 형체를 드러낸 것이다. 이런 면모는 분명 불가에서의 천제(天帝)와는 거리가 있다. 일종의 전통적인 천신 개념이 도입된 사례이다. 더구나 비구가 처음 천신의 말을 전한 원광에게 여우 귀신의 말[狐鬼之言]을 믿느냐며 공박한 점을 상기한다면, 이 천신의 정체는 오래 묵은 여우일 공산이 크다. 그렇다면 이런 소재들은 대단히 부정적으로 그려져야 했을 텐데 그렇지 않고 오히려 불력의 상징처럼 활용되었다.

사실 이 이야기는 무속사회에서 불교사회로 전환하는 상징적인 표지이면서 무·불의 혼효된 양상으로 주목받아왔다. 요컨대 이 「원광」의 고사는 전통적인 무속적, 주술적 기이 소재를 불가 영험담으로 둔갑시킨 사례로 인정되는 것이다. 결국 「원광」은 무속적 신의 힘을 빌려, 다시 말해 전통적인 신적 주체를 적절하게 활용하여 새로운 불가 질서를 구현하는 데 이바지한 셈이다. 그 과정에서 '천성(天聲)', '주술(呪術)', '신술(神術)', '노호(老狐)' 등의 환상적 소재가 전면에 배치될 수 있었다.

이제 기속적인 변괴담이다. 「영오세오」와 「탈해」는 도왜인(渡倭人)과 외래인의 비범성을 드러내는 사적이다. 그 과정에서 해와 달이 빛을 잃거나 박을 타고 바다를 건너는 기적이 일어났다. 이국인이나 정령적 존재들의 비범함을 당시에도 변괴로 보고 있다는 점에서[21] 단번의 현상이 현실의 충격적인 상황으로 받아들여지고 있었음을 확인할 수 있다. 하지만 이들 이야기는 신화적 요소가 다분하여 기층적인 변이의 국면을 확인하기에는 그리 용이하지 않다.

이에 비해 「지귀」와 「수삽석남」, 「죽통미녀」와 「노옹화구」는 그야말로 지괴담이다. 「지귀」와 「수삽석남」은 느닷없는 죽음, 즉 '폭사(暴死)'가 변괴의 핵심이다. 「지귀」의 지귀(志鬼)와 「수삽석남」의 최항(崔伉)은 모두 사모하는 대상과의 이룰 수 없는 사랑 앞에 느닷없이 죽어 귀신이 된다. 이 중 지귀는 자신의 욕망을 실현할 수 없자 '민절(悶絶)', 즉 정신을 잃는 지경에 이른다. 그리고 이런 분울한 사태는 심장에서 불이 솟아나는, 일종의 극한의 심리적 충격을 불러일으켰다. 최항은 사랑하는 첩(妾)을 만나지 못하게 되자 갑자기 죽었는데, 그 사연이 문면에 제시되지는 않는다. 상사병이었음을 짐작하게 할 뿐이다. 문제는 그가 귀신이 되어 첩 앞에 다시 나타난다는 사실이다. 귀신의 현현이다. 최항의 죽음과 귀신화, 그리고 환생은 불교의 환생담을 떠올리게 하지만 그렇다고 이것이 불교적으로 승화된 것은 아니다. 그런 형식을 취하되 그의 불같은 욕망이 만들어낸 허상쯤으로 몰고 간다. 요컨대 「지귀」와 「수삽석남」의 '폭사'는 인간 욕망의 극한치가 조성한 변괴였다.

반면 「죽통미녀」와 「노옹화구」는 분위기가 가벼운 편이다. 여기의 초점은 나그네로 분신한 서해의 용과 변신술에 능한 노인이 각자의 능력을 발휘하는 장면에 있다. 물론 한쪽은 신격화된 용이고, 한쪽은 온전한 인간이어서 양자의 질적인 차이는 분명하다. 그럼에도 한쪽에선 대나무 통에서 두 미녀가 출입하고,[22] 다른 한쪽에선 사람이 호랑이, 닭, 매, 개로 변신을 거듭한다.[23] 이런 일종의 마술적 변신은 어떤 특별한 상황을 의도한 것으로는 보이지 않고, 그저 개체의 비범성을 드러내는 것에 한정되는 것으로 판단된다.

이제 마지막으로 「호원」에 대해서 잠깐 짚어두고자 한다. 이 이야기는 『삼국유사』에 「김현감호(金現感虎)」로 다시 실렸고, 최자(崔滋)의 『보한집(補閑集)』에 「변산 노승」이라는 다른 버전이 있는 것으로 보아, 초기 서사물로는 상당히 유행한 유형임을 알 수 있다. 다만 『대동운부군옥』에 수록된 이 『수이전』의 일문은 「김현감호」와는 달리 호랑이 형제와의 갈등 국면이 빠진 채 호녀(虎女)가 김현(金現)과 정을 통한 이후 곧장 희생의 과정을 밟는 것으로 처리되어 있다. 과보(果報)로 인해 자신은 더 이상 여자로 존재할 수 없는 만큼 김현더러 사찰을 지어 자신의 혼을 위로해주라는 것이다. 그런 호녀는 스스로 목을 찔러 죽으면서 본래의 모습인 호랑이로 화한다. 그러니 「김현감호」처럼 '천창(天唱)'의 울림이나 호랑이 형제 따위의 또 다른 비현실적인 요소는 드러나지 않고, 호녀의 변신만이 변괴의 요소로 작동한다. 그런 한편 호녀의 희생과 김현의 출세를 통해 불교의 영험을 드러냈다는 점에서 영험담의 성격을 갖고 있다. 거기에 변신 모티프가 추가됨으로써 「원광」과 짝을 이루기도 한다.

그런데 앞에서 보았듯이 기속적인 변괴담의 경우 대개 파탄의 결과를 초래하는 파국의 서사체계이다. 반면 불가의 영험담은 비록 희생이 따르기도 하지만 기본적으로 구원을 위한 서사이다. 이처럼 양자의 서사적 성격은 다르지만, 공히 환상적인 체험이나 기이한 일탈을 보여준다. 그런 소재는 불력과 천신, 폭사와 귀신, 그리고 변신 등이다. 이런 요소들은 이야기 속에서 수용자에게 환상적인 인상을 강렬하게 심어주지만 일회적이거나 단편적이어서 어떤 구조적 성격을 가진 것으로 받아들여지지 않는다. 작품들의 성격이나 지형이 그야말로 '개별적'이다. 비교적 편폭이 큰 「원광」의 경우만 하더라도 여러 비일상적 요소들이 산포된 형식을 취하고 있다. 말하자면 환상적인 요소들이 일회적이거나 파편적으로 구축된 사례들이다. 또한 나름의 성격이 위에서처럼 양분되는 경향이 있지만, 그럼에도 『수이전』 일문의 변괴 소재는 기속적 생사관이 불교적 영험세계와 함께 뒤섞인 채 미분화한 상태를 보여준다. 이런 소재는 『삼국유사』에 오면 좀 더 정련된 서사체계 속에서 구조화되는 경향을 보인다.

2) 『삼국유사』의 영험담과 환상 소재들

『삼국유사』는 주지하듯이 기이(紀異), 홍법(興法), 의해(義解), 신주(神呪), 피은(避隱), 효선(孝善) 등으로 편이 구분되어 있으며, 이 중 기이편은 권1·2에, 나머지 편은 권3~권5에 편재되어 있다. 전체적인 성격이 그야말로 기이한 불가의 세계를 구현한 것이지만 앞의 기이편과 뒤의 나머지 편 사이에는 결이 있다. 즉 기이편은 왕조의 신이(神異)한 사적을 다룬 '왕조사'이고, 나머지 뒤편들은 불가의 '영험담'이다.[24]

먼저 기이편은 기본적으로 왕조사에 신화적인 요소가 덧붙여진 양태인데, 여기에 기속적인 요소들이 혼효되어 신이한 국면들이 복잡한 양태를 띤다. 이를테면, 미추왕(未鄒王)의 죽엽군(竹葉軍)이나 신문왕(神文王)의 만파식적(萬波息笛) 따위는 모두 김유신 혼령이 합세한 가운데 신병(神兵)과 해룡(海龍)이 등장하여 환상적인 장면을 연출한다.[25] 전통적인 혼령과 천신 관념을 끌어와 호국의 기치를 고양시키는 일종의 권위적 장치라 할 수 있다.

하지만 비형랑(鼻荊郎)과 거타지(居陀知)의 경우는 좀 다르다. 공교롭게도 이들은 폐정으로 인해 왕조 질서가 흔들리는 가운데 등장한다.[26] 이 중 비형랑은 진지왕(眞智王)의 유혼이 낳은 혼자(魂子)로, 여러 귀신들을 거느리는 귀왕(鬼王)으로서 왕을 보좌하는 역할을 수행한다. 그는 여러 귀신들을 데리고 하룻밤 사이에 교량을 건설하는 그야말로 신적 자취를 보여준다. 또한 같은 국정 수행자인 길달(吉達)을 처단하는데, 길달은 요망한 여우가 변신한 존재로 국정을 위협하는 자이다.[27] 그럼에도 선제(先帝)의 혼자인 비형랑이 조정의 위협 세력으로 상정된, 변신한 여우(즉 길달)를 처단한다는 점에서 이 또한 왕조의 수호라는 맥락과 닿아 있다.

거타지 또한 같은 궤에서 이해되는 이야기이다. 하지만 그 전개상황은 다르다.

> 거타지가 걱정하며 섬에 서 있는데, 갑자기 어떤 노인이 못에서 나왔다. '나는 서해의 수신(水神)인데, 매번 해가 뜰 때면 한 사미(沙彌)가 하늘에서 내려와 다라니를 외며 이 못을 세 바퀴 돌면 우리 부부와 자손들이 다 물 위로 떠오르게 된다

오. 그 사미는 우리 자식과 손자들의 간과 창자를 뽑아 다 먹어버린다오. 지금은 우리 부부와 딸 한 아이만 남았을 뿐인데, 내일 아침에도 분명히 다시 올 것이오. 청컨대 그대는 이놈을 활로 쏘아주시오.' (중략) 거타지는 몸을 숨긴 채 기다렸다. 이튿날 동녘이 환해지자 과연 사미가 나타나 이전처럼 주문을 외며 늙은 용의 간을 앗으려고 하였다. 그때 거타지가 활을 쏘아 맞히자 사미는 당장 늙은 여우로 변하더니 땅에 떨어져 죽어버렸다. (중략) 노인은 자기 딸을 한 가지의 꽃으로 만들어 거타지의 품속에 넣게 하고는 두 마리 용을 시켜 받들게 했다. (중략) 신라로 돌아온 거타지는 꽃가지를 끄집어내자 여자로 변하여 함께 살았다.[28]

여기 거타지는 일개 궁사이다. 당시 국정이 문란하여 거리에는 유언비어가 퍼지고, 정권에서는 왕거인(王居仁)을 지목하여 투옥하는 등 신라는 절체절명의 위기를 맞고 있었다. 따라서 신라는 당나라에 협조를 얻어야 했고, 그 사신을 수행하는 일원으로 거타지는 참여했을 뿐이다. 하지만 이 수행길에서 거타지는 사미승으로 변신한 여우로 인해 몰살 위기에 직면한 서해 용신의 부탁을 받게 된다. 여기 서해 용신과 사미승은 외부 침략에 의해 붕괴 일로에 있었던 신라 왕조를 은유하거니와, 뛰어난 활쏘기 솜씨로 이 난관을 극복케 해준 거타지는 그 보답으로 용신의 딸을 하사받았던 것이다. 이 이야기는 비록 신화적인 화소로 채워져 있지만, 용과 늙은 여우, 변신 등 다양한 기이 소재를 활용하여 대단히 기괴적으로 풀어가고 있다. 요컨대 왕조의 신이한 사적에 전통적인 환상 소재들이 적극적으로 개입한 사례들이다.

이에 반해 권3~권5에는 불가 영험담이 두루 산포되어 있다. 여기에는 이물(異物)과 귀신, 꿈과 변신, 저승과 환생 등 다양한 비현실적 소재들이 망라되어 있으나, 모두 불가의 영험과 감응의 국면을 다채롭게 구현하는 기능을 수행한다.

정명(貞明) 7년(921) 5월 15일에 제석(帝釋)이 절 왼쪽에 있는 경루(經樓)에 내려와서 열흘 동안 머물자, 전각과 탑, 풀과 나무, 흙과 돌 따위가 모두 이상한 향기를 풍기고 오색구름이 절을 덮었으며, 남쪽 못의 물고기가 기뻐서 춤추며 뛰어올랐다. 나라 사람들이 모여들어 구경하면서 전에 없는 일이라고 탄복하였다.[29]

그날 밤 잠깐 조는 동안 꿈을 꾸었는데 대성(大聖, 즉 보살)이, '대사는 아직 멀리 떠나지 말고 머물러 있으라. 내가 시주를 받아서 재 드리는 비용을 쓰게 하리라.' 고 하였다. 성태(性泰)는 흔연히 깨닫고 마침내 머물고 떠나지 않았다. (중략) 절중이 그들을 인도하여 법당 앞까지 들어왔더니 그들은 보살화상을 쳐다보고는 서로 말하기를, '이가 권선하던 비구의 화상이다'고 하였다. 놀라 탄복하지 않을 수 없었다.[30]

드디어 인간 세상을 훌훌 버리고 장차 깊은 산골에 숨으려 했다. 밤에 꿈을 꾸었는데, 흰 빛줄기가 서쪽으로부터 비치는 것이었다. 그 빛줄기 속에서 금빛 팔이 내려와 두 사람의 머리 정수리를 어루만졌다. 꿈을 깬 이들은 서로 꿈 얘기를 했더니 두 사람의 꿈이 딱 맞아떨어졌다. 둘은 한동안 감탄하다가 드디어 백월산 무등곡(無等谷)으로 들어갔다. (중략) 조금 있자 통 속의 물에서 향기가 무럭무럭 풍기고 물이 금빛으로 변하였다. 노힐이 깜짝 놀라자 낭자가, "우리 스님도 여기서 목욕하세요."라고 하였다. 노힐이 마지못하여 그 말대로 좇았더니 갑자기 정신이 상쾌해지고 살빛에 금빛깔이 돌았다. 곁을 보니 연화대 한 자리가 생겼다. 낭자가 노힐부득을 거기에 앉으라고 권하면서, "나는 바로 관음보살로 대사가 크나큰 부처님 도를 성취하도록 와서 도운 것이오."라고 말을 마치고는 사라졌다.[31]

위의 세 자료는 모두 부처나 관음이 현시하여 지상에서의 불사와 득도를 돕

 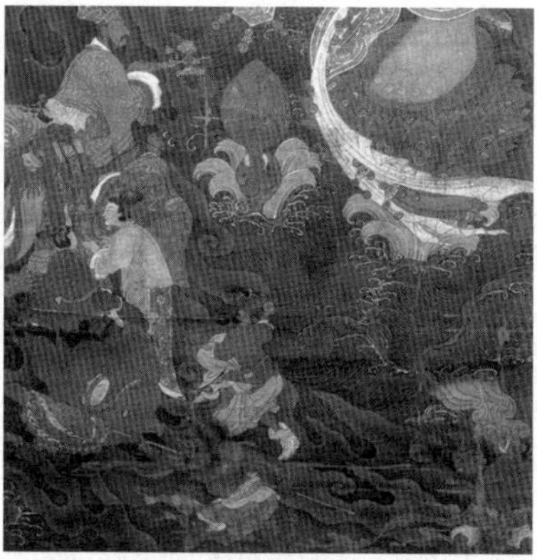

1310년 작 고려불화 수월관음도(왼쪽). 수월관음(水月觀音)은 33관음 중 하나로, 하늘에 뜬 달이 물속에 비친 달이라는 뜻이며 인생의 허무에서 발생한 고난을 구제하여 달관케 하는 사색적인 보살이다. 이 관음을 주제로 한 그림은 주로 남인도의 바다에 면한 보타락가산(補陀洛迦山)의 바위 위에 반가좌(半跏坐)의 모습을 한다. 관음신앙은 삼국시대에 유입되어 고려시대에 크게 유행하였다. 같은 그림 하단에는 관음보살에게 공양을 바치는 인물군상(오른쪽)이 그려져 있다. 일본 교토 대덕사(大德寺) 소장.

는 장면들이다. 제석이 직접 경루(經樓)에 내려오자 주변에 이상한 향기가 풍기고, 오색구름이 절을 덮는가 하면 연못의 물고기가 춤을 추며 뛰어오르는 기적이 일어난다. 하지만 이런 부처의 직접적인 현시와 불사의 주관은 매우 예외적인 사례이며, 대개는 꿈이나 다른 매개를 거친 다음 관음의 변신을 통한 간접적 현시 형태를 취한다. 중생사(衆生寺)의 주지 성태(性泰)가 불재(佛齋)의 비용을 마련할 수 없어 사찰을 떠나려 하자, 관음은 꿈에 나타나 그를 붙잡은 다음, 비구로 현신하여 시주자를 인도하는 역할을 수행한다.

이런 유형은 노힐부득(努肹夫得)의 불도 정진에도 그대로 원용되는데, 이것이 좀 더 화려하고 신비한 체험으로 구조화되어 있다. 우선 노힐은 흰 빛줄기가 비치고 금빛 팔이 자신의 머리를 어루만지는 환상적인 꿈을 꾸거니와, 그를 유혹하러 나타난 여인은 향기가 피어오르는 욕조와 금빛 물을 준비하여 노힐을 청정의 영역으로 이끈다. 이처럼 감응담은 관음의 '현몽'과 인격체로의 '변신'을 통해 활성화되는데, 그 과정이 매우 화려하고 신비로운 장면화로 구현된 경우가 많다.

> 이 절의 조사(즉 寶壤)가 중국에 가서 불법을 전수하여 돌아오는데, 서해 바다에 이르렀을 때 용이 그를 용궁 속으로 맞아들여 불경을 외우게 하고 금색 비단과 가사 한 벌에다 아들 이무기를 시주하여 그를 모시고 따라가게 하였다. (중략) 이무기는 늘 절 곁에 있는 작은 못에 살면서 음으로 불법의 교화를 도왔다. 한 해는 갑자기 몹시 가물어 밭과 채소가 말라 타들어갔다. 보양이 이무기를 시켜 비를 부르도록 하여 온 경내가 흡족하게 되었다. 천제는 이무기의 건방진 행동을 벌주어 죽이려 하였다. 이 상황을 이무기가 법사에게 급히 고하니 법사가 마루 밑에 숨겨주었다. 조금 있으니 천사(天使)가 뜰에 내려와 이무기를 내놓으라고 청하자, 법사는 뜰 앞에 있는 배나무를 가리켰다. 천사는 당장 배나무에 벼락을 치고는 하늘로 올라가버렸다. 꺾여 시든 배나무를 이무기가 어루만지자 곧 살아났다.[32]

> 망덕사(望德寺)의 중 선율(善律)이 돈을 시주하여 6백 반야경을 이룩하려다가 과업을 아직 이루기 전에 갑자기 저승으로 잡혀가서 염라대왕 앞에 가게 되었다. "네가 인간세계에선 무슨 일을 하였느냐?"고 물어, "소승이 늘그막에 대품경(즉 『반야경』)을 이루려다가 과업을 다 성취하지 못하고 왔습니다."고 대답하자, "너의 정해진 수명은 비록 다 되었지마는 좋은 발원을 아직 마치지 못했으니 마땅히 다시 인간세계로 돌아가 보전을 끝마치도록 하여라."라고 하면서 풀어 돌려보내 주었다.[33]

위의 두 자료는 승려들의 비일상적인 이계 체험을 기반으로 하고 있다. 보양(寶壤)은 중국에서 전법을 하고 귀국하는 길에 서해 용궁을 들렀으며, 선율(善

律)은 저승으로 잡혀갔다가 인간세계로 되돌아왔다. 그런데 이 과정에 이무기나 천제와 천사(天使), 염라대왕 등 비인격체가 등장하여 이계 체험의 강도를 높이고 있다. 다만 「보양이목(寶壤梨木)」의 경우, 비를 내려 인간 사회의 가뭄을 극복해준 이무기를 잡아 죽이려는 천제와 천사가 배치된 점이 눈길을 끈다. 아마도 이 이야기는 원래 용왕/이무기 편과 천제/천사 편 사이의 대결 모드가 상정된 소재였던 듯하다. 이것을 불가 영험담으로 활용한 것일 터인데, 보양을 사이에 두고 여러 비인격체들이 난립하는 이런 소재를 수중과 천상, 그리고 지상을 포괄한 하나의 공간적 환상세계로 새롭게 구축한 케이스인 것이다.

조선 후기 김홍도(金弘道, 1745~?)가 그린 남해관음(南海觀音). 간송미술관 소장.

반면 「선율환생(善律還生)」은 그야말로 저승담이다. 불가에서 저승은 징치의 공간이 아니라 경계의 공간으로 기능하는바, 선율은 그곳의 주재자 염라왕의 언도를 받고 다시 살아나 불업에 정진하였다. 사실 우리 초기 서사에서 의외로 저승담은 많지 않은데, 이 이야기가 가장 분명한 저승담 형태를 취하고 있다.

1785년작 현왕도(現王圖). 사람이 죽은 지 사흘 뒤에 받는 심판을 주재하는 지옥의 염라대왕(閻羅大王)을 묘사한 그림이다. 현왕은 염라왕의 다른 이름이다. 중앙에 앉아 있는 현왕의 아래쪽으로는 대륜성왕(大輪聖王)과 전륜성왕(轉輪聖王), 판관(判官), 녹사(錄事) 등이 묘사되어 있다. 국립중앙박물관 소장.

아무튼 「보양이목」과 「선율환생」의 초점은 민인들의 삶을 구원하는 데 있다. 보양은 용궁에서 데려온 이무기를 통해 비를 부르고, 선율은 염라왕의 주선으로 사경(寫經)을 마무리함으로써 과업을 이루었다. 이 점에서 여기 이물과 비인격체들은 불법의 수호자로 기능하면서 이계 체험의 확실한 징표들로 기능한다.

또 승상 김양도(金良圖)가 아잇적에 갑자기 입이 붙고 몸이 굳어져 말도 못하고 움직이지도 못했다. 그는 매번 큰 귀신 하나가 작은 귀신을 데리고 와서 집안에 있는 반찬이란 반찬은 모두 먹어치웠다. 무당이 와서 제사를 지내면 떼를 지어 모여들어 저마다 욕을 보였다. 양도는 저들을 물리치려고 하였으나 입으로 말을 할 수 없었다. 그의 아버지가 법류사(法流寺)에서 중 아무개를 청해 경을 읽혔다. 그랬더니 큰 귀신이 작은 귀신을 시켜 쇠망치로 중의 머리를 때려 땅에 거꾸러뜨려 피를 토하고 죽게 하고 말았다. 며칠 지나서 심부름꾼을 시켜 밀본(密本)을 청하였더니 심부름꾼이 돌아와, '밀본법사가 내 청을 받고 곧 올 것입니다'고 하자, 귀신들이 듣고 모두 실색하였다. 작은 귀신이 "법사가 온다면 이롭지 못할 것이니 피하는 것이 좋겠소."라고 하자, 큰 귀신이 경멸하며 태연히 말했다. "뭘 걱정할 게 있겠어?" 조금 뒤에 사방의 힘센 귀신들이 모두 쇠갑옷에 긴 창을 들고 와서 뭇귀신을 잡아 묶어 가지고 갔다. 그 다음에는 수없는 천신들이 둘러서서 기다렸다. 조금 지나 밀본이 이르러 경문을 펼 사이도 없이 그의 병은 곧 나았다.[34]

이때 당나라 왕실에 공주가 있었는데, 병이 위독하여 고종(高宗)이 무외(無畏) 삼장에게 치료해줄 것을 청하자, 삼장은 자기 대신 혜통(惠通)을 추천하였다. 혜통이 명령을 받고 별실에 거처하면서 흰 콩 한 말을 은그릇에 담아 주술을 부리니 흰 갑옷을 입은 귀신 군사로 변하여 병마를 쫓다가 이기지 못하였다. 다시 검정콩 한 말을 금그릇에 담아 주술을 부리자 검은 갑옷을 입은 귀신 군사로 변하여 두 빛깔 군사가 합쳐서 병마를 쫓았다. 이리하여 갑자기 교룡 한 마리가 달아나고 공주의 병은 나았다.[35]

위의 두 자료는 법사들의 주술로 수혜자가 병이 낫는 이야기이다. 승상 김양도(金良圖)의 어린 시절과 당나라 황실의 공주가 수혜자이니 상층의 불법의 영험 체험인 셈이다. 밀본(密本)은 김양도 일화에 앞서 선덕여왕의 오래된 병을 치료한 적이 있었다.[36] 여기 밀본과 혜통(惠通)은 신술을 부리는 주술사의 면모를 보인다. 또한 김양도와 당나라 공주의 병마가 귀신과 교룡으로 설정되어 있다는 점에서 이물과의 대결을 기필하고 있다. 큰 귀신과 작은 귀신, 그리고 이들이 떼를 지어 승려를 처참하게 죽이는 장면이나 혜통이 주술을 써서 갑사(甲士)로 병마를 쫓으려 하지만 여의치 않는 장면에서 귀신과 교룡이 만만치 않는 타자임을 알 수 있다. 더구나 변신 소재까지 가미되어 제법 박진감 넘치는 현장을 그리고 있다. 아무튼 이 소재는 고질화된 병의 근원이 귀신 따위의 불가항력적인 존재에 걸쳐 있다는 인식에서 앞의 왕충(王充)의 논의가 떠올려진다. 하지만 신술을 부리는 법사들이 출동, 그 악인(惡因)을 제거한다는 점에서 병을 물리치고자 하는 욕망이 이런 영험담 산출의 기저였던 것으로 이해된다. 특히 이런 영험담에서 '귀신'은 절대악으로 규정된 경우가 많다. 불력의 아래에 존재하는 부정적 존재로서의 귀신의 면모가 이들 이야기에서 여실하게 드러나 있다.

얼마 못되어 대성(大城)이 죽었는데, 이날 밤 재상 김문량(金文亮)의 집에서는 하늘로부터 외치는 소리가 들렸다. "모량리 대성이란 아이가 이제 너의 집에 태어날 것이다!" 집안사람들이 모두 놀라 사람을 시켜 모량리를 뒤졌더니 과연 대성이 죽었다는 것이다. 하늘에서 외치던 소리가 있던 그 날 한시에 그 집에서는 임신을 하여 아이를 낳았는데, 아이 왼쪽 손이 꽉 쥐고 펴지지 않다가 7일 만에야 손을 펴니, '대성'이라 새긴 금쪽 막대를 쥐고 있었다. 그래서 이것으로 이름을 짓고 그의 예전 어머니를 이 집으로 맞아와 함께 봉양하였다.[37]

계집종은 초저녁에 이것을 다 찧고 절로 와서 밤낮으로 쉬지 않고 염불을 하였다. 그는 마당 좌우에 긴 말뚝을 세우고 노끈으로 두 손바닥을 꿰어 말뚝 위에 매어 합장을 하고 양쪽에서 이를 흔들게 하여 자신을 격려하였다. 이때 공중에서 하늘의 외침이 들렸다. "욱면(郁面) 낭자는 불당에 들어와 염불하라." 절의 사람들이 이 말을 듣고 계집종을 불당으로 들어오게 하여 예에 따라 기도에 정진하게 하였다. 얼마 안 되어 풍악이 하늘 서쪽에서부터 울려왔고, 계집종은 집대들보를 뚫고 솟아 나와 서쪽 교외에 이르더니 본래의 몸을 버리고 부처님 몸으로 변해 나타났다. 연화대에 앉아 큰 빛을 내뿜으며 천천히 떠나가니 음악 소리가 공중에서 그치지 않았다.[38]

여기 자료들은 모두 민인의 영이 체험이 구체화된 사례다. 우선 대성(大城)의 재탄생은 이른바 환생담으로, 불가 영험담에 적지 않은 비중을 차지하고 있지만 정작 『삼국유사』에서는 이런 유형으로는 이 작품이 유일하다. 여기에는 사냥을 좋아하던 대성이, 귀신으로 변신한 곰이 위협하는 꿈을 꾸고는 크게 각성하여 불심을 돈독히 한다는 내용이 이어지면서,[39] 두 번 태어난 대성의 영이 체험과 겹쳐지고 있다. 이에 비해 계집종 욱면(郁面)의 서방행은 불도자의 가장 이상적이고 궁극적인 지향을 보여준다. 종이라는 신분적 한계와 혹독한 육체적 노동 속에서도 그녀의 불심은 하늘의 감동을 이끌어냈던바, 마침내 부처가 되어 법당 들보를 뚫고 서방정토행을 이룬다. 그녀의 이적은 큰 빛이 뻗치고 천악(天樂)이 울려 퍼짐으로써 그 황홀한 체험을 배가시켜준다. 이런 서방정토행은 포천산(布川山)의 다섯 비구도 경험한 것으로,[40] 누구든 불도에 정진하면 그에 상응한 불력을 수혜할 수 있다는 메시지를 담고 있다.

지금 적시한 『삼국유사』의 환상 소재는 다양하거니와, 이런 소재가 각각 한 작품에 즉자적으로 구현된 것이 아니라 좀 더 복잡한 단계를 거쳐서 집적된 점이 없지 않다. 즉 변신이나 꿈, 또는 이계와 이물, 귀신 소재 등이 하나의 영험 사례 창출을 위해 다용도로 활용되고 있다는 말이다. 그러므로 단일한 소재를 한 작품에 집중화시켜 그 현상에 주목하는 『수이전』 일문들에 비해 확실히 다른 메커니즘을 보여준다. 한편 이런 소재의 또 다른 확장성에도 주목하지 않을 수 없다. 즉 꿈이나 변신 소재를 연결고리로 하여 환상적인 이야기를 구축한 사례가 있기 때문이다. 주지하는바 「조신(調信)」과 「김현감호」가 그것이다. 「김현감호」에 대해서는 「호원(虎願)」에서 이미 언급했거니와 여기서는 「조신」에 대해 잠깐 언급해둔다.

꿈의 소재는 『삼국유사』에 두드러진 서사 원리이기도 한데, 그런 점에서 「조신」은 특별하다. 한국 서사문학사에서 꿈의 소재가 본격적인 체계를 갖춘 작품으로 주목받아왔거니와, 「김현감호」와 함께 전기(傳奇)로 논의될 만큼 『삼국유사』에서 서사적 비중이 높다. 그럼에도 두 작품 모두 본격적인 전기는 아니다. 바로 불교 영험서사의 확장형으로 봐야 한다.[41] 조신이 불전 앞에서 꿈을 꾸고 나서 크게 깨닫는 점에서 앞의 작품들과 궤를 같이하는 것이다. 그런데 차이도 없지는 않다. 승려 조신은 부득(夫得)이나 박박(朴朴)처럼 독실한 수도자가 아니었다. 그는 승려로서 몇 년 동안 여인을 흠모하고, 그런 그녀가 유부녀가 되자 불전 앞에서 원망하는가 하면 눈물을 흘리며 안타까워한다. 그러다가 지쳐 언뜻 잠이 들었고 꿈에 그리워하던 그녀가 나타난 것이다.[42] 선덕여왕을 욕망하던 지귀(志鬼)가 그 이룰 수 없는 사랑 앞에 불귀신이 되고 말았다면, 조신에게는 나름 불법의 조치가 있었던바, 바로 '꿈속의 삶'이었다. 이 꿈속에서 그야말로 처절한 현실을 겪고 난 조신은 현실에서의 애욕을 일시에 물리치고 불업에 정진하게 된다.

그런데 그 꿈속에서의 생활이 너무도 현실적이어서 이것이 꿈인지 현실인지

분간이 어렵다. 오히려 꿈속 세계가 너무 크게 부각된 액자 형식이라 관음의 꿈을 통한 계시가 잘 드러나 보이지 않는다. 하지만 이 꿈꾼 시간이 다른 작품에 비해 매우 길었고,[43] 또 그런 만큼 꿈속의 내용이 풍부하다는 점을 빼고 나면 여타 꿈의 계시 영험담과 다를 바 없다. 심지어 꿈속의 김씨녀도 비록 문면에서는 드러나지 않지만, 「노힐부득 달달박박」처럼 관음의 현신일 가능성이 높다.

그럼에도 「조신」의 큰 특징은 인간의 애욕에의 집착[貪染之心]을 심중하게 논란했다는 점이다. 수도자의 상념이 큰 만큼 이 문제는 단순할 수 없었으리라. 그래서 꿈의 세계는 좀 더 현실적인 맥락에서 이 문제를 가려야 했다. 바로 이 이유 때문에 꿈속 세계가 확장되었고, 그 과정을 현실적인 맥락으로 풀어냈던 것이다. 말하자면 「조신」의 꿈속 세계는 처절한 현실을 대변하면서도 동시에 꿈속 세계라는 새로운 환상적 세계를 담보하게 된 것이다. 그 처절한 현실을 환상적으로 체험하게 함으로써 애욕에 대한 경계를 이끌어내는 형식인 셈이다. 어쨌거나 「조신」은 꿈과 현실의 길항 관계를 절묘하게 돌파함으로써 환상의 신경지를 개척한 작품이다.

4. 초기 서사의 욕망과 환상이라는 장치

지금까지 『수이전』 일문과 『삼국유사』의 환상 소재와 그것의 결합 양상을 일괄해보았다. 우리의 경우 중국과 달리 도교서사가 거의 전무하다시피 했기 때문에 주로 불교 영험담이 초기 서사의 환상 지표란 점은 분명해진다. 그 안에서도 『수이전』 일문이 기속의 변괴적 성격이 강한 가운데 불가의 영험이 혼효된 것이라면, 『삼국유사』는 불교 영험담의 차원에서 기속적인 소재들을 재배치한 결과물이다. 이 두 작품집의 면모가 한국 초기 서사에서 환생 소재들의 계보라고 할 수 있겠다.[44]

그러나 양자 사이의 가장 큰 차이라면 이런 소재들을 배치한 지점들이다. 즉 『수이전』 일문은 환상적 표지를 나열하거나, 개별 소재가 특정 사건에 개입함으로써 하나의 단상을 구축하는 방향이라면, 『삼국유사』는 이들 소재들을 재배치시키고 활성화함으로써 새로운 세계를 창출했다는 점에서 환상성을 일신한 면이 있다. 이를 다시 요약적으로 제시하자면, 환상 소재들이 『수이전』에선 스틸 컷(still cut)처럼 각인되는 반면, 『삼국유사』에선 파노라마(panorama)의 형태로 구축되는 형국이다. 당연히 그에 따른 환상적 이미지와 미감의 차이를 예감할 수 있다.

그런데 이런 초기 서사의 환상 소재와 그 지표는 앞에서 거론한 중국의 경우와 비교해볼 때 일정한 차이가 드러난다. 이를 대별하자면 다음과 같다. 첫째, 우리의 경우 신선 및 선계, 나아가 도사 등의 도가계 소재나 육조 지괴의 유력한 기이 소재 중 하나인 요괴·정령도 거의 등장하지 않는다. 둘째, 귀신의 활용이나 꿈의 설정 등이 제한적이다. 불교 영험담의 경우 꿈의 활용이 잦고 다양하지만, 귀신의 등장은 그리 잦지 않다. 등장한다 해도 곧잘 부정되는 축귀담(逐鬼談)의 형태가 대부분이다. 이 점 또한 '귀신이 횡행하는' 도가계 지괴류가 거의 존재하지 않았음을 반증하는 예라 하겠다. 셋째, 우리의 경우 폭사(暴死)나 변신(變身) 등의 소재가 빈번한 편이다. 넷째, 불교 영험 소재가 유력하나, 그 가운데서도 저승담이나 재생담 따위는 적고 꿈이나 변신 등을 활용한 영험담의 비중이 상대적으로 높다.

이런 측면에서 『수이전』 일문과 『삼국유사』는 '괴기적'이라기보다는 '신이적'인 것에 가깝다.[45] 즉 우리의 초기 서사는 덜 섬뜩하고 덜 무섭다. 사실 이것이 초기 서사의 환상성이란 측면에서 우리만의 특성으로 봐도 무방할 듯싶다. 환상 소재를 작동시키는 주체가 주로 신성이거나 비범한 존재—고승 등—라는 점에서 이런 성격은 어느 정도 분명해진다. 물론 『수이전』 일문의 이물이나 『삼국유사』의 민인들의 기적도 없지는 않으나 이는 전체 국면에서 보면 미미한 편이다. 또한 『수이전』에서 일정 정도 보이던 모종의 현실에 대한 파탄의 정서가 『삼국유사』에 오면 봉합되거나 교정되어 합일의 정서가 두드러진다. 이런 점에서 우리 초기 서사의 비현실적인 요소들은 현실과의 교호작용 속에서 순화되는 면모 또한 없지 않다. 그렇다면 이렇게 변화된 이유가 무엇일까. 당대인의 인간과 자연에 대한 인식과 욕망이 이런 쪽을 선호했기 때문일까. 그 시대 민인들은 과연 어떤 현실과 이상을 욕망했을까. 당연히 궁금해지는 사안이다.

앞에서 살펴본 환상 소재와 이야기들은 왕조와 개인, 사회와 집단의 문제로 수렴된다. 여기서 '개인'은 기적의 일방적인 주체—주로 영험한 고승—이거나 수혜자—일반 민인—로 존재한다. 저들의 집단성은 상정되지 않는다. 영험이나 환상의 체험이 일방적이라는 것이다. 이는 체험 주체에게 뭔가 강요된, 일방적인 승인을 요구하는 틀일 수 있다.

실제로 당대 지식인들은 신이한 사적이나 불교적 영험에 대한 비일상적 국면을 현창하는 태도를 보여준다. 이미 이규보(李奎報)의 경우 「동명왕편 병서(東明王篇 幷序)」에서 동명왕의 신이한 사적을 '귀환(鬼幻)'의 영역에서 '신성(神聖)'의 영역으로 재배치한 바 있다. 그런데 '귀환'의 영역을 두세 번 반복해서 음미해보니 '신성'이었다는 논법은 가당찮다. 더구나 이를 양귀비(楊貴妃)의 사적과 비교하면서 차별화했으니 말이다.

> 『당서(唐書)』의 「현종본기(玄宗本紀)」나 「양귀비전(楊貴妃傳)」을 살펴보니, 어디에도 방사(方士)가 되어 승천입지했다는 일이 없는데, 오직 시인 백락천(白樂天)은 그 일이 인멸될까 염려하여 노래(즉 「長恨歌」—필자 주)를 지어 드러냈다. 저건 실상 황음기탄(荒淫奇誕)한 일인데도 오히려 읊어 후세에 보였다. 하물며 동명왕의 일이야 신이한 변화로 이목을 현혹시킨 내용이 아니라 바로 나라를 건국한 신적 자취이거늘 이것을 기술하지 않으면 후세에 장차 무엇을 볼 것인가?[46]

양귀비가 죽어 방사(方士), 즉 '해상(海上)의 신선'이 되었다는 전설, 이것을 백거이(白居易)가 「장한가(長恨歌)」에서 노래하였던바,[47] 이 사실을 두고 황음 기탄한 사적으로 본 것이다. 이는 방사나 신선 따위, 즉 도가적 사유에 대해서는 부정하면서 신성의 신이한 자취는 인정하는, 이중적인 태도를 보인 셈이다. 한편 더 후대의 이색(李穡, 1328~1396)은 「환암기(幻菴記)」에서 "꿈이라는 것은 잠을 깨면 그만인 것이고, 환영(幻影)이라는 것은 술법의 효력이 없어지면 허망해지는 것이며, 물거품은 물로 돌아가는 것이고, 그림자는 그늘 속에서 보이지 않게 되는 것이며, 이슬은 곧장 말라버리는 것이고, 번갯불도 순식간에 사라져 버리는 것이니, 이 모두는 실제로 존재하는 것이 아니라고 할 것이다. 그러나 실제로 존재하지는 않지만 그런 현상이 없다고 말할 수도 없고, 그런 현상이 실제로 없지는 않지만 또 실제로 존재한다고 말할 수도 없으니, 불교의 가르침이란 것이 대체로 이와 같다."[48]고 하였다.

이를 뒤집어 말하면 불교의 영험은 실재하지 않지만 없다고 말할 수 없고, 이런 영험이 실재하지만 또 그렇다고 실재한다고 단언할 수 없는 세계로 규정이 가능할 것 같다. 물론 이색의 이 발언은 불교의 무위 사상과 그 무분별의 지점을 갈파한 데 따른 나름의 주장이다. 어쨌든 이러한 논법들은 신성과 결합한 불가의 영험이 현실 국면으로 확장한 『삼국유사』의 세계를 대변해준다고 해도 과언이 아니다. 하지만 이런 인식의 언저리에 그 수혜자로 설정된 일반 민인들의 의식은 찾아볼 수 없다. 이것이 어쩌면 불교사회였던 시대의 지난(至難)한 현실에 대한 집단적, 개인적 위무일 수도 있었겠지만, 반대로 하층의 욕망이 거세된 채 저들만의 지배 욕망이 주입된 담론일 수 있다는 점에서 좀 더 신중한 이해를 요구한다.

이런 점을 상정하면 초기 서사의 환상 소재와 그것의 서사화는 위로부터 만들어진 환상이라는 인상을 갖게 한다. 말하자면 세간의 민인들의 순전한 욕망이 환상적인 소재로 드러난 것이 아니라 그런 기층의 욕망들을 교묘하게 이용하여 상층의 지배 논리를 투과시킨 혐의가 없지 않다는 말이다.

앞으로 이런 점들에 대한, 즉 초기 서사의 환상 소재와 그것들의 구조화 이면에 포진한 욕망의 실체들은 더 밝혀져야 할 것들이다. 왜냐하면 우리 환상문학이 이때부터 출현한다고 했을 때, 그것이 단순히 신기하고 흥미로운 상상의 별건이 아니라 어떤 식으로든 당대 민인들의 삶과 조응하는 가운데 산출되었을 것으로 믿기 때문이다.

하지만 본 논의에서 확실히 빠진 대상이 있다. 바로 「최치원(崔致遠)」으로 호명되는 전기서사이다. 전기서사는 이른바 당대 지식인들의 응축된 사유물이며, 초기 환상 지표의 또 다른 축이다. 「최치원」은 『수이전』 일문으로 남아 있으나 여기서 거론한 일반 작품들과 같은 선상에서 논의할 수 없을 만큼 양적, 질적 차이를 보인다. 또한 일반적인 동아시아 초기 서사의 흐름에서 지괴 → 전기로의 전환은 서사의 미적 질서의 변화를 추동하고 있다. 예상하거니와 이 점에서 전기서사는 지괴류나 불가 영험담과는 상당히 다른 차원의 이해를 요구한다. 거기에 환상 지표의 변화와 그에 따른 초기 서사의 환상성 문제도 그대로 연동되어 있다고 본다. 이 문제는 다음 기회에 구체적으로 다뤄보고자 한다. 이 과정을 거치면 초기 서사의 환상성과 초기 환상문학의 성격은 일정한 상이 드러날 것으로 믿는다.

주석

1 정환국, 「고전소설의 환상성, 그 연구사적 전망」, 《민족문학사연구》 37호, 민족문학사학회, 2008. 기존 고전문학 분야의 환상성에 대한 연구와 그 성과는 이 글을 참조할 것.

2 王充, 「論死篇」, 『論衡』(권20). "世謂人死爲鬼, 有知, 能害人. 試以物類驗之, 人死不爲鬼, 無知, 不能害人. 何以驗之? 驗之以物. 人, 物也, 物, 亦物也, 物死不爲鬼, 人死何故獨能爲鬼? 世能別人物不能爲鬼, 則爲鬼不爲鬼尙難分明. 如不能別, 則亦無以知其能爲鬼也. 人之所以生者, 精氣也, 死而精氣滅; 能爲精氣者, 血脈也, 人死血脈竭, 竭而精氣滅, 滅而形體朽, 朽而成灰土, 何用爲鬼? (중략) 朽則消亡, 荒忽不見, 故謂之鬼神. 人見鬼神之形, 故非死人之精也. 何則? 鬼神, 荒忽不見之名也. 人死精神升天, 骸骨歸土, 故謂之鬼. 鬼者, 歸也, 神者, 荒忽無形者也."

3 같은 작품. "人之死也, 其猶夢也, 夢者殄之次也, 殄者死之比也. 人殄不悟, 則死矣. 案人殄復悟, 死復來者, 與夢相似. 然則夢·殄·死, 一實也. 人夢不能知覺時所作, 猶死不能識生時所爲矣."

4 왕충, 「訂鬼篇」, 『논형』(권22). "凡天地之間有鬼, 非人死精神爲之也, 皆人思念存想之所致也. 致之何由? 由于疾病, 人病則憂懼, 憂懼見鬼出. 凡人不病則不畏懼, 故得病寢衽, 畏懼鬼至, 畏懼則存想, 存想則目虛見."

5 왕충, 「紀妖篇」, 『논형』(권22). "趙簡子病, 五日不知人, 大夫皆懼. (중략) 居二日半, 簡子悟, 告大夫曰: '我之帝所, 甚樂, 與百神游于鈞天, 靡樂九奏萬舞, 不類三代之樂, 其聲動人心.' (중략) 夫魂者精氣也, 精氣之行與雲煙等. 案雲煙之行不能疾, 使魂行若蜚鳥乎, 行不能疾. 人或夢蜚者用魂蜚也, 其蜚不能疾于鳥. 天地之氣尤疾速者, 飄風也, 飄風之發, 不能終一日. 使魂行若飄風乎, 則其速不過一日之行, 亦不能至天. 人夢上天, 一臥之頃也, 其覺, 或尙在天上, 未終下也. 若人夢行之雒陽, 覺, 因從雒陽悟矣. 魂神蜚馳何疾也! 疾則必非其狀, 必非其狀, 則其上天非實事也, 非實事則爲妖祥矣."

6 유가와 서사, 유가와 도불, 이 관계는 동아시아 서사문학의 성격을 이해하는 가장 핵심적인 질료 가운데 하나이다. 그럼에도 이 문제를 여기서 본격적으로 논란할 겨를은 없다. 다만 동아시아의 '환상'과 그에 대한 이해 문제도 이른바 합리적인 사유를 기반으로 하고 있는 유교적 맥락과 그 맞은편의 도교/불교와의 상대성 속에서 홍미롭게 드러나는 문학적 양상 가운데 하나이다. 따라서 본고에서는 그런 상황이 드러날 때마다 잠깐 언급하면서 넘어가는 식으로 이해를 돕고자 한다.

7 郭璞, 「山海經序」(丁錫根 編著, 『中國歷代小說序跋集(上)』, 人民文學出版社, 1996, 5면). "世之覽『山海經』者, 皆以其閎誕迂誇, 多奇怪俶儻之言, 莫不疑焉. 嘗試論之曰: "莊生有云, '人之所知, 莫若其所不知.' 吾于『山海經』見之矣. 夫以宇宙之寥廓, 群生之紛紜, 陰陽之煦蒸, 萬殊之區分, 精氣混淆, 自相濆薄, 游魂靈怪, 觸象而構, 流形于山川, 麗狀于木石者, 惡可勝言乎! (중략) 世之所謂異, 未知其所以異; 世之所謂不異, 未知其所以不異. 何者? 物不自異, 待我而后異, 異果在我, 非物異也. 故胡人見布而疑黂, 越人見罽而駭毳. 夫玩所習見, 而奇所希聞, 此人情之常蔽也."

8 물론 여기서 유가 지식인이라고 할 때 그 범위를 상정하기는 쉽지 않다. 그러나 기본적으로 한대(漢代) 이후 동아시아는 유가담론과 도교 및 불교 등의 사유와 인식은 서로 각축을 벌여왔다. 시대와 상황에 따라 그 양상은 달랐으나, 중요한 점은 유가가 도가와 불가에 대한 경계와 비판 못지않게 그 반대 양상도 벌어지고 있었다는 것이다. 육조시대는 오히려 도가/불가가 주류적 위상을 차지

했는데, 유가적 이상에 대한 경계가 당연했으리라고 짐작된다.

9 물론 육조시대 지괴를 모두 도교와 불교적인 속성으로 다 치부할 것은 아니다. 이 두 가지 요소가 뒤섞여 있는 경우도 많으며, 아직 기속적 사유가 그대로 노출되기도 하며, 미분화의 상태로 남아 있는 경우도 많다. 이런 양상의 전반적인 경향에 대해서는 정환국, 「불교 영험서사와 志怪」(《민족문학사연구》 53호, 민족문학사학회, 2013) 참조.

10 胡應麟, 「雙樹幻鈔引」, 『少室山房筆叢』(권46). "自後世之爲老氏者之日支也, 而翀擧之說長; 爲釋氏者之日誕也, 而輪廻之證夥. 彼其以匪翀擧蔑繇鼓天下之羨心, 匪輪廻蔑繇作天下之畏心. 自秦漢以迄宋元, 宇宙之內, 雲合景從, 而二氏之本眞眇矣. 雖然, 翀擧輪廻, 二者均幻也, 幻之中厥有等焉. 四方上下之寥漠, 塵劫運會之始終, 幻而疑於有者也; 層城閬風之巍峩, 光音淨樂之瑰麗, 幻而究於無者也. 無者吾存焉而弗論, 有者吾論焉而弗議, 是二氏者之言, 亡論幻弗幻, 皆吾博聞助也. 園之東有雙樹焉, 吾日坐其下, 取其言而鈔之而名之. 世之人將亦以余爲好幻也夫!"

11 하지만 육조시대 지괴서사는 단순한 상상물이 아님도 분명하다. 이는 인간의 이성적 자기지배에 대한 모순을 폭로한 것일 수 있다. 즉 인간의 인식에 대한 자기한계를 인정하는 차원에서 사람과 사회에 대한 자기성찰의 성격을 내포한다. 또한 사회가 가한 폭력을 일개인이 감당해야 하는 불편한 현실을 상징하기도 한다.

12 특히 베트남의 경우는 고유의 토착신앙과 결합된 형태의 불교담이 많다. 이에 대해서는 정환국, 「베트남 불교서사의 성격」(《한국어문학연구》 63집, 한국어문학연구학회, 2014) 참조.

13 『수이전』의 지괴적 성격에 대해서는 정출헌, 「나말여초 서사문학사의 구도와 『수이전』」(『고전소설사의 구도와 시각』, 소명출판, 1999) 참조.

14 육조 지괴가 크게 도가계 지괴, 불가 영험담, 기속적인 변괴담으로 삼분되거니와 그중에서도 가장 비중이 높은 쪽은 도가계 지괴이다. 『수이전』 일문의 경우 「죽통미녀」나 「노옹화구」 등이 도가계 지괴로서의 거론할 만하지만, 그럼에도 이쪽의 면모는 전반적으로 매우 약하다.

15 정환국, 「불교 영험서사의 전통과 『법화영험전』」, 《고전문학연구》 40집, 한국고전문학회, 2011.

16 「寶開」. "寶開隅金坊女也. 子長春, 因販賣, 泛海去而經年, 不知所在. 寶開就敏藏寺觀音前, 祈禱七日, 子長春來執母手, 母驚喜哭泣. 寺衆問所由, 長春曰: '(중략) 僧曰: '若慕汝孃, 隨我行!' 言訖同行, 予隨行, 有一深渠, 僧執予手起之, 昏昏如夢, 忽聞羅語, 亦有哭聲. 審之, 我猶疑夢中而非也.'"(『수이전』 일문의 인용은 이대형 편역, 『殊異傳』, 소명출판, 2013에 의거하였다. 이하도 마찬가지임)

17 「보개」. "天寶四年乙酉四月八日申時離吳, 戌時到敏藏寺."

18 주지하듯이 『삼국유사』(권4) 「원광서학」은 『속고승전(續高僧傳)』, 『수이전』, 그리고 『삼국사기』 등의 자료를 차례로 편재하여 원광의 사적을 종합하였다. 물론 중간에 들어 있는 『수이전』 부분이 전체의 골자이다.

19 「圓光」. "又請曰: '神之眞容, 可得見耶?' 神曰: '法師若欲見我形, 平旦可望東天之際.' 法師明日望之, 有大臂貫雲, 接於天際. 其夜, 神亦來曰: '法師見我臂耶?' 對曰: '見已甚奇絶異.'"

20 「원광」. "神曰: '雖有此身, 不免無常之害, 故吾無月日, 捨身其嶺, 法師來送長逝之魂.' 待約日, 往看, 有一老狐, 黑如漆, 但吸吸無息, 俄然而死."

21 「迎烏細烏」. "日者奏曰: '迎烏·細烏, 日月之精, 今去日本, 故有斯怪.'"

22 「竹筒美女」. "客伺絶行人, 探懷間出一竹筒, 拂之, 二美女從竹筒出, 共坐語, 還入筒中, 藏懷間,起行."

23「老翁化狗」. "翁變爲虎, 或化爲雞, 或爲鷹, 終變爲家中狗子而出."

24 따라서 기이편 서문은 건국 주체들의 신화적인 면모를 '신이(神異)'의 차원에서 이해하라는 길라잡이에 한정되지, 『삼국유사』 전체를 통관하는 머리말이 아니다. 그렇다고 기이편에 불가의 영험 소재가 없다는 말은 아니다. 다만 지금의 관점에서 볼 때 지괴·신화적인 색채가 다분하므로 뒤편들과 구분해야 한다.

25「未鄒王 竹葉軍」(『삼국유사』 권1, 紀異편). "第十四儒理王代, 伊西國人來攻金城. 我大擧防禦, 久不能抗, 忽有異兵來助, 皆珥竹葉, 與我軍并力, 擊賊破之. 軍退後不知所歸, 但見竹葉積於未鄒王陵前, 乃知先王陰騭有功, 因呼竹現陵. 越三十七世惠恭王代, 大曆十四年己未四月, 忽有旋風, 從庾信公塚起, 中有一人, 乘駿馬, 如將軍儀狀. 亦有衣甲器仗者四十許人, 隨從而來, 入於竹現陵. 俄而陵中似有振動哭泣聲, 或如告訴之音……."「萬波息笛」(『삼국유사』 권2). "王御感恩寺宿, 明日午時, 竹合爲一, 天地振動, 風雨晦暗七日. 至其月十六日, 風霽波平. 王泛海入其山, 有龍奉黑玉帶來獻, 迎接共坐, 問曰: '此山與竹, 或判或合, 如何?' 龍曰: '比如一手拍之無聲, 二手拍則有聲. 此竹之爲物, 合之然後有聲, 聖王以聲理天下之瑞也. 王取此竹, 作笛吹之, 天下和平. 今王考爲海中大龍, 庾信復爲天神, 二聖同心, 出此無價大寶, 令我獻之.'"

26「桃花女 鼻荊郎」(『삼국유사』 권1, 기이편). "第二十五舍輪王, 謚眞智大王, 姓金氏, 妃起烏公之女知刀夫人. 大建八年丙申卽位, 御國四年, 政亂荒婬, 國人廢之."「眞聖女大王 居陁知」(『삼국유사』 권2, 기이편). "第五十一眞聖女王, 臨朝有年, 乳母鳧好夫人, 與其夫魏弘匝干等三四寵臣, 擅權撓政, 盜賊蜂起, 國人患之, 乃作陁羅尼隱語書, 投路上."

27「桃花女 鼻荊郎」(『삼국유사』 권1, 기이편). "年至十五, 授差執事, 每夜逃去遠遊, 王使勇士五十人守之, 每飛月城, 西去荒川岸上, 率鬼衆遊. 勇士伏林中窺伺, 鬼衆聞諸寺曉鐘各散, 郎亦歸矣. (중략) 一日, 吉達變狐而遁去, 荊使鬼捉而殺之. 故其衆聞鼻荊之名, 怖畏而走."

28「眞聖女大王 居陁知」(『삼국유사』 권2, 기이편). "居陁愁立島嶼, 忽有老人, 從池而出, 謂曰: '我是西海若, 每一沙彌日出之時, 從天而降, 誦陁羅尼, 三繞此池. 我之夫婦子孫皆浮水上, 沙彌取吾子孫肝腸, 食之盡矣, 唯存吾夫婦與一女爾. 來朝又必來, 請君射之.' (중략) 居陁隱伏而待, 明日扶桑旣暾, 沙彌果來, 誦呪如前, 欲取老龍肝. 時居陁射之, 中沙彌, 卽變老狐, 墜地而斃. (중략) 老人以其女, 變作一枝花, 納之懷中, 仍命二龍, 捧居陁. (중략) 旣還國, 居陁出花枝, 變女同居焉."

29「興輪寺壁畵普賢」(『삼국유사』 권3, 興法편). "貞明七年辛巳五月十五日, 帝釋降于寺之左經樓, 留旬日, 殿塔及草樹土石皆發異香, 五雲覆寺, 南池魚龍喜躍跳擲. 國人聚觀, 嘆未曾有."

30「三所觀音 衆生寺」(『삼국유사』 권3, 홍법편). "是日假寐, 夢大聖謂曰: '師且住無遠離, 我以緣化充齋費.' 僧忻然感寤, 遂留不行. (중략) 寺僧引入法堂前, 其人瞻禮大聖, 相謂曰: '此緣化比丘之像也.' 驚嘆不已."

31「南白月二聖 努肹夫得 怛怛朴朴」(『삼국유사』 권3, 홍법편). "遂唾謝人間世, 將隱於深谷, 夜夢白毫光, 自西而至, 光中垂金色臂, 摩二人頂. 及覺說夢, 與之符同, 皆感嘆久之, 遂入白月山無等谷. (중략) 旣而槽中之水香氣郁烈, 變成金液, 努肹大駭, 娘曰: '吾師亦宜浴此.' 肹勉强從之, 忽覺精神爽涼, 肌膚金色, 視其傍忽生一蓮臺. 娘勸之坐, 因謂曰: '我是觀音菩薩, 來助大師, 成大菩提矣.' 言訖不現."

32「寶壤梨木」(『삼국유사』 권4, 義解편). "祖師智識大國傳法來還, 次西海中, 龍邀入宮中念經, 施金羅袈裟一領, 兼施一子璃目, 爲侍奉而進之. (중략) 璃目常在寺側小潭, 陰騭法化. 忽一年亢旱, 田

蔬焦槁, 壤勑璃目行雨, 一境告足. 天帝將誅不職(識), 璃目告急於師, 師藏於床下. 俄有天使到庭, 請出璃目, 師指庭前梨木, 乃震之而上天, 梨木萎摧, 龍撫之卽蘇."

33「善律還生」(『삼국유사』 권5, 感通편). "望德寺僧善律, 施錢欲成六百般若, 功未周, 忽被陰府所追至冥司. 問曰: '汝在人間作何業?' 律曰: '貧道暮年欲成大品經, 功未就而來.' 司曰: '汝之壽籙雖盡, 勝願未終, 宜復人間畢成寶典.' 乃放還."

34「密本摧邪」(『삼국유사』 권5, 神呪편). "又承相金良圖爲阿孩時, 忽口噤體硬, 不言不遂. 每見一大鬼率群小鬼來, 家中几有盤肴, 皆啖嘗之. 巫覡來祭, 則群聚而爭侮之, 圖雖欲命撤, 而口不能言. 家親請法流寺僧亡名來轉經, 大鬼命小鬼, 以鐵槌打僧頭, 仆地嘔血而死. 隔數日, 遣使邀本, 使還言, '本法師受我請將來矣.' 衆鬼聞之, 皆失色, 小鬼曰: '法師至將不利, 避之何幸?' 大鬼侮慢自若曰: '何害之有?' 俄而有四方大力神, 皆屬金甲長戟, 來捉群鬼而縛去, 次有無數天神, 環拱而待. 須臾本至, 不待開經, 其疾乃治."

35「惠通降龍」(『삼국유사』 권5, 신주편). "時唐室有公主疾病, 高宗請救於三藏, 擧通自代. 通受教別處, 以白豆一斗, 呪銀器中, 變白甲神兵, 逐祟不克. 又以黑豆一斗, 呪金器中, 變黑甲神兵, 令二色合逐之, 忽有蛟龍走出, 疾遂瘳."

36「密本摧邪」(『삼국유사』 권5, 신주편). "善德王德曼遘疾彌留, 有興輪寺僧法惕, 應詔侍疾, 久而無效. 時有密本法師, 以德行聞於國, 左右請代之. 王詔迎入內, 本在宸仗外, 讀藥師經, 卷軸纔周, 所持六環飛入寢內, 刺一老狐與法惕, 倒擲庭下, 王疾乃瘳."

37「大城孝二世父母」(『삼국유사』 권5, 孝善편). "未幾, 城物故, 是日夜國宰金文亮家有天唱云: '牟梁里大城兒今託汝家.' 家人震驚, 使檢牟梁里, 城果亡. 其日與唱同時有娠生兒, 左手握不發, 七日乃開, 有金簡子彫大城二字, 又以名之, 迎其母於第中兼養之."

38「郁面婢念佛西昇」(『삼국유사』 권5, 감통편). "婢一更舂畢, 歸寺念佛, 日夕微怠, 庭之左右竪立長橛, 以繩穿貫兩掌, 繫於橛上合掌, 左右遊之激勵焉. 時有天唱於空, 郁面娘入堂念佛, 寺衆聞之, 勸婢入堂, 隨例精進. 未幾, 天樂從西來, 婢湧透屋樑而出, 西行至郊外, 捐骸變現眞身, 坐蓮臺放大光明, 緩緩而逝, 樂聲不徹空中."

39「大城孝二世父母」(『삼국유사』 권5, 효선편). "旣壯, 好遊獵, 一日登吐含山捕一熊, 宿山下村, 夢熊變爲鬼, 訟曰: '汝何殺我? 我還啖汝.' 城怖懅請容赦, 鬼曰: '能爲我創佛寺乎?' 城誓之曰: '諾!' 旣覺, 汗流被蓐. 自後禁原野, 爲熊創長壽寺於其捕地, 因而情有所感, 悲願增篤."

40「布川山 五比丘」(『삼국유사』 권5, 감통편). "歃良州東北二十許里, 有布山川, 石窟奇秀, 宛如人斲. 有五比丘, 未詳名氏, 來寓而念彌陀, 求西方幾十年, 忽有聖衆自西來迎. 於是, 五比丘各坐蓮臺, 乘空而逝, 至通度寺門外留連, 而天樂間奏. 寺僧出觀, 五比丘爲說無常若空之理, 蛻棄遺骸, 放大光明, 向西而去."

41 이에 대해서는 정환국, 「영험서사의 진폭—『삼국유사』 내 영험서사의 구축 양상」(한국고전문학회 춘계학술대회 발표집, 2013) 참조.

42「洛山二大聖 觀音 正趣 調信」(권2 탑상). "信到莊上, 悅太守金昕公之女, 惑之深, 屢就洛山大悲前, 潛祈得幸. 方數年間, 其女已有配矣, 又往堂前, 怨大悲之不遂己, 哀泣至日暮, 情思倦憊, 俄成假寢. 忽夢金氏娘, 容豫入門, 粲然啓齒而謂曰……."

43 작품에 의거해 보면, '日暮'에서 '夜色將闌'까지 즉 저물녘에서 한밤중까지이다.

44『삼국유사』의 불가 영험담이 기속적/도교적인 요소를 어떻게 결합시키고 있는가 하는 것은 여기

서 논란할 사항은 아니지만, 한두 가지 사례만 들어 그 면모를 짐작해두고자 한다. 불력의 화신으로 제석이나 관음의 등장을 주목했거니와, 이들을 대리하는 또 다른 주체들이 없지 않다. 변재천녀(辯才天女)나 선도성모(仙桃聖母) 등이 그렇다. 변재천녀는 민간화된 불신(佛神)으로, 생명과 재산에 이익을 가져다준다고 알려져 있다. 권5 避隱편에는 「朗智乘雲 普賢樹」와 「緣會逃名 文殊岾」이 이 변재천녀의 음우를 다루고 있거니와, 그 역할은 관음과 진배없다. 또한 「仙桃聖母隨喜佛事」(권5, 감통편)에는 불사를 도운 선도성모가 등장하는데, 중국 제실(帝室)의 딸로 신선술을 익혀 해동에 와서 산신(山神)이자 지신(地仙)이 되어 신령한 사적을 드러낸 존재이다. 『삼국유사』에는 이런 주체들이 감응의 다른 축으로 설정되어 있는바, 특히 산신사상과 결합한 형태가 주목된다.

45 물론 이는 현재 남아 있는 자료에 한정했을 때 가능한 구분이다.

46 李奎報, 「東明王篇 幷序」(『東國李相國全集』 권3). "按唐玄宗本紀·楊貴妃傳, 竝無方士升天入地之事, 唯詩人白樂天恐其事淪沒, 作歌以志之. 彼實荒淫奇誕之事, 猶且詠之, 以示于後, 矧東明之事, 非以變化神異眩惑衆目, 乃實創國之神迹, 則此而不述, 後將何觀?"

47 白居易, 「長恨歌」(『白氏長慶集』 권12). "臨邛道士鴻都客, 能以精誠致魂魄. 爲感君王展轉思, 遂教方士殷勤覓. 排空馭氣奔如電, 昇天入地求之遍. 上窮碧落下黃泉, 兩處茫茫皆不見. 忽聞海上有仙山, 山在虛無縹緲間. 樓閣玲瓏五雲起, 其中綽約多仙子. 中有一人字太眞, 雪膚花貌參差是."

48 李穡, 「幻菴記」(『牧隱文藁』 권4). "夢者寤則已, 幻者法謝則空, 泡歸於水, 影息於蔭, 露晞電滅, 皆非實有也. 非實有焉, 而不可謂之無; 非實無焉, 而不可謂之有, 釋氏之敎蓋如此."

| 제2절 |

초기 전기(傳奇)에 나타난 기(奇)의 성격
: 전기 「최치원(崔致遠)」을 대상으로

1. 전기(傳奇)를 바라보는 시각들

이 글의 목적은 우리 서사문학사의 이른 시기부터 출현하여 조선 후기에 이르기까지 창작되고 향유되었던 서사 장르인 전기(傳奇)를 대상으로 작품 속에서 그려지고 있는 기(奇)의 양상을 분석하여 그 성격과 특징을 밝히고, 이를 바탕으로 전기라는 장르가 가지고 있는 특성에 대해 살펴보는 것이다. 그런데 전기의 창작과 향유는 오랜 시간 동안 지속되었으며, 시대적 흐름에 따라 그 장르적 위상과 특성에 적지 않은 차이를 보인다. 따라서 전기라는 명칭으로 분류되기는 하지만 그 안에 속하는 작품들을 일괄적으로 논하는 것은 불가능할 뿐더러 적절한 접근방법도 아니다. 이에 본고에서는 이른바 '초기 전기'라고 할 수 있는 「최치원(崔致遠)」에 한정하여 논의를 진행하고자 한다.

주지하듯이 한국 고전문학 연구에 있어서 전기에 관한 연구는 국문학 연구가 근대적 학문체계로 성립한 때부터 활발하게 이루어져왔다. 그리고 이는 김시습(金時習)의 『금오신화(金鰲新話)』에 대한 연구자들의 집중된 관심에 기인한 바 큰데, 이는 두 가지 사실과 관계가 깊다. 하나는 김시습 개인의 삶이다. 뛰어난 능력을 가지고 있음에도 불구하고 수양대군(首陽大君)의 찬탈에 분개하여 세상을 등지고 평생을 떠돌다가 생을 마친 김시습은 조선시대의 비판적 지식인의 전형으로 이해되었던 것이다. 다른 하나는 『금오신화』에 '우리 문학사 최초의 소설'이라는 영예로운 타이틀을 부여했던 당시 연구자들의 시각이다.[1] 『금오신화』는 비판적 지식인 김시습이 자신의 삶의 우울과 고독을 우의(寓意)로써 풀어냈다는 점에서 주목을 받았다.

김시습과 『금오신화』에 대한 이러한 관심과 평가는 『금오신화』에 '최초의 소설'이라는 명예를 부여했지만, 전기 연구에 있어서는 오히려 일종의 '질곡'으로 작용한 면이 있다. 『금오신화』를 최초의 소설로 본 결과 나려시대(羅麗時代)의 전기에 대해서는 상대적으로 연구자들의 관심이 소홀했던 것이다.

이러한 연구 경향에서 지준모, 조수학, 임형택 교수의 연구는 새로운 흐름을 만들어냈다.[2] 즉, 이 연구들은 그간 주로 '문헌설화(文獻說話)'라는 시각에서 연구되었던 서사 작품들을 전기라는 시각에서 재조명하여 분석함으로써 연구를 심화시켰을 뿐만 아니라 우리 서사문학사의 흐름을 '동아시아 서사문학'이라는 구도 속에서 조망할 수 있는 기반을 마련하였다. 당시 대제국(大帝國)으로서 동아시아 전역에 문화적으로 지대한 영향을 끼친 당(唐)나라 문학과의 관련 속에서 나말여초 서사문학을 설명할 수 있는 시각이 정립된 것이다. 그리고 이는 다음 세대 연구자들에 의해 발전적으로 계승되어 나려시대 전기에 대한 연구는 다양한 시각에서 심화되고 축적되었다.[3]

다만 그간의 연구 성과들을 보면 『금오신화』를 기준으로 전기라는 장르의 속성과 특징을 설명하는 경향이 있다는 점을 문제로 지적할 수 있다. 예컨대 나려시대 전기에 존재하는 전설적인 표지나 요소들은 아직 전기라는 장르로서 제대로 그 형태를 갖추지 못한 증거로 간주되었던 것이다. 이는 나려시대 전기가 가진 문학사적 의의를 중요하게 평가한 연구들도 마찬가지였다.[4] 이러한 경향은 '최초의 소설'을 무엇으로 볼 것인가의 논쟁에서 특히 두드러졌는데, 나말여초 전기를 소설로 볼 것인가 아닌가를 두고 벌어진 논쟁에서 소설로 볼 수 없다는 연구자들은 나말여초 전기에 나타난 전설적인 표지나 요소들을 아직

소설이 되지 못했음을 보여주는 것이라고 주장하였고,[5] 소설로 보아야 한다는 연구자들은 당시는 전기라는 장르가 생겨난 지 얼마 되지 않은 초기로서, 아직 전기의 장르적 위상이 정립되지 않았기 때문이지 장르 운동의 관점에서 본다면 소설로 보아야 한다고 주장한 것이다.[6]

이러한 논쟁은 전기라는 장르의 본질적 속성에 대한 논의를 심화시켰고, 우리 서사문학사를 조망하는 시각을 확대했다는 점에서 중요한 의의가 있다. 하지만 나려시대 전기의 소설 여부를 둘러싼 두 입장 모두 당시의 전기에 나타난 전설적인 표지나 요소들을 무언가 '부족하고 미숙함을 나타내는 것'으로 보았다는 점에서는 동일하다. 여기에는 나말여초 전기가 15세기 『금오신화』가 이룩한 '전기의 완성태'를 향해가는 중이라는 시각이, 의식적이든 무의식적이든, 전제되어 있는 것이다.

하지만 필자는 이러한 시각에는 심각한 문제가 있다고 생각한다. 어떤 한 시대는 이전 시대를 위해서, 혹은 그 다음 시대를 위해서 존재하는 것이 아니다. 마찬가지로 나려시대 전기는 후대에 이루어진 '전기의 완성태'로 가기 위해 존재했던 것이 아니다. 오히려 필자는 그간 '전설적인 표지나 요소'로 여겨졌던 것들이 전기라는 장르의 본질적인 속성을 드러내는 것으로 볼 수 있다고 생각한다. 그리고 이에 주목함으로써 전기라는 장르에 대한 이해를 확대시킬 수 있을 것으로 기대한다.

2. 전기(傳奇)라는 장르와 기(奇)

전기(傳奇)라는 장르는 말 그대로 '기(奇)를 전(傳)하는 것'이다. 그렇다면 '기(奇)'란 무엇일까? '일상적이지 않은 인물이나 사건'을 가리킨다고 할 수 있는데, 여기에서 유의할 것은 그렇다고 해서 이것이 '사실이 아니다'라는 의미는 아니라는 점이다.

전기라는 장르의 속성을 설명하는 과정에서 지괴(志怪)와의 차이가 강조되는 경우가 많다. 이때 전기의 특징으로 거론되는 것이 화려한 문언문(文言文)과 삽입시(插入詩), 뚜렷한 창작의식, 인물·사건·배경의 구체성 등이며,[7] 지괴의 특징으로는 창작보다는 채록 또는 수집에 집중한 편찬의식, 사실임을 입증하려는 전설적 표지 등이 거론되곤 한다.[8]

이 중에서 본고의 주제와 관련이 있는 '사실임을 입증하려는 전설적 표지'에 대해 주목해보자. 그렇다면 과연 지괴와 달리 전기는 사실임을 입증하려는 경향이 없는가? 설령 있다고 하더라고 그것은 그저 장르 발생 초기에 나타난 '미숙함' 또는 '불철저함'을 드러내는 것인가? 전혀 그렇지 않은 것으로 보인다. 오히려 당(唐) 전기(傳奇)의 작자들은 자신들이 창작한 작품이 허구로 받아들여지는 것을 원하지 않았다. 이들은 자신들이 허구의 서사물을 창작한다기보다는 개인적인 차원에서 역사를 서술한다는 의식을 강하게 가지고 있었다. 즉, 공식적인 역사인 정사(正史)가 빠뜨린 중요한 사실들을 사전(私傳)의 성격을 지닌 전기(傳奇)를 통해 기록하여 당대에 드러내고 후세에 전하겠다는 의식을 가지고 있었던 것이다. 전기(傳奇)에서 전(傳)은 '(누군가에게) 전하다'는 의미와 함께 정사(正史)를 서술할 때 필수적인 서사 양식인 전(傳)을 의미하기도 했던 것이다.[9]

전(傳)과 전기(傳奇)가 밀접한 관련을 맺고 있음은 여러 차례 지적되었다. 특히 박희병 교수는 "장르론적으로 볼 때 '전(傳)'과 '전기(傳奇)'는 기본적으로 구별되나, 상호 교섭을 보여주기도 하여 그 엄별이 곤란한 경우도 없지 않다."고 하면서 『삼국사기(三國史記)』 열전(列傳)의 「온달(溫達)」이나 「설씨녀(薛氏女)」 같은 작품이 원래 전기였을 가능성을 제기하였다. 그리고 이와 더불어 전기가 후대에 전으로 재작성되는 경우를 두 장르 사이의 관련성을 보여주는 중요한 근거로 제시하였는데, 조선 후기 김진항(金鎭恒)이 조위한(趙緯韓)의 「최척전(崔

陟傳)」을 같은 제목의 전으로 개작한 것이나 당나라 전기 「오보안전(吳保安傳)」이나 「사소아전(謝小娥傳)」이 훗날 각각 『신당서(新唐書)』 「열녀전(列女傳)」과 「충의전(忠義傳)」에 채입(採入)된 것 등이 이에 해당한다.[10]

전기(傳奇)가 전(傳)과 관련이 깊다는 사실은 당(唐) 전기 중 많은 작품들이 작자가 작품의 말미에 자신의 논평(論評)을 부기해두고 있다는 점에서도 확인할 수 있다. 이는 전(傳)의 말미에 사신(史臣)들의 사평(史評)이 있는 것과 마찬가지인 것이다.[11] 당 전기의 작자들은 자신들의 작품에 등장시킨 인물이나 사건들에 대해 가능한 한 많은 근거를 제시하려고 했으며, 이는 실존 인물들의 전언(傳言), 자신들의 경험, 문헌 자료 등을 인용하는 등의 방법을 통해 이루어졌다.[12]

전기 작자들이 전하고자 했던 '기(奇)'의 의미나 성격을 초현실이나 비현실 혹은 허구와 연결 지어 설명하는 것은 적절치 않다고 생각된다. 전기 작자들은 자신들의 작품을 통해 공식적인 역사서에 실려 있지 않은, 혹은 공식적인 역사서의 견고하고 엄숙한 체제로는 수용할 수 없는 '기(奇)'를 전하고자 했으며, 자신들이 전하려는 '기(奇)'야말로 삶의 진실을 담고 있다고 생각했던 것으로 보인다. 전기(傳奇)가 전(傳)의 체제를 끊임없이 의식하고 있다는 점, 그리고 이것이 양식적 특징을 통해 드러난다는 것은 이러한 인식과 밀접한 관련이 있는 것이다.

전기에서 전하려는 기(奇)는 일상적인 것이 아니고 특별한 것이기는 하지만 그렇다고 해서 절대 일어날 수 없는, 불가능한 것이 아니다. 전기 작자와 독자에게 있어서 그것은 사실로서, 실제로 있었던 것이고, 그러므로 앞으로도 일어날 수 있는 것이다. 전기에서의 기(奇)는 환(幻)과 구별되어야 한다. 환은 헛것, 허깨비, 헛것으로 사람을 홀리는 것, 실체 없음을 의미한다는 점에서 기와 다르기 때문이다.[13] 그리고 이러한 점들을 감안할 때, 전기에 나타난 기에 대해서는 기존의 시각과는 다른 분석과 의미 부여가 요구된다고 하겠다.

3. 초기 전기(傳奇)에 나타난 기(奇)의 성격

지금부터는 앞서 제기한 문제의식을 바탕으로 실제 작품을 분석해보도록 하자. 본고에서는 초기 전기 작품으로 거론되는 것 중에서 「최치원(崔致遠)」을 다루고자 한다. 이른 시기 서사문학사의 여러 작품들 중에서 전기로 분류될 수 있는 작품들이 여럿 있는데, 이에 대한 분류는 연구자들마다 조금씩 차이가 있다. 그런데 「최치원」만은 거의 모든 연구자들에게 전기로 인정받고 있다. 그리고 그 문학적 성취가 높다는 점 또한 선택의 이유 중 하나이다.

「최치원」은 『수이전(殊異傳)』에 실려 있던 작품으로서 『태평통재(太平通載)』 권68에 채록되어 전해졌는데,[14] 최남선(崔南善)이 편한 『삼국유사(三國遺事)』 부록에 실림으로써 널리 알려졌다. 「최치원」은 일찍부터 전기로서 주목받았을 뿐만 아니라 특히 나말여초 전기를 소설이라고 주장하는 연구자들에게 있어서 가장 강력한 근거가 되었던 작품이기도 하다.[15] 따라서 초기 전기에 나타난 기(奇)의 성격을 분석하고 설명하는 데 적절할 것으로 생각된다.

「최치원」의 내용은 '최치원에 대한 인정 기술—최치원과 두 여귀(女鬼)의 만남—최치원의 귀국 후의 행적'으로 이루어져 있다. 그리고 '최치원과 여귀의 만남'은 전기의 기(奇)에 해당한다고 할 수 있다. 「최치원」의 시작은 다음과 같다.

> 최치원은 자가 고운(孤雲)으로 12살에 서쪽 당(唐)나라로 가서 유학했다. 건부(乾符) 갑오년에 학사(學士) 배찬(裵瓚)이 주관한 시험에서 단번에 괴과(魁科)에 합격해 율수현위(溧水縣尉)로 임명되었다.[16]

「최치원」의 이러한 시작은 전(傳) 양식과 매우 유사한데, 이는 『삼국사기』 열전(列傳)에 수록된 「최치원전(崔致遠傳)」을 비교해보면 분명하게 드러난다. 다음은 「최치원전」의 서두이다.

최치원의 자는 고운(孤雲)〔혹은 해운(海雲)이라고도 한다〕이요, 서울 사량부(沙梁部) 사람이다. 사전(史傳)이 없어져서 그 세계(世系)는 알 수 없다. 치원은 소년 시절부터 정민(精敏)하여 학문을 좋아하였다. 나이 12세에 상선(商船)을 따라 당(唐)에 들어가서 공부하려 하였는데, 아버지가 이르기를 "10년 안에 급제하지 못하면 내 아들이 아니니다. 가서 힘써 하라." 하였다. 치원이 당에 가서 스승을 따라 배우며 게으름이 없었다. 건부(乾符) 원년 갑오(甲午)에 예부시랑(禮部侍郎) 배찬(裵瓚)이 주관한 시험에 단번에 급제하여 선주(宣州) 율수현위(溧水縣尉)에 임명되고, 치적고사(治績考査)로 승무랑시어사내공봉(承務郎侍御史內供奉)이 되었으며 자금어대(紫金魚袋)를 받았다.[17]

최치원의 자가 고운이라는 것, 12세의 어린 나이로 당나라로 유학을 떠났다는 것, 배찬이 주관한 시험에 합격하여 율수현위로 임명되었다는 것 등이 공통적으로 서술되어 있다. 다만 차이가 있다면, 「최치원전」에는 율수현위에 제수된 후 좋은 평가를 받아 승무랑시어사내공봉이 되었다는 점이 더 기술되어 있을 따름이다. 그리고 이는 「최치원」에서 이후 이어지는 내용이 최치원이 율수현위로 있는 중에 겪은 일이기 때문일 것이다.

「최치원」 결말은 다음과 같다.

나중에 최치원은 과거에 급제하고 고국으로 돌아오다 길에서 시를 읊었다. "뜬구름 같은 세상의 영화는 꿈속의 꿈이니, 흰 구름 깊은 곳에서 이 한 몸 좋이 깃들리라." 그리고는 물러가 아주 속세를 떠나 산과 강으로 스님을 찾아가서는, 작은 서재를 짓고 석대를 찾아서 문서를 탐독하고 풍월을 읊조리며 그 사이에서 유유자적하게 살았다. 남산(南山)의 청량사(淸凉寺), 합포현(合浦縣)의 월영대, 지리산(智理山)의 쌍계사(雙溪寺)·석남사(石南寺)·묵천석대(墨泉石臺)〔모란을 심었는데 지금까지도 남아 있다〕가 모두 그가 머물거나 거쳐간 곳이다. 최후에 가야산 해인사에 은거하여 그의 형 대덕 현준 및 남악사 정현과 함께 경론을 탐구하여 마음을 고요한 데 노닐다가 세상을 마쳤다.[18]

『삼국사기』「최치원전」의 경우, 맨 끝부분은 아니지만 최치원의 최후에 대해 다음과 같이 기술하고 있다.

치원이 서쪽에서 대당(大唐)을 섬길 때부터 동으로 고국에 들어와서까지 모두 난세를 만나, 행세(行世)하기가 자못 곤란하고 걸핏하면 비난을 받으니, 스스로 불우함을 한탄하고, 다시 벼슬에 나갈 뜻이 없었다. 산과 숲, 강과 바다를 소요(逍遙)하고 방랑하며 사대(榭臺)를 짓고 소나무와 대나무를 심으면서, 서책으로 베개를 삼고 풍월을 읊었으니, 경주의 남산, 강주(剛州)의 빙산(冰山), 합주(陜州)의 청량사(淸凉寺), 지리산의 쌍계사, 합포현(合浦縣)의 별서(別墅)와 같은 곳이 모두 머물던 곳이었다. 최후에는 가족을 데리고 가야산 해인사로 들어가 은거하였는데, 형인 승려 현준(賢俊), 정현사(定玄師)와 더불어 도우(道友)를 맺고 한가롭게 놀며 지내다가 세상을 마쳤다.[19]

이렇듯 전기「최치원」은 그 구성이 사전(史傳)의 체제를 취하고 있다. 두 여귀(女鬼)와의 만남 부분을 제외하면, 사서(史書)에 넣어도 무방할 정도인 것이다. 작자는「최치원」이라는 전기를 창작함에 있어서 사전 형식의 차용이라는 장르적 관습을 철저하게 지키고 있다. 그렇다면「최치원」의 이러한 구성방식과 두 여귀와의 만남이라는 사건은 어떤 관계가 있을까?

우리는 작품의 서두에 제시된 최치원의 모습과 작품의 말미에 제시된 최치원의 모습이 극히 대조적이라는 점에 주목할 필요가 있다. 서두의 최치원은 12세의 어린 나이에도 불구하고 오로지 청운의 뜻 하나만을 품고서 바다 건너 당나라로 유학을 떠난다. 반면 말미에서 그려지는 최치원은 세상의 모든 것을

'꿈속의 꿈'으로 여기며 속세와의 인연을 끊어버리고 만다. 작자는 최치원의 대조적인 모습 사이에 두 여귀와의 만남을 위치시킴으로써 최치원의 이러한 변화가 여귀와의 만남으로 인해 생겨난 것임을 드러낸다.

따라서 「최치원」의 작자에게 있어서 최치원과 여귀의 만남은 비현실적이거나 초현실적인 것이 아니다. 이 만남은 실제로 있었던 것이며, 그렇기 때문에 최치원의 삶에 극적인 변화를 가져올 수 있었던 것이다. 결국 작자는 작품의 시작과 끝을 사전의 형식으로 구성함으로써 최치원과 두 여귀의 만남이 사실임을 말하려고 했던 것이다.

전기 「최치원」은 내용적으로도 사실의 전달이라는 점에 주의를 기울이고 있다. 최치원이라는 역사적으로 널리 알려진 인물을 소재로 했다는 점, 장소의 구체성을 강조한다는 점, 귀녀와의 만남이 극히 현실적으로 그려낸다는 점 등이 그것이다.

최치원이 생존 당시는 물론이고 사후에도 널리 그 이름이 알려져 있었음은, 그의 문집 30권이 세상에 유통되고 있고, 고려 현종(顯宗) 때에 최치원에게 내사령(內史令)을 추증하고, 문창후(文昌侯)라는 시호를 내렸다는 『삼국사기』의 기록을 통해서도 확인할 수 있다.[20] 여귀(女鬼)와의 만남이 최치원이라는 널리 알려진 인물이 겪은 것이라는 작품 내의 설정은 만남의 실재성(實在性)을 뒷받침하는 근거가 되는 것이다.

다음으로는 장소의 구체성이다. 앞서 인용한 「최치원」의 결말에서 확인할 수 있듯이, 「최치원」은 번다하게 느껴질 만큼 장소를 구체적으로 나열한다. 아울러 그가 직접 심은 모란이 아직까지 남아 있다는 기술은 「최치원」의 작자가 그만큼 이 이야기가 사실임을 강조하려 했다는 것을 나타낸다. 장소의 구체성은 최치원과 여귀의 만남이 있었던 쌍녀분에 대한 서술에서도 드러난다.

일찍이 현(縣) 남쪽에 있는 초현관(招賢館)에 놀러간 적이 있었다. 초현관 앞 언덕에는 '쌍녀분(雙女墳)'이라는 오래된 무덤이 있으니, 고금의 명현(名賢)들이 유람하던 곳이었다. 치원은 이 무덤 앞 석문(石門)에다 시를 썼다.[21]

작자는 쌍녀분의 위치와 그곳이 어떤 곳이었는지를 구체적으로 서술하고 있다. 그리고 이러한 서술의 목적은 자신이 하려는 이야기가 사실임을 강조하기 위한 것이라고 할 수 있다. 그런데 쌍녀분이라는 작품의 배경은 작자가 상상에 의해 임의로 만들어낸 것이 아니다. 근래 중국에서는 발굴 조사가 이루어져 쌍녀분에 대한 문헌 기록이 사실임이 밝혀지고 있다.[22] 이 역시 작자가 「최치원」이라는 전기를 창작하면서 어떤 태도를 가지고 있었는지를 추측할 수 있게 하는 것이다.

이런 맥락에서 볼 때, 작자가 초현실적 존재인 여귀와의 만남조차 극히 사실적으로 그려낸다는 점은 더욱 주목을 요한다. 대부분의 서사 작품에서 어떤 인물이 이계(異界)로 진입하거나 이계의 존재를 만날 때에는 '머뭇거림'의 순간이 있기 마련이다. 그리고 이는 '환상성'을 논할 때 연구자들이 주목하는 장면이기도 하다. 그런데 「최치원」에서는 이러한 '머뭇거림'이 전혀 보이지 않는다. 다음은 최치원이 귀녀들이 보낸 시녀 취금(翠襟)을 만나는 장면이다.

이때 달이 밝고 바람이 맑아 지팡이를 짚고 천천히 거닐다 홀연 한 여자를 보았다. 가녀리고 아리따운 모습으로 손에 붉은 주머니를 들고 앞으로 와서 말했다. "팔낭자(八娘子)와 구낭자(九娘子)께서 수재(秀才)께 말씀을 전하라 하십니다. 아침에 특별히 수고롭게 귀한 걸음 하시고 거기다 좋은 글까지 주셨으니, 각각 화답하여 삼가 바친다 하셨습니다." 공이 돌이켜보고 놀라며 어떤 낭자인지 재차 물었다. "아침에 덤불을 헤치고 돌을 쓸어내어 시를 쓰신 곳이 바로 두 낭자가 사는 곳입니다." 공이 이제야 깨닫고 첫 번째 주머니를 보니, 이는 팔낭자가 수재에게 화답한 시였다.[23]

최치원은 이계의 존재인 취금을 만나면서도 전혀 놀라지 않는다. 비록 밑줄 친 부분과 같이 "놀라며"라고 되어 있지만, 이는 취금이 귀신이어서 놀란 것이 아니라 자신이 쓴 시가 이렇게 감응이 있을 줄 예상치 못했기 때문이다. 최치원이 취금이 귀신이라는 사실을 전혀 개의치 않는다는 것은 바로 뒤이어 그가 취금을 맘에 들어 하여 추근거리는 장면에서도 확인할 수 있다.[24] 최치원의 이러한 태도는 귀녀들을 만났을 때에도 계속된다. 두 명의 귀녀가 나타나자 최치원은 "놀라고 기뻐 마치 꿈인 듯" 여긴다. 하지만 이후 최치원과 귀녀들 사이의 대화는 보통의 남녀의 그것과 다름이 없다. 최치원과 귀녀들의 만남이 인간 세상의 남녀의 만남과 방불하다는 것은 다음과 같은 장면들에서도 분명하게 그려진다.

> 치원이 술을 권하며 두 여자에게 말하였다. "속세 음식을 세상 밖의 분들께 드려도 될지 모르겠습니다." 자줏빛 치마의 여자가 말하였다. "먹지 않고 마시지 않아도 배고프지 않고 목마르지 않습니다. 그러나 다행히 아름다운 분을 만나 좋은 술을 먹게 되었는데 어찌 사양하고 마다하겠습니까?" 이에 술을 마시고 각각 시를 지으니 모두 맑고 빼어나 불세출의 구절들이었다.[25]

> 이제 세 사람은 얼큰하게 취했다. 치원이 두 여자를 꼬드겨 말했다. "일찍이 노충(盧充)은 사냥을 갔다가 홀연 좋은 짝을 얻었고, 완조(阮肇)는 신선을 찾다가 아름다운 배필을 만났다고 들었습니다. 아름다운 그대들이 허락하신다면 좋은 연분을 맺고 싶습니다."[26]

밑줄 친 부분에서 확인할 수 있듯이, 최치원과 만나는 여인들이 이계의 존재라는 표지는 계속해서 확인된다. 하지만 전체적인 흐름 속에서 볼 때 별다른 의미를 가지지 못한다. 오히려 여기에서 눈길을 끄는 것은 이들이 인간과 똑같이 인간 세상의 음식을 먹는다는 사실이다. 「최치원」에서 등장하는 여귀는 귀신이라는 언급만 없다면 현실 속의 여성과 다를 바가 없다. 때문에 최치원과 여귀의 만남은 이계의 존재와의 만남이 아니라 실제 여성과의 만남을 재현했다는 느낌이 들 정도이다. 여기에서 우리는 장작(張鷟)이 지은 「유선굴(遊仙窟)」을 참조할 수 있다.

「최치원」과 「유선굴」은 여러 가지 면에서 비교되어 그 유사성과 영향 관계가 분석된 바 있다.[27] 「유선굴」은 주인공이 황제의 명을 받들고 가던 중 우연히 신선굴(神仙窟)을 방문하여 그곳에서 십낭(十娘)이라는 여인과 만나 하룻밤을 즐기고 헤어진다는 내용이다. 「유선굴」의 여주인공들은 신선굴에 거하고 있으나, "신녀나 선녀의 모습이 아니라 세속의 남성과 술자리에서 농담을 주거니 받거니 하며 서로를 희롱하고 환락을 나누는 모습으로 그려져 있다." 그리고 이는 당대(唐代)에 사인(士人)들 사이에서 발달했던 기루(妓樓) 문화를 반영한 것이라고 한다.[28] 즉, 선녀와의 만남이 극히 환상적인 것이기는 하지만, 실제로 작품에서 표현된 것은 당시 남녀의, 특히 사인과 기녀의 만남이었던 것이다.[29] 「최치원」과 「유선굴」의 관계를 고려할 때, 최치원과 여귀들의 만남 또한 이런 측면에서 이해할 수 있을 것이다.

이상 살핀 바와 같이 「최치원」은 전기의 '기'에 해당하는 귀녀와의 만남을 중심에 놓고 최치원의 삶의 급격한 변화를 설명하고 있다. 청운의 뜻을 품고 당나라로 유학 갔던 최치원이 고국으로 돌아왔으나 마침내 은거의 삶을 택한 이유를 귀녀와의 만남으로 돌리고 있는 것이다. 이는 그가 귀국하는 길에 읊었다는 시 "뜬구름 같은 세상의 영화는 꿈속의 꿈이니, 흰 구름 깊은 곳에서 이 한 몸 좋이 깃들리라"에서 확인할 수 있는 바다. 그리고 「최치원」의 이러한 내용은 『삼국사기』 「최치원전」과는 전혀 다른 것이다. 「최치원전」은 그의 은거 이유를 "모두 난세를 만나, 행세(行世)하기가 자못 곤란하고 걸핏하면 비난을 받으니, 스스로 불우함을 한탄하고, 다시 벼슬에 나갈 뜻이 없었다."고 설명한다.

이런 점에서 볼 때, 「최치원」은 「최치원전」에 대한 일종의 '문학적 반론'이라고 할 수 있을 텐데,[30] 그 중심은 귀국 이후 최치원이 은거의 삶을 택한 이유를 어떻게 설명할 것인가라는 물음에 있다. 「최치원」은 정치적 좌절이 아닌 귀녀와의 만남이야말로 최치원이 은거를 택한 이유이며, 여기에 최치원의 삶을 설명할 수 있는 '진실'이 담겨 있다고 주장하고 있는 것이다. 전기 「최치원」이 전(傳)하고자 했던 기(奇)는 바로 이것이다.

4. 맺음말

이상 고찰한 바와 같이 초기 전기의 대표작인 「최치원」은 그 형식과 내용으로써 시종일관 작품이 전하려고 하는 기(奇)가 사실임을, 실제로 있었던 일임을 주장하고 있다. 초기 전기의 이러한 면모는 지괴(志怪)와 비슷하면서도 다른 것이라고 할 수 있다. 지괴라는 장르가 대체로 유명세계(幽冥世界)의 실재성(實在性)을 증명하는 데에 집중한다면, 전기는 현실 속에서 일어난, 혹은 일어날 수 있는 일상적이지 않은 것의 실재성을 증명하는 데에 집중하는 것이다.

따라서 그동안 '전설적 표지'나 '장르 인식의 미성숙' 등으로 간주되었던 요소들에 대한 재검토가 필요하다. 그리고 실재성에 대한 관심을 전기가 지괴나 전설(傳說) 등과 같은 장르로부터 탈피하지 못한 증거로 취급하거나, '완성태'의 전기는 그 서사적 관심이 사건의 실재성 여부보다는 특정한 주제에 있다는 식으로 설명하는 것은 온당치 못하다. 이런 태도는 '허구(虛構)'를 문학의 중심에 놓는 근대적 문학관에 대한 일방적 추수(追隨)일 가능성이 있다.

전기, 특히 초기 전기의 이러한 특징은, 필자의 공부 부족으로 생긴 잘못된 이해일 수도 있겠지만, 서양문학에 기반한 기존의 환상성 개념으로는 제대로 포착되지 않는 것으로 생각된다. 만약 전기(傳奇)의 기(奇)를 기존의 환상성이라는 개념으로 고찰하여 새로운 이해를 도모할 수 있다면 모르겠거니와, 그렇지 않다면 반대로 전기의 기(奇)를 통해, 전기가 기(奇)를 전(傳)하는 방식을 통해, 그리고 전기의 독자가 기(奇)를 이해했던 방식을 통해 환상성의 개념을 확장하는 것이 보다 생산적인 논의가 될 것이다. 물론 이러한 작업이 이루어지기 위해서는 전기의 기를 둘러싼 여전히 많은 질문들이 남아 있다.

주석

1 초창기 소설사 연구인 김태준의 『증보 조선소설사』에서는 『금오신화(金鰲新話)』를 "전기문학의 백미"라고 하여 그 가치를 높이 평가하였으며, 김태준의 이러한 견해는 현재까지지도 여전히 많은 영향을 끼치고 있다. 김태준 저·박희병 교주, 『교주 증보조선소설사』, 한길사, 1997, 58-62면 참조.

2 지준모, 「전기소설의 효시는 신라에 있다—「조신전」을 해부함—」, 《어문학》 32, 한국어문학회, 1975; 지준모, 「신라수이전 연구」, 《어문학》 35, 한국어문학회, 1976; 조수학, 「최치원전의 소설성」, 《영남어문학》 제2호, 영남어문학회, 1975; 임형택, 「나말여초의 전기문학」, 《한국한문학연구》 5, 한국한문학연구회, 1981. 이 외에 이헌홍, 「최치원전의 전기소설적 구조」, 《수련어문논집》 제9집, 부산여자대학교, 1982.

3 김종철, 「서사문학사에서 본 초기 소설의 성립 문제—전기소설과 관련하여—」, 『고소설연구논총』, 경인문화사, 1988; 박희병, 「한국 고전소설의 발생 및 발전단계를 둘러싼 몇몇 문제에 대하여」, 《관악어문연구》 17, 서울대학교, 1992; 박희병, 「전기소설의 문제」, 《한국한문학연구》 17, 한국한문학연구회, 1994; 김종철, 「고려 전기소설의 발생과 그 행방에 대한 재론」, 《어문연구》 26, 충남대학교, 1995; 박희병, 「전기적 인간의 미적 특질」, 《민족문학사연구》 7, 창작과비평사, 1995; 박희병, 「나려시대 전기소설 연구」, 《대동문화연구》 30집, 성균관대학교 대동문화연구원, 1995; 윤재민, 「전기소설의 인물 성격」, 《민족문화연구》 제28호, 고려대학교 민족문화연구원, 1995; 장효현, 「전기소설 연구의 성과와 과제—장르 개념과 장르사의 문제—」, 《민족문화연구》 제28호, 고려대학교 민족문화연구원, 1995.

4 박희병, 「나려시대 전기소설 연구」에서 "성립기의 전기소설은 우리나라 전기소설 발달사의 첫 자리에 놓이는 만큼 후대의 보다 발전된 전기소설과 비교해볼 때 미숙한 면이 적지 않을 뿐 아니라, 인접 장르인 설화와 매우 특별하고도 밀접한 관련을 맺고 있다. 따라서 오늘날의 소설을 보는 눈으로 본다면 성립기의 전기소설은 소설이라기보다는 오히려 설화에 가까운 것으로 비칠 수도 있다."고 하였다.

5 나말여초 전기를 소설로 간주하는 입장에 대한 비판은 장효현, 앞의 논문에서 이루어졌다. 장효현 교수는 다음과 같은 문제를 제기하였다. 첫째, 설화(說話)와 전기(傳奇)의 차이를 지적함으로써 곧바로 전기(傳奇)가 곧 소설(小說)이라는 등식으로 연결되는 논리는 타당한가? 둘째, 나말여초 이래 15세기 이전까지, 더 나아가 17세기 무렵까지의 우리 기록서사문학사의 다단한 발전의 흐름이 전기소설 일변도로 파악되는 것이 적절한 구도인가? 셋째, 「최치원」과 『금오신화』는 과연 동질적이라고 할 것인가? 넷째, 나말여초 이후 조선 초기까지 4, 5세기의 긴 기간 계속되는 전기문학 창작의 공백 상태는 어떻게 설명될 수 있겠는가? 다섯째, 현재 학계에서 전기문학의 자료로 거론되고 있는 작품에 대한 엄정한 문헌 비판이 새롭게 필요하지 않겠는가?

6 박희병, 「나려시대 전기소설 연구」에서 "나말여초가 우리나라 소설이 처음으로 성립된 시기라는 점을 여기서 다시 상기할 필요가 있다. 소설이란 장르는 고정되어 있지 않으며, 계속 발전하고 변화해 간 장르이다. 이 장르는 문학사에 처음 등장한 이래 자신을 부단히 확대, 성장시켜왔다. (중략) 그것은 현재에도 '형성' 중이며, 자신의 존재를 '지속'시키기 위한 노력을 경주하고 있다. 성립기의 소설, 즉 나말여초의 전기소설은 소설 장르의 이런 특별한 성격과 관련지어 이해하지 않으면 안 된다."라고 하였다.

7 전기의 장르적 특징에 대해서는 임형택, 앞의 논문; 박희병, 「전기소설의 문제」와 「전기적 인간의 미적 특질」 참조.

8 노신(魯迅)은 육조(六朝)의 귀신지괴서(鬼神志怪書)에 대해 "의도적으로 소설을 창작하려 한 것도 아니었다. 당시에는 대체로 명계와 인간세계가 비록 그 존재하는 방식은 다르지만, 사람이나 귀신이 모두 실재한다고 생각했기 때문에, 기이한 일을 서술하는 것과 인간세계의 일상사를 기록하는 것에 대해서 진실과 허망함의 구별이 없다고 보았던 것이다."라고 하였다. 노신의 이러한 설명은 지괴(志怪)라는 장르를 이해함에 있어서 여전히 절대적인 영향을 미치고 있다. 魯迅, 조관희 역주, 『中國小說史』, 소명출판, 2004, 107면 참조. 지괴의 장르적 특징에 대해서는 박소현, 「위진남북조 지괴의 서사적 특수성 분석」, 《동아문화》 32집, 서울대학교 동아문화연구소, 1994 참조. 한편, 서경호 교수는 지괴에 대한 기존의 부정적인 견해에 대해 반론을 제기한 바 있다. 서경호, 「志怪의 소설적 가능성에 대한 검토」, 《중국학보》 제30호, 한국중국학회, 1990 참조.

9 예컨대 당 전기의 대표작 「枕中記」와 「任氏傳」의 작자 沈旣濟는 左拾遺, 史官修撰 등의 관직을 역임하면서 史才로써 이름을 날렸다. 「침중기」는 『文苑英華』에 錄載되었으며, 「임씨전」의 말미에는 史評의 성격을 지닌 심기제의 논평이 기록되어 있다. 이에 대해서는 上海辭書出版社 編, 『古代小說 鑑賞辭典 上冊』, 上海辭書出版社, 2004, 303면 참조.

10 박희병, 「나려시대 전기소설 연구」 참조.

11 당 전기 중 일부 작품에는 작품 말미에 작자가 스스로를 사신(史臣)으로 칭하고 논평을 제시하는 경우도 있다.

12 전기 작자들의 창작 태도, 전기에 대한 인식, 그리고 이른바 보사의식(補史意識)에 대해서는 周紹良, 『唐傳奇箋證』, 人民文學出版社, 2000 참조. 또한 이 책에서는 당 전기를 치밀하게 분석하고 고증하여 그 내용의 상당 부분이 사실에 근거한 것임을 밝혀냈다.

13 고려 후기에 기(奇)와 환(幻)에 대한 새로운 인식의 변화가 일어났던 것으로 보이는데, 이는 일연(一然)의 『삼국유사(三國遺事)』 「기이(紀異)」 서(敍)와 이규보(李奎報)의 「동명왕편(東明王篇)」 서(序)를 통해 확인할 수 있다. 일연은 중국의 성왕(聖王)들이 출현할 때 신이(神異)한 사적(事跡)들이 있었음을 들어 "그렇다면 삼국의 시조가 모두 신이한 데서 나왔다고 해서 무엇이 괴이하겠는가? 이것이 기이편을 이 책의 처음에 실은 까닭이며, 그 의도가 여기에 있다(然則三國之始祖, 皆發乎神異, 何足怪哉 此紀異之所以漸諸篇也, 意在斯焉)."고 하였으며, 이규보는 동명왕의 신이한 사적에 대해 "처음에는 믿지 못하고 귀(鬼)나 환(幻)으로만 생각하였는데, (舊 三國史를) 세 번 반복하여 읽어서 점점 그 근원에 들어가니, 환(幻)이 아니고 성(聖)이며, 귀(鬼)가 아니고 신(神)이었다(然亦初不能信之, 意以爲鬼幻, 及三復耽味, 漸涉其源, 非幻也, 乃聖也, 非鬼也, 乃神也)."며 자신의 인식에 변화가 있음을 고백하였다. 물론 그렇다고 해서 전기(傳奇)의 기(奇)가 「동명왕편」의 신(神)이나 성(聖)과 같다는 의미는 아니다. 필자가 여기에서 말하고자 하는 바는 비일상적인 존재나 현상에 대한 보다 세분화된 인식과 이해가 생겨났으며 이것들을 기(奇), 환(幻), 신(神), 성(聖), 이(異), 귀(鬼) 등으로 구별했다는 점이다.

14 「최치원」과 유사한 내용의 이야기가 남송(南宋) 소흥(紹興, 1131~1162) 연간에 장돈이(張敦頤)가 편찬한 『六朝事迹編類』 권13, 「墳陵門」 「雙女墳」조에 실려 있다. 또한 권문해(權文海)가 편찬한 『大東韻府群玉』에는 「仙女紅袋」라는 제명으로 축약되어 전한다.

15 임형택, 박희병, 김종철, 윤재민 등의 앞의 논문 참조.

16 「崔致遠」 "崔致遠, 字孤雲, 年十二, 西學於唐. 乾符甲午, 學士裵瓚掌試, 一擧登魁科, 調授溧水縣尉." 「최치원」의 원문 및 번역은 이대형 편역, 『수이전(殊異傳)』, 소명출판, 2013에 수록된 것을 인

용하되, 필요에 따라 필자가 수정하였다. 이하 같음.

17『三國史記』 列傳 제6 「崔致遠傳」 "崔致遠, 字孤雲〔或云海雲〕, 王京沙梁部人也, 史傳泯滅, 不知其世系, 致遠少, 精敏好學, 至年十二, 將隨海舶入唐求學, 其父謂曰, 十年不第, 卽非吾子也, 行矣勉之, 致遠至唐, 追師學問無怠, 乾符元年甲午, 禮部侍郞裴瓚下, 一擧及第, 調授宣州溧水縣慰, 考績, 爲承務郞侍御史內供奉, 賜紫金魚袋."

18「최치원」 "後, 致遠擢第, 東還路上, 歌詩云 '浮世榮華夢中夢, 白雲深處好安身.' 乃退而長往, 尋僧於山林江海, 結少齋, 尋石臺, 耽翫文書, 嘯詠風月, 逍遙偃仰於其間. 南山清凉寺·合浦縣月影臺·智理山雙溪寺·石南寺·墨泉石臺, 種牧丹, 至今猶存, 皆其遊歷也. 最後, 隱於伽耶山海印寺, 與兄大德賢俊·南岳師定玄, 探賾経論, 遊心冲漠, 以終老焉."

19『三國史記』 列傳 제6 「崔致遠傳」 "致遠自西事大唐, 東歸故國, 皆遭亂世, 屯邅蹇連, 動輒得咎, 自傷不遇, 無復仕進意, 逍遙自放, 山林之下, 江海之濱, 營臺榭植松竹, 枕藉書史, 嘯詠風月, 若慶州南山剛州氷山陜州清涼寺智異山雙溪寺合浦縣別墅, 此皆遊焉之所. 最後, 帶家隱伽耶山海印寺, 與母兄浮圖賢俊及定玄師, 結爲道友, 棲遲偃仰, 以終老焉."

20『三國史記』 列傳 제6 「崔致遠傳」 "崔致遠高麗人, 賓貢及第爲高駢從事, 其名聞上國如此, 又有文集三十卷, 行於世 (중략) 顯宗在位, 爲致遠密贊祖業, 功不可忘, 下教, 贈內史令, 至十四歲太平二年癸亥二月, 贈諡文昌侯."

21「崔致遠」 "常遊縣南界招賢館, 館前岡有古塚, 號雙女墳, 古今名賢遊覽之所. 致遠題詩石門."

22 발굴 조사는 1996년 4월에 이루어졌으며, 그 결과가 1998년에 高淳縣 印刷總廠에서 『雙女墳與崔致遠』이라는 제목의 책으로 발표되었다고 한다. 이에 대해서는 소인호, 「최치원의 작자와 원작의 문제」, 『고소설사의 전개와 서사문학』, 아세아문화사, 2001 참조.

23「崔致遠」 "是時, 月白風淸, 杖藜徐步, 忽覩一女, 姿容綽約, 手操紅帒, 就前曰: '八娘子·九娘子, 傳語秀才. 朝來特勞玉趾, 兼賜瓊章, 各有酬答, 謹令奉呈.' 公回顧驚惶, 再問: '何姓娘子?' 女曰: '朝間披榛拂石題詩處, 卽二娘所居也.' 公乃悟, 見第一帒, 是八娘子奉酬秀才."

24「崔致遠」 "公旣見芳詞, 頗有喜色, 乃問其女名字, 曰: '翠襟.' 公悅而挑之, 翠襟怒曰: '秀才合與回書, 空欲累人.'"

25「崔致遠」 "致遠將進酒, 謂二女曰: '不知俗中之味可獻物外之人乎.' 紫裙者曰: '不飡不飮, 無飢無渴. 然幸接瓌姿, 得逢瓊液, 豈敢辭違?' 於是, 飮酒各賦詩, 皆是淸絶不世之句."

26「崔致遠」 "於是, 三人半酣, 致遠乃挑二女曰: '嘗聞盧充逐獵, 忽遇良姻, 阮肇尋仙, 得逢嘉配. 芳情若許, 姻好可成.'"

27「崔致遠」과 「遊仙窟」을 비교한 대표적인 연구로는 차용주, 「雙女墳 說話와 遊仙窟과의 비교 연구」, 《어문논집》 제23집, 안암어문학회, 1982; 한영환, 「崔致遠傳과 遊仙窟의 비교 연구」, 《인문과학연구》 제7호, 성신여자대학교 인문과학연구소, 1987 참조.

28 최진아, 『환상, 욕망, 이데올로기—당대 애정류 전기 연구』, 문학과지성사, 2008, 266-276면 참조.

29 노신(魯迅), 조관희 역주, 『中國小說史』, 소명출판, 2004, 183면. "당대(唐代)에 선(仙)이나 진(眞)이라고 할 때에는 기녀라든가 자유분방한 여도사 등과 같이 자유롭게 접근할 수 있는 '소가벽옥(小家碧玉 천한 여자)'을 가리키는 경우가 많았다."

30 그렇다고 해서 이러한 서술이 「최치원」과 「최치원전」의 창작시기의 선후를 의미하는 것은 아니다. 이는 어디까지나 두 작품의 관계가 '문학적 반론'이라는 것이다. 「최치원전」은 「최치원」에 대한 문학적 반론이기도 하다. 두 작품의 창작시기의 선후 관계에 대해서는 여전히 논란이 있다.

| 제3절 |

「최고운전」, 환상과 전복의 서사

1. 최치원과 「최고운전」

나말여초의 대표적 육두품 문인이었던 최치원(崔致遠, 857~?)은 그가 남긴 시문(詩文)과 당나라 유학 시절의 이력 그리고 신라로 돌아온 이후의 불우한 말년 등이 그의 사후부터 지속적으로 회자되던 인물이다. 최치원은 고려 현종 대에 문묘에 배향되고 문창후(文昌候)로 추봉(追封)되었으며, 이후 국가 차원의 공식적 담론 속에서 우리나라의 문학적, 사상적 비조(鼻祖)로 자리매김되었다. 그의 가계와 주요 행적은 일찍이 『삼국사기』 열전에 기록된 바 있으며, 『조선왕조실록』에는 최치원에 대한 후대인들의 다양한 평가를 엿볼 수 있는 관련 기록들이 다수 존재한다. 또한 최근에는 중국의 시진핑[習近平] 주석이 한중관계의 상징적 인물로 연이어 최치원을 언급한 바도 있는데, 이는 최치원의 역사적·문화적 위상이 오늘날에도 여전히 유효함을 단적으로 드러내준다.

그런데 이러한 국가 차원의 기억이나 논의와는 달리, 최치원은 종종 상상과 허구의 서사를 통해 전혀 다른 이미지로 우리 앞에 나타나기도 한다. 그는 말년의 명승지 유람 행적과 관련된 다양한 설화 속에서 신선의 모습으로 등장하며, 나말여초의 전기(傳奇) 「최치원」[일명 「쌍녀분기(雙女墳記)」]에서는 사람과 귀신 사이의 애정을 다룬 이른바 인귀교환(人鬼交歡) 서사의 주인공으로 그려지기도 한다. 그런가 하면 16세기 심의(沈義, 1475~?)가 지은 「대관재몽유록(大觀

고운 최치원의 영정. 나말여초의 대표적 지식인이었던 최치원은 유불도 사상사에서 중요한 인물로 평가받고 있다. 또한 다양한 소설의 주인공으로 등장하기도 한다.

齋夢遊錄)」에서는 가상의 문장왕국을 다스리는 천자(天子)가 바로 최치원이기도 하다. 이렇듯 최치원은 역사와 허구의 경계를 넘나들면서 다양한 형상으로 기억되고 있는 매우 흥미로운 인물이다.

우리가 이 글에서 살펴볼 「최고운전」 역시 최치원을 주인공으로 삼고 있는 소설이다. 흥미로운 점은 이 작품이 최치원의 문학적 재능과 당나라 유학의 경험 그리고 말년의 은거 이력과 같은 '역사적 행적'을 서사의 골자로 삼고 있지만, 한편으로 서사의 세부 전개에 있어서는 최치원의 실제 행적과 전혀 무관한 사건들로 점철되어 있다는 점이다. 뒤에서 살펴보겠지만, 소설 「최고운전」은 탄생담에서부터 신화적 상상력을 차용함으로써 기존의 역사와 문학의 영역에서 표상된 것과는 전혀 다른 인물로 최치원을 재창조해낸다. 요컨대 최치원을 주인공으로 삼고 있는 다른 서사에 비해 보다 적극적인 '환상'의 차원에서 그를 재해석하고 있다는 점이 「최고운전」의 가장 큰 매력이다. 더욱이 그와 같은 '환상'의 표지들을 통해 「최고운전」은 중세적 위계질서에 대한 전복적 시선을 집요하게 드러내고 있다는 점에서 매우 문제적인 텍스트라고 할 수 있다.

이 글에서는 「최고운전」에서 표출되고 있는 '환상'의 원천이 신화적 상상력의 변용과 도교적 상상력의 활용에 있음을 살펴보면서, 그와 같은 '환상'의 지향이 중세적 위계질서에 대한 해체와 전복의 욕망에 있음을 논의해보고자 한다.

2. 16세기의 시대상과 「최고운전」

「최고운전」의 주인공(이하 최고운 혹은 고운)은 본래 천상의 존재였으나 사소한 죄를 짓고 인간 세계로 적강한 인물이다. 이러한 설정은 흔히 '적강(謫降)구조'로 불리는데 「유충렬전」과 같은 조선 후기의 영웅군담소설에서 자주 사용되던 서사구조이다. 또한 작품의 말미에는 부당한 권력을 행사하던 중원 황제를 최고운이 도술을 통해 굴복시키는 대목이 존재한다. 신라인으로 설정된 최고운이 중원의 '황제'에게 돈수사죄(頓首謝罪)를 받아내는 이 장면은 「최고운전」에서 가장 극적인 대목일 뿐 아니라 우리의 고전문학 전체를 놓고 볼 때도 매우 파격적인 구성임에 틀림없다.

이상과 같은 작품의 내적 정황 즉, 조선 후기 소설에서 유행한 '적강구조'의 도입이나 중원 황제에 대한 적대감의 표출 탓에 「최고운전」의 초기 연구에서는 이 작품의 창작 시기를 으레 조선 후기 혹은 빨라도 임·병 양란 이후로 추론하곤 하였다. 특히 앞서 언급했던바 황제가 머리를 조아리며 최치원에게 사죄하는 대목은 양란 이후 중국에 대한 '민족적' 반감이 팽배해졌던 시대상을 드러내는 동시에 그에 대한 상상적 해소를 추구하고자 한 결과물이라는 논의가 설득력을 얻곤 했다.

그러나 「최고운전」이 1579년 이전 작(作)임을 알려주는 단서가 고상안(高尙顔, 1553~1623)의 「효빈잡기(效顰雜記)」에서 발견되면서,[1] 「최고운전」 창작의 동인은 임·병 양란 이전의 역사적 정황 속에서 모색되어야만 했다. 그 결과 '종계변무(宗系辨誣)'[2]에 주목하거나[3] 혹은 중종반정 이후 팽배해진 사대(事大)의식과 그에 대한 반동적 흐름이 거론[4]되기도 하였다.

이상의 시각에 대해 한 가지 짚어볼 것은 이처럼 양란 이전의 시대상 속에서 작품 창작의 역사적 맥락을 추론하기 위한 논의들이 그 설득력에도 불구하고 왜 하필 '최치원'을 주인공으로 내세우고 있는가에 대해서는 큰 관심을 기울이지 않고 있다는 점이다. 실존 인물인 '최치원'을 주인공으로 삼아 그의 주요 이력을 골자로 「최고운전」의 서사가 진행되고 있음을 염두에 둔다면, 우리는 주인공 선정의 이유에 대해 좀 더 관심을 가질 필요가 있다. 그리고 이 지점에서 우리는 16세기 사상사의 변화와 그에 따른 최치원 평가의 변모에 주목해야 할 것이다.

최치원에 대한 다양한 평가와 기억은 그의 폭넓은 사상적 지향에서 비롯된 바 크다. 최치원은 유·불·도 삼교의 사상을 차별 없이 수용하고자 하였는데, 이와 같은 그의 폭넓은 사상적 지향은 『삼국사기』 소재의 「난랑비서(鸞郎碑序)」를 통해 확인할 수 있다.

> 나라에 현묘한 도가 있으니 풍류(風流)라 한다. 교를 창설한 근원은 선사(仙史)에 상세히 실려 있다. 기실은 곧 삼교를 포함하는 것이요, 군생을 접화하는 것이다. 들어와서는 집에서 효도하고 나아가면 나라에 충성하는 것은 노사구(魯司寇, 공자)의 뜻이요, 무위지사(無爲之事)에 처하며 불언지교(不言之敎)를 행하는 것은 주계사(周柱史, 노자)의 종지요, 악행을 짓지 않고 선행을 받들어 행하는 것은 축건태자(竺乾太子, 석가)의 교화이다.[5]

최치원이 언급하고 있는 풍류도란 이처럼 유·불·도의 사상적 혼융을 지칭하는 것이라 하겠는데, 최치원은 삼교 사상의 혼융을 통해 신라 고유의 사상인 풍류도의 성격을 규정하려 한 것으로 볼 수 있다. 이와 같은 사상적 개방성은 그의 여러 저술을 통해서도 확인되며, 그러한 저술들로 인해 최치원은 삼교의 역사에서 공히 중요한 인물로 평가받게 된다.

그런데 16세기로 접어들면서 최치원에 대한 비판적 견해가 고개를 들기 시작한다. 그를 불교를 숭상한 사상적 이단자로 낙인찍거나, 심지어 고려의 창업에 은밀히 일조한 패역(悖逆)한 신하라는 평가[6]까지 공공연히 제기되었던 것이다.

『고려사(高麗史)』를 강하다가 '최치원(崔致遠)을 묘정(廟庭)에 종사(從祀)케 하였다'는 말에 이르러, 김구가 아뢰기를, "최치원은 동방 문헌(文獻)의 우두머리이므로 묘정에 종사했지만, 그러나 도학(道學)을 정밀(精密)히 연구한 사람은 아닙니다."[7]

이는 정몽주의 문묘종사를 건의하면서 최치원을 언급하고 있는 내용이다. 이를 최치원에 대한 직접적인 비판이라고 볼 수는 없지만, 그를 평가하는 또 다른 잣대가 출현하기 시작했다는 점에서 간과할 수 없는 대목이다. 조선의 성리학 체계가 심화되는 시점에서, 그간 동방의 유종(儒宗)으로 평가받던 최치원이 '도학(道學)'과는 거리가 멀다는 이유로 비판받기 시작했다는 사실은 주목을 요하기 때문이다. 더욱이 퇴계의 다음과 같은 직설적 비판은 당대 유학자들에게 적지 않은 파장을 불러일으켰을 것이다.

선생께서 말씀하시기를, "우리나라의 종사(從祀)하는 전례(典禮) 가운데에는 이해하지 못할 점이 많다. 고운(孤雲) 최치원(崔致遠)과 같은 경우는 한갓 문장만을 숭상하였으며 불교(佛敎)에 깊이 빠져들었으니, 그의 문집(文集) 중에 나오는 불소(佛疏) 등의 작품을 볼 적마다 미워하면서 통렬하게 끊어버리지 않은 적이 없었다. 그를 문묘에 향사(享祀)한다는 것은 어찌 선성(先聖)을 심하게 모욕하는 것이 아니겠는가. 참으로 한탄스럽고 한탄스럽다." 하였다.[8]

퇴계는 최치원의 숭불(崇佛) 행적을 비판하면서 그가 문묘에 종사되고 있는 것에 대해 선성(先聖)을 모욕하는 일이라고 강하게 비판하고 있다. 「답김이정별지(答金而精別紙)」에서도 퇴계는 최치원을 "영불지인(佞佛之人)"으로 칭하면서 동일한 맥락의 비판을 제기한다.[9] 물론 이와 같은 양상이 대두하기 시작한 원인은 일차적으로 성리학의 심화라는 시대적 추이에서 찾을 수 있을 것이다. 즉 불교를 대신하여 새 왕조의 통치 원리로 자리 잡게 된 성리학은 다른 사상[異端]에 대한 배격을 통해 정치·사상적으로 확고한 자기 위치를 정립시킬 수 있었으며, 최치원에 대한 퇴계의 비판 역시 이러한 기반에서 행해진 것이라고 하겠다.

그런데 문제는 16세기에 접어들면서 사화가 연속되는 와중에 조광조 등이 내세웠던 유교적 지치주의(至治主義)의 이상이 좌절됨에 따라 성리학의 현실적·정치적 기능이 약화되고 반대로 형이상학적·관념론적 이기론(理氣論) 중심으로 변전되면서 이후 존화양이(尊華攘夷) 사상의 강화, 강상(綱常)의 계층윤리 극대화, 대의명분론 중심의 가치론 강조 등을 가져왔다는 점이다.[10]

그런데 이상과 같은 성리학 중심의 사상사적 편향이 심화되던 시기에, 이에 대한 반동으로 한편에서는 도가사상과 같은 대안적 담론들이 각광받기도 했다. 16세기 중반에서 17세기 중반 동안 도교사서(道教史書)들이 집중적으로 창작 향유되던 정황은 그러한 시대적 분위기와도 밀접한 관련이 있다. 특히 우리의 논의와 관련해 『해동전도록(海東傳道錄)』이나 『해동이적(海東異蹟)』 그리고 『청학집(青鶴集)』 등에서 도교의 도통(道統) 설정에 있어 최치원을 주요 인물로 거론하고 있다는 점은 특기할 만하다.[11] 위 자료들은 객관적 역사로서의 신빙성은 떨어질 수 있으나, 다양한 설화에서 최치원이 선인(仙人)으로 형상화될 수 있었던 기반 혹은 「최고운전」에서 그려진 주인공의 형상이 기존의 서사문학에 등장했던 것과는 판이하게 달라질 수 있었던 시대적 정황을 짐작할 수 있게 해주기 때문이다.[12]

정리하자면, 16세기 성리학의 이념적 경색화와 그에 대한 대항 담론으로서의 도가적 사유의 확산이 「최고운전」과 같은 새로운 서사가 창작될 수 있는 사상적 기반이 되었을 것이라는 점이다. 「최고운전」이 이전 소설에서는 찾아볼 수 없었던 척한(斥漢)의식이나 일정 부분 민족적인 색채[13]를 띠기도 하는 이유가 바로 여기에 있다. 다시 말해 「최고운전」은 성리학적 사유의 교조화와 이에 따른 최치원 비판의 시대적 담론을 거부하면서, 도가적 사유를 통한 최치원 형상

의 재창조를 통해 당대의 위계적 질서에 대한 저항과 전복의 시선을 드러내고자 했던 것이다.[14]

3. 환상성의 표지들과 의미

1) 환상성의 원천

(1) 신화적 탄생담의 변용

「최고운전」은 주인공의 탄생 이전에 금돼지[金猪]가 최고운의 어머니를 납치하는 사건을 첨입함으로써, 최고운이 결코 평범한 인물이 아니라 금돼지라는 '신성한 존재'와 관련을 맺고 있는 '신이한 인물'임을 암시한다. 「최고운전」에서 다채롭게 펼쳐질 '환상'의 내적 계기가 '금돼지' 화소를 통해 마련되고 있는 셈이다.

더욱이 「최고운전」의 출생담은 신화 속 영웅들과 매우 흡사하게 진행되는데, 이를 좀 더 구체적으로 살펴보기 위해 우리는 『삼국유사』로 잠시 눈을 돌려볼 필요가 있다. 『삼국유사』를 환상적 서사문학의 한국적 원형으로 규정한 논의[15]에서도 알 수 있듯이, 신이(神異) 곧 환상성은 『삼국유사』 전체를 통괄하는 코드였다[16]는 점에서 「최고운전」의 환상성과 그 원천을 살펴보기 위해서는 『삼국유사』에 먼저 주목할 필요가 있기 때문이다.

특히 본고의 논의와 관련해 주목할 환상성의 지점은 바로 건국 주체들의 '탄생'과 관련된 부분이다. '신이한 탄생'으로 요약할 수 있는 건국 영웅들의 출현에 대해, 『삼국유사』의 편찬자 일연은 성인들이 부정했던 '괴력난신(怪力亂神)'을 염두에 두면서도 유독 창업의 주체들만큼은 그들을 둘러싼 기이한 사적들이 없을 수 없다는 입장을 피력하면서 신이한 탄생의 서술을 다음과 같이 옹호한 바 있다.

> 무릇 옛날 성인들이 바야흐로 예(禮)와 악(樂)으로 나라를 일으키고 인(仁)과 의(義)로 교화를 펼치고자 할 때면, 괴이한 일과 완력, 어지러운 일과 귀신에 대해서는 말하지 않았다. 그러하지만 제왕이 일어날 때는, 제왕이 되라는 하늘의 명을 받고 예언서를 받게 된다는 점에서 반드시 일반 사람과는 다른 일이 있는 법이다. 이렇게 된 연후에야 큰 변화를 타고 군왕의 지위를 장악하여 제왕의 대업을 이룰 수 있는 것이다. 그러므로 황하(黃河)에서는 등에 팔괘의 그림이 그려진 용마(龍馬)가 나왔고 낙수(洛水)에서는 등에 글이 새겨진 신귀(神龜)가 나와서, 각각 복희씨와 우임금이라는 성인이 일어났다. 무지개가 신모(神母)를 둘러싸 복희씨(伏羲氏)를 낳았고 용이 여등(女登)이라는 여인과 관계를 맺어서 신농씨(神農氏)를 낳았으며, 황아가 궁상(窮桑)의 들에서 노닐 때에 자칭 백제(白帝)의 아들이라는 신동과 관계를 갖고 소호씨(小昊氏)를 낳았고 간적(簡狄)이 알을 삼키고 설(契)을 낳았으며, 강원(姜嫄)은 거인의 발자국을 밟고 기(弃)를 낳았고 요(堯)의 어머니는 임신한 지 14달 만에 요를 낳았으며, 큰 연못에서 용과 교합하여 패공(沛公, 한나라 고조인 유방)을 낳았다. 이로부터 그 뒤의 일들을 어찌 이루 다 기록할 수 있겠는가? 그러한즉 삼국의 시조가 모두 다 신비스럽고 기이한 데에서 나온 것을 어찌 괴이하다 하겠는가? 이것이 기이편을 모든 편의 첫머리로 삼는 까닭이며, 그 의도도 바로 여기에 있다.[17](강조는 필자)

그렇다면 「최고운전」에서 주인공의 출생과 그 직후의 상황은 어떻게 설정되어 있는가.

> 충(최고운의 아버지—필자 주)의 아내가 집으로 돌아와 얼마 지나지 않아 아들을 낳았다. 비록 집에 있을 때 가졌던 아이임을 알았으나 이미 금돼지의 변을 당했

> 던 고로 충은 그 아이를 금돼지의 자식으로 의심하여 바닷가에 가져다 버렸다. 하늘이 그 아이를 긍휼히 여겨 천녀를 보내 젖을 먹여 길러주었다.[18]

이처럼 금돼지의 납치 사건과 그 연장선상에서 그려지고 있는 최고운의 출생 역시 일연이 열거한 '신이한 탄생'과 맥을 같이한다. 우리는 소설 속 최고운의 출생담을 통해 역사적 인물 '최치원'을 소설의 주인공인 '최고운'으로 재창조해 낸 사유의 기반이 건국 영웅들의 신이한 탄생을 옹호하던 일연의 사유와 동심원적 관계망을 형성하고 있음을 어렵지 않게 짐작할 수 있다.

또한 최고운은 자신의 혈통을 의심한 아버지에게 버림받은 후 곧 천녀의 도움으로 기아(棄兒)의 위기를 극복하게 되는데, 이와 같은 서사의 근저에는 '신화적 상상력'이 작동하고 있다.[19]

> 금와왕은 사람이 알을 낳은 것이 꺼림칙하여 그 알을 내다 버리기로 했다. 처음 개와 돼지들에게 그 알을 던져주어 보았다. 그랬더니 그들은 통 알을 먹으려 들지 않았다. 말과 소들이 다니는 길바닥에다 내다 버려 보았다. 말과 소들도 그 알을 밟지 않고 곁으로 피해갔다. 다시 들판에다 갖다 버렸다. 이번에는 새와 짐승들이 내려와 그 알을 날개랑 몸으로 덮어주는 것이었다.[20]

주인공의 신이한 탄생과 그로 인한 기아의 위기는 건국신화의 주요 모티프인데, 기아의 원인은 대부분 이물(異物)과의 교구나 신인(神人)과의 사통 혹은 일광(日光)에 의한 잉태 등이다. 이와 같은 초현실적인 잉태의 과정은 신화 속 주인공의 비범함을 드러내주는 하나의 표지이며 동시에 기아의 원인으로 작용하는데, 「최고운전」 역시 이러한 신화소(神話素)를 활용해 주인공의 출생 과정을 그려냄으로써 이후의 서사가 '환상'의 차원에서 전개될 수 있는 발판을 마련하고 있다. 뿐만 아니라 이후 최고운이 신라의 승상 나업(羅業)의 노비가 되어 겪

는 일 역시 동명왕의 이력과 비슷한 부분이 있는데, 이른바 양마(養馬) 화소가 바로 그것이다.[21]

이처럼 「최고운전」은 주인공의 신이한 탄생과 기아로 인한 위기, 위기 극복 이후의 양마 화소까지 동명왕 서사로 대변되는 건국신화와 그 내용에 있어 상당한 유사성을 띤다. 이는 「최고운전」의 서사를 이끌어가는 힘이 바로 '신화적 상상력'임을 드러내준다.

(2) 도교적 상상력의 활용

「최고운전」은 앞서 살펴본 바와 같이 '신화적 탄생담'의 원용을 통해 서사 전개의 단초를 마련하는 한편, '도교적 상상력'을 활용해 다양한 사건과 국면을 조성함으로써 서사를 진행해간다.

우선 문학적 재능을 지닌 자가 용궁에 초대되는 용궁부연(龍宮赴宴) 화소나 용을 부려 비를 내리게 하는 사룡강우(使龍降雨) 화소 등을 예로 들 수 있다. 용궁은 이미 『금오신화』에서도 활용한 바 있는 대표적 이계(異界) 공간 중 하나로, 「최고운전」 역시 주인공의 문학적 재능[文才]을 드러내기 위한 의도로 용궁을 활용한다.[22] 작자는 용왕의 아들인 이목(李牧)의 말을 통해 최고운의 문학적 재능이 수부(水府)에까지 전해졌음을 알려준다.

> (이목이) 대답했다. "지금 천하문장인 선생께서 장차 이곳에 이르신다는 소식을 듣고 선생을 좇아 배움을 받고자 하여 이곳에 와서 기다리고 있었습니다." 또 이르기를, "우리 땅은 인간의 땅과 매우 달라 공자의 학문이 없는 고로, 만일 글을 배우고자 하여도 배움을 얻을 방도가 없었습니다. 이 때문에 늘 자탄하기를 '내가 무슨 죄를 지었기에 이곳에 잘못 태어나 공자의 도를 배우지 못하는가.'라 하였습니다. 그런데 지금 우연히 천하문장을 뵙게 되었으니, 어찌 하늘이 나로 하여금 성인의 도를 듣게 하려 하심이 아니겠습니까."[23]

특기할 것은 주인공의 문학적 재능을 강조하기 위해 용궁을 학문적으로 매우 척박한 공간으로 설정하고 있다는 점이다. 이는 이목이 공자의 학문을 배울 수 없는 상황에 대하여 "내가 전생에 무슨 죄를 지었기에 이 땅에 잘못 태어났을까"라고 항상 자탄한다는 대목에서 구체적으로 드러난다. 『금오신화』에서의 이계(異界)가 주인공의 궁극적인 정서적 안정공간이자, 절대적 이상공간으로 그려지고 있음[24]을 염두에 둔다면 이는 매우 확연한 차이이다.

또한 이목과의 만남은 최고운이 적강선인(謫降仙人)이었음을 알려주는 계기가 되기도 한다. 용궁의 잔치에 잠시 참석했던 고운이 갈 길을 재촉하자 용왕은 중원까지 이목과 동행할 것을 부탁한다. 고운과 이목은 중원으로 가는 도중 위이도(魏耳島)라는 작은 섬에 도착하는데, 이 섬의 백성들은 오랜 가뭄으로 인해 고통을 받고 있던 터라, 고운이 왔다는 소식을 듣고 그에게 기우제를 올려줄 것을 간청한다. 이때 고운은 용왕의 아들인 이목을 시켜 비를 내리게 하지만 이목이 자기 마음대로 비를 뿌린 것에 노한 천제(天帝)가 천승(天僧)을 보내 이목을 죽이려 한다.

> 천승이 말했다. "이 섬사람들이 부모에게 불효하고 형제간에 불목하며 약하고 가난한 자를 속이며 웃어른을 능멸하는 등 풍속이 매우 악해졌던 고로 천제가 일부러 비를 내리지 않았던 것입니다. 그런데 지금 이목이 멋대로 비를 뿌리니 천제께서 그를 미워하시어 나에게 명하여 죽이도록 하신 것입니다." 치원이 말했다. "내가 이 섬사람들을 위하여 이목에게 명하여 비를 내리게 했으니, 죄는 내게 있지 이목에게 있는 것이 아니다. 네가 만일 죽이려거든 나를 죽이는 것이 옳을 것이다." 천승이 말하기를, "천제께서 이르시기를, '최치원은 천상에 있을 때 작은 죄를 지어 인간세계에 적강하였으니, 본래 인간세계의 녹록한 사람이 아니다. 네가 이목을 죽이려 할 때, 만일 치원이 간청한다면 삼가 함부로 죽이지 말라.'고 하시었소."라 하고는 작별하고 하늘로 돌아갔다.[25]

고운과 천승의 대화는 고운이 천상에서 적강(謫降)한 인물임을 명확히 알려준다. 결국 위이도에서 벌어진 사건은 고운과 천상계(天上界)의 관련성을 직접적으로 제시하는 역할도 담당하는데, 이는 작품 서두의 신화소(神話素) 차용을 통해 암시했던 주인공의 비범한 능력을 '적강구조'를 통해 다시 한 번 강조하는 기능을 한다.

더불어 「최고운전」에서는 다양한 신인(神人)들이 조력자로 등장하기도 한다. 고운의 문재(文才)를 시기한 중원 황제의 명령 때문에 고운은 사지(死地)임을 알면서도 결국 중원으로 향하게 되는데, 이 노정에서 낙양(洛陽)에 도착하기 전에 만난 여러 신인(神人)들의 도움으로 많은 관문을 무사히 통과하게 된다.

> 치원이 절강 정사에 이르러 쉬고 있는데, 한 노구가 술을 가져와 권하더니 젖은 장면(醬綿)을 건네주며 말했다. "이 물건이 비록 보잘것없지만 반드시 쓸 데가 있을 것이니 부디 잃어버리지 말게!" 치원은 "삼가 가르침을 받겠습니다."라 하고는 곧 노구와 작별하였다. 치원이 능원에 이르렀을 때, 길옆의 집에 한 노옹이 있었는데 그는 격분해 팔짓을 하며 앉아 있다가 묻기를, "어린 아이가 어디로 가려 하느냐?"라고 하니, 치원은 "중원으로 가려 합니다."라고 대답했다. 노옹이 탄식하며 이르기를, "네가 중원으로 들어가면 반드시 우환이 있을 것이다. 만일 조심하지 않으면 살아 돌아오기 힘들 것이야."라고 하였다. 치원이 절하고 그 이유를 물으니 노옹이 말했다. "네가 닷새 정도 가면 길 앞에 큰물이 있을 것이고, 그 옆에 아름다운 여인이 왼편엔 거울을 들고 오른편엔 옥을 들고 앉아 있을 것이다. 네가 그녀를 만나 공손하게 큰절을 하고 묻는다면 꼭 자세히 알려줄 것이다." 닷새를 가니 과연 큰물 옆에 한 미녀가 옥을 들고 앉아 있었다. 치원이 곧 공손히 절하고 뵈니 여인이 묻기를, "너는 어떤 사람인가?"라 하였다. 치원은 "저는 신라의 최치원입니다."라 하였다. 여인이 또 "너는 어디로 가려는 것이냐?"라고 물으니, "중원으로 갑니다."라 하였다. 여인이 "무슨 일로 가려는 것이냐?"라고 물으

니, 치원이 그 이유를 모두 고하였다. 여인이 경계하며 이르기를, "대저 중원은 대국이라 소국과는 매우 다르다. 지금 천자가 네가 온다는 소식을 듣고 반드시 구문을 설치한 연후에 너를 맞이할 것이다. 네가 그 문을 들어갈 때 부디 방심하지 말라! 큰 화가 장차 이르리라."라고 하였다. 여인은 곧 차고 있던 주머니 속을 찾아보더니, 부적을 꺼내어 주면서 다시금 경계하여 이르기를, "네가 다섯 번째 문에 이르면 푸른 부적을 던지고, 세 번째 문에 이르면 흰색 부적을 던지고, 네 번째 문에 이르면 황색 부적을 던져라. 그 밖의 문에서는 다른 사람의 말에 시로써 답하라. 이렇게 한다면 재앙은 사라질 것이다."라고 하였다.[26]

이처럼 여러 신인(神人)들은 고운이 중원 도착 후 낙양에 이르기 전까지 고운에게 닥칠 화를 예견해주고 나아가 해결의 열쇠를 제공해주기도 한다. 특히 '왼편엔 거울을 들고 오른편엔 옥을 들고 앉아 있는' 여인의 형상이나, 문제 해결의 구체적인 수단으로 각종 부적(附籍)이 등장하는 사실에서, 도교적 상상력은 「최고운전」의 환상성을 구현해주는 또 하나의 원천임을 알 수 있다.

(치원이—필자 주)네 번째 문에 이르자 흰 코끼리가 장막 안에 숨어 있기에 황색 부적을 던지니 그 부적이 큰 구렁이로 변하여 코끼리의 입을 감아 코끼리가 입을 열지 못했기에 드디어 들어갈 수 있었다.[27]

또한 고운은 신인(神人)에게 얻은 부적을 이용해 위와 같이 방술(方術)의 주체로 활약하기도 한다. 부적은 특히 도사(道士)가 행하는 방술이며 이는 곧 도교의 법술(法術)에 속한다[28]는 점에서 「최고운전」과 도교적 상상력의 밀접한 관련성을 재확인할 수 있다.

2) 전복과 해체의 욕망

(1) 아버지에 대한 거부

그렇다면 이상에서 살펴본 바와 같이 신화적 상상력과 도교적 상상력을 활용해 환상의 새로운 지평을 개척하고 있는 「최고운전」의 지향은 무엇인가. 다시 말해 「최고운전」에서 분출되고 있는 '환상'의 힘이 수렴되는 지점은 어디인가. 이에 답하기 위해 「최고운전」에서 활용된 신화소(神話素)가 건국신화와의 표면적 유사성에도 불구하고 그 서사적 기능에는 많은 차이가 있음을 먼저 지적할 필요가 있다.

주지하듯이 신화에서의 기아는 주로 통과제의(通過祭儀)의 성격을 강하게 띠고 있는, 일종의 궁극적인 승리를 위한 고난이라고 할 수 있다. 승리자의 기록이라고 할 수 있는 건국신화 속의 기아 모티프는 결국 그들의 최종적인 승리에 대해 신성성을 부여하고 동시에 권력 확보의 정당성을 옹호하는 역할을 담당한다.

이에 반해 「최고운전」은 이와 같은 기아 모티프를 궁극적인 승리의 과정을 표현하기 위해 활용하는 것이 아니라, 아버지에 의한 기아의 부당성을 지적하면서 이후 전개될 서사 구조에 합리성을 부여하기 위한 장치로 활용한다. 즉 「최고운전」은 기아 모티프가 지니고 있는 '신화적 합리성'을 '소설적 합리성'으로 변화시키고 있는 것이다.

> 그 아이가 말하기를, "부모가 처음에는 나를 금돼지의 자식이라고 의심하여 여기에 버리더니 이제는 부끄럽지도 않게 나를 보고자 하는가? 옛날 양적의 대상인이었던 여불위는 미희가 임신한 사실을 알면서도 마침내 그녀를 진왕에게 바쳤는데 일곱 달 만에 아이를 낳았으니, 임신한 아이는 기실 비록 여씨이나 왕은 오히려 아이를 버리지 않았었다. 하물며 나의 어머니는 나를 잉태한지 삼 개월 만에

문창에 이르렀다가 오래지 않아 금돼지에게 잡혀가게 되었는데 달을 넘겨 어머니를 찾은 후 6개월 만에 나를 낳았으니, 이로써 본다면 내가 어찌 금돼지의 자식이리요? 만약 금돼지의 자식이라면 나의 이목구비가 어찌 금돼지의 그것과 같지 않은 것인가? 그러나 아버지는 처음에 나를 금돼지의 자식이라고 하여 여기에 버렸으니 그 잔인박행함을 어찌 하겠는가?" 하였다.[29]

고운은 여불위(呂不韋)의 고사를 인용하면서 자신을 버린 부모 특히 아버지에 대한 원망을 직설적으로 토로하고 있는데, "잔인박행(殘忍薄行)"이라는 표현을 쓸 정도로 매우 깊은 감정을 여과 없이 드러내고 있다.

중요한 것은 '아버지에 대한 거부'가 중세의 여타 서사문학에서 거의 찾아볼 수 없는 화소라는 점이다. 또한 아버지를 거부한 고운은 이후의 서사에서 자신의 장인, 신라의 왕, 중국의 황제 등과 순차적으로 갈등을 겪게 되는데, 이를 통해 볼 때 「최고운전」에서의 기아 모티프는 건국신화와 달리 '아버지'로 상징되는—그리고 이후의 서사에서 장인과 왕 그리고 황제 등으로 반복·점층적으로 표상되는—법과 금기 혹은 기존 질서에 대한 '거부'를 드러내기 위해 차용되었음을 알 수 있다.

(2) 중원 황제의 돈수사죄

고운은 중원에 들어가 여러 시험을 통과한 후 황제의 총애를 받지만, 중원 신하들의 시기와 모함으로 인해 외딴 섬으로 유배되는 신세에 이른다. 이후 고운이 죽었으리라 생각한 신하들이 섬으로 찾아가 고운의 생사를 확인하자, 신인(神人)들의 도움으로 무탈하게 지내던 고운은 자신을 찾아온 신하들을 크게 꾸짖는다. 이를 보고받은 황제는 고운을 다시 불러들여 자신의 신하를 꾸짖은 고운에게 다음과 같이 말한다.

사자가 명을 받들어 낙양으로 고운을 맞이하니 황제가 거짓으로 말하기를, "경이 밖에서 3개월간 있는 동안 어찌 꿈에도 한번 보이지를 않았느냐?"라 하였다. 이어 말하기를, "하늘 아래 왕의 땅이 아닌 곳이 없고, 거느리는 자들 중에 왕의 신하가 아닌 자가 없는데, 이로 말하자면 네가 비록 신라인이나 신라 역시 나의 땅이요, 너의 임금 역시 나의 신하인데, 나의 사자를 꾸짖은 것은 어째서인가?"라 하니, 치원이 공중에 한 일자를 긋고는 그 위로 뛰어올라 말하기를, "이 역시 폐하의 땅입니까?"라 하니, 황제가 크게 놀라 자리 아래로 내려와 머리를 조아리며 사죄하였다.[30]

고운이 황제의 사죄를 받아내는 이 장면은 「최고운전」이 '민족적 자존감'을 회복하기 위해 창작·향유되었음을 드러내주는 대목으로 평가되곤 하였다. 그러나 우리는 고운이 공중에 그은 한일자[一字]가 황제의 영역으로도 포섭되지 않는 '새로운 경계'이자, 환상을 통한 '중세질서의 균열'에 대한 상징임에 보다 더 주목할 필요가 있다. 고운은 도술을 통해 기존의 인식체계를 뛰어넘는 새로운 경계를 드러내고, 이를 통해 황제로 상징되는 절대 권력의 횡포에 문제를 제기하고자 했던 것이다.

이처럼 「최고운전」은 '아버지'로 상징되는 기존 질서를 거부하는 한편 환상을 통해 축조된 새로운 경계 위에서 '황제'로 표상된 부당한 권력에 문제를 제기한다. 이는 곧 중세적 위계질서의 정당성에 대한 전복적 시선의 결과물이다.

4. 부지소종(不知所終)의 재해석과 「최고운전」의 환상성

이상에서 간략히 살펴보았듯이 「최고운전」은 환상의 힘을 이용해 서사를 추동하고 있다. 문제는 「최고운전」에서 구현되고 있는 환상성이 초기 소설인 전기(傳奇)와도, 조선 후기의 통속소설과도 다르다는 점이다. 「최고운전」의 환상성은 전기(傳奇)에서 영웅소설로 넘어가는 과도기적 성격을 보인다고 거칠게 정리할 수 있을 텐데, 이러한 특성이 지니는 의미는 작품의 결말을 통해 드러난다.

황제와의 결별을 선언한 후 고운은 신라로 돌아온다. 중원에서 고운이 겪은 고도유배(孤島流配)를 일종의 2차 기아(棄兒)로 간주한다면, 고운이 황제에게 표출한 분노는 자신을 버린 아버지에 대한 분노와 동일한 성격을 띤다. 따라서 고운의 환국(還國)은 중원에서 겪은 부당한 대우를 고국으로 돌아가 보상받으려는 심리가 강하게 투영된 행위라고 하겠다. 그러나 신라왕과의 조우에서 고운의 기대는 무참히 깨져버린다. 결말 부분을 함께 살펴보자.

> 마침 신라왕이 출유(出遊) 중이었는데 치원이 역마를 타고 지나가는 것을 보고는 곧 치원을 앞으로 잡아오라고 명하여 힐책하며 말하기를, "내가 너를 죽이고자 하나 공이 많기 때문에 차마 죽이지는 않겠다. 너는 이후로 다시는 내 앞에 나타나지 말라."라고 하였다. 이로부터 치원이 신라왕에게 죄를 얻게 되니 마침내 가족들을 거느리고 가야산으로 들어갔다. 갓과 신이 나무 아래에 거꾸로 걸려 있었는데 간 곳을 몰랐다고 하더라.[31]

고운이 원했던 신라왕과의 조우(遭遇)는 오히려 고운의 은거를 재촉하는 계기가 된다. 그리고 「최고운전」에서 묘사된 고운의 최후[入伽耶山, 冠履倒置林下]는 전기(傳奇)의 전형적 결말 처리 방식인 주인공의 '부지소종(不知所終)'과 매우 흡사함을 알 수 있다.

하지만 전기(傳奇)의 결말과 그 양태가 유사하더라도, 이제까지 살펴보았듯이 「최고운전」에서의 환상과 그를 통해 제기하고자 했던 문제들의 위상은 기존의 전기(傳奇)와 크게 달랐음을 고려한다면, 작품의 결말 역시 전기와는 다른 해석의 지점들이 마련되어야 하지 않을까. 그렇다면 이를 위해 먼저 전기의 전형적 결말이 지니는 의미를 살펴보자. 이에 대해서는 다양한 해석이 가능하지만, 다음의 견해에 좀 더 주목하고자 한다.

> (『금오신화』의 서로 다른 결말에 대한 필자 주) 최대의 공통점은, 지상의 생에 대한 전망을 상실했다는 사실일 것이다. 이러한 전망의 상실은 환상에서 현실로 돌아온 직후 나타난다는 점이 주목된다. 이는, 『금오신화』에서 초현실 세계가 주인공이 현실에서 느끼는 고독과 우수, 소외감을 해소시켜주기는 하지만 주인공은 결코 그곳에 오래 머물 수 없으며 곧 현실로 귀환해야 하는데, 초현실 세계에서 맛본 화합과 일치는 귀환 후 주인공으로 하여금 지상의 삶에서 느끼는 고독과 우수를 더욱 심절하게 만들기 때문이다. 여기서 지상의 삶에 대한 더없는 절망감이 찾아든다. 생에 대한 전망은 완전히 상실되고, 그 자리를 메우는 것은 '염세(厭世)' 혹은 '초세(超世)'의 감정이다. 주인공의 이런 초세적 감정의 귀결이 곧 '죽음'과 '종적 감추기'이다. 이는 현존하는 세계를 부정하면서 그것을 초월하기를 희구하는 작자의 심리감정의 반영이자 그 형식화이다.[32]

전기의 짧은 결말은 염세(厭世) 혹은 초세(超世)의 작가 감정으로 요약될 수 있다. 전기의 작자는 초현실의 상황을 설정함으로써 자신의 현실적 울분을 토로하거나 대리 만족을 얻은 후, 죽음이나 종적 감추기의 결말을 통해 자신의 세계 인식을 명확히 드러내는 것이다. 그리고 전기의 이와 같은 결말 처리 방식이 외양상 「최고운전」에서도 동일하게 나타남은 위에서 살펴본 바대로이다.

하지만 전기의 결말이 초월에 대한 욕구를 형상화하고 있는 반면, 「최고운전」에서의 '부지소종'은 작품에서 제기하고 있는 보다 구체적인 문제적 현실과 그 표상들—아버지, 왕, 황제 등—을 통해 회복되지 않은 질서[33]와 권력의 부당한 횡포[34]를 고발하고 있다는 점에서 본질적인 차이가 존재한다. 전기(傳奇)가 해결되지 않은 문제에 대한 '초세(超世)'의 감정을 드러내고 있다면, 「최고운전」

은 환상을 통해 중세질서에 대한 전복적 시선을 드러내는 한편 그럼에도 불구하고 변화하지 않는 완강한 현실을 결말을 통해 보여줌으로써 '문제적 현실'을 강하게 웅변하고 있는 것이다. 그리고 바로 이 지점이 「최고운전」이 개척한 새로운 소설사적 지평이다. 정리하자면 「최고운전」에서 구현된 다양한 환상성은 종국에 주인공의 은거로 수렴되면서 그의 비범성에도 불구하고 패배할 수밖에 없는 강고한 현실을 여실히 드러내주는 기능을 한다. 이러한 특성은 자족적인 이상향으로서 이계(異界)를 설정했던 전기(傳奇)의 상상력과도 다르며, 주인공의 비범함을 통속성의 추구에 활용했던 영웅소설과도 다른, 「최고운전」만의 독특한 위상을 빚어낸 동력이다.

마지막으로 아래의 그림[35]을 소개하면서 논의를 마무리하고자 한다.

1793년 그려진 최치원 초상

2009년 X선 촬영본

2009년 적외선 촬영본

이 그림은 1793년에 그려진 최치원 초상이다. 그런데 2009년 국립진주박물관의 연구조사를 통해 이 그림의 비밀(?)이 하나 밝혀진다. X-선 촬영을 통해 이 그림의 원래 구도 속에서는 두 동자승이 있었으나, 이후 문방구가 놓인 탁자와 초 받침으로 두 명의 동자를 배치했던 자리를 덧칠한 사실이 알려지게 된 것이다.

하나 혹은 두 개의 그림이라고 할 수 있는 이 초상은 최치원에 대한 후대의 평가가 여전히 유교와 비유교 사이의 담론에서 길항하고 있었음을 잘 보여준다는 점에서 흥미롭다. 「최고운전」에서 표출되었던 전복과 해체의 사유 역시 역사 속에서 획기적인 사건과 실체로 구현된 적은 없다고 할 수 있다. 그럼에도 불구하고, 위 그림이 잘 보여주듯, 최치원을 둘러싼 평가와 기억의 담론이 끊임없이 길항하고 있다는 사실, 그 자체를 보다 강조할 필요가 있다고 생각한다. 교조화된 담론과 그것을 뒷받침하고 있는 완강한 사유체계에 대한 '전복'은 그것에 대한 끊임없는 균열의 '시도', 그 자체일 수 있기 때문이다.

주석

1 김현룡, 「최고운전의 형성 시기와 출생 담고」, 《고소설연구》 4, 한국고소설학회, 1998.

2 조선 건국 초기부터 선조 때까지 200여 년간 중국 명나라에 잘못 기록된 이성계의 세계(世系)를 고쳐 달라고 주청하던 일. 명나라 『태조실록』과 『대명회전』에는 이성계가 고려의 권신 이인임의 아들로 되어 있어, 여러 차례 고칠 것을 요구하였으나 명나라에서는 『태조실록』은 고칠 수 없다고 거절하여 왔는데 선조 17년(1584)에 주청사 황정욱 등을 보내어 바로잡았다.

3 김현룡, 앞의 논문, 12-13면.

4 조상우, 「「최고운전」에 표출된 '대중화(對中華) 의식'의 형성 배경과 의미」, 《민족문학사연구》 25, 민족문학사학회, 2004, 116-121면.

5 國有玄妙之道曰: "風流" 設教之源, 備詳仙史, 實乃包含三教, 接化群生., 且如入則孝於家, 出則忠於國, 魯司寇之旨也. 處無爲之事, 行不言之教, 周柱史之宗也. 諸惡莫作, 諸善奉行, 竺乾太子之化也. (『삼국사기』 권4, 진흥왕 條)

6 신라 시중(侍中) 최치원이 고려 태조가 사저(私邸)에 있을 때 보낸 편지에 "계림에는 누른 잎이요, 곡령에는 푸른 솔이로다(鷄林黃葉 鵠嶺靑松)." 한 문구가 있었는데, 뒤에 현종(顯宗)이 "그는 고려의 왕업을 비밀히 협찬하였으니 공을 잊을 수 없다." 하여 공자묘에 배향하고 문창후(文昌侯)로 추봉(追封)하였다. 대저 선성(先聖)의 묘에 배향하는 것을 공만으로 한다면 한(漢)의 소하(蕭何)·조참(曹參)이 마땅히 먼저 배향되었어야 할 것이다. 최치원은 신라의 대신인데 만약 이미 고려의 왕업을 비밀히 협찬한 뜻이 있었다면 그것은 패역(悖逆)에 해당되어 신하답지 못한 것이다. (민족문화추진회 편, 『국역 성호사설』 Ⅶ, 71-72면)

7 『중종실록』 21권, 9년(1514) 11월 12일.

8 "我朝從祀之典, 多有未喩者. 如崔孤雲徒尙文章, 而諂佛又甚, 每見集中佛疏等作, 未嘗不深惡而痛絶之也. 與享文廟, 豈非辱先聖之甚乎? 可歎! 可歎!"(『학봉선생문집속집(鶴峯先生文集續集)』 권5, 「퇴계선생언행록(退溪先生言行錄)」)

9 "近看東文選, 崔孤雲, 乃全身是佞佛之人. 濫廁祀列, 彼其神豈敢受享乎?"(『퇴계선생전서(退溪先生全書)』 권43, 「답김이정별지(答金而精別紙)」)

10 강만길, 「16세기사의 변화」(『분단시대의 역사인식』, 창작과비평사, 1997, 228면).

11 세 가지 도교사서의 견해에 대해 김락필은 다음과 같이 정리한 바 있다. 첫째, 우리나라의 고유한 선맥이 고대부터 실재하였으며 이 흐름이 최치원에 전승되었다(『해동이적』). 둘째, 도교는 중국에서 우리나라에 전승되었으며 최치원은 최초로 전승될 시기의 인물이다(『해동전도록』). 셋째, 최치원은 단군시대부터 우리나라에 전승되어 오던 선맥을 계승하였는데 더 소급하면 중국의 광성자로 연결된다(『청학집』). 김락필, 「고운의 도교관」, 김인종 외, 『고운 최치원』, 민음사, 1989, 149면.

12 물론 "후세 사람들이 최치원을 선인(仙人)으로 믿고 받들었음에도 불구하고, 그가 신선사상에 침잠하여 선맥을 계승, 발전시켰다는 직접적이고 분명한 근거는 찾기 어려운 것"이 사실이며, "조선 중기 이후에 나온 도교사서의 기록을 무비판적으로 받아들여 최치원을 도선인(道仙人)인 양 규정

하는 것"이 바람직하지 않다는 견해도 있다. 하지만 본고에서 주목하는 최치원과 도교의 관련성은 어디까지나 「최고운전」의 해석을 위한 예비 작업의 성격을 띠는 것이므로, 도교사서(道教史書)의 내용을 통해 최치원을 선인으로 바라보았던 후대인의 인식을 살펴보는 것으로 충분하며 또 그것이 필요하다고 본다. (최영성, 『최치원의 철학사상』, 아세아문화사, 2001, 250-251면 참조)

13 50척 모자와 관련된 화소가 대표적인 예가 될 수 있다. 즉 주인공은 중원으로 가기 전 신라왕에게 50척 길이의 모자를 만들어 달라고 요구하는데, 중원에 도착한 후 그 모자를 대국을 조롱하는 도구로써 사용하고 있는 것이다. "치원이 문으로 들어가려 할 때, 쓰고 있던 모자가 문 위에 닿으니 탄식하며 말하기를, '소국의 문에서도 내 모자가 걸리지 않았었는데 하물며 대국의 문에서 모자가 닿는 것인가?'라고 하고는 선 채로 들어가지 않았다. 황제가 그 말을 듣고 매우 부끄러워하여 즉시 문을 헐게 시킨 연후에 다시 치원을 불렀다(致遠將入門, 所着帽觸於門上, 乃嘆曰: "雖以小國之門, 我帽不觸. 況於大國之門, 我觸帽耶?" 立而不入, 帝聞之甚慚, 卽令破其門, 然後更招)."

14 이 글의 2장 '16세기의 시대상과 「최고운전」'은 이종필, 「「최고운전」의 초기 소설사적 의의에 관한 연구」, 고려대학교 석사학위논문, 2006, 17-25면의 내용을 요약·보완하여 재구성한 것임을 밝힌다.

15 송효섭, 「이조소설의 환상성에 대한 장르론적 검토」, 《한국언어문학》 23, 1984.

16 정환국, 「초기 서사에서의 '신이성(神異性)'」, 《민족문학사연구》 30, 2006.

17 大抵古之聖人, 方其禮樂興邦, 仁義設敎, 則怪力亂神, 在所不語. 然而帝王之將興也, 膺符命·受圖籙, 必有以異於人者, 然後能乘大變, 握大器, 成大業也. 故河出圖·洛出書而聖人作, 以至虹繞神母而誕羲, 龍感女登而生炎, 皇娥遊窮桑之野, 有神童自稱白帝子, 交通而生小昊, 簡狄呑卵而生契, 姜嫄履跡而生弃, 胎孕十四月而生堯, 龍交大澤而生沛公. 自此而降, 豈可殫記 然則三國之始祖, 皆發乎神異, 何足怪哉 此紀異之所以漸諸篇也, 意在斯焉.

18 冲妻還家, 未幾而生子. 雖於在家之時, 知其有娠, 而旣被金猪之變, 故冲以其兒疑爲金猪之子, 而棄之於海濱. 天恤其兒, 遣天女, 乳哺養之矣. (본고에서는 「최고운전」의 이본 중 先本계열에 속하는 국립중앙도서관본을 대본으로 삼는다.)

19 최고운의 출생에 관한 기존 연구는 주로 지하국대적퇴치 설화나 야래자 설화와의 관련성에 주목한 경우가 많았다. 본고에서는 주로 (건국)신화와의 관계망 속에서 재해석함으로써 새로운 논의 기반을 마련해보고자 한다. 최고운의 출생담을 설화와의 관련성 속에서 독해한 주요 논의는 다음과 같다. 한석수, 『최치원전승의 연구』, 계명문화사, 1989; 박일용, 「최고운전의 작가의식과 소설사적 위상」, 《고전문학연구》 16, 1999; 유광수, 「최고운전의 원천소재 활용 양상과 '의미 겹침'으로서의 소설」, 《온지논총》 29, 2011; 노성미, 「최고운전 탄생모티프 연구」, 《배달말》 49, 2011.

20 일연, 이동환 역, 『삼국유사』, 장락, 1994, 36면.

21 乃命破鏡奴養馬, 自是馬悉肥, 無一瘦瘠者矣.

22 뛰어난 문사(文士)가 용궁으로 초대를 받아 간다는 설정은 『금오신화』의 「용궁부연록」이나 『전등신화』의 「수궁경회록」에도 나타난다.

23 對曰: "今聞先生以天下文章, 將到于此, 欲從受學, 而至此待之矣." 復言曰: "我之地與人間之地殊異, 無孔子之學, 故縱欲學書, 無由得學. 是以我常自歎曰, '我何作罪, 誤生此地, 不得聞孔子之道也.' 今者, 偶得天下文章, 豈非天欲使我, 得聞聖人之道乎?"

24 이지영, 「금오신화와 기재기이의 비교 연구: 공간구조를 중심으로」, 서울대학교 석사학위논문,

1996.

25 天僧曰: "此島之人, 父母不孝, 兄弟不睦, 欺其貧殘, 凌轢長上, 風俗甚惡, 故天帝故不洒雨. 今牧矯制洒雨, 天乃憎之, 命余誅之矣." 致遠曰: "我爲此島之人, 乃命李牧洒雨, 罪在我, 不在牧也. 汝若誅之, 誅余可也." 天僧曰: "天帝命我曰, '崔致遠在天上時, 作微罪, 而謫下人間, 本非人間碌碌人也. 余斬李牧時, 致遠若懇請, 則愼勿斬之矣.'" 乃辭而還天.

26 致遠至絶江亭舍止休, 有一老嫗携酒來饋, 仍以浸醬綿與之曰: "此物雖微, 必有所用, 愼勿失之!" 致遠曰: "謹受教矣." 仍辭去. 至陵原, 道傍家, 有老翁搤腕而坐, 問曰: "孺子將安之?" 致遠曰: "向中原耳." 翁慨然曰: "汝入中原, 必有患矣. 若不愼之, 則汝難生還矣." 致遠拜問其故, 翁曰: "汝限五日而行, 則有大水當道, 而其邊又有佳女人, 左手捧鏡, 右手奉玉而坐矣. 汝見其女, 致敬拜謁而問之, 其女必詳教矣." 行五日, 果有大水邊, 有一美女奉玉而坐. 公乃拜謁, 女問曰: "汝何爲者?" 曰: "我新羅人崔致遠也." 又問, "將安往乎?" 答曰: "往中原耳." 曰: "將何事而往?" 致遠俱告厥由, 女誡之曰: "夫中原大國也. 與小國殊異, 今天子聞君至, 必設九門, 然後迎入汝矣. 汝入其門, 愼勿放心! 大患將至矣." 仍探所佩囊中, 出符書與之, 又戒曰: "汝至五門, 以靑符投之, 至三門, 以白符投之, 至四門, 以黃符投之, 至其餘門, 乃以詩答人言. 如此, 則禍將消矣."

27 至四門, 見有白象隱於帷內, 乃以黃符投之, 其符化爲黃蟒, 繞於象口, 象不能開口, 以故乃得而入.

28 최삼룡, 「최고운전의 도교사상연구」, 《도교학연구》 3권 1호, 1988, 80면.

29 其兒曰, "父母始以我爲疑金猪之子, 而已棄于此. 今不小愧而欲見耶? 昔者, 陽翟大賈不韋, 納美姬知其有娠, 而遂獻于秦王, 七月而生, 所娠之兒實雖呂氏, 而秦王猶忍棄之, 而況我之慈母, 娠我三箇月, 至文昌, 未幾爲金猪所失, 逾月得母, 六月而生我. 以此觀之, 則我豈爲金猪子乎? 若金猪子, 則我之耳目口鼻, 豈非如金猪之窮乎? 然而家君始以兒爲金猪之子, 而乃棄於此, 則其爲殘忍薄行, 何如焉?"

30 使者奉命, 迎之洛陽宣室. 帝佯之曰, "卿在外三月, 何不一夢見耶?" 仍言語云, "普天之莫非王土, 率土之濱莫非王臣. 以此言之, 汝雖新羅之人, 新羅亦我之地, 汝君亦我之臣也. 叱我使者何也?" 致遠書一字於空中, 而躍居其上曰, "是亦陛下之地乎?" 帝大驚, 下床頓首謝之.

31 適羅王出, 見致遠乘馹而過, 乃令捕致遠於前地, 責曰: "予欲誅汝, 爲其功多, 故不忍加罪. 汝今而後, 毋更見我!" 由是, 致遠得罪羅王, 遂將家人, 入伽耶山, 冠履倒置林下, 不知所去云耳.

32 박희병, 「『금오신화』의 소설미학」, 『한국전기소설의 미학』, 돌베개, 1997, 224-225면.

33 중원 황제의 돈수사죄 후 고운이 중원을 떠나는 이유를 밝히고 있는 대목을 통해 확인할 수 있다. "치원이 이르기를, '폐하께서 소인들의 참언을 곧이듣고 연이어 저를 죽음의 지경에 이르게 하시니 이젠 고국으로 돌아가고자 합니다.'"(致遠曰: "陛下信聽小人之讒, 荐令臣至死, 故今欲還我國.") 이렇듯 작자는 최치원의 귀국 원인을 역사적 사실과는 다른 방향으로 변개시킴으로써 자신이 문제 삼고자 한 현실이 무엇이었는가를 구체적으로 드러내고 있다.

34 중원 황제에 의한 고도 유배와 고운의 귀국 후 신라왕이 행한 부당한 대우를 지칭한다.

35 서성호 외, 『국립진주박물관』, 통천문화사, 2010, 62-63면.

| 제4절 |

이본의 파생, 서사의 추이와 환몽의 향방 : 완판본 「구운몽」을 중심으로

1. 도민준의 「구운몽」과 천송이의 「구운몽」

도민준 "내 인생의 책은 「구운몽」이야."

천송이 "그 책은 조선시대 꺼 아니야? 고리타분하다."

도민준 "옛날 것은 다 고리타분하다고 생각하니? 「구운몽」은 조선시대 신개념 판타지소설이야. 해리포터보다 400년 앞섰지만 그보다 못할 게 없는 작품이야."

……

천송이 (「구운몽」을 읽은 후) "결국 남자 하나랑 여자 여덟 명이 연애하는 얘기네!"

2013년과 2014년에 걸쳐 수많은 시청자들의 가슴을 설레게 했던 드라마 〈별에서 온 그대〉의 한 대목이다. 병원에 입원한 천송이(전지현 분)가 도민준(김수현 분)에게 무료한 시간을 보낼 요량으로 만화책을 빌려와 달라고 하자, 도민준이 천송이의 독서 취향을 비웃으며 본인이 좋아하는 책으로 「구운몽」을 언급한다. 「구운몽」이 시대를 앞선 '판타지소설'로서 〈해리포터〉보다 뛰어나다며 말이다. 그러나 같은 「구운몽」을 읽은 천송이는 도민준과 전혀 다른 반응을 보인다. 천송이는 「구운몽」을 읽고 나서 '한 남자가 여덟 여인과 연애하는 괘씸한(!) 이야기'라고 말한다.

그냥 무심코 지나칠 수도 있지만, 곱씹어 보면 두 사람의 서로 다른 인식은 「구운몽」 수용의 층위를 상징적으로 보여준다. 시대를 앞선 판타지소설이라는 평가와, 여성 편력을 지닌 남성의 연애담이라는 평가 사이의 큰 간극. 둘의 감상 내용만 놓고 보면 전혀 다른 작품을 이야기하는 듯하다. 이러한 차이는 왜 발생하는 걸까? 정말 드라마에 나오는 캐릭터처럼 도민준은 고상하고 천송이는 그 반대이기 때문일까?

이를 파악하기 위해서는 「구운몽」의 서사구조를 들여다볼 필요가 있다. 학교 교육에 충실했던 사람이라면 「구운몽」은 곧 '환몽구조(幻夢構造)'라는 등식을 쉽게 떠올릴 것이다. 「구운몽」은 일반적으로 환몽구조를 통해 인간의 욕망과 이상을 문학적으로 잘 형상화한 수작(秀作)이라고 평가받는다. 그래서 근대적인 문학적 소양을 '학습'한 우리들은, 「구운몽」을 읽고 나서 환몽구조를 통해 구조화된 작품성을 감지하지 못하면, '혹시 내가 잘못 읽은 것은 아닌가?' 하고 스스로를 검열하게 된다. 그리곤 환몽구조를 보고 '아! 정말 훌륭하군!'이라고 억지로라도 감탄을 해야 하는 것은 아닌지 눈치를 살피게 된다. 드라마에서 천송이가 멋쩍어 하는 것도 바로 이러한 이유일 것이다.

그러나 과연 우리가 「구운몽」을 읽고 환몽구조를 배치한 김만중의 작가적 능력에만 감탄해야 하는 것인가? 우리가 「구운몽」을 읽으며 양소유와 여덟 여인의 사랑 이야기나 부귀공명의 과정에 집중하는 것은 작품을 잘못 읽는 것인가? 사실 정해진 답은 없다고 본다. 작품이 작가의 손을 떠난 뒤 작품에 대한 평가는 결국 독자들의 몫이기 때문이다.

「구운몽」의 주제를 단일한 것으로 규정하려는 노력은 「구운몽」이 '연구의 대상'이 된 뒤부터 시작되었다. 실상 전근대 시기 「구운몽」의 주제는 단일하지 않았다. 주지하다시피 고전소설은 작가가 창작한 텍스트가 임의의 수용자를 만났을 때, 수용자의 능동적 의지에 의해 자유롭게 변형되는 향유 관습 속에서 유통되었기 때문이다. 실제로 「구운몽」 이본(異本)들을 살펴보면, 원작에 가까운 선본(善本)에는 환몽구조가 완벽하게 구축되어 있지만, 이후 전승된 이본들 중에는 선본에 보이는 환몽구조의 틀이 불완전한 경우가 많다. 그리고 이로 인해 작품의 주제가 달라진다.

그런데 만약 「구운몽」의 주제가 단일하다고 전제하면, 선본의 구조를 그대로 계승한 이본만이 「구운몽」으로서 인정을 받고, 선본과 큰 차이를 보이는 이본은 '원작을 그대로 재현해내지 못한 불구(不具)의 이본', '원작의 의도를 충분히 파악하지 못하고 계승한 불완전한 이본'으로 치부된다. 원작이 부재한 상태에서 원작에 가장 근접한 판본을 찾아가 선본을 확정하는 작업은 당연히 유효하다. 그렇기에 지금까지 반세기 넘게 진행되어온 「구운몽」의 선본 연구는 그 의의를 감히 평가하기 어려울 정도이다.

그러나 선본으로부터 파생되어 나름의 독자적 생명력을 얻은 다양한 이본들을 선본으로부터 소외된 이본으로만 본다면, 작품이 향유되던 당시의 실상을 간과하는 결과를 초래할 수 있다. 이 이본들은 어쩌면—선본보다 더더욱—당시 향유층이 작품에 대해 갖고 있었던 생각과 바람을 절실하게 반영하였을 것이기 때문이다.

그러므로 이 글은 다양한 층위의 주제의식을 보이는 「구운몽」의 여러 이본들이, 선본의 구조를 제대로 계승하지 못한 판본이 아니라, 수용의 과정에서 향유층의 능동적인 변형을 이루어낸 판본이라고 본다. 전근대였다면, 천송이가 「구운몽」을 읽고 양소유의 여성 편력에 주목한 것도 새로운 이본 형성의 계기가 되었을 것이기 때문이다. 따라서 다양한 층위의 「구운몽」이 어떻게 존립하게 되었는지 살펴볼 필요가 있다.

「구운몽」의 다양한 존재 양상에 대한 고찰은 곧—이 작품의 구조적 특징인—환몽구조의 다양한 존재 양상에 대한 고찰이 된다. 「구운몽」 이본의 변형은 환몽구조의 변화와 긴밀한 관련을 맺고 있기 때문이다. 그리고 환몽구조의 변화는 이 작품의 환상적 면모의 변화와 관련을 맺을 수밖에 없다. 결국 「구운몽」 이본에 대한 고찰은 곧 이 작품의 환상성의 변모에 대한 고찰을 의미한다. 이본의 존재 양상을 통해 「구운몽」의 환상성이 독자들에게 어떻게 수용되었는지 살펴보도록 하자.

2. 이본의 파생과 환몽구조의 변모

「구운몽」의 존재 양상이 앞서 언급한 바와 같기 때문에, 이 작품의 주제가 무엇인지에 대해서 확실한 답을 내리기가 쉽지 않았다. 어느 곳에서는 인생무상 혹은 일장춘몽이라고 했지만, 다른 곳에서는 참과 거짓 일체를 부정하는 『금강경』의 공(空) 사상이라고 했다. 실제로 지금까지 학계에서도 「구운몽」의 주제를 놓고 의견이 분분하다. 한편에서는 이 작품의 주제가 인간 세상 부귀공명의 부질없음을 주장하는 것[1]이라고 보았고, 다른 한편에서는 『금강경』의 공 사상을 구현한 것[2]이라고 보았다. 그간의 연구를 검토해보면 이제는 『금강경』의 공 사상을 구현한 작품으로 보는 쪽에 무게가 실릴 법도 하다. 그러나 「구운몽」의 주제는 여전히 많은 이들에게 인생무상이나 일장춘몽으로 언급된다.

이러한 현상은 왜 발생하는가? 이미 선행 연구에서 언급된바, 「구운몽」의 주제 구현에 있어 핵심이라고 할 수 있는 환몽구조가 이본마다 상이한 양상을 보여주기 때문이다.[3] 주지하다시피 환몽구조는 현실의 주인공이 꿈속 체험을 한 뒤, 꿈에서 깨어나 다시 현실로 돌아오는 구조이다. 「구운몽」에 대입해보면, 성진과 팔선녀가 각각 양소유와 여덟 여인이 되어 꿈속 체험을 한 뒤, 꿈에서 깨어나 다시 성진과 팔선녀로 돌아오는 구조가 이에 해당한다.

그런데 「구운몽」에서 환몽구조는 단순히 꿈속 체험을 경험하기 위한 장치가 아니다. 꿈속 체험은 인물에게 전환적 깨달음을 준다. 다시 말해 환몽구조는 주인공에게 꿈속 체험을 하게 하여 일정한 깨달음에 도달하도록 유도하는 장치인 것이다. 「구운몽」에서 성진이 불가의 적막고담(寂寞枯淡)에 회의를 느끼며 꿈속을 체험하고, 꿈속 체험의 과정에서 다시 속세의 부귀공명이 부질없음을 깨달으며 꿈에서 깬다는 사실을 통해 이러한 특징을 쉽게 알 수 있다.

그런데 「구운몽」에서의 깨달음은 여기서 그치지 않는다. 꿈속 체험을 통해 속세의 부귀공명이 부질없음을 깨달은 성진에게, 육관대사는 속세를 거짓의 공간으로 여기고 불가(佛家)를 참의 공간으로 여기는 이른바 이분법적 사유는 옳지 못하다며 꾸짖는다. 즉 환몽을 거쳐 속세의 부질없음을 깨닫게 한 것은 그 자체로 결론이 아니고, 또 다른 깨달음을 주기 위한 과정이다. 다시 말해 「구운몽」에서 환몽구조는 더 큰 깨달음을 얻기 위한 하나의 과정인 것이다.

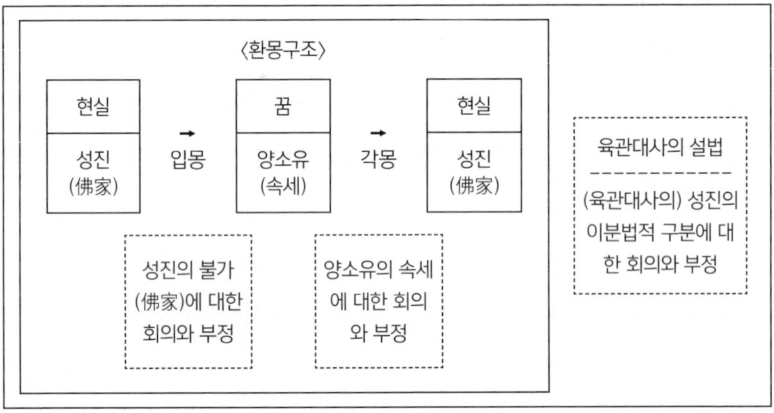

「구운몽」의 서사구조를 정리한 위 표를 통해 알 수 있듯이, 결국은 환몽구조와 육관대사의 설법 부분이 함께 존재해야 작품의 주제가 명확해진다. 따라서 선본 계열 「구운몽」의 주제는 인간 세상 부귀공명의 덧없음이 아니라, 대상에 대한 이분법적 구분을 넘어서는 이치의 깨달음이라 할 수 있다. 이러한 주제 구현 과정을 단계별로 서술해보자. 다음과 같이 정리할 수 있다.

(1) 성진은 처음 불가의 세계를 다만 적막고담(寂寞枯淡)한 것으로만 인식하여 회의하면서, 속세의 부귀공명(富貴功名)을 희구한다.

(2) 그러나 양소유의 파란만장한 삶을 통해 속세의 부귀공명과 남녀 정욕을 극진히 누린 후에는 이것이 다 일장춘몽(一場春夢)이라고 깨닫는다.

(3) 그러나 육관대사는 이를 다시 부정한다. 그 어느 것도 참[眞]도 아니고 꿈[夢]도 아니라고 한다.[4]

그렇다면 이제 시선을 당시 「구운몽」을 향유하던 상황 및 독자들로 옮겨보자. 이 작품이 실제 향유되던 당시 '모든' 이본이 (3)과 같은 주제를 함축하고 있었을까? 그렇지 않다. 「구운몽」은 다양한 독자층에게 다양한 기대지평을 형성하면서 수용되어왔다.[5] 남아 있는 이본들을 토대로 유추해보면 「구운몽」의 주제는 크게 세 층위로 형성됨을 볼 수 있다. 이 층위는 작품 속에 위의 주제 구현 단계가 어디까지 존재하느냐에 따라 구분된다.

1 마지막 육관대사의 회의와 부정까지 등장하여 대상에 대한 이분법적 구분을 넘어서는 이치의 깨달음을 전달하는 이본

2 성진의 뉘우침까지만 등장하여 양소유가 누렸던 현세의 부귀공명이 일장춘몽임을 전달하는 이본

3 각몽의 과정이 아예 사라지고 양소유가 부귀공명을 성취해가는 모습만을 전달하는 이본

그간의 연구에서 1은 선본이자 기준본으로 평가받고, 2와 3은 선본의 서사구조를 온전히 갖추지 못한 비선본 계열로 평가받았다. 그리하여 2의 주제인 일장춘몽이나 3의 주제인 부귀공명은 원작의 의도를 제대로 이해하지 못해 '의도치 않게 형성된' 주제로 보았다.

하지만 조선 후기에 「구운몽」에 대해 언급한 기록들은 이 작품의 주제로 [1]을 언급하지 않고, 주로 [2]를 거론하고 있어 흥미롭다.

> 쇼셜의 구운몽이란 췩은 셔포의 지은 배니, 대개 공명부귀로뻐 흔댱츈몽으로 도라보닉여 뻐 대부인의 근심을 위로흐미라. 그 췩이 이 세상의 셩히 돈니니, 내 아이 째 닉이 그 말을 드루니, 대개 셕가의 말노뻐 우의흐고, 듕간의 초소의 뉴의 만터라. — 이재(李縡), 「삼관기(三官記)」

> 또 글을 지어 부쳐서 (윤부인의) 소일거리를 삼게 하였는데, 그 글의 요지는 일체의 부귀번화가 모두 몽환(夢幻)이라는 것이었으니, 또한 뜻을 넓히고 슬픔을 달래기 위한 것이었다. —『서포연보』

> 또 이른바 구운몽은 공(公)이 적소(謫所)에 있을 때에 지은 것이다. 육관대사의 제자 성진과 남악의 팔선녀가 서로 희롱하다 득죄하여 인간 세상에 적강하여 양가에 환생한 이야기이다. 양소유는 문장과 훈업이 일세에 으뜸 되어 출장입상하여 몸이 부귀를 지극히 하고, 인하여 팔선녀로써 서로 만나 인연을 맺어 일생을 즐겁게 누리고 나서 마침내 기한이 차 공문에 귀환하니, 그 뜻은 대개 공명부귀의 일장춘몽임을 석가의 우언으로써 경계 짓고 초사(楚辭) 이소(離騷)의 남긴 뜻을 띠었으니 상하 2권이다. — 이우준(李遇駿), 「소설」, 『몽유야담』

선행 연구에서 「구운몽」과 관련한 가장 앞선 기록을 남긴 도암(陶菴) 이재(李縡, 1680~1746)의 경우 시기적으로 「구운몽」의 선본에 해당하는 노존본이나 을사본 계통을 접했을 가능성이 높다고 전제하고, 「삼관기」에 기록된 일장춘몽이라는 「구운몽」의 주제는 육관대사의 설법 부분을 간과하고 오독한 결과라고 보았다. 그리고 이러한 초기 인식이 후대 「구운몽」 수용의 한 선입관을 형

성시켰을 것이라고 보았다.[6]

그러나 한편으로 이는 오히려 「구운몽」의 서사구조나 주제의 변형이 상당히 이른 시기부터 진행되었으리라는 주장의 근거가 될 수 있다. 또한 후대에 「구운몽」에 대해 언급한 기록들이 이재의 기록에 견인되어야 할 필연적인 이유를 찾기 어렵다. 아마 후대의 기록들은 각각 「구운몽」을 읽거나 혹은 그 당시에 유통되던 「구운몽」에 대한 일반적인 인식을 기반으로 작성되었을 것이다. 따라서 다수의 기록들이 작품의 주제로 인생무상이나 일장춘몽을 이야기하고 있다는 것은, 「구운몽」의 적지 않은 이본들이 (3)단계의 의미를 무력화하거나 (3)단계를 생략한 채 2의 형태로 작품을 향유했다는 것을 의미한다.

여기서 주목해야 할 것이 있다. 2 형태는 내용적으로 볼 때 '환몽구조'를 통한 깨달음을 궁극적인 목적으로 하고 있다는 점이다. 환몽구조가 깨달음을 얻기 위한 과정의 하나로 존재하는 것이 아니라, 깨달음의 구조 그 자체가 되는 것이다. 따라서 2 형태의 이본을 우연한 기회에 작품 내용의 불충분한 전승으로 인하여 생성된 것으로 보기보다는, 보다 의도적인 변화의 결과로 읽어야 할 필요가 있다. 그 변화는 어떤 이본을 통해 확인할 수 있을까. 이를 잘 보여주는 것이 바로 전주에서 방각본으로 간행된 '완판본 「구운몽」'이다. 완판본 「구운몽」이 2 형태의 구조를 비교적 온전히 갖추고 있기 때문이다.

2 형태의 독자적 면모를 살피기 위해, 완판본 「구운몽」이 선본 계열 「구운몽」과 어떠한 차이를 지니고 있는지, 그리고 이 차이가 어떤 지향을 보이는지를 인물 형상과 주제의식을 중심으로 살펴보고자 한다. 선본은 현전 한글본 중 최고본(最古本)이자 강전섭본의 국역본으로 일컬어지는 서울대본을 삼고자 한다. 완판본은 완판 105장본을 대상으로 한다. 이를 통해 완판본을 생산하고 향유한 이들에게 「구운몽」은 어떠한 작품이었는지를 밝혀보도록 하겠다.

3. 완판본 「구운몽」의 변모 (1) : 인물 형상

1) 양소유의 경우 : 효심의 부각과 비영웅적 면모의 생략

완판본에서 양소유에게 쏟는 많은 관심은 크게 두 가지 특징으로 정리가 되는데, 그 첫 번째 특징으로 양소유의 효심이 부각된다는 점을 들 수 있다. 「구운몽」에서 양소유는 어린 시절에 부친을 잃는 한편 모친과도 상당 기간 떨어져 지낸다. 작품에서 부모가 차지하는 서사적 위상이 그리 높지 않다. 따라서 서울대본에서는 부모에 대한 애틋한 마음이 강조되는 편은 아니다. 그런데 완판본은 서울대본과 내용적으로 큰 차이를 보이지 않으면서도 절묘하게 양소유의 효심을 부각시킨다.

완판본에서 양소유의 효심이 강조되는 한편 비영웅적 면모는 최대한 감춰진다. 이는 양소유의 영웅적 면모를 중시한 완판본이 소극적 차원에서 양소유의 영웅적 면모를 유지시키기 위해 노력을 한 하나의 방편으로 봐야 할 것이다. 조정 대신들이 천자의 훌륭한 정치로 나라가 태평성대를 이루었다고 감사해하는 장면이 이에 해당한다. 서울대본에서는 조정 대신들이 근래 들어 처첩 및 태후와 화락을 즐기느라 정치에 잘 참여하지 않는 양소유를 우려한다. 이에 천자는 양소유가 태후를 인견하느라 그랬다며 양소유를 옹호하고, 양소유는 조당에 나아가 국사를 다스리게 된다.

그런데 완판본에는 아예 이런 내용이 빠진다. 대신들이 조회하며 태평성대를 이룬 천자에게 감사해 하는 장면이 나오고, 곧바로 양소유가 모친을 모시러 간다는 상소를 올리는 장면으로 이어진다. 대신들의 양소유에 대한 우려가 전혀 등장하지 않는 것이다.

태후와 월왕이 희첩을 여럿 거느리게 된 양소유를 나무라는 장면도 마찬가지이다. 완판본은 이 내용이 상당히 짧지만 서울대본은 상당히 길다. 서울대본의 내용은 다음과 같이 전개된다. 먼저 월왕이 양소유를 가리켜 방자하다며 나라의 기강을 위해 죄를 다스려야 한다고 말한다. 그러자 태후는 이에 동의하며 훌륭한 두 공주를 부인으로 맞이하였음에도 6명의 첩을 둔 양소유에게 미인 모으기를 좋아하는 사람이라고 나무란다. 양소유는 이에 대해 모든 첩들이 두 공주와 정식으로 혼인하기 전에 맺은 인연이니 살펴주길 바란다고 변명한다. 그리고 월왕이 한 번 더 나무라자 자신의 공적을 이야기하며 죄를 용서해줄 것을 바란다. 결국 태후와 월왕은 죄의 대가로 큰 벌주를 내린다.

이 상황은 온전히 진지한 분위기만을 연출하고 있는 것이 아니다. 양소유를 희롱하며 즐거운 분위기를 이어가기 위한 의도가 내포되어 있다. 그런데도 이 상황에서 양소유는 자신의 곤란한 상황을 모면하기 위해 여러 변명을 늘어놓는 모습을 보인다. 양소유를 영웅적 인물로 상정한다면 결코 적절한 모습이 아니다.

그래서인지 완판본에서는 이러한 모든 내용이 생략된다. 태후와 월왕이 양소유를 희롱하며 양소유의 잘못을 지적하는 장면이 전혀 등장하지 않으며, 그러다 보니 양소유의 변명이나 사죄도 전혀 등장하지 않는다. 당황스러운 상황을 모면하기 위해 애써 노력하는 양소유의 모습을 모두 생략한 것이다.

한편 내용의 생략이 적은 부분에서도 의미상으로는 큰 차이가 보인다. 월왕의 첫 발언이 이에 해당하는데, 얼핏 두 이본의 내용은 비슷한 듯 보이지만 의미맥락에 적지 않은 차이가 있다. 비교를 위해 편의상 내용을 나눠보면 다음과 같다.

〈서울대본〉	〈완판본〉
㉠미ᄌᆞ의 말이 비록 됴흐나 진정이 아니니이다	㉠미씨의 말이 비록 조호나
㉡ᄌᆞ고로 부매 양 승샹 곳티 방ᄌᆞᄒᆞᆫ 재 업ᄉᆞ니 ᄯᅩᄒᆞᆫ 나라 긔강의 돌녓ᄂᆞᆫ디라	㉡ᄌᆞ고로 부매 뉘 승샹곳치 방탕ᄒᆞ리요?
㉢쳥컨대 양쇼유ᄅᆞᆯ 유ᄉᆞ의 ᄂᆞ리와 됴뎡 두리디 아닛ᄂᆞᆫ 죄ᄅᆞᆯ 다ᄉᆞ려디이다.	㉢쳥컨대 승상을 벌ᄒᆞ쇼셔.

서울대본과 완판본의 주요 골자는 유사하다. 그러나 구체적으로 살펴보면 ㉡과 ㉢이 상당히 단순하게 처리되었음을 알 수 있다. 즉 서울대본의 ㉡에서 양소유의 죄가 나라 기강과 관련이 있다는 발언과 ㉢에서 양소유를 유사(有司)에 내려 죄를 다스리라고 한 발언이 완판본에는 등장하지 않는다. 완판본에서 양소유가 국가의 기강을 문란하게 한 존재라는 사실과 죄로 다스려야 하는 인물이라는 언급을 넣지 않음으로써 양소유의 면모에 더 큰 흠결이 가는 것을 막으려 한 것으로 이해된다.

또한 양소유는 태후와 부인들의 꾐에 넘어가 영양공주가 화를 내며 토라진 상황에 직면한다. 주지하다시피 영양공주는 정경패이다. 그런데 오랫동안 만나지 못한 양소유를 한 번 속이기 위해 영양공주는 자신이 정경패가 아닌 척 행세를 한 것이다. 영양공주가 크게 화를 내자 양소유는 이에 반응하는데, 서울대본과 완판본에서 그 모양새가 확연히 다르다.

서울대본에서는 마음속으로 부마(駙馬)가 되기가 참 어렵다고 생각하면서도, 겉으로는 죽은 정경패를 탓하는 것이 옳지 않은 것 같다는 식의 발화를 통해 우회적으로 조심스럽게 영양공주를 나무란다. 그러나 완판본에서는 속으로 생각하는 것도 없이 직접적으로 영양공주를 비판한다. 심지어 예부터 부마가 되는 것을 꺼리는 이유가 이러한 상황에 있다고까지 말한다.

다시 말해서 서울대본에서는 속내를 직접적으로 드러내지 못하다 보니 겉과 속이 다른 발언을 한 것이고, 완판본에서는 속내를 직접적으로 드러내다 보니 속내 그대로 영양공주를 훈계한 것이다. 또한 서울대본에서는 발언의 초점이 자신이 부마라는 사실에 있지만, 완판본에서는 발언의 초점이—부마가 아니라—자신이 가장이라는 데 맞춰져 있다. 결국 서울대본에서 영양공주에게 위축된 면모가 완판본에는 전혀 상반된 모습으로 형상화된 것이라 할 수 있다. 당시의 사회적 이념 지형을 감안하면 영양공주의 행동은—공주라 하더라도-가부장을 기롱하여 권위를 실추시킨 행위로 해석될 수 있다. 따라서 영양공주에게 호통을 치는 양소유는 가부장의 권위를 바로잡는 당당한 면모로 해석될 여지가 충분하다. 결국 이 또한 양소유를 영웅적 인물로 상정했다는 증거인 셈이다.

지금까지 살펴본 모습은 각기 그 맥락은 다르지만 넓은 의미에서 양소유의 비영웅적 면모라고 할 수 있다. 그런데 이러한 모습이 완판본에서는 사라지거나 바뀐다. 결국 완판본은—주로 부정적 면모를 생략하는 소극적 방식이기는 하지만—선본 계열에 비해 상대적으로 남성주인공의 영웅적 면모를 보다 강조하려는 경향성을 보이는 것이다. 요컨대 완판본 「구운몽」에서 양소유는—서울대본에 비해—효심이 강한 인물이자 비영웅적 면모가 덜하거나 영웅적 면모가 강한 인물로 형상화되었다는 것을 알 수 있다.

2) 여성주인공의 경우 : 역할에 대한 무관심과 비천함·경박함의 생략

여성주인공 인물 형상의 첫 번째 특징적 양상은 여성주인공들의 위상과 역할에 대해서 완판본이 큰 관심을 두지 않는다는 점이다. 「구운몽」에서 팔선녀의 세속적 현현인 2처6첩의 존재가 서사에 기여하는 바는 굳이 췌언을 필요로 하지 않는다. 양소유와 여성주인공 개개인과의 관계 설정은 물론이거니와 여성주인공 간의 관계 설정 또한 작품의 서사를 이끄는 추동력이라 할 수 있다. 그런데 완판본을 서울대본과 비교하면 이러한 면모가 현저히 떨어진다.

서울대본에는 정경패의 출생 과정과 가춘운의 출신을 밝힌 대목이 있다. 주지하다시피 정경패는 양소유와 2처6첩을 매개하는 데 있어 중요한 역할을 수행하는 핵심적인 인물일 뿐만 아니라—모든 여성주인공이 비슷하기는 하지만—양소유와의 결연 과정에서 남다른 능력을 보여준 인물이다. 따라서 서울대본처럼 태어날 때부터 세속의 사람이 아닌 천상의 존재와 같았다는 설명은 일반적으로 이해하는 정경패의 인물 형상에 부합하는 것이다. 부차적인 것이라기보다는 필수적인 대목이다. 그런데도 완판본에서는 이를 생략하였다.

완판본에서 가춘운에 대한 소개를 생략한 것은 이보다 더 큰 문제를 안고 있다. 왜냐하면 가춘운은 이 대목에서—일정한 설명을 필요로 하며—작품에 처음 등장하기 때문이다. 따라서 서울대본에서와 같이 가춘운이 정경패와 함께 생활하게 된 경위나 그녀의 비범한 면모를 설명해주지 않으면 가춘운에 대한 이해에 어려움을 겪을 수밖에 없다. 완판본으로 「구운몽」을 처음 접한 독자들이라면 이 대목에서 가춘운의 정체를 제대로 이해하지 못하고 뒤이은 내용들의 조합을 통해 가춘운의 캐릭터를 뒤늦게 인식하거나 심지어는 이 대목의 춘낭과 뒤에 나오는 가춘운을 동일 인물로 생각하기 어려웠을 가능성도 있다. 이렇듯 완판본 「구운몽」에서는 정경패와 가춘운의 서사적 존재감을 크게 인식하지 않고 있다.

여성주인공들에 대한 무관심은 여성인물들 간의 관계 속에서도 확인된다. 서울대본을 보면 정경패는 우연히 자신의 몸종인 가춘운이 쓴 시를 보고 가춘운과 더불어 양소유를 섬겨야겠다는 마음을 먹게 된다. 그런데 여기서 중요한 것은 두 여인이 양소유를 함께 섬긴다는 사실보다도 정경패와 가춘운이 신분적 제약을 넘어서 지기지우(知己之友)를 느낀다는 점이다. 이 대목은 작품이 여성 인물들 간의 관계에도 주목하고 있다는 증거이다.

그런데 완판본에서는 정경패와 가춘운의 우정을 드러내는 이 대목이 아예 사라진다. 양소유와 정경패·가춘운의 혼인은—완판본에서—그저 '양소유'의 혼인이라는 사실에만 초점을 맞추고 있음을 알 수 있다. 완판본에서 여성 인물 간의 관계는 서사적으로 그리 중요하게 인식되지 못하고 있는 것이다.

바로 이어지는 내용도 마찬가지이다. 서울대본은 '정경패가 가춘운에게 지기지우를 느낀다. → 이로 인하여 정경패가 직접 모친에게 가춘운이 당분간 양소유를 섬길 것을 당부한다.'와 같은 논리적 인과관계가 성립된다. 그러나 완판본에서는 정경패가 가춘운에게 지기지우를 느끼는 장면이 없이 정경패가 직접 모친에게 가춘운이 당분간 양소유를 섬길 것을 당부한다.

따라서 서울대본에서는 '정경패가 가춘운과 함께 있고픈 간절한 마음 때문에 모친에게 가춘운으로 하여금 양소유를 섬기게 하자는 제안을 하는 것'으로 이해되지만, 완판본에서는 단지 '혼인이 예정된 양소유를 섬길 인물을 찾는 과정에서 가춘운이 선택된 것'으로밖에 이해되지 않는다. 앞서 언급한바, 서울대본에서 확인되었던 두 여성 인물의 일화가 완벽하게 '양소유 중심'의 일화로 전환되는 것이다.

한편 완판본에서는 앞선 부정적 반응과 다르게 부정적 모습을 강조하지 않으려는 면모도 확인된다. 이는 대체로 여성주인공들이 지나치게 비천하거나 경박하게 묘사된 장면에서 확인되는데, 완판본에서는 이러한 여성주인공들의 면모를 생략의 방식을 통해 차단한다.

계섬월이 낙양의 명기였던 적경홍을 소개하는 대목이 그 예이다. 서울대본에서는 적경홍이 기녀가 된 이유를 보다 상세히 서술하고 있는데, 여기서 적경홍은 스스로 창가에 지원했다고 나온다. 그런데 같은 부분의 완판본을 보면 이러한 내용이 생략되어 있다. 물론 서울대본에서도 적경홍이 창가를 지원한 이유는 다름이 아니라 영웅호걸을 만나기 위한 선택이라고 되어 있다. 적경홍이 기녀의 삶을 살 수밖에 없었던 이유를 윤리적으로 미화한 것이다. 이는 기녀인 적경홍을 양소유와 결연할 수 있는 조건으로 맞추기 위한 설정이었다고 볼 수 있다.

그런데 여기서 짚고 넘어갈 사실이 있다. 적경홍은 원래 양갓집 딸이라는 점이다. 부모가 일찍 세상을 떠나 아주머니(고모)를 의지하고 힘겹게 살긴 했으나 본래 신분이 기녀는 아니었던 것이다. 이러한 사실을 감안한다면 완판본에서 적경홍이 창가에 자원했다는 대목이 생략된 이유를 짐작해볼 수 있다. 완판본에서는 굳이 적경홍이 창가의 여자로 자원하게 된 연유를 밝힐 필요가 없었던 것이다. 즉, 그녀는 본래 양가의 규수로서 양소유와 결연할 수 있는 조건을 갖춘 인물이자 정숙하고 고결한 인물인데, 불필요한 말을 더하여 기녀의 면모를 강조할 이유는 없다고 판단한 것이다.

정경패가 양소유에게 속임을 당했음을 짐작하는 대목에서도 비슷한 흔적이 확인된다. 정경패는 부친 정 사도의 말을 듣고 와서 가춘운에게 일전에 거문고를 타던 여관이 혹시 양소유가 아닌가 하는 의혹을 제기한다. 이에 가춘운은 농담 섞인 말로 자신은 본 적이 없으니 정경패가 직접 보는 것이 마땅할 것이라고 말한다.

서울대본의 이 대목에서 정경패와 가춘운은 서로 보고 웃는다. 그러나 완판본에서 정경패는 정 사도의 말을 듣고 나서 심히 부끄러워하고, 직접 확인해보라는 가춘운의 말을 들은 뒤에는 양소유와 같은 사람을 다시 볼 뜻이 없다고 확고하게 말한다.

당시의 정숙한 여인상의 관점으로 보자면 여성이 남성으로부터 기롱당한 것은 수치스러운 것이다. 또한 완판본을 보면 양소유는 정경패와 함께 하고픈 마음을 서울대본보다 강하게 드러냈다. 따라서 정경패의 분노는 보다 더 커질 수밖에 없다. 결국 완판본에서 정경패가 보인 확고한 부정적 반응은 완판본이 정경패를 정숙한 면모를 갖춘 인물로 설정했기 때문에 가능했던 것이라 하겠다.

3) 완판본의 자장과 「구운몽」 인물 형상의 변모

지금까지 완판본 「구운몽」의 인물 형상에 나타난 특징을 양소유의 경우와 여성주인공들의 경우로 나누어 살펴보았다. 그 결과 완판본은 서울대본에 비해 양소유의 효심이나 영웅적 면모를 중시하는 경향이 강하고, 여성주인공들의 위상이나 역할에 대해 무관심한 한편 여성주인공들의 비천하고 경박한 면모를 드러내지 않으려는 경향이 강함을 확인할 수 있었다. 여기서 여성들의 흠결을 감추려는 경향은 여성들을 위한 것이라기보다는 남성주인공인 양소유를 위한 것이라고 보아야 옳다. 영웅적 면모에 상응하는 정숙하고 뛰어난 여인들을 설정해야 했을 것이기 때문이다.

이러한 개별적 특징들을 전체적으로 놓고 보면 완판본은 서울대본을 비롯한 선본 계열 속 남성주인공과 여성주인공들 간의 인물 관계의 축을 남성주인공인 양소유 쪽으로 상당 부분 이동시켰다는 것을 알 수 있다. 작품의 서사가 양소유 중심으로 이동되었음이 확인되는 것이다. 그렇다면 완판본 「구운몽」이 양소유 중심의 서사를 지향한 이유와 연원은 어디에서 찾아야 할까?

이는 완판본이 지니고 있는 인물 형상의 특징 속에서 해명이 되리라고 본다. 완판본 「구운몽」의 인물 형상에 나타나는 특징은 완판본의 특징과 자못 유사하기 때문이다. 완판본 고전소설은 대체로 여성주인공보다는 남성주인공을 선호하며, 연애나 결연 서사보다는 남성주인공의 영웅 서사에 관심을 기울이는 면이 있다.

즉 완판본 「구운몽」은 「구운몽」을 향유하였으되 완판본이 성행하였던 전주 일대의 서사적 기호에 맞춰 작품을 재편한 것이다. 따라서 완판본 「구운몽」은 「구운몽」 이본으로서의 특징을 갖고 있으면서 한편으로는 전주 지역의 서사적 기호가 반영되었다는 특징도 갖고 있다. 이를 통해 완판본 「구운몽」이 선본과는 '다른' 길을 걸어갔음을 알 수 있다. 이는 비단 인물 형상에 그치지 않는다. 주제의식의 변모도 살펴보자.

4. 완판본 「구운몽」의 변모 (2) : '각몽' 이후의 내용과 주제의식

1) 각몽 이후 내용의 변모와 주제의식의 변화

완판본 「구운몽」은 인물 형상에 있어 선본 계열인 서울대본과 차이를 보였다. 이 차이는 결국 작품의 서사 지향의 차이를 의미한다. 만약 이렇게 완판본 「구운몽」이 서사 지향에서 차이를 드러낸다면, 서사 지향과 긴밀한 연관을 맺고 있는 주제의식 또한 선본 계열과 차이를 드러낼 가능성이 높다. 완판본 「구운몽」의 주제의식은 선본 계열과 어떤 차이를 보이는가?

이를 살펴보기 위해서는 「구운몽」의 주제의식을 구조적으로 표현하고 있는 환몽구조를 살펴봐야 한다. 그렇다면 완판본 「구운몽」의 환몽구조는 어떠한가? 완판본의 환몽구조는 선본 계열에 비하면 불비(不備)한 것으로 평가 받았다. 이 글은 완판본이 선본의 환몽구조를 온전히 갖추지 못한 것이라는 사실에 대해서는 동의한다. 그렇지만 선본의 환몽구조를 온전히 갖추지 못했다고 해서 완판본 「구운몽」이 주제의식을 제대로 구현하지 못한 것은 아니라고 본다. 완판본은 나름의 환몽구조를 구축하여 완판본 「구운몽」만의 주제의식을 표현하려 했기 때문이다.[7] 그렇다면 나름의 환몽구조란 무엇인가? 흔히 환몽구조는 '입몽'과 '각몽'을 기준으로 나뉘는데, 선본 계열 「구운몽」과 완판본 「구운몽」은 특히 '각몽' 이후의 부분에서 차이를 보인다. 궁극적 깨달음으로 나아가는 과정에 차이를 드러내고 있는 것이다.

보다 면밀한 고찰을 위해 일반적으로 널리 알려진 선본 계열(서울대본)의 '각몽' 과정을 세 단계로 나누어 정리해보면 다음과 같다.

[1] 육관대사가 호승으로 나타나 양소유와의 인연을 암시하며 양소유를 춘몽에서 깨게 한다.
[2] 양소유가 성진이 되어 육관대사로부터 가르침을 청한다.
[3] 성진과 팔선녀가 육관대사의 가르침을 얻고 육관대사는 서천으로 떠난다. 이후 성진과 팔선녀는 크게 교화를 베풀어 극락세계로 간다.

완판본 「구운몽」은 이 세 단계가 온전히 남아 있지 않다. 완판본과 위 단계를 비교해보면 [1]은 대체로 차이가 없고, [2]와 [3]에서 차이를 보인다. [2]와 [3]의 차이를 순차적으로 살펴보자.

먼저 [2] 부분이다. 대목별로 비교해보면 다음과 같다.

■ 선본 계열(서울대본)과 완판본의 [2] 부분 비교

서울대본	완판본
(1) : 각몽의 순간	(1) : 축약
(2) : 성진이 본래 모습으로 돌아옴을 깨달음	(2) : 부귀공명의 기억 삭제
(3) : 육관대사가 성진에게 질문함	(3) : —
(4) : 성진이 대답함	(4) : —
(5) : 육관대사가 재차 질문함	(5) : 축약 및 호접지몽 삭제
(6) : 성진이 깨우침을 청함	(6) : 축약
(7) : 육관대사가 금강경을 알려줌	(7) : 삭제

위 [2] 부분 중에는 (5)와 (7)에서 큰 차이를 보인다. 내용 전개를 파악하기 위해 [2]-(4)의 구체적 내용부터 살펴보자.

[완판본] (4) 셩진이 머리을 ᄯᆞ흐 ᄯᅮ다리며 눈물을 흘여 왈, "이졔야 ᄭᆡ달ᄂᆞ난이 ᄃᆞ 셩진이 무상ᄒᆞ와 도심이 뎡달지 못ᄒᆞ오니 맛당이 괴로온 셰게의 잇셔 기리 앙화을 바들 거슬 ᄉᆞ부 한 쑴을 환긔ᄒᆞ야 셩진으 마암을 ᄭᆡ닷게 ᄒᆞ오니 ᄉᆞ부 은덕은 천만연이라도 갑지 못하리로소이다."

위 성진의 발언의 요지는, '이제야 깨달았다 자신이 부족하여 마땅히 괴로운 세계에서 고통을 받을 것이었는데 사부께서 꿈을 통해 깨닫게 하니 사부의 은덕을 갚기 어렵다.'이다.

이는 곧 서울대본의 '인간 세상으로 윤회하는 것이 당연했는데 사부 덕분에 하룻밤 꿈만으로 깨달음을 얻을 수 있었다.'는 발언과 내용적으로 일치한다. 완판본에서 성진이 '괴로운 세계'라고 말한 것은 서울대본의 '인간 세상'에 대응되고, '꿈'은 '하룻밤 꿈'에 대응된다. 완판본의 성진은 '인간 세상'을 '괴로운 세계'라는 가치 판단으로 보다 구체화하고 있을 뿐이다. 결국 완판본에서 성진은 인간 부귀공명의 덧없음을 윤회가 아닌 꿈을 통해 겪게 해준 스승에게 감사하다고 말하고 있는 것이다. 서울대본과 크게 다르지 않다. 그럼 이에 대한 육관대사의 답변을 살펴보자.

[완판본] (5) ᄃᆡᄉᆞ 왈, "네 흥으 씌여 갓다가 흥이 진ᄒᆞᄆᆡ 왓스니 ᄂᆡ 무삼 간셥ᄒᆞ리료 쏘 네 셰상과 쑴을 달이 아니 네 쑴이 오히려 ᄭᆡ지 못ᄒᆞ여쏘다."

서울대본과 비교해보면 많은 발언('네 쏘 니ᄅᆞᄃᆡ 인셰의 뉸회ᄒᆞᆯ 거ᄉᆞᆯ 쑴을 쑤다 하니', 호접지몽에의 비유를 통한 질문)들이 생략되고, '쏘 네 셰상과 쑴을 달이 아니 네 쑴이 오히려 ᄭᆡ지 못ᄒᆞ여쏘다.'만이 표현되었다. 우선 호접지몽이 생략된 것을 통해 완판본이 참과 거짓의 이분법적 구분을 넘어서는 진리를 추구하고자 했던 서울대본의 주제의식을 선택하지 않았음을 알 수 있다.

이렇게 되면 육관대사의 답변은 '세상과 꿈을 다른 것으로' 아는 성진의 생각을 지적하는 것이 핵심이 된다. 완판본에서 육관대사는 세상과 꿈을 동일한 것으로, 다시 말해 인간 세상이 곧 덧없는 꿈이라고 말하고 있는 것이다. 이는 인생무상이나 일장춘몽의 주제의식이라 할 수 있다.

따라서 (6)에서 성진이 꿈에서 깨기를 청한다는 내용이 간략하게 처리된 것은, 부적절한 생략이 아니라 일리 있는 축약인 셈이다. 왜냐하면 육관대사의 답변인 (5)에는 또 다른 깨달음을 주기 위한 새로운 화두가 담겨 있는 것이 아니라, 성진의 발언인 (4)에 대한 일종의 보완적 설명만이 담겨 있기 때문이다.

이런 이유로 서울대본 (6)에서 성진은 '제자 성진은 아득하여 꿈과 참을 분별하지 못하겠사오니, 사부는 설법을 베풀어 제자로 하여금 깨닫게 하소서.'라고 말하며 아직까지 깨닫지 못했음을 밝히고 있는 반면, 완판본 (6)에서 성진은 '두 번 절하며 사죄하고 꿈에서 깨기를 청할 뿐'인 것이다.

(7)도 내용의 논리적 일관성을 유지하기 위해 의도적으로 삭제된 것으로 볼 수 있다. 서울대본의 (7)은 육관대사가 아직 깨닫지 못한 양소유에게 『금강경』을 통해 깨달음을 주려고 하는 내용이다. 완판본에서는 앞서 『금강경』의 공 사상을 연상시킬 만한 육관대사의 발언이 생략되었고, 이미 양소유가 자신의 잘못이 무엇인지 명확하게 인지하고 있기 때문에 서울대본의 (7)과 같은 발언이 굳이 필요하지 않은 것이다.

이러한 차이는 이어지는 [3] 부분에서도 지속적으로 확인된다. 아래는 완판본 「구운몽」 [3] 부분의 전체 내용이다.

[완판본] 잇ᄯᅴ의 팔선녀 들어와 ᄉᆞ례 왈, "제ᄌᆞ 등이 위 부닌을 묘셔 ᄇᆡ혼 거시 업ᄊᆞ와 정욕을 금치 못ᄒᆞ와 즁견을 입어쏩더니 ᄉᆞ뷰 구제하시물 입ᄉᆞ와 한 ᄭᅮᆷ을 ᄭᆡ여ᄊᆞ오니 원컨ᄃᆡ 제ᄌᆞ 되여 길이 갓타시물 바라ᄂᆞᆫ니다."
ᄃᆡ사 크게 우셔 왈, "너히 진실노 ᄭᅮᆷ얼 알아쓰니 다시ᄂᆞᆫ 망염을 ᄉᆡᆼ각지 말ᄂᆞ." ᄒᆞ고 직시 ᄃᆡ경법을 베푸러 셩진과 팔션여를 가라치니 인간 누ᄊᆞ년 변화ᄂᆞᆫ 다 ᄭᅮᆷ 밧기 ᄭᅮᆷ이요 일심이 불법의 진척하니 극낙세계의 만만셰 무궁지락이로구나.

서울대본과 비교해보면 완판본은 상당히 짧다. 팔선녀가 육관대사에게 가르침을 청하는 발언만이 유사할 뿐이다. 그렇다면 완판본의 과도한 축약은 어떠한 맥락에서 진행된 것인가?

서울대본에는 등장하지만 완판본에는 보이지 않는 부분들은 공교롭게도 불교적 색채가 강하다는 공통점을 지니고 있다. 서울대본에서 팔선녀가 가르침을 청하자 육관대사는 불법(佛法)이 길고 먼 것이니 잘 생각해보라고 말하는데, 이에 팔선녀는 비구니가 될 결심으로 곧장 머리를 깎고 돌아와 다시 가르침을 청한다. 육관대사는 팔선녀의 의지를 높이 평가하며 『금강경』을 설법하고, 이에 성진과 팔선녀가 불생불멸의 정과(正果)를 얻게 된다. 곧이어 육관대사는 성진과 팔선녀가 정법(淨法)을 전할 능력을 갖추었으니 떠나겠다고 하면서 염주, 바리때, 정병(淨甁), 석장(錫杖), 『금강경』을 성진에게 주고 떠나간다. 불법(佛法)을 닦고자 하는 팔선녀가 비구니의 삶을 택하는 것, 육관대사가 『금강경』을 설법하는 것, 성진과 팔선녀가 불생불멸의 정과(正果)를 얻는 것, 육관대사가 떠나며 성진에게 염주 등을 주는 것 등은 모두 불교적 수행의 과정인 것이다.

흥미롭게도 완판본에서는 이 내용이 모두 생략된다. 그리고 서울대본과 완판본에서 공히 등장하는 부분인 팔선녀가 육관대사에게 가르침을 청하는 장면에서도 미세하지만 이러한 변화를 감지할 수 있다. 서울대본에서 팔선녀는 육관대사에게 가르침을 청하면서 불문(佛門)에 돌아왔다고 말한다. 하지만 완판본에서는 육관대사에게 가르침을 청하는 발언만이 나온다. 이렇게 볼 때 완판본의 대폭적인 축약은 단순히 분량을 줄이기 위한 의도라고 보기 어려울 듯하다. 완판본은 성진과 팔선녀가 육관대사로부터 깨달음을 얻는 장면에서 불교적 색채를 최대한 배제한 것이다.

물론 완판본의 마지막 대목에서 일심(一心)이 불법에 진척한다는 내용이 등장하기 때문에 불교적 색채가 완전히 제거되었다고는 말하기 어렵다. 그러나 불교적 색채가 완벽하게 제거되었는가의 여부보다 더 중요한 사실은, 완판본에서 성진과 팔선녀가 불교적 수행의 주체로 현현되지 않았다는 점이다.

주지하는 것처럼 서울대본에서 팔선녀는 스스로 비구니가 되어 불교적 수행의 길로 나아가기로 결심한다. 그 길이 쉽지 않다는 육관대사의 말에도 흔들리지 않고 머리를 깎아 의지를 드러낸다. 또한 성진과 팔선녀는 이후 불생불멸의 정과를 얻는 경지에 이르고, 나아가 육관대사가 서천으로 떠나자 육관대사의 자리를 대신한다. 이렇듯 서울대본에서는 성진과 팔선녀가 완벽하게 불교적 수행의 주체로 탈바꿈한다.

그러나 완판본은 다르다. 앞서 [2]-(6)에서도 이러한 양상이 확인된다. 이 부분의 서울대본에서는 성진이 '제자로 하여금 깨닫게 해달라.'라고 말하지만, 완판본에서는 성진이 그저 '꿈 깸'을 청할 뿐이다. 애초에 성진은 육관대사의 제자이기는 하지만, 이 부분부터는 성진이 '제자'로서 깨달음을 청한 것인지 아니면 그저 도사에게 꿈에서 깨어나게 해줄 것을 요청하는 것인지가 분명치 않다. 팔선녀도 마찬가지이다. 육관대사에게 가르침을 청하는 대목에서는 분명 '제자'라고 말을 하고 있고, 육관대사 또한 팔선녀를 가르친다고는 하지만, 그 뒤에 팔선녀가 육관대사의 제자로서 수행하는 장면은 등장하지 않는다.

실제로 완판본의 육관대사는 서천으로 가지 않는다. 성진과 팔선녀에게 '인간 세상의 모든 변화가 꿈 밖의 꿈이다.'라는 오묘한 말을 남길 뿐, 이들을 불교적 수행의 주체로 탈바꿈하게 하는 계기는 마련하지 않는다. 이러다 보니 완판본의 맨 마지막에 등장하는 '한마음으로 불법에 나아가니 극락세계의 만만세 무궁한 즐거움이었다.'는 대목만으로 이 작품의 종반부가 불교적으로 채색되었다는 느낌을 받기가 어려운 것이다.

이렇게 본다면 완판본의 환몽구조는 『금강경』의 공 사상을 제대로 구현하지 못한 것이 아니라, 의도적으로 구현하지 않은 것이라 할 수 있다. 깨달음의 수준을 낮춘 것이 아니라 각몽 이후의 불교적 지향을 거세하고 일장춘몽과 인생무상으로 주제를 전환한 것이다.

2) 주제의식 변화의 의미

완판본은 왜 공(空) 사상을 작품에 반영하지 않았을까? 완판본은 왜 일장춘몽이나 인생무상을 주제로 삼았을까?

이와 관련해서는 앞서 살핀 완판본 인물 형상의 특징을 함께 고려할 필요가 있다. 완판본 영웅소설과의 상관성 속에서 확인할 수 있었던 것처럼 완판본 「구운몽」에서 서사의 비중과 축이 남성주인공인 양소유 쪽으로 이동한 것은,

전주 지역의 방각본 고전소설 향유 관습에 남성적 기호가 큰 영향을 차지하고 있었음을 보여주는 것이다. 그 구체적 양상을 보면 그것이 남성 인물의 충절·절의나 효심 등으로 표출된다는 사실을 알 수 있다. 수준이 높거나 심오한 것은 아니지만 보편타당한 세속적 윤리의식을 보여주고 있는 셈이다.

따라서 이러한 이념적 성향을 갖고 있는 이들에게 불교적 깨달음은 굳이 강조되어야 할 가치가 아니었으리라고 본다. 공 사상과 같은 수준 높은 차원의 불교적 깨달음은 잘 이해되지 않았을 뿐 아니라 쉽게 동의되기도 어려웠을 것이기 때문이다. 그렇기 때문에 심지어 성진과 팔선녀가 불교적 수행의 주체로까지 묘사되는 것을 향유층이 수용하기 쉽지 않았으리라고 본다.

이에 특정한 이념이나 종교에 귀속되지 않으면서도, 세속적 욕망에 대한 경계를 제대로 드러낼 수 있는 최적화된 메시지를 생각할 수밖에 없었을 것이다. 그러한 점을 고려할 때 일장춘몽 혹은 인생무상은 그것이 특정한 이념이나 종교에만 국한된 것이 아니면서 동시에, 유한한 삶을 살면서도 세속적 욕망을 끝없이 추구하는 대부분의 사람들의 보편적 정서에 미치는 바가 컸으리라고 본다. 욕망에 대한 경계는 어떤 이념이나 종교를 막론하고 중요한 덕목으로 삼기 때문이다.

이 글에서 다룬 「구운몽」은 주지하다시피 방각본이다. 방각본은 이윤 추구의 대상이기 때문에 보다 많은 이들에게 공감을 얻어야만 존재의 이유를 획득할 수 있었다. 따라서 예리하고 날카롭고 구체적인 문제의식보다는 누구나가 공감할 수 있는 주제의식을 담아낼 필요가 있었던 것이다. 이에 완판본 「구운몽」은 남성주인공의 영웅적 면모를 강조하면서 서사의 축을 양소유 쪽으로 이동시킴으로써 완판본의 향유층과 조응했다. 완판본의 향유층들은 '일반적이고 세속적인 윤리의식의 관점에서 볼 때 보편타당한 남성 영웅적 캐릭터를 갖추고 있는 양소유'를 선호한 것이다. 그리고 한편으로는 이러한 세속적 욕망의 무제한적 추구가 꼭 행복한 것은 아니라는, '소박하지만 보편적인 깨달음'에도 공감을 표했을 것이다. 서사적으로는 세속적 욕망의 모든 것을 보여주다가 갑자기 그것의 덧없음을 경계하는 메시지를 마지막에 노출하여 반전을 이끈 점이 흥미롭게 다가왔을 것이다. 결국 인물 형상과 주제의식을 통해 볼 때, 완판본 「구운몽」은 불비(不備)한 이본이 아니라 완판본의 향유 조건과 향유 지형에 맞춰 작품을 일관성 있게 개편한 결과물이라고 할 수 있다.

5. 환몽의 향방과 그 의미

이 글은 고전소설 작품의 이본이 선본을 확정하기 위한 수단으로만 존재하는 것이 아니라, 이본 그 자체로 독자적인 면모를 지니는 것으로 보았다. 그리고 이를 통해 이본이 해당 작품군의 향유 범위와 양상을 가늠할 수 있는 중요한 표지가 될 수 있다고 보았다. 이에 「구운몽」의 이본 중 완판본에 주목하였다. 지금까지 완판본 「구운몽」은 「구운몽」의 비선본 계열로 분류되어 작품 연구에서 중요하게 다뤄지지 않았다. 그러나 본고는 완판본 또한 나름의 서사적 지향을 갖고 있을 것이라는 생각을 갖고 작품에 접근하였다.

실제로 완판본 「구운몽」은 인물 형상의 측면이나 주제의식의 측면에서 적지 않은 변화를 보여주었다. 이러한 변화는 구조적으로 볼 때 환몽구조의 변화와 큰 관련성을 맺고 있다. 「구운몽」 선본 계열에서 환몽구조는 더 큰 깨달음으로 나아가는 과정에 있는 반면, 완판본에서 환몽구조는 깨달음을 위한 구조 그 자체로 설정되어 있었다. 다시 말해 「구운몽」 선본 계열이 '입몽'과 '각몽'을 통한 깨달음을 넘어 육관대사의 설법에 의한 궁극적 깨달음을 지향했다면, 완판본은 '입몽'과 '각몽'이라는 환몽의 구조에 충실한 서사를 지향하였다.

이는 당시 「구운몽」을 수용하던 독자들이 작품의 궁극적인 깨달음인 『금강경』의 공 사상에 큰 관심을 보이지 않았음을, 그리고 그 깨달음으로 나아가는 복잡한 과정을 그리 흥미롭게 받아들이지 않았음을 말해준다. 대신 다수의 독자들은 환몽구조 그 자체에 충실하면서 세속적 부귀공명을 경계하는,—선본 계열에 비하면—범박하기는 하지만 세속적 윤리의식에는 부합하는 서사를 선호했던 것으로 볼 수 있다. 다시 말해 환몽구조 속 환몽 체험 그 자체를 즐기기보다는 환몽구조에서 다시 현실로 돌아와 느낄 깨달음을 중시한 것이다. 그렇기에 결국 완판본 「구운몽」을 비롯하여 '일장춘몽'을 주제로 삼고 있는 다수의 「구운몽」 이본들은 '환몽'의 구조를 환상적 체험을 위한 공간으로 설정했다기보다는 오히려 현실의 고민을 보다 더 현실적으로 구체화시키기 위해 설정했다고 볼 수 있다.

완판본 「구운몽」의 이와 같은 지향은 환몽을 수용했던 당시 독자들의 성향을 짐작케 한다. 모두에서 밝힌 것처럼 「구운몽」 이본 중에는 각몽 부분이 사라져 환몽구조가 붕괴되고 세속적 부귀공명 그 자체를 중시하는 내용으로 주제가 바뀌는 경우도 확인된다. 애초 「구운몽」의 창작 배경에는 환몽구조를 통한 환몽 체험과 세속적 가치를 초월한 깨달음이 존재했지만, 이와 같은 환상적 면모와 추상적 메시지가 점차 균열을 일으키며 현실 윤리, 세속적 가치 등에 대한 관심으로 그 주제가 전이되는 양상을 보이는 것이다. 이러한 변화가 조선 후기 소설 독자들 모두를 설명할 수는 없겠지만, 상당수의 독자들이 '환몽'을 통한 환상적 체험조차도 현실적인 문제의식으로 환원시켜 수용하려 했음을 확인할 수 있다. 즉 조선 후기에 소설을 향유했던 독자들의 환상성에 대한 미감의 한 단면을 보여주는 것이라 할 수 있다.

주석

1 김일렬, 「구운몽 신고」, 『한국고전산문연구』, 동화출판사, 1981; 조동일, 「구운몽과 금강경, 무엇이 문제인가」, 『김만중연구』, 새문사, 1983.

2 정규복, 『구운몽 연구』, 고려대학교 출판부, 1974, 231-247면; 정규복, 「구운몽의 空觀 시비」, 『水余 成耆說 박사 환갑기념논총』, 1989; 안창수, 「구운몽 연구」, 영남대학교 박사학위논문, 1989; 김태환, 「소설 몽환구조 연구」, 한국학대학원 석사학위논문, 1991; 신재홍, 「몽유양식의 소설사적 전개에 관한 연구」, 서울대학교 박사학위논문, 1992; 엄기주, 「유가의 소설적 대응양상에 관한 연구」, 성균관대학교 박사학위논문, 1992; 장효현, 「『구운몽』의 주제와 그 수용사」, 『김만중문학연구』, 국학자료원, 1993〔장효현, 『한국고전소설사연구』(고려대학교 출판부, 2002)에 재수록. 이하 인용은 이 책으로 함〕.

3 장효현, 위의 책, 참조.

4 장효현, 위의 책, 210면.

5 장효현, 위의 책, 213면 참조.

6 장효현, 위의 책, 201-215면 참조.

7 장효현은 「구운몽」의 주제를 살피면서, 이본들에 존재하는 환몽구조의 다양한 형상과 층위를 수용사(受容史)의 측면에서 바라보았다. 완판본 「구운몽」의 환몽구조가 다양한 독자층에게 다양한 기대지평을 형성하며 수용되었다는 이 글의 전제는 이 논의를 기반으로 한 것이다. 장효현, 위의 책, 203-229면.

Ⅱ. 근대 환상서사의 지형

| 제1절 |

신드바드의 모험 속에 가려진 것들
: 식민지시기 '천일야화' 수용 연구

1. '천일야화'의 여러 이름

'유옥역전', '삼촌설', '만고기담', '홍등야화', '천일야 거담'…. 각기 다른 명칭의 이 작품들은 모두 조선의 「천일야화」(아라비안나이트)[1] 번역본에 해당한다. 특히 『유옥역전』은 한국근대번역문학사에서 가장 앞에 놓인 작품이기도 하다.[2]

1895년에 「유옥역전」이라는 이름으로 「천일야화」가 번역된 이후, 1910년대(『삼촌설』, 「만고기담」), 1920년대(『홍등야화』), 1930년대(「천일야 기담」)에 걸쳐 꾸준히 「천일야화」는 번역되었다. 『삼촌설』, 「만고기담」, 『홍등야화』, 「천일야 기담」[3]처럼 단행본으로 출간되어 나오거나 신문에 연재되는 형태로 번역되었을 뿐만 아니라, 「천일야화」의 이야기 중 몇 가지만 독립적으로 소개되어 번역되기도 하였다. 방정환이 잡지 《어린이》에 「어부와 마귀 이야기」, 「흘러간 삼 남매」, 「알리바바와 도적」을 게재(1926년)하고, 채만식이 『세계 걸작 동화집』에 「날아다니는 목마」를 번역해 실은 것(1936년), 임영빈이 《야담》이라는 잡지에 「상인과 귀신」, 「행운의 어부」, 「저주받은 도시」를 번안해서 실은 것(1936년) 등이 이에 해당된다.

또한 「천일야화」는 신문이나 잡지, 책과 같은 인쇄매체를 접하기 어려운 대중들에게도 인기 있는 이야기였다. 1920~1930년대에는 동화 구연을 중심 프로그램으로 한 대중적 문화 행사인 '동화회(童話會)'가 인기를 끌었는데, 「천일야화」는 동화회에서 자주 구연되는 텍스트 중 하나였다. 고장환, 방정환, 연성흠, 이정호 등이 동화회에서 「천일야화」에 수록된 이야기를 구연했다는 기록이 신문 기사 형태로 남아 있다.[4]

1895년 조선에서 번역된 최초의 「천일야화」인 『유옥역전』

「천일야화」가 이처럼 식민지시기에 여러 차례에 걸쳐 향유되었다는 사실은 조선 사람들의 시선을 사로잡은 텍스트로서의 「천일야화」의 인기를 증명해준다. 그러나 「천일야화」는 대중들의 오락물로 널리 수용되었다는 그 바로 이유 때문에 연구자들 사이에서 그 중요성이 간과되어왔다.

식민지시기 「천일야화」의 수용 양상 변화는 식민지시기 조선 대중들의 세계를 이해하는 방식의 변화, 거칠게 말해 세계에 대한 전근대적 이해로부터 제국주의와 자본주의로 특징지을 수 있는 근대적 이해로의 변화를 포착할 수 있게 한다는 점에서 의의를 지닌다. 이 글에서는 「천일야화」가 근대적 세계를 보여주는 서사물로서 수용되었음을 문화사적 분석을 통해 밝혀내고자 한다.

2. 상상된(imagined) 아라비아

식민지시기 조선에서 자주 읽히고 자주 구연된 이야기가 '아라비아'의 설화라는 점은 뜻밖이다. 어떻게 물리적으로도 문화적으로도 조선과는 거리가 먼 나라의 이야기가 인기를 끌 수 있었을까? 김교제가 번역한 『삼촌설』에서 바그다드(BAGHDAD)는 "아랍비아의 슈부"인 "보달(BRGDRD)"[5]로 표기된다. 바그다드와 보달 사이, BAGHDAD와 BRGDRD라는 오기 사이에서 발견되는 '낯섦'이라는 감각은 오히려 '아라비아'의 설화가 식민지시기 조선에서 반복적으로 향유되게 하는 원동력이 되었다. 「천일야화」에서 바그다드가 정확한 철자법으로 표기되느냐 그렇지 않느냐는 중요하지 않다. 중요한 것은 BAGHDAD이든 BRGDRD이든 '보달'이라는 새롭고 낯선 지역이 식민지시기 조선의 독자들에게 제시되었다는 점이다. '아라비아'는 정체를 정확하게 파악할 수 없는 낯선 지역이지만, 그렇기 때문에 독자들이 상상력을 펼치기에 좋은 공간이 될 수 있었다.

식민지시기에 대중들의 세계지리에 대한 관심은 급증하였다. 유학생도 많아지고 다수의 여행기가 발표되었다. 《삼천리》와 같은 대중잡지에는 세계여행기가 심심찮게 실리곤 했다. 대중매체는 물리적으로나 문화적으로 멀리 떨어져 있는 지역에 대한 정보와 지식을 대중들에게 제공하였다. 이러한 정보와 지식은 대중으로 하여금 그 지역에 대한 심상 지도를 그리는 것을 가능케 만들었다. 지리에 대한 이해는 반드시 직접적인 여행이라는 경로를 통해서만 이루어지는 것이 아니다. 매체는 시·공간적 제약을 넘어서 지리를 재현하고, 대중에게 지역에 대한 이미지를 제공한다. 이미지는 실제의 지리가 아닌, 대중매체의 지리 재현과 대중들의 지리 수용 과정 속에서 나타난 상상된 지리(imagined geography)에 기초한다.[6]

1930년 3월 14일자 《매일신보》에 실린 「천일야 기담」 속 삽화

그런데 이 시기 조선에서 발표된 세계여행기의 면면을 살펴보면, 여행하는 주체와 여행하는 지역이 대개 한정된 경우가 많다는 사실을 알 수 있다. 여행하는 주체는 지식인, 유학생, 관료와 같은 엘리트들이며 여행하는 지역은 대개 유럽, 미국, 중국, 일본으로 한정되어 있었다. 엘리트들의 유럽, 미국, 중국, 일본 여행은 이미 알고 있는 사실을 다시 한 번 확인하는 여행의 성격을 띠었다. 조선으로부터 물리적으로나 문화적으로 가까이에 있는 일본·중국을 여행하는 것뿐만 아니라, 조선으로부터 멀리 떨어져 있는 유럽·미국을 여행하는 것 또한 이미 알고 있는 사실을 확인하는 작업에 해당되었다.[7] 엘리트인 여행자들이 학과 과정을 포함하여 서양에 대한 지식을 사전에 습득할 방법은 다양했다. 여행자는 유럽·미국 여행을 통해 사전에 학습한 서양의 역사, 문학, 예술의 위용을 눈으로 직접 확인할 수 있었다.

식민지 조선에서 유럽, 미국과 같은 지역들은 모방해야 할 대상으로서 연구되었다. 바다를 건넌 조선의 유학생과 관료들은 유럽, 미국의 선진적인 제도를 배우고자 하였다. 직접 바다를 건너지 않아도 그 나라들을 상상할 수 있게끔 하는 텍스트들, 이를테면 리얼리즘 소설도 식민지 조선에 충분히 들어와 있었다. 식민지 조선의 엘리트들은 바다를 건너지 않아도 모파상의 소설을 통해 파리를 상상할 수 있었다. 따라서 앞서 언급한 바와 같이 유럽, 미국 등에 대한 여행은 텍스트를 통해 이미 알고 있는 것을 재확인하는 성격을 띠었다. 여기에는 '위험을 무릅쓰고 어떠한 일을 한다'는 뜻의 모험(冒險)이 개입될 요소가 없다. 친숙하고 진보한 세계에서는 모험이 일어날 턱이 없기 때문이다.

그러나 아라비아는 다르다. 아라비아는 "이십 세기에 이르러는 야만하고 쇠퇴하고 미약함이 역시 극도에 달"한[8] 지역으로 상상된다. 따라서 유럽이나 미국처럼 '따라잡기 위해서 알아야 할' 지역으로는 인식되지 않는다. 학습의 의무를 지지 않아도 되는 공간, 모험에 적합한 낯설고 야만적인(위험한) 공간을 무대로 독자들은 상상의 나래를 펼칠 수 있었다. 그런 점에서 아라비아는 조선의 독자들에게 무한한 상상이 가능하면서 동시에 오락이나 놀이의 특징이 강한 모험이 가능한 공간으로 인지되었을 것이다. "오락이나 놀이는 그 행위를 하면서 어떤 목적이나 의도를 달성했느냐가 중요하지 않으며, 자신의 만족이 중요한 행위이다. 그렇기에 놀이는 강요나 진지함, 법칙 그리고 업무 등과 대비되는 개념이다."[9] 따라서 아라비아는 강요나 진지함, 업무 등과는 무관한 오직 상상력의 유희를 마음껏 향유할 수 있는 공간이었다.

이런 상황 속에서 '아라비아'는 세계지리에 대한 대중의 관심의 확산에도 불구하고 식민지시기 조선인들에게 생경한 지역일 수밖에 없었다. '아라비아'는 지식인, 유학생, 관료들의 여행지가 아니었다. 또한 '아라비아'에 대한 사전 지식을 획득할 만한 창구도 없다시피 했다.

이쯤에서 한 가지 흥미로운 사실을 지적하고자 한다. 「천일야화」를 번역한 서양인들은 대부분이 동양학자, 즉 아라비아의 풍속을 연구하는 자들이었다. 영국의 윌리엄 레인(W. Lane)은 『현대 이집트인의 풍속과 습관』을 저술하였고, 프랑스의 앙투안 갈랑(Antoine Galland)은 저명한 아라비아학자로서 몰랑빌의 『동양전서(東洋全書)』 간행에 협력하였다. 영국의 리처드 버턴(Richard F. Burton)은 탐험가이자 동양학자였으며, 독일의 리트만(Littmann) 역시 동양학자였다. 이들의 「천일야화」 번역은 문학가로서의 정체성에서 비롯된 것이 아니라 중동에 대한 지식체계를 공고히 하겠다는 학자로서의 목적의식에서 비롯되었다. 그리고 그들의 연구물은 유럽사회의 제도나 기관에 긴요하게 사용되었다.

19세기 서양에서는 아라비아어는 물론이고 오리엔탈리즘의 영역에 속한다고 생각되는 언어학적 저술이 헤아릴 수 없을 정도로 많았다. 오리엔탈리즘의 연구범위는 텍스트의 편찬과 번역을 비롯하여 아시아와 북아프리카의 역사상 모든 문명에 관한 화폐학, 인류학, 고고학, 사회학, 경제학, 역사학, 문학, 문화 연구를 포함하였다.[10] 서양의 제국주의적 야심은 중동에 대한 연구를 활성화시켰다. 효과적인 지배를 위해서는 필수적으로 지배 대상에 대해 알아야 하기 때문이다. 그러나 식민지 조선에서 아라비아라는 지역을 학문적으로 연구한다는 것은 불가능에 가까웠다. 우선 지역에 대한 연구는 학식과 자본을 필요로 한다. 교과 과정을 통한 훈련과 여행을 위한 보조금이 필요하다. 이는 제도적인 뒷받침 없이는 확보되기 어려운 것들이다. 또한 일본의 제국주의적 야심에 의해 지배당하고 있는 식민지 조선에서 '지배를 위한 지역 연구'가 이루어질 수는 없었다.

아라비아를 직접 여행하지 않은 서양인들이 아라비아를 상상할 때 그들은 동양학자들의 풍속사 연구물과 「천일야화」 둘 다를 참고할 수 있었다. 그러나 식민지 조선에서는 아라비아를 상상하려면 「천일야화」를 읽는 수밖에 없었다. 식민지 조선의 「천일야화」 번역자들은 물론 아라비아의 풍속을 연구하는 학자들이 아니었다. 레인이나 버턴처럼 「천일야화」 번역본에 인류학적 주석을 달 수도 없었으며, 원전을 읽을 수 없었기 때문에 서양에서 번역된 판본을 대본으로 삼은 일본의 『전세계일대기서(全世界一大奇書)』나 중국의 『천방야담(天方夜譚)』을 중역(重譯)할 수밖에 없었다. 즉 식민지시기 조선인들에게 아라비아는 이중으로 번역된 문학텍스트를 향유함으로써 상상될 수 있는 지역이었다. 중역은 원본에서 굴절된 부분들을 만들어내고, 굴절된 부분들은 상상의 나래를 펼칠 수 있는 영역이 되었다.

3. 근대적 대중서사로서의 기담

앞서 언급한 바와 같이 「천일야화」는 식민지시기 조선에서 자주 읽히고 자주 구연된 텍스트임에는 틀림없다. 그런데 「천일야화」가 어떠한 성격의 텍스트로서 수용되었는지에 대해서 고찰해볼 필요가 있다. 식민지시기 조선에서 여러 차례 번역되었던 텍스트들은 모두 조선 독자들의 마음을 사로잡은 텍스트들이긴 하지만, 모두가 같은 성격의 텍스트로서 수용된 것은 아니기 때문이다. 이를테면 식민지시기에 두 차례에 걸쳐 번역된 톨스토이의 『부활』[11]과 다수 번역된 작자 미상의 「천일야화」는 둘 다 외국문학이긴 하지만 같은 성격의 외국문학으로 수용된 것은 아니었다.

1920년대에 들어서 삼일운동의 여파로 언론과 출판문화가 전반적으로 유연해진 덕분에 매체가 급증하였다. 따라서 문학 작품을 소개할 수 있는 지면 또한 비약적으로 확대되었다. 문학 번역활동도 이 시기에 급증하여 톨스토이, 투르게네프, 뒤마, 졸라, 시엔키에비치, 괴테의 소설부터 셰익스피어, 오스카 와일드, 입센, 타고르의 희곡이 번역된 것도 이 시기의 일이다. 이른바 '세계문학'에 대한 번역이 이 시기부터 본격적으로 이루어지기 시작한 것이다.[12] '세계문학'은 식민지 조선에 '만국의 문학'이 아닌 '보편성'을 지닌 '서구의 고전'으로서 수용되었다. '세계문학'을 읽는다는 것은 '보편적인 것', 즉 '유럽적인 것'을 학습하는 기회를 갖는다는 것이었다.[13] 세계의 주변부에 속한 조선의 독자들에게 '세계문학'은, 중심부의 문화를 들여다볼 수 있게 해주는 교과서와도 같았다.

그렇다면 식민지시기 조선에서 「천일야화」는 '세계문학', 즉 '서구의 고전'으로서 수용된 것인가? 초기에는 「천일야화」를 그런 식으로 소개하려는 시도가 있었던 것으로 보인다. 1910년 《매일신보》에 「만고기담」 연재가 시작되면서 「천일야화」는 다음과 같이 소개된다.

> 사백만의 노예와 같은 인종을 모다 큰 독립국을 세우던 미국의 '와싱톤'이도, 섬의 백면서생으로 유럽대륙의 초목까지 그 위엄에 떨리게 하던 동지의 세력을 환롱하던 불국의 '나폴레옹'도 소년시대에 이 기담 가운데에서 그 용맹한 마음과 굉장한 지각을 얻음이 매우 많았으며, 기타 세계의 역사를 장식한 서양의 유명한 남녀호걸은 한사람도 소년시대에 이 기담을 탐하여 읽지 아니한 자가 없다는 말만 들어도, 이 기담 한 편이 인생에 얼마쯤 유익한 생각을 준 것은 분명한 일이라.[14]

위의 인용문에서는 「천일야화」가 서구에서 창작된 텍스트는 아니지만 서구에서 널리 읽힌 텍스트라는 점이 강조되고 있다. 미국과 유럽이라는 '세계'를 통치한 자들이 「천일야화」를 통해 '유익한 생각'을 얻을 수 있었다는 식의 선전에서 「천일야화」를 '세계문학'의 자리에 올려놓고자 하는 의도를 엿볼 수 있다. 그러나 같은 글에서 뒤이어 강조되는 것은 바로 「천일야화」가 제공할 '즐거움'이다.

1914년 4월 11일자 《매일신보》에 실린 「만고기담」 속 삽화

> 생각건대 이 천하의 기서는 어느 시대, 어떠한 사람의 앞에든지 천하의 기서로 그 조선을 즐겁게 하고 그 자기를 즐겁게 할 것이오. 또한 그 자자손손에까지도 즐겁게 할 사명 있는 줄로 믿노라.[15]

「천일야화」가 지닌 덕목은 '세계문학'이 지녀야 할 덕목인 교과서적인 유익함이 아니라 바로 오락성이다. 그리고 그 오락성은 '기담(奇談)'이라는 그릇 안에 담겨 있다. 인용문에서 「천일야화」를 '기서(奇書)'로 표현한 것, 「천일야화」의 번역물에 「만고기담」이나 「천일야 기담」이라는 명칭이 붙은 것을 통해 식민지시기 조선에서 「천일야화」는 기담으로 수용되는 양상이 두드러지게 나타남을 알 수 있다. 「천일야화」는 "놀랍고도 이상한 이야기"[16]로 요약되는 것이다.

식민지시기 조선에서 기담은 상식적인 현실의 영역을 뛰어넘는 모든 종류의 이야기를 포괄하는 용어로 쓰였다. 전우치나 사명대사와 같은 이인(異人)들의 이야기, 텔레파시 혹은 분신이나 이중인격에 대한 소개, 새롭게 등장하는 사기의 수법 등이 모두 '기담'이라는 표제어를 달고 《별건곤》이나 《조광》, 《월간야담》, 《야담》 등의 대중지에 소개되었다.[17]

'기담 특집호'라는 별명을 붙일 수 있을 정도로 '기담'이라는 표제어를 단 다수의 글들이 포함되어 있는 《별건곤》 제22호(1929년 8월)를 살펴보자. '신출귀몰 기담편'에는 귀신에 관한 이야기가 실려 있을 뿐만 아니라, 기담과 동일선상에 있는 괴담이 발생하는 원인을 의학적으로 밝혀내보고자 하는 글도 실려 있다. 글의 필자인 외유생은 사람이 환영을 보는 현상을 신경계의 흥분과 연관지어 설명해보고자 한다. 그러나 정확하고 과학적인 설명을 하는 것은 실패하고 "원래 괴담이란 어떻게 설명할 수 없는 데에 그 묘미가 있는 것"이며, "설명할 수가 있는 것이면 그것은 괴담이라고 할 수 없을지도 모른다"는 결론에 도달한다. 이성 너머의 영역에서 발견되는 불가사의함은 기담을 구성하는 요소로 간주된 것이다. 또한 '상상도 못할 진기한 실화'라는 부제가 붙은 '직업 기담' 편에도 죽은 사람을 면도해준 이발사 이야기를 포함해 이성적으로 설명하기 어려운 이야기들이 소개되고 있다.

이처럼 기담은 상식적인 현실의 논리로 설명하기 어려운 이야기뿐만 아니라 재밌는 이야기를 지칭하기도 했다. 《대한매일신보》에는 1907년 5월부터 '편편기담'이라는 독자투고란이 신설되었는데, 여기에 실린 대부분의 글은 재담(才談)에 속하는 것이었다. 처음에는 독자들이 설화를 가볍게 적어 투고하였으나 점차 창작을 가미하기 시작하였고 '편편기담'은 더욱 대중적인 성격을 띠게 되었다.[18]

기담이 허무맹랑한 이야기로서 향유되었든 우스갯소리로서 향유되었든, 허무맹랑한 이야기가 내포하고 있는 환상성과 우스갯소리가 내포하고 있는 오락성은 '대중적 독서의 강화'라는 현상 앞에서 조우한다. 기담을 자주 실었던 《별건곤》, 《월간야담》 등은 식민지시기 조선의 대표적인 대중잡지들로, 특히 《별건곤》은 '취미잡지'[19]를 표방하였다.

「천일야화」와 같은 기담, 즉 소설 외 서사가 대중들에게 널리 소비될 수 있었다는 것은 기담이 대중에게 수용되는 것을 막는 외부의 압력이 강하지 않았음을 시사한다. 「천일야화」의 환상성과 오락성은 일제통치 하에서 위험한 것으로 여겨지지 않았던 것이다. 상식적 현실 밖의 이야기 혹은 우스갯소리로서의 「천일야화」에는 현실을 전복할 만한 힘이 부재하다. 오히려 「천일야화」는 식민지 조선 독자들을 둘러싸고 있는 근대의 핵심인 제국주의와 자본주의 논의를 함의하고 있다. 특히 「신드바드의 모험」이 그러한 특징을 대표적으로 보여준다.

4. 「신드바드의 모험」에 나타난 모험 코드

「천일야화」는 1001일이라는 긴 시간 동안 구연된 방대한 분량의 이야기들로 구성되어 있다. 워낙 많은 이야기가 담겨 있는지라 「천일야화」를 완역하는 것은 쉬운 작업이 아니다. 한국에서 「천일야화」는 1996년에야 김병철에 의해 최초로 완역되었다. 분량상의 문제에 더하여, 「천일야화」가 취하고 있는 액자식 구성은 독자에게 외화의 서술자와 내화의 서술자를 구별해야 하는 과제를 안겨 독서를 복잡하게 만들었기 때문에, 「천일야화」에 실린 전체의 이야기 중 취사선택된 몇 가지 이야기만이 번역되었다. 외화의 서술자 셰라자드는 도중에 자취를 감추거나(『삼촌설』, 「만고기담」, 「천일야 기담」), 아예 서술자로 등장하지 않게 되었다(『홍등야화』). 원작에서는 여러 이야기를 시간 순서대로 구연하는 서술자 셰라자드가 번역본에서는 제 기능을 하지 못하게 되면서, 개별 이야기들은 순차적으로 진행될 필요가 없는 독립적인 성격을 띠게 되었다. 『삼촌설』, 「만고기담」, 『홍등야화』, 「천일야 기담」에 '선택된' 이야기들의 목록은 저마다 다르다. 약 280개의 이야기 중 식민지시기 조선의 「천일야화」 번역본에 실린 이야기들은 번역본마다 7~10편 정도밖에 되지 않는다. 이 중에서도 '신드바드의 모험' 이야기는 「만고기담」에 '선장 신드바드 이야기', 『홍등야화』에 '항해왕 신드빠드의 모험기담', 「천일야 기담」에 '신드바드의 항해'로 무려 3차례나 번역되었다. 「천일야화」 내 이야기 중에서도 '신드바드의 모험'은 특히 인기가 높은 이야기였던 것이다.

'항해왕 신드빠드의 모험기담'이라는 제목에서 알 수 있듯이, '신드바드의 모험'은 모험적 성격이 강한 기담으로 읽혔다. 결론부터 말하자면, 식민지시기 조선에는 '신드바드의 모험'에서 두드러지게 나타나는 '모험'이라는 요소에 대중들이 관심을 가질 만한 사회·문화적 토대가 이미 마련되어 있었다.

'모험을 떠나다'라는 말에는 장소의 이동이 전제되어 있다. '일이나 유람을 목적으로 다른 고장이나 외국에 가는 일'이라는 사전적 의미를 갖는 여행 또한 장소의 이동을 전제로 한다. 물론 모험을 떠나는 것은 여행을 떠나는 것과는 다르다. 모험은 일보다는 여가에 가까운 영역에 속해 있고 유람보다는 위험한 성격을 띤다.

모험은 오래전부터 '위험을 무릅쓰고 어떤 일을 하는 것 또는 그 일'이라는 의미로 쓰였다. 『삼국사기』(1145)에서도 그 용례를 찾아볼 수 있다. 그러나 모험에 '위험을 무릅쓰고 여행을 한다'는 의미가 부여된 것은 근대에 들어와서다.[20] 고운기의 논의에 따르면 일본에서는 1888년 출판된 쥘 베른의 『15소년 표류기』를 모리타 시켄이 1896년 잡지에 번역 연재하면서 '모험'이라는 단어를 처음으로 사용했다고 한다. 19세기 중반부터 일본에서는 다니엘 디포의 『로빈슨 크루소』, 쥘 베른의 『15소년 표류기』와 『해저 2만리』 등의 모험소설이 상당수 번역되었는데, 이 소설들은 여행에서 시작된 모험이 서사의 주축을 이룬다는 공통점이 있다. 조선 독자들에게도 『로빈슨 크루소』나 『15소년 표류기』, 『해저 2만리』와 같은 모험소설은 발 빠르게 수용되었다. 『로빈슨 크루소』는 김찬에 의해 『(絶世奇談)羅賓孫漂流記』(義進社, 1908)라는 제목으로, 최남선에 의해 「로빈손 無人絶島漂流記」(《소년》, 1909. 2.~9.)로 축약 번역되었다.[21] 1907년 3월부터 1908년 5월까지 《태극학보》에 박용희가 '해저여행'이라는 제목으로 『해저 2만리』의 일부를 번역하였으며, 1912년에는 동양서원에서 '十五小豪傑'이라는 제목으로 『15소년 표류기』가 번역되었다.[22] 한일합방 전후, 조선에는 이미 여행에서 비롯된 '모험' 이야기가 자리를 잡고 있었던 것이다.

1910년대에 국권상실과 함께 시가·소설·연극이 "민중오락"의 일환으로 위치가 재조정되고 '흥미'가 부상한 상황 속에서,[23] 여행의 의미를 지닌 모험은 당시 대중들에게 흥미로운 오락적 코드였다. 활동사진 중에서도 모험활극은 큰 인기를 끌었다. '인정활극 고도의 보물' 같은 작품들이 이에 해당한다. 모험활극을 보거나 읽는다는 것은 식민지 조선 너머 바깥세상을 구경하는 일이었다.[24] 모험물은 식민지시기 조선인들의 세계여행에 대한 욕망을 충족시켜주는 대체물이기도 했다.

여행의 의미가 더해진 모험은 기담과 결합하여 '항해왕 신드빠드의 모험기담'과 같은 '모험기담'을 만들어내었다.[25] 모험기담은 하나의 장르라기보다는 모험담 중에서도 '놀랍고도 이상한' 기담으로서의 속성이 부각되는 이야기로 보는 것이 합당할 것이다. 또 다른 '모험기담'의 사례를 살펴보자. 루돌프 에리히 라스페의 「The Adventures of Baron Münchausen」은 1913년 5월에 『허풍선이모험긔담』으로 번역되어 신문관에서 출간되었다. 신드바드의 위험한 세계여행이 「신드바드의 모험」의 주된 서사를 이루고 있듯, 『허풍선이 모험기담』 역시 뮌히하우젠 남작의 세계여행이 내용의 주를 이루고 있다.

그렇다면 '놀랍고도 이상한' 기담으로서의 속성은 어느 부분에서 부각되는가? 바로 모험자가 여행을 하며 접하게 된 생소한 유형의 인간·동물·식물·사물을 묘사하는 부분에서 기담으로서의 속성이 부각되게 된다.

> 이곳엔 장뇌(樟腦)나무가잇서서 그나무줄기는크고 가지는굴기때문에 그나무그늘밋헤서 쉬힐수가잇게되고 그장뇌나무에서 나오는집(汁)을나무우의서 빼여가지고는 그것을큰배에다 실어가지고—그것이구더진다음에는 장뇌가되는것이고 그집을뺀나무는 고만 말나바리고 마는것이엿습니다.
> 이섬에는 쏘한서(犀)라는동물이잇는데 코기리보다는적으나 물소보다는크고 코우에는쓸이한아낫는데 압흐로향한데는 짠짠하고 중앙(中央)의 ᄭᅮ부러진데가잇어서 코기리하고 이서라는동물이 둘이서사흘적이면 서는자기윗불로 코기리의배를찔너서 대가리우에 코기리을올녀노흐면 코기리의피가 서의눈에드러가서는 서도짱우에업드러진다는 이야기가잇는데 그러면 그때이로쿠라는새가 날나와서는 그두동물을다-저다가 색기들의게 메긴다는이야기가잇습니다.[26]

당시 식민지 조선에서도 볼 수 있었던 녹나무는 그다지 놀랍고 이상한 것이 아니었을지라도,[27] 주로 아프리카에서 서식하며 한반도에서 자생하지 않는 코뿔소는 놀랍고도 이상한 동물로 여겨졌을 것이다. 게다가 로크는 어떠한가.

로크는 마르코 폴로의 『동방견문록』에 나오는 인도양 어딘가의 섬에 살고 있다고 전해지는 환상 속의 괴조[28]이다. 「신드바드의 모험」은 식민지 조선의 독자들에게 그들이 한 번도 보지 못한 동물을 비롯하여, 볼 수 없는 환상의 동물을 '구경'하게 만든다. 앞서 언급한 『허풍선이 모험기담』도 비슷한 양상을 보인다. 『허풍선이 모험기담』의 차례[29]를 살펴보면 '사자와 악어 이야기', '토이기 콩과 달의 이야기', '해마(海馬) 이야기', '새우 나무 이야기', '흰곰 이야기' 등으로 구성되어 있다는 것을 알 수 있다.

이처럼 「신드바드의 모험」에서는 낯설고 신기한 동물과 식물 등이 구경거리로 제시되는데, 식민지시기 조선에는 도시를 중심으로 이미 '구경'을 '오락'으로 받아들이는 감각이 형성되어 있었다. 태양력과 일주일 개념을 적용하기 시작한 대한제국기 이래 휴일과 공휴일에 대한 인식이 이루어지기 시작하여, 도시를 중심으로 산업화가 가속화되자 노동과 여가의 구분이 뚜렷해지기 시작하였다. 한일합병 이후 대중통치 차원에서 여가문화가 장려되는 상황 속에서,[30] '구경'은 여가문화이자 오락으로 자리 잡게 되었다.

식민지시기 조선에서 여가문화이자 오락으로서의 '구경'이 이루어지는 대표적인 장소는 창경원이었다. 1909년 11월 1일부터 일반인들도 한국 최초의 동물원· 식물원· 박물관이 설치된 창경궁을 출입할 수 있었다. 궁(宮)으로서의 의미를 상실한 창경궁은, 대중들의 건전한 오락장소이자 휴식공간인 '창경원'으로 인식되었다. 창경원 내 동물원·식물원·박물관은 '이국적'인 것들로 가득했고, 이것들은 관람객들에게 흥미로운 구경거리였다. 동물원을 예로 들면, 동물원에서는 조선에서 서식하는 동물뿐만 아니라 청국 남경과 인도 등지에서 구입해왔다는 코끼리 등 소위 물 건너온 동물들도 구경할 수 있었다.[31] 창경궁 관람객 수는 해마다 증가하였다. 1909년에는 15,851명이었던 관람객 수가 1910년에는 111,226명, 1920년에는 281,689명, 1930년에는 485,562명, 1940년에는 1,3989,540명으로 증가하였다.[32]

「신드바드의 모험」의 신드바드가 낯선 곳으로 모험을 떠나 마주하게 된 새롭고 신기한 것들에 대한 묘사를 '읽는다'는 것은, 창경원 내에 전시된 이국적인 동물·식물·사물들을 '보는' 것과 마찬가지로 오락적 행위에 해당되었으리라 짐작해볼 수 있다.

「신드바드의 모험」의 구경거리는 동물·식물·사물만이 아니었다. 원주민도 구경거리로 전시되었다.

> '털이만히난야만인' '키가두가박게되지아니하는야만인(野蠻人)'들이 '왼몸엔 쌝안털이 다부룩하게난놈들이'[33]

> '시컴언사람' '야자(椰子)나무만큼은 키가큰놈인데' '이마쌕이에 눈이한아밧게는 업는데' '이빨은웃지나기ㄴ지 입에서 툭불거저나왓는데 입도웃지나넓고크고기ㄴ지 매발톱갓치 압흐로꾸부러져잇섯습니다.'[34]

신드바드가 여행지에서 마주친 원주민들은 식인풍습이 있는 야만인으로 설정되어 있다. 상식적인 현실의 영역을 뛰어넘는 원주민들의 외모는 하나의 스펙터클로 제시되고, 원주민들의 식인풍습은 신드바드의 여행을 안전한 유람이 아닌 위험천만한 모험으로 만든다. 「신드바드의 모험」에서 원주민을 묘사하는 방식은, 과거 열강이 동물원에서 유색인종을 전시하고 이를 '문명-야만'으로 규정하여 식민지지배의 정당성을 인식시켰던 것[35]을 떠올리게 한다. 실제로 신드바드의 모험은 항해에서 시작되고, 이 항해는 식민지 건설을 목표로 시작된 대항해시대를 떠올리게 한다. 탐험—조사—자원 수탈로 이어지는 식민지화 과정이 「신드바드의 모험」에서 그대로 재연된다. 신드바드가 바다 건너 도착한 땅에서 구경한 원주민들을 포함한 낯선 것들은 신기하지만 위험하고 야만적인 것이며, 「신드바드의 모험」의 서사는 신드바드가 그러한 야만적인 것들이 자신에게 가하는 위협으로부터 벗어나 그것들을 정복하는 과정으로 구성된다.

이러한 관점에서 볼 때 피지배자인 식민지 조선의 대중들이 신드바드의 모험 속에 감춰진 제국주의적 성격을 파악하지 못하고 오히려 그것에 열광했다는 것은 다소 의아한 지점일 수 있다. 그러나 식민지시기 조선 독자들이 자신을 신드바드가 물리치는 원주민과 동일시하며 피지배자의 입장에서 작품을 독해하는 것이 불가능할 정도로, 원주민의 야만성이 과장되게 묘사되었다는 점을 간과해서는 안 된다. 이마에 눈이 하나밖에 없거나 온몸에 빨간 털이 나 있거나 키가 야자수만 하고, 사람을 잡아먹거나 순장을 하는 원주민들은 사람이라기보다는 괴물에 가까운 모습으로 형상화되어 있다. 따라서 독자들은 원주민이 아닌 신드바드의 입장에 서서 그가 낯선 땅을 정복하는 과정을 지켜보았을 것이다. 이는 독서라는 간접경험을 통해 피지배자가 지배자가 되는 위치의 전복을 일으킨다. 이 위치의 전복이 독자에게 선사하는 카타르시스도 「신드바드의 모험」이 오락물로서 인기를 누렸던 이유를 설명해주는 하나의 요소가 될 것이다.

또한 신드바드가 모험을 통해 부를 획득했다는 점에 주목해볼 필요가 있다. 신드바드는 낯선 땅에서 발견한 '구경거리들'을 본국으로 가지고 돌아와 그것을 팔아치우는 방식으로 부를 획득해 거부(巨富)가 된다. 신드바드는 상인의 아들로, 아버지의 유산을 흥청망청 써대다가 파산할 위기에 처하자 항해에 나선다. 비범한 출생내력을 가진 것도 아니고, 신이한 재주를 가진 것도 아닌 신드바드를 남다르게 만드는 것은, 위험을 무릅쓰고 모험을 감행하려는 그의 용기뿐이다. 「신드바드의 모험」은 남다른 용기를 지녔다는 것 외에는 별다른 특징이 없는 평범한 인물이 모험을 통해 대부호가 된다는 서사를 취하고 있는 것이다.

식민지시기 조선에서 부자들은 대중들의 관심의 대상으로 떠올랐다. 민영휘, 최창학, 김성수 등 부호들의 이름은 각종 매체에 오르내렸다. 잡지에는 부자들에 대한 소개와 그들의 소식에 대한 글이 연재되기도 하였다. 돈의 위력을 매 순간 실감할 수밖에 없는 자본주의 체제 하의 사회, '선비'의 위상이 격하하고 '실업가'의 위상이 격상한 식민지시기 조선에서 부자는 관심의 대상이 될 수밖에 없었다. 이런 상황 속에서 평범한 인물이 부자가 된다는 이야기는 대중들에게 무척이나 '재밌는 이야기'였다.

그런데 식민지시기 대부호와 신드바드가 부자가 된 과정을 살펴보면 유사한 점을 발견할 수 있다. 우선 식민지시기 대부호가 부자가 된 과정을 살펴보자.

> 더구나 조선에서 부자라고 치는 이들을 보면 대개는 祖先傳來의 토지를 수호함이 아니면 합병이전에 가젓든 재산을 그냥 墨守하여 오든 것에 불과하다. 閔某, 朴某 등이 모다 그 例요 겨우 특이한 예로 곱을 것이 崔昌學씨의 鑛山開拓으로 엇은 수3백 만원의 재산뿐이다. 이제 비록 근대적 기업으로 부를 차지한 것이 아니라 하나 또한 남보다 다르게 대세를 관찰하고 一朝에 이만한 巨財를 擁하게 되엇다 함은 萬目을 끄을일이다.
> 그리기에 우리는 무엇이 두사람으로 하여곰 千萬長者를 만들엇느냐 함을 기록하여 보기로 하자.[36]

> 장사를 하랴나 피천 한 푼 업고 농사를 지랴나 송곳 하나 꼬줄 자리가 업다. 동쪽과 서쪽은 바다가 맥혀 못 나가고 남쪽으로 가자니 도라오는 사람이 더 만코 북쪽으로 가자니 호인들이 눈을 부라리고 잇다. 어데로 갈고? 어터케 살고? 대관절 조선사람은 엇재서 가난한가? (중략)
> 요지음 유명한 백선행 여사가 부자가 된 것도 김성수 민영휘가 부자가 된 것도 모다 땅갑시 올은 덕이지 그 사람들이 무슨 큰 공업이나 상업을 해서 그리 된 것이 안입니다.[37]

조선의 부호들은 대개 조상으로부터 물려받은 재산을 간수하거나 투자의 방식으로 부를 축적했다. 그런데 투자(投資)를 하려면 문자 그대로 자본[資]이 있어야 한다. 토지에 대한 투자는 토지가 있어야, 광산에 대한 투자는 광산이 있어야 가능한 것이다. 그런데 식민지 조선에서 투자를 위한 자본을 획득하는 길은 십중팔구 윤리적 문제점을 야기할 가능성이 크다. 일제에 협력하지 않고는 자본을 획득하기가 어려웠기 때문이다.

> 閔씨의 富力을 말할 때에는 세상 사람들이 閔씨의 財産出處를 가지고 시비를 말한다. 아닌게 아니라 氏의 재산에 대하야 出處를 차저서 말한다면 얼마든지 是非問題가 나올 것이다. (중략) X무든 돈이라고 내여 바리고 깨긋한 돈만 찻고 잇슬 때인 朝鮮社會가 아니라고 생각한다. (중략) 世間의 非難有無를 불구하고 朝鮮一의 富者인 만큼 적어도 富者다운 體面을 보전하랴면 압흐로 朝鮮社會를 위하야 할 사업이 아즉도 만코 만흠을 끗흐로 말해둔다.[38]

위의 인용문을 살펴보면, 식민지시기 조선의 대표적인 부호 민영휘의 재산 출처에 대한 시비가 있었음을 알 수 있다. 대부호들은 'X무든 돈'으로 더더욱 부자가 되었기 때문에 세간의 비난을 받았다. 즉 부자들은 선망의 대상이기도 했지만 비난의 대상이기도 했다. 조상 대대로 내려오는 재산을 상속받아 부자가 되었다는 말은 조상이 탐관오리이거나 일제에 적극적으로 협력한 인물이라는 뜻이었다. 투자를 통해 부자가 되었다는 것도 애초부터 투자할 돈이 있었다는 말과 다름없었다.

신드바드가 부를 축적하는 과정을 살펴보면, 이국땅에서 재화를 약탈해와서는 자국에 비싼 값에 팔아넘겨 이득을 취하는 것으로, 열강이 식민지에 취했던 방식과 유사하다는 것을 알 수 있다. 이국땅에서 신드바드가 만난 원주민과 그들의 식인풍습에 대한 묘사는 독자들로 하여금 이국땅을 야만적인 공간으로 인식하게 만든다. 이러한 야만적인 장소로부터 재화를 약탈하는 것은 정당화된다.

일제에 의해 약탈당하고 있는 땅의 조선인들은 「신드바드의 모험」을 원주민의 땅이 약탈당하는 이야기가 아닌 부자가 탄생하는 이야기로 읽어냈다. 식민지시기 조선의 대부호들이 윤리적으로 정당하지 못한 방법으로 재산을 축적한 것처럼 신드바드 역시 약탈의 방식으로 부를 축적하였음에도 불구하고, 이들은 사회에 재산의 일부를 기부하는 방식으로 윤리적 문제에서 벗어나고자 하였다.[39] 심지어 기부를 하지 않아도 부자는 투자를 통해 더 큰 부자가 되는 현상을 아무도 막을 수 없었다. 신드바드와 조선의 대부호를 부자로 만들어준 자본주의 체제는 이미 전복 불가능한 확고한 체제로서 식민지 조선에 군림하고 있었던 것이다.

5. 제국주의와 자본주의의 그림자

지금까지 논의를 통해, 1) 식민지시기 조선 대중들이 「천일야화」를 어떻게 수용하였는지, 2) 식민지시기 조선의 대중들이 「천일야화」를 '근대적 오락물'로 수용하였다는 점, 마지막으로 3) 식민지시기 조선의 대중들이 「천일야화」의 대표작으로서 「신드바드의 모험」에서 읽어낸 '오락적 요소'가 실질적으로는 '자본주의와 제국주의적 근대'의 핵심을 담고 있다는 점을 살펴보았다.

식민지시기 조선의 대중들은 '아라비아'라는 낯선 공간을 「천일야화」를 통해 접하게 되었다. 아라비아가 '낯선' 공간이었다는 점은 식민지시기 조선의 대중들에게 상상력의 자유를 상대적으로 넓게 제공하는 지리적 공간으로 아라비아를 수용하게 만든다. '아라비아'는 근대적 세계의 핵심이었던 유럽이나 미국처럼 '따라잡기 위해서 알아야 할' 지역이 아니기 때문에 학습의 의무를 지지 않아도 되는 공간이었다. 그런 점에서 아라비아는 조선의 독자들에게 무한한 상상이 가능하면서 동시에 오락이나 놀이의 특징이 강한, 모험이 가능한 공간으로 인지되었다.

그리고 당대 조선의 대중들은 「천일야화」를 '세계문학'의 일부로 수용한 것이 아니라 '기담'으로 받아들였다. 세계의 주변부에 속한 조선의 대중들은 세계의 중심부에서 생산된 문학을 통해 세계의 중심에 대한 이해를 얻고자 하는 일종의 학습에 가까운 독서를 하였지만, 「천일야화」는 '기담'으로 수용되면서 그 안의 오락적 요소가 강조되었고 독자들도 그러한 오락적 요소에 반응하였다.

그러나 식민지시기 조선 대중들의 반응을 이끌어낸 「천일야화」의 오락적 요소는 실상 자본주의와 제국주의로 특징지을 수 있는 근대의 핵심을 보여주고 있다. 「천일야화」 이야기 중 가장 널리 사랑받았던 「신드바드의 모험」은 주인공인 신드바드가 낯선 곳을 '모험'하는 이야기이다. 「신드바드의 모험」에서 모험은 '여행'의 성격을 띠며, 모험지(여행지)에서 신드바드가 '구경'한 것들을 나열하는 장면은 이야기의 많은 비중을 차지한다. 식민지 조선의 대중들은 '구경'이라는 것을 동물원이나 식물원 같은 근대적 공간을 경험함으로써 오락의 감각으로서 수용할 수 있었다. 따라서 신드바드의 눈을 통해 낯선 동물이나 식물, 인종을 구경하는 것은 오락적인 행위가 되었다. 그러나 동물원이나 식물원과 같은 구경거리를 제공하는 공간이 함의하고 있는 제국주의적 기획까지도 대중들이 주목한 것은 아니었다. 또한 「신드바드의 모험」은 '약탈'의 과정을 통해 '부자'가 되는 과정을 보여준다. 이는 식민지시기 조선의 대중들이 경험한 '근대'의 핵심을 보여주고 있다. 식민지시기 조선의 대중들을 열광하게 만든 「신드바드의 모험」의 오락적 요소에는 실상 제국주의와 자본주의의 그림자가 드리워져 있었던 것이다.

주석

1 '천일야화'의 원제는 아랍어로 'Alf laila wa laila'이다. 'Alf'는 '천', 'laila'는 '밤', 'wa'는 접속사인 '와'를 의미하기 때문에 직역을 하면 '천야일야' 혹은 '천일야화'가 되며, 리처드 버턴도 번역판의 제목을 'The Book of Thousand Nights and One Night'로 옮겼다. 그럼에도 불구하고 '천일야화'가 '아라비안나이트'로 불리기도 하는 이유는, 영국의 동양학자 조너선 스콧(J. Scott)이 1811년에 '아라비아 밤의 오락(The Arabian Night's Entertainments)'이라는 제목의 영어번역본을 출간했기 때문이다. 본고에서는 '아라비안나이트'보다는 원제에 충실한 '천일야화'라는 명칭을 사용할 것이다.

'천일야화'의 명칭에 관한 설명은 다음의 논문을 참조. 이동은, 「천일야화의 번역본에 관한 소고」, 《통번역학연구》 3호, 한국외대통번역연구소, 1999.

2 1973년 이전까지는 한국근대번역문학사에서 최초의 번역 작품을 『텬로력뎡』(존 S. 게일 譯)으로 보는 것이 일반적이었다. 그러나 1973년에 안춘근 교수가 『유옥역전』 이 '천일야화'의 번역물로서 『텬로력뎡』과 같은 해(1895년)에 번역되었다는 사실을 밝혀냈다. 김병철, 『한국근대번역문학사연구』, 을유문화사, 1975, 152면.

3 이 논문의 대상 텍스트에 해당하는 『삼촌설』과 『홍등야화』는 연세대학교 박진영 선생님께서 제공해 주셨다. 귀중한 자료를 제공해주신 박진영 선생님께 감사의 말씀을 올린다.

4 '동화회'라는 명칭을 달고 있지만 동화회의 청중이 아동뿐이었던 것은 아니었다. 동화회의 청중에는 아동과 성인이 섞여 있는 경우가 대부분이었으며, 때로는 아동보다 성인의 숫자가 더 많기도 했다. 동화회에 관한 자세한 논의는 다음의 논문을 참조할 것. 조은숙, 「식민지시기 동화회 연구」, 《民族文化硏究》 45권, 고려대학교 민족문화연구원, 2006.

5 김교제 譯, 『삼촌설 上』, 동양서원, 1913, 1면.

6 '상상된 지리(imagined geography)'는 에드워드 사이드가 『오리엔탈리즘』에서 사용한 용어이다. 사이드는 서양이 텍스트에 의존하여 동양을 이해했다는 점을 지적하며, 텍스트에 의존한 상상된 지리에 대한 표상이 바로 오리엔탈리즘이라고 주장한다. Edward Said, 박홍규 역, 『오리엔탈리즘』, 교보문고, 2007, 101면.

7 차혜영, 「지역간 문명의 위계와 시각적 대상의 창안」, 《현대문학의 연구》 24호, 2004.

8 김교제 譯, 앞의 책, 3면.

9 공병혜, 「칸트 철학에서의 상상력과 놀이에 대한 미학적 고찰」, 《철학연구》 57권, 2002, 135면.

10 Edward Said, 앞의 책, 101면.

11 1910년대 후반과 삼일운동 직후에 번역되었다. 한국에서의 톨스토이 번역에 관한 논의는 다음 논문을 참조. 박진영, 「한국에 온 톨스토이」, 《한국근대문학연구》 23호, 2011.

12 박진영, 「문학청년으로서 번역가 이상수와 번역의 운명」, 《돈암어문학》 24호, 2011.

13 박숙자, 「100권의 세계문학과 그 적들」, 《한국문학이론과비평》 18권 1호, 2014, 83-91면.

14 이상협 譯, 「만고기담」, 《매일신보》, 1913. 9. 6, 3면. 현대 띄어쓰기 및 맞춤법에 맞게 고쳐 썼다.

15 위의 글.

16 김소운 譯, 「천일야 기담」, 《매일신보》, 1930. 3. 11, 4면.

17 이주라, 「식민지시기 괴담의 출현과 쾌락으로서의 공포」, 《한국문학이론과 비평》 61권, 2013, 296면.

18 전은경, 「《대한매일신보》의 '편편기담'과 '쓰는 독자'의 출현」, 《한국현대문학연구》 30권, 2010, 80-83면.

19 《별건곤》이 지향한 취미란 역사와 문학, 무용과 음악, 동물원, 활동사진, 극장 등 당대 첨단의 근대적 취미와 교양이었다. 이와 관련한 논의는 다음의 논문을 참조. 이경돈, 「별건곤과 근대 취미독물」, 《대동문화연구》 56권, 2004, 성균관대학교 대동문화연구원. 다시 이야기하자면 《별건곤》이 지향하는 취미란 주로 도시의 대중들이 최첨단의 스펙터클을 '구경하는 것'이었다.

20 고운기, 「모험 스토리 개발을 위한 『삼국유사』 설화의 연구」, 《新羅文化》 41권, 2013, 308-309면.

21 오현숙, 「개화계몽기 『로빈슨 크루소』의 번안과 아동 텍스트로의 이행」, 《批評文學》 46호, 2012, 299면.

22 김종욱, 「쥘 베른 소설의 한국 수용과정 연구」, 《韓國文學論叢》 49권, 2008.

23 권보드래, 『1910년대, 풍문의 시대를 읽다』, 동국대학교 출판부, 2008, 203-204면. (이순진, 「조선 무성영화의 활극성과 공연성에 대한 연구」, 중앙대학교 첨단영상대학원 박사학위논문, 2009, 63면에서 재인용)

24 이순진, 위의 글, 63-109면.

25 근대의 조선에서 '모험'이 반드시 여행의 의미를 갖는 모험으로만 취급되던 것은 아니었다. 「천일야화」의 경우 모험담이 주를 이루고 있지만, 그중에는 여행의 의미는 없는 모험담도 있다. 또한 모험이 반드시 '기담'하고만 결합한 것은 아니었다. 모험은 '탐정'과 결합하여 '탐정모험소설'이라는 장르의 명칭을 만들어내기도 하였다. 1937년 7월에 창간된 《소년》에 실린 김내성의 「백가면」은 '탐정모험소설'이라는 표제를 달고 있었다. 「천일야화」의 '알리바바와 40인의 도적' 또한 '탐정모험'이라는 표제어를 붙일 만한 요소를 갖추고 있다. '알리바바와 40인의 도적'은 '신드바드의 모험'만큼이나 식민지시기 조선에서 자주 번역된 이야기다. 이를 종합해볼 때 '모험'은 식민지시기 조선의 독자들의 관심을 끈 코드이긴 하나, '모험'이라는 코드의 성격이 단일한 것은 아니었기 때문에 이를 다각도에서 분석하는 작업이 필요할 것으로 보인다. 그러나 본고에서는 지면상의 문제로 그 작업은 추후 연구과제로 남긴다.

26 최승일 譯, 『홍등야화』, 박문서관, 1926, 177-178면.

27 1925년 5월 20일자 《동아일보》 기사를 살펴보면, 물건이 철에 녹스는 것을 막기 위해서 장뇌를 이용하는 것이 권장되었음을 알 수 있다. 「가뎡상식 五」, 《동아일보》, 1925. 5. 20, 2면.

28 구사노 다쿠미, 송현아 역, 『환상동물사전』, 도서출판 들녘, 2001.

29 박진영 편, 『신문관 번역소설 전집』, 소명출판, 2010, 346면.

30 김현숙, 「창경원 밤 벚꽃놀이와 夜櫻」, 《한국근현대미술사학》 19권, 2008, 141면.

31 서태정, 「대한제국기 일제의 동물원 설립과 그 성격」, 《한국 근현대사 연구》 68권, 한국근현대사

학회, 2014.

32 오창영, 『韓國動物園八十年史: 昌慶苑編, 1907~1983』, 서울특별시, 1993.(서태정, 위의 글에서 재인용)

33 최승일 譯, 앞의 책, 179면.

34 최승일 譯, 위의 책, 180면.

35 이재원, 「식민주의와 "인간 동물원(Human Zoo)"—"호텐토트의 비너스"에서 "파리의 식인종"까지」, 《西洋史論》 106권, 2010.

36 漢陽學人, 「財界의 怪傑洪鍾華·金基德 兩氏, 突現한 壹千萬圓의 兩大富豪 一代記」, 《삼천리》 제4권 제12호, 1932. 12, 20면.

37 徐椿, 「萬人必讀할 今日의 經濟常識 第二課 今日의 問題 조선 사람은 웨 가난해지나」, 《별건곤》 제39호, 6-7면.

38 申泰翊, 「朝鮮最大財閥解剖」, 《삼천리》 제11호, 1931. 1.

39 신드바드는 매 항해가 끝날 때마다 얻은 재산의 약 1/10 정도를 빈민구제를 위해 사회에 기부한다.

| 제2절 |

조선영화의 실천과 '환상'의 문제

1. 왜 '환상'의 문제인가

이 글은 식민지 조선영화 텍스트에서 '환상(fantasy)'의 문제를 고찰하는 것을 목표로 한다. 19세기 후반 서구영화사의 출발점에서 '환상'은 '사실(reality)'과 함께 스크린을 채우는 중요한 요소로 자리 잡았다. 영화의 '기본사(Basic Story)'가 기록하듯이, 영화사는 뤼미에르 형제(Auguste and Louis Lumière)의 사실 기록(actualité) 영화에서처럼 일상적인 사건을 기록하는 영화와 함께 시작되었고, 단순한 기록에서 벗어나는 결정적인 첫걸음은 조르주 멜리에스(Georges Méliès)의 판타지영화를 통해 이루어졌다. 멜리에스는 카메라를 멈춘 채 인물들과 무대 장치(setting)를 재배치함으로써 마술적 효과를 창조한 것이다.[1] 이처럼 데이비드 보드웰이 '표준판형(Standard Version)'이라 명명하는 영화의 기본사는 뤼미에르와 멜리에스가 각각 리얼리티와 판타지에 대한 영화의 태생적 이중성을 실증하는 것으로 간주한다.[2] 다시 말해 영화 교과서가 말하는 오래된 공식 혹은 구도인 뤼미에르의 사실주의(realism)와 멜리에스의 형식주의(formalism) 경향에서, 바로 후자가 영화매체의 '환상' 노선을 출발시켰다는 인식에는 이견이 없을 듯하다.

그렇다면 왜 조선영화와 '환상'의 문제인가. 식민지 조선영화에서 환상이라는 영화적(cinematic) 차원을 검토한다는 것은 어떤 의미를 지니는가. 이는 그간의 역사적 연구 경향에서 좀처럼 다루지 못했던 새로운 시도를 수행할 키워드이기 때문이다. 바로 조선영화 텍스트 자체에 대한 접근으로, 두 제국의 영화 즉 서구영화와 일본영화에 반응한 식민지 조선의 영화 실천(film practice)[3]에 주목할 수 있다. 이 글은 다음과 같은 세 가지를 질문하고 그 대답을 찾아 나갈 것이다. 1) 식민지기 조선영화에서 환상 장르영화가 존재했는가. 2) 조선 극영화에서 가장 영화적인(cinematic) 순간일 환상의 장면이 연출되었는가. 3) 그러한 환상의 표현은 어떻게 연출되었을까 하는 실제적인 방법론의 문제까지이다. 이는 그동안 조선영화(사) 연구자들이 큰 관심을 보이지 않았지만, 서구영화(사)와의 관계성을 규명하기 위해서 꼭 필요한 문제의식일 것이다. 영화의 기본사에서도 확인할 수 있듯이 환상영화 장르나 환상적인 신의 구현은 초창기 서구영화 실천에서 가장 중요한 국면이기 때문이다.

구체적인 논의를 진행하기에 앞서 영화매체에서 '환상'의 정의를 검토해볼 필요가 있다. 영화에서의 환상은 앞선 질문처럼, 기본적으로 세 가지 정도의 경로를 통해 구체화해볼 수 있다. 먼저 영화 장르의 측면에서 살펴볼 수 있다. 일반적으로 판타지영화(fantasy film)로 분류되는 공상과학(SF), 공포(horror) 영화 장르 등을 떠올릴 수 있을 것이다.[4] 두 번째는 판타지영화 장르로 분류할 수는 없지만, 극영화에서의 환상 장면을 고려해볼 수 있을 것이다. 바로 영화매체 특유의 창조적 가능성이 실현되는 순간으로, 특히 이 글에서는 광인의 판타지를 보여준 〈칼리가리 박사의 밀실(Das Cabinet Des Dr. Caligari)〉(1919)처럼 주류 환영주의 영화(mainstream illusionist cinema)에 도전하는 '균열 노선 영화(the crestline films)'의 실천방식에 주목할 것이다.[5] 마지막으로 이러한 환상 장면을 가능하게 하는 영화 장치의 문제이다. 바로 영화사 초기 멜리에스가 카메라의 잠재성을 창조적으로 사용해, 진정한 영화적 스펙터클에 도달한 이른바 "조작된 장면"으로 가능해진 것들이다.[6] 이는 영화 기재나 기술(技術)의 차원뿐만 아니라, 몽타주의 가능성 즉 영화 문법의 차원일 수도 있다.[7] 이러한 영화적 환상에 대한 기본적인 인식을 초창기 조선영화 장으로 대입해 다음의 국면들을 살펴보고자 한다.

먼저 2장에서는 초창기 조선영화 제작현장에서 서구의 환상 장르가 시도되었는지 살펴보기 위해, 당시 조선영화계에서 유통되었던 장르 규정을 검토한 뒤, 서구의 환상영화 장르와 가장 근사한 것으로 고려되는 고대소설을 영화화한 시대극들을 살펴볼 것이다. 사실 지금까지 초창기 조선 무성영화 관련 사료들을 검토한 결과 조선영화에 환상 장르가 시도된 것으로 보이지는 않는다. 이는 선행연구의 부재에서도 증명된다. 이 글은 그 대안으로 초창기 조선영화 중 디제시스에 환상 장면이 포함되었을 것으로 유추되는 고대소설을 영화화한 시대극 3편을 선택, 당시 비평을 검토하는 과정에서 조선영화의 장르 인식 그리고 '트릭'이라는 영화용어를 추출할 것이다.

3장에서는 '트릭'의 어원과 그 방법론을 추적하기 위해, 초창기 일본영화의 사료를 검토한다. 제작 초기 일본영화에서 '환상'을 구현하기 위한 구체적인 기법인 트릭 촬영을 검토해, 이는 초창기 서구영화 실천의 중요한 흐름인 멜리에스의 영화 노선과 맞닿아 있음이 확인될 것이다. 하지만 일본보다 20년 정도 늦게 영화제작을 시작한 조선영화는 사정이 달랐다.

4장에서는 조선 무성영화의 정점부터 발성영화 도입기에 이르는 나운규의 〈아리랑〉 연작 세 편을 통해, 조선영화에서 본격적인 환상영화 장르가 시도되지는 못했지만, 영화의 디제시스에서 환상 장면이 어떻게 묘사되고 연출되었는지에 대해 검토한다. 현재 영화 〈아리랑〉 연작은 볼 수 없지만, 당시 영화 관련 지면의 비평 담론과 '영화소설' 등의 2차 텍스트 분석을 통해 〈아리랑〉이 왜 초창기 영화사의 특별한 텍스트로 등극되었는지 확인할 것이다.

이 글이 검토하는 조선영화 필름은 현재 시점으로 보존되어 있지 않으며, 발굴될 가능성도 극히 희박한 상황이다. 식민지 조선영화(사) 연구에서 서구/일본영화의 장르 수용 및 형성 과정에 대한 역사적 검토나 텍스트 상에서 보이는 구체적인 영화적 실천에 대한 연구로까지 진행되지 못한 가장 큰 이유인 것이다. 하지만 우리는 1926년작 〈아리랑〉에 포함된 '사막의 환상' 신이라는 한국영화사의 중요한 장면을 여러 기록을 통해 인식하고 있다. 즉 이 글에서 영화적 환상의 차원을 검토하는 것은, 영화 필름이 대부분 남아 있지 않은 조선극영화 텍스트에 대해 2차 사료라는 우회로를 통해서라도 좀 더 접근해보자는 제안의 의미를 지닌다.

이 글의 시도는, '환상'이라는 키워드와 영화 스타일적 방법론의 검토를 통해 서구에서 일본으로 다시 조선으로, 서구 제국의 발명품인 영화매체가 제국 일본을 거쳐 식민지 조선으로 도입되는 영화 수용사의 한 흐름을 살펴보는 것이기도 하다. 즉 조선영화인들이 참고하고 변용하는 대상으로서의 서구/일본영화와 조선영화 실천의 관계성을 확인하는 작업으로서 의미가 있을 것이다.

2. 조선식 환상 장르의 가능성

식민지 조선에서 상업적인 극영화가 제작되기 시작한 1923년부터 1926년 10월 〈아리랑〉이 등장해 조선 전역에 영화라는 매체를 각인시킨 1927년경까지 조선영화에는 어떤 장르들이 형성되고 있었을까. 이는 1931년 조선총독부 경무국이 발행한 『활동사진필름검열개요』(이하 『검열개요』)[8]를 통해 초창기 조선영화의 구체상을 확인할 수 있다.

『검열개요』는 1926년 8월부터 1927년 7월까지 1년간 조선에서 상영된 영화에 대한 필름 검열 사무를 기록한 것이다. 당시의 영화 장르는 이 책에서 사열(査閱) 과정에 대해 언급하며 등장하는데, 극영화의 경우 극 내용과 구성에 따라 연애극, 인정극, 활극, 가정극, 사회극, 사극, 탐정극, 괴기극, 전설(記)극, 동화극, 기타로 구분하고 있다.[9] 전통적인 서구영화 장르로 분별해내면, 환상 장르는 괴기극, 전설(說)극, 동화극 등이 직접적으로 해당될 것이다. 또한 『검열개요』는 이 장르들에 대해 각각 '구상이 괴기한 것', '전설, 전기를 취급한 것', '동화를 취급한 것'으로 설명하고 있다.[10] 그렇다면 1927년까지 만들어진 조선영화 중 괴기극, 전설극, 동화극과 가까운 것으로 유추해볼 수 있는 텍스트는 원혼이 등장하거나 환상적 장면을 포함하는, 조선 고대소설을 영화화한 작품들일 것이다. 바로 1924년 단성사 촬영부가 만든 〈장화홍련전〉, 1925년 윤백남프로덕션의 〈심청전〉, 같은 해 동아문화협회가 제작한 〈홍부놀부전〉이 이에 해당된다.[11] 한편 『검열개요』는 1년간 만들어진 '순조선극'[12] 필름 목록에서 〈심청전〉과 〈장화홍련전〉을 소개하면서, 이 두 편의 극 종류 즉 장르를 '시(대극)·인(정극)·비(극)'로 동일하게 구분하고 있다.[13] 즉 시대극과 현대극이라는 대분류에서는 시대극으로,[14] 극 내용 및 구성에 대해서는 인정극으로, 또 다른 종합적 분류법인 정극, 희극, 비극, 소극 등의 범주에서는 비극인 것으로 규정되는 것이다.

검열 사무를 위한 행정상의 장르 구분 외에, 실제 조선 관객과의 접점에서 어떤 장르로 호명되었는지 역시 확인할 필요가 있을 것이다. "순수한 조선 비극소설"[15]을 영화화한 〈장화홍련전〉의 경우 개봉 시점부터 줄곧 "대비극"[16]으로 광고 지면에 소개되었고, 〈장화홍련전〉에 이어 "조선 고대의 비극소설"[17]을 영화화한 〈심청전〉의 경우, "조선영화"[18], "고대소설"[19], "조선 유일의 비애사"[20] 같은 홍보 문구를 통해 조선 관객들에게 '비극'과 함께 '조선영화'임을 강조하고 있었다.[21] "아모나 모르는 사람이 업는 조선 신화로 유명한"[22] 〈홍부놀부전〉의 경우에도 "조선명화"[23], "조선교육신화"[24]라는 홍보 문구를 통해 관객과의 접점을 '조선'영화로 상정하고 있음을 파악할 수 있다.

정리하면 초창기 조선 무성영화의 시대극 3편은 원작에 환상요소가 내재되어 있음에도 불구하고, 전설극 등 환상 영화의 장르명을 부여받지 못했고 혹은 환상 장르로 연출되지 않았고, 〈장화홍련전〉 〈심청전〉의 원작을 '조선 비극소설'이라고 소개하는 것에서 볼 수 있듯이 당시 장르 구분으로는 인정극으로 소화되었음을 확인할 수 있다. 이제 조선영화에 환상 장르가 존재했는가 하는 첫 번째 질문을 검토하기 위해 선택한, 조선 고대소설을 영화화한 시대극 3편의 텍스트를 파악하기 위해 당시 평문을 검토하기로 한다.

먼저 재조선 일본인 흥행가 하야카와 고슈(早川孤舟)가 제작·연출한 〈춘향전〉(1923)의 성공에 자극받아 단성사 촬영부가 만든, 두 번째 조선 고대소설의 영화화인 〈장화홍련전〉에 대한 기록이다. 잘 알려진 것처럼 가정비극의 대표작인 이 영화의 면모에 대해서는, 1923, 24년의 초창기 조선극영화들에 대한 종합적 비평인 이구영의 「조선영화의 인상」[25]에서 그 일단을 살펴볼 수 있다.

> 영화화한 〈장화홍련전〉이 성공이었냐 하면 왜 성공이랄 수는 없어도 우리 첫 작품으로는 기분간(幾分間)의 성공이라 할 수 있다. 왜 그러냐 하면 카메라맨 노력은 전편에 창일(漲溢)하였었고 **'더블 익스포저' 영화 기교는 졸렬하였다 할지라도 '클로즈업' 순간촬영 같은 것은 종합예술한 영화극의 본령**을 잊지 않고 최선을 다하려하였음에는 당연한 노력일 것이요 (중략)
> **그러나 조색(調色)의 졸렬하였음**은 무경험이란 막 속에 숨겨주어야 할 것이며 고대소설을 아무런 규칙이나 연구도 없이 되는 대로 현대극화시켰음에 관객은 맹목적 환호를 하게 되었다고 느끼지 않을 수 없다. 현대인정풍속에까지 이끌어다 붙였던 까닭이다. [강조는 인용자, 이하 동일]

식민지 조선영화 연구에서 널리 인용되는 이구영의 기록을 다시 읽어본다면, 다음 두 가지 사항을 주목할 수 있다. 첫째 필름 조색[26]의 실패 등을 감안하더라도 영화매체의 언어와 문법을 구현하는 데 어느 정도 성공한 것으로 평가되는 점, 둘째 이 영화는 고대 가정비극소설을 원작으로 삼고 있으므로 즉 시대극과 비극을 이미 원작을 통해 장르요소로 취하고 있지만, 결과적으로 현대극,

인정극으로 영화화되었다는 정보이다. 그렇다면 〈장화홍련전〉은 현재의 우리가 예상할 수 있는 공포 장르로서의 면모는 취하고 있지 않았던 것일까. 또한 디제시스에서 '환상' 장면의 시도는 어떻게 이루어졌을까. 이에 대한 해답을 찾기 위해서는 이구영의 기록 중에, "'더블 익스포저' 영화 기교"라는 대목을 참고할 필요가 있다. 바로 '이중노출'은 초기 영화(early cinema)에서 환상을 표현하는 대표적인 '트릭' 촬영법이었다. 즉 초기 서구영화사에서 또 이를 수용한 일본영화사에서도 영화매체만의 독특한 표현법으로 인식되는 것이었다.[27] 〈장화홍련전〉이 개봉한 때의 다음 《매일신보》 기사 역시 트릭 촬영의 시도에 대해 기록하고 있다.

> 사진 전편을 통하여 조금도 무리한 점이 없을 뿐만 아니라 간간이 자연의 실사(實寫)를 점철하여 교묘한 조합으로 보는 자로 하여금 비극이라는 그 관념을 한층 강하게 한 데에 작자의 고심이 나타나고 서투른 촬영술로는 까딱하면 **자연을 잃기 쉬운 '트릭' 식을 많이 사용**하였으나 그것이 하나도 구석이 보이지 아니하고 **원작자의 공상(空想)을 여실히 표현**한 데에 촬영자의 우수한 수완이 내보였다.[28]

강조한 부분에서 확인할 수 있듯이, 초기 서구영화에서 영화매체만의 환상 효과 창조 방식으로 구가되었던 카메라의 트릭 촬영이 촬영기사 이필우에 의해 성공적으로 소화되었고, 그러한 카메라 기법이 영화적 디제시스를 해치는 수준이 아니었으며, 원작의 공상적인 부분도 무난히 표현되었음을 전하고 있다. 평문을 쓴 일기자(一記者)는 "조선에 연쇄극이 생기어 비로소 활동 필름에 조선 인물이 들어가기 시작하던 오륙 년 전의 그것에 비교하여 모든 기술의 발달진보의 거의 격세의 감이 있는 것"이라며 이 작품을 조선 무성영화의 성공적 실천으로 평가하고 있다. 당시 조선영화가 인식하고 실천한 '트릭' 촬영의 개념과 방법론에 대해서는 다음 장에서 상술하기로 한다. 다음은 이경손이 감독하고 재조선 일본인 촬영기사 니시카와 히데오(西川秀洋)가 촬영한 〈심청전〉에 대한 평이다. 역시 트릭 촬영을 언급하고 있다.

> 조선 고대소설 〈심청전〉은 지금 사람의 눈으로 보아 엄밀하게 말할진대 그것은 동화극이라느니 보다도 좀 의미가 다른 '오도키(御伽噺)'극[29]이라 할 것이다. (중략)
>
> 첫째 각색한 사람이 〈심청전〉에 대한 이해가 없었음으로 말미암아 작품 전체에 '오도키'극의 기분이 보이지 않는 것이 가장 큰 치명적 상처이며 둘째로 장면의 배열에 맥락이 없음으로 그다지 길지 못한 사진이 보는 사람에게는 무한히 지리한 생각을 갖게 하는 것이 금번 〈심청전〉으로 하여 또 구원하여 볼 수 없이 실패한 작품을 만들어버렸다. (중략)
>
> **용궁이라는 장면의 유치하고도 더러운 '트릭'**에 대해서는 차마 웃고 볼 수도 없으며 임금이라는 자의 '애송'이임과 또한 그 실내장치의 빈약함과 쓰고 있는 관의 가소로운 꼴은 이루 말할 수 없으나 (후략)[30]

"기사 서천수양 군이 대판(大阪)을 가더니 일금 이백 원짜리 양초 궤짝 같은 카메라를 사 들고"[31] 와서 촬영한 1925년작 〈심청전〉의 텍스트에 대해 현재 자세히 파악할 수는 없지만,[32] 작자 미상의 적나라한 평문에서 '트릭'이라는 영화용어가 인식되고 있고, 덧붙여 이 영화가 트릭 촬영에 실패하고 있다고 지적한 것에 대해 주목할 필요가 있다. 인용문의 평가처럼 〈심청전〉이 결과적으로 전설극 즉 '오도키극'으로서의 분위기가 연출되지 못했던 것은, 초창기 조선영화계의 제작 기반 미비와 밀접한 연관이 있을 것이다. 이러한 맥락에서 "용궁이 용궁다워 보이지 않는 것이 모두 다 돈을 맘대로 풀지 못한 까닭"이라는 당시 한 평문의 지적은 시사하는 바가 크다. "부족한 점이 많으며 경험이 적음으로

애를 몹시 쓴 그 효과"가 보이지 않았던 것은 "무엇보다도 변변한 촬영소 하나도 없는 것"이 가장 큰 원인이었을 터이다. 하지만 이 영화는 당시 조선 관객으로부터 크게 환영받았다. "조선 사람으로서 효녀 심청의 이야기를 모르는 이가 없는" 것, 즉 초창기 제작현장에서 환상 장면의 구현 여부보다는 "대개는 서양 사진뿐이요 그렇지 않으면 일본 작품이었던" 조선의 극장가에서 '조선영화'라는 실천 자체가 주목받는 상황이었음을 감지할 수 있다.[33]

이러한 조선영화의 사정은, 조선총독부 경무국 도서과 촉탁이었고 고려영화사 제작 〈집 없는 천사〉(1941)의 각본을 쓰기도 한 니시키 모토사다(西龜元貞)의 다음 기록을 통해서도 확인할 수 있다.

> 따라서 역사극도 만들 수 없다. 그 대신 유명한 〈춘향전〉을 비롯하여 〈심청전〉 〈장화홍련전〉 〈운영전〉 〈홍길동전〉 등으로 이어지는 고담전설물이 비교적 많이 만들어졌다. 왜 이런 영화들이 환영을 받았는가. 그 이유는 여러 가지 있겠지만, 무엇보다도 대중 자신이 이미 잘 알고 있어서 보면 줄거리를 잘 알 수 있다는 것도 그 이유일 것이다.[34]

니시키의 전술(前述)은 자본과 제작기구의 문제가 큰 제약이어서 대규모 세트나 의상에 돈을 들일 수 없는 조선영화는 시대적 배경을 그리는 것이 불가능해, 특히 조선 말기부터 한일병합 전후를 배경으로 한 역사극 장르에 공백을 보인다는 것이다. 그런 이유로 인용문처럼, 조선 대중이 잘 알고 있는 고대소설의 영화화에 집중했다는 설명이다. 그리고 "무대 장치의 그림 배경 대신 야외의 풍물(風物)을 응용하거나, 아니면 결국 무대의 배경을 앞에 두고 촬영"할 수밖에 없었다. 이는 조선영화 초창기만의 문제가 아니었다. 그는 안석영의 연출 데뷔작 〈심청〉(1937)을 예로 들며, 조선영화가 10년 이상 지나 발성영화로 들어선 시기였지만, 『심청전』을 현대를 배경으로 고친 것이라 기록한다. "디즈니의 천연색 장편으로 만들면 딱 좋으리라 생각되는 원래 전설이 가지고 있었던 아름다운 몽환의 동화는 없어지고, 가난한 장님 아버지를 가진 가련한 효녀의 평범한 이야기가 되었다"는 니시키의 지적은 식민지기 조선영화가 환상 장르를 연출할 수 없었던 물적 기반의 문제를 명확히 제시하고 있다.[35]

마지막으로 조선 무성영화의 패러다임을 바꾸게 되는 〈아리랑〉이 등장하기 전, 고대소설을 영화화한 1925년의 마지막 시대극인 〈흥부놀부전—연(燕)의 각(脚)〉에 대한 기록이다. 하야카와 고슈의 동아문화협회가 제작한 3회작이자 〈춘향전〉에 이은 고대소설을 영화화한 두 번째 작품으로, 역시 재조선 일본영화인 미야카와 소노스케(宮川早之助)가 촬영·편집한 작품이다. 아쉽게도 〈흥부놀부전〉의 경우, 현재 《동아일보》의 단편 기사 두 개 외에는 구체적인 내용을 찾아볼 수 없는 형편이다. 두 기사 모두 단신의 내용이지만, 다행히 기사와 함께 게시된 사진을 통해 중요한 순간의 영화 장면을 확인할 수 있다. "괘씸한 놀부가 천벌을 받아서 박덩이에서 나온 불한당에게 얻어맞는 광경"[36] "박타는 놀부"[37]라는 사진 설명에서, 이 영화 역시 어떤 방식으로든 트릭 촬영이 시도되었음을 추측해볼 수 있다.

지금까지 살펴본 것처럼, 1920년대 중반의 조선영화 시대극 3편은 물적 기반상 환상영화 장르로는 명명될 수 없는 상황이었고, 특히 〈장화홍련전〉에 대한 기록처럼 영화의 제작 시점으로 즉 현대극으로 극화되기도 했다. 언급한 것처럼 식민지 조선영화의 초창기 제작 현장에서, 촬영 및 후반 작업 공정의 품이 더 들어가는 트릭 기법을 본격적으로 활용해 환상 장르를 시도했으리라 보기는 힘들다. 즉 서구 기준의 환상영화 장르를 취하지 않았지만, 디제시스에서 '환상'의 방법론인 '트릭' 촬영이 각각 시도되었고 각 영화의 평문에서도 중요하게 인식하고 있음을 확인할 수 있었다. 이러한 트릭의 개념과 방법론에 대해 더 자세히 살펴보기 위해서는 초기 일본영화의 수용 맥락에서 검토해야 한다.

3. 초창기 영화의 환상 장치: 일본영화의 '트릭'

조선 무성영화 제작 현장에서 실천되고 또 관련 지면에서 비평용어로 인식되고 있었던 '트릭'은 식민지기 화법으로 표현하면 "촬영에 기공을 부리는 것"[38]이다. 서론에서 살펴본 것처럼 초창기 서구영화사에서 멜리에스 영화의 마술 효과 즉 트릭은 영화적 스펙터클을 창조하는 '어트랙션(attraction)' 전략[39]이었다. 사람들의 머리를 음표로 변화시키고, 과학자들은 달의 눈 속으로 로켓을 발사하는 그런 세계이다. 하지만 조선영화에서 '멜리에스 영화'라는 방향성을 찾기는 쉽지 않다. 또한 조르주 멜리에스가 발표한 영화, 특히 세계영화사의 대표작인 〈달세계 여행〉(1902)에 대한 언급을 동시기 비평 지면에서도 찾기 힘들다. 그 이유는 조선영화의 수용과 실천 시점 즉 시기적인 고려를 통해 하나의 해답을 찾을 수 있을 것이다.

잘 알려진 것처럼 조선영화가 필름 촬영을 시작한 것은 1919년 10월 연쇄극 〈의리적 구토(義理的仇討)〉를 통해서이다. 이를 통해 활극영화의 미장센이 번안되었고, 실사(actualities)적 감각이 동반되었다.[40] 바로 전인 5월 말 단성사 활동사진관에서 '전기응용극' 〈탐라의 허몽〉[41]이 상연될 때 시도되었던 유령의 등장 같은 환상 장면은 포함되지 않은 채, 실사 풍경과 활극적 볼거리 중심으로 강조된 것이다. 한편 일본영화사는 일본 최초의 극영화로 기록되는 1899년 〈피스톨 강도 시미즈 사다키치(ピストル強盜清水定吉)〉[42]를 위시로, 식민지 조선보다 20년 정도 이른 시기에 제작을 시작했다. 초창기 영화사를 서구와 거의 동시에 공유하다 보니 일본은 멜리에스 영화와도 밀접한 관련성을 보이고 있다. 1902년 9월 프랑스에서 멜리에스의 〈달세계 여행〉이 처음 공개된 이후, 일본에서는 1905년 8월 메이지자(明治座)에서 처음으로 공개되었다.[43] 반면 이 시기는 아직 조선 사회에서 영화매체에 대한 인식의 저변이 넓지 않았던 때임을 알 수 있다.[44] 영화 실천의 측면에서도 초창기 일본영화사는 멜리에스 영화

에서 출발한 트릭 촬영과 깊은 영향 관계에 놓여 있다. 이 장에서는 일본영화의 초창기 신으로 이동해 트릭 기법에 대해 구체적으로 확인하기로 한다.

초창기 영화사에서 '트릭'이라고 불린 기법은, 영화가 몽타주 등에 의해 독자의 '이야기하기(語り)' 문법을 획득하기 전에, 가장 영화적인 스펙터클을 가능하게 한 중요한 방법론이라 말할 수 있다.[45] 19세기 말 영화의 탄생과 거의 동시에 트릭은 사용되었다. 예를 들어 에디슨 사는 〈스코틀랜드 여왕 메리의 처형(The Execution of Mary, Queen of Scots)〉(1895)에서 필름 접합에 의한 치환 트릭으로 여왕의 참수라는 역사적 사실을 재현해 보였고,[46] 뤼미에르 영화는 〈벽의 해체(Démolition d'un mur)〉(1895)에서 역회전 촬영 기법으로 붕괴되는 벽을 재현해 보이기도 했다. 즉 최초의 트릭은 현실이나 사물을 재현하는 수단으로 생겨난 것이었다. 하지만 불과 1년 후 조르주 멜리에스의 등장으로 초기 영화 상황은 일변한다. 〈로베르 우댕 극장에서의 한 부인의 증발(Escamotage d'une dame au théâtre Robert Houdin)〉(1896)에서 멜리에스는 여성을 해골로 변하게 해 관객을 경악하게 만들었다. 잘 알려진 것처럼 원래 마술사였던 멜리에스는 무대상에서 실현하기 힘든 퍼포먼스를 영화매체가 쉽게 해내는 것에 경도되었다. 멜리에스의 영화세계는 악마가 출현했다가 소멸하고[〈악마의 관(Le manoir du diable)〉(1896)], 남자의 머리가 몇 개나 증식되는[〈여러 개의 머리의 남자(Un homme de tetes)〉(1898)] 것이 가능했다. 그는 현실의 재현이라는 영화의 영역에 균열을 일으키고 그곳에서 어떤 종류의 초현실적 세계가 넘쳐흐르도록 한 것이다.[47] 이러한 초기 영화의 '환상' 세계는 필름 접합, 역회전 촬영, 이중노출, 디졸브 등의 트릭 기법으로 창조되었다.

일본영화사 연구자 가미야 마키코(紙屋牧子)는 「초기 일본영화의 괴기와 트릭」에서, 흥미롭게도 멜리에스가 제작을 그만둔 1914년에 뒤늦게 일본에서 트릭을 구사한 괴기영화가 크게 유행했음을 지적한다. 마술사였던 멜리에스가 무대상의 퍼포먼스를 기초로 일련의 마술영화를 내놓은 것처럼, 일본영화는 초창기부터 가부키(歌舞伎)극의 괴담교겐(怪談狂言)을 제재로 삼고, 가부키의 대도구 등 기존 무대 장치를 이용해 용이하고 효과적으로 영화의 트릭 즉 '괴기'를 표현할 수 있었다.[48] 현재 도쿄국립근대미술관 필름센터에는 1910년대 중반에 제작된 것으로 추정되는 현존 최고(最古)의 '괴담영화'[49]가 보존되어 있다. 발굴된 11분가량의 단편(斷片) 필름에는 유령이 나타나 공포에 떠는 등장인물의 장면과, 유령이 사방등[行灯]의 연기와 함께 나타났다 다시 사라지는 장면의 두 신이 남아 있다. 그리고 이 신들의 환상 효과에는 이중노출, 디졸브, 역회전 촬영 같은 기법이 사용되었다. 이처럼 초창기 일본영화계의 괴담영화는 가부키 양식에 영향을 받은 1910년대 구극스타일 속에 초기 영화의 트릭 기법이 합쳐진 것이었다.[50]

가미야 마키코는 초창기 일본영화에서 '트릭'이라는 용어가 유통된 것은 조르주 멜리에스로 대표되는 마술영화(trick film)와 함께 수입된 것으로 추정하면서, 이러한 트릭이 20세기의 시작과 함께 일본에서 어떤 과정을 거쳐 정착되었는지 당시 영화 관련 잡지들을 통해 검토하고 있다.[51] 바로 트릭을 활용한 괴담영화가 유행한 1914년, 영화 관련 지면에서도 본격적으로 트릭 이론이 소개되고 있다. 다음은 시게노 유키요시(滋野幸慶)가 《키네마 레코드》[52]에 게재한 「필름의 기공(技工) Trick Pictures And Illusion Pictures」(1914년 1월호)과 「필름의 기공(제2회) The Trick Film(PART II)」(1914년 7월호)에서 트릭 기법에 대해 9개 항목으로 정리한 것이다.

A 트릭(Trick): 촬영 시에 진행하는 것

① 간단한 마술 사진의 응용[카메라 정지]

② 급속한 동작[퀵 모션(저속촬영)]

③ 정물(靜物)의 동작[콤마촬영 애니메이션]

④ 역회전의 응용[역회전 촬영]

⑤ 세장(細長) 또는 편평(扁平)하게 촬영하는 방법[거울의 사용]

B 일루전(Illusion): 촬영 후의 여러 가지 기공

① 겹쳐 인화하기[重燒法]의 간단한 응용[디졸브]

② 흑막 응용의 기공[이중인화(二重燒付)]

③ 같은 그림을 겹쳐서 인화하는 법[다중인화]

④ 1인 2역법[생합성(生合成)][53]에 의한 배우의 1인 2역[54]

앞서 〈장화홍련전〉의 평문에서 확인한, 조선영화의 대표적인 트릭 기법인 '이중노출'은 후반 작업 단계에서 진행한 것임을 알 수 있다. 물론 현재 평문의 기록만으로 어떠한 장면에 어떠한 트릭이 사용되었는지 정확히 파악하기는 힘들 것이다. 한편 1917년이 되면 일본영화계의 트릭에 대한 영화 담론이 총괄되는 시기를 맞는다. 대표적인 사례가 영화이론가였던 가에리야마 노리마사(歸山教正)[55]의 저작이다. 그는 1917년 저작 『활동사진극의 창작과 촬영법(活動寫眞劇の創作と撮影法)』(正光社)이라는 영화 이론서에서 다음 10개 항목에 걸쳐 트릭에 대해 자세히 소개하고 있다.

① [카메라의] 정지 촬영(Stop Picture)

② 역회전 [촬영] (Reversal Motion)

③ 지회전(遅廻轉)과 조회전(早廻轉) 혹은 빠른 동작과 느린 동작

④ 이중 촬영(Double Exposure)[이중노출]

⑤ 이중 인화(Double Print)

a 완전히 다른 장면의 이중 촬영

b 같은 장면의 이중 촬영

c 유령, 환상을 점차 출현, 소멸시키는 것[디졸브]

d 여러 가지 스크린을 이용해 이중 촬영을 진행하는 것[생합성]

e 더블 롤(Double Role) [생합성에 의한 배우의 1인 2역]

⑥ 거울의 트릭(Mirror)

⑦ 실 트릭(String)

⑧ 인형(Dummy)

⑨ 연기의 트릭

⑩ 도구로 세운(道具建) 외경[무대 장치(書割)에 의한 그림 배경][56]

이처럼 1914년과 1917년의 각 사료는 초기 일본영화의 트릭 기법과 실현 범위에 대해 제시하고 있다. 또한 초창기 일본영화계에서 트릭 담론이 인식되고 성숙기에 이르는 시기가, 트릭을 활용한 괴담영화가 유행하기 시작한 시기와 일치함을 확인할 수 있다. 멜리에스가 선취한 영화의 표현법은 일본에서 닌자(忍者)·요괴·유령이라는 '몬스터'들의 괴기 표현에 응용되어 〈지라이야(児雷也)〉(1914) 같은 인술(忍術)영화[57]와 〈요쓰야 괴담(四谷怪談)〉 같은 괴담영화가 반복적으로 만들어지는 기반이 되었다.[58]

보드웰이 지적하는 것처럼 멜리에스가 〈달나라 여행〉(1902)에서 선보인 테크닉들이 반드시 영화 내러티브의 완성을 향한 전진은 아니었다. 스토리텔링은 단지 멜리에스 몽환극의 하나의 목적일 뿐이었으며 그의 편집은 종종 고도의 마술과 연극적 스펙터클에 기여하기 위한 것이었다.[59] 트릭 기법은 서구영화와 일본영화 공히 몽타주라는 방법론을 획득하기 전, 즉 초기 영화 실천에서 고안된 촬영방식이다. 그렇다면 조선영화의 경우는 어떠했을까. 서구영화가 발명한, '환상'을 구현하는 '트릭' 기법이 20년 정도 지난 시점에 일본영화를 거쳐 뒤늦게 도착했지만, 조선영화는 이를 선택적으로 수용한 것으로 보인다. 즉 환상 장르의 시도는 없었고, 트릭은 내러티브의 주도 아래 활용되었다. 1920년대 초반 조선인 극장가에서 흥행 열기를 띠던 서구 연속활극영화(serial action film)처럼, 조선영화의 대응은 이미 내러티브 매체로서의 영화의 능력을 지향하고 있었기 때문이다.

결과적으로 초창기 조선영화는 압축적 선택과 실천을 수행한 것으로 볼 수 있을 것이다. 톰 거닝의 관점으로 말하자면, '어트랙션 영화(the cinema of attractions)'라고 부르는 스펙터클의 직접적인 제시를 연쇄극의 필름 상영 단계에서 이미 소화한 후, 시기상 바로 이어진 극영화 제작에서는 '내러티브 통합의 영화(The Cinema of Narrative Integration)'로 진입하는 혹은 지향하는 상황이었던 것이다.[60] 그렇다면 조선 무성영화의 실천은 '고전적 할리우드 영화(Classical Hollywood Cinema)'로 대표되는 '환영주의 영화'[61]로 해석될 수 있을 것인가. 나운규가 연출한 〈아리랑〉 연작에서 시도된 환상 장면의 분석은 흥미로운 결과를 보여줄 것이다.

4. 〈아리랑〉 연작과 환상

〈아리랑〉이 개봉과 동시에 조선관객에게 큰 환영을 받게 되고, 조선 무성영화의 대표작으로 기록되고, 또 한국영화사의 민족영화(national cinema)로 등극한 이유는 이 영화를 통해 조선영화가 처음으로 서구영화라는 콤플렉스를 어느 정도 떨쳐낸 순간으로 평가되기 때문이다. 이 영화의 개봉 당시 극장 내 풍경은 "'아리랑'이라는 커다란 자막이 나올 때 관중은 일제히 갈채"를 하는데 "서양영화의 대작이 나올 때 갈채하는 것과는 얼마쯤 다른 맛이"[62] 있었다고 전해지고, 일본 신파영화의 번안으로 조선 무성영화를 개척한 선배 감독 이경손은 나운규의 "〈아리랑〉이야말로 최초의 구극조(舊劇調)를 탈피한 첫 작품"이자 "흑백 무성영화시대의 획기적인" 작품이라고 기록한다.[63] 일제시기 한국영화사를 '민족 저항의 리얼리즘'으로 파악하는 영화사가 이영일 역시, "그 화면

중에 사막 장면이 나오는 거 있습니다. 그거는 운규가 그때 말하기를, 어느 서양영화에서, 외화에서 그런 걸 한 번 보았는데 그게 여기다가 그 모습만 따왔다"[64]는 윤봉춘의 증언을 인용하며 〈아리랑〉을 〈프라하의 대학생(Der Student von Prag)〉(1913), 〈칼리가리 박사의 밀실〉(1919) 같은 독일 표현주의 영화와 연결시킨다.[65]

이처럼 〈아리랑〉의 사막 장면은 조선영화와 서구영화의 관계성을 살피는 가장 핵심적인 분석 지점일 것이다. 영화사가 노만 역시, 당시 "전 조선영화를 통하여 가장 우수한 장면"[66]으로 평가될 정도로 인상적이었던 "환상 씬-사막 장면"에 대해, "나운규의 주제가 담겨졌을 뿐만 아니라 광인 영진으로 하여금 살인을 할 수 있는 모티프를 설정한 것"이었다고 평가한다.[67] 필름 〈아리랑〉이 존재하지 않는 현재, 조선영화의 문제적 장면인 사막의 환상 신을 검토하기 위해서는 『영화소설 〈아리랑〉』[68]을 살펴볼 필요가 있다. 이는 영화 〈아리랑〉의 실체를 그려볼 수 있는 현존하는 가장 중요한 텍스트이기 때문이다.

영화를 문자로 옮긴 『영화소설 〈아리랑〉』에서 환상 장면은 세 공간에 걸쳐 네 번 등장한다. 1) 기호가 빚 300원을 갚지 않으면 영희와 혼인시켜달라고 강요할 때 영진의 아버지가 딸이 우는 환상을 봄['영화소설'로는 22번째 자막[69] 장면]. 2) 영진의 친구 현구가 영희를 찾아왔을 때 환상 속 영진은 사막에서 인디안 상인과 나그네의 격투를 봄[42번째 자막에서 47번째 자막까지 장면]. 3) 현구가 영희에게 톨스토이의 『부활』 장면을 이야기해주는데, 그 둘이 네프류도프와 카츄사가 되어 나타남[50번째 자막 장면]. 4) 사막의 환상 속에서 영진은 현구를 죽이려는 기호를 낫으로 찍어 죽임[74번째 자막의 장면].[70] 특히 사막의 환상 장면의 경우 두 번에 걸쳐 등장한다. 이는 무척 영리한 설정인데, 첫 번째 장면인 42번째 자막에서 47번째 자막까지 상인과의 결투 장면을 전제로 깔아놓은 후 74번째 자막의 장면에서 기호를 죽이는 장면을 환상 속에서의 살인으로 처리하는 것이 가능하도록 만들기 때문이다.[71]

《키네마순보》 1926년 12월 11일호(248호)의 〈아리랑〉 광고. "극중극(劇中劇) 「부활(카추샤)」 「열사의 춤(熱砂の舞)」"이라는 문구를 확인할 수 있다.

일본영화잡지 《키네마순보》 1926년 12월 11일호(248호)에 실린 〈아리랑〉 광고[72]는 앞서 소개한 환상 장면에 대해 흥미로운 관점을 제공한다. 바로 "극중극(劇中劇) 「부활(카추샤)」 「열사의 춤(熱砂の舞)」"이라는 광고 문구를 주목할 필요가 있다.[73] 『부활』과 '사막'의 환상 장면이 '극 속의 극'으로 표현된 것은, 영화 〈아리랑〉이 영화매체가 전체 공연 양식의 일부로 수용되었던 영화사 초기의 맥락에 여전히 놓여 있음을 말해준다. 즉 영화가 연극 속에 수용되어 하나의 텍스트로 이루어진 연쇄극(連鎖劇)처럼 영화가 무대극 장르로부터 완전히 독립하지 않은 초창기부터, 그 이후 하나의 상연 프로그램 속에서 다양한 종류의 영화와 무대극 요소가 함께 배치된 경우까지 포함하는 조선영화의 이접성(離接性)을 제시하는 것이다. 이는 영화사 연구자 이순진이 나운규의 활동을 중심으로 조선 무성영화에서의 공연성의 맥락을 추적하는 것과 연관 지어 생각해볼 수 있다.[74] 그는 조선 무성영화의 두 가지 공연적 요소로 첫째 변사 연행과 악대, 가수의 공연이 동반된 상영 방식, 둘째 프롤로그, 에필로그를 포함한 어트랙션 쇼를 들고 있다.[75] 즉 〈아리랑〉의 '극중극'이라는 설정은 두 공연적 요소와 더불어, 조선 무성영화가 관객에게 어필하는 공연성의 맥락에서 검토할 수 있을 것이다.

이러한 〈아리랑〉의 공연성은 식민지 조선영화가 주류 환영주의 영화를 지향했지만,[76] 텍스트 외부(변사, 악대 등 '공연적 요소')는 물론, 내부(변사의 해설로 소화되었을 '극중극') 역시 반환영주의적 성격(anti-illusionist attitude)이 내재되어 있었음을 말해주는 것이다. 또 노엘 버치의 관점으로 말하자면 내러티브 영화의 지배적 코드를 해체하고 전복시키는, '원시적 영화(primitive cinema)'의 전통을 잇는 '균열 노선 영화'의 모더니즘적 긴장 속에서 조선영화를 해석해 볼 여지를 남기는 것이다. 나운규가 굳이 〈아리랑〉 속에 "너무 농촌과는 거리가 멀었다"[77]고 비판받았던 「부활(카추샤)」을 삽입한 이유는, 이처럼 이접적인(disjunctive) 공연성의 맥락에서 검토해볼 수 있을 것이다. 〈아리랑〉의 환상 장면은 조선 관객의 수용적 측면에서, 영화적 환영에 균열을 내는 것이었을 수 있다.[78] 바꿔 말하면 조선영화의 환상 신은 영화적 환영에 전적으로 기반한 것은 아니었다.

나운규는 〈아리랑〉에서 환상 장면들의 삽입을 이후 연작에서 어떻게 이어갔을까. 〈아리랑 후편〉(1930)에 대한 다음 평문에서 확인할 수 있다. 이 영화는 나운규의 바로 다음 작품인 〈철인도〉(1930)와 함께, 서광제, 윤기정, 박완식 등 카프(KAPF) 평론가와의 지면 논쟁으로 유명한 작품이기도 하다.[79] 나운규

〈아리랑〉의 극중극 「카추샤」 신. 왼쪽부터 "현구가 영희에게 '카추샤'의 이야기를 들려주는 연애장면", "카추샤의 이별되는 환상의 장면". 출처: 아단문고 문일 편, 『영화소설 〈아리랑〉』, 박문서관, 1929(『아단문고 미공개 자료 총서 2013: 영화소설·시나리오·희곡_01』, 소명출판, 2013).

로 대표되는 조선영화계의 기성 영화인과 카프영화운동 진영과의 격렬한 논쟁의 가장 서두에 위치한 이 글에서, 이제 '환상'은 '현실'이라는 문제의식과 결부되어 논의되고 있음을 파악할 수 있다. 즉 환상을 둘러싼 영화매체 특유의 창조성에 대한 차원은 평문에서 더 이상 언급되지 않는다.

> 우리는 〈아리랑 후편〉에서 나운규 군이 우리의 참담한 현실을 묘사하여 이것을 민중의 앞에 보이려고 한 일면의 의도에는 반대하지 아니한다. 다만 현재 우리가 가지고 있는 과도적 현실을 양기(揚棄)하고 새로운 생활의 창조에로 향하는 움직임을 보이지 아니하였음에 반대한다. (중략) 그러면 〈아리랑 후편〉은 이러한 현실의 구체적 묘사로 표현하였는가? 〈아리랑 후편〉의 **'라스트 씬'에서 다시 발광한 영진이가 순사에게 붙들려가면서 이미 자기보다 먼저 감옥으로 간 애신(?)이와 한 가지로 춤추며 뛰며 노래하는 착각을 일으키는 두 가지 장면을 연접[連接]시켰다.** 그러나 이것을 가지고 착각 중에 광명한 일면을 짜 넣은 것이라고 할 수 있을는지 그것은 의심스럽다.
> 요컨대 내가 보는 한에서는 나운규 군은 현실을 봄에 있어 몹시 주관적이다. 그리고 주관적인 한에 현실의 정확한 자태와는 거리가 멀어진다. 따라서 그것은 필연적으로 과장적 표현을 갖게 된다.[80]

이 평문에서 두 가지 지점을 확인할 수 있다. 먼저 전작 〈아리랑〉에 이어 후편에서도 환상 장면이 삽입된 점 그리고 조선영화 담론장을 결과적으로 카프영화 비평이 주도하면서, '환상'을 포함한 영화적 현실(cinematic illusion of reality)보다는 '현실적 영화'라는 구호가 지배하는 경향을 읽을 수 있다.[81] 한편 나운규의 이접적인 전략은 〈아리랑 후편〉에서도 이어진다. "나 군이 생각한 바를 그대로 표현하지 못하여 결국 영사막을 찢고 무엇을 호소하려고 나 군 자신이 무대 위로 뛰어나온다"는 윤기정의 비평에서, 영화 상영 이후 에필로그를 통해 나운규의 독백 그리고 환상 장면의 춤과 노래가 이어지는 무대 공연이 이루어졌음을 알 수 있다.[82] 나운규는 〈아리랑 후편〉의 에필로그, 즉 무대에서 진행된 춤과 노래는 "저 너머는 행복이 있다"는 그의 독백을 표현한 것이라며 윤기정의 논평을 즉각 반박한다.[83] 나운규는 '아리랑' 연작의 마지막을 발성영화 〈아리랑 제3편〉(1936)까지 이어나간다.

> 서양 '프랑켄슈타인'의 조선적으로 번역된 '난쟁이' '프랑켄슈타인'이 곧 〈아리랑 제3편〉일 것이다. (중략)
> 〈아리랑 제3편〉은 필자가 여태껏 설명해온 예술일반의 사회성에 가당치도 않은 '웃음거리' '미친 지랄'로 화면을 더럽히고 조선적 난쟁이 프랑켄슈타인의 괴마적 장면으로 화면을 떠들썩하게 하였다. (중략)
> 영진이의 미친 지랄하는 배경이(무대가) 조선의 농촌이니 만치 조선적 농촌 현실의 비참한 생활 중에서 그와 아우른 생활의 빈곤상이 또는 구장의 까다로운 간섭과 동리인의 어떠한 대안이 희미하나마 나와야 당연한 일이건만 위에 소개한 그 내용을 그저 중심 삼고 조선적 '지킬박사와 하이드'의 무섭고도 무의미한 연극이 연출되니 한심타 아니할 수 없다. (중략)
> 〈아리랑 제3편〉을 좀 더 왜 철저히 조선적 '지킬박사와 하이드' 또는 조선적 '프랑켄슈타인' 사진으로 만들지 못했나? 무의미, 무 내용한 판에야 괴기영화, 전율영화로 만들어 흥행가치(?)나 높이 올려서 관객의 도회적 자극성을 흥분이나마 시키지 못했나?
> 기대했던 영진의 장래란 다 무엇 말라빠진 것인가? 기대했던 것이 그래 오직 '조선적 지킬박사와 하이드'의 그 무서운 얼굴과 미친 부르짖음이었던가? (후략)[84]

인용한 평문에서 볼 수 있듯이 나운규 특유의 환상 연출에 대해서는 전혀 언급이 없다. 다만 이 영화가 영화의 예술적 측면도, 조선영화의 관심사인 현실의 타당한 묘사도, 그렇다고 할리우드 장르영화의 오락성도 만족시키지 못했음을 지적하고 있다. 〈아리랑 제3편〉에 대한 평문이 이 영화의 실체를 정확히 알려주는 것으로 단언하기는 힘들겠지만, 1편에 비해 영화적 완성도가 떨어진 것은 다른 평문들을 통해서도 확인된다. "1편보다 낫기는 고사하고 1편에서 보여준 그 정조와 리듬은 어디 다 집어치워버리고 신파활극을 다시 되풀이하는 책임은 누가 져야 옳을 것인가? (중략) 연출은 기가 막히거니와 나 씨의 '킹콩' 흉내(미친 사람은 그런 기괴성만 표현될 것인지)에 있어서는 불쾌를 지나쳐 증오의 감을 갖게 하였다"[85]는 개봉 직후의 평문 등이 그것이다. 〈아리랑 제3편〉은 나운규가 최초 〈아리랑〉에서 시도한 환상 장면의 창조성이나 이접적인 전략보다는, 조선 관객을 겨냥한 〈아리랑〉의 착수 배경이었던 할리우드 활극영화의 오락성을 강하게 지향하고 있었음을 조심스럽게 읽어낼 수 있다.[86]

「아리랑」後篇
새맛잇는作品

朝鮮映畫
朝鮮語全發聲
「아리랑」第三篇
◇…漢陽映畫社作品

〈아리랑 후편〉과 〈아리랑 제3편〉의 각 기사와 영화 장면. 출처: 각각 「〈아리랑 후편〉/ 새맛 있는 작품」, 《동아일보》 1930. 2. 9./ 「조선어 전발성 〈아리랑 제3편〉」, 《동아일보》 1936. 2. 7.

5. '환상'과 '현실', 조선영화의 선택

지금까지 식민지 조선영화 텍스트에서 '환상'의 문제를 고찰하기 위해, 1) 조선 무성영화 시대극에서 환상영화 장르의 실천 가능성, 2) 초기 영화의 '트릭'과 조선영화의 관계 그리고 3) 나운규의 〈아리랑〉 연작 세 편에서 환상 장면의 활용에 대해 살펴보았다. 2장에서는 조선 고대소설을 영화화한 무성영화 시대극 3편의 평문을 검토한 결과 환상영화 장르로 시도되지는 않았지만, 서구와 일본의 초기 영화에서 환상 장르를 구축하기 위해 활용되었던 '트릭' 기법이 실천되고 또 비평용어로 인식되고 있음을 확인할 수 있었다. 3장에서는 초창기 일본영화 사료를 통해 초창기 서구와 일본에서 환상 효과를 창조하는 방식이었던 트릭의 개념과 방법론에 대해 구체적인 접근이 가능했다. 일본영화의 트릭은 1914년 괴담영화의 유행과 함께 이론적으로도 정리되었다. 한편 조선영화의 경우 환상 장르의 트릭이 선택적으로 수용된 것은, 서구영화의 실천 단계가 압축적으로 수용되었기 때문이다. 즉 조선영화는 본격적인 극영화 제작을 1920년대 초반에 시작했기 때문에 서구식의 초기 영화적 실천을 제대로 경험하지 못한 채, 바로 내러티브 통합의 영화를 지향하고 있었다. 4장에서는 나운규의 〈아리랑〉 연작에서 연출된 환상 장면의 분석을 통해, 조선 무성영화 텍스트가 주류 환영주의 영화 노선에 균열을 내는 반환영주의적 성격을 지니고 있음을 검토할 수 있었다.

특히 4장에서 1930년 〈아리랑 후편〉을 둘러싼 나운규 등 기존 영화인들과 카프영화 진영과의 지면 논쟁을 검토하면서, 조선영화 비평 담론이 '환상'으로 대표되는 영화매체 특유의 창조성에 대한 인식 그리고 주류 환영주의 영화 문법인 '영화적 현실'에 대한 방법론보다는 '현실의 영화'라는 구호, 즉 있는 그대로의 현실을 묘사하는 문제에 대한 천착이 지배적임을 파악할 수 있었다. 주지하다시피 카프영화 비평가들의 방법론은 1920년대 이후 소비에트 영화의 몽타주 이론에 기반한 것이다. 당시 카프영화 진영의 이와 같은 이론적 움직임은 사실상 특정 이념이 존재하지 않았던 조선영화에 일정한 방법론을 제공하고 광범위한 영향을 미친 것으로 보인다.

영화매체에서 환상과 사실은 동전의 양면과 같다. 환상이 이면이라면 사실은 표면일 것이다. 1930년 전후 조선영화가 중요하게 고려하기 시작한 '현실'의 문제는, 〈나그네〉(1937), 〈한강〉(1938), 〈성황당〉(1939) 등 1930년대 중후반 조선영화계가 취했던, 즉 '로컬 컬러' 전략을 통해 장르로서의 '조선영화' 혹은 '반도영화'로 존재 증명을 시도하려 했던 현상으로 이어진다. 그리고 곧 조선영화는 1940년 전후로, '조선영화령'으로 대표되는 제국 일본의 영화통제 국면에 놓이고, 국책영화의 제작 시기로 진입하게 된다. 더 이상 식민지기 조선영화에서 '환상'이라는 키워드를 추출하기 힘든 직접적인 이유인 것이다.

주석

1 데이비드 보드웰 지음, 김숙·안현신·최경주 옮김, 『영화 스타일의 역사』, 한울, 2002, 32면.

2 위의 책, 71면.

3 물론 이 글에서 '영화 실천'이라는 용어의 선택은 노엘 버치(Noël Burch)의 저작에서 온 것이다. 이 책은 1950~60년대 모더니즘 영화의 새로운 영화 형식과 표현 기법에 주목하며 감독의 영화의 실천이 이루어지는 지점을 분석했다. 노엘 버치 지음, 이윤영 옮김, 『영화의 실천』, 아카넷, 2013 참조.

4 수잔 헤이워드는 "장르적으로 보면 판타지영화는 호러 영화, SF 영화, 동화(fairy tales), 어떤 유형의 모험 영화 등 네 가지 기본 범주를 포괄"하는 것으로 설명한다. 수잔 헤이워드 저, 이영기 역, 『영화사전: 이론과 비평』, 한나래, 1997, 365면.

5 노엘 버치의 연구 프로젝트는 "주류 환영주의 영화가 있고, 그에 선행하고 중첩되기도 하는 원시적 영화, 그리고 그것과도 아주 상이한 일본의 실천"이 있고, "서구 환영주의 영화의 일단에, 해체적 영화와 감독들의 균열 노선(crestline)이 있다"고 상정한다. 데이비드 보드웰, 앞의 책, 133면. 이를 상술하면 다음과 같다. 노엘 버치는 환영주의적 영화 언어의 강화 이전에 반환영주의적 노선의 영화가 있었음을 제시한다. 그는 할리우드의 환영주의적 영화와 대부분의 국가산업적 영화들을 '제도적 재현 양식(Institutional Mode of Representation, IMR)'으로, 1894~1914년 사이의 지배적 영화 실천이었던 반환영주의적 노선을 '원시적 재현 양식(Primitive Mode of Representation, PMR)'이라고 규정한 바 있다. 버치에 의하면 'PMR'은 영국에 이어 미국영화에 의해 보급된 연속성 스타일로 대체되기 시작하는 1906년경까지 번창했다. 데이비드 보드웰, 앞의 책, 144-146면. 초기 영화에 대한 버치의 작업은, 톰 거닝(Tom Gunning)의 '어트랙션 영화(The Cinema of Attractions)' 개념으로 구체화된다. 결론적으로 버치는 대립항적 영화제작의 전통이 'IMR'과 나란히 발전했다고 주장한다. 즉 '균열 노선 영화'들은 'IMR'이 가동시킨 코드들에 의존하면서, 'IMR'의 인위성을 드러내는 동시에 다양한 대안들을 제기하는 것이다. 버치는 '균열 노선 영화'의 예로 프랑스 인상주의, 독일 표현주의, 소비에트 몽타주 그리고 전전(戰前) 일본영화를 대표적으로 거론한다. 예컨대 본문에서 언급한 〈칼리가리 박사의 밀실〉은 1) 재현적 깊이와 회화적 표면의 모더니즘적 긴장을 환기, 2) 부피감 있는 세트 속에서 인물의 사실적인 움직임과 원시적 타블로로 되돌아간 평면적인 연기와 구성을 결합한다는 점에서 최초의 균열 노선 작품이다. 데이비드 보드웰, 앞의 책, 140면 참조.

6 위의 책, 33면.

7 장 루이 뢰트라 역시 "영화의 환상성은 영화 고유의 표현 수단에 의해 창조된 환상적 효과들뿐만 아니라, 영화의 도구적 장치 자체가 본래적으로 갖는 환상성"에 대해 지적하고 있다. 장 루이 뢰트라, 『영화의 환상성』, 동문선, 2002, 21면.

8 『활동사진필름검열개요』(조선총독부 경무국, 1931)는 '활동사진필름검열규칙'(1926)이 공포·실시된 1926년 8월부터 1927년 7월까지 1년간 조선총독부 경무국이 필름 검열 사무 기록을 정리해 펴낸 것이다. 이에 대한 해제는 이화진, 「해제: 활동사진필름검열개요(1926년 8월부터 1927년 7월까지)」, 한국영상자료원 엮음, 『식민지 시대의 영화검열: 1910~1934』, 한국영상자료원, 2009를 참고할 것.

9『활동사진필름검열개요』, 14, 33면. 번역은 한국영상자료원 엮음,『식민지 시대의 영화검열: 1910~1934』, 한국영상자료원, 2009, 167면 참고.

10『활동사진필름검열개요』, 33면. 번역은『식민지 시대의 영화검열: 1910~1934』, 182면 참고.

11 사실 필자가 지금까지 초창기 조선 무성영화 관련 사료(당시 기사나 광고 지면)들을 검토한 결과 조선영화에 환상 장르가 시도된 것으로 보이지는 않는다. 이 글에서 초창기 조선 무성영화 중 고대소설을 영화화한 시대극 3편에 집중하는 이유는, 디제시스에 환상 요소가 포함된 것으로 유추되는 이 텍스트들을 통해, 결론적으로 당시 조선영화에는 서구식의 환상 장르가 존재하지 않았음을 검증하고, 두 번째 질문, 그렇다면 조선 극영화에서 환상 장면은 어떻게 연출되었을지 검토하는 것으로 방향을 전환하기 위해서이다.

12『검열개요』는, '조선물'에는 두 종류가 있는데 "단지 조선에서 제작을 한다는 것 외에는 극의 내용이 내지에서 제작된 일본극과 다르지 않은 것"과 "완전히 조선인 또는 조선인을 중심으로 하는 제작업자의 손에 의한 극의 내용 구성, 조선인 연기자 출연 등으로 이뤄진 순연한 조선극"을 구분하고 있다. 본문의 '순조선극'은 후자에 해당한다. 앞의 책, 45면(번역은 앞의 책, 191면 참조).

13 위의 책, 46면(번역은 위의 책, 192면 참조).

14 식민지기 조선/일본영화에서 극영화 장르의 가장 큰 구분법은 시대극과 현대극이다. 1930년 박완식은 '영화의 내용과 형태'에서 극영화의 분류법에 대해 정리하면서, 소재로는 "인정극, 활극, 희극, 군사극, 탐정극 등"이 있고, 모든 장르를 "또다시 현대극, 시대극의 이종으로 분별할 수 있다"고 말한다. 그는 "현대극이란 물론 그 시대를 배경 삼고 그 현실에서 취재, 묘사한 것이고 시대극이란 역사극을 말하는 것이다"라고 부연 설명하고 있다. 박완식,「영화의 내용과 형태(1) 내용에 의한 분류 형태로서의 발전」,《중외일보》, 1930. 1. 26.

15「영화계의 희소식」,《매일신보》, 1924. 7. 18.

16「광고」,《조선일보》, 1924. 7. 31. 1924년 8월 21일자 이후《동아일보》광고는 "애화(哀話)"로 표현하기도 한다.

17「영화제작소의 첫 사업으로/ 장화홍련전을 촬영」,《매일신보》, 1925. 3. 16.

18「광고」,《동아일보》, 1925. 3. 14.

19「광고」,《동아일보》, 1925. 3. 28.

20「광고」,《동아일보》, 1925. 9. 5.

21 1925년 9월 토월회가 〈심청전〉을 무대에 올리며 "반만년 역사가 산출한 만고불멸의 향토예술, 춘향전의 자매편", "춘향전과 심청전은 조선 국민문학의 쌍벽!" 같은 홍보 문구를 사용한 것을 통해서도 당시 조선인 관객들을 겨냥한 조선 고대소설의 각색 경향을 읽을 수 있다.「광고」,《동아일보》, 1925. 9. 27.

22「[연예] 활동사진으로 현출할 홍부놀부/ 16일부터 일주간/ 조선극장에서 상연」,《동아일보》, 1925. 5. 15.

23「광고」,《조선일보》, 1925. 5. 9.

24「광고」,《동아일보》, 1925. 5. 16.

25 이구영,「조선영화의 인상」,《매일신보》, 1925. 1. 1.

26 당시 소설가 이효석의 기록에 의하면 조색은 "약품 혹은 염료로 필름을 물들여 비현실적 색채의

효과에 의하여 그 장면 한 분위기에 필요를 비쳐서 기분을 고조하게 하는 수법"이다. 즉 영어로 프린트를 염색약품에 담구는 방법인 틴팅(tinting)과 염색약 대신 화학약품을 이용해 은입자를 컬러로 바꾸는 방식인 토닝(toning)을 의미하고 있다. 이효석, 「시나리오에 관한 중요한 술어(2)」, 《동아일보》, 1931. 2. 25. 조선영화의 필름 염색, 조색에 대해서는 정종화, 「조선 무성영화 스타일의 역사적 연구」, 중앙대학교 박사학위논문, 2012, 223-224면 참고할 것. 다음 논문에서도 초창기 조선영화의 필름 착색에 대해 검토하고 있다. 한상언·정태수, 「1920년대 초반 조선영화의 형식적 특징」, 《한국콘텐츠학회논문지》 제13권 제12호, 2013. 12.

27 일본영화사가 야마모토 기쿠오(山本喜久男)는 일본의 서구영화 수용사를 정리하며, 영화평론가 요시야마 교코(吉山旭光)가 1911년부터 《가부키(歌舞伎)》지에서 약 40편의 서구 문예영화를 비평하면서 영화매체의 특징으로 추출한 것을 다음과 같이 인용하고 있다. 1) 표정본위의 판토마임적 연기에 의한 무성영화는 장면을 압축하기 위해 원작의 구성상의 개작이 필요함 2) 표정 연기가 크게 발휘됨 3) 인물과 조화되는 자연의 배경을 이용할 수 있는 장점 4) 심리나 환상을 나타내는 이중노출 트릭과 페이드의 장점 5) 영화적으로 사용되는 조명효과 6) 스펙터클성(자연의 배경과 군중 등). 야마모토 기쿠오, 『일본영화에 있어 외국영화의 영향—비교영화사적 연구(日本映畫における外國映畫の影響—比較映畫史研究)』, 와세다대학출판부(早稲田大學出版部), 1997, 6-11면.

28 일기자, 「조선의 영화계(1) '장화홍련전'/ 단성사의 시사회를 보고」, 《매일신보》, 1924. 8. 31.

29 정확한 일본어 표기는 오토키바나시(御伽話·御伽噺)이다. 어린이에게 들려주는 전설이나 옛날이야기 혹은 현실이 아닌 가공의 이야기를 의미하는 일본어이다.

30 삼청동 사팔뜨기 생, 「[개방란] 진기한 〈심청전〉/ 지식 없고 돈 없어서 완전히 실패하였다」, 《매일신보》, 1925. 4. 3.

31 김태진, 「초창기의 비화⑤: 영화편—영화의 낭만시대②」, 《동아일보》, 1939. 3. 28. 이 카메라는 프랑스제 목조 카메라 '파르보(parvo)'로 추정된다. 니시카와 히데오(西川秀洋)는 초창기 조선 무성영화장에서 촬영기사로서의 역할이 컸던 인물이다.

32 영화서지가 김종욱에 의해 발굴된 '영화각본 『효녀 심청전』'이 있지만 이 영화의 시나리오는 아니다. '영화각본 『효녀 심청전』 전편은 김종욱 편저, 『실록 한국영화총서 제1집(1903~1945. 8.)』(상), 국학자료원, 2002, 194-220면에 실려 있다. 한편 이 시나리오에 대한 영화 스타일 맥락에서의 평가는 정종화, 앞의 논문, 240-243면 참고.

33 「[연예소식] 백남 '푸로덕숀'의 처녀작 '심청'/ 조선극장에서 상연 중」, 《조선일보》, 1925. 4. 1.

34 니시키 모토사다, 「조선영화의 소재에 대해서」, 《영화평론》 1941년 7월호, 영화일본사, 52면. 번역은 한국영상자료원 영화사연구소 엮음, 『일본어 잡지로 본 조선영화1』, 한국영상자료원, 2010, 260면 참고.

35 위의 글, 52면.

36 「[연예] 활동사진으로 현출할 홍부놀부/ 16일부터 일주간/ 조선극장에서 상연」, 《동아일보》, 1925. 5. 15.

37 「조선극장 상영 놀부홍부전」, 《동아일보》, 1925. 5. 19.

38 1933년 9월 9일자 《동아일보》는 「사전: 영화용어」라는 난을 통해 영화 관련 기사에서 주로 사용되는 영어 용어를 소개하고 있는데, 이 글이 초창기 영화 언어로 주목하는 '트릭'에 이렇게 해설을

달았다.

39 'The Cinema of Attractions'는 톰 거닝이 1908년 이전의 영화가 이야기의 전달보다는 관객에게 일련의 광경을 제공하는 것을 목적으로 했다고 전제하면서 사용한 용어이다. 데이비드 보드웰, 앞의 책, 170면. 노엘 버치와 톰 거닝의 초기 영화 논의는 각주 60)에서 후술될 것이다.

40 다음 기사를 참고할 수 있다. "영사된 것이 시작하는데 우선 실사로 남대문에서 경성 전시의 모양을 비치우매 관객은 노상 갈채에 박수가 야단이었고, 그 뒤는 정말 신파사진과 배우의 실연 등이 있어서 처음 보는 조선 활동사진임으로 모두 취한 듯이 홍미 있게 보아 전에 없는 성황을 이루었더라." 「단성사의 초일(初日)/ 관객이 물밀 듯이 들어와」, 《매일신보》, 1919. 10. 29.

41 현재 '유니바스 전기응용극'에서 귀신(유령)이 나오는 장면을 무대에서 연출한 기록은 〈탐라의 허몽〉 관련 기사와 광고가 유일하다. **"나중은 전기 사용으로 귀신이 나타나는데 모다 신기히 여기었으며,** 제4막에 가서 제주 한라산을 꾸며 놓은 것과 등대와 윤전의 내왕하는 광경은 진경과 흡사하다고 환영을 받았는데, 이 신파사실극은 유월 삼일까지만 홍행한다더라." 「비극 「제주살옥」/ 단성사에서 호평」, 《매일신보》, 1919. 6. 1. 이는 1862년 영국에서 공연된 'Pepper's Ghost'와 1870~72년 일본에서 공연된 '극장유령의 술(術) 광선반사법응용'과 동일한 방법으로 추정된다. 조선영화의 전사로서의 '전기응용극(電氣應用劇)'에 대한 논의는 정종화, 앞의 논문, 31-37면 참조.

42 1882년 일본 최초의 권총 강도범인 시미즈 사다키치 사건을 영화화한 것이다. 일본솟센활동사진회(日本率先活動寫眞會)를 주재해 일본 전역에 아메리카영화의 순업을 다녔던 변사 고마다 고요(駒田好洋)가 제작, 홍행했다.

43 《키네마순보》 영화데이터베이스 'KINENOTE'(http://www.kinenote.com/main/public/home/) 검색 결과를 참고. 이후 1908년 요코타상회(横田商會)에 의해 〈월세계탐험(月世界探検)〉이라는 제목으로 재상영되기도 했다. 다나카 준이치로(田中純一郎), 『일본영화발달사I 활동사진시대(日本映畫發達史I 活動寫眞時代)』, 추코분코(中公文庫), 1975, 125-126면.

44 예를 들어, 구한말 영화의 대중 상영을 기록한 가장 오래된 사료인 《황성신문》 1903년 6월 23일자 광고에서 볼 수 있듯이, 실사를 담아내는 '활동사진'의 능력에 대한 소개가 우선이었다. 즉 상영되는 서구영화의 자세한 내용이나 장르에 대한 기록을 남기기에는 이른 시기였다.

45 가미야 마키코(紙屋牧子), 「초기 일본영화의 괴기와 트릭-마키노 쇼조와 오노에 마쓰노스케의 인술영화를 중심으로(初期日本映畫の怪奇とトリックー牧野省三と尾上松之助の忍術映畫を中心に」, 우치야마 가즈키 편(内山一樹編), 『일본영화사총서8: 괴기와 환상에의 회로—괴담부터 제이호러로(日本映畫史叢書8: 怪奇と幻想への回路ー怪談からJホラーへ)』, 신와샤(森話社), 2008, 34면.

46 특수효과 영화의 출발로 기록되는 영화이다. 문제의 단두대 장면의 트릭은, 카메라를 멈춘 뒤 여배우를 인형으로 교체해 이어 촬영하는 것으로 구사했다.

47 가미야 마키코, 앞의 글, 34-35면 참고.

48 위의 글, 36-37면 참고.

49 초창기부터 1920년대까지 만들어진 괴기·환상영화는 가부키나 라쿠고(落語)로 사람들이 이미 알고 있는 괴담을 영화화했기 때문에 이런 장르명이 붙었다. 우치야마 가즈키(内山一樹), 「총론: 일본영화의 괴담과 환상(総論 日本映畫の怪奇と幻想)」, 우치야마 가즈키 편, 앞의 책, 9-10면.

50 가미야 마키코, 앞의 글, 35-36면 참고.

51 1909년에 창간된 일본 최고(最古)의 영화잡지 《활동사진계》에서 1910년 11월호를 위시로 몇 차례 트릭이 등장하지만 일본영화계에서 아직 이 용어가 정착되기 전이다. 위의 글, 47면.

52 《키네마 레코드》는 1913년 창간된 일본 최초의 본격 영화평론지로, 가에리야마 노리마사(歸山教正), 요시토미 요시오(吉富淑夫), 시게노 유키요시(滋野幸慶)가 참가한 동인지 형태였다. 창간호부터 4호까지는 《필름 레코드》라는 이름으로 발행되었다.

53 1인 2역 방법을 위한 '생합성'은 광학적 합성에 의한 것이 아니라, 카메라의 렌즈의 일부를 천으로 가리고 촬영한 다음 필름을 되돌려 다시 그 가린 부분에 촬영하는 것을 말한다. 가미야 마키코, 앞의 글, 49면.

54 위의 글, 48-49면 재인용.

55 가에리야마 노리마사(1893~1964)는 일본의 영화이론가, 감독 그리고 각본가이다. 1918년부터 1923년경에 걸쳐 일본영화계의 혁신운동인 '순영화극운동(純映畵劇運動)'을 선도했던 인물이다.

56 가미야 마키코, 앞의 글, 50-51면 재인용.

57 인술(忍術)은 일본어로 '닌쥬쓰'라고 발음하며, 둔갑술을 의미한다.

58 가미야 마키코, 앞의 글, 54-55면 참고. 가미야 마키코는 마키노 쇼조(牧野省三)의 트릭 촬영의 완성과 가부키를 통해 완성된 오노에 마쓰노스케(尾上松之助)의 연기, 그리고 인술영화라는 장르가 만난 교차점을 〈지라이야(兒雷也)〉로 평가한다. 초창기 일본영화계에서 트릭영화의 유행은 〈지라이야〉의 성공에서 비롯된 것이었다. 가미야 마키코, 앞의 글, 44면 참고.

59 데이비드 보드웰, 앞의 책, 174-175면.

60 이 글은 조선영화가 영화 스타일의 수용에 있어 압축적 선택과 실천을 수행했다고 판단하고 있다. 즉 조선영화에 대한 이 같은 논의에서, 연쇄극과 '어트랙션 영화', 무성 극영화의 지향과 '환영주의 영화'를 연결시킨다고 해서, 이를 영화언어의 단계적 진화 혹은 실천 과정으로 상정하는 것은 아님을 밝혀둔다. 노엘 버치와 톰 거닝의 초기 영화 논의를 추가적으로 상술하면 다음과 같다. 톰 거닝의 초기 영화(early cinema) 논의는 노엘 버치의 '원시적 영화(primitive cinema)' 개념에 기반한 것이다. 거닝은 '어트랙션 영화(볼거리로서의 영화, The Cinema of Attractions)'였던 초창기 영화와 1910년대 이후 지배적이 되는 '내러티브 통합의 영화(The Cinema of Narrative Integration)'를 구분한다. 스펙터클(spectacle)이라는 초기 영화의 두드러진 특징은 이후 영화학자들이, 설득력 있게 구분된 거닝의 관점을 채택하도록 만들었다. 로버타 피어슨, 「초창기 영화」, 제프리 노웰-스미스 책임편집, 이순호 외 옮김, 『옥스퍼드 세계영화사』, 열린책들, 2005, 41면 참고. 톰 거닝은 1906~1907년까지의 영화제작이, 그가 '어트랙션 영화'라고 부르는 변별적인 시기를 이룬다고 가정한다. Tom Gunning, "The Cinema of Attraction[s]: Early Film, Its Spectator and the Avant-Garde", Wanda Strauven (ed.), *The Cinema of Attractions Reloaded*, Amsterdam University Press, 2006, 381-388면 참고. 즉 거닝은 '어트랙션'이 1903년까지는 지배적이었으며 1908년경까지 지속적인 변이의 과정이 계속되었음을, 1910년에는 내러티브 통합의 영화가 지배적이 되었다고 주장한다. 데이비드 보드웰, 앞의 책, 173면. 그 자체로 하나의 '어트랙션'이 되는 영화 테크닉은 초기 영화의 '전시적(exhibitionist)' 측면에 적합했다. 버치와 거닝이 각각 하나의 변별적인 스타일 제도(PMR, 어트랙션 영화)가 또 다른 것(IMR, 내러티브 통합의 영화)에 의해 대체된다고 주장하는 입장에 대해서는 정종화, 앞의 논문, 8-13면의 논의를 참고. 한편 조선 연쇄극을 톰 거닝이 언급한 '내러티브 통합의 영화' 이전의 '어트랙션 영화'와 연결

시킨 논의는 다음 논문을 참조할 수 있다. 전평국, 「우리 영화의 기원으로서 연쇄극에 관한 시론」, 《영화연구》 24호, 한국영화학회, 2004. 12, 491-492면.

61 비가시적(invisible) 편집, '투명한' 스타일, '영도(zero-degree)'의 스타일 등과 동일한 개념인 연속편집(continuity editing)으로 디제시스의 통합적 환영을 구축한 영화를 말한다.

62 포영, 「[극영화] 신영화 〈아리랑〉을 보고」, 《매일신보》, 1926. 10. 10.

63 이경손, 「무성영화시대의 자전」, 《신동아》, 1964년 12월호. 김종욱, 앞의 책, 274면 재인용. 여기서 구극의 의미는 이전의 시대극 장르를 지칭한 것이다. 즉 〈아리랑〉이 나오기 전까지, 〈춘향전〉(1923), 〈장화홍련전〉(1924), 〈운영전〉 〈심청전〉 〈흥부놀부전〉(1925) 등 조선 고대소설을 영화화한 일련의 작품을 말한다.

64 한국예술연구소 편, 『이영일의 한국영화사를 위한 증언록—윤봉춘 편』, 도서출판 소도, 2004, 116-117면.

65 한국예술연구소 편, 『이영일의 한국영화사 강의록』, 도서출판 소도, 2002, 131면.

66 영화동호회 김을한, 「[영화평] 〈아리랑〉 6권 조선키네마 작」, 《동아일보》, 1926. 10. 7.

67 노만, 『한국영화사』, 필사본, 1964, 70면.

68 문일 편, 『영화소설 〈아리랑〉』, 박문서관, 1929. 『아단문고 미공개 자료 총서 2013: 영화소설·시나리오·희곡_01』, 소명출판, 2013 재인용.

69 『영화소설 〈아리랑〉』은 전체 81개의 자막(T) 단위로 구성되어 있다. 현재 영화소설을 통해서는 정확한 신 단위를 파악하기 힘들어, 자막(T) 단위의 묶음을 신 단위로 가정해 살펴본 것이다.

70 현재로서는 이 환상 장면들이 어떠한 영화언어로 연출되었는지 정확히 확인할 수 없지만, 당시 가능한 트릭 기법이었던 '디졸브'를 사용했을 가능성을 추정해볼 수 있다. '디졸브' 전환은 단순한 커트 전환보다는 당시 조선 관객들이 이해하기 용이했을 것이다.

71 첫 번째 환상 속에서 여자(영희)를 물로 유혹하는 상인(기호)과 격투하던 남자(현구)를 대신해 칼로 상인을 죽인 나그네(영진)는 영화 속 현재에서 영희를 겁탈하려는 기호를 말리다 죽을 지경이 된 현구를 도와 낫으로 기호를 죽인 영진으로 정확히 반복된다. 한편 사막의 환상 장면을 통한 〈아리랑〉과 유럽 예술영화, 일본영화 〈미친 한 페이지(狂つた一頁)〉(1926)의 관계성에 대한 논의는 정종화, 앞의 논문, 150-153면 참고할 것.

72 번역은 한국영상자료원 영화사연구소 엮음, 『일본어 잡지로 본 조선영화2』, 한국영상자료원, 2011, 28-29면 참고.

73 〈아리랑〉 광고에서 '극중극'이라는 문구를 단초로, 〈아리랑〉이 서구영화를 수용한 일본 신파영화와 미국 활극영화, 유럽 예술영화 등 서구영화의 여러 경향이 직조된 텍스트임을 검토한 내용은 정종화, 앞의 논문, 141-159면 참고. 〈아리랑〉이 취한 서구영화의 스타일을 추적하기 위해서는 미국 활극영화의 자장뿐만 아니라, 프랑스 인상주의, 독일 표현주의, 소비에트 몽타주 등 1920년대 중반경 '영화유럽(Film Europe)'의 국제적인 예술영화 양식을 함께 고려할 필요가 있을 것이다.

74 이순진은 조선의 활동사진 도입 초기인 1900년대의, 공연예술을 중심 레퍼토리로 단편 활동사진들이 편입된 상영방식이, 1910년 이후 활동사진 상설관의 개관으로, 활동사진을 중심으로 공연예술이 막간으로 도입되거나 변사의 연행을 통해 활동사진 상영 자체가 공연적 형식을 취하는 방식으로 변화했음을 추적한다. 이순진, 「조선 무성영화의 활극성과 공연성에 대한 연구」, 중앙대학교 박사학위논문, 2008. 그는 이러한 '종합적 연행물'로서의 성격이 연쇄극을 통해 새로운 차원으로

끌어올려졌고(152면), 나운규의 〈아리랑〉 〈아리랑 후편〉에서 영화의 구조적 요소로 활용되며, 재구성의 단계를 맞은 것으로 평가한다(182면). 한편 그는 이러한 조선 무성영화의 공연성은 발성영화가 등장하는 1930년대 전반이 되어서야 주변화된 것으로 파악한다(155면).

75 이순진, 위의 논문, 182면.

76 나운규는 〈아리랑〉을 연출하며 "화나는데 서양사람 흉내를 내서 한 작품 만들어 봅시다."라고 말했고, 이 영화가 "템포가 빠르고 스피드가" 있는 "외국영화를 흉내를 낸" 작품임을 다음의 회고를 통해 기록한 바 있다. 나운규, 「[조선영화감독고심담] 〈아리랑〉을 만들 때」, 《조선영화》 제1집, 조선영화사, 1936, 47-48면.

77 포영, 앞의 기사, 《매일신보》, 1926. 10. 10.

78 이 글의 연구 범위를 넘어서는 문제이지만, '극중극' 환상 장면이 변사의 연행으로 '공연'되었다는 점은 무성영화 〈아리랑〉이 필연적으로 반환영주의적 성격을 내재하고 있음을 지시하는 것임을 밝혀둔다. 노엘 버치의 주장처럼 변사의 목소리(해설)는 디제시스에 상상적으로 흡수되는 것을 불가능하게 만드는, 즉 환영주의 영화(제도적 재현 양식, IMR)의 동질적인 환영 생산을 불가능하게 만드는 존재였기 때문이다. 관련 내용은 Noël Burch, *To the Distant Observer: Form and Meaning in Japanese Cinema*, University of California Press, 1979, 79면과 Noël Burch, *Life to Those Shadows*, University of California Press, 1990, 154-155면을 참고할 수 있다. 또한 이순진도 지적하듯이, 변사는 스크린의 디제시스 바깥에 존재하면서 스크린에서 펼쳐진 세계에 해설과 주석을 덧붙임으로써, 그 안의 이질적 시공간성을 접합한 반면, 다른 차원에서는 시공간성의 균열을 생산하는 존재이기도 했다. 변사는 스크린 세계 밖에서, 즉 스크린을 바라보는 관객과 함께 존재함으로써 스크린이 구성하는 허구의 세계와는 다른 현실세계를 환기시켰기 때문이다. 이순진, 앞의 논문, 183면. 한편 일본영화사 연구자 아론 제로우(Aaron Gerow)는, 영화적 텍스트의 새로운 정의를 창조함에 있어 변사의 역할을 역사적으로 추적하면서, 서구 영화이론가들의 '변사'에 대한 논의를 다음과 같이 종합하고 있다. "변사의 연행과 함께 상영되는 영화는, 일의적 세계로 열린 투명한 창으로 기능하는 할리우드적 텍스트와 달리, 관객을 이야기 세계로 몰입하는 것을 허용하지 않는다"(노엘 버치), "'활변(活弁)'은 영화의 존재론적 기반을 위협한다"(J. L. 앤더슨), "'강연자'의 역할은 강고한 이야기 세계의 리얼리즘 및 내러티브의 감정이입을 통한 영화의 허구성을 유지하는 내러티브 통합의 영화와 서로 충돌한다"(톰 거닝), "역설적으로 강연자는 이야기적 허구의 의식을 약체화시킨다"(미리엄 한센) 등으로 정리할 수 있다. 아론 제로우(Aaron Gerow), 「변사에 대해—수용규제와 영화적 주체성(弁士について—受容規制と映畫的主体性)」, 고마쓰 히로시(小松弘) 등 편집협력, 『일본영화는 살아있다 제2권: 영화사를 다시 읽는다(日本映畫は生きている 第2巻: 映畫史を讀み直す)』, 이와나미서점(岩波書店), 2010, 120-123면.

79 특히 서광제와 박완식의 기존 조선영화계에 대한 비판 배경에 관해서는 이효인, 「일제하 카프 영화인의 전향 논리 연구: 서광제, 박완식을 중심으로」, 《영화연구》 45호, 한국영화학회, 2010. 9, 396-397면 참조할 것.

80 남궁옥, 「극과 영화: 〈아리랑〉 후편을 보고(2)」, 《중외일보》, 1930. 2. 19.

81 예컨대 박완식의 다음 비평이 대표적이다. "현실을 정시(正視)하라! 조선 어느 촌락에 어느 도회에 연모하는 청춘남녀가 달리고 따르고 얼싸 공중에 쳐들어 앉히고 하는 '아메리카' 식의 연애 장면이 전개되는가?" 박완식, 「영화비평: 녹성키네마사 영화 '바다와 싸우는 사람들'」, 《조선일보》, 1930. 11. 19.

82 윤기정, 「조선영화의 제작경향—일반제작자에게 고함(4)」, 《중외일보》, 1930. 5. 9.

83 〈아리랑 후편〉의 에필로그를 통해 나운규의 '공연성의 재구성'에 대한 논의는 이순진, 앞의 논문, 189-194면 참고.

84 김중희, 「영화시평: 아리랑 제3편을 보고서」, 《영화조선》 제1책(冊), 1936년 9월 1일호, 영화조선사, 76, 77, 79면.

85 XY생, 「〈아리랑〉을 보고」, 《매일신보》, 1936. 5. 27.

86 〈아리랑 제3편〉에서 "신파활극을 되풀이"하고 있다는 것은 '겁탈—격투—떠남'이라는 절정—결말부의 익숙한 줄거리에서 확인할 수 있다. "영진이를 묶어놓고 그를[영희를] 겁탈하려다가 정조를 고수(固守)하려던 영희가 들고 나온 그 칼이 도리어 기사의 실수로 자기가 죽게 된다. (중략) 영진이는 미친 그대로 영희를 잃은 채 동리 밖으로 통한 넓은 고개를 넘어 펄펄뛰며 달아난다." 김중희, 앞의 글, 78면 참고. 한편 '공연성'과 함께 나운규 영화의 '활극성'에 주목한 선행 연구는, "신파활극을 다시 되풀이"하고 있다는 〈아리랑 제3편〉에 대한 비평 문구를 힌트 삼아 연구에 천착한 이순진의 박사논문(2008)을 참조할 수 있다.

| 제3절 |

한국 아동 판타지에 나타난 '어린이 나라' 공간과 유토피아적 상상력의 계보

1. '어린이 나라'라는 수사법과 공간의 상상력

'어린이 나라'라는 비유는 시기적 한도로 구분되는 아동기를, 공간적 경계를 갖는 영토처럼 상상케 하는 효과를 갖는다. 우리 사회에서 '어린이 나라'의 공간 상상력이 본격적으로 발현되기 시작한 것은 대략 1920년대 초부터라고 볼 수 있다. 19세기 말부터 20세기 초에 이르는 소위 '근대 전환기'에는 정치·경제적 구조의 변화뿐만 아니라 일상의 삶을 둘러싼 제도와 관습에 큰 변화가 나타났으며 아동에 대한 사회·교육 제도와 일반인의 인식 또한 큰 폭으로 재편되었다. 특히 1920년대는 '어린이'라는 말이 보급되고 어린이문화운동이 역동적으로 펼쳐졌던 때이다. "조선의 새싹은 어린이!"[1]라는 구호 아래, 어린이의 인격에 대한 평등한 대우를 요구하고 어린이를 위한 사회·문화적 기반 확충을 촉구하는 목소리가 높아졌다. 전국의 소년 단체가 연합하여 성대한 '어린이날' 기념식을 거행하였으며, 소년소녀들을 위한 각종 출판물과 문화 행사가 기획되었다.[2] 어린 존재를 새삼스런 시선으로 재발견했던 이 열정의 시대에, 아동기를 독립적인 하나의 공간처럼 상상하게 만드는 '어린이 나라'의 수사법도 각종 사회 담론에서 반복적으로 출현하기 시작했던 것이다.[3]

우리는 일제강점기의 대표적인 아동잡지 《어린이》의 창간호 첫 페이지에서 새롭게 도래한 '어린이 나라'의 이미지를 인상적으로 목도할 수 있다.

> 죄없고 허물없는 평화롭고 자유로운 하늘나라!(*이하 밑줄 강조는 인용자) 그것은 우리의 어린이의 나라입니다. 우리는 어느 때까지든지 이 하늘나라를 더럽히지 말아야 할 것이며 이 세상에 사는 사람 사람이 모두, 이 깨끗한 나라에서 살게 되도록 우리의 나라를 넓혀가야 할 것입니다.
>
> —「처음에」, 《어린이》 창간호, 1923. 3, 1면[4]

"어린이의 나라"는 "죄 없고 허물없는 평화롭고 자유로운 하늘나라!"이며, 세상의 욕심과 더러움에 찌든 "우리" 어른들의 실낙원이다. 이 깨끗하고 아름다운 나라가 더럽혀지지 않도록 지키고 보호해야 하는 것은 어른들의 임무다. 그런데 아동기의 순정한 아름다움이 이와 같이 극적으로 강조되면 강조될수록 '어린이 나라'는 '하늘나라'의 비유에서 볼 수 있듯 탈속의 세계로 표상되기 쉽다. 타자로서의 어린이를, 성인-주체와 단절적 경계를 갖는 현실 저편의 어떤 공간에 속한 존재처럼 인식케 한다는 점에서 '어린이 나라'의 수사적 효과는 단순히 어린 시절을 찬양하는 미문(美文)의 장식 기능을 넘어선다.

그런데 이처럼 어린이의 세계가 어른들의 타락한 현실 바깥에 있는 이상적 공간으로 가상될 때, '어린이 나라'는 '유토피아'의 어원적 의미에 적확하게 부합하는 성격을 띠게 된다. 잘 알려져 있듯, '유토피아(Utopia)'는 토마스 모어가, 그리스어로 좋은 곳을 뜻하는 '에우토피아(Eutopia)'와 어디에도 없는 곳을 의미하는 '오우토피아(Outopia)'를 섞어서 만든 말이라고 한다.[5] '어린이 나라'는 유토피아가 갖는 이 두 가지 조건, 즉 이념적 이상성과 지정학적 환상성을 동시에 충족시킨다.[6]

'어린이 나라'의 수사법은 아동기에 대한 유토피아적 상상력을 응집시키는 담론 효과를 발휘해왔으며, 아동문학 작가들은 광활한 상상의 대지 위에 수많은 '어린이 나라'를 건설해왔다. 한국 아동문학 판타지[7]의 대표작으로 꼽혀온 주요섭의 『웅철이의 모험』(《소년》, 1937. 4.~1938. 3.), 이원수의 『숲 속 나라』(《어린이나라》, 1949. 2.~1949. 12.), 김요섭의 『날아다니는 코끼리』(《아동문학》 등에 분재, 1964. 7.~)[8]에는 마치 약속이라도 한 것처럼 '어린이 나라'의 유토피아가 그려져 있다. 이는 환상을 자원으로 한 한국 아동문학의 창작 에너지가 어디에 집중되어 왔는지 대변해준다.

그러나 2000년대에 이르면 기존의 어린이 나라가 갖고 있던 '에우토피아'로서의 이상성이 위축되는 현상이 두드러진다. 이상 세계를 지향하는 상상력은 약화되는 대신 '디스토피아(Dystopia)'로서의 일상을 고발하고 비판하는 경향이 현저하게 나타났다. 이와 더불어 먼 환상의 지대에 자리 잡아 왔던 어린이 나라의 '오우토피아'로서의 지정학적 위치가 불안정해지는 징후도 나타났다. '어린이 나라'는, 일찍이 푸코가 "위치를 가지는 유토피아"라고 불렀던 '헤테로토피아(Heterotopia)'[9]적 공간으로 묘사되기도 했다. 이러한 어린이 나라의 반(反)유토피아적, 비(非)유토피아적 경향들은 근대의 기획과 어린이 이데올로기에 대한 전반적인 회의와 성찰에 기반을 두는 것이라는 점에서 주목할 필요가 있다.

이 글은 '어린이 나라'라는 매개항을 중심으로 한국 아동문학의 유토피아적 상상력이 전개되어온 양상을 탐색하고자 하며, 다음과 같은 사항에 역점을 두어 살피고자 한다. 첫째, '어린이 나라'라는 환상 공간이 근본적으로 어린이에 대한 근대 이데올로기가 투영되는 장소임을 드러내고자 한다. 이는 어린이 담론 또는 아동문학의 근대성을 성찰하는 작업으로서 의의가 있다. 둘째, '어린이 나라'의 유토피아적 상상력의 전개 과정을 한국 아동문학사에서 대표적인 판타지로 평가되어온 작품들을 통해 살펴볼 것이다. 이 글은 그간 단편적으로 언급되기는 했으나 전면적으로 다루어지지는 못했던, '어린이 나라' 공간의 다양한 전개 양상을 본격적인 논의의 대상으로 삼아 맥락화한다는 점에서 기존 연구와 차별성을 갖는다.[10] 아울러, 2000년대 이후 두드러지고 있는 유토피아적 상상력의 위축 또는 변이가 갖는 징후적 현상에 대해서도 간략하게나마 검토해보고자 한다. 이러한 작업은 희망의 문학을 자처해온 아동문학의 향방을 점검하는 데도 시사하는 바가 있을 것으로 기대된다.

2. '어린이 나라'의 유형과 유토피아적 상상력의 전개

주요섭의 『웅철이의 모험』, 이원수의 『숲 속 나라』, 김요섭의 『날아다니는 코끼리』 이 세 작품은 소위 한국 아동문학사에서 '최초의' 판타지 또는 장편 환상동화로 언급되어온 공통의 이력을 갖고 있다.[11] 그러나 이 작품들에 '판타지'라는 장르명이 붙은 것은 사후적으로 이루어진 일이다. 일제강점기는 물론이고 1960~1970년대까지만 해도 아동문학의 장르 분류 체계는 단순한 편이어서, 초현실적 이야기 공간에서 마법적 사건이 등장하는 환상서사는 '동화'로, 현실적인 생활공간을 배경으로 사실적인 사건을 그린 작품은 '(소년)소설' 정도로 분류해왔다.[12] 1960년대에 들어 릴리언 H. 스미스의 『아동문학론』(교학사, 1966)이 번역되는 등 '판타지' 장르론이 본격적으로 소개되기는 했지만, 아동문학계 일반에서 '판타지'는 장르명으로 안착되지 못하고 '공상', '환상'의 개념과 혼용되면서 모호하게 사용되는 경우가 많았다. 1970~1980년대에 이오덕이 일본의 사토 사토루(佐藤さとる)의 이론을 빌려 비교적 체계적인 논리로 메르헨의 마법적 환상에 바탕을 둔 '동화'와 소설적 서사 문법에 입각하여 내적 리얼리티를 지향하는 '판타지'를 장르로서 구별할 것을 주장하기도 했으나,[13] 이론적 설명과는 별개로 실제로 이에 포함시킬 만한 작품이 많지 않았던 창작 현실에서 '판타지'는 그리 활용도가 높은 장르 용어가 못 되었다. 때문에 발표 당시 이 세 작품도 '판타지'가 아닌 '장편동화', '연재동화' 등의 용어로 소개되었다. 이들을 '판타지'라는 용어로 다시 호출해내고 장르사적 가치를 재조명한 것은

작품 발표 후 몇십 년이 지난 1990년대 이후가 된다.

이 세 편의 작품은 이외에도 흥미로운 공통점을 갖고 있는데, 바로 '어린이 나라'라는 환상 공간이 그려져 있다는 점이다. 이 세 작품은 모두 톨킨의 용어를 빌리자면, 현실 공간인 '1차 세계'와 환상 공간인 '2차 세계'로 구성된 고전적 판타지 유형에 속한다. 그런데 이와 같은 판타지는 2차 세계를 현실계와는 확연히 다른 자율적인 내적 질서와 원리를 갖는 곳으로 밀도 있게 형상화해야 독자를 끌어들이는 데 성공할 수 있다. '어린이 나라'로 가상된 2차 세계는 어린이를 어떤 존재로 인식하는가에 따라 현실세계와 '도피, 풍자, 비판, 대안' 등 다양한 관계를 맺도록 그려진다. 따라서 환상세계에 묘사된 '어린이 나라'는 우리 사회에 잠복해 있는 어린이에 대한 근대 이데올로기를 함축적으로 표상할 뿐만 아니라, 개별 작가들이 창작 과정에서 어린이 이데올로기를 수용하고 저항하는 방식을 다양하게 펼쳐 보이는 경합의 장소가 된다.

1) 주요섭의 『웅철이의 모험』(1937): 천성의 순수함을 보존한 어린이의 영원한 낙원

일찍이 1930년대 말, 잡지 《소년》에 연재되었던 주요섭의 『웅철이의 모험』은 한국 판타지의 전개 과정에서 첫 자리에 놓을 만한 작품이다. 웅철이라는 남자아이가 사람처럼 말하는 토끼를 따라 땅 속 나라로 들어갔다가 달나라, 해나라, 별나라, 꿈나라를 차례로 이동하며 신기한 모험을 겪고 돌아온다는 이야기인데, 『웅철이의 모험』의 서두는 작가가 이 작품의 모티프를 어디에서 얻었는지 명확하게 알려준다.

> 애옥이 큰언니는 잠시 손에 든 책을 묵묵히 내려다보고 있더니 입가에 방그레 웃음을 띄우면서 읽기 시작했습니다.
>
> "자 인제 읽기 시작할 테니 잘들 들어, 응? '앨리스는 언덕에 아무것도 하지 않고

우두커니 앉아 있는 게 차차 싫증나기 시작했습니다.' 앨리스는 아이 이름이야. 애옥이니 복실이니 하는 것처럼 앨리스는 서양 아이 이름이야. 알겠니? 자, 또 읽는다. '앨리스는 가끔 큰언니가 읽고 있는 책을 들여다보았으나 그림도 없고 이야기도 없는 아주 싱거운 책이었습니다. 그림도 없고 이야기도 없는 책이 무슨 재미가 있누? 하고 앨리스는 혼자 생각했습니다.'"

— 주요섭, 『웅철이의 모험』, 《소년》 1권 1호, 1937. 4, 60면

유치원 보모인 애옥의 큰언니가 읽어주는 이야기책은 다름 아닌 루이스 캐롤의 『이상한 나라의 앨리스』다. 영문학을 전공한 주요섭은 일찍이 스티븐슨의 『보물섬』이나 안데르센의 「부싯돌」 같은 작품을 번역할 만큼 아동문학에 관심이 컸다.[14] 주요섭은 『이상한 나라의 앨리스』를 읽고 나서, 그와 같은 작품을 쓰고 싶은 충동이 생겨 『웅철이의 모험』을 창작했다고 밝힌 바 있다.[15]

『웅철이의 모험』은 여러 가지 면에서 『이상한 나라의 앨리스』의 환상서사 문법과 모티프를 의도적으로 차용하였다. 우선, 작품 서두에서 주인공이 사람처럼 옷을 입고 말하는 토끼를 따라 환상계인 땅 속으로 들어가게 된다는 점 둘째, 주인공이 알약을 먹고 몸이 작아지거나 커지는 변신의 모티프가 나타난다는 점 셋째, 환상계에 부조리한 상황이나 '사형' 선고를 남발하는 권력자의 횡포가 풍자적으로 그려진다는 점 넷째, 주인공이 현실로 돌아오면서 환상세계의 모험이 낮잠을 잔 사이에 꾼 꿈으로 설정된다는 점 등이 그러하다.

그러나 주요섭은 『이상한 나라의 앨리스』와는 달리 '서양 여자 아이 앨리스' 대신 웅철이라는 조선의 남자 아이를 주인공으로 삼았으며, 양복 조끼를 입은 토끼 대신 모본단 조끼를 입은 마을의 집토끼를 안내자로 설정하였다. 또한 트럼프 놀이나 티파티 대신, 용왕에게 간을 뺏길 뻔하거나 계수나무에서 방아 찧는 토끼, 해를 물고 가는 전설의 불개, 하늘을 나는 신비의 동물 용, 악몽을 먹어치운다는 상상의 동물 '막'을 등장시켰다. 주요섭은 『이상한 나라의 앨

리스』나 이솝 우화 등 서양으로부터 도입된 이야기를 상호텍스트적으로 엮으면서도, 조선의 아이들에게 익숙한 경험 현실이나 잘 알려진 설화를 환상의 시공간에 능란하게 부려 넣음으로써 조선식 판타지를 개척해나가고 있었던 것이다.

웅철이의 환상공간 이동은 순차적으로 이루어지는데, 현실로 돌아오는 플랫폼 역할을 하는 '꿈나라'를 제외하면 가장 마지막에 들른 곳이 '별나라'이며 바로 여기에 '어린이 나라'가 위치해 있었다.

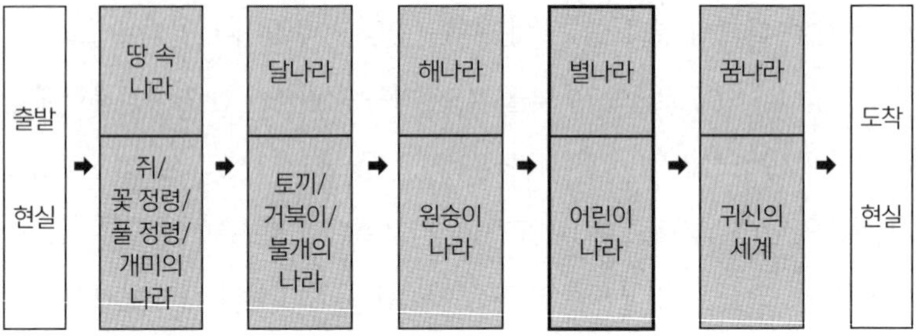

〈그림 1〉『웅철이의 모험』의 공간 구조와 인물의 이동 경로

『웅철이의 모험』에는 지배자들의 노동 착취, 야만적 믿음과 권력의 횡포, 식량과 재화의 편재로 인한 불평등 등 실제 현실을 빗댄 비판 정신이 곳곳에 깔려 있다. 특히 '해나라'는 계급 갈등과 빈부 격차, 부정부패가 절정에 이른 곳이었다. 이곳에서는 밝은 빛 때문에 모든 생명체가 까맣고 얇은 그림자로 변했는데, 이 검은 그림자는 피할 수 없는 현실의 압박으로 새까맣게 타버린 부정적 실존의 메타포라고 할 수 있을 것이다. 해나라의 과학자들은 우주 어딘가에는 적어도 여기보다는 더 나은 곳이 있으리라는 희망 하나로 탐사 로켓을 쏘아 올린다. 그렇게 해서 찾아낸 '별나라'가 대안적 유토피아의 성격을 띠는 것은 당연한 일일 것이다.

'별나라'에는 대여섯 살짜리 아이들만 수백 명이 모여 사는 '아이들 나라'가 있었다. '아이들의 나라'는 『웅철이의 모험』에서 가장 아름답고 평화롭게 그려진 곳이다. "사방 어디를 보아도 아름다운 꽃들이 만발한 정원이 있고, 수정같이 맑은 물이 흐르고, 세상에 둘도 없는 아름다운 새들이 간 곳마다 노래를 부르는 그야말로 별세계"였던 것이다. 그런데 이곳이 아름다운 진짜 이유는 아이들만 사는 곳이라는 데 있었다.

"너 어디서 왔니?"
"난 해나라에서 마악 왔다. 여기가 어디냐?"
"여기는 아이들만 사는 별나라란다."
"응. 별나라, 별나라가 참 아름답기도 하다."
"어디나 아이들 나라는 다 아름다운 것이란다.."
"그래? 그런데 너희 어른들은 다 어딜갔니?"
"어른들이라니?"
"나이 많은 어른들 말이야. 어른."
"글세. 여기는 아이들 나라라니까. 어른이 있으면 그 나라가 미워지고 더러워지고 악해지지. 우리 별나라는 언제나 언제나 아름답고 깨끗하기 위해서 어른이라고는 통 안 생겨."

— 주요섭, 『웅철이의 모험』, 《소년》 2권 2호, 1938. 2, 47면

이 어린이 나라는 어른이 있으면 별이 미워지고, 더러워지고, 악해지기 때문에 어른들이 생기지 않는다는 곳이었으며, 돈은 물론이고 물건을 사고판다는 개념조차 없는 곳이었다. 넓은 동산에는 주인이 없어서 아이들이 함께 김매고 물 주고 북돋아주면, 일 년 내내 열매가 열리기 때문에 누구라도 배고프면 자유롭게 따먹을 수 있었다. 웅철이가 직전에 들렀던 해나라가 가진 자의 창고에는 먹을 것이 썩어가도 한쪽에서는 굶어죽는 자가 속출하는 극도의 불평등 사

회였던 것과는 전혀 딴판인 천혜의 유토피아였던 것이다.

그런데 특이한 것은 이처럼 스스로 부족함 없는 아이들이, "배도 고프고 병도 들고 얻어맞기도" 하면서 매일 눈물짓는다는 "지구 나라 아이들"을 별빛으로나마 위로하고자 밤이 되면 동산에 올라 횃불을 들어 비춰주는 고된 수고를 기꺼이 감당하고 있었다는 사실이다. 세계 경제공황과 식민지 수탈의 이중적 고통, 제국주의의 압력과 전쟁의 광기가 점차 높아져가던 1930년대 말에 쓰인 『웅철이의 모험』은 '어린이 나라'를 통해 당대적 현실을 초월하고자 하는 염원을 드러내는 동시에, 현실 속에서 고통받는 조선의 어린이 독자들에게 은근한 위로의 메시지를 전달하고 있었던 것이다.

이곳 별나라의 어린이들이 교육받지 않고 성장하지 않으며, 어른의 보호나 관여가 없었기 때문에 유토피아를 이룰 수 있었다는 사실은 다른 어린이 나라와 비교가 되는 특성이므로 기억해둘 필요가 있다. "티끌 한 점 없는 눈같이 하얀 옷"을 입은 대여섯 살짜리 아이들은 마치 천상의 천사들처럼 지고지순의 아름다움을 지니고 있다. 이들이 불쌍한 지구 아이들을 걱정하며 돌보는 선한 마음은 누가 이끌고 가르친 것이 아니라 자연스럽게 배어나온 천성이다. 자연을 개발의 대상으로 삼기보다는 모두가 자연 그 자체가 되어 조화를 이루며 사는 이곳 별나라는 자본의 경제 원리나 불공평한 사회 구조가 없을 뿐만 아니라 역사의 발전조차도 필요 없는 '탈속'과 '탈역사'의 세계이다. 웅철이가 환상세계의 모험 끝에 발견한 것은 우주 한복판 어딘가에 있을지도 모르는 천사와 같은 천성을 보존한 어린이 종족의 순수세계였으며 자연과 조화를 이루는 '반근대', '반문명'의 세계였던 것이다.

2) 이원수의 『숲 속 나라』(1949): 진보하는 시간 속에 건설되는 어린이의 이념 공동체

아이들이 괴로움을 겪지 않는 세상, 함께 어울려 일하고 부족함 없이 나누는 어린이 나라의 유토피아적 비전은 이원수의 『숲 속 나라』에도 나타난다. 1949년, 해방과 한국전쟁 사이에 연재되었던 이 작품은 일제강점기에 창작된 『웅철이의 모험』보다 더욱 강렬한 평등의 유토피아를 지향하면서, 어린이 나라에 대한 아이들의 주체적인 선택과 참여의 과정에 역점을 두어 서술된 것이 특징이다.

어느 날 갑자기 사라져버린 아버지를 찾아 길을 나선 노마는 이상한 숲 속 나라로 들어가게 되는데, 들어가기에 앞서 통과의례 격의 시험을 거쳐야 했다. 질문은 세 가지였다. 첫째, 일을 할 줄 아는가, 둘째, 불쌍한 사람에게 자신의 것을 나눌 수 있는가, 셋째, 무엇을 갖고 싶은가. 특히 마지막 질문에 대해 노마는 어떤 것을 갖고 싶다고 대답하지 않고, "여기서 너희들하고 우리 아버지와 함께 살았으면 좋겠다."고 대답했고 이로써 숲 속 나라 입구의 느티나무 구멍을 통과할 수 있는 자격을 거뜬히 얻게 된다. 『웅철이의 모험』의 환상의 출입구가 꿈으로 이루어졌던 것이나 『날아다니는 코끼리』의 환상 여행이 태풍에 떠밀려 우연하게 시작되었던 것과 비교할 때 어린이 주인공의 의식적인 선택이 강조된 입사 의례라고 볼 수 있다.

노마가 들어가게 된 이 이상한 숲 속 세상은 금빛 해가 번쩍이고 나뭇잎은 초록 물감으로 갓 씻어놓은 것처럼 빛나는 아름다운 곳이었는데, 숲 속 나라의 다른 이름은 '어린이의 나라'였다.

> "여기는 숲 속 나라, 어린이 나라. 모두 즐겁고 재미있는 나라다. 슬픈 아이는 없다. 거지 아이도 없다. 여기는 어른도 들어오면 어린이가 된다. 저어기 저 아이는 머리가 하얗지? 저이는 나이 예순도 넘었단다. 저기 저 계집애도 마흔 살 된 계집애, 모두 어린이야, 모두 재미있게 웃고 노는 아이들이야."
>
> — 이원수, 「숲 속의 나라」, 《어린이나라》, 1949. 2월호, 14면

이 숲 속 나라는 나이 많은 어른까지도 어린이로 만들어버리는 마법의 공간이었다. 그러나 이곳의 미래는 마법적 환상만으로는 완성되지 않았다. 숲 속 나라를 뺏기 위해 호시탐탐 엿보고 있는 외부 세력을 물리치고 진정한 자주 독립 국가를 건설하기 위해서는 공장과 기계, 과학과 기술의 발전이 필요했으며, 어린이들의 주체적인 참여와 헌신적 노력이 필요했다. 어린이들은 학교에 다니고 놀이도 즐기지만, 길을 닦고 다리를 놓았으며 집도 함께 지었다. 숲 속 나라의 어린이들은 새 나라를 만들어나갈 주체적 일꾼인 동시에, 좋은 나라란 어떠해야 하는가에 대해 교육받아야 하는 계몽의 대상이었다.

숲 속 나라의 아이들은 자신들의 이념 공동체를 파괴하고자 침입한 모리배 폭력단을 물리친 뒤, 숲 속 나라의 영토 안에 자신들의 소질과 희망대로 노래하는 마을, 춤추는 마을, 꿈의 마을, 사랑의 마을, 과학의 마을을 가꾸어갔다. 이처럼 『숲 속 나라』에 나타난 자주적인 경제, 평등과 협동의 '나라 세우기' 모티프는, 이 작품이 식민지를 갓 벗어나 독립된 나라 건설의 과제를 안고 있었으며 한국전쟁과 분단 이전으로 아직은 체제와 이념 선택의 가능성이 열려 있는 것으로 여겨졌던 기간에 창작되었다는 사실을 염두에 둘 때 보다 잘 이해할 수 있다.

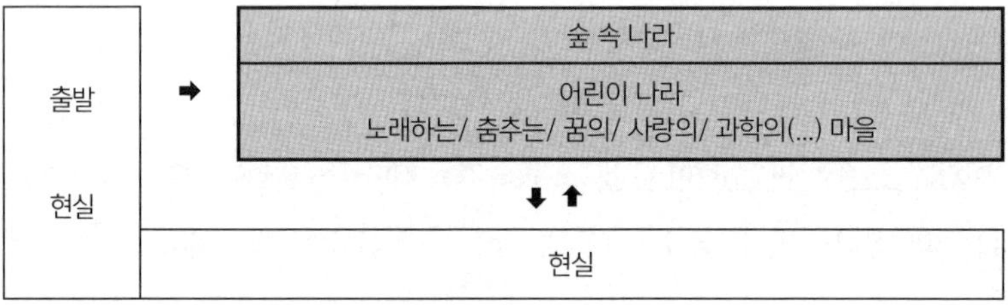

〈그림 2〉 『숲 속 나라』의 공간 구조와 인물의 이동 경로

'나라 세우기' 모티프는 이원수의 작품세계에서 평생에 걸쳐 반복적으로 나타날 만큼 각별한 의미를 지닌다. 훗날 이원수는 『잔디숲 속의 이쁜이』(1972)

와 같은 작품을 통해 이미 주어진 나라를 지켜내는 것이 아니라, 어린이들이 주체가 되어 새롭게 세우는 나라에 대한 비전을 계속 발전시켜 나갔으며 『숲 속 나라』에서 보였던 관념적이고 교조적인 계몽성, 계급 환원적 인간 이해, 과학과 기술에 대한 무비판적 믿음, 성장과 진보에 경도된 근대주의 신화를 지양하는 모습을 보였다. 특히 나라란 무엇인가, 나라를 개인이 선택할 수도 있는가, 개인의 자유와 공동체의 이념이 충돌할 때 우리는 어떤 선택을 해야 하는가, 나라가 국민을 보호해주는 것이 아니라 도리어 폭력을 강요하거나 행사하는 것은 아닌가 하는 것 등은 기존의 아동서사에서는 거의 제기된 바 없는 문제적인 질문이다.

> 그러자 부상병이 두 손을 비비며 애원하는 소리로 말했습니다.
> "아닙니다. 정말 아닙니다. 남을 죽이는 일이 얼마나 끔찍스런데요. 그렇지만 나라를 위해서는 그렇게 해야 한다고 배웠어요. 나라를 사랑할 줄 모르는 놈은 개미가 아니라고 배웠거든요."
> 이 때 이쁜이가 화난 소리로 말했습니다.
> "나라를 사랑하려고 우리 동무들을 죽였다고? 그깟 놈의 나라 사랑은 지옥에나 가서 하거라. 너도 지옥엘 가야 해."
>
> — 이원수, 『이원수아동문학전집7: 잔디숲 속의 이쁜이』, 웅진출판, 1983, 90면

그렇다면 작가 이원수를 어린이의 성장과 국가 이데올로기 사이에서 이토록 치열하게 고민하게 만든 것은 무엇이었을까. 잘 알려진 바와 같이, 이원수는 일제 말에 "나라를 위하야 목숨 내놋코/ 전장으로 가시려는 형님들이여/ 부대부대 큰 공을 세워주시오./ 우리도 자라서, 어서 자라서/ 소원의 군인이 되겟습니다./ 굿센 일본 병정이 되겟습니다."(「지원병을 보내며」, 『半島の光』, 1942. 8)와 같은 친일시를 쓴 바 있다.[16] 이는 민족을 배반한 '친일' 행위라는 점에서도

비판받을 행위이지만, 아동문학 작가로서 어린이들에게 성장의 목적과 방향을 파시즘적 국가주의에 맞추도록 독려하는 맹목적인 '전쟁 찬양 동시'를 썼다는 점에서 치명적인 과오가 아닐 수 없다.

그러나 만약 그가 평생 고백하지 못했던 이 심연의 트라우마에서 스스로의 글쓰기를 비판적으로 단련할 수 있었다면, 또한 한국전쟁과 독재 권력을 겪으면서 어린이의 성장과 국가주의의 문제를 끊임없이 회의하고 성찰한 흔적을 문학 작품 속에서 발견할 수 있다면, 적어도 그가 역사가 준 뼈아픈 교훈을 그냥 묻어버린 것은 아니라고 생각해볼 수 있으며, 작가 이원수에게 '나라 세우기' 모티프가 그토록 절실했던 이유 중 하나를 찾을 수 있을 것이다.[17] 『잔디숲 속의 이쁜이』에서 이쁜이의 짝인 똘똘이는 죽음의 위기를 넘기고 살아 돌아오면서 환희에 넘쳐 "나는 살았네. 나는 살아/ 새 나라를 이루고 더욱 키워/ 이쁜이와 살겠네.", "이쁜이요, 우리 이쁜이요./ 네가 없으면 나도 없고/ 네가 없으면 나라도 없다!"면서 생명의 기쁨과 새 나라의 꿈을 노래했다. 타민족 침략 전쟁을 미화하면서 어린이들을 죽음으로 강제하는 전쟁 찬양시가 아니라, 생명과 사랑으로 새로운 나라를 건설하는 건강한 꿈을 노래하기까지 이원수의 '어린이 나라'는 거듭 탐구되어갔다고 볼 수 있다.

『숲 속 나라』에 그려진 어린이 나라는 『웅철이의 모험』이나 『날아다니는 코끼리』와 비교할 때 몇 가지 점에서 차이가 있다. 첫째, 숲 속 나라가 표방하는 '어린이'는 생물학적 연령의 범주를 넘어선다. 입구에서의 시험이 보여주듯 이곳 어린이 나라는 단지 나이가 어리다고 들어갈 수 있는 곳이 아니다. 숲 속 나라는 나이가 많은 어른이라고 하더라도 새로운 나라를 만들어가려는 신념을 갖고 들어오면 '어린이'로 변하는 곳이지만, 실제 어린아이라고 하더라도 자기 신분이나 계급의 이해관계를 벗어나지 못하면 오래 머물 수 없는 곳이다. 숲 속 나라의 '어린이'는 새로운 역사를 건설하고자 하는 주체를 상징하는 비유적 호칭이었다고 볼 수 있다.

둘째, 『숲 속 나라』는 외부와의 경계는 확실하지만, 그 안은 다 채워지지 않은 미완의 공간이었다. 『웅철이의 모험』의 별나라가 자체적으로 부족함이 없는 완벽한 이상향이었고, 『날아다니는 코끼리』의 어린이 공화국이 번영한 문명 도시의 시스템을 갖췄던 것과는 대조적으로 숲 속 나라는 "새로 이루는 나라가 되어서 모두들 몹시 바쁜"게 일해야 하는 신생의 공동체였다. 미완성의 유토피아는 결국 미래에 이루어질 유토피아다. 숲 속 나라의 환상성은 미래의 청사진을 앞당겨 물리적 공간으로 표현한 것에서 비롯된다.

셋째, 『숲 속 나라』의 노마는 현실세계로 다시 돌아가지 않는다. 이는 대개의 아동 판타지들이 현실에서 환상세계를 거쳐 다시 현실로 돌아오는 회귀의 구조를 갖는 것과 다른 점으로서, 숲 속 나라가 잠시 모험을 떠났다 돌아오는 환상세계가 아니라는 점을 암시한다. 숲 속 나라는 환상계이면서도 현실세계의 가치나 시스템과 경쟁을 벌이는 곳이며, 이웃 나라의 장사치나 모리배들이 호시탐탐 넘겨보는 땅이다. 이원수가 이 작품의 연재를 마무리하면서 "숲 속 나라 얘기는 이것으로서 마칩니다. 그 후 어린이들은 마을에서 어떻게들 살아가나? 그런 것은 동화로서 보다도 소설로서 여러분에게 얘기드릴 기회가 있으면 다시 알려드리기로 하겠습니다."[18]라고 인사했던 것은 이 환상적인 이야기가 실은 사실적인 소설로 옮겨서 서술해도 좋을 만큼 당대 상황의 직접적인 알레고리라는 점을 확인시켜준다.

3) 김요섭의 『날아다니는 코끼리』(1964): 서구 문명에의 선망이 투사된 어린이의 도시공화국

1960년대에 발표된 김요섭의 『날아다니는 코끼리』 또한 어린이 나라의 이상을 한껏 펼쳐 보인 작품으로 꼽을 수 있다. 제과회사 옥상에서 광고용 코끼리 애드벌룬을 관리하는 일을 하는 할아버지를 돕던 수영, 상범, 난희 세 어린이가 애드벌룬을 붙잡은 채 태풍에 휩쓸려 날아가게 되면서 사건이 시작된다. 평범한 애드벌룬에 불과한 줄 알았던 코끼리가 사실은 말도 할 줄 알고 하늘을 날아다니는 신비한 능력을 가지고 있었기에 아이들은 이 코끼리를 타고 아프리카, 사하라 사막, 북극 등 세계의 여러 곳을 두루 여행하게 된다. '어린이 공화국'은 세 어린이가 위험한 여행지를 거쳐 우여곡절 끝에 도달한 마지막 행선지였다. 어린이 공화국은 아이들이 자신들을 인신매매한 서커스 단장으로부터 도망쳐 바닷가에 있는 어느 아름다운 도시로 갔을 때 신비한 학의 안내로 처음 들르게 되었으며, 북극의 얼음과자 나라를 거쳐 서울로 돌아가기 직전에 다시 한 번 들르게 된다.

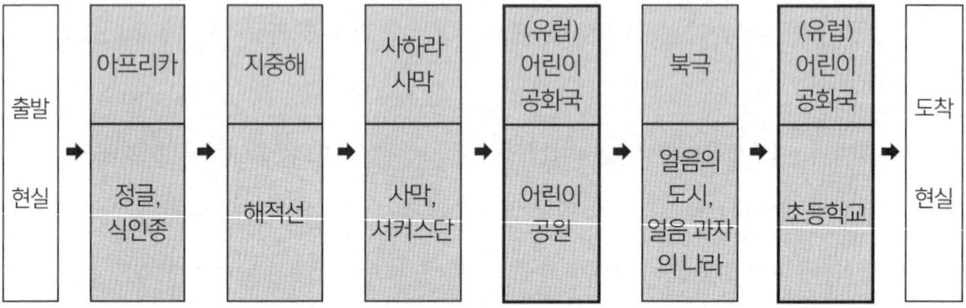

〈그림3〉 『날아다니는 코끼리』의 공간 구조와 인물의 이동 경로

어린이 공화국은 어린이들이 맘껏 보호받으며 놀 수 있는 드넓은 놀이공원과 같았다. 세 어린이 일행이 어린이 공화국에 도착하여 가장 먼저 가게 된 곳은 도시 입구에 있는 아름다운 공원이었는데, 이곳은 어린이라면 누구든지 무료로 입장할 수 있지만 어른들은 함부로 들어갈 수 없다는 푯말이 세워져 있었다. 어른이 공원 입장 허가를 받으려면 다음과 같은 사항을 충족해야 했다.

1. 어린이를 함부로 구박한 일이 없습니까?
1. 어린이한테 과자와 과일을 많이 사줍니까?
1. 어린이한테 동화를 비롯한 좋은 책을 많이 사줍니까?

1. 어린이가 친구들과 구슬치기할 시간도 없이 공부만 하라고 공갈 위협 또는 폭행한 사실이 없습니까?

1. 천재 어린이를 만들기 위해서 피아노 같은 것을 어린이한테 중노동으로 연습시킨 일이 없습니까?

—김요섭, 『날아다니는 코끼리(초판 복각본)』, 현암사, 2002, 152면

앞서 『웅철이의 모험』 속 어린이 나라에는 출입에 특별한 조건이 없었고, 『숲 속 나라』의 어린이 나라 입구에서는 어린이라고 해도 몇 가지 질문을 받아 시험을 통과해야 했던 것과 비교해볼 때, 『날아다니는 코끼리』의 어린이 나라 입국 심사 절차는 유독 어른에게만 까다롭게 제시되고 있다는 것을 알 수 있다. 이는 이 공간의 특성을 단적으로 드러내주는데, 즉 이 어린이 공화국은 어른들이 어린이를 위해 철저하게 봉사해야 하는 곳으로서, 이곳의 모든 정치, 경제, 교육 제도는 어린이의 뜻에 따라 어린이를 위해 운영되고 있었다. 이곳에서는 소방관이 어린이를 불길에서 구해내고도, 그 아이가 좋아하던 인형을 꺼내지 못했다는 이유로 2개월 봉사형을 선고받는가 하면, 한 어린이의 금붕어를 찾아주기 위해 온 나라가 교통통제를 하는 일이 벌어졌다. 어른들이 장악하고 있는 현실의 권력구조가 뒤집혀 그려진 공간이라고 할 수 있다.

그런데 한국에서 온 세 아이들이 "이 나라의 아버지와 어머니들은 얼마나 많은 일을 하셨기에 어린이들은 교과서 살 걱정, 운동화 살 걱정도 할 필요 없이 춤만 출까요?" 하면서 부러워했던, 이 풍족한 어린이 공화국이 은연 중 유럽의 어느 곳으로 암시되고 있는 점은 주목을 요한다. 여행을 시작할 때부터 코끼리의 마음 속 나침반은 "이상하고도 재미있는 나라로! 유럽의 아름다운 도시로" 향해 있었다. 코끼리는 장소를 옮길 때마다 세 아이들에게 유럽에 가서 다른 나라 어린이들이 얼마나 행복하게 사나 구경하자고 반복해서 권하곤 했다. 위기에 처한 아이들 앞에 갑자기 나타난 신비한 학도 어린이 공화국으로 안내하

면서 "아름다운 도시로! 어린이들이 행복하게 사는 나라로!" 간다고 했는데, 이러한 표현의 유사성을 통해 가상공간인 어린이 공화국의 지정학적 위치가 암묵적으로 유럽 대륙의 어느 곳으로 가정되었음을 추측할 수 있다.

반면 아이들이 세계 여행 초반에 들른 아프리카, 지중해, 사하라 사막과 같은 비유럽 지역은 식인종과 인신매매범이 들끓고, 미신과 사기가 횡행하는 야만적이고 위험한 곳으로 묘사되어 있었다. 즉 '아프리카—지중해—사하라 사막'과 '어린이 공화국—북극 탐험 기지'로 구성된 대립 짝을 맞추어 볼 때, 작가가 그린 세계의 지형이 크게는 야만과 문명의 이분법으로 위계지어 있으며, 문명국은 경제적 여유를 바탕으로 어린이의 동심을 지켜주고 그들의 권한을 최대한으로 보장해주는 아름다운 곳으로 상상되었음을 엿볼 수 있다. 이와 같은 세계의 심상 지도 속에 '한국'은 잘 알려지지 않은 나라로서, 신비스런 동양의 먼 곳에 위치해 있는 것으로 주변화되어 있었다. 세 어린이는 세계 어느 곳을 여행하든 마치 외교사절단이라도 되는 것처럼 한국의 민요나 태권도를 선전하였는데, 얼음나라 사람이 "교과서 하나 어린이에게 공짜로 나눠주지 못하다니, 어지간히 게으름을 피웠던가 아니면 나라 힘을 엉뚱한 데 썼군요?"라며 비판할 때는 슬그머니 말머리를 돌릴 만큼 한국의 열등한 현실을 감추고 싶어 했다.[19] 이처럼 이 작품은 서구의 오리엔탈리즘을 내재화하고 있으며, 경제적 성장을 최대의 가치로 내세운 1960년대의 근대화론을 무비판적으로 추수하고 있다는 한계를 보인다. 전통에 대한 고민 없이 서구 아동문학을 흉내 낸다거나,[20] 어린이들의 주체적 권리를 부정적으로 바라본다는 비판이 제기되었던 것도 이 때문일 것이다.[21]

그러나 이와는 별도로 김요섭의 『날아다니는 코끼리』는 '어린이 나라' 판타지 구축과 관련하여 중요한 논점을 제공한다. 무엇보다 판타지 장르의 근본적인 고민이 되는 현실세계와 환상세계의 관계를 어떻게 할 것인가 하는 문제를 살필 수 있다. 『날아다니는 코끼리』는 인물들이 환상세계에서 다시 현실세계로 돌아오는 구조를 취했기 때문에, 『웅철이의 모험』처럼 주인공이 혼자 꿈을 꾼 것으로 처리하거나 『숲 속 나라』처럼 환상세계와 현실세계가 평행하며 경쟁하는 것으로 설정한 것과는 달리, 환상세계와 현실 공간과의 접속 면에 대해 구체적으로 고민하지 않을 수 없었다.

새 학기가 시작되고, 수영, 상범, 난희가 어린이 공화국에서 서울로 돌아온다는 소식이 전해지자, “구두닦이, 편지배달부, 장군, 아이스케키 장수, 구두깁기, 장관 채소 장수, 생선 장수, 영화배우, 세탁소 주인, 교통순경, 교수, 권투선수 할 것 없이” 모두 들떠서 열광적으로 환영 준비를 한다. 환영 나온 아이들이 땡볕에 지쳐 쓰러지고, 신나서 나팔을 불던 브라스 밴드 어린이의 입술에 피가 날 정도로 분위기는 광적으로 고조되는데, 정작 서울 상공에 나타난 세 아이들은 제과회사 빌딩 위를 몇 번 돌다 사라져버린다. 세 아이들은 환영객들을 피해 모두가 잠든 깊은 밤에 쌍무지개를 타고 지상으로 내려온다. 그런데 환상세계와 현실세계 사이에 놓인 이 한밤의 쌍무지개는 환상적 마법의 다리가 아니라, 과학 기술로 만든 인공물이었다.

> 캄캄한 밤에 무지개가, 그것도 쌍무지개가 뜨다니, 이런 비과학적인 사건이 어디 있겠습니까.
>
> 실은 이 쌍무지개 속의 한 무지개는 에이치란 나라에서, 또 한 무지개는 아르란 나라에서 오늘 낮에 쏘려다가 중단한 인공위성 대신 서울을 향해 쏘아 댄 야간 무지개인 것입니다.
>
> 에이치와 아르 나라 과학자들은, 인공위성을 쏘아 올릴 때마다 마음 속에 미안한 생각이 늘 스며 있었습니다.
>
> 그것은 자신들이 과학의 힘으로 이 세상의 시를 파괴하지 않나 하는 생각이었습니다. 그러다가 우리 과학의 힘으로도 시를 만들 수 있다는 증거를, 수영, 상범, 난희가 세계의 하늘을 날아 무사히 귀국한 것을 축하할 겸 무지개를 만들어 쏜

것입니다.

그 쌍무지개를 타고 만세 소리도 없이, 수영, 상범, 난희는 코끼리 에드벌룬을 타고 조용히 흐르듯 내리고 있었습니다. 그 뒤로는 백조의 빙산, 서커스의 동물들이 뒤따르고 있었습니다.

— 김요섭, 『날아다니는 코끼리(초판 복각본)』, 현암사, 2002, 262-263면

훗날 김요섭은 『날아다니는 코끼리』의 이 마지막 장면을 두고 마음껏 자유롭게 펼쳐질 줄 알았던 상상력이 현실의 벽에 부딪쳐 "통행금지구역"을 맞았는데, 환상세계를 구축하면서 현실과의 통로를 제대로 공사하지 않은 탓에 뒷마무리를 모호하게 처리하고 말았다고 아쉬워했다. 그는 안데르센의 시대와 달리 "현대의 동화에 있어서는 일상의 세계와 팬터지의 세계 사이에 통로를 뚫지 않고서는 팬터지의 세계를 구축할 수 없게 되었"다는 점을 알고 있었다. 작가가 창작 과정을 통해 기존의 페어리테일 유형의 동화와는 다른 판타지 장르의 서사 문법이 필요하다는 것을 직접적으로 체감한 순간이었다고 할 수 있다. 그러나 김요섭은 합리적 인과성을 강화하는 방향으로 서술문법을 정교화하는 것보다는 초현실적이고 낭만적인 상상력으로 이야기의 시공간을 주관화하는 쪽을 더 선호했던 듯하다.[22] 때문에 그는 현대인의 상상력을 막고 있는 '현실의 벽'[23]을 시인의 "진실과 신념, 그리고 용기"로 정면 돌파하지 못하고 "과학자의 값싼 몽상에 맡기려고" 했다는 점을 못내 아쉬워했던 것이다.[24]

3. '어린이 나라'의 위축·변형과 포스트유토피아 상상력의 향방

김요섭이 창작 과정에서 맞닥뜨린 "상상력의 통행금지구역"은 현실에는 없는 유토피아를 상상하는 작가라면 누구나 절감하지 않을 수 없는 문제일 것

이다. 그러나 상상력이 가로막히는 것은 단지 상상력의 자유분방함이 부족하기 때문이 아니라, 오히려 그 반대에서 비롯될 수 있다. 유토피아의 이상이 환상적 공간에 풍요롭고 아름답게 그려지면 그려질수록 그것에 되비쳐진 현실의 모습은 오히려 몇 배 더 어두운 디스토피아가 될 것이며, 그 두 대립적 공간의 간극을 연결하는 문제는 간단치 않을 수 있을 것이기 때문이다. 2000년대 이후 최근의 판타지들은 현실에 대항하거나 대안을 제시하기 위한 이상적 공간으로 어린이 나라를 구축하는 작업보다는, 유토피아의 상상력을 역투사함으로써 더욱 뚜렷해지는 디스토피아적 현실을 고발하는 것에 더 치중하고 있는 듯하다.

디스토피아로서의 현실에 주목할 때, 어린이들만의 환상 공간은 유토피아의 새로운 비전을 펼쳐 보여주기보다는 현실로부터의 도피처 역할을 수행하게 된다. 2000년대에 들어서면서 한국아동문학은 판타지 장르를 발전시키는 데 창작의 열정을 쏟았고, 이에 부응하는 작품들이 적지 않게 발표되었다. 그러나 이들 판타지 작품에는 모험을 떠나거나 새로운 세계를 건설하는 어린이들이 아니라, '사라진 아이들'이 그려지곤 했다. 공지희의 『영모가 사라졌다』(비룡소, 2003), 남찬숙의 『사라진 아이들』(문학동네, 2004), 김기정의 『네버랜드 미아』(푸른숲, 2004)는 그 대표적인 작품이다. 이들 작품이 다루는 어린이의 현실은 숨돌릴 여유도 없이 빡빡하게 짠 시간표로 관리되거나, 억압적이거나 폭력적인 부모에게 학대당하거나, 꿈을 펼치거나 신나게 노는 것이 허락되지 않는 메마른 일상이다.

물론 앞서 『날아다니는 코끼리』의 어린이 공화국에도 시험 성적 때문에 부모에게 야단맞은 아이들이 망명을 신청하기도 했으며, 어린이 공원 입구에는 아이들에게 공부만 하라고 공갈 협박했거나, 천재 어린이를 만들기 위해 피아노를 치는 강제 노동을 시킨 어른은 출입을 금한다는 문구가 있었지만 이는 어디까지나 현실을 과장한 유머로서 독자의 웃음을 짓게 하는 것이었다. 그러나

2000년대의 일상은 아이들의 생명을 위협할 정도로 고통의 수위가 높았다. 그리고 그 고통의 근원에는 언제나 어른들의 폭력이 있었다. 때문에 현실의 도피처가 되는 어린이의 환상 공간에 어른이 없어야 하는 것은 당연했다. 앞서 살펴본 『웅철이의 모험』, 『숲 속 나라』, 『날아다니는 코끼리』가 어린이에 대한 희망과 이상의 순수함을 지키기 위해 '어린이 나라'를 따로 꾸렸다면, 2000년대 사라지는 아이들의 판타지는 어른들로부터 아이들을 도피시키기 위해 환상 공간을 마련했다고 해도 과언이 아닐 듯하다.

"그래. 사람들은 가끔 숨어버리고 싶은 때가 있잖니? 그럴 때, 세상 어디에도 숨을 만한 곳이 한 군데도 없을 때 여기에 오게 된단다. 여긴 그런 아이들을 숨겨주는 나라야.

— 공지희, 『영모가 사라졌다』, 비룡소, 2003, 85면

"여긴 아이를 때리는 어른도 없어."
"공부 못한다고 뭐라는 어른도 없어."
"하고 싶지 않은 걸 시키는 어른도 없어."

— 남찬숙, 『사라진 아이들』, 문학동네, 2004, 131면

"참, 이상하지 않니? 여기엔 어른들이 보이지 않잖아. 왜 그래?"
미아의 말이 떨어지기가 무섭게, 갑자기 아이들 표정이 굳어졌습니다. 꼬꼬양은 눈을 동그랗게 떴고, 대머리는 이마에 긴 주름을 그렸고, 쭉쭉이는 눈썹을 치켜세웠습니다.

— 김기정, 『네버랜드 미아』, 푸른숲, 2004, 58면

정도의 차이는 있지만, 2000년대의 현실은 아이들은 즐겁고 자유로워야 하

며, 부당하게 억눌리거나 지나친 경쟁에 내몰리지 않고, 제대로 보호받아야 한다는 '어린이'에 대한 당위적 이념에 비추어지기 때문에 잔혹한 디스토피아의 명암을 더욱 선명하게 드러낸다. 그러나 거울 속에 되비추어진 거울의 세계가 더욱 아득한 안쪽으로 피사체를 밀어 넣듯이, 어린이에 대한 당위적 이념으로 역투사된 디스토피아의 거울은 어린이의 나라를 구축하는 시계(視界) 자체를 좁고 협소하게 만드는 경향이 있다. 디스토피아로부터 빠져나온 아이들을 수용한 어린이의 환상 공간이 대개 새로운 세계의 이상을 보여주기보다는 임시적인 도피처, 현실의 결핍을 채워주는 보상과 치유, 해원(解冤)의 장소로서 한정되어 그려졌던 것은 이 때문일 것이다. 도피처나 대합실의 역할을 하는 어린이의 환상 공간은 전대의 '어린이 나라'에 비해 그 규모 자체도 축소되어 그려지곤 했으며, 시간은 끊임없이 반복되거나 멈춰 있었다. 시간이 멈춘 이곳에서 성장을 빼앗긴 아이들은 어른이 되기 싫어서 자라는 것을 거부한 피터팬이 아니다. 『네버랜드 미아』 속의 "시간 가는 줄 모르게 재미있는 네버랜드"[25]는 피터팬의 모험이 펼쳐지던 꿈의 나라 '네버랜드'를 떠올리게 하지만, 사실 이곳은 살아서 제대로 꿈을 펴보지 못한 채 어른들에 대한 원망을 품고 죽은 어린 영혼들을 마지막으로 달래주기 위한 해원의 공간이었다. 어린 영혼을 토닥여주는 시간 광대들은 '피터팬'의 친구들이 아니라 '하멜른의 피리 부는 사나이'처럼 아이들을 영원으로 떠나보내는 역할을 했다.

아이들을 데리고 사라져버린 하멜른의 피리 소리는 지금 우리 시대에도 긴 여음을 남기고 있는 듯하다. 최양선의 『몬스터 바이러스 도시』(문학동네, 2012)는 계획된 유토피아인 '녹슨시'를 배경으로 삼고 있다. 이상적으로 개발 관리된 이 유토피아를 위협하는 것은 난쟁이증 몬스터 바이러스에 걸린 '아이'들이다. 도시의 관리자들은 바이러스에 걸린 아이들을 도시의 지하 보안실에 격리시키고 안전을 명분으로 이를 비밀에 부치지만, 사실 괴물 바이러스를 만들어내는 것은 도시의 폐쇄적 관리 시스템 그 자체였다. 성장하지 않는 아이들은 이 인공

낙원의 말라붙은 생명력에 대한 은유로서, 디스토피아적 현실의 증상이지 원인이 아니다. 이 가짜 유토피아의 허상을 깨고 도시를 구원하는 것은 '기스카'와 '레아'라는 아이들이었는데, 레아가 기스카에게 들려준 세상에서 "가장 슬픈 이야기"가 바로 하멜른의 잃어버린 아이들 이야기였다. 마치 다리를 절거나 눈이 보이지 않아 피리 소리를 따라갈 수 없었던 하멜른의 두 아이처럼, 기스카와 레아도 '비정상'으로 분류되어 녹슨시의 '성장 프로그램' 혜택에서 비껴나 있었고 그 덕분에 오히려 원초적 생명력을 잃지 않을 수 있었다. 이들은 뜻을 모아 새로운 공간을 만들어 나가는데, 그것은 "열려 있는 공간"으로 "아이들과 어른들이 서로 어울리는 공간"이었다.

이처럼 2000년대 이후 아동 판타지에 그려진 어린이의 환상 공간은, 유토피아의 두 가지 의미 중 '현실이 아닌 어떤 곳'이라는 지정학적 위치는 유지하고 있다고 하더라도, '이상적인 좋은 곳'이라는 가치 지향적 의미는 위축되는 현상이 두드러진다. 또한 『몬스터 바이러스 도시』에서 볼 수 있듯 아동기를 어른들의 시간과 구분 짓는 폐쇄적이고 단절적인 공간, 대표적으로 '학교'는 그 자체 디스토피아의 압축적 상징이 되어버렸다. 이처럼 근대의 어린이 이데올로기를 형성하고 지탱해온 가장 유력한 공간인 학교가 악몽을 생산하는 상징적인 장소로 변질되어버렸다는 사실은, 어린이에 대한 근대의 성장 기획이 근본적으로 회의되고 있음을 보여주는 것이다.

또한 아동과 성인, 환상과 현실의 관계에 대한 인식 변화와 더불어 '어린이 나라'의 공간 상상력도 해체되거나 변형되는 조짐이 나타나고 있다. 장편 판타지는 아니지만, 김민령의 「착한 아이들이 사는 마을」(『나의 사촌 세라』, 창비, 2012), 송미경의 「오빠 믿지?」(『복수의 여신』, 창비, 2012), 「어떤 아이가」(『어떤 아이가』, 시공주니어, 2013) 등 몇몇 단편 동화는 이러한 변화의 편린을 보여주고 있다. 이들 작품에서 어린이는 현실에 공존하지만 정확한 주소가 등록되지 않은 미지의 혹은 외계의 거주민들이다. 이들은 어린이에 대한 근대의 이데올로기를 함축하는, 자연 그대로의 순수 표상도, 미래의 예비 주체도, 재미와 즐거움으로 가득한 천진난만한 아이들도 아닌 낯선 모습으로 현실의 한복판에 마치 '실존하는 유령이나 외계인'처럼 거주 공간을 마련한다.

푸코의 용어를 빌리자면 '헤테로토피아'적 어린이 공간의 성격이 새삼스럽게 조명되고 있다고 말할 수 있을 것이다.[26] 새삼스럽다고 말할 수 있는 것은 근대의 문화적 타자인 어린이의 공간은 기본적으로 헤테로토피아적 성격을 띠게 마련이기 때문이다. 아동기를 꿈과 모험, 순수함을 잃지 않은 동심의 세계로 상상하면서, 어린이의 공간을 현실 저 너머의 이상향으로 그릴 때 어린이의 공간은 유토피아적 성격을 강하게 띠도록 형상화되지만, 현실 한가운데에 이질적이며 낯선 공간으로 그려질 때는 헤테로토피아적 성격이 드러나게 된다. 푸코가 헤테로토피아를 "위치를 갖는 유토피아"라고 말한 것은 이 때문일 것이다. 헤테로토피아로서의 어린이의 공간은 도시의 놀이 공원처럼 제도화된 일시적 일탈을 허용함으로써 현실 유지의 기능을 강화할 수도 있지만, 현실에 대한 섬뜩한 위협이 되거나 이의를 제기하는 기능을 적극적으로 수행할 수도 있다.[27]

타자로서 어린이의 존재가 낯설게 발견될 때 어린이 공간의 헤테로토피아적 성격은 현실과 환상의 경계를 혼란스럽게 하며 때로 현실의 질서를 무의식적으로 위협할 수도 있다. 또한 고전적인 환상서사 문법의 공식을 변경시키는 방향으로 이어질 가능성도 있다. 물론 이러한 환상서사 문법의 변화는 크게 보아서는 디지털 기술이 지배적이 된 현대의 매체 환경으로 인한 환상과 현실의 존재론적 중첩 현상에 기인하는 것이며 비단 아동문학에만 나타나는 현상은 아닐 것이다.[28] 그러나 이를 적극적으로 실험하는 최근 몇몇 젊은 작가들에게는 미적 표현의 갱신 의지가 적극적으로 엿보이기도 한다. 이들 작가의 작품에서 현실과 환상은 아무렇지도 않게 조합되면서 현실적인 것과 환상적인 것에 대한 구분 자체를 넘어서고 있는데, 그 결과 이전의 페어리테일 유형의 동화가 보여주었던 현실과 환상의 마법적 결속과 평평하고 매끄러운 일차원적 세계상에 균열이 생기고, 환상과 현실의 이질적이고 불안한 병존이 노출되는 현상이 나타나고 있다. 즉 이들 작가들은 환상세계와 현실세계의 자연스러운 접속이나 봉합선이 보이지 않도록 매끄럽게 표현하려고 노력하지 않고, 오히려 현실을 구성하고 있는 환상적 실재를 감지할 수 있도록 아이러니한 긴장을 도드라지게 표현하고자 한다. 이와 같은 단편 동화들에 나타난 징후적 현상들이 현실 속에 숨어 있는 이질적이고 잠재적인 다른 공간의 존재를 환기시키면서 아동문학의 서사 문법을 갱신하고 새로운 판타지의 유형을 개척하는 데까지 이어질 것인지, 아니면 한때의 유행에 그치고 말지에 대해서는 좀더 지켜보아야 할 것 같다.

4. 네버랜드와 하멜른의 상상력을 넘어서

당연한 말이지만 '어린이 나라'를 상상하는 것이 한국 아동문학만의 고유한 전통은 아니다. 세계의 아동문학은 자유롭고 생명력 넘치는 어린이들의 본성을 믿으며, 어린이들의 꿈과 희망을 지켜줄 때 새로운 세상이 열릴 수 있을 것이라는 기대를 '어린이 나라'의 공간에 오랫동안 담아왔다. 일찍이 제임스 배리가 『피터팬』으로 '네버랜드'를 선보인 이래 '어린이 나라'는 변신을 거듭하면서 출현했으며, 한국 아동 판타지의 '어린이 나라' 또한 이에 영향 받은 바 크다. '어린이 나라' 상상력이 근대 아동기의 출현에 기인하고 이른바 '상상의 공동체'인 국민국가를 직간접적 모델로 삼고 있다는 점에서, '어린이 나라'는 근대의 보편적 편재를 방증하는 것이라고도 할 수 있을 것이다.

다만 한국의 아동문학은 자신의 현실 맥락을 충실히 반영하면서 '어린이 나라'를 통해 유토피아의 비전을 제시하고자 했다. 주요섭의 『웅철이의 모험』

(1937), 이원수의 『숲 속 나라』(1949), 김요섭의 『날아다니는 코끼리』(1964)와 같은 아동 판타지들은 그 대표적인 예가 된다. 이들 작품에서 '어린이 나라'의 공간은 반문명적 순수 이상향으로 나타나기도 했고, 진보하는 시간 속에서 주체적으로 건설해 나가야 하는 이념 공동체로 묘사되기도 했으며, 서구의 선진 문명에 대한 선망을 반영한 아름다운 도시공화국의 모습으로 등장하기도 했다.

한편 2000년대 이후에는, 근대 기획에 대한 전반적인 회의가 강화됨에 따라 '어린이 나라'의 유토피아적 상상력도 위축되었다. 아동 판타지는 어린이를 둘러싼 디스토피아와 같은 일상에 보다 주목했고, 아이들의 기본적인 생활공간인 가정과 학교가 가장 끔찍한 절망의 장소가 될 수 있음을 경고했다. 현실이 디스토피아가 될 때, '어린이 나라'는 아이들의 억눌린 소망을 잠시 충족시켜 주거나 아이들을 숨겨주고 쉬게 해 주는 최소한의 도피처로 위축되었다. 공지희의 『영모가 사라졌다』(2003), 남찬숙의 『사라진 아이들』(2004), 김기정의 『네버랜드 미아』(2004), 최양선의 『몬스터 바이러스 도시』(2012)는 '하멜른의 쥐잡이' 전설이 경고하듯, 아이들이 사라져버린 세상은 더없이 참혹한 지옥과 다를 바 없음을 보여준 대표적인 작품이다.

또한 아동과 성인, 환상과 현실의 관계에 대한 인식 변화와 더불어 '어린이 나라'의 상상력도 해체되거나 변형되고 있다. 김민령, 송미경 등 몇몇 신인 작가의 단편동화에서 헤테로토피아적 어린이 공간의 새삼스러운 발견을 징후적으로 엿볼 수 있다. '어디에도 없는 나라'도 '어디에나 있는 나라'도 아닌, 있으면서 없고 없으면서 있는 이질적인 공간의 출현이 아동문학의 변화에 어떠한 영향을 미칠 것인지는 앞으로 더 주목해볼 필요가 있다.

주석

1 1927년 5월 1일 경성에서 열린 어린이날 행사의 깃발에 쓰인 문구 중 하나다. 「각 지방의 어린이날 행사」, 《동아일보》, 1927. 5. 5.

2 근대 전환기의 아동에 대한 제도와 인식의 변화 과정에 대해서는 다음을 참조. 조은숙, 『한국 아동문학의 형성』, 소명출판, 2009, 36-87면.

3 1920년대에 방정환은 "어린이는 복되다. 어린이는 복되다. 한이 없는 복을 가진 어린이를 찬미하는 동시에 나는 어린이 나라에 가깝게 있을 수 있는 것을 얼마든지 감사한다."(「어린이 찬미」, 《신여성》 2권 6호, 1924. 6.)고 했으며, 유도순은 새를 소재로 한 전래 동요를 소개하며 "어린이 나라에는 짐승들이 친애하는 벗들이 되어 있는 것"(「조선의 동요 자랑」, 《어린이》, 1929. 4.)이라고 했다. 오늘날 '어린이 나라'라는 수사법의 보다 직접적이고 일상적인 활용은 놀이공원이나 어린이집 같은 곳의 명칭에서 찾을 수 있다. 능동 어린이회관에 세워진 표지석에는 "해같이 밝고 꽃처럼 아름답게 슬기를 키우는 어린이 나라"라는 문구가 국가 대통령의 친필로 새겨져 있다. 우리나라 유명 놀이공원의 이름이 '에버랜드'인 것도 『피터팬』의 '네버랜드'와 무관하지 않을 것이다.

4 필자가 밝혀져 있지 않으나, 방정환이 기초했을 것으로 추정되는 글이다.

5 루이스 멈퍼드, 박홍규 역, 『유토피아 이야기』, 텍스트, 2010, 11-12면 참조.

6 물론 보다 엄밀하게는 유토피아를, 인간의 과학적이고 합리적인 이성을 통해 진보된 미래의 역사 속에 건설할 수 있는 것으로 한정함으로써, 단순한 낙원이나 천년왕국 등과 구별해야 한다는 주장도 있다.(임철규, 『왜 유토피아인가』, 민음사, 1994, 11-30면 참조.) 그러나 일반적으로 유토피아는 완전한 이상향에 대한 희망을 담은 상상의 공간 정도의 의미로 통용된다는 점을 고려할 때 '어린이 나라'를 유토피아적 공간으로 보는 것에 큰 무리는 없을 것이다.

7 '판타지(Fantasy)'는 영미 아동문학에서도 무척 애매모호한 용어 중 하나로 꼽힌다. 문맥에 따라 장르명, 스타일, 양식, 서사 기법 등 다양한 의미로 쓰일 뿐만 아니라, 아동문학에서 사용될 때와 대중문학 비평에서 사용될 때 가리키는 작품이 다를 수 있다. 장르명으로 쓰일 때도 페어리테일(Fairy tail)이나 메르헨(Märchen)을 구분하기도 하고 포함할 때도 있으며, SF나 공포물, 때로는 넌센스 작품을 함께 거론하기도 한다. 이 논문에서 '판타지'는 『앨리스의 모험』, 『피터팬』, 『나니아 연대기』와 같이 특정 작가에 의해 창작되었으며, 초자연적이거나 비현실적인 요소(특히 환상적 시공간)를 포함하는, 대개 장편 정도 길이의 픽션을 일컫는 아동문학의 장르 개념으로 사용하고자 하며, 흔히 '동화'로 번역되고 있는 '페어리테일'이나 '메르헨'과는 구별하고자 한다. *The Oxford Encyclopedia of Children's Literature*, N.Y:Oxford Univ. Press, 2006, pp.58-63; 조태봉, 「판타지를 바라보는 장르론적 입장」, 《아동청소년문학연구》 6호, 2010.

8 김요섭의 『날아다니는 코끼리』의 발표 연도는 그간 교학사에서 단행본으로 출판된 1968년으로 표기되어왔다. 그러나 이 작품은 이미 1964년경부터 여러 잡지에 나누어 발표되기 시작했다. 즉 《아동문학》 9호(1964. 7.)에 「춤추는 해적선」이, '어린이 공화국'을 방문한 내용인 「핫핫핫 재미있는 나라다」가 《새벗》 11호(1964. 11.)에 실렸다. 이들이 잡지에 발표될 때는 "장편 동화 〈날아다니는 코끼리〉 속에서" 등의 문구가 들어 있었다.(《아동문학》 9호, 69면) 김요섭은 『날아다니는 코끼리』의

일부분인 이 두 편과 단편 「인형의 나라」로 1965년 제1회 '강소천문학상'을 수상하기도 했다. 한 잡지에 처음부터 끝까지 안정적으로 연재된 것도 아니었고 작품 전체가 완성된 모양을 갖춘 것은 단행본으로 출판될 때였으리라 추측되지만, 공식 매체를 통한 발표 시점 및 문학상 수상 이력 등을 존중한다면 『날아다니는 코끼리』의 발표 연도는 1964년으로 앞당겨 표기되는 것이 좋을 듯하다.

9 '유토피아'와 마찬가지로 '헤테로토피아' 또한 합성어로서, 'heteros(다른)'와 'topos(장소)'를 합쳐서 만든 말이다. 미셸 푸코, 『헤테로토피아』, 이상길 역, 문학과지성사, 2014, 15면.

10 『웅철이의 모험』에 나타난 유토피아적 성격을 다룬 대표적인 연구자로는 박상재, 『숲 속 나라』는 최정원, 『날아다니는 코끼리』는 장영미를 꼽을 수 있다. 최정원, 「한국 SF 및 판타지 동화에 나타난 아동상 소고」, 《한국아동문학연구》 14호, 2008; 박상재, 「한국 판타지 동화의 역사적 전개」, 《한국아동문학연구》 16호, 2009; 장영미, 「1960년대 아동문학의 분화와 위상 연구」, 성신여자대학교 박사학위논문, 2011.

11 이지혜, 「한국 장편 환상동화 연구」, 한경대학교 석사학위논문, 2012, 3면.

12 한국 아동문학의 서사 장르 용어의 변천에 대해서는 다음의 글 참조. 조은숙, 「일제강점기 아동문학 서사 장르의 용어와 개념 고찰」, 《아동청소년문학연구》 4호, 2009; 원종찬, 「해방 이후 아동문학 서사 장르 용어에 대한 고찰」, 《아동청소년문학연구》 5호, 2009.

13 이오덕의 '판타지' 장르론(「판타지와 리얼리티」, 『어린이를 지키는 문학』, 백산서당, 1984)은 일본의 사토 사토루에게 영향 받은 것으로 알려져 있는데, 사토 사토루의 판타지론은 현실과 비현실, 톨킨의 용어로 바꾸자면 1차 세계와 2차 세계로 확연하게 구분되는 '두 개의 세계'론에 바탕을 둔 것으로서, 고전적 판타지론에 속한다고 볼 수 있다. 김경연에 따르면 독일의 경우 『호비트』나 『즐거운 무민 가족』 시리즈가 출현하고 장르 경계를 무색케 하는 다양한 형식의 환상서사가 발표되면서, 판타지 장르의 대표적 지표로 거론되던 '두 개의 세계'는 '낯선 현실', '다른 세계'로 전환되었다고 한다. 김경연, 「독일 아동청소년문학의 몇 가지 개념에 대하여」, 『한국 아동청소년문학 장르론』, 청동거울, 2013 참조.

14 전희은, 「1920~30년대 주요섭의 아동문학 연구」, 춘천교육대학교 석사학위논문, 2012, 34-47면.

15 주요섭은 1919년부터 안데르센의 동화집을 영역으로 통독했다고 한다. 또한 그는 "동화라고 할른지 어린이들을 위한 소설이라고 할른지 긴 얘기로는 19세기 영국 작가 레위스·캐롤(Lewis Carroll)의 '이상한 나라에서의 알리스의 모험(Alice's Adventure in Wonderland)'를 무척 재미있게 읽었는데 여기서 얻은 충격으로 나는 '웅철이의 모험'을 창작했다. 캐롤의 이 작품을 읽고 나도 그와 비슷한 장편동화를 쓰고 싶은 충동이 생겨 쓴 것이지 모방은 절대 아니다. 두 작품을 다 읽고 비교해 보면 내 말이 참말이라는 것을 알게 될 것"이라고 밝혔다. 주요섭, 「내가 좋아하는 동화」, 《아동문학》 2집, 1962. 12, 8면.

16 이원수의 친일 문학은 2002년 박태일에 의해 처음 알려졌다. 박태일, 「이원수의 부왜문학 연구」, 《배달말》 32호, 2003.

17 조은숙, 「이원수 친일 아동문학과 작가론 구성 논리에 대한 재검토」, 《우리어문연구》 40집, 2011.

18 「장편연재동화 숲속나라얘기⑨: 노래하는 마을」, 《어린이나라》, 1949. 12, 19면.

19 은연중 엿보이는 이와 같은 서구에 대한 선망과 한국의 현실에 대한 열등감은 작중 인물들을 넘어서 작가가 가지고 있던 모종의 콤플렉스와도 연결될 수 있을 듯하다. 김요섭은 『날아다니는 코끼

리』의 일부인 「춤추는 해적선」, 「핫핫핫 재미있는 나라다」 등으로 제1회 소천문학상을 수상했는데, 당시 그는 수상 소감문에서 우리 옛이야기의 빈약한 자산에 대한 불만과 열등감, 서구 아동문학에 대한 선망을 여과 없이 드러냈다. 당시 그는 L. H. 스미드의 『아동문학론』을 번역하고 있었다. 그는 이 책을 번역하는 과정에서 "우리들이 지금 만들고 있는 문학이 얼마나 얄팍한 것인가를 심각하게 깨닫게 되었다."고 말하기도 했다. 김요섭, 「소천 문학상 수상 소감: 도페리우스의 목소리」, 《아동문학》 12집, 1965. 7.

20 이영호는 이 작품을 "우리의 전통적인 사상·감정을 완전히 무시하고 신문학 초창기에서와 같이 새것 콤프렉스에 걸려 있는 듯한 징후를 보여주는" 대표적인 예로 꼽았다. 마치 『톰소여의 모험』, 『보물섬』, 『아라비안나이트』와 같은 외국 작품을 읽는 듯한 착각이 든다는 것이다. 이영호, 「아동문학의 전통성과 서민성」, 『아동문학의 전통성과 서민성』, 한국아동문학가협회, 1974.

21 이오덕은 이 작품에 대해 "어린이 공화국을 왜 이 모양으로 만들어 보이는가?"라며 강하게 비판하였다. 즉 어린이 권리가 남용되어 나타난 부작용을 길게 묘사하여 어린이들은 권리를 주장하면 안 된다는 생각을 심어주는 체제 옹호적 효과가 있으며, 작중의 상황처럼 어린이들에게 과자를 맘껏 주는 것을 최대치의 사랑 표현으로 생각한다면 한심한 일이라며 비판했다. 이오덕, 「아동문학과 서민성」, 『아동문학의 전통성과 서민성』, 한국아동문학가협회, 1974.

22 김요섭이 고민했던 환상과 현실의 결합 문제를 이원수도 마찬가지로 고민했다. 그러나 김요섭은 꿈과 환상세계에 대한 믿음을 전면화하여 세계를 주관적으로 전유하는 '페어리테일'에 가까운 방식으로 문제를 해결하고자 했다면, 이원수는 동화의 환상성에 내적 리얼리티를 강조하는 '판타지' 장르론에 가까운 방식으로 문제를 해결하고자 했다는 점에서 차이가 있다. 이원수는 옛날이야기나 예전 동화들에서는 초현실적인 인물이나 사건이 현실 속에 섞여 있어도 자연스럽게 받아들여졌으나, 현대 동화는 그렇지 않다고 전제하면서 "대체 동화가 소설적인 묘사를 하게 된 것, 즉 작중 인물의 성격 묘사, 정경 묘사가 있게 된 이상, 그것은 지극히 사실적인 이야기가 되어야 한다. 현실적인 이야기 속에 나오는 초현실적인 이야기는 어떻게 결합되어야 하겠는가. 그 결합이 원만하게 긍정된 상태에서 이뤄지지 못하면, 결국 황당무계한 조작 얘기란 감을 줄 뿐"이라고 하였다. 이원수, 「동화의 팬터지와 리얼리티」, 《한국아동문학》 1집, 1972. 9.

23 김요섭은 오늘날 일상인들의 상상의 눈을 가리는 현실로 우주 로켓, 공업화 사회, 세계의 거대화 혹은 축소화, 이분법적 이데올로기의 강요, 가치의 다극화 등을 꼽았다. 김요섭, 「상상력의 경계와 팬터지」, 《아동문학평론》 1호, 1979.

24 김요섭, 위의 글.

25 김기정, 『네버랜드 미아』, 푸른숲, 2004, 102면.

26 푸코는 '현실에 존재하는 유토피아'로서 균질화된 현실에 조화롭지 않은 '정상성'을 벗어나는 배치를 가리키기 위해 '헤테로토피아'라는 말을 사용했는데, 그는 헤테로토피아의 대표적인 예로 아이들만의 환상이 저장되는 은밀한 장소들을 꼽았다. "이 반공간, 위치를 가지는 유토피아들. 아이들은 그것을 완벽하게 알고 있다. 그것은 당연히 정원의 깊숙한 곳이다. 그것은 당연히 다락방이고, 더 그럴듯하게는 다락방 한가운데 세워진 인디언 텐트이며, 아니면—목요일 오후—부모의 커다란 침대이다. 바로 이 커다란 침대에서 아이들은 대양을 발견한다. 거기서는 침대보 사이로 헤엄칠 수 있기 때문이다. 이 커다란 침대는 하늘이기도 하다. 스프링 위에서 뛰어오를 수 있기 때문이다. 그것은 숲이다. 거기 숨을 수 있기 때문이다. 그것은 밤이다. 거기서 이불을 뒤집어쓰고 유령이 되기 때문이다. 그것은 마침내 쾌락이다. 부모가 돌아오면 혼날 것이기 때문이다." 미셸 푸코, 이상길 역, 『헤테로토피아』, 문학과지성사, 2014, 13-14면.

27 푸코는 헤테로토피아의 기능을 다른 모든 공간에 대한 이의제기에서 찾았는데, '매음굴'처럼 나머지 현실이 환상이라고 고발하는 환상을 만들어내거나, '식민지'처럼 현실이 오히려 뒤죽박죽으로 보일 만큼 완벽하고 주도면밀하게 또 다른 현실 공간을 실제로 만들어냄으로써 가능하다고 하였다. 미셸 푸코, 위의 책, 24면.

28 즉 현대의 디지털 테크놀로지는 상상과 이성, 허구와 사실, 환상과 실재 사이의 단절을 봉합선 없이 이어주는데, 이로써 가상과 현실 사이에 묘한 존재론적 중첩 상태인 '파타피직스(pataphysics)'한 상황이 발생하게 된다고 한다. 그런데 디지털 시대의 대중들은 이와 같은 혼합현실에 대해 존재론적 판단을 중지하고, 가상이 한갓 허구임을 알 때조차도 그것을 또 다른 현실로 간주하는 경향을 보인다고 한다. 진중권, 『이미지 인문학 1』, 천년의 상상, 2014, 10면 참조.

| 제4절 |

에도(江戸)시대 일본 환상문학과 환영
:『도카이도 요쓰야 괴담(東海道四谷怪談)』을 중심으로

1. 일본의 환상문학

2000년대 들어 J. R. R. 톨킨 작『반지의 제왕』(1954~1955), 조앤 K. 롤링 작『해리포터』(1997~2007) 시리즈 등, 시공간을 초월한 세계를 배경으로 전개되는 작품들이 다수 영화화되어, 전 세계적인 호응을 얻었다. 이들 영화의 매력은 다양한 제작기술에 의해 비롯되는 경우도 있지만, 한편으로 그 매력의 요소로서 원작을 빼놓고 논할 수는 없을 것이다. 이들 작품은 지극히 비일상적인 이야기를 다루고 있고, 캐서린 흄[1]이 "환상은 등치적 리얼리티로부터의 일탈"이라고 하기에, 환상문학이라고 명명할 수 있을 것이다. 특별히 앞의 두 작품은 '시공간적 초월성'을 전제로 한다는 측면에서 흥미로운데, 이들 서양의 환상문학처럼 전 세계적으로 사랑받는 동양의 환상문학은 없는 것일까?

비일상적이고 '시공간적 초월성'을 전제로 한 전근대 중국의 작품으로는 오승은(吳承恩) 작『서유기(西遊記)』(16세기), 포송령(蒲松齡) 작『요재지이(聊齋志異)』(1766) 등을 들 수 있고, 일본 작품으로는 다키자와 바킨(瀧澤馬琴) 의『난소 사토미 핫켄덴(南總里見八犬傳)』(1814)을 들 수 있다. 한반도의 경우는 자유로운 공간 이동을 다룬 작자 미상의『전우치전』(조선 후기)과 같은 작품을 들 수도 있겠으나, 그 배경은 어디까지나 현실에 뿌리내리고 있다는 측면에서 '시간적 초월성'을 전제했다고 보기는 어렵다. 이렇듯 조선시대 한반도에서 '시간적 초월성'이 비교적 덜 묘사될 수밖에 없었던 이유는, 현실의 질서를 무엇보다도 우선하는 조선시대 지배층의 유교적 인식 하에서, '시공간적 초월성'은 쉽사리 허락되지 않았기 때문이다.[2] 이에 비해 에도시대(江戸時代, 1603~1868) 일본의 지배층 또한 유교를 지배 이데올로기로 선택하였으나, 그 유교에서 강조되는 것은 막번(幕藩)체제 하의 주종 간의 '충'이었다. 그러므로 '충'의 정신에 반하지 않는 내용이라면, '시공간적 초월성'이 전제되더라도 특별히 금할 필요는 없었던 것으로 보인다. 당대에 '시공간적 초월성'과 관련된 다양한 기담, 괴담이 다수 출판되고 극화될 수 있었던 사실이 이를 방증하고 있기 때문이다.

그런데 일본 환상문학의 효시를 의외로 일본 최고(最古)의 문학이라고 할 수 있는 『고사기(古事記)』(712)로 이해하는 경우가 있는데, 이는 문학적 환상성을 '시공간적 경계성'으로 이해하기 때문이다.[3] 이와 같은 이해에서 주의할 점은, 현실과 전혀 상관성이 없는 '시공간적 초월성'보다는 현실과 상관성이 있는 '시공간적 경계'를 다루는 것을 일본에서는 환상성이라고 본다는 사실이다. 같은 맥락에서 에도시대 괴담 연구의 일인자로서 유명한 다카다 마모루(高田衛)는 그의 『에도환상문학지(江戸幻想文學誌)』(筑摩書房, 2000)에서 현실과 이계(異界)를 넘나들며 환상성을 보여준 우에다 아키나리(上田秋成), 다키자와 바킨, 산토교덴(山東京傳), 다케베 아야타리(建部綾足), 쓰가 데이쇼(都賀庭鐘) 등의 요미혼(讀本: 에도 후기에 유행한 전기소설)을 환상문학으로서 소개하고 분석한다. 이와 같은 작품들은 '시공간의 경계'를 다루되, 엄연히 현실계를 발판으로 삼고 있다는 측면에서 특징적이다. 그렇다면 서구의 환상문학과 일본의 환상문학은 서로 다른 것인가? 이에 대한 흥미로운 논의로서 스나가 아사히코(須永朝彦)의 것을 들 수 있는데, 그는 일본 환상문학의 구체적 소재를 문제 삼으면서 괴이(怪異)하거나 반현실적인 기담, 괴담류의 것으로 범주화한다. 그의 환상문학에 대한 이해는 기존의 것에 비해 반드시 현실을 전재할 필요는 없으나, 대신에 아래와 같이 환영(Illusion)이라는 측면에 주목하여 흥미롭다.

> 추측건대 '환상'은 유럽어에 대응하는 한자 조어가 새롭게 다수 만들어진 메이지 10년대(1878~1887)의 산물로 보아도 문제없을 것 같은데, 오늘날 사용되는 유럽어에 대비해보면 반드시 fancy, fantastic, fantasy 계통의 뜻이라고도 하기 어렵고, "환상을 품는다."라든지, "환상에 지나지 않는다."라고 하는 경우는 오히려 illusion에 대응하는 것이 아닌가 생각한다. (중략) 그 사이에 '환상문학'이라고 하는 호칭이 정착된 것임에는 틀림이 없지만, 그 개념에 대해서는 논리적인 고찰이 거의 이루어지지 않았고, 괴이적 경향이 농후한, 또는 반현실적 지향이 강한 작품을 한꺼번에 묶어버린 것이라고 되돌아볼 수 있다.[4]

위에 따르면 일본에서 환상문학은 '시공간적 초월성'을 전재하는 『반지의 제왕』, 『해리포터』와 같은 소위 판타지(Fantasy)와 '시공간적 경계'를 다룬 기담, 괴담은 물론,[5] 환영을 다룬 작품까지도 한데 묶어 일컫는 용어로서 사용되어 왔던 것 같다. 환영은 사전적으로 "감각의 왜곡으로 인하여 사실이 아닌 것을 사실로 받아들이는 현상을 의미한다."(고려대 민족문화연구원, 『국어사전』)고 정의되므로, "사실이 아닌 것을 사실로 받아들이는 현상"이 묘사되었다면, 이 또한 일본 환상문학이라고 일컬을 수 있다는 것을 스나가의 지적으로부터 알 수 있다.

한편 "혁명적인 문화적 격변기인 19세기 초에 비로소 온전한 의미의 환상문학"[6]이 서구에서 존립할 수 있었던 것은 역설적으로 합리주의에 대한 자각이 생겨났기 때문이다. 합리주의에 대한 자각은 "사실이 아닌 것을 사실로 받아들이는 현상"인 환영에 대한 자각을 동반하였기에, 에드거 앨런 포(Edgar Allan Poe), 프란츠 카프카(Franz Kafka) 등의 환영이 묘사된 환상문학이 집필되기 시작한다. 이에 비해 일본문학 속 환영은 에도시대 연극의 발달이라는 역사를 통해, 보다 강화되고 보급될 수 있는 문화적 토양을 확보했다. 환영을 다룬 극작품이 유독 다양한 형태로 에도시대부터 눈에 띄기 때문이다.

그러면 이제, 에도시대 일본 환상문학 중에 환영을 다루는 극작품을 살펴봄으로써, 일본 환상문학의 일단을 이해하고자 한다. 이를 위해 환영을 이용한 대표적 작품이자 에도시대 가부키(歌舞伎) 대본인 『도카이도 요쓰야 괴담(東海道四谷怪談, 이하 요쓰야 괴담)』(1825)[7]을 살펴보기로 한다. 이는 너무나도 유명한 작품이기에 관련 연구는 1910년대부터 줄곧 이루어져 왔으나, 근래에는 주로 배경이 된 『가나데혼 주신구라(假名手本中心臧)』(1748)[8]와의 개연성,[9] 여주인공 오이와(お岩) 분석,[10] 선행 「가사네(累) 괴담」과의 관계,[11] 작품 구상과 연출,[12] 『요쓰야 괴담』과 타 작품 개연성[13] 등 다양한 각도에서 이루어지고 있다. 그런데 이 작품은 연극이라는 특성상, 시각적 효과가 주는 재미가 크다는 점이 너무 당연시되어서인지, 작중의 환영 전반에 초점을 맞춘 논의는 아직 시도되지 않고 있다. 이에 본 연구는 작중 다양한 환영의 전개양상과 의의를 분석하여, 일본 환상문학의 특징과 양상의 일단을 밝혀보고자 한다.

2. 『도카이도 요쓰야 괴담』의 환영

『요쓰야 괴담』에서 환영은 주인공 오이와가 죽은 후부터 설정된다. 오이와의 죽음이 환영을 야기하는 사건임을 암시하고 있는 것이다. 환영의 전개와 그 인과관계를 이해하기 위해 오이와가 죽기 전의 줄거리를 이해해둘 필요가 있으므로, 아래에 관련 줄거리를 간략하게 적어본다.

1. 여주인공 오이와의 남편 이에몬(伊右衛門)과 오이와의 배다른 여동생 오소데(お袖)를 흠모하는 나오스케(直助: 실은 오소데의 오빠)는 불충(不忠)의 표상으

로서 묘사된다. 이와 달리 여전히 엔야(塩冶) 가문을 위해 복수의 날을 기다리는 오소데의 남편 요모시치(與茂七)와 오쿠다 쇼자부로(奥田庄三郎)는 충(忠)의 표상으로 설정되어 있다. 한편 엔야 가문의 원수인 고노 모로노(高師直)의 가신 이토 기헤(伊藤喜兵衛)와 이에몬을 사모하는 기헤의 손녀딸 오우메(お梅)가 등장한다.

2. 엔야 가문의 무사였던 오이와의 아버지 요쓰야 사몬(四谷左門)은 이에몬의 공금횡령 사실을 알고 딸을 친정으로 데려가는데, 이에몬은 장인이 자신의 비밀을 알게 되자 살해한다. 이 사실을 모르는 오이와는 아버지를 위해 복수해주리라 믿고 이에몬과 재결합한다. 오이와의 배다른 동생 오소데 역시 남편 요모시치가 살해당했다고 생각하여(살해당한 것은 실은 오쿠다 쇼자부로), 나오스케가 복수해주리라 믿고 동거한다.
3. 이에몬을 짝사랑하는 오우메는 오이와란 부인의 존재에 좌절한다. 이를 알게 된 할아버지 기헤는 돈과 고노 가문의 가신 자리로써 이에몬에게 손녀 오우메와의 결혼을 설득한다. 설득의 과정에서 기헤는 오이와에게 보낸 약이 산후회복을 위한 약이 아니라 얼굴이 일그러지는 약이었음을 고백하는데, 결국 이에몬에게 오우메와의 결혼을 약속받는다.
4. 오이와를 귀찮게 여긴 이에몬은 안마사 다쿠에쓰(宅悦)에게 오이와와 바람피울 것을 종용한다. 약을 먹어 얼굴이 흉하게 일그러진 오이와에게 다쿠에쓰는 사건의 전말을 이실직고한다. 이에 분노하던 오이와는 우연히 박혀 있던 장도에 엎어져 목이 베여 죽는다. 한편 이에몬 가문에 대대로 내려오는 비약(秘藥)을 주군을 위해 훔치려다 들킨 고토보케 고헤(小佛小平)는 옷장 속에 갇혀 있었는데, 오이와 사망 사건의 전말을 엿듣는다. 고헤가 사건의 전말을 아는 인물임을 알자 이에몬은 고헤를 살해하고, 오이와와 함께 문짝 앞뒤에 묶어 강가에 떠내려가게 한다.

죽은 오이와와 고헤의 유령이 거듭 나타나며 괴이한 사건들이 이어지는 것이 이후의 전개인데, 이 작품이 창작되고 향유된 에도 후기라는 시대적 배경에 대한 다음의 논의가 시사적이다. 스에히로 다모쓰(末廣保)는 막번 체제의 붕괴를 우려하며 위정자들은 '충효'의 도덕률을 강요했으나, 서민들은 체제 붕괴기의 에너지를 일종의 '악의(惡意)'로서 전환하여 '데카당스적 해방감'을 추구했고, 이에 호응한 것이 작가 난보쿠이며, 그는 사회문화적 붕괴기의 에너지를 현재화(懸在化)하는 것을 작법(作法)으로 삼았다고 지적한다.[14] 스에히로의 논의에서 중요한 점은, 작가 난보쿠가 호응한 것은 서민의 '데카당스적 해방감'이요, 이를 『요쓰야 괴담』에서 묘사했다는 사실인데, 그렇다면 '데카당스적 해방감'을 위해 환영은 어떻게 작동할 것인가? 이를 다음에서 구체적으로 살펴보자.

1) 전도된 현실로서의 환영

『요쓰야 괴담』에서 살해당한 수많은 이들 중에 유독 오이와와 고헤의 사체 묘사에는 다음과 같은 시각적 환영이 이용된다.

> 다쿠에쓰: 여보시오, 오이와님, 오이와님, 여보시오.
>
> 라며 자기도 모르게 오이와의 서 있는 몸을 흔드니, 그 몸은 흔들거리며 위의 옥체에 턱하고 넘어진다. 그 반동으로 앞서 던져놨던 하얀 장도가 때마침 꽂혀 있어 그것이 오이와의 목 근처를 관통하고, 얼굴에 피가 튀는 양상으로, (오이와가) 흔들거리며 병풍 사이를 기어 나오고, 적당한 곳에 쓰러져서 신음하다가 죽는다. 다쿠에쓰, 당황하여 엿보고는,
>
> 다쿠에쓰: 아이고, 저 고헤 놈의 장도가 있어서 뜻하지 않게 죽인 것이나 다름없다. 큰일이다, 큰일이다.
>
> 하며 어쩔 줄 모른다. 그 사이에 굉장한 등장 음악, 종소리. 이때, 움직이도록 만든 고양이가 한 마리 등장하여 막이 열릴 때 쌓아두었던 생선에 다가온다. 다쿠

에쓰는 보고,

이 재수 없는 놈 같으니라고, 죽은 사람에게 고양이는 금물이다. 쉿쉿쉿!

하며 쫓아낸다. 고양이는 도망가고 장지문에 뚝뚝 피가 흐른다. 순간 교창(交窓)의 적당한 곳에 고양이 크기의 큰 쥐 한 마리가 예의 고양이를 물고 달려 나온다. 고양이는 죽어 떨어진다. 다쿠에쓰가 심하게 떨며 본다. 쥐는 둥둥둥 북소리와 함께 도깨비불이 되어 사라진다.[15]

위에서 오이와의 사체에 고양이가 다가오는데, 결국 고양이보다도 더 큰 쥐 한 마리가 고양이를 물어 죽이고 만다. 고양이가 쥐를 물어 죽이는 것이 아니라, 쥐가 고양이를 물어 죽인 것이다. 이는 현실에 반하는 광경이다. 즉 "사실이 아닌 것을 사실로 받아들이는 현상"을 다쿠에쓰는 물론, 관객이나 독자는 경험하게 된다. 그리고 그 쥐는 도깨비불이 되어 사라지며 일련의 사건은 환영이었다는 사실이 확인된다. 이것이 의미하는 바는 무엇일까? 고양이를 죽이는 쥐가 없다면, 즉 환영을 통한 현실에 반하는 반현실의 광경이 설정되지 않았다면, 다쿠에쓰나 독자, 혹은 관객은 오이와의 죽음을 일반적인 사망으로 이해했을 것이다. 그러나 그들은 환영을 봄으로써, 오이와의 죽음이 일반적인 사망이 아니요, 현실에 반하는 상황이라는 점, 나아가 그 죽음에는 무엇인가 '문화의 은폐되어야만 하는'[16] 것이 있음을 이해할 수 있다.

그렇다면 오이와와 함께 죽음을 맞이하고 사체가 묶인 고헤의 경우는 어떠할까 ?

이에몬: 세상에 대한 본보기로 둘의 사체를 문판에 박고 모습이 드러나도록 강물에 흘려보내어, 바로 수장을 (중략)

라며, 벽장의 삼나무로 만든 문을 빼내어 기쿠고로는 고헤의 사체를 문제의 삼나무 문에 못으로 박는다. 이때, 약한 북소리, 천장을 향한 고헤의 당겨진 양손

의 손가락이 뱀의 형상이 되어 꿈틀거린다. 두 사람은 이를 보고,

간조 : 어이, 어이, 양손가락이 남김없이,

조베 : 어찌된 일인지 뱀으로.

— 텍스트 191-192면

고헤는 사후, 그 손가락이 남김없이 뱀의 형상으로 바뀌어 꿈틀거리는 공포를 선사한다. 이를 보는 이에몬과 악당들은 물론, 독자나 관객도 그 환영 보기에 동참한다. 고헤의 손이 뱀의 형상이라는 환영, 즉 "사실이 아닌 것을 사실로 받아들이는 현상"을 통해, 고헤의 죽음은 사실이 된다. 환언하자면 고헤의 죽음은 현실에 반하는 반현실 속의 것이어야 하는데, 현실의 일이 되어버렸다는 사실을 뱀의 형상이란 환영이 보여주는 것이다. 이렇듯 반현실 속의 고헤를 바라보는 등장인물과 관객, 혹은 독자 또한 반현실 속에 있다는 사실이 바로 '문화의 은폐되어야만 하는' 지점일 것이다. 앞서 확인하였듯, 작중 현실은 전도(顚倒)되었다. 그러므로 환영은 사실로서 받아들여진다. 이를 방증하듯 『요쓰야 괴담』에는 기물(器物) 또한 생명력을 지니고 반현실적인 환영으로서 작동한다. 빗과 옷 등 오이와와 고헤가 생전에 사용한 기물을 통해서 환영이 설정되기도 하는 것이다. 생전에 오이와가 어머니의 유품으로서 소중히 한 빗이 나오스케의 손에 들어가게 되는데, 이 빗은 처음에는 나오스케의 눈에는 가느다란 손으로 비춰지고, 이윽고 동생 오소데의 눈에도 빗을 넣은 대야가 피로 가득 차는 환영이 나타난다.[17]

그런데 지금까지 살펴본 죽음 관련 환영은 오이와와 고헤의 직접적인 복수의 대상이 아닌 다쿠에쓰, 나오스케, 오소데 등의 등장인물에게 보인다. 그 이유는 무엇일까? 이를 살펴보기 위해 아래에서 고헤의 경우를 조금 더 확인해보자.

"그렇다."고 제스쳐를 취하며, 무대 쪽으로 다가온다. 괴이가 나타날 때의 음악, 약한 북소리가 울리고, 문 앞에 말려놓은 고헤의 옷자락에 도깨비불이 나타나고, 뱀이 기어 올라간다. 요모시치, 이를 보고,

아, 아, 아, 아. 도깨비불과 함께 뱀의, 저 옷에 휘감기다니, 허허, 비명횡사한 바로 사령의 (중략)

약한 북소리 점점 세게 하여 그친다. 뱀, 도깨비불, 함께 꺼진다.

— 텍스트 272-273면

위에서 고헤가 생전에 입었던 옷에 도깨비불이 나타나는데, 이를 고헤의 복수 대상이 아닌 요모시치도 보게 된다. 이와 같이 고헤의 죽음을 알리는 환영은 독자, 혹은 관객은 물론 직접적인 복수의 대상이 아닌 관련자 일반이 보게 되는데, 이는 어떻게 설명할 수 있을까? 가능한 설명의 하나로서 '공동체에 대한 경고'를 들 수 있다. 주지하듯 여주인공 오이와는 기헤가 준 약을 먹은 후 얼굴이 흉측하게 일그러지는데, 이는 선행설화 「가사네 괴담」[18] 속 가사네의 형상과 개연성이 있는 것으로 연구되어왔다.[19] 또한 가사네의 빙의(=환영)[20]가 보여주는 공포가 그러했듯이, 오이와와 고헤가 보여주는 환영 역시 그들의 죽음에 침묵한 '공동체에 대한 경고'로서 작동하고 있을 가능성이 적지 않다.[21] 이처럼 오이와와 고헤 두 사람의 죽음과 관련된 환영이 '공동체에 대한 경고'를 보여준다는 것은, 부연하자면 전도된 현실 속에서 현실을 바로잡지 않고 안주하는 것에 대한 경고로서 이해할 수 있다. 즉 다쿠에쓰, 나오스케, 오소데는 물론, 관객과 독자 또한 전도된 현실에 안주하며, 언제든지 선과 악의 악, 진실과 거짓의 거짓을 이행할 수 있다는 사실을 위의 환영은 폭로하고 있는 것이다. 이렇게 보면 『요쓰야 괴담』 속 오이와와 고헤의 죽음과 관련된 환영은 표면적으로는 작중에 공포를 선사하지만, 내적으로는 환영을 보는 전도된 현실 속의 모든 이가 그들의 죽음에 책임이 없지 않음을 시사하는 강력한 메시지를

발하는 장치라고 하겠다.

2) 금지된 욕망으로서의 환영

한편 『요쓰야 괴담』에서 이에몬은 오이와와 고헤에게 빙의된 인물들을 보고 살인을 거듭하게 되는데, 사실상 여기서 빙의는 이에몬이 보는 환영 그 자체다. 그 구체적인 전개를 아래에서 확인하자.

> 오이와 : 네, 이분은 제 남편이신지요.
>
> 라며 얼굴을 들어 올리고 예의 부적을 내놓는 것은 오이와의 얼굴인데, 이에몬을 원한 맺힌 듯 '휙'하고 노려보고는 낄낄 웃는다. 이에몬, 오싹하여 주변에 있던 장도를 잡아 칼집에서 빼내는 대로 턱하고 목을 벤다. 그 목은 앞에 완벽하게 떨어진다. 순간 오우메의 진짜 목이 나오고, 약한 북소리, 목 주변에 쥐가 달려든다. 이에몬, 목을 잘 보고는,
>
> (중략)
>
> 저, 장인어른, 큰일이 났소. 잘못하여,
>
> 라며 기헤를 깨운다. 그 얼굴은 기쿠고로의 얼굴로서, 안고 있던 아이를 잡아먹은 형상으로, 입은 피로 얼룩졌다. 이에몬의 얼굴을 바라보며,
>
> 고헤 : 주인님, 약을 주십시오.
>
> 라고 말하는데 이를 보고,
>
> 이에몬 : 앗, 너는 고헤로구나. 지금 나의 아이를.
>
> 라며 말하는 순간에 칼을 빼들고 목을 벤다. 때마침, 기헤의 진짜 목이 나오고 피에 젖어, 허리로부터 머리 쪽으로 뱀 한 마리, 진짜 목을 휘감고 꿈틀거린다. 이에몬은 자세히 보고,
>
> 어, 어, 벤 것은 역시 장인. 이런 저주 속에서 넋 놓고 여기에는.
>
> — 텍스트 198-200면

오우메와의 첫날밤에 이에몬은, 오우메에게 빙의한 오이와의 모습에 놀라 오우메를 칼로 베어 죽인다. 또한 장인 기헤에게 빙의한 고헤에 놀라 역시 칼로 베어 죽인다. 이렇듯 억울한 오이와와 고헤란 두 망자들의 빙의는, 당시 주인공 역할을 맡은 오노에 기쿠고로(尾上菊五郎)라는 명배우의 1인 2역을 통해 가능했고, 이것은 연극 연출상의 기술로서 의심할 여지가 없다. 그런데 이와는 별개의 차원에서 작가 쓰루야 난보쿠가 빙의란 환영을 통해 보여주고자 했던 것은 무엇일까? 그것은 다름 아닌 망자의 복수(仇討)일 것이다. 망자들이 아무리 억울해도 현실에서는 실현할 수 없는 복수가 빙의(=환영)를 통해, 심지어 이에몬을 통해 이행된 것이다.

전근대 일본을 살아가는 여성 오이와가 빙의(=환영)를 통해 오우메를 죽음으로 이끄는 의미는 두 가지로 해석될 수 있다. 첫째, 표면적으로는 남편을 빼앗은 여성에 대한 사적인 복수요, 둘째, 아버지와 남편의 주군이었던 엔야 가문의 원수 집안인 고노 가문에 대한 공적인 복수다.[22] 그런데 두 가지 모두 당대 기제와 인식이 여성에게는 용납하지 않는 복수이다. 즉 남편을 빼앗겼거나, 친정 가문의 원수가 살아 있어도 복수를 할 수 없는 기제와 인식 속에 살아가야만 하는 것이 바로 오이와란 인물이다. 그러나 작중의 환영을 통해, 오이와는 복수라는 '금지된 욕망'을 실현하고 있다. 환언하자면, 환영이란 장치 없이는 부조리한 기혼 여성의 현실과 금지된 욕망이 폭로될 수 없는 것이다. 고헤의 경우 또한 기헤를 죽음으로 이끌어, 첫째, 자신을 살해한 이에몬을 욕보일 수 있고, 둘째, 주군 대신 원수의 가문에 복수를 이행할 수 있다. 이 모두 현실계에서는 고헤의 신분적 열등성 때문에 불가능한 '금지된 욕망'이지만, 환영이 그 욕망을 실현시키고 있는 것이다.

부조리한 죽음을 당하고도 복수가 불가능한 현실계의 모순을 고발할 수 있는 것은, 환영을 통해서이다. 이제 환영 속에서 모순적 현실을 뛰어넘은 고헤는 자신의 아들에게 빙의한 후, 그 입을 빌려 신분에 구애받지 않고 이에몬에 대한 저주를 내리고 있다.[23] 그가 보여주는 빙의(=환영)는 이에몬으로 대표되는 무사사회의 폭력적이고 일방적인 가치체계를 폭로하고 있는 것이다. 이렇듯 오이와와 고헤는 빙의(=환영)를 통해 관객 혹은 독자에게 부인을 버리고, 아랫사람을 살해하고, 나아가 주군을 배신하여도 태연히 살아갈 수 있는 남성 중심적 신분제 사회의 부조리하고 모순적인 사회상을 보여주고 있다. 여기서 남성 중심적 신분제 사회란, 결국 당대의 무사의 지배 체제로 환치될 수 있을 것이다.

한편 고헤는 빙의하지 않고 생전의 모습 그대로 유령으로서도 등장하는데, 이는 원망과 저주를 보여주기 위해서는 아니다.

> 라며 무릎으로 걸어와서는, 칼을 잡는다. 이쯤에서 안쪽으로부터 정 소리가 들린다. 마타노조, 칼을 뽑고 소매로 닦고, 날카롭게 째려본다. 이때 유령 나올 때의 음악소리, 쓸쓸한 피리소리, 약한 북소리가 울리고, 고헤는 생전의 모습으로 약봉지를 들고, 홀연히 문 밖에 나타난다. 마타노조, 바라보며,
>
> (중략)
>
> 라며 칼을 다시 잡고, 고헤, 적당한 곳에 선다.
>
> 고헤 : 당신의 소원을 이루고자 힘들고 슬프고 무서운, 말로 다 할 수 없는 곤란을 겪으며 겨우 손에 넣은 이 약. 이 약으로 쾌유하셔서 부디 소원을 잘 성취하실 수 있기를 빕니다. 주인님.
>
> 마타노조 : 무엇을 이놈이, 각오해라.
>
> — 텍스트 333-336면

고헤가 죽어서도 주군을 위해 유령(=환영)으로 등장하는 이유는, 주군이 건강을 되찾아 엔야 가문의 복수를 이행하였으면 하는 바람 때문이다. 그런데 고헤의 주군의 복수, 즉 아코로시(赤穗浪士)의 복수[24] 역시, 현 체제와 위계질서가 인정하지 않는 '금지된 욕망'이다. 아코로시의 복수를 막부에서는 결국 인정

하지 않았기 때문이다. 그러나 아코로시의 일화는 반복하여 에도시대 이래 문예화되고 회자되었듯이, 아코로시의 복수는 고헤와 더불어 대중의 '금지된 욕망'이었던 것이다. 이렇듯 현실에서는 실현 불가능하지만 욕망되는 것, 그것을 고헤는 환영을 통해 실현시키고자 하는 것이다. 그러므로 여기서의 환영은 '대중의 금지된 욕망'을 실현시키기 위한 수단이라고 이해할 수 있다.

그러나 『요쓰야 괴담』에서 그 누구보다도 무시무시한 유령(=환영)으로서 등장하는 인물은 다름 아닌 오이와이다. 오이와는 "함께 나락으로 떨어지자, 와라 다미야!"[25]라며 남편 이에몬과 함께 죽고자 하는 '금지된 욕망'을 유령(=환영)이 되어 실현시킨다. 에도시대 일본 가정에서 남편은 부인에게 절대적인 권한을 행사하는 한편, 부인은 육아와 가사를 통해 가정을 유지해야 할 의무가 있었음은 주지의 사실이다. 그러나 오이와는 이에몬을 죽음으로 몰고 가고, 심지어 아래에서와 같이 이에몬과의 사이에서 태어난 피붙이를 스스로 살해하는 '금지된 욕망'을 환영을 통해 실현시키고 있는 것이다.

> 라며 차갑게 말한다. 오이와는 이때, 안고 있던 아기를 보여준다. 이에몬은 놀라며,
>
> 아이고, 그렇다면 그 아이는 망자의 손으로.
>
> 라며 기뻐하며 아이를 받고,
>
> (중략)
>
> 조베 : 아아, 또 쥐인가. 이런 젠장, 젠장.
>
> 하고 뛰어 일어나 좇아낸다. 북소리 울리며 많은 쥐가 몰리고, 장지문 속으로 들어간다. 순간, 오이와 완전히 사라진다. 이에몬 놀라고, 안고 있던 아이를 떨어뜨린다. 그 아이는 이윽고 돌부처가 된다. 장지문 속의 오쿠마, 신음하는 소리 들린다.
>
> — 텍스트 384-385면

위에서 아이에 대한 집념을 보이는 이에몬과 달리, 오이와는 결국 아이를 살해한 것으로 보인다. 친모가 친자를 살해하는 비현실적이고 낯선 '금지된 욕망'이 환영을 통해 실현된 것이다. 나아가 자신보다 힘이 강한 무사 조베의 목을 졸라 죽이고,[26] 자신을 미워한 시어머니 오쿠마(お熊)는 물론, 자신에게 동조한 시아버지 겐시로(源四郎)마저도 잔인하게 살해하는 오이와의 태도는,[27] 시가를 하늘같이 생각해야 하는 당대의 상식에 위배되는 것으로서, 이 또한 사회적 질서와 상식을 포기하고자 하는 '금지된 욕망'의 반영에 다름 아닌 것이다.[28]

이상과 같이 오이와와 고헤는 자신들을 죽음에 이르게 한 이에몬은 물론, 다미야 가문과 이토 가문의 관련자 모두를 가차 없이 살해하고 복수하는데, 이를 위해 환영을 사용한다. 남편의 가문을 멸망으로 이끌고, 여성에게는 용납되지 않는 복수를 이행하는 오이와, 주종의 관계를 뒤엎고 체제의 금기를 실현코자 하는 고헤. 이 두 인물이 보여주는 빙의와 유령으로 나타나는 환영은 다름 아닌 체제의 모순과 부조리를 폭로하고 있다. 나아가 모순과 부조리로 얼룩진 체제 속에서 모든 것을 포기하고픈 개인의 '금지된 욕망'을 실현하기 위해, 환영은 설정되기도 했다. 이렇듯 체제가 허락하지 않은 공과 사의 '금지된 욕망'을 망자 오이와와 고헤는 빙의 및 유령의 환영을 보여줌으로써 실현코자 하는 것으로 보이며, 관객이나 독자는 빙의 및 유령의 환영을 통해서나마, 금지된 욕망의 실현, 즉 스에히로가 지적하는 '데카당스적 해방감'을 느낄 수 있었던 것이다.

3. 『도카이도 요쓰야 괴담』의 환영과 폭로

지금까지 일본 환상문학 중에서도 환영을 이용한 대표적인 작품 『요쓰야 괴담』을 살펴보았다. 그 결과, 작중에는 크게 두 가지 환영이 묘사되었음을 알 수 있었다. 첫째, 오이와 및 고헤의 사체나 생전 사용했던 기물을 통해 환영이 묘사되고, 그 환영은 표면적으로는 공포를 선사하면서도 오이와와 고헤의 죽음이 현실이 아니라 반현실 속의 죽음이라는 점을 일깨워주며, 당대 공동체 사회 속 선과 악, 진실과 거짓이 전도될 가능성을 보여주는 장치였다. 둘째, 공과 사의 복수를 위해 빙의하고 혹은 유령으로 나타나 환영을 보여주는 오이와와 고헤 또한 묘사되었는데, 이와 같은 환영은 실현 불가능한 망자의 복수를 가능케 하고, 체제와 위계질서의 전도, 혹은 가족제에 대한 상식에 위배되는 '금지된 욕망'을 반영하기도 하였다. 즉 체제가 금지하는 다양한 욕망이 환영을 통해 실현 가능하였다. 나아가 작중 빙의나 유령이 보여주는 그 모든 환영은 망자의 '금지된 욕망'을 실현시켜주었기에, 스에히로가 지적하는 당대 서민의 '데카당스적 해방감'과 연동된다고 보았다.

이렇듯 『요쓰야 괴담』의 환영은 '전도된 현실'과 '금지된 욕망'을 관객과 독자에게 일깨워주는 프리즘의 역할을 한다고 볼 수 있다. 『요쓰야 괴담』은 환영이라는 장치를 통해 비로소 오이와 및 고헤의 부조리한 죽음, 그리고 그들의 금지된 복수 욕망 및 개인의 일탈 욕망을 중층적으로 보여줄 수 있었던 것이다. 환영이 설정되지 않았더라면, 오이와와 고헤의 죽음은 일반적인 사건사고에 지나지 않았을 것이고, '금지된 욕망'은 실현 불가능했을 것이다. 인간 사회의 전도된 현실을 지적하고, 금지된 다층적 욕망을 투사하고 실현시키는 장치로써『요쓰야 괴담』의 환영은 그 의의가 있었으며, 역설적으로 당대 현실에 견고하게 뿌리내린 체제의 모순 및 부조리와 개인의 갈등은 환영 없이 투사되기 어려웠던 것으로 보인다. 그러므로『요쓰야 괴담』은 환영을 통해 비로소 당대 "문화의 은폐되어야만 하는" 부분을 여지없이 폭로할 수 있었다고 하겠다. 붕괴로 향하고 있었다고는 하나, 여전히 엄격한 신분제와 위계질서가 존재했던 에도 후기 일본에서,『요쓰야 괴담』은 환영을 통해 폭로 불가한 '사실'을 마치

'사실이 아닌 것처럼' 보여준 환상문학이요, 판타지와는 또 다른 환상문학의 가능성을 제시한 작품이라고 할 수 있다.

매력적인 것에는 나름의 이유가 있다. 『요쓰야 괴담』이 오늘날에도 회자되고 다각적으로 각색되며 일본인들의 문화 속에 여전히 일정 위치를 차지하는 이유, 그것은 '전도'되고 '금지'된 은밀한 그들의 현실을 '환영'이란 생생한 시각적 장치로써 폭로하고 있기 때문이 아닐까 생각한다.

주석

1 한창엽 옮김, 『환상과 미메시스』, 푸른나무, 2000, 57면.

2 당대 한반도에서 이승보다도 이상적인 저승을 인정한 채수(1449~1515) 작 『설공찬전』은 필화사건을 통해 모두 불태워지는 불운을 겪어야 했다. 『설공찬전』이 이승의 질서를 우선하는 유교적 논리에 위반되는 것으로서, 그 인식은 유교적 입장에서 허락될 수 없었기 때문이다.

3 東雅夫, 『日本幻想文學事典』, 筑摩書房, 2013, 12면. "요는 문예라는 것은 원래 그 성립으로부터 현세와 이계(異界)와의 접점—신들이나 정령이 번성하는 초자연의 세계나 망자들이 사는 피안과의 경계 영역에 개재하는 대단히 환상문학적인 영위였던 것이다."(인용문은 인용자에 의해 번역되었다.)

4 須永朝彦, 『日本幻想文學史』, 平凡社, 2007, 10-12면. 이하, 번역 및 밑줄은 인용자에 의한다.

5 고마쓰 가즈히코(小松和彦)가 「일본의 괴담을 생각한다」(『귀신, 요괴, 이물의 비교문화론』, 소명출판, 2014, 36-39면.)에서 지적하듯, 사건사고를 씨앗으로 삼아, 이에 현실계의 논리로 이해 불가함을 인과로 풀어 기승전결을 더하고 발전시킨 것을 '괴담'이라고 하는데, 그렇다면 사건사고를 씨앗삼아 상상력을 더한 것을 '환상문학'이라고 할 수 있을 것이다. 그러므로 '기담, 괴담'을 '환상문학'의 하위 범주로 간주할 수 있다고 생각한다.

6 프랑수아 레이몽, 다니엘 콩페르 저, 고봉만 외 옮김, 『환상문학의 거장들』, 자음과 모음, 2001, 14면.

7 1727년 출판된 『요쓰야 조단슈(四谷雜談集)』에는 겐로쿠(元祿)시대(1688~1704)에 다미야(田宮) 가문의 부인이 실종된 사건이 기록되어 있는데, 이를 문학화한 다키자와 바킨 작 『간젠 쓰네요모노가타리(勸善常世物語)』(1806), 류테이 다네히코(柳亭種彥) 작 『긴세 가이단 시모요노호시(近世怪談霜夜星)』(1808)가 있다. 그 뒤를 이은 작품이 바로 본 글에서 다룰 쓰루야 난보쿠(鶴屋南北) 작 가부키 대본인 『도카이도 요쓰야 괴담』인데, 이는 실제 1701년에 주군을 위해 복수한 47인의 낭인(浪人)의 이야기로 유명한 『가나데혼 주신구라(假名手本中心藏)』를 배경으로 한 것으로서, 당대 상연 이후 지금까지도 납량특집으로 빠지지 않고 꾸준히 인기를 얻고 있는 작품이다. 소위 '요쓰야 괴담'이라고 불리는 작품은 문학, 영화, 만화를 비롯해 다양한 장르에서 여전히 재생산, 향유되고 있다.

8 2대 다케다 이즈모(竹田出雲), 미요시 쇼라쿠(三好松洛), 나미키 센류(竝木千柳)의 합작인 인형극(浄瑠璃)의 각본.

9 편용우, 「쓰루야 난보쿠(鶴屋南北)의 「도카이도요쓰야괴담(東海道四谷怪談)」 연구」, 고려대학교 일어일문학과 석사논문, 2004, 1-80면.

10 諏訪春雄, 「怨靈·幽靈 東海道四谷怪談」, 『岩波講座 日本文學と佛教 2巻 因果』, 岩波書店, 1994, 6-24면; 堤邦彥, 「怪談特集 江戸怪談の思想と表現—因果·因緣を語るということ」, 《澁谷近世》 17号, 國學院大學近世文學會, 2011, 4-14면; 周萍, 「累からお岩へ—『東海道四谷怪談』のお岩の形成に關する一思考」, 《歌舞伎研究と批評》 46号, 雄山閣, 2011, 77-92면.

11 片岡德雄, 『四谷怪談の女たち』, 小學館, 1993, 192-213면.

12 三津田信三, 「特集 : 怪談『四谷怪談』お岩様の恐怖」, 《國文學》 52巻11号, 學燈社, 2007, 122-129면; 光延眞哉, 「讀む『東海道四谷怪談』の初期構想-番付のカタリを讀む」, 《日本文學》 59巻11号, 日本文學協會, 2010, 72-75면; 末廣保, 『四谷怪談—悪意と笑い—』, 岩波書店, 2009, 1-198면.

13 高田衛, 「實錄小說『四谷雜談』と『東海道四谷怪談』」, 『江戸文學研究』, 新典社, 1993, 1-14면.

14 末廣保, 앞의 책, 2-4면.

15 藤尾眞一編, 『鶴屋南北全集』 第11巻, 三一書房, 1992, 184-185면. 이하 『요쓰야 괴담』의 텍스트로 삼는다.

16 로지 잭슨 저, 서강여성문학연구회 옮김, 『환상성—전복의 문학』, 문학동네, 2007, 12-15면. "환상적인 것은 문화의 말해지지 않은 부분, 보이지 않는 것, 즉 지금까지 침묵당하고 가려져왔으며 은폐되고 '부재하는' 것으로 취급되어온 것들을 추적한다."

17 『요쓰야 괴담』의 텍스트 251-253면.

18 「가사네 괴담」은 신체장애가 있는 여성 가사네의 이야기로서 에도시대 이후 널리 유포되었는데, 현대 일본에서도 3대 괴담 중의 하나로 꼽힌다. 흉한 몰골의 가사네를 남편이 살해한 후, 가사네가 남편의 재혼한 여성들에게 빙의하여 해당 여성들의 얼굴이 흉측하게 일그러진다는 줄거리를 지닌다.

19 앞의 책 『四谷怪談の女たち』, 192-213면에 상세하다.

20 주인공 가사네의 빙의는 주변 인물은 물론, 독자의 시각적인 '환영' 경험을 통해 성립되므로, 이 글에서는 빙의나 유령이 주는 효과를 환영의 그것과 동일한 것으로 이해하여 상호 환치한다.

21 高田衛, 「憑依傳承の虛構と愉樂—『死靈解脫物語聞書』考—」, 『'89江戸文學年誌』, ぺりかん社, 1989, 37-47면. 졸고, 「근세기 한일 여성 괴담(怪談) 비교 연구」, 《민족문화연구》 1권 56호, 고려대학교 민족문화연구원, 2012, 37-68면.

22 이에 대해 앞의 책 『四谷怪談の女たち』(240면)에는 "오이와의 '사적인 원한'으로부터 '공적인 복수'"(인용문은 인용자에 의해 번역되었다.)라는 지적이 있다. 이와 함께 본 연구에서는 고혜의 빙의(=환영)를 통한 복수 역시 공사의 이중적 성격이 있음을 확인해 둔다.

23 『요쓰야 괴담』의 텍스트 339-340면.

24 주군이 음모에 의해 죽음에 이르렀다고 믿은 아코번(赤穗藩)의 주군과 소속 없는 무사인 낭인(浪人) 47명이 막부의 허락 없이 1703년에 원수에게 복수한 이야기. 이들 47인의 낭인은 주군을 위한 진정한 충성심에서 복수하였다고 여겨져 서민층에게는 칭송을 받았으나, 막부는 긴 논의 끝에 체제가 허락하지 않은 복수를 이행했다는 이유로써 전원 할복을 명했다. 아코로시의 복수담은 에도시대 이후, 다양한 형태의 문예작품으로 생산되어 사랑받아왔고, 오늘날에도 일본국영방송사인 NHK에서 매해 신년특집 대하드라마로 재생산하고 있다.

25 『요쓰야 괴담』의 텍스트 371면.

26 『요쓰야 괴담』의 텍스트 368면.

27 『요쓰야 괴담』의 텍스트 391-396면.

28 앞의 책 『四谷怪談の女たち』(253면)에서 논자는 친자 살해 및 일가 살해는 가문의 연대책임을 묻

는 무사인식의 연장선상에서의 사건이라고 주장한다. 그러나 오이와가 자신이 소속되었던 가문의 연대책임을 물을 수 있는 위상은 아니므로, 그 모든 살해는 사회적 질서와 상식을 포기하는 것으로서 이해하는 것이 자연스럽다고 생각한다.

제3부

환상서사의 갈래

Ⅰ. 공포물

| 제1절 |

조선 중·후기 필기·야담의 귀신담
: 귀신의 출현 양상을 중심으로

1. 조선 중·후기 귀신담의 흐름

한국 고전문학에서는 천상·용궁·저승·선계(仙界)와 같은 초월적 시공간, 옥황상제·용왕·염라대왕·신선·도사·귀신과 같은 신이한 인물, 신비한 꿈·인귀(人鬼)교환·도술·이계(異界)체험과 같은 경이로운 사건 등이 '기이(奇異)'라는 개념으로 표현되는데, 이는 비일상성·비현실성·초현실성·환상성을 모두 포함한다고 여겨지며 그 대상의 범위가 넓고 편차가 크다. 다만 『산해경(山海經)』 등에서 단골로 등장하는 비(非)인격적 주체는 별로 등장하지 않는다는 점에서 중국의 그것과는 차이가 있다.[1] 대신 비일상적인 경험의 중심에는 '인간'이 있으며,[2] '귓것' 등으로 불리는 사물로서의 기이한 존재에게도 인격성을 부여한다는 것이 주요한 특징이라고 할 수 있다. 기이담 중 귀신이라고 총칭되는 부류에 관한 서사는 현대의 대중서사장르에 이르기까지 지속적인 관심을 받아왔다. 이 글에서는 기이하고 낯선 존재이면서 인격성이 부여된 존재인 귀신의 서사를, 16~17세기라는 유동기적이고 전환기적인 시대로부터 조선 후기에 이르기까지를 대상으로 거칠게나마 다루어보고자 한다.

충남 금산(錦山) 보석사(寶石寺) 감로도(甘露圖). 국립중앙박물관 소장. 1649년(인조27)에 조성된 것으로, 부처님과 제단 등 법회장면이 그려져 있고 중간 부분 이하(아래 확대 사진 참조)에 아귀(餓鬼) 등의 귀신과 전란 등으로 죽은 사람의 형상이 묘사되어 있다.

먼저 조선 전기의 귀신서사를 살펴보면 다음과 같은 점들을 특징적 국면으로 꼽을 수 있다. 조선 중기 이후 귀신 이야기의 주종을 이루는 조상의 신령에 관한 이야기가 거의 없다는 점, 반면 귀물(鬼物)·요물(妖物) 등으로 불리는 기괴한 사물로서의 귀신에 관한 이야기가 많다는 점, 그리고 민간신앙의 대상이기도 했던 이러한 귀물과 요물들을 퇴치하는 이야기가 많다는 점[3]이 그것이다. 조선 전기의 주류사회는 숭유배불(崇儒排佛)정책을 표방하고 음사(淫事)를 타파하려고 애쓰며 귀신담과 같은 황탄한 이야기에 대해 대대적인 비판을 했지만, 이는 정치적 문제와 관련된 차원일 뿐 정서적 차원에서는 인격적 존재로서의 귀신에 대해 완전히 부정할 수 없었다. 이에 따라 귀신을 소재로 하는 작품들은 지속적으로 향유되었으니, 중국의 무수한 지괴담(志怪談)을 담고 있는 『태평광기(太平廣記)』는 고려시대 이후 조선 후기에 이르기까지 대부분의 문인들에게 필독서로 취급되었다.[4]

조선 중기 이후에는 인간과 귀신의 교류 이외에 조상신의 예언, 여성원혼의 출현, 역병귀신의 떠돎 등으로 좀 더 인간생활과 관련 있는 이야기가 늘어나는 대신, 귀물·요물 등의 다채로운 형상은 점차 줄어드는 양상이라고 할 수 있는데 이러한 변화 양상은 특히 유몽인(柳夢寅, 1559~1623)의 『어우야담(於于野譚)』에서 감지할 수 있다. 비록 당대의 이야기만을 모은 것은 아니지만, 조선 후기에도 전기와 마찬가지로 임방(任埅, 1640~1724)의 『천예록(天倪錄)』, 정재륜(鄭載崙, 1648~1723)의 『감이록(感異錄)』, 신돈복(辛敦復, 1692~1779)의 『학산한언(鶴山閑言)』, 노명흠(盧命欽, 1713~1775)의 『동패락송(東稗洛誦)』, 그리고 『청구야담(靑邱野談)』 등 기이(奇異)모음집 또는 기이한 이야기가 다수 실린 작품집이 계속해서 산출되고 있었으며, 『동야휘집(東野彙輯)』에는 초자연적이고 신비한 이야기들을 편집한 '영이(靈異)' 항목이 배치되어 있는 등 귀신담에 대한 관심과 열기가 더 뜨거워지고 있었다고 볼 수 있다. 이에는 전대 문헌의 단순한 축적이나 반복적 재생산도 있었지만, 그 서술태도의 차이와 시대적 특성을 반영하는 변화 또한 분명 존재했다. 또 원귀(寃鬼)가 공식적인 설원(雪寃)을 요구하는 서사가 18·19세기의 야담집과 『장화홍련전(薔花紅蓮傳)』 같은 가정소설에 등장하는 등 시기적으로 후대에 나타난다.[5] 이렇듯 조선시대 필기·야담이나 소설 속의 귀신은 시간의 흐름과 더불어 존재 양상과 내면의 심리기제도 변화하였다.

이 글에서는 여러 필기·야담집 소재 귀신담을 대상으로 몇 가지 유형을 나누어 조선 후기의 특징적 국면과 귀신의 형상, 귀신 출현의 표지(標識), 서사구조와 의미 등을 살펴보기로 한다. 필기의 경우 그 장르적 성격으로 보아 귀신담에 대한 서술도 현실반영적 측면을 지니고 있으며, 야담집에서는 현실논리와 거리가 있는 신비한 성격의 이야기가 적지 않은 비중을 차지하고 있어 편차가 있다. 야담의 환상적 성격은 『천예록』, 『학산한언』, 『동패락송』 등의 초기 야담집에서부터 이들을 집대성한 『청구야담』까지 계승되기 때문에 야담집을 구성하는 중요한 한 특색이라고 할 수 있다.[6] 다만 여기에서는 논의 범위를 좁혀 귀신담에 집중하기 위해 귀신담 외의 이계체험 등의 서사는 다루지 않았으며, 서사에 나타난 귀신의 모습을 다루기 위하여 귀신담의 시기적·역사적 층위를 고려하되 귀신의 출현 양상을 몇 가지로 유형화하였다. 특히 대중서사장르의 전사(前史) 서술임을 고려하여 현대 대중서사장르의 귀신담과 연결되는 지점을 중심으로 서술하고자 한다.

2. '욕망하고 호소하는 귀신'과 인간의 거리 두기

무엇인가를 욕망하기 때문에 귀신이 되어서도 산 사람들의 주위를 맴돈다는 이야기는 귀신담의 일반적인 형태이다. 살아 있을 당시의 소원의 성취가 지연되었거나 좌절되었을 때 그것을 이루기 위해 죽은 이후에 귀신의 모습으로 나타나는 것이다. 넓은 의미에서는 3장에서 서술할 원귀(冤鬼)의 성격과도 통한다. 욕망하는 귀신은 주로 상사(想思)원귀 및 정욕(情慾)원귀이며, 문헌설화와 구비설화로 널리 퍼져 있는 '상사뱀설화'가 한 부류라고 할 수 있다.[7]

그 소원의 성취가 '다하지 못한 사랑'이거나 '정상적인 인생'이라는 점에서 보면, 이는 애정전기(愛情傳奇)의 전통과도 관련이 있다. 여기에서 귀신담은 인귀애정(人鬼愛情)·인귀교구(人鬼交媾)의 설정으로 드러나고 있으며, 조선 전기 김시습(金時習, 1435~1493)의 『금오신화(金鰲新話)』에 실린 「만복사저포기(萬福寺樗蒲記)」, 「이생규장전(李生窺墻傳)」을 대표작으로 들 수 있다.[8] 귀신의 초대를 수락하여 찾아간 공간이 실은 참혹하고 쓸쓸한 쑥대밭이지만, 주인공은 인간

세상이 아님을 알면서도 사랑의 정념에 도취되어 의혹을 망각한다. 이 과정에서 '머뭇거림'으로 표현되는 인간의 태도가 환상성의 한 축을 지탱한다. 「만복사저포기」의 양생(梁生)이나 「이생규장전」의 이생은 상대가 귀신이라는 것을 어렴풋이 느끼거나 이미 알면서도 그 관계를 유지한다.

그러나 이후 인간과 귀신 간에는 일종의 거리 두기가 발생한다. 이는 김안로(金安老, 1481~1537)의 『용천담적기(龍泉談寂記)』에 실린 '채생(蔡生)'의 이야기에서 볼 수 있는데, 『금오신화』와는 다르게 귀신과 만나는 환상적 시공간에 시(詩)가 삽입되지 않은 것에서 심리적 거리의 변화가 감지되며, 그 전기(傳奇)적 세계의 특성을 현실적 국면이 대체한다. 화려한 환락의 밤에서 청계천의 다리 아래 돌멩이를 베고 거적자리를 둘러쓰고 있는 아침[9]으로의 급전(急轉)은 '귀환(鬼幻)'으로부터 '현실'로의 복귀를 뜻한다.[10] 이후 요귀에게 홀린 것을 깨닫고 굿을 하기도 하고 의원을 불러 치료하기도 했다는 후일담과 이에 덧붙여 교훈을 설파하고 있는 평까지 참고하면, 이는 귀신에 홀린 일을 다루고 있는 귀신담, 즉 혹귀담(惑鬼談)으로 볼 수 있다.

욕망하는 귀신에 대해 인간이 취할 수 있는 태도는 유혹당하거나 그것을 물리치는 것이다. 『어우야담』[11]에서 앞 시기와 변별되는 몇 가지 이야기를 살펴보기로 한다. 여기에 출현하는 여귀(女鬼)는 성적 매력을 이용하는데, 이는 아름다운 여성이 먼저 남성을 유혹한다는 편견이나 판타지와 연결된다. 화류계에 자주 출입하는 황건중이라는 탕자(蕩子)가 강원도 철원의 별장에 가서 잠을 자는 중에 한 미녀가 찾아온다. 그는 욕정을 참지 못할 지경이면서도 엄동설한에 얇은 베옷을 입은 여자의 모습을 보고 그녀가 귀신임을 알아차리고 물리친다. 귀신은 부드러운 말로 갖은 아양을 떨고 온갖 교태를 부리며 여러 수단을 써서 그를 범하고자 하였으나 황건중은 끝내 거절한다. 심지어 그녀가 서울까지 따라오자 개를 많이 길러 물리치기까지 한다.[12] 귀신이라는 이유로 인간에게 거부당하는 여귀의 모습은 이전의 서사에서와는 확연히 다르며 전기적 전통에서 벗어나 있는 것이다.

또다른 이야기의 남자주인공은 지방관아에 수령으로 가서 전주교방(敎坊)의 기녀(妓女) 모습으로 나타난 귀신과 가까이 지내다가 몸이 상하게 된다. 곁에서 보던 감사가 꾀를 내 무당굿을 며칠간 크게 하여 귀신을 홀리는 사이에 주인공은 서울로 도망친다. 그가 집안에 들어가 두루 부적까지 붙이고 난 후 귀신이 좇아와서 지붕 위에서 통곡하지만 이후에는 다시 나타나지 않았다는 이야기이다.[13] "대개 여성들이 무당굿을 좋아하는 것은 죽은 자나 산 사람이나 매한가지다"[14]라고 하면서 이것을 지혜롭게 사용하여 귀신을 물리치게 되었다고 한 평이 인상적이다. 귀신은 수단과 방법을 가리지 않고 물리쳐야 할 대상으로 인식되며, 인귀교구의 성립 및 유지에 있어서는 남성이 주도권을 가지게 되는 모습을 보인다.

즉 귀신의 성별에 따라 서사구조가 달라지게 되는데, 여귀의 경우 끝내 남성에게 거절당하지만 남귀(男鬼)의 경우 여성을 이계로 데려가는 등 여성의 이승에서의 삶을 방해하기까지 한다. 한 남귀가 아내감을 구하기 위해 한 여자를 죽게 했는데, 한 선비의 도움으로 여인의 시체를 건져내자 그 선비의 아내를 대신 빼앗아갔다는 이야기가 있다.[15] 이는 여귀의 욕망추구방식에서 더 폭력적이고 강제적인 방향으로 나아간 양상이다. 이 시기의 귀신담은 앞 시기의 전기와는 달리 남귀가 등장하는 서사든 여귀가 등장하는 서사든 남녀 주체 간 정신적 합일에는 이르지 못하는 모습을 보여준다. 원초적인 욕망만을 추구하거나 그것조차 제대로 이루지 못하면서 귀신과 인간 사이의 거리가 점점 멀어지고 있음을 확인할 수 있게 되는 것이다.

신돈복의 『학산한언』에 실린 '분영(粉英)'의 이야기에 이르면, 귀신과 인간의 관계가 더 현실적으로 표현되고 있는 국면이 보인다. 이 이야기는 19세기 전반의 『청구야담』에 「회포를 이야기하여 정읍현감 권익흥이 무당에게 빙의하다(說風情權井邑降巫)」라는 제목으로도 실려 있는데, 꿈속에서 정인(情人)을 만난 분영이 이후에도 다양한 방법으로 일상적 공간에서 죽은 사람을 만난다는 내용이다. 살아 있는 여인에게 죽은 남자의 혼령이 찾아와 "네가 나에 대해서 일념으로 잊지 않고 있는 것을 내 잘 알고 마음에 퍽 감사해하고 있단다."라고 말할 정도로 사랑했던 사이임에도 불구하고, 여자는 남자의 시취(尸臭)를 맡는 데까지 이르게 된다. 분영이 "공(公)의 몸에서 왜 이런 냄새가 나는 건가요?"라고 묻자 혼령은 "죽은 지 오래된 사람이 안 그럴 수 있겠느냐."라고 대답하며, 새벽닭이 울자 급히 가봐야 한다면서 나가버린다.[16] 이후 그 혼령은 무당의 빙의로 인해 분영과 다시 만나 왕래를 하게 되지만, 분영이 권세가에 들어가게 된 후에는 찾아오지 않는다. 이에 대한 평으로, 사람의 마음에 맺힌 것이 있으면 죽어서도 흩어지지 않는다는 점과 닭이 울면 이미 양(陽)의 경계에 속하는 것이 분명하므로 귀신을 놀라지 않게 하기 위해 제사는 닭이 울기 전인 자시(子時)에 지내야 한다는 점을 지적하고 있는데,[17] 이는 작자 나름의 귀신론을 피력한 것으로 볼 수 있다. 귀신과 조우하는 것은 더 이상 환상적 시공간의 경험으로 표현되지 않으며 귀신과 인간 사이는 나름의 거리두기와 질서에 의해 유지되는 것이다.

죽은 사람이 현실로 돌아와 산 사람들에게 무엇인가를 원한다는 점에서는 앞의 귀신들과 같은 맥락이지만, 귀신이 원하는 것이 사회적이고 공식적인 성격을 지닌다는 점에서 '호소하는 귀신'들은 성격이 다르다. 이들은 제대로 죽지 못하고 제대로 묻히지도 못한 자신의 처지에 집중한다. 이 귀신들은 원한을 품은 대상에게 직접적으로 해를 끼치거나 복수하기도 하지만, 아직 해결되지 않은 문제 상황을 해결하기 위해 원한을 호소하고 자신의 장례나 공식적인 설원(雪寃)을 요구한다. 즉, 이는 비정상적으로 삶을 끝맺은 자들이 다시 우리 곁에 돌아와 해코지한다는 두려움에서 촉발된 귀신담으로, 후대로 갈수록 점점 늘어나게 되는 것이 조선 후기적 양상이다.

정상적 삶에서 벗어나거나 비정상적인 죽음을 맞이하면 원귀가 되고, 인간으로서의 삶을 마감하는 통과의례인 장례 절차도 제대로 진행되지 않았을 가능성이 높다. 이에 따라 귀신이 인간에게 장례나 매장(埋葬)을 요구하는 서사가 있다. 이 요구는 구체적인 언어로 표현되기보다는 전기소설에서처럼 비현실적 경험을 함으로써 산 사람 스스로가 귀신의 요구를 깨닫게 되는 방식으로 나타난다. 즉, 귀신은 산 사람을 시신이 있는 곳으로 유인하면서 인간의 애정욕구나 성욕을 먼저 충족해주고, 산 사람은 귀신과 마주쳤을 때는 그가 귀신인 줄 인지하지 못하지만 이후 시체수습 과정에서 그것을 인지하게 된다.

> "당신은 어째서 빈 집에서 나오십니까?" "종랑의 집에서 묵었지요." "그 집은 온 집안이 전염병에 걸려, 죽은 시체가 삼대처럼 빽빽이 널려 있습니다. 종랑이 죽은 지도 벌써 사흘이 지났지만 아직 염도 하지 못했습니다. 저를 속이는 말이군요." 무사는 크게 놀라 다시 들어가 살펴보았다. 집 안에는 시체가 종횡으로 널려 있고 한 시체가 셋째 번 방에 있는데 바로 종랑이었다. 다 먹지 않고 술과 안주가 시체 곁에 그대로 놓여 있었다. 무사는 두려움을 느끼고 돌아와 말했다. "필시 죽은 낭자가 염도 못하고 있음을 스스로 슬퍼하다가 내가 의기가 많음을 알고 나를 시켜 장사를 지내고자 한 것일 게야."[18]

남자는 자신이 귀신과 교합했음을 뒤늦게 알아차리고 귀신의 매장 요구를 수용한다. 이후 종랑은 꿈에 나타나 보답을 약속한다. 이 공덕 때문인지 무사는 과거에 급제해 높은 관직에 올랐다는 후일담이 붙는다.

「귀신과 정을 나눈 박엽(朴燁)」이야기[19]도 시체 수습의 공덕으로 급제하고 벼슬을 얻었다는 내용이다. 임진왜란(壬辰倭亂) 때 피난 갔다 서울에 돌아온 박엽이 친척집에 갔다 밤늦게 돌아오면서 한 미녀를 만난다. 여자의 집에 같이 가 함께 술을 마시고 애정을 나누었는데, 새벽에 깨어보니 여자의 몸이 차갑고 집안에 시체가 즐비했다. 그 집은 사족(士族)의 집이지만 온 집안사람들이 굶어 죽어서 엎어진 시체가 가득했던 것이다. 박엽은 비통해하며 관을 갖추고 수레를 세내어 서교(西郊) 밖에 장사 지내고 글을 지어 제사를 지내주었다. 그 후 박엽은 과거에 급제해 지금은 가선대부(嘉善大夫)로 의주부윤(義州府尹)을 지내고 있다는 것이다. 『천예록』의 「과거 보러 왔다 백골의 보답을 받다(臨場屋枯骸冥報)」[20]라는 이야기도 시체 수습의 대가로 과거에 합격하는 서사인데, 이러한 서사의 산출은 제대로 처리되지 못한 시신의 장례를 치러주는 일이 사회적으로 매우 중요한 일이었음을 알려준다. 전대 귀신담에는 『용천담적기』를 제외하고는 장례 요구의 서사가 거의 없었으며, 이와 같은 서사는 17세기 전반에 주로 형성된 것으로 추론되는데,[21] 이는 박엽의 이야기에서처럼 전란이나 전염병의 문제로 인한 집단적 죽음과도 관련되는 것으로 보인다.

조선 후기적 국면이 강하게 드러나는 것은 설원을 요구하는 귀신이다.[22] 『청구야담』 등에 실린 「부인이 붉은 깃발을 알아보고 원한을 씻다(雪幽寃夫人識朱旂)」, 「바위에서 시체를 부검하여 필부의 원한을 풀다(檢岩屍匹婦解寃)」, 「완산의 윤이 감옥을 검사하여 귀신의 원한을 씻다(雪神寃完山尹檢獄)」 등의 이야기는 많이 알려져 있는 '아랑형 여귀'의 신원(伸寃)형에 해당한다. 한을 품어 저승으로 가지 못하고 이승에 떠도는 귀신들이 자신의 문제를 해결해줄 능력 있는 관리에게 자신의 사정을 탄원한다. 이들은 주로 '귀곡성(鬼哭聲)'의 형식으로 목격자나 독자의 공포를 환기시키며, 남성인물 앞에 출현하여 '억울함'을 하소연함으로써 그에 대한 신원을 요청한다.[23] 이들은 공식적인 공간, 즉 관청이나 공동체적 공간에 주로 나타나며, 그것을 목격한 많은 사람들이 연쇄적인 죽음에 이르게 된다.[24] 이러한 여성 원귀는 18~19세기적 유형으로, 이 시기 『장화홍련전』, 『김인향전』, 『유치현전』 등 계모형 소설 또는 가정소설의 원귀와도 연결된다.

귀신의 출현이 사건을 해결한다는 서사는 공안소설(公案小說)의 전통이다. 이 경우 여자 귀신은 그 내러티브와 이미지의 중심에 있다.[25] 초현실적인 존재

출현의 목적은 현재 질서를 유지하는 데 있다는 점에서, 공안소설에 등장하는 귀신은 억울한 사연을 지닌 피해자인 동시에 잘못을 바로잡는 판관의 조력자로서 증인 역할을 한다. 전래의 관점에서는 죽은 사람의 영혼으로서의 귀신이란 '죽을 당시의 모습', 자신이 죽었던 당시의 정리되지 않은 모습 그대로 나타나는 것이다. 소복 입고 머리를 늘어뜨린 여귀의 모습은 오히려 후대 또는 근대에 이르러 나타나는 형상이라고 할 수 있다. 이는 1930년대에 제작된 영화 〈장화홍련전〉에서 원귀가 색동옷을 입고 나타나는 것을 통해서도 확인가능하다. 아랑형 여귀의 외모는 죽을 당시의 모습을 잘 보존하고 있었기 때문에 사건의 증거물로 기능한다. 여귀는 비정상적인 방식으로 죽었을 당시의 외모, 즉 칼에 찔려 죽거나 돌에 눌려 죽거나 물에 빠져 죽을 당시의 상황을 그대로 보여주는 형상으로 나타나는 것이다. 귀신담에서 여귀의 사연을 들은 남성인물은 그녀가 지시한 범인을 색출하거나 범죄 현장을 발견한 후 시체의 '외모'를 보고 지난밤 자신에게 나타난 여귀와 그 시체가 바로 동일인임을 알게 된다. 따라서 귀신담에서 여귀의 흉측한 외모는 그녀가 당한 억울함의 증거물이지, 어떤 공포스러운 효과를 노리고 연출되거나 의도한 결과는 아니다.[26]

1936년 작 영화 〈장화홍련전〉의 스틸 컷.

3. 조상신의 제례(祭禮) 요구와 앙화(殃禍) 예지

귀신을 음양(陰陽)이라는 자연철학적 개념으로 승화시키며 귀신의 유무를 단정짓지 않은 주자(朱子)의 귀신론을 기반으로 보면, 조령(祖靈) 숭배는 인간에게 생리적·심리적으로 당연한 것이다. 조상신이 귀신 이야기에 적극 수용되는 양상은 16·17세기 이후 성리학적 질서가 확립되고 예교(禮敎)가 강조되면서부터인 것으로 보인다. 16세기 이래 사족(士族)층을 중심으로 고조된 상제례(喪祭禮)에 대한 이론적 관심과 실천적 열의,[27] 전란으로 인한 도덕적 무규범 상황을 극복하기 위해 유교적 상제례가 강조되면서 귀신에 대한 믿음이 확산되었다는 것이다. 조선 전기에는 거의 나타나지 않던 조상신이 『어우야담』에서부터 대거 출현하게 되는데, 김정숙은 『천예록』, 『기문총화(記聞叢話)』, 『청구야담』 등 18~19세기 야담류에 조령이 크게 증가하는 현상을 확인하면서 이를 가부장적 가문의식의 확대와 연결지어 해석한 바 있다.[28] 『학산한언』만 하더라도 초현실적 내용 중 조령에 관한 것이 대략 절반 정도이며, 조령의 도움으로 선조의 무덤을 찾는다거나 조상 혼령이 나타나 묏자리를 정하는 등 조상의 무덤이나 제사와 관련된 이야기가 많다. 또 이들 이야기에 붙은 평에서는 모두 장례와 제사의 중요성을 강조하고 있다. 즉 제사와 관련된 이야기는 괴력난신(怪力亂神)으로 금기시되었던 귀신·요괴담을 거리낌 없이 끌어낼 수 있는 소재였고, 이야기에 대한 욕망과 사회적 규범이 갈등하지 않고 타협하는 부분이었다.[29]

귀신에 대한 관심을 마음껏 드러낼 수 있는 유형이 역사적 인물과 관련된 이야기일 것이며 이것이 많은 분량을 차지한다. 죽은 스승이나 아버지, 친구 귀신을 만났다는 간략한 서사, 즉 체험담으로 존재하는 경우도 있다. 그러나 아무래도 사람들의 관심을 끌었던 것은 죽은 가족의 귀신 출현이나 꿈을 통해 음우(陰佑)를 받는 경우였던 것 같다. 『어우야담』의 「손자를 구한 유강의 신령」[30] 이야기나 「김우서를 도운 부친의 혼령」[31]에서처럼 조상신이 집안일에 사사건건

간섭하거나 예지를 통해 후손의 위기를 구하는 방식이 그것이다. 이때의 조상신은 마치 수호신의 모습과도 같다.

이러한 서사는 가문 중심의 이데올로기가 강화되면서 나타나는 현상으로 볼 수 있는데, 귀신이 나타나 가족에게 제대로 된 제례나 봉양을 요구하는 것도 이러한 배경에서 증가하는 것으로 생각된다. 이미 『용재총화』에도 존재하고 있었던 이야기에서는 죽은 지 십 년 된 고모가 귀물로 나타나 봉양을 요구하는데, 생산하는 작업을 일일이 지휘하여 밥을 바치게 하거나 먹고 싶은 것이 있으면 요구하고 뜻을 어기면 노하는 모습을 보인다. "수저를 잡는 것과 밥을 드는 것은 볼 수 없으나 음식은 자연히 없어졌다. 허리 위는 보이지 않으나 허리 아래는 종이로 치마를 삼았으며 두 다리는 앙상하게 여위어 살은 없고 뼈뿐이었다"[32]는 형상 묘사가 특징적이다. 이는 사람들의 상상 속 흠향(歆饗)하는 조상신의 특징을 잘 잡아낸 것이라 할 수 있다.

『천예록』에 실린 「생신날 죽은 아버지가 나타나 젯밥을 요구하다(生日臨要救飢腸)」[33]라는 이야기는 17세기 중반 즈음을 배경으로 한 것인데, 죽은 자의 기일(忌日) 뿐 아니라 생일에도 제사를 지내는 풍조를 볼 수 있다.

> "아버지께서는 어디서 오시는 길이옵니까." "내 공무로 출타했다가 마침 배가 몹시 고팠단다. 오늘은 다른 날과 달리 너희들이 필시 나를 위해 찬을 마련했을 거라 싶어 애오라지 이렇게 들른 것이니라." (중략) 수령은 처음엔 술에 취한 듯 몽롱하였다가 송별하고 나서야 비로소 정신이 들었다. 그제서야 그의 아버지는 산 사람이 아니며 이날이 바로 아버지의 생신날이란 사실을 알아차렸다. 그 집에서는 평소 생신 때의 차례는 풍속에 예가 아닌 제사라고 하여 지내본 적이 없었다. 그러나 수령은 이날, 어느 때보다 안타까워하며 바로 제수를 마련하여 차례(茶禮)를 지냈다. 그리고 이때부터는 규례로 정해놓고 때가 되면 언제나 시행하였다고 한다.

아버지의 혼령이 나타나 생일 밥상을 요구하면서 그것을 매우 당연하게 여기고 있는 데에서 제사의식이 빈번해졌음을 읽어낼 수 있다. 『어우야담』에 실린 「황대임 집안에 나타난 조상의 혼령」 이야기[34]에서는 거리의 원근(遠近)을 이유로 외가와 종가의 제사에 차별을 두자, 종가의 귀신이 나타나 집안사람을 야단치며 장례 때 못 입은 옷을 해오라고 요구하기도 한다.

> "옛날 나를 장사 지낼 때 염습할 옷이 갖춰지지 않아 내가 청색 단령을 입지 못했다. 매번 저승에서 향응이 있을 때마다 재상으로서 겉옷이 없어 예에 어긋났었다. 속히 이 옷을 지어 나에게 가져오너라." 집안사람이 아뢰어 말했다. "이승과 저승의 길이 다르니 어찌해야 받들어 드릴 수 있는지 알지 못하겠나이다." "사당 뜰에서 불태우면, 그것이 곧 나에게 주는 것이다."

조상신들은 산 사람의 앞에 나타나 음식이나 옷 등으로 자신을 봉양할 것을 적극적으로 요구하고 끝내 그것을 관철한다. 조상신은 후손의 잘못을 꾸짖기 위해 등장하기도 하는데, 그 잘못으로 인해 큰 앙화가 있을 것이기에 예지해주기 위해 나타나는 것이다. 귀신담이 지니는 보편적인 흥미성을 포함하면서도, 아마도 양반이 전유했을 것으로 생각되는 조상신 이야기들은 다음과 같은 부분들이다. 조선 후기의 필기집들에는 집안의 환란을 경고하기 위해 조상이 귀신으로 출현했다는 기록이 다수 있다. 대표적인 것으로 효종의 부마였던 정재륜의 귀신담 모음집인 『감이록』을 들 수 있다. 귀신담 중 비슷한 이야기들을 한데 묶어 기술하였고 연쇄되는 이야기들은 일정한 의미론적 지향성을 가지고 있으며, 이야기의 선택과 배열에 의한 주제의 범주화가 되어 있다는 것이 특징이다. 귀신담을 서술하는 태도가 매우 진지하고 매 이야기 뒤의 평을 통해 경계하는 내용을 담는다. 이는 역사정치적 입장 및 태도로서의 귀신담 서술이라고 할 수 있다. 특히 광해-영조 연간 당쟁으로 인한 피화(被禍)를 서술하기 위해 귀신담이라는 허구적 장치를 가지고 나름대로 합리화를 시키는 것이다.

어떤 선비의 집에 귀신이 있었는데, 대낮에 변하여서는 사람의 뺨을 때리고 등을 두들겨 패고 머리채를 잡아끌고 다니며 온갖 난리를 피웠다. 선비의 집에서는 빌기도 하고 부적을 쓰기도 하는 등 여러 가지 진압하기 위한 술법을 부렸으나, 괴이한 일은 그치지 않았다. 때로는 모습을 드러내어 큰 소리로 주인을 꾸짖는데, 마치 높은 사람이 노예를 질책하는 모습과 같았다. 선비가 엎드려 애걸하면서 "저승과 이승의 길이 다른데, 이와 같이 괴이한 일을 하는 것이 마땅하지 않습니다. 사람은 귀신에게 의지하고 귀신은 사람에게 의지하는 것인데 어찌 액이 이리 심합니까?" 하였다.[35]

광해조 國舅의 자손 柳孝立은 전 임금을 다시 복위시키려는 반역 음모를 세웠다. 집에 귀신이 나타나는 변고가 있어, 기와 조각을 아래로 떨어뜨리며 소리 내기를, "떨어진 꽃은 열매가 없고, 썩은 나무는 푸르지 못하다."라고 하였다.[36]

흥미로운 것은 백주(白晝), 즉 대낮에 나타나는 귀신이다. 앞으로 닥쳐올 앙화를 알리려면 집안사람이 모두 알게 할 수 있는 방식이 필요한 것이다. 기와 조각을 떨어뜨리거나 모래를 던지고 그릇에 담긴 음식을 다 엎질러서 더럽게 만들어놓는 등 여러 행위를 한다. 귀신의 이적(異蹟)을 보여야 산 사람들이 알아듣겠기에 활동을 크게 하는 것이다. 그리고 말이나 글로 분명히 자신의 의견을 전달한다.

하루는 조관이 한가로이 앉아 있는데, 몇 줄 글이 쓰인 한 장의 백지가 홀연히 공중으로부터 떨어졌다. 곧 그 죽은 아버지의 필적으로, 먼저 "이첨을 사귀어서는 안 된다는 것"이고, 다음으로 "해가 계해년 봄에 이르면 군신이 모두 장차 자리를 바꿀 것이며, 하늘과 땅이 뒤집어져 殺運이 크게 이를 것이니, 그 화와 더불지 말라" 하였다. 조관이 놀라고 두려워하여 글을 지어 맹세를 고했는데, 이이첨과 절교하기를 맹세하면서, 바뀌는 군주와 재상이 누구인지를 물었다. 그 글을 상 위에 두고 밤을 새워 자지 않고 엎드려 기다렸다. 갑자기 글쓴 종이가 또 공중으로부터 떨어졌다. 그 글에 말하기를, "나는 네가 이첨과 깊게 사귀는 것을 염려하여 고해주니, 장래의 변고와 화를 면하기를 바람이었다. 장차 재상이 될 자도 가벼이 누설할 수 없거늘, 하물며 임금이 될 자라야? (중략) 조관은 공경히 종이 두 장을 받들고, 협사 안에 넣어두고 매우 굳게 봉함하였다. 5, 6일 지난 후에 열어 보니, 다만 백지일 뿐 양폭에 글쓴 흔적이 전무했다."[37]

심기원이 처음에 모반하려는 마음을 품었는데, 집안에 갑자기 귀변이 생겼다. 공중에서 소리가 들리기를 "하지마라 하지마"라고 하였다. 심기원은 (이를) 야차라고 생각하고 두려워하지 않아도 된다고 여겼으나 오직 그 아내만이 흉조인 것을 알고 근심하고 두려워하기를 그치지 않았다. 심기원이 형벌을 받아 죽은 후에 그 집안의 노비 중 목도한 자가 다른 사람들에게 이와 같이 말해준 것이다.[38]

하늘에서 경계할 내용을 적은 종이가 내려오거나 조상의 목소리 등으로 확실히 전해지지만, 당사자들(후손들)이 그 예지의 내용을 귀담아듣지 않아서 나쁜 상황으로 흘러가는 것이다. 여기서 흥미로운 것은 그것을 알아차리는 사람이 주로 여성이라는 점이다. 그러나 남성들은 여성들의 말을 귀담아듣지 않아 끝내 멸문을 자초하고 만다. 필기라는 장르를 고려할 때 이 귀신담들은 남성을 경유하는 설명방식을 지닌다. 즉 등장하여 앙화를 경계하는 인물도 남성이고 그것을 남성의 시선으로 포착하고 기록한 것이다. 이 과정에서 가장 큰 관심사는 한 집안의 멸문 또는 그것을 피하게 된 내력 등으로, 여기에는 가문 중심의 이데올로기가 내재되어 있고 당쟁으로 인한 멸문에의 불안과 공포가 투사되어 있는 것이다.

빙의(憑依)된 혼령의 경우 집안의 여종 등 주변 사람에게 씌어지기도 한다. 주로 조상신이나 친족귀가 경고하는 경우가 많지만, 집안의 귀신이나 억울하게 죽은 남의 집 귀신이 붙는 경우도 있다. 대표적으로 '득옥' 이야기가 있는데, 이는 인평궁(麟坪宮)에서 죽은 여성 원귀이면서 대군의 집안에 머무르며 사람들을 직접 죽음에 이르게 한다는 점이 특징적이다. 여귀 득옥의 이야기는 확인 가능한 자료 중에서는 고소설 『천군연의(天君衍義)』의 작자이기도 한 정태제(鄭泰齊, 1612~?)의 『국당배어(菊堂俳語)』에 제일 먼저 기록된 것으로 파악되며, 아마도 여기에 실린 것이 득옥 귀신 이야기의 최초 형태와 가장 가깝다고 할 수 있을 것이다.

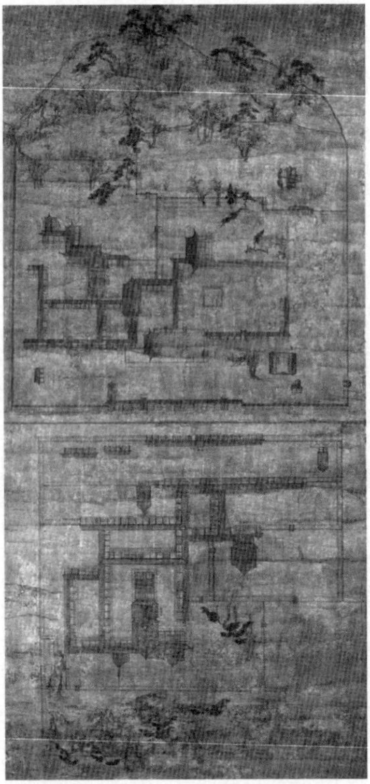

인평대군방전도(麟坪大君坊全圖). 서울 낙산 밑 이화장 부근에 있었던 인평대군의 저택(위)과 후에 효종이 된 봉림대군의 저택(아래)을 그린 그림이다. 두 저택은 낙산 중턱에 서로 마주보고 있었다고 전해진다. 서울대학교 규장각한국학연구원 소장.

득옥은 成川의 기생이다. 자색이 남보다 아름답고 거문고와 노래가 모두 빼어났다. 인평대군이 使臣으로 關西 지방을 지나다 그녀를 보고 사랑하여 마침내 궁으로 불러 侍女로 삼았다. 잔치를 열 때마다 반드시 득옥으로 하여금 잔을 받들게 했다. 인평대군 부인의 오라버니인 吳公이 오래 눈여겨보다 마침내 몰래 희롱하였다. 오공의 妻가 그것을 알고 투기하고 성내어, 은밀히 궁인과 함께 꾀하여 득옥이 궁중의 황금 오십 냥을 훔쳤다고 인평대군의 부인에게 誣告했다. 부인이 크게 노하여 득옥을 매로 쳐서 죽게 했다. 듣는 사람들이 그 원통한 죽음을 슬퍼했다. 하루는 침실에 몇 말이나 되는 피가 흘러 쏟아지더니 갑자기 대군이 병으로 눕게 되었다. 곁에서 모시는 궁인이 등불 아래 어렴풋한 사이에 문득 득옥이 대군의 베개맡에서 머리털을 더부룩하게 하고 몸을 떨고 있는 것을 보고는 놀라고 두려워 어찌할 줄 몰랐다. 얼마 지나지 않아 대군이 갑자기 세상을 떠났다. 홀연히 공중에서 소리가 나기를, "부인의 마음이 어떻습니까? 冥府에서 제가 죄없이 죽은 것을 가엾게 여겨 대군을 모시고 다시 팔각정 위에서 노닐 것을 허락했습니다. 오늘 부인께서는 다시 제가 부럽지 않으신가요?"라고 했다. 팔각정은 후원에 있었다. 한 궁노가 마침 일 때문에 깊은 밤에 후원에 갔더니 과연 거문고 소리가 났다고 한다. 부인이 매일 밤 득옥 귀신을 보다가 병들어 몇 달 후에 죽었다.[39]

이는 후대의 『풍암집화(楓巖輯話)』, 『기문총화』, 『해동기화(海東奇話)』 등에도 실려 있다. 분량과 서사의 편폭도 길고 부분적으로 허구적 성격을 더욱 강하게 가미한 이야기도 있다. 남태응(南泰膺, 1687~1740)의 문집 『청죽만록(聽竹漫錄)』에 실린 「구사비(丘史婢) 득옥」[40]이 그것이다. 줄거리의 개략은 다음과 같다. 인평궁의 구사비 득옥을 인평대군의 처남인 오정창이 좋아하여 간통하자, 대군의 부인이 오정창 처의 간청으로 득옥을 죄에 얽어 죽이기로 했다. 대군이 연경에 간 사이, 득옥이 대군의 금궤를 훔친 것으로 무고하여 때려죽인 후 결박도 풀지 않은 채로 사체를 정자 옆 연못에 던졌다. 대군의 친척 앞에 득옥이 나타나 자신의 억울함을 호소하고 시체를 처리해줄 것을 청한다. 연못의 물을 퍼내게 하자 묶여 있는 그대로의 득옥 시신이 나타났는데, 얼굴빛이 살아 있을 때와 다름이 없었다. 이후 인평궁에는 원귀가 종종 출현하였으며, 득옥의 목소리가 들리면 집안의 사람들이 다 죽어갔다. 대군이 사람들로 하여금 총을 쏘게 했는데, 득옥은 이 나무 저 나무로 옮겨 다니면서 훨훨 날았고, 대군 처소에 피 묻은 손자국이 찍혀 있을 때도 있었다. 득옥의 원귀는 양주에 사는 한 병든 선비에게 달라붙어 교합을 했고 또 가평 땅의 권씨 남자를 구해서 데리고 다녔다. 대군의 병이 심해졌을 때 매일 득옥이 어떤 사내와 같이 좌우에서 떠나지 않고 번갈아 가며 괴롭혔다. 대군이 죽은 후에도 변고가 생길 때면 득옥이 으레 나쁜 징조를 지어 결과가 맞아떨어졌다. 경신년에 득옥이 나타나 목을 놓아 울더니, 대군의 아들 정과 남이 역주를 당했고, 오정창 또한 멸문의 화를 당했다. 또 글이 기록된 당년에도 대군의 손자 해와 기 등이 역모로 복주당했는데, 일이 일어나기 전에 득옥의 울음소리가 크게 들렸다고 했다는 이야기이다.

『국당배어』에 실린 것보다 귀신 형상이 자세하고 장안 호사가들의 흥미를 끌 만한 여러 에피소드가 추가되어 좀 더 복잡한 서사가 된다. 이 유형의 이야기는 '사건'을 언어화하기 위해 귀신의 원한과 복수를 끌고 온다. 이때의 사건이란 앞의 이야기에서는 젊은 나이인 인평대군(1622~1658) 부부의 갑작스런 죽음이지만, 시간차를 두고 있는 뒤의 이야기에서는 경신환국(庚申換局, 1680)이라는 정치적 급변과 인평대군의 아들과 손자 2대(代), 그리고 인평대군의 처가에까지 걸친 참화이다. 이러한 '사건'을 설명하기 위해 득옥의 원한을 그 원인으로 삼는 것이다. 즉 두 이야기는 귀신담의 서사적인 재미 즉 흥미를 추구하는 동시에, 득옥 귀신과 인평대군가의 몰락을 연결시켜 서사화하여 '사건'을 설명하고자 한다. 여기에는 귀신 출현으로 인한 불안을 넘어선 불온성, 즉 복잡하고 불편한 현실이 득옥이라는 유혹적 여성 형상에 투사되고 그로테스크적 미감으로까지 표출되는 양상이 드러나고 있다.

4. 사귀(邪鬼)-역귀(疫鬼)의 집단적 폭력과 시대적 불안

이 장에서 살펴볼 것은 이유 없이 나타나는 귀신의 유형이다. 즉 잡귀(雜鬼)에 해당하는 것으로, 사귀라고도 할 수 있으며 넓은 의미에서 역신(疫神)도 여기에 넣을 수 있다. 이 귀신들은 사소한 소동에서부터 여러 사람의 죽음 등 심각한 문제 상황까지 일으키지만, 그 출현에는 뚜렷한 이유가 없다. 이것은 흔히 '귓것'이라고 불리는 사물적 성격을 지닌 요괴류 등에도 해당되는데, 이런 것들은 시기적으로 보다 먼저 형성된 것이라고 볼 수 있다.

조선 전기의 『용재총화(慵齋叢話)』나 『용천담적기』에서도 이에 대한 단편적인 이야기들이 등장한다. 무라야마 지쥰의 『조선의 귀신』(1929)[41]에 보면 사람의 형상을 한 귀신 외에도 불덩어리 귀태(鬼胎), 귀화(鬼火) 등을 귀신의 종류로 들고 있다. 또 우리에게 친근한 것으로서, 노력하지 않는 교활한 인간을 골탕

서울 창덕궁(昌德宮) 금천교(錦川橋)에 새겨진 도깨비 형상.

먹이며 독각, 독갑이라고 많이 불리던 전래의 도깨비 이야기도 한 부류를 이룬다.[42] 웅덩이 안에 괴물이 있어 사람을 유혹해 죽게 한다거나 귀신의 곡소리가 연쇄적인 죽음을 불러왔다는 내용의 단순한 서사도 있다. 인격적이거나 비인격적이거나 간에 사귀의 경우 주로 간략한 귀신체험담이나 귀신 형상에 대한 관심이 주를 이룬다. 따라서 흉가 등 건물이나 터와 얽힌 이야기가 많고 그와 얽힌 뱀의 혼령이나 구렁이가 나타나는 경우도 있기 때문에 축귀(逐鬼)담으로 나아가기도 한다. 관청이나 양반가도 예외가 아니어서, 예를 들어 승정원과 성균관에는 귀신이 많다는 이야기가 장안에 떠돈다. 『어우야담』에서는 승정원 건물에서 숙직하던 관리가 키가 8, 9척 되는 귀신을 만난 이야기가 서술된다. 본래 이곳은 귀신이 많다고 알려져 있다는 것이다.[43]

> "장안의 인가에 물괴(物怪)가 많이 있으니, 정릉동(貞陵洞) 허량(許兩)의 집, 지금 경운궁 승정원으로 쓰이는 집, 지금 남별궁(南別宮)으로 쓰이는 소공주동(小公主洞) 집, 송현(松峴) 신막정(申莫定) 집, 백자동(柏子洞) 안사장(安舍長)의 집 등이 사람들이 모두 이야기하는 것들이다."[44]

전쟁의 참화와 긴 세월의 피란생활을 겪고 다시 돌아온 서울이, 사람들의 사고와 감각 속에서 예전의 그곳과 같을 리 없다. 전란이 휩쓸고 간 자리를 불안의 정서가 휘감으며 낯설고 기이한 것에 대해 이야기하기 좋아하는 사람들의 입에서 서울 장안의 건물에 얽힌 귀신 이야기가 퍼져나간다. 『천예록』의 「이수재가 빈집을 빌렸다가 괴변을 당하다(李秀才借宅見怪)」[45]라는 이야기는 매우 가난한 한 선비가 남산 밑의 여러 흉가를 빌리러 다니면서 겪은 체험담으로, 귀신의 모습과 행동이 구체적으로 묘사되어 있다. 같은 책에 「최첨사가 남의 집에 세들었다가 귀신을 만나다(崔僉使僑舍逢魔)」라는 이야기도 비슷한 성격을 지닌다. 여기 등장하는 선비들은 매우 가난해서 정상적인 집은 얻을 수가 없기 때문에 값싸게 빌릴 수 있는 흉가로 들어가게 되는 것이며 이는 몰락양반의 경제적 어려움이 귀신담과 결합하여 나타나는 것이다.

역시 흉가 이야기를 다루고 있는 『어우야담』의 「신막정 집 귀신」[46]에서는 귀신이 사람을 괴롭히는 방법이 잘 드러난다. 아무 때나 먹을 것을 달라고 하고 주지 않으면 즉시 성을 낸다. 귀신에게 그 모습을 그려보라고 하자 "벽 위에 머리가 두 개에 눈이 네 개 높은 뿔이 우뚝 솟아 있고 입술은 늘어지고 코는 오그라들었으며 눈은 모두 붉어 그 형상을 차마 눈 뜨고 볼 수 없는" 모습을 그려준다. 도사에게 귀신을 죽일 방법을 묻자 도사는 들쥐고기를 구워주면 죽는다고 말한다.[47] 또 「성수침이 만난 귀신」,[48] 「산사에서 귀신을 만난 정백창」[49]에서는 "길이가 발뒤꿈치까지 닿는 감색 옷, 땅까지 늘어져 바람결에 흐트러진 머리, 누린내", "거대한 물체, 역겨운 악취, 눈이 튀어나오고 코는 오그라들었으며 입 가장자리가 귀까지 닿고 귀는 늘어진, 머리카락은 솟아 있는, 두 날개가 활짝 펼쳐져 드리운 것 같았고, 몸 빛깔은 청홍색인데 일정한 형상이 없는" 등으로 귓것을 묘사한다. 이처럼 귀신의 모습, 귀신의 생활습관 등에 관심을 지니고 이를 자세히 서술하는 이야기가 많다.

지방관아에서 갑자기 출현한 귓것에 의해 수령이 죽음을 맞이하거나 그것을 물리치는 이야기도 한 무리를 이룬다. 『천예록』의 「함경도 수령이 악취 풍기는 괴물을 칼로 베다(關北倅劒擊臭眚)」에서는 함경도 북방 변경의 고을에서 시체 냄새를 풍기는 괴물 때문에 수령들이 연쇄적으로 죽어나간다. 결국은 새로 부임한 수령이 칼로 쳐서 물리치게 된다. 같은 책의 「별해진에서 주먹으로 세 귀신을 쫓아내다(別海鎭拳逐三鬼)」나 『어우야담』의 「백발노인과 삼척부사의 죽음」 이야기 역시 이러한 부류에 해당한다. 이 유형은 앞에서 살펴본 아랑형 원귀를 위시한 여귀 이야기에서 귀신이 등장하는 장면과 비슷한데, "꼭 나무덩이가 검은 보자기로 덮여 있는 모양이었으나, 얼굴과 눈은 보이지는 않았다"[50]와 같이 비인격적으로 보이는 주체가 나타난다는 점이 다르다. 이것 역시 단순한 귀신

체험담에 지나지 않거나 한 고을에 새로 온 수령의 능력을 알아보는 시험의 역할을 할 뿐이라는 점에서 서사적 긴장이 떨어진다.

다음으로 살펴볼 것은 역신이다. 시대성이라는 측면에서 보면, 『어우야담』 이후로 전란과 역병 소재가 많이 출현하고 이러한 문제는 현실적으로는 기근 문제와도 결합되어 극대화되고 있었다. 이에 따라 전염병을 퍼뜨리는 귀신에 대한 관심이 급증하였다고 볼 수 있다. 따라서 귀신의 집단적 성격과 더불어 우의적 성격을 지적할 수 있다. 원래 잡귀인 역병귀신을 아는 사람으로 설정하는 경우도 있다. 『천예록』의 「제문을 지어 하늘에 고하고 마을을 구하다(操文際告求一村)」라는 이야기이다. 한 서울 선비가 문경새재에서 죽은 친구를 만나게 되었다. 친구는 마마귀신으로, 마마로 죽은 경기지방 아이들 수백 명을 데리고 영남으로 마마를 퍼뜨리러 가고 있었기 때문에 선비에게 야단맞았다. 안동 땅에서 한 고을의 아이들이 모두 죽어가고 있다는 말을 들은 선비가 죽은 친구에게 제를 올리자 아이들은 모두 살아나게 된다.[51]

또 다른 이야기를 살펴보자. 벼슬아치 집안에서 잔치를 벌였는데 열대여섯쯤 되어 보이는 험상궂은 사내아이가 나타나 내실 가까이 서 있었다. 계집종이 나가라고 야단치고 사람들이 끌어냈으나 꿈쩍도 하지 않았다. 여러 장정이 몽둥이, 밧줄을 동원하여 끌어내려 했으나 움직이지 않았다. 그가 사람이 아닐지 모른다는 것을 깨닫고 사람들이 그 앞에 무릎을 꿇고 절을 하며 기도했는데 한참 뒤에 아이가 웃으며 스스로 나갔다. 다음 날부터 잔치에 참석했던 사람들 사이에 염병이 돌기 시작했다. 그를 내쫓으려 한 자들은 머리가 모두 찢어진 채로 먼저 사망했다. 잔치에 참석한 자들 중 살아난 사람은 아무도 없었다. 이 아이를 두억신(사나운 귀신으로 조선에만 있다는 귀신)이라고 부른다고 한다는 줄거리이다.[52] 또 다른 이야기에서는 한 촌가에서 산 꿩, 쇠고기, 건시(乾柹) 등을 숨겨놓고 주지 않는다는 이유로 한 마마귀신이 아이를 곧 죽이려고 한다. 귀신에게 음식을 먹게 하자 아이의 병세가 호전된다. 귀신은 고을에 마

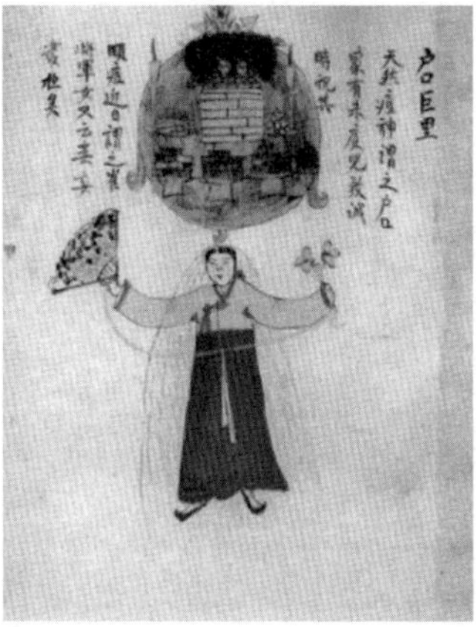

19세기 말 제작된 것으로 추정되는 무당내력(巫黨來歷) 중 마마신을 모시는 호구거리. 서울대학교 규장각한국학연구원 소장.

마를 퍼뜨리는 중으로, 자신의 집에 가서 제사를 며칠 늦추어 달라는 부탁을 한다. 귀신이 발문서 숨겨놓은 것을 알려주어 그것으로 증거를 삼았다.[53] 이러한 서사는 손님이라고 불렸던 마마신에게 음식을 성대히 차려 대접해야만 돌려보낼 수 있다는 인식을 보여준다.

이에 조응하여 귀신을 다스리는 이야기도 등장한다. 『천예록』의 「서평의 친척이 만 명의 귀신을 점검하다(西平鄕族點萬名)」에서 서평(西平) 한준겸의 한 친족은 수만이나 되는 귀신들을 거느리는데 매년 정월 초하루엔 귀신들의 이름을 불러 점검한다. 고향에 돌아가지 못해서 한준겸의 집에서 점고를 하게 되었다. 그 형상이 관아에서 관리들을 점고하는 것 같았다. 늦게 온 귀신과 담을 넘은 귀신이 있었는데 이들은 영남과 경기에서 전염병을 퍼뜨리고 오느라 늦었다고 변명한다. 친척은 이들에게 엄한 벌을 내렸으며 이것을 모두 한준겸이 목격한다. 친척은 한 산사에서 노승이 전수한 기술로 귀신을 다스릴 수 있게 되었던 것이라고 한다. 귀신을 다스리는 이야기는 「임실의 선비가 두 귀졸을 거느리다(任實士人領二族卒)」에서도 볼 수 있다.

『어우야담』에는 권람이라는 사람이 전염병 귀신에 쫓기면서까지 전염병에 걸린 친구를 구하려 했으나 친구가 먼저 배신하는 이야기가 있다. 인륜을 지킬 수 없는 폭력적인 세계, 도덕적 경계로 말할 수 없는 근원적 공포가 여기에 있다고 보이는데 여기에는 전염병의 유행이라는 시대적 특성이 반영된다. 떼죽음을 불러오는 역신에 대한 이야기는 조선 후기에 다양한 줄거리의 서사로 나타난다. 한 예를 들어보자. 지금의 을지로에 살던 한 선비의 아내가 구걸하는 늙은 할미를 불러 길쌈일을 시킨다. 일을 하는 솜씨가 좋고 속도가 매우 빨랐는데, 처음에는 대접이 좋다가 달라지자 할미는 화를 내며 남편까지 불러왔다. 둘은 벽 위의 감실로 들어가 모습을 감추고 욕만 해대며 음식을 요구하며 집안의 어린 아이들을 모조리 병으로 죽게 하겠다고 윽박질렀다. 방에 들어온 친척들은 모두 병으로 죽어나갔다. 열흘도 지나지 않아 하인들도 모두 죽었다. 집의 연기가 끊기자 선비의 아내까지 죽었음을 알 수 있었으나 끝내 아무도 그 집에 들어가보지 못했다는 것이다.[54]

이처럼 무서운 귀신은 집안에 들어와 무엇인가를 끊임없이 요구하는 귀신이다. 주로 자신에 대한 봉양을 요구한다는 점에서 조상신의 모습과 닮아 있다.

> 얼마 안 있어 흰 승복에 둥근 모자를 쓴 안씨 귀신이 웃으며 들어와 대청에 앉았다. 그 밖에 봉두난발을 하고 누더기 옷을 입은 남녀 귀신들이 대청과 뜰을 가득 채웠다. 이들은 밥과 고기를 달라며 떠들썩하게 재앙을 일으켰다. 그릇을 부수고 사람을 구타하며 온 집안에 놓아두고 쓰는 물자와 상자에 쌓아놓았던 것을 휩쓸어 가 남은 것이 없었다. 쇠똥과 말똥이 방과 창문에 여기저기 떨어져 있어 사람들이 거처할 수가 없었다. 온 집안 사람들이 서로 이끌고 달아나 피했지만, 가는 곳마다 따라오지 않는 곳이 없었다. 몇 년 사이에 죽는 자가 계속 이어져 낙산 아래의 집은 텅 비게 되었다.

「조카 집을 탕진한 안씨 귀신」[55]의 이야기이다. 서울 낙산 아래 집에 살던 과부 안씨가 죽자 조카가 그 집에 들어가 살았는데 안씨 귀신이 대낮에 계속 와서 음식을 청하고 게걸스럽게 먹었다. 이사를 가려 했으나 귀신이 먼저 알아버렸다. 안씨 귀신이 이제 간다며 전별식을 청하고 떠났으나 며칠 만에 다시 많은 남녀 귀신들을 데리고 와서 집안을 휩쓸었다. 귀신으로 표현되고 있으나, 극성으로 봉양을 요구하는 집안 친척이나 집에 머물며 신세를 지고 있는 식객들과 닮아 있는 모습이다.

이렇듯 조선 후기의 귀신담은 현실세계 및 산 사람들에게 장애를 끼치는 사귀·역귀의 모습을 그리며 집단적이고 폭력적인 성격을 드러내게 된다. 이러한 유형의 이야기 속에서 귀신은 인간과 정서적으로 교류하지 못하며 큰 갈등을 빚고 일방적으로 현실세계에 피해를 끼치게 된다. 서사구조가 일관되지 않거나 흥미에 초점을 맞춘 이야기들도 있으며, 대개는 인간이 귀신과 대척적인 지점에서 싸우는 과정을 그리고 있다.

5. 귀신담의 현실반영적 측면과 흥미성

지금까지 살펴본 귀신담들은 그 기록 수단과 장르를 고려할 때 사대부 남성의 시선에 포착된 것들이라 할 수 있으며, 이에 따라 성리학적 사고를 경유하는 설명방법을 지닌다. 『천예록』이나 『학산한언』 등에서는 귀신·요괴담 뒤에 필자의 평(評)이나 논설을 담아 이야기에 대한 의식적, 객관적 거리를 마련한다. 이것은 독자들을 초현실이나 상상계가 주는 흥미 속에 머물게 하지 않고 객관적 평가를 통해 제도적 규범과 사회적 질서 속으로 안전하게 회귀하도록 한다. 이는 매우 이념적 행위이며, 『천예록』이나 『학산한언』의 기이담에 일종의 면죄부를 제공한다.[56] 귀신은 목격자 및 서술자에 의해서 그 존재를 인정받고 의미를 부여받게 되는데, 그에 대한 등장인물들의 인식과 기록자의 태도가 현실적이라는 데에서 조선 후기 필기·야담집에 실린 귀신담의 성격이 드러난다. 이것은 민간에 유행하던 다채로운 형상의 귀신과 다양한 갈래의 귀신담이 모두 반영된 것은 아니다. 귀신에 대한 호기심과 그것을 제어하려는 현실적 사고가 합쳐져 조선 중기~후기의 조상신 이야기가 산출된다. 서사 안에서 기이한 사건을 겪는 사람들의 인식과 기록자의 인식에는 귀신 자체에 대한 흥미와 더불어 그것을 합리적으로 설명해내려고 하는 노력이 반영되고 있다. 즉 이 시기의 귀신담이 세계에 위협적이고 현실의 질서를 교란하는 역할을 맡는 경우는 별로 없다.

조선 후기의 귀신 이야기는 현실의 문제를 드러내는 역할을 한다. 삶 또는 이승세계에 대한 반응으로 귀신 이야기가 작동하는 것이다. 그 결과 인간은 욕망하는 귀신에 대해서는 일정한 거리를 유지하고, 호소하는 귀신에 대해서는 그가 일으키는 현실적 폐해를 복구하기 위해 원한을 씻어준다. 조상신은 이승의 후손에게 제사 봉양을 요구하기도 하고, 현실세계에 닥칠 재앙을 미리 알려주어 후손을 보호하려고도 한다. 즉 원혼과 조령의 경우 '현실세계의 경험'을 통해 '현실세계의 갈등'을 해결하려는 모습을 보인다. 귓것이라 불리는 요괴 및 잡귀, 역신의 이야기에서도 그것은 현실적 장애의 은유이거나 우의적 표현물의 성격을 지닌다. 이렇듯 조선 후기의 귀신담은 비일상과 현실세계를 넘나든다는 특징을 보인다. 이는 환상을 합의된 리얼리티로부터의 일탈, 즉 현실 논리로부터의 일탈이라고 보는 캐서린 흄의 입장이나, 로지 잭슨이 이데올로기적 관점에서 환상을 분석한 전복성으로도 분석할 수 없는 부분이 있다. 즉 문학에 초현실이 개입됨으로써 세계가 재구성되는 양상을 뜻하는 환상성은 조선 중·후기 귀신담에서는 잘 드러나지 않는다. 다만 여기에는 비일상성과 신비성에 대한 인간의 관심과 불안, 현실 이념에 기반한 논리적 재구성이 있다. 그 결과 현실에 대한 우의적 성격으로서의 귀신담, 즉 교훈성 뒤에 숨어 기이에 대한 이야기를 해보고자 하는 특징이 나타난다.

조선 후기의 한문 단편 「귀객(鬼客)」에서는 병사(兵使)로 있는 동서의 도움을 받으며 근근이 살아가는 몰락 양반 심생의 집에 문경관이라는 귀신이 대낮부터 찾아온다. 집 안 반자 속에서 귓것의 목소리가 들리는데, 귀신은 연고가 없는 심생을 만나러 산 넘고 물 건너 찾아왔다고 말한다. 집안 사람들을 쫓아다니며 잔소리하거나 밥을 먹지만 집안 사람들도 곧 이에 익숙해진다. 귀신은 수차례에 걸쳐 많은 돈을 요구하고 이를 물리치지 못하는 심생은 그때마다 동서에게 도움을 청한다. 귀신이 장래 길흉화복을 점쳐주기도 하지만 친구네 집까지 따라오는 등 괴롭힘이 극심하다. 궤 속의 돈까지 훔쳐가던 문경관이 사라지지만 곧 문경관의 아내가 출현하여 다시 괴로움이 되풀이된다. 이 이야기는 귀신의 출현에 대한 디테일한 묘사와 여러 에피소드의 제시가 특징이다. 생산적 활동이 없이 남에게 의지하여 연명해가는 이조 후기 몰락 양반들의 곤궁한 생활과 그러한 생활 속에서 체면과 예의는 지켜야 하고, 찾아오는 사람에게 뜯어먹히게 되는 기막힌 사정, 그리고 가난한 친척들을 도와주지 않을 수 없는 사대부들의 어려움이 귀객의 출현을 통해 풍자적으로 그려져 있다.[57] 두 귀신은 형상이 보이지 않고 소리로만 출현하는데, 귀신의 요구를 심생이 받아들일 수밖에 없도록 좋은 언변을 뽐낸다. 특히 문경관의 아내가 일갈하는 장면이 인상적이다.

> "나는 문경관의 처라오. 주인댁에서 귀신을 잘 대접한다는 말을 듣고 불원천리하고 이렇게 찾아왔으니, 주인은 흔연히 영접함이 마땅하거늘 도리어 욕설을 앞세우는 것은 무슨 까닭이며, 또한 남녀상경(男女商敬)이 선비된 행실이어늘 주인은 만 권의 글을 읽고도 배운 것이 무엇인가요."[58]

귀찮지만 익숙한 존재, 즉 식객과 같은 귀신은 '봉제사 접빈객(奉祭祀 接賓客)'이라는 인륜을 지킬 것을 요구하나, 심생에게는 이것이 폭력적인 상황으로 다가온다. 조선 후기 몰락하는 양반 사대부의 어려움을 풍자적으로 그리고 있는 것을 1차적으로 읽어낼 수 있지만, 귀신담이라는 입장에서 보면 귀신과 심생의 밀고 당기기에서 결국 인간은 귀신에게 패배하고 심생의 집은 평안한 상황으로는 회복되지 않는다. 많은 호사가들이 심생의 집으로 가서 귓것과 문답을 나누거나 하룻밤을 묵었다는 것이 후일담이다. 참으로 괴이한 일이라는 기록자의 평이 붙기는 하나 황탄한 귀신 이야기를 제어해야만 하는 유교적 예교를 가지고 귀신이 오히려 인간을 나무라고 있는 상황에 주목해보면, 이는 조선 후기의 귀신에 대한 '일상적' 관심을 드러내고 있다는 점에서 흥미롭다. 귀신에 대한 관심 자체가 폭발하여 이미 성리학적 사고의 합리성을 압도하고 있는 것으로도 읽히고 있기 때문이다. 즉 이 지점에는 귀신담의 현실반영적 측면뿐 아니라 귀신이라는 기이한 존재에 대한 관심, 변화와 재생산과 연결된 귀신담 자체의 흥미성의 문제가 얽혀 있다. 예를 들어 19세기 『청구야담』의 경우 환상을 오락의 대상으로 여기고 환상 자체에 집중한 이야기들이 많다는 점이 특징적[59]으로 귀신담의 현실반영적 측면 외에 탐구할 만한 지점이 많다고 여겨지는데, 이에 대한 자세한 논의는 후일로 미루기로 한다.

주석

1 한자문화권에서의 환상은 '기이함'으로 표현된다. '奇'는 '드물고, 본래적이고, 환상적이고, 놀랍고, 기묘한 영역'을 지칭하며, '異'는 일차적으로 '차이', '구별짓다'는 의미이고 이차적으로는 '비범한, 현저한, 낯선, 이질의, 괴상한' 등으로 규범과 다른 것을 의미한다. '怪'는 가장 편협한 범위의 의미로 '기묘한, 섬뜩한, 변덕스러운, 비정상적인, 불가해한' 등을 뜻한다. 최기숙, 『환상』, 연세대학교 출판부, 2007, 8면 참조. 동아시아 환상문학 양식의 큰 두 갈래인 전기(傳奇)와 지괴(志怪)를 살펴보면, 지괴는 기괴(奇怪), 즉 비인격체에 대한 것이고 전기는 기이(奇異), 즉 이인(異人)의 문제에 대한 것이다. 전기의 전통은 조선으로도 계승되고 이계나 인귀교환 여타 기이한 현상이 중심이 되는 전기적 특성을 지닌다. 전기소설류의 환상성 문제는 『금오신화』를 중심축으로 다루어졌다.

2 정환국의 지적에 따르면, '한국의 지괴'라고 부를 수 있는 성격을 지니고 있는 「심화요탑(心火繞塔)」이나 「죽통미녀(竹筒美女)」 등에서도 자기 몸이 타서 불로 변한다거나 죽통 속에 미녀를 넣고 다닌다는 황당한 설정에도 비인격체는 좀처럼 등장하지 않는다는 것이 특징적이라고 하였다. 거기에는 인간의 변태나 기이함이 있을 뿐이라는 것이다. 정환국, 「고전소설의 환상성, 그 연구사적 전망」, 《민족문학사연구》 37, 민족문학사연구소, 2008, 94면 참조.

3 강상순, 「조선 전기 귀신 이야기에 잠복된 사회적 적대」, 《민족문화연구》 56, 고려대학교 민족문화연구원, 2012, 97면.

4 김정숙, 「한·중·일 文言短篇集 속 요괴와 귀신의 존재양상과 귀신담론—『天倪錄』, 『聊齋志異』, 『夜窓鬼談』을 대상으로—」, 《대동한문학》 28, 대동한문학회, 2008, 329-330면 참조.

5 한국 공포영화의 '여귀퇴치담'에 등장하는 여귀는 실제로는 고전문학에서 그다지 큰 비중을 차지하지 않는다. 백문임, 『월하의 여곡성—여귀로 읽는 한국공포영화史』, 책세상, 2008, 50-51면. 이는 '독한 여귀'의 모습이 19세기 이후, 또는 근대에 이르러 완성되었음을 의미한다.

6 정솔미, 「청구야담의 환상성 연구」, 서울대학교 석사학위논문, 2012, 4면 참조.

7 조선 전기의 『용재총화』에 실린 이야기로, 젊은 비구니의 혼이 사귀(蛇鬼)가 되어 남성을 저주한다는 것이 대표적인 형태이다. 상사뱀의 원혼은 여자인 경우도 있고 남자인 경우도 있는데, 뱀이 상징하는 바 성적인 욕망을 잘 드러내고 있다. 상사뱀설화는 신립과 고경명, 이순신 등 역사적 인물을 주인공으로 하는 경우도 많다. 신립이 귀신을 퇴치하고 한 여인을 구하지만 데려가 달라는 여인의 청은 거절하여, 여인이 집에 불을 질러 자살하는 데 이른다. 후에 임진왜란이 일어나 신립이 전쟁에 나갔는데 꿈에 여자가 나타나 탄금대에 배수진을 치라고 한다. 이를 따른 신립은 크게 패하고 죽게 되었다는 것이 한 예이다. 이 부류의 이야기는 역사적 인물의 전쟁에서의 승패의 책임을 그의 평소 태도에 우의하여 드러내고 있는 방식이다.

8 『금오신화』의 원귀를 다룬 최근의 연구로는 정환국, 「'寃鬼'와 『金鰲新話』: 조선 초 寃魂敍事의 형성」, 《동양한문학연구》 35, 동양한문학회, 2012가 있다.

9 물시계가 새벽을 재촉하는데도 두 사람의 환희는 끝날 줄 몰랐다. 그럴 즈음 홀연히 머리 위에서 벼락치듯 우렁우렁하는 소리가 들렸다. 채생이 깜짝 놀라 눈을 떠보니 돌다리 아래 드러누워 돌멩이를 베고 거적자리를 둘러쓰고 있지 않은가. 더러운 냄새가 코를 찌르는데 벗어 놓은 모자와 허리

띠는 다리의 기둥 사이에 걸려 있었다. 아침 해가 벌써 떠올라 사람과 말들이 오고 가서 땔나무 수레 두 대가 바야흐로 다리 위를 덜컹거리고 지나가는 판이었다. 曉漏催報, 歡興未已. 忽聞雷聲轟轟逼頭上, 驚惶開目, 則臥在石橋下, 枕塊石被毁苫, 臭穢滿前, 所脫巾帶, 懸在橋柱之隙. 朝日已昇, 人馬坌至, 薪車二輛, 方闐闐渡橋矣. 임형택, 「鬼幻」, 『한문서사의 영토—실사와 허구 사이』 1, 태학사, 2012, 71-72면·436면에서 번역문과 원문 인용.

10 임형택, 위의 책, 83면.

11 여기서는 귀신담의 풍부한 층위를 살펴보기 위해 『어우야담』의 여러 이본을 종합한 유몽인 지음, 신익철·이형대·조융희·노영미 옮김, 『어우야담』, 돌베개, 2006을 대상 자료로 삼았다. 여기서 각 편의 제목과 원문, 번역을 인용한다.

12 「여귀가 된 궁녀와 황건중」, 위의 『어우야담』, 263-265면.

13 「기녀 귀신의 빌미」, 위의 『어우야담』, 273-275면.

14 盖女性之所好巫祀, 死生一也. 위의 『어우야담』 원문, 130면.

15 「아내감을 구하는 귀신」, 위의 『어우야담』, 258-259면.

16 "汝於我一念不忘, 吾知之, 而心甚感之." 仍淒然久之, 覺有尸臭甚逼人. 英曰: "公之臭氣, 何若是耶?" 曰: "死久之人, 安得不然?" 言說頗多, 而不能記語. 良久, 權公忽聳驚曰: "勿語, 勿語." 傾耳聽之, 焂然起曰: "鷄鳴, 吾去矣." 雙手各挈一履, 疾走出去. 임형택, 앞의 책, 516면.

17 夫人心有所結, 則雖死而猶不散, 思想切至, 則亦有所感召. 古來如此者多, 無足怪矣. 男女相悅, 結於生死, 本不足記, 於此足見幽明之理, 斯不可泯之也. 鷄鳴則已屬於陽明矣. 鬼處陰背陽, 聞鷄鳴宜驚. 人家行祀, 當於半夜子時, 鷄未鳴之前, 可也. 임형택, 위의 책, 517면.

18 "郎何從空舍出來?" 曰: "宿終娘家." "其家闔家染病, 死尸如麻, 終娘逝已三日未斂, 是誑我也." 武夫大驚, 再入省之, 家中死尸縱横, 有一尸在第三房, 卽終娘也, 有未盡肴酒, 尙在屍側, 武夫澳然而還, 曰: "亡娘必自悲無斂, 知我意氣多, 欲使之葬也." 「종랑의 시신을 묻어준 무사」, 앞의 『어우야담』 원문, 123면.

19 위의 『어우야담』, 253-255면.

20 임방 저, 정환국 역, 『교감역주 천예록』, 성균관대학교 출판부, 2006, 101-103면. 이야기의 제목과 번역문, 원문은 이 책을 인용한다.

21 윤혜신, 「『어우야담』 소재 귀신담의 귀신 욕망과 욕망의 실현방법」, 《열상고전연구》 29, 열상고전연구회, 2009, 363-401면 참조.

22 이에 대해서는 이주영, 「조선 후기 서사의 살인 범죄와 해결방식」, 대중서사장르연구회, 『대중서사장르의 모든 것: 3. 추리물』, 이론과실천, 2011, 122-145면 참조.

23 최기숙, 「불멸의 존재론, '한'의 생명력과 '귀신'의 음성학—18,19세기 야담집 소재 귀신과 자살 일화를 중심으로」, 《열상고전연구》 16, 열상고전연구회, 2002, 324-329면 참조.

24 하지만 설원을 요구하지 않는 귀신들도 있는데 이는 사귀(邪鬼)에 해당한다. 이 경우 담력 있는 수령에 의해 퇴치된다.

25 백문임, 앞의 책, 19면.

26 백문임, 위의 책, 152-154면 참조.

27 강상순, 「성리학적 귀신론의 틈새와 귀신의 귀환—조선 전·중기 필기·야담류의 귀신이야기를 중심으로」, 《고전과해석》 9, 고전문학한문학연구학회, 2010, 218면.

28 김정숙, 「조선시대 필기·야담집 속 귀신·요괴담의 변화양상—귀신·요괴 형상의 변화와 관심축의 이동을 중심으로」, 《한자한문교육》 21, 한국한자한문교육학회, 2008, 566-570면 참조.

29 김정숙, 「17, 18세기 한중 귀신 요괴담의 일탈과 욕망」, 《민족문화연구》 56, 고려대학교 민족문화연구원, 2012, 13-15면 참조.

30 앞의 『어우야담』, 226-227면.

31 위의 『어우야담』, 243-245면.

32 성현 지음, 민족문화추진회 편, 『용재총화』, 솔출판사, 1997, 114면.

33 앞의 『천예록』, 211면.

34 앞의 『어우야담』 127화.

35 一士族家有鬼, 變於白晝, 批人頰打人背, 至捽髮而曳之, 侵擾萬端. 士族家雜施祈禳符呪, 諸般壓勝之術而作怪不止. 時或現形, 以大聲誚責主人, 如尊者之叱奴隸狀. 士族伏而哀乞曰: "幽明路殊, 不宜作怪如是. 人依於神, 神依於人, 何厄之甚也?" 정재륜, 『感異錄』, 3화. (서울대 규장각 한국학연구원 소장. 화수는 필자가 임의로 나누었음.)

36 光海朝國舅之孫柳孝立, 以復舊君爲名陰謀不軌. 家有鬼變, 以瓦礫投下作聲曰, 洛花無實, 朽木不青. 정재륜, 위의 책, 11화.

37 一日朝官閒坐, 忽有一片白紙寫屢行書者, 自空墮下. 乃其亡父手蹟, 而先言, 爾瞻不可交, 次言, 歲至癸亥春, 則君臣皆將易位, 天地反覆殺運大至, 汝毋與其禍. 朝士驚懼, 作書告誓, 誓絶爾瞻, 仍問所易君相其誰耶. 仍置其書於床上, 達夜不寐, 伏而竢之. 俄有書紙, 又自空墮下. 其書曰, 吾憂汝深交爾瞻, 告以將來之變, 以冀免禍也. 將爲宰相者, 且不可輕泄, 而況爲人君者乎. (중략) 朝官敬奉兩紙, 藏之篋笥中, 封緘甚固. 過五六日後開見, 則只有白紙兩幅, 全無墨痕. 정재륜, 위의 책, 6화.

38 沈器遠始懷反心, 家間猝有鬼變. 空中有聲曰: "莫爲莫爲" 器遠以爲夜叉不足畏, 而其妻獨知爲凶兆, 憂懼不已. 器遠伏法後, 其家奴婢以其目都者, 言於人如是. 정재륜, 위의 책, 13화.

39 得玉者成川妓也. 姿色過人, 瑟歌俱妙. 潾平大君奉使過西關, 見而愛之, 遂召入宮爲侍女. 每遊宴之時, 必令玉捧盃. 潾平夫人之兄吳公, 目逆之久, 仍得潛狎. 吳妻知之妬恚, 密與宮人謀誣, 玉以偸出宮藏黃金五十兩, 告于夫人. 夫人大怒, 杖玉殺之. 聞者哀其寃死. 一日鮮血數斗流瀉正寢, 俄而大君寢疾. 宮人侍側者, 於燈下依微之間, 輒見得玉於大君枕邊, 髮竪體栗, 驚惧罔措. 未幾大君卒逝. 忽於空中, 作聲曰, "夫人心下如何? 冥司憐吾無罪而死, 許令出侍大君, 復遊於八角亭上. 今日夫人還復羨吾否?" 亭在園上, 宮奴適以事, 夜深入園, 果有琹聲云. 夫人每夜見得玉, 因病數月, 亦不起. 정태제, 『菊堂徘語』, 국립중앙도서관 소장 필사본, 102~103면; 『記聞叢話』, 『韓國文獻說話全集』 5, 동국대학교 한국문학연구소, 민족문화사, 1981, 146면; 『海東奇話』, 『한국문헌설화전집』 5, 303면.

40 임형택, 앞의 책, 308-309면.

41 무라야마 지준(村山智順) 지음, 김희경 옮김, 『조선의 귀신』, 동문선, 1990, 47-52면. (『朝鮮の鬼神』, 조선총독부, 1929)

42 도깨비 이야기의 전형적인 모습으로는 임형택, 『한문서사의 영토—실사와 허구 사이』 2, 태학사, 2012, 295-297면에 실린 「魑魅禍福」(李玄綺, 『綺里叢話』)을 참조.

43 앞의 『어우야담』, 254-255면.

44 長安人家多物怪, 如貞陵洞許兩家, 今爲慶運宮承政院者, 小公主洞今爲南別宮者, 松峴申莫定家, 栢子洞安舍長家, 人皆稱焉. 위의 『어우야담』, 268-269면·원문, 128면.

45 앞의 『천예록』, 269면.

46 앞의 『어우야담』, 261-263면.

47 主人密方士, 殺鬼神之方, 有曰: "鬼餒而求食, 得野鼠肉, 煮而與之, 必死."

48 앞의 『어우야담』, 246면.

49 위의 『어우야담』, 246-247면.

50 有若木鬼, 覆以黑袝者, 然不能見其面目. 『천예록』, 356·494면.

51 위의 『천예록』, 226-228면.

52 「집안잔치에서 못된 아이가 염병을 퍼뜨리다(一門宴頑童爲癘)」, 위의 『천예록』, 263면.

53 「찬을 내오게 하여 먹고 어린아이를 살리다(出饌對喫活小兒)」, 위의 『천예록』, 221면.

54 「선비의 집에서 늙은 할미가 요괴로 변하다(士人家老嫗作魔)」, 위의 『천예록』, 261면.

55 俄而, 安氏白衲圓頂, 笑而入坐于堂中, 其餘蓬頭鶉衣男女之鬼, 充滿堂庭. 求食與肉, 譁然作挐, 破碎器皿, 毆打人物, 一家朝夕之需·箱篋之儲, 蕩然無餘, 牛糞馬通散落房櫳, 人不可處. 擧家相率奔避, 所往無不隨之, 數年之間, 死亡相繼, 駱下之家索然矣. 앞의 『어우야담』 271면·원문 120면.

56 김정숙, 앞의 논문(2012), 10면.

57 임형택·이우성 譯編, 『李朝漢文短篇集』 中, 일조각, 1978, 28면.

58 鬼曰, "我慶寬之妻也. 聞君家善待鬼, 故不憚遠程, 有此委訪, 則君當欣然迎之, 而反爲詬罵, 何也. 且男女相敬, 士子之行, 君讀書萬卷, 所學何事." 임형택.이우성 역편, 위의 책, 355면. (원 출전은 『청구야담』(栖碧外史海外蒐佚本)·『기리총화』 등이다.)

59 정솔미, 앞의 논문.

| 제2절 |

식민지시기의 여귀·괴담과 근대적 공포물로의 전환

1. 괴담의 오락화와 공포물의 특화

캄캄한 밤. 바람이 부는 듯 계속 흔들리는 방문. 백인옥은 밖에 누가 있나 싶어 방문을 열어젖혀 보지만 아무도 없다. 안심을 하고 다시 잠자리에 드는 순간, 소복을 입고 산발한 여인이 옆에 누워 백인옥을 노려보고 있다. 1999년 8월 3일에 방영된 〈전설의 고향〉 12화 〈상사요〉의 시작을 알리는 장면이다. 한밤에 나는 인기척에 긴장을 하다가 안도를 하는 순간 소복을 입고 머리를 푼 귀신이 등장하는 장면은, 비단 이 이야기뿐만 아니라 〈전설의 고향〉에서 매회 접할 수 있는 장면으로, 공포를 유발하는 전형적인 장면이라 할 만하다. 1977년부터 KBS에서 방영한 〈전설의 고향〉[1]은 1996년에 재방영되면서 한국의 대표적인 공포물로 자리매김하였다. 그 제목에서도 알 수 있듯이, 〈전설의 고향〉은 전래되던 설화인 전설이나 민담에서 그 소재를 찾아 구성한 작품이다. 과거를 배경으로 하여 원한을 가진 처녀 귀신들이 등장하는 이 작품은 한국 공포물의 전형으로 인식되고 있다. 그렇다면 이러한 한국적 공포물의 전형적 이미지와 소재 및 이야기 구조는 어떤 과정을 거치면서 형성되었을까.

한국적 공포물의 전형이라고 여겨지는 귀신과 도깨비의 이야기는 전근대 시대부터 이어지는 유구한 역사를 가지고 있다. 하지만 공포의 효과를 의도적으로 강조하여 그 자체의 재미를 즐기는 문화는 전래의 문화가 근대적 오락으로 전환되면서 생겨난 결과라 할 수 있다. 근대적 공포물의 출현을 보여주는 의미심장한 장면은 1930년대를 전후하여 찾아볼 수 있다. 그 첫 번째 장면은 실제 있었던 일이라고 보도되던 귀신과 도깨비의 출현이 '괴담'이라 불리며 그저 흥미 있는 이야깃거리로 다루어지기 시작한 지점이다. 다음으로 주목할 만한 두 번째 장면은 전래의 이야기를 흥미로운 방식으로 전달하던 야담 중에서 '괴담'이라 표제를 단 작품들이 별도로 분류되기 시작한 지점이다. 이 두 장면을 관통하는 키워드는 '괴담'이다. 1920년대 후반에서 1930년대로 넘어가면서 등장한 '괴담'은 조선시대의 야담집이나 소설에 기록된 이야기 혹은 설화로 전해지던 이야기들을 공포의 효과가 강조된 이야기로 변모시킨다. 그러므로 한국적 공포물의 시작을 살펴보기 위해서는 1930년을 전후하여 등장하기 시작한 '괴담'을 중심으로 그 시기 귀신과 도깨비 이야기에 나타난 변화에 주목해야 한다.

먼저 괴담이 오락적 성격으로 변모하기 시작한 그 첫 번째 장면을 들여다보자. 1913년을 즈음해서 경성 시내에 도깨비의 출현이 빈번해졌다. 도깨비들은 집집마다 나타나 흙을 뿌리거나 돌을 던져 장독대를 깨뜨리고 집안의 기물을 파손했다. 수진궁 안 4통 9호 지성덕(池聖德)의 집에도 도깨비가 들어 "손해가 많을 뿐만 아니라, 그 집 주인 가족들과 이웃들은 무서운 생각을 이기지 못하여" 경관에게 집을 지켜줄 것을 부탁하기도 하였으나, 그 사이 다시 도깨비가 들어 이번에는 사진사를 대동하여 그 집 전체를 사진으로 찍었다.[2] 경성 시내

수진궁 안 도깨비 장난하는 집의 모양. 《매일신보》, 1913. 10. 11.

의 도깨비 출현은 1910년대 사회적 현상 중의 하나였다. 1915년에 이르기까지 《매일신보》의 사회면 기사에는 흙과 돌을 던지는 도깨비 때문에 두려움에 빠진 채 혼란을 겪고 있는 서민들의 이야기가 보도되었다. 그러나 1930년을 전후하여 흙과 돌을 던지는 도깨비는 학예면에 실리는 '괴담' 코너에서 홍미로운 이야깃거리로 소개되었다. 신혼 첫날밤 처가의 북쪽 창문에서 모래를 끼얹는 소리가 이어지고 범인을 찾으려고 수색을 하였으나 아무도 잡히지 않았으며 그 이유조차 짐작할 수 없었던 일은 '홍미로운 이야기'를 전하는 '괴기행각(怪奇行脚)' 코너에 게재되었다. 이와 같이 1910년대 실제로 있었던 일처럼 보도되었던 귀신과 도깨비의 이야기는 1930년대로 넘어가면 재미있는 이야기의 하나로 소개되었다.

귀신과 도깨비의 이야기는 1920년대 후반이 되자 사실 보도의 영역에서 허구 오락의 영역으로 넘어갔다. 《매일신보》의 '괴담' 코너는 1927년 학예면에 신설되었다. '괴담' 코너를 만든 의도는 재미를 추구하기 위해서였다. 고범생(孤帆生, 이서구)은 이 코너를 소개하면서 "어느곳치고 독갑이 이야기 하나 업는 곳은 업고 더욱히 녀름이면 그 이야기가 셩풍"하기 때문에 "독자의 홍미의 일단을 도읍고자" 귀신과 도깨비 이야기를 독자에게 소개하고자 한다고 말했다. 1930년 시작된 '괴기행각'은 이 괴담 코너의 후속작이며, 역시 재미와 오락의 차원에서 일반 상식으로 이해할 수 없는 비현실적인 귀신과 도깨비의 이야기를 다루었다. 귀신과 도깨비의 이야기가 오락의 영역으로 넘어가면서 확인되지 않던 풍문을 실제 일어났던 일이라며 기사화하였을 때 느낄 수밖에 없었던 현실에 대한 불안과 두려움은 그저 홍미롭고 재미있는 흥분으로 받아들여졌다. 현재의 일상생활을 파괴할 수 있음에도 불구하고 예측할 수 없기에 두려웠던 미지의 존재들은 이제 짐작 가능한 이야기의 문법 안에서 정해진 약속에 따라 긴장감을 고조시키고 놀라게 하면서 나타난다. 귀신과 도깨비의 이야기는 사실의 영역에서 오락의 영역으로 넘어가면서 재미있게 즐길 수 있는 공포물의 문법을 만들어내었다.

오락으로서 공포물의 문법이 형성되는 장면은 야담의 이야기들이 '괴담'이라는 표제어를 달고 나타나는 지점에 주목하면 더욱 잘 드러난다. 괴담은 동일한 소재의 이야기들을 예전과는 다른 방식으로 전달하였던 것이다. 특히 비현실적 이야기를 다루던 '기담'과의 차이를 살펴보면 '괴담'의 특징을 알 수 있다. 〈전설의 고향〉의 〈상사요〉는 식민지시기 취미잡지 《별건곤》 22호(1929. 8.) '기인·기담편'에도 소개되어 있는 작품이다.[3] 「편련 처녀의 혼」이라는 제목으로 실린 이 작품은 백인옥이라는 선비가 귀신의 도움으로 귀신을 물리치고 성공을 획득한다는 내용으로 이루어져 있다.[4] 이 작품은 '기인·기담편'의 기획물로 게재되었을 뿐만 아니라, 제목에는 '기담'이라는 표제어까지 붙어 소개되고 있다. 흔히 '기담'이라고 하면 무서운 이야기를 기대하게 되지만, 사실 이 작품에는 공포의 효과가 그렇게 강조되어 있지는 않다. 귀신의 힘으로 귀신을 처치한다는 내용에서 알 수 있듯이, 이 작품에는 처녀 귀신이 두 명이나 등장을 하지만, 앞서 소개한 〈전설의 고향〉의 첫 장면처럼 긴장되는 장면은 없다. "원래에 빈한한 백인옥은 랑중에 로자 한 푼이 업슴으로 이집 저집으로 도라 다니며 과객노릇을 하얏섯다. 그러나 이상하게도 그가 밥을 먹던지 잠을 자던지 할 때에는 공중에서 무슨 애원성이 들이여서 밥도 잘 먹을 수가 업고 잠도 잘 수가 업섯다. 그 애원성은 물론 황씨 처녀의 죽은 원혼귀 소리엿다. 그것은 백시도 이미 짐작한 까닭에 그 소리를 드를 적마다 왼몸에 소름이 끼치며 정신이 불쾌하얏다."[5] 귀신의 소리는 백인옥을 불쾌하게 한다. 원혼의 흐느낌은 백인옥의 정신을 혼란스럽게 하고 마음을 불편하게 만든다. 하지만 백인옥은 귀신의 소리에 두려움을 느끼지는 않는다. 이미 그 소리가 귀신의 소리라는 것을 인지하고 있기 때문이다. 즉 '기담'에서는 귀신의 소리가 원인 모를 것의 침입으로 인해 불안과 공포를 유발하는 효과를 발휘하도록 구성되지 않았다. 기담에서도 현실에서 상식적으로 접할 수 없는 대상을 만났을 때의 놀라움과 불편함이 나타나기는 한다. 그러나 그것은 공포나 스릴러 장르에서처럼, 의도적으로 강조되는 불안과 긴장 혹은 공포나 두려움이 아니다. 이처럼 귀신의 등장이라는 동일한 소재를 다룰지라도 식민지시기 '기담'과 현재의 공포물은 그 표현방식이 매우 다르다는 것을 확인할 수 있다.

게다가 《별건곤》에서 기획한 '기인·기담편'도 공포나 스릴러 중심의 기획이 아니다. 전우치나 사명대사와 같이 보통의 사람을 능가한 힘을 가진 이인(異人)들의 이야기,[6] 텔레파시 혹은 분신이나 이중인격에 대한 소개,[7] 새롭게 등장하는 사기의 수법[8] 등 일반적인 상식에서 벗어난 일들을 모두 '기담'으로 소개하고 있다. 《별건곤》을 비롯하여 《조광》이나 《월간야담》 그리고 《야담》 등에 실린 '기담'들은 '기담'이라는 표제어로 특화되어 있기는 하지만, 말 그대로 기이한 이야기, 진기한 이야기, 황당한 이야기를 다루고 있지, 무섭고 오싹한 이야기를 보여주는 것은 아니었다.

공포의 효과가 강조되는 이야기들은 대부분 '괴담'이라는 표제어를 달고 등장하기 시작한다. 괴담은 1930년대 '그로테스크(Grotesque)'라는 개념이 도입되면서 생겨난 표제어이다. 1930년대로 접어들면서 식민지 조선은 당대 일본에서 유행하던 '에로(틱), 그로(테스크), 넌센스'의 문화를 수용하였다.[9] 그로테스크는 이러한 현대적인 소비문화를 도입하면서 소개된 외래어였다. 그로테스크는 흔히 '괴기(怪奇)'라는 한자어로 번역되었는데, 이때 '괴(怪)'라는 한자어가 부각되면서 괴담이라는 표제어도 생겨나기 시작하였다.[10] '괴기'는 1930년대 들어 섬뜩하고 충격적인 이야기를 표상하는 어휘로 자리 잡으면서 기이하고 끔찍한 범죄사실을 보도하는 데 많이 사용되었고, 문학적으로는 변격탐정소설을 통해 그 구체적인 형상이 드러났다.[11] 그로테스크의 문화적 수용은 탐정소설이나 실화 외에 야담을 통해서도 이루어졌다.[12] 식민지시기 야담은 전래의 이야기들을 근대적 매체로 수용하여, 근대적으로 유통시키는 문화 상품이었다. 야담을 통해 그로테스크의 감각을 형상화한다는 것은 현재와 다른 과거의 공간을 이질적이고 타자적인 것으로 인식하여 과거를 공포나 불안의 감각으로 상품화하는 방식이었다. 이렇게 과거라는 소재를 활용하였던 야담은 그로테스크와 결합하며 '괴담'이라는 대중적인 공포물을 탄생시켰다.

그로테스크라는 개념의 도입과 유행은 전래의 문화를 근대적 오락 문화로 재편시켰다. 그로테스크한 이야기의 대표 주자는 귀신과 도깨비의 이야기였고, 그것은 '괴담'이라는 표제를 달고 유통되었다. 이러한 문화적 지형의 변화가 일어나던 1930년 즈음에, 사실의 영역에서 다루어지던 귀신과 도깨비의 이야기는 오락의 영역에서 허구로 다루어졌고, 그 이야기들은 대중이 흥미롭게 즐길 수 있는 공포물의 문법을 만들어냈다. 이 글에서는 이와 같은 변화의 지점에 주목하며 한국의 근대적 공포물이 형성되는 과정과 그 속에서 나타나기 시작한 여귀의 면모를 살펴보기로 한다.

2. 그로테스크의 수용과 괴담의 유행

식민지시기에 외래에서 도입된 그로테스크라는 개념은 '보기에 추할 정도로 부조화스럽고 우스꽝스러운 것'[13]이나 '황당하거나 진기한 사건들로 지금 현재의 시·공간을 벗어난 원시적이고 이국적인 것'[14] 또는 '과도하게 관능적인 것'[15]으로 소개된다. 식민지시기 그로테스크는 '현실의 일상적 질서를 벗어나는 이질성에 대한 불안과 탐닉'[16]이라는 그로테스크에 대한 일반적 이해를 바탕으로 하고 있다. 그러면서 그 예를 원시적 이국 문화나 첨단의 에로틱한 문화에서 찾았다. 이렇게 개념상으로 살피면 그로테스크는 모던한 문화의 한 현상으로 받아들여졌다.

하지만 당대 조선에서 그로테스크한 감각으로 번역할 수 있었던 문화는 이러한 최첨단의 모던한 문화가 아니었다. 역설적이게도 그로테스크에 대한 현실적 수용은 전래의 이야기를 통해 이루어졌다.

[1]

현대인의 신경은 나날이 鈍해 간다. 현대 과학의 끈임없는 刺戟에 극도로 첨예화한 그들의 신경이 밟은 반동적 경향이리라. 이리하야 그들의 마음 가운데는 어느새 부질업시 괴기를 찾는 일종의 獵奇癖이 생겻다. 구로테스크! 구로테스크! 裸體畵的 에로, 神話的 구로테스크, 이것이 현대인의 시들어 가는 命脈을 끄을고 나가는 위대한 매혹이요 生命水 다. 이제야 三面 記事的 恒茶飯의 사실보다, 김빠진 연애소설보다, 노파들의 입에서 풀여 나오는 神話 怪談에 귀를 기우리게 되엿다.[17]

[2]

채:[18] 괘니 마지메한 이야기를 하다가는 이 座談會는 失敗합니다./ 박: 車先生 이마(버서진이마)를 건드려야 이야기가 나올걸./ 방: 지금 朝鮮서 제일 怪奇-그로한 게 무얼가?/ 최: 兩性問題/ 채 그건 에로요/ 방: 어느정도까지는 그러켓지 / 채: 그로를찻자면 흉가이야기에서나…? 그러나 지금 조선사람은 일반적으로 그로에對한 獵奇的趣味에對해서 인연이멀기때문에 凶家가튼 것을 그로로 환영하기보담 在來의慣習으로 恐怖를늣기고 忌避를하니까…./ 방: 그러면 까-나리쯤으로의 凶家만말할것이아니라 그저 一般的으로…./ 박: 독개비 귀신가튼이야기도 만히 잇지/ 채: 엇잿거나 지금우리가 그로를求한다면 그런것밧게는업겟지 / 박: 귀신이야기가 썩신긔한게하나잇는데… 洪露雀이 즉접 보나달음 업는이야기라고… 露雀의四寸의외가집에서 處女하나가 婚姻을定해노코 죽엇는데 그게손각씨가되여 가지고 그집에 나와서—[19]

첫 번째 인용문은 서울 시내에 나타난 '김부귀'라는 거인의 출현을 괴기라는 코드로 전달하고 있는 기사의 시작 부분이다. 이 기자는 그로테스크 즉 괴기를 찾는 당대의 새로운 현상에 대해 주목을 하면서, 그로테스크는 '신화적 그로테스크'로 이해된다고 한다. 이 신화적 그로테스크는 노인들의 입을 통해 전해지는 신화나 괴담을 의미하였다. 여기에서 알 수 있듯이 그로테스크한 문화는 신화와 같이 전래의 이야기에서 비롯된 괴담으로 인식되고 있었다.

두 번째 인용문에서도 그로테스크가 옛날부터 전해져 내려오는 고담의 형태로 향유되고 있음이 드러난다. 이 좌담회는 당대 그로테스크의 개념에 대한 이해와 그로테스크한 문화가 현실적으로 수용되는 양상이 서로 다르다는 점을 잘 보여주고 있다. 채만식은 '그로'를 흉가 이야기에서 찾을 수도 있지만 그러한 이야기는 그로테스크한 엽기 문화에 익숙하지 않은 당시 조선 사람들에게 환영받지 못한다고 지적한다. 그러자 박노아는 당대에 일반적으로 수용되는 '그로' 이야기는 귀신 이야기나 도깨비 이야기라고 말하고, 채만식은 '지금 구할 수 있는 그로테스크한 이야기는 그것밖에 없다'며 이에 동의한다. 채만식이 흉가 이야기를 예로 들며 언급한 그로테스크한 엽기 문화는 지식인들이 개념적으로 받아들였던 모던한 문화로서의 그로테스크라고 이해할 수 있다. 하지만 당시의 일반적인 대중들은 외래의 모던한 문화인 그로테스크에는 이질감을 느끼고 기피했던 것 같다. 결국 당대 조선인들이 현실적으로 즐기면서 받아들일 수 있었던 그로테스크는 전래의 귀신이나 도깨비 이야기였다. 이처럼 그로테스크는 개념적으로는 모던한 문화의 한 현상으로 이해되었지만, 현실적으로는 전래의 귀신 이야기로 수용되었으며 이는 괴담이라는 특징적인 양식으로 받아들여졌다.

그로테스크한 문화는 외래에서 도입된 문화라 낯설고 이질적이긴 했지만 끊임없이 새롭고 신기한 것을 추구하는 근대의 속성과 그것을 상품화하는 자본주의의 성장과 맞물려 당대 대중들의 흥미를 자극하였다. 게다가 괴담이라는 양식을 통해 옛날부터 익숙했던 귀신과 도깨비 이야기로 그로테스크한 문화가

받아들여지면서 그로테스크에 대한 관심은 더욱 높아졌다. 앞에서 제시한 두 인용문에서도 알 수 있듯이, 그로테스크한 문화의 현실적 수용인 괴담은 새로운 문화적 유행 현상으로 주목받았다. 첫 번째 인용문에 나타난 것처럼, 근대적 언론의 시작부터 사회의 여러 가지 사건 사고를 소개해 대중의 흥미를 자극했던 신문의 삼면기사와 1920년대를 휩쓸었던 연애소설의 대중적 인기를 넘어서고 있는 것이 바로 1930년대의 괴담이었다. 그리고 '마지메(まじめ)한' 즉 진지한 이야기가 아니라 흥미로운 이야기를 하기 위해 제일 먼저 호출되는 것이 '괴기하고 그로한' 이야기 즉 괴담이라 불릴 수 있는 귀신·도깨비 이야기였다.

이렇게 1930년대는 괴담에 대한 대중들의 취미가 형성되면서 괴담이 새로운 문화적 현상으로 대두되던 시기였다. 탑동공원 팔각당에는 도깨비, 괴담, 고담을 듣는 사람이 몰렸고,[20] 라디오 방송에서는 괴담 좌담회가 기획[21]되었다. 괴담에 대한 대중들의 관심은 괴담이 문화 상품으로 기획되어 유통될 수 있도록 하였다. 《조선일보》의 기사는 경성 방송국에서 기획한 괴담 좌담회를 '종래 없던 첫 시험'으로 소개하면서 라디오에서 괴담이 방송되는 것에 대한 '대단한 기대'를 표시하였다. 이 방송에는 윤백남, 양백화, 김진구 등 야담의 대표주자들이 모두 참여하였다. 이는 야담의 레퍼토리가 괴담이라는 코드를 중심으로 재편성되며 새로운 문화 상품으로 등장하고 있음을 보여준다. 이후 《조광》에서는 도깨비 이야기나 송장이 살아난 이야기 혹은 동물이 인간으로 바뀐 이야기나 귀신에게 홀린 이야기 등을 중심으로 '괴기 좌담회'[22]를 열거나 문인들이 직접 겪은 '괴기 체험기'[23]를 소개하면서 괴기를 코드로 하는 괴담에 대한 관심을 꾸준히 보여주었다. 이와 같이 괴담은 1930년대 문화적 공간 속에서 새로운 유행 상품으로 기획되어 유통되었다.

그로테스크한 외래의 감각을 조선적으로 수용한 새로운 문화 상품인 괴담은 기담과는 변별적인 개념으로 인식되었다. 1930년대 인기 있는 야담가인 신정언은 각종 신문과 잡지에 야담을 게재하면서 소재의 성격에 따라 기담 혹은 괴담이라는 표제어를 붙였다. 그런데 기담이라는 표제어를 사용할 경우에는 특별한 설명을 덧붙이지 않았지만, 괴담이라는 표제어를 사용할 경우는 괴담의 개념에 대한 서언을 첨부하였다.

[1] (전략)

도대체로 귀신이라하고 독갑이라 하는 것은 본사람은없고 그런말을 들은사람은 많으니 이 세상은 본것만을 믿는세상이오 들은 것은 믿을 수 없는 세상이라 하면 귀신과 독갑이는 여러말 할것없이 분명 없는것이라 할 것이다.

그러므로 이괴담(怪譚)이라는 것은 사람이 보지못하고 흔이 들을수만있는 그것을 말하는 것이나 그중에는 반듯이 어떠한 뜻이 잠겨 있는 것 마는 무심히 듣고 넘길수 없는 것이다.[24]

[2] 괴(怪)라는 것은 정당한 것의 반대되는 것입니다. 그러므로 괴담(怪談)이라하면 정당한 사실을 말하는 것이 아니요 우리의 생각으로는 깨닷지 못할 괴이한 사실을 말하게 된 것입니다.

그래서 괴담 중에는 첫째 귀신과 독갑이의 말이 만코 그 박그로는 사람이 여호나 호랑이나 배암이 되고 또는 이와 반대로 여호나 호랑이나 배암이 사람이 되며 사람이 그런 짐승들을 연애하고 그러 짐승이 사람을 연애하엿다는 등 과연 괴상스러운 사실이 잇습니다.

그런데 괴담은 이러케 괴상스러운 것을 말하게 되느니만큼 그 허탄한 것을 미들길이 업스나 괴담은 은연히 이 세상의 올치못한 풍정(風情)을 풍자(諷刺)하고 또는 사람의 행동과 심성에 대하여 권선증악(勸善懲惡)하는 의미가 잇는 것만은 무심히 듯고 말 것이 아닌 줄로 생각합니다.

그뿐 아니라 괴담은 괴상스러운 것을 말하게 됨으로 괴담을 글로써 본다 하면 그 괴상스러운 구절이 꺽기여 넘어갈 적마다 마음을 졸리게 되고 만일 괴담을 입으로 말하게 된다면 그 무시무시한 구절이며 그 아릿자릿한 고비를 들을 때마다 형용키 어려운 흥미를 이끌게 됩니다.

어쨌든 우리가 모든 문화의 향상을 뜻두고 나아가는 길에 이 괴담도 한목 끼어 가지고 나갈 필요가 잇습니다. 그러므로 토막 토막 괴상스러운 그 괴담을 여러 토막을 이여 길게 한 토막을 만들어서 독자 여러분께서 더위를 물리치시는 데의 한 도움으로써 바치려는 것이 필자의 본의입니다.[25]

《조광》에 실린 신정언의 괴담 「붉은구실」은 《조광》이 창간된 이래(1935. 11.) 처음으로 게재된 괴담 작품이다. 그 전인 1936년 2월에 신정언의 기담 「鬼神(귀신) 울린 鄭古玉(정고옥)」과 송승기의 기담 「苦行者(고행자)의 片貌(편모)」가 실릴 때에는 기담이라는 표제에 대한 특별한 설명이 붙지 않았었다. 그런데 괴담이라는 표제어를 달고 야담을 연재할 때에는 이 용어에 대해 설명을 덧붙인다. 신정언이 괴담에 대해서만 따로 설명한 이유는 괴담이라는 용어가 일반적으로 통용되던 기담과는 다른 의미라는 인식이 작동했기 때문인 것으로 파악된다. 마찬가지로 《조선일보》에 연속괴담을 연재하게 되면서 신정언은 괴담에 대해 다시 한 번 설명한다. 1936년이나 1939년은 이미 괴담이 대중들에게 일반적으로 향유되고 있을 때였다. 그런데도 괴담이라는 양식이 무엇인지에 대해서 굳이 설명을 덧붙이는 이유는 괴담이 당대에 특징적인 이야기 양식으로 받아들여지고 있음을 인식하였기 때문인 것 같다. 그리고 괴담을 둘러싼 관심과 인기에서 발생하는 논란이 끊이지 않았기에 이에 대한 입장 표명이 필요하였던 것 같다.

괴담에 대한 지식인들의 인식은 비판적이었다. 괴담은 현실에 근거하지 않은 허황된 이야기였기 때문에 비판받았다. 오수산은 벼락부자의 이야기를 소개하면서, "여긔에 이야기하랴는 부자란 것은 결코 이 세상에 떠도라 다니는 신화(神話) 괴담(怪談)과 가티 어떤 사람이 독갑이의 천량을 어든 이야기라든지 룡녀(龍女)의 여의주(如意珠)를 어든 이야기 가튼 허망한 이야기가 아니요, 실재의 인물로서 별안간 부자된 사람들의 이야기를 하는 것"[26]이라고 강조한다. 괴담과 같은 귀신·도깨비 이야기는 실재하지 않는 허망한 이야기이기 때문에 피하려고 한 것이다. 이러한 괴담은 중학생 정도 수준의 독자들이 심심풀이 오락용으로 소비하는 독서물일 뿐이다.[27] 염상섭은 괴담을 직접 언급하지는 않았지만 괴담의 원천이라 파악되는 전설과 신화가 모두 성욕과 허영심의 발로이기 때문에 자극적이고 과장적이라고 비판한다.[28] 문학과 예술은 현실을 바탕으로 하여 순간적인 쾌락을 자극하는 데에 그치지 않고 더 높은 예술의 경지나 더 심오한 인생의 깊이를 추구해야 한다는 것이다.

괴담에 대한 신정언의 서언은 이러한 지식인들의 비판에 맞서 괴담이 가진 존재 의의를 제시하려는 노력처럼 보인다. 첫 번째 인용문에서 말하듯이 눈으로 확인할 수 없고 들을 수만 있는 괴담이기에 허황된 것이라고 여겨지기 쉬우나 그 안에 의미가 없다고는 말할 수 없다. 두 번째 인용문에서 말하는 괴담의 존재 의의와 역할도 마찬가지이다. 괴담의 내용이 정당하지 않고 괴상스럽기 때문에 허탄하다고 받아들여질지 모르나 그 안에는 세상에 대한 풍자와 권선징악이라는 교훈이 들어 있기 때문에 괴담이라는 양식이 문화의 향상에 기여할 것이다. 하지만 역설적이게도 괴담이 가진 존재 의의와 문화적 필요성을 강조하는 신정언의 노력은 괴담이 실제로는 오락적인 문화 상품으로 향유되었음을 반증해줄 뿐이었다.

오락물로서의 괴담은 공포와 전율이라는 감각적 자극을 통해 더위를 식혀줄 수 있는 납량 기획물이었다. 1930년대 초반에는 단지 귀신과 도깨비에 관한 흥미로운 이야기로 인식되었던 괴담은 1930년대 중반으로 들어서면 여름의 더위를 식혀줄 수 있는 납량물로 기획되었다. 이에 따라 괴담을 소개할 때에 오싹한 전율을 느끼게 해주는 공포의 감각이 강조되었다. 「괴기 좌담회」(《조광》, 1937. 8.)에 대한 광고[29]는 귀신과 도깨비 이야기가 "자미잇고 무시무시한 이야기"이며 "자미잇고 끔찍끔찍한 이야기"라서 "이 더운 여름날에 가장 시원하게 읽을 것"이라는 점을 선전한다. 또한 「괴기 좌담회」를 시작하면서도 조광 측 진행자인 함대훈은 "더운 여름철이니 무시무시하고 서늘한 이야기를 만히 하여주십시오."[30]라고 좌담회 참가자들에게 요구한다. 괴담을 주고받으며 소개하는 이 좌담회가 기획된 이유가 여름의 더위를 쫓아주기 위해서라는 점이 명확하게 드러난다. 괴담이 더위를 식혀줄 수 있는 것은 재미있다는 이유도 있지만, 무시무시하기 때문에 서늘함을 느낄 수 있다는 이유도 제시되고 있다. 괴담은 이제 단지 소재적 차원에서 귀신과 도깨비가 나오는 이야기가 아니라, 귀신이 나와 소름이 끼치게 하고 오싹하게 만드는 효과를 발휘하는 이야기로 인식된다. 전래의 귀신 이야기는 현실에서 직접 인식할 수 없는 세계를 전달하는 이야기였을 뿐이다. 그러나 괴담은 무섭고 끔찍한 전율의 감각을 느끼게 하는 이야기로 변모한다. 이는 감각적 자극으로서의 공포가 그 자체로 강조되고 있음을 의미한다. 1930년대 중반으로 들어서면서 괴담이 공포와 전율을 전달할 수 있는 오락물로 선전된다는 것은 귀신 이야기가 두려움과 무서움 그 자체를 향유하는 근대적 공포물로 전환하기 시작했다는 것을 보여준다.

3. 삽화의 등장과 귀신 재현의 양식화

괴담이 오락의 영역으로 넘어와 재미의 요소가 강조되면서 괴담에는 이야기의 한 장면을 흥미롭게 포착한 삽화가 삽입되기 시작하였다. 괴담의 삽화는 독자의 흥미와 이해를 높이기 위해 삽입되었지만 이는 본래의 목적보다 더욱 의미 있는 결과를 낳았다. 괴담에서 삽화의 도입은 귀신의 모습을 시각적으로 재현하여 귀신의 형상을 양식화할 수 있게 하였다. 즉 추상적 개념이나 언어의 차원에서만 상상되었던 귀신의 존재에 시각적 실체를 부여하게 되었던 것이다.

까만 갓을 쓰고 흰 도포를 입은, 아랫도리는 있는지 없는지 희미한 조상 귀신의 모습[31]이나 머리는 해골에 긴 머리를 풀어 헤친 채 선비 두 명을 위협하는 여자 귀신[32]이 삽화에 등장하기 시작하였다. 그리고 나무 둥지에 사람의 얼굴을 거꾸로 그려 표현한 나무 귀신[33]이나 몸통만 있고 목이 사라진 목 없는 귀신[34]의 이미지가 구체적으로 형상화되었다.

제사날밤

제일석

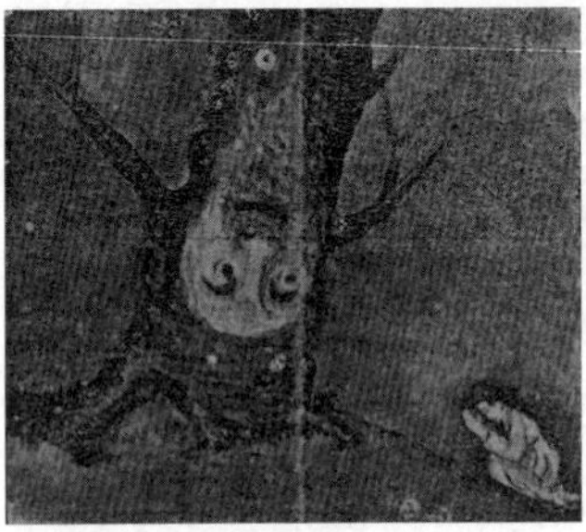
나무귀신

목 없는 그 사람

《매일신보》의 괴담에 삽입된 삽화는 이전까지 구체적으로 시각화되지 않았던 귀신의 모습을 명확하게 이미지화했다. 괴담의 삽화에서 시각화된 귀신의 형상은 전래의 귀신담과는 다른 근대적 귀신의 형상을 정착시키는 기반을 마련했다. 특히 《매일신보》에 나타난 괴담의 삽화에는 흰 소복을 입고 머리를 산발한 채 피를 흘리거나 입에 칼을 물고 있는 여귀(女鬼)들의 형상이 뚜렷하게 나타난다. 현재까지의 연구에 따르면 〈전설의 고향〉에서 대표적으로 나타나는 흰 소복에 머리를 산발한 여귀의 이미지는 1960년대 한국 공포영화가 장르적 관습을 형성하면서 만들어졌다는 것이 정설이었다.[35] 조선시대까지만 해도 귀신의 형상은 구체적으로 묘사되지 않았고,[36] 형상화의 목적과 방식도 현재의 공포물과는 사뭇 달랐기 때문이다.[37] 조선시대의 귀신 형상과 1960년대의 귀신 형상 사이의 간극을 메워보려는 시도는 있었지만, 현재 공포물에 나타나는 근대적 귀신의 형상이 1910년대 이후 근대적 시각 문화를 접하면서 형성되었을 것[38]이라는 추측만 있을 뿐, 전래의 귀신이 근대 공포물의 귀신으로 전환되는 결정적 장면은 제시하지 못했다. 《매일신보》에 나타난 괴담의 삽화는 흰 소복을 입고 머리를 풀어 헤친 채 피를 흘리며 나타나는 여귀 이미지가 어떤 과정을 거쳐 근대 공포물의 전형으로 정착되었는지 그 실마리를 보여준다.

《매일신보》에 나타난 여자 귀신은 머리를 풀어헤치고 흰 소복을 입은 것으로 그려진다. 그리고 그들의 몸은 손과 발 부분이 희미하게 처리되어 연기처럼 땅 위에 떠 있는 것처럼 보인다. 재미있는 점은 이야기 속에서는 귀신의 모습이 전래의 이야기에 나오는 것처럼 녹의홍상을 하였다고 나오더라도 삽화에는 하얀 연기처럼 표현된 귀신을 그리고 있다는 것이다. 「수동이의죽엄」에 나오는 귀신집에는 "날구진 밤날에는 그귀신집에 세사람이 들어가는 것을 보앗다 두사람은 붉은저고리에 청치마입은여자요 한사람한 상투싼 젊은남자엿다."[39]라

묘지이변

수동이의 죽음

고 하며 두 명의 여자 귀신이 녹의홍상을 입고 있다고 묘사를 했다. 하지만 그림에 나타나듯이 귀신은 하얀 연기처럼 그려지고 있다. 이는 식민지시기 괴담에 나타난 귀신의 시각적 재현 양상에 재래의 이야기에서 유래된 관습 외에 외래의 다른 요소가 영향을 끼치고 있다는 것을 의미한다.

물론 이 외래의 요소는 일본에서 도입되었다. 일반적으로 알려진 대로 마루야마 오쿄(圓山應擧)의 미인 유령화의 이미지가 《매일신보》 괴담의 삽화에도 전형적으로 나타나고 있음을 확인할 수 있다. 그러나 마루야마 오쿄의 그림이 한국의 여귀 형상에 직접적인 영향을 미친 것은 아니다. 일제강점기 신문이나 잡지에는 마루야마 오쿄에 대한 소개가 거의 이루어지지 않았으며, 그의 그림에 대한 정보도 찾을 수가 없다. 그렇기 때문에 《매일신보》 괴담의 귀신 이미지가 마루야마 오쿄의 직접적인 영향이라고는 할 수 없는 것이다. 다만 에도시대에 제작되었던 마루야마 오쿄의 미인 유령화는 이후에 일본에서 제작된 유령화 이미지에 결정적인 영향을 미쳤다.[40] 이로 미루어 보았을 때, 에도시대 이후 관습화되기 시작한 일본의 귀신 형상이 일본의 대중 잡지나 신문과 같은 근대 매체에 시각화되어 나타났고, 그것을 식민지 조선에서 참조했다고 생각할 수 있다. 다시 말해 식민지 조선의 여귀 형상은 마루야마 오쿄의 직접적인 수용이 아니라, 이미 일본의 대중문화 안에서 관습화된 귀신의 형상을 수용하였다는 것이다.

마루야마 오쿄의 미인 유령화에 근간해서 관습화된 일본 귀신의 형상은 흰 소복에 머리를 풀고 있다는 점도 특징이지만 다리가 없는 기체의 형상으로 표현되었다는 점이 큰 특징이다. 《매일신보》의 삽화를 통해서 이러한 유령의 모습이 시각적 이미지로 제시되면서 식민지 조선의 귀신 형상화 방식에도 변화가 생겨났다. 우선 귀신의 형상이 하얀 소복을 하고 머리를 풀어 헤친 모습으로 안착되었다. 「수동이의죽엄」에서 나타난 귀신 형상화의 불일치가 사라졌다. 즉 이야기 속 묘사는 '녹의홍상'을 한 여인이고, 삽화는 '하얀 소복'을 한 귀신인 경우가 사라졌다.

> "때가 선달금음날 밤중이요 장소가호조다리미치요 나타난 사람이난대업는 과년한처녀요 그우에아래우로 하얀소복을한 것이 어느모로보다 범상한일이아니다. (중략) 그러나 한가지이상한일은 춘삼이가취한김에 눈이몽롱하야 그런지 압헤가는처녀의 다른윤곽은뚜렷하게보이나 치마끗 자락 아래로 발잇는쌈이 아모리봐도 잘보이지안는다."[41]

「『쎳다봐라』᠁ 食㤼篇(식겁편)」에 나오는 귀신은 작품 속 묘사에서도 하얀 소복을 입고 나온다. 그리고 머리를 풀어헤치고, 입에는 피를 묻히고 있는 묘사가 반복적으로 등장하였다. 1910년대 삽화에 나타난 근대적 귀신의 형상은 1930년대로 넘어오면서 전형화되어 문자 텍스트와 시각 텍스트 모두에서 동일한 모습으로 묘사되었다. 이러한 전형적 귀신에 대한 반응은 '까닭없이 으쓱'하거나 '무서움증을 느끼게' 하였다. 이와 같이 1930년대로 넘어오면 귀신의 형상이 전형화되었으며, 전형적 귀신의 형상은 공포의 효과를 유발하였다.

또한 귀신의 모습은 다리 아래가 희미하게 사라져 있는 형상으로 양식화되었다. 이러한 무각유령(無脚幽靈)의 형상은 이후 날아다니는 귀신의 움직임이나 사람이 아닌 듯이 미끄러져서 불현듯 가깝게 닥쳐오는 귀신의 움직임과 같은 시각적 재현에도 영향을 미친다. 「墓地異變(묘지이변)」[42]에 나오는 시체를 파먹는 며느리는 담장을 넘어 날아다니며, 「『쎳다봐라』᠁ 食㤼篇」에 나오는 처녀는 '다리 밑에서 선뜻 뛰어 올라서' 나타나 사람을 놀라게 한다. 이처럼 《매일신보》에 실린 괴담의 삽화는 귀신의 시각적 재현을 전래의 귀신담과 다른 근대적 귀신의 형상으로 양식화하였다. 하얀 소복에 머리를 풀어헤치고 피를 묻힌 귀신의 모습은 여귀의 전형으로 여겨졌으며, 귀신의 움직임이나 행동방식에도 영향을 미쳐 사람과 다른 귀신의 움직임에 대한 형상화가 가능하게 되었다. 이러한 여귀의 형상은 그 자체로 공포를 일으키는 효과를 발휘하여, 공포물이라는 장르 내에서 귀신의 전형적 형상이 관습적으로 정착되게 하였다.

4. 낯선 타자로서의 귀신과 여성의 공격성

1930년대 괴담은 공포 그 자체를 재미로 향유하는 근대적 공포물로 특화되면서, 공포와 전율의 감각이 강조되는 이야기 방식을 만들어냈다. 단순한 옛날 이야기였던 야담이 근대적 공포물로 전환하는 과정은 기담으로 발표된 작품과 괴담이라는 표제어를 달고 나온 작품 사이의 차이에 주목하면 더욱 잘 드러난다. 괴담에 나오는 주인공의 인물형 및 여성의 형상화 방식이나 여성 인물형의 특징은 전래의 이야기가 근대적 공포물로 새롭게 구축되는 지점을 선명하게 보여준다.

기담의 주인공은 대체로 현실을 초월한 능력을 가진 이인(異人)들이다. 그들의 뛰어난 능력은 보통 천기를 읽는 것이어서, 풍수를 잘 맞추거나, 관상을 잘 보거나 사주를 풀이할 줄 안다. 세상의 이치에 통달한 이 이인들은 정고옥처럼 귀신과의 대결에서 이겨 귀신을 물리치거나,[43] 사명대사나 전우치처럼 도술을 부려 눈앞에 닥친 문제 상황들을 해결한다.[44] 꼭 천기를 읽지 못하더라도, 천부적인 재능을 타고났거나 학문을 익혀 보통 사람들보다 뛰어난 기지를 발휘할 수 있는 인물도 기담의 주인공이 된다. 「슬기[智略]」[45]는 기지를 써서 위기를 모면하는 이야기들을 모은 것으로, 인간의 뛰어난 지혜가 삶에서 절실히 필요함을 강조하고 있다. 또는 사람을 알아보는 혜안도 일반적인 사람들을 능가하는 뛰어난 능력으로 평가받는다. 《조선일보》에 1931년 3월부터 8월까지 연재된 '조선역사기담'[46]은 대부분 빈곤하게 살고 있는 남자의 능력을 알아본 여자가 그 남자의 입신양명을 돕는다는 이야기로 이루어져 있다. 이처럼 기담의 주인공은 천기와 소통할 줄 알거나 세상의 이치를 이해한 인물이어서, 이 세계의 질서를 충분히 제어할 수 있을 뿐만 아니라, 저세상과 같은 다른 세계의 이치도 받아들일 수 있다. 그렇기 때문에 이들은 현실이 아닌 다른 세계와의 만남을 두려워하지 않는다. 「片戀處女(편련처녀)의 魂(혼)」[47]에 나오는 백인옥처럼 그들은 미지의 존재가 귀신인지 사람인지 쉽게 알아보며 귀신이 자신 앞에 나타난 이유까지도 이미 짐작한다. 그들에게 귀신은 두려운 존재가 아니라 그들의 요구를 잘 들어주어 제대로 된 죽음을 맞을 수 있도록 도와주어야 하는 대상이거나 도술로 제압하여 처치해야 할 대상으로 받아들여진다.

그러나 괴담의 주인공은 이러한 능력을 가지고 있지 못한 평범한 일반인이다. 그들은 일상의 세계에 머무는 인물들이기 때문에 일반적인 상식으로 이해 안 되는 일을 받아들이지 못하고 두려워한다. 자신을 유혹하는 여인이 아무리 아름다울지라도 그 미인이 상식선에서 이해할 수 없는 모습을 하고 있거나 사람 같지 않은 행동을 하면 그 즉시 두려워한다. 춘삼이는 갑자기 뛰어오른 듯이 나타난 처녀의 모습에 까닭 없이 찬 기운이 돈다. 게다가 치마 끝 아래로 발이 잘 보이지 않아서, 과년한 여자에게 알지 못할 충동을 느끼면서도 왠지 모르게 '무서운증'이 난다.[48] "요즘말로 옮길 것 같으면『에로』『그로』의 연합공격을 당한 춘삼"이는 사람인지 귀신인지 모를 처녀의 유혹에 오히려 두려움을 느낀다. 천하의 호색한 황건중 또한 엄동설한에 얇은 베옷을 입고도 전혀 추워하지 않는 여자의 모습을 보자 그녀가 인간이 아닐지도 모른다는 의구심이 들며 욕정이 사라지고 몸이 오싹해진다. 그는 여인의 노골적인 유혹도 징그럽게 여겨져 자신의 아내와 여종들을 불러들여 자신의 곁을 사방에서 지키게 하며 그 여인을 피하려 노력한다.[49] 괴담은 이렇게 상식적인 세계를 살아가는 일반인을 주인공으로 하고 있다. 일반적인 상식의 기준에서 보면 귀신은 이해 못할 존재이기 때문에 불안과 두려움을 야기한다. 그리고 이 세상 너머의 다른 세계는 자신의 능력으로는 파악할 수 없는 그저 놀랍거나 무서운 것으로 인지된다. 괴담에서는 이렇게 일반적 사람들의 시선에 초점화하기 때문에 이해 못할 세계의 범위가 넓어지며 귀신에 대한 공포와 전율이 더욱 커지게 된다.

일반인의 상식적인 수준에서 파악되는 귀신은 이 세상에서 존재할 수 없는 불가사의한 존재이기 때문에 두렵게 느껴진다. 미지의 세계와 존재에 대한 두려움은 알지 못할 세계에 속한 대상들을 끔찍한 형상으로 상상하게 만든다. 귀신들이 사는 영혼의 세계가 상식적인 시선을 통해 이해할 수 없는 영역으로 분리되면서 귀신들의 형상도 공포를 극대화하는 모습으로 변하기 시작한다. 기담이나 괴담에 나타나는 귀신들은 대부분 여자 귀신이다. 그런데 기담에 나타나는 여귀는 예쁘다. 여귀가 등장하는 기담은 대부분 전기소설을 바탕으로 하고 있는 경우가 많다. 즉 밤중에 길을 잃었거나 아니면 우연한 계기로 여인의 도움을 받게 된 나그네가 여인과 사랑을 나눈다는 이야기가 골조를 이룬다. 여기에서 여인들은 모두 귀신이지만, 천상에서 내려온 선녀와 같이 아름답다. "문득 주렴(珠簾)을 것고 나타나는 것은 그 집의 녀주인이엿다. 아직 나희 졂은 절대미인(絶對美人)이엿다. 조고리 초마 할 것업시 머리에서 발끗까지 엇지나 성장(盛裝)으로 꿈엿든지 그 옷에 그 얼골은 목단꼿 가티만 보이엿다."[50] 추명경은 산속에서 길을 잃었다가 귀족의 별장과 같은 곳을 겨우 발견하고 그곳에서 화려춘이라는 미인을 만난다. 그는 생각 밖의 일이라 간담이 서늘하기도 하지만 미인에게 취하여 미인의 유혹을 의심 없이 받아들인다. 가끔 기담이라는 표제를 달고 소개되는 『금오신화』의 경우[51]만 보아도 귀신은 두려운 존재가 아니라 생전처럼 아름다워서 의심할 수 없는 대상으로 나타난다.

그에 반해 괴담에 나타나는 여귀는 음산하고 끔찍한 형상을 하고 등장한다. 그들은 머리를 풀고 피를 묻힌 모습으로 나타나 사람을 놀라게 한다. 「영보와 怪處女(괴처녀)」[52]에서 영보는 산속의 개울가에서 "머리를풀어헤치고 피가 빨가케무든 홋니불가튼것을 착착빨고" 있는 처녀를 발견한다. 그 처녀의 청으로 그 집 식구들의 송장을 처리해주고 부부의 연을 맺지만 그 처녀는 순간 사

신정언, 「連續怪談(연속괴담)—如人如鬼(여인여귀)」, 《조선일보》, 1939. 8. 8.

라져 "머리를 풀어헤치고 입에서피를줄줄흘리며 혓바닥을 쑥빼물고 눈을 홉쓰고" 있는 송장의 모습으로 나타난다.

위 그림은 이 시기 괴담에 나타나는 여귀의 전형적인 모습을 보여준다. 다른 야담이나 기담의 삽화에는 등장하지 않던 여자 귀신의 모습에 초점이 맞추어져 있다. 이 그림에 등장하는 여인은 곽돌이가 송장을 살려내 얻은 아내이다. 이야기 표면상 아내의 모습이 무섭게 묘사되지는 않는다. 이 작품에서는 아내의 모습에 대한 묘사를 생략하여 그저 평범한 부인의 모습을 하고 있을 거라고 짐작하게 한다. 그러나 아내가 시체를 파먹는 불여우였음이 드러나는 연재분에서 이렇게 아내의 모습을 공포스러운 형상으로 그려낸다. 아내는 평범한 인간 여인의 모습으로도 자신의 원래의 정체인 불여우의 모습으로도 그려지지 않고 하얀 옷을 입고 머리를 풀어 헤친 처녀 귀신의 모습으로 그려진다.

이렇게 괴담의 세계로 넘어오면서 귀신은 이승을 초월한 아름다움을 가진 존재가 아니라 일상적인 세계에서 덮고 가렸던 기괴하고 추악한 모습을 한 존재로 표현된다. 이질적인 세계와의 대면에서 느끼는 낯설고 불안한 느낌이 귀신이라는 다른 세계의 존재를 공포스러운 형상으로 인식하게 만드는 것이다. 그리고 이러한 귀신에 대한 인식의 변화 속에서 처녀 귀신은 이전과 달리 머리를 풀고 피를 흘리고 나타나는 형상으로 전형화된다. 이제 귀신은 낯설고 두려운 존재로 자리매김한다.

괴담에서는 귀신의 형상뿐만 아니라 성격 또한 변하게 된다. 여귀는 모습만 끔찍한 것이 아니라 성격도 잔인하고 잔혹하다. 《조선일보》 일요특집 괴담편에 실린 「붉은 당기」[53]는 아랑 전설을 기본으로 하는 괴담이다. 밀양부사의 딸이 실종된 이후로 읍내에 부사들이 부임한 지 하룻밤 만에 이유 없이 죽어 나가는 괴변이 생긴다. 어느 날 한 영락한 선비가 밀양 읍내를 지나다가 밀양부사 딸 귀신을 만나 그녀의 억울한 사연을 듣는다. 그리고 그는 귀신의 원통함을 풀어주기로 약속한다. 이러한 기본적인 구조는 아랑 전설과 동일하다. 하지만 「붉은 당기」의 결말은 아랑 전설과 다르다. 아랑 전설에서는 담력이 강한 부사의 힘을 빌려 아랑을 죽인 범인을 찾고 아랑은 제대로 된 죽음을 맞이하는 것으로 끝이 난다. 귀신은 생(生)과 사(死)의 조화로운 질서 속에서 제자리를 찾아 죽음의 세계 속으로 평온하게 들어간다. 그런데 「붉은 당기」의 결말에서는 밀양부사 딸의 해원(解冤)은 이루어지지 않고 귀신의 소원을 들어주겠다던 나그네의 죽음만 이루어진다. 길거리에서 발견된 나그네의 시체에는 전날 만났던 귀신이 묶고 있던 붉은 댕기가 묶여 있다. 밀양부사 딸의 귀신이 나그네를 죽였음을 암시하면서 이 이야기는 끝이 난다. 아랑 전설에서 귀신은 자신이 원치 않았음에도 남자들이 그 모습에 놀라 죽었기 때문에 살인에 대한 면죄부를 부여받는다. 아랑은 살인의 의도를 품지 않았고, 오히려 남자들이 죽는 것에 대해 안타까워한다. 아랑은 상식 세계의 도덕적 선을 넘지 않는 귀신이다. 하지만 괴담 「붉은 당기」에서 나타나는 귀신은 자신을 도와주겠다던 나그네를 스스로의 손으로 처치해버린다. 살인을 적극적으로 수행하는 이 귀신의 모습은 그 자체로 두려운 존재이다.

귀신이 나그네를 죽인 이유를 따지고 들면 공포감은 배가된다. 나그네가 죽기 전날 밤, 나그네는 귀신의 원한을 풀어주겠다고 약속한다. 그러자 귀신은 영락한 선비의 신분으로는 이 사건을 해결할 수 없으니 지금 바로 서울로 올라가서 벼슬을 얻어 내려오라고 명한다. 선비는 지금 당장 서울에 올라가면 벼슬을 얻을 수 있다는 말이 잘 믿어지지가 않아서 이 사건을 조금 더 조사해 본 후 서울을 가겠다고 생각하여 밀양 읍내로 들어간다. 그리고 그 다음 날 귀신에게 봉변을 당한 시체로 발견되는 것이다. 이 처녀 귀신은 나그네가 자신의 원한을 풀어주겠다고 약속했음에도 불구하고 자신의 말을 듣지 않았다는 이유로 나그네를 가차 없이 죽여버린 것이다. 이 이야기는 아랑 전설과 같이 아랑의 미스터리한 죽음이 한 담대한 선비에 의해 해결되는 과정에 초점을 맞추지 않는다. 이 이야기에서 결국 강조되는 것은 붉은 댕기에 묶여 죽은 선비의 미스터리한 죽음이다. 선비는 진실을 알고 문제를 해결할 능력이 있었음에도 불구하고 여러 부사들과 마찬가지로 죽음을 맞이하게 되는데, 이 죽음은 귀신의 모습을 보고 스스로 놀라 죽은 부사들과는 달리 귀신이 적극적으로 처단한 것이기 때문에 더욱 무섭다. 여기에서 귀신은 의도치 않게 사람을 죽이게 되는 소극적이며 순진한 모습으로 그려지지 않고, 자신의 뜻을 이루기 위해 사람을 해하는 부정적이고 가혹한 면모로 그려진다. 또한 이야기의 마무리도 처녀 귀신의 원한을 푸는 것으로 끝나지 않고, 귀신의 말을 듣지 않아 죽은 선비의 모습으로 끝나게 된다. 이렇게 괴담에서는 이질적 존재인 귀신의 공격적인 면모와 그로 인해 유발되는 공포감을 극대화시키려 노력한다.

귀신의 공격적인 면모는 《조선일보》에 실린 신정언의 연속괴담 「如人如鬼(여인여귀)」[54]에도 나타난다. 이 작품은 《월간야담》에 실린 「出世奇談(출세기담)一相房奇顯(상방기현)」[55]과 동일한 모티프로 진행되는 이야기이다. 고아로 자란 한 아이가 우연한 기회에 송장으로 실려 나온 처녀의 목숨을 구하게 되는데, 그 처녀가 알고 보니 재상가의 딸이었고, 고아는 그 처녀와 부부의 연을 맺게 된다. 기담에서 고아가 송장을 얻게 되는 계기는 고아의 스승인 맹인 사주쟁이가 천기를 읽고 고아에게 처녀의 송장을 가져오라고 시켰기 때문이었다. 이는 고아가 대성할 팔자를 가졌으므로 고아가 운수에 따라 살도록 하기 위해서 시킨 일이었다. 결국 고아는 송장을 살려내어 재상가의 사위가 되고 출세한다. 하지만 괴담에서 고아 곽돌은 생계를 위해 송장을 염한 천을 벗겨내다가 우연히 목숨이 붙은 처녀 송장을 발견하여 그 여자와 결혼하게 된 것이다. 그 처녀가 재상가의 딸은 맞지만 그녀는 집으로 돌아가지 않고 남편과 함께 수구문 밖에서 가난하게 지낸다. 다만 그녀는 남편이 가져다주는 돈이 없어도 매일 고기반찬을 준비한다. 이를 이상하게 여긴 남편이 아내를 따라가보니 아내는 무덤으로 가서 송장을 뜯어 먹고 남은 고기를 싸 오는 것이었다. 기담과 괴담에서 시체였다가 살아난 아내는 모두 남편을 풍족한 삶으로 이끄는 역할을 한다. 하지만 기담에서 아내가 기존의 사회 질서 속에서 출세의 발판을 마련하는 역할을 하였다면, 괴담에서 아내는 남편과는 다른 세계에 속한 끔찍한 존재로 그려진다. 더구나 곽돌의 아내는 자신의 정체를 알고자 하는 남편에게 송장 껍데기를 벗기는 일을 그만두지 않으면 남편조차 뜯어 먹을 것이라고 위협한다. 그리고 재주를 한 번 넘어 불여우로 변해버린다. 곽돌의 아내는 사람이 아닌 불여우였던 것이다. 여기에 나오는 여귀 또한 사람의 힘으로는 통제할 수 없는 공격적인 면모를 보인다. 그리고 자신의 뜻을 따르지 않으면 죽이겠다는 의사를 적극적으로 표현한다.

이처럼 괴담에서는 기담과 동일한 모티프를 공유하는 이야기라도 귀신의 존재를 무섭고 두려운 존재로 그려낸다. 하늘의 기운과 소통할 수 있었던 세계 속에서 귀신은 현실을 초월한 존재였을 뿐 음산하고 무서운 존재는 아니었다. 하지만 괴담의 세계는 일반인들의 상식적인 세계일 뿐이다. 일상 속에서는 현실을 초월한 세계이든 현실의 심연이든 상식적이지 않은 질서는 모두 이질적이어서 낯설고 두렵게 파악된다. 일반인들의 관점에서 눈에 보이지 않는 세계는 파악할 수 없고 이해할 수 없기 때문에 무서울 뿐이다. 그렇기 때문에 낯선 세계에 속한 귀신들은 이제 인간과 소통할 수 없는 대립적인 존재로 그려진다. 낯선 타자로서의 귀신은 기괴하고 끔찍한 형상을 가진 무서운 존재이며, 인간을 해치고 공격하는 위협적인 존재이다. 이렇게 괴담의 세계는 기존의 상식적인 질서로 파악할 수 없는 세계와 대상에서 느끼는 두려움을 귀신의 형상을 통해 공포스럽게 구성해낸다.

괴담에서 표현된 공포는 한편으로는 당연한 것으로 받아들여진다. 일반인으로 설정된 주인공들의 공포와 전율의 반응은 독자가 이질적이고 낯선 세계와 대면하였을 때 어떤 반응을 보여야 하는지를 정확하게 지적해주면서 무서움이라는 감각을 당연한 것으로 만든다. 주인공이 공포를 느끼는 것을 독자는 함께 놀라며 함께 즐기면 되는 것이다. 괴담에서 표면적으로 공포의 효과가 강조되면서 공포 그 자체는 일반 독자들이 즐길 수 있는 반응의 한 양상으로 규정된다. 귀신의 형상과 위협은 두려운 것이지만, 놀랄 것이라고 이미 약속된 지점에서 오싹함을 느끼게 하기 때문에, 일반 독자들은 공포를 편안히 즐길 수 있게 된다. 괴담에서 강조하고 있는 공포의 효과는 미지의 차원에 대해 느끼는 불안과 공포를 재미의 차원으로 전환시킨다. 이를 통해 전래의 이야기는 공포 그 자체를 감각적으로 즐길 수 있는 근대적 공포물로 전환되기 시작한다.

5. 괴담에서 전설로, 한국 공포물의 흐름

괴담은 1930년대 그로테스크의 문화가 유입되면서 부각되기 시작한 표제어였다. 그로테스크의 문화는 지식인에게는 모던한 문화의 일종으로 개념화되었으나, 실제 이를 반영한 문화적인 결과물은 전래의 이야기에 나오는 귀신 이야기를 재구성한 작품이 대부분이었다. 전래의 이야기를 근대적으로 생산하고 수용했던 야담을 통해 그로테스크의 감각이 수용되면서 야담 중에서도 괴담이라는 갈래가 특화되었다. 괴담은 1910년대 기사로 보도되었던 귀신과 도깨비의 이야기를 오락의 영역으로 전환시켰다. 그와 동시에 괴담은 전래의 야담 중 귀신과 도깨비의 이야기가 강조된 이야기를 근대의 문화적 상품으로 재탄생시켰다. 1930년대 문화적 상품으로 기획되었던 야담과 마찬가지로 야담의 범주 속에 포함되는 기담과 괴담은 모두 대중적인 문화 상품으로 유통되었다. 하지만 기담과 달리 괴담은 공포 그 자체를 즐기는 근대적 공포물의 성격을 보여주었다. 괴담은 공포와 전율이라는 감각적 자극을 내세우며 여름의 더위를 식혀줄 수 있는 납량물로 기획·선전되었다. 괴담은 상식적인 질서를 위협할 수 있는 감정의 과잉 상태나 현실의 심연에서 유발되는 불안감을 형상화하는 역할을 하였다. 그런데 이러한 불안감은 감각적 쾌락이라는 형태로 전환되어서 소비되었다. 이 시기부터 괴담에는 한국 공포물에서 전형적으로 나타나는 처녀 귀신의 형상과 성격이 표현되기 시작한다. 괴담에 나타나는 여귀는 소복을 입고 머리를 풀어 헤친 음산한 모습으로 형상화되며, 인간을 위협하고 공격하는 잔인한 면모를 드러낸다. 동일한 소재의 이야기라도 공포의 효과를 극대화해서 표현하는 괴담은 공포를 그 자체로 즐기며 소비하는 근대 공포물의 특징을 보여주고 있었다.

이와 같이 1930년대 시작된 괴담의 유행은 야담을 기반으로 유통되었던 옛날이야기가 어떻게 근대적 공포물로 변화하는지의 과정을 잘 드러내 보여준다. 그로테스크의 문화는 첨단 도시의 이면과 불안을 표현할 수 있는 감각이기도 하였다. 하지만 식민지 조선에서 문화적으로 수용될 때 그로테스크는 전래의 이야기에 나타난 과거라는 시공간 속 낯선 세계를 향유하는 감각으로 수용되었다. 과거는 익숙한 세계이기도 하면서 모던한 감각으로 볼 때 낯설고 이질적인 대상이기도 하다. 한국의 공포물은 이미 알고 있는 익숙한 과거를 그로테스크한 감각을 통해 포착하여 소환함으로써 형성된다. 〈전설 따라 삼천리〉와 〈전설의 고향〉에 이르기까지 한국 공포물의 전형은 과거의 시공간을 배경으로 나타난다. 이렇게 과거를 공포로 향유하는 방식은 1930년대 괴담을 통해 계발되기 시작한 것이다. 1930년대에 나타나기 시작한 근대적 공포물의 특징은 1960년대로 넘어가면서 그 전형을 확정한다. 1960년대 공포영화에서 그려낸 귀신의 형상이나 특징 그리고 과거의 시공간을 공포스럽게 소환하는 방식은 1960년대 라디오 드라마 〈전설 따라 삼천리〉나 텔레비전 드라마 〈전설의 고향〉을 통해 대중화되면서 한국 공포물의 문법을 완성시킨다. 1930년대의 괴담은 전근대의 문화가 근대적 공포물로 전환되는 지점을 특징적으로 보여주며 1960년대 정착된 한국적 공포물 형성의 전사(前史)를 짐작할 수 있게 한다.

주석

1 〈전설의 고향〉은 KBS에서 방영한 공포/스릴러 계열의 드라마이다. 1977년부터 1989년까지는 매주 방영되었으나, 1996년부터 1999년까지는 여름의 납량물로 기획되어 방송되었다. 이후 한동안 제작·방영되지 않다가 2008년에 8편이 방송되었다.

2 「幽靈이 果鎭靜乎」, 《매일신보》, 1913. 10. 11.

3 이 글은 전근대 시대에 향유되던 이야기가 근대로 넘어오면서 공포물로 변환되는 과정에 주목하기 때문에, 조선시대에 그 이야기들이 존재했던 방식까지는 살펴보지 않기로 한다. 다만 논의의 맥락상 필요한 부분이 있을 경우에만 조선시대부터 전래되던 이야기의 특징을 언급하기로 한다.

4 상사요의 줄거리는 다음과 같다. 백인옥은 김 판서 집에서 서생으로 지내다가 자신을 사모하는 황 씨 처녀의 구애를 받게 된다. 하지만 백인옥은 아녀자의 도리가 아니라며 황 씨 처녀를 냉정하게 뿌리치고, 황 씨 처녀는 결국 상사병에 걸려 죽는다. 여인의 마음을 다스리지 못하여 사람의 목숨을 잃게 하였다는 이유로 백인옥은 김 판서의 집에서 쫓겨나 방랑의 길을 떠난다. 금강산까지 찾아간 백인옥은 우연한 기회에 중에게 겁탈을 당하고 죽은 김 낭자의 원수를 갚아 주게 되어, 김 낭자 귀신의 도움으로 황 씨 처녀 귀신을 물리친다. 또한 김 낭자는 백인옥에게 소복 입은 여자를 조심하라며 앞으로 경계해야 할 일까지 알려준다. 백인옥은 산 속에서 만난 과부를 타락시키지 않고, 예전 은인이었던 김 판서 댁 과부 며느리의 유혹도 이겨내어, 결국 김 판서의 신임을 얻고 성공을 쟁취한다.

5 壽春山人, 「復讎奇談·報恩奇談 片戀處女의 魂」, 《별건곤》 22, 1929. 8, 43면.

6 小山, 「奇人片談」, 《별건곤》 22, 1929. 8, 35면.

7 外遊生, 「世界奇談—醫學的 奇談」, 《별건곤》 22, 1929. 8, 46-49면.

8 嚴慶春, 「職業奇談—想像도 못할 珍奇한 實話, 트레머리 협잡」, 《별건곤》 22, 1929. 8, 59-60면.

9 1930년대 '에로, 그로, 넌센스'의 도입과 유행에 대해서는 채석진의 「제국의 감각: '에로 그로 넌센스'」(『페미니즘 연구』, 2005. 9)와 박숙자의 「괴기에서 넌센스까지: 1920년대 취미독물에 나타난 여성인물의 재현 양상—《별건곤》을 중심으로」(《여성문학연구》 14, 2005)와 김예림의 「조선, 별천지의 소비에서 소유까지」(『1930년대 후반 근대인식의 틀과 미의식』, 소명출판, 2004)와 김지영의 「'기괴'에서 '괴기'로, 식민지 대중문화와 환멸의 모더니티」(《개념과 소통》 5, 2010. 6.)를 참고하였다.

10 김지영, 위의 논문, 56면.

11 김지영, 위의 논문, 59-63면 참조.
한편 미리엄 실버버그에 따르면, 일본에서 그로(테스크)는 '기형적이고 음란한 범죄'와 관련하여 흔히 이해되었다고 말한다. 이를 통해 일본에서나 식민지 조선에서나 그로테스크 및 괴기는 잔혹하고 엽기적인 범죄와 연결되는 의미로 1930년대에 유통되고 있었음을 알 수 있다. 실버버그는 여기에서 더 나아가 그로테스크의 문화를 사회 구조적 측면과 연결하여 '불황으로 인한 경제적 혼란에 의해 한정된 소비문화 속에서 나타난 사회적 불평등이나 실천의 표현'으로 파악하고, 거지나 부랑자, 비행 청소년과 창녀, 그리고 괴물로서 형상화되는 외국인들의 형상이나 문화가 당대 일본의 그로테스크 문화를 표상한다고 보았다. Miriam Silverberg, "Japanese Modern Times" & "Down-and-Out Grotesque", *Erotic Grotesque Nonsense-The Mass Culture of Japanese Modern Times*, Berkeley and Los Angeles: University of California Press, 2009.

12 채석진, 앞의 논문, 67-74면 참조.
채석진은 "에로가 유흥공간을 중심으로 발생하는 사건들을 기술하는 것이라면, '그로'는 문학과 결합되는 경향이 강하였다"며, "'그로'가 이야기되는 형태는 '야담', '탐정소설', '실화' 등 크게 세 가지로 나뉜다"고 보았다.

13 片石村, 「尖端的 流行語—「그로」 Grotesque」, 《조선일보》, 1931. 1. 4.
「그로」 Grotesque: 엽기적(獵奇的) 의미에서 백『퍼-센트』의 기괴미(奇怪美)를 가르처 하는 말이다 『아라비아』의 천일야(千日夜) 혹은 『데카메론』 이야기가튼 것은 고래의 전형적(典型的) 『그로』다 근래에 와서는 백오십륙명의 안해를 가진 미국인 쏠난 늙은이 거이 김부귀(金富貴) 등 모다 『그로』의 례에서 빠지지 안는다 그러나 근일에 항용 씌여지는 『그로』는 례를 들면 여기에 한 여자가 잇서서 『에로』미(味) 만한 짧은 복숭아빗 투명한 양장을 입엇스나 불행히 다리가 수불고 엉덩이가 처부튼 우에 몸둥이는 너무 살이 쪄대저서 굽놉흔 구두 우혜서 그 모양이 단 위태해 보히는 『저녀자는 『그로』야 하하하』하고 허리를 붓잡고 우슬 수 잇다.

14 「新語解說」, 《동아일보》, 1931. 2. 9.
그로: 그로테스크(영어의 Grotesque)의 약(略)으로 괴기(怪奇)란 말이다. 본래는 황당 환기한 작품을 평하는 말로 많이 쓰였다. 최근에 와서 일상생활에 권태를 느낀 현대 삶들이 무의미한 위안으로 괴이한 것, 이상야릇한 것을 자주 찾게 됨을 따라 엽기하는 경향이 날로 늘어가서 이방(異邦) 수토(殊土)나 고대 민족의 진풍(珍風) 기속을 찾거나 혹은 세인의 이목을 놀라게 할 만한 기형(奇形) 이태(異態)를 안출하는 일이 많다. 이 때문에 괴기, 진기를 의미하는 '그로'라는 말이 성행한다.

15 「모던語點考」, 《신동아》 15, 1933.
그로테스크: 영어. 괴기하다는 뜻인데 넘우 에로틱하기 그 정도를 넘친 것도 그로테스크하다고들 쓴다. 예를 들면 식인종의 땐스가튼 것을 그로테스크한 장면이라고 할 것이다. 略하여 「그로」가 늘 병행되는 것이 20세기 울트라모던人의 조하하는 바이다.

16 Dominique Iehl, *Le grotesque*, Vendôme: Presses Universitaires de France, 1997, p. 8.

17 一記者, 「巨人 金富貴를 料理햇소」, 《별건곤》 32, 1930. 9, 124면.

18 방: 방인근, 채: 채만식, 박: 박노아(朴露兒), 차: 차상찬.

19 「넌센스 本位-無題目 座談會」, 《별건곤》 36, 1931. 1, 136-137면.

20 「담배 한 대 피어 물고」, 《삼천리》, 1931. 2.; 최영수, 「도회가 그리는 만화 풍경—탑동 공원에서 고담·괴담·만담에 씽긋빵긋」, 《동아일보》, 1933. 9. 6.

21 「DK 괴담 좌담회」, 《동아일보》, 1931. 2. 21; 「괴담 좌담 방송」, 《조선일보》, 1931. 2. 21.

22 「괴기 좌담회」, 《조광》, 1937. 8.

23 「괴기 체험기」, 《조광》, 1938. 7.

24 신정언, 「怪談 붉은구실」, 《조광》 2권 10호, 1936. 10, 188-189면.

25 신정언, 「連載怪談 紅頭黑頭—서언」, 《조선일보》, 1939. 7. 27.

26 吳壽山, 「空手로 一攫千萬金, 벼락 富者傳」, 《별건곤》 57, 1932. 11, 38면.

27 송풍생, 「서당방 풍월록」, 《별건곤》 63, 1933. 5.
이 글에서 필자는 향촌에 있는 글방에 가보면, 중학교는 졸업했으나 취직은 안 되고 할 일 없는 이들이 일본문 괴담잡지 등속을 읽으면서 계몽편 천자나 보통학교 독본을 가르친다며, 이렇게 할 일 없이 시간만 보내고 있는 학생들을 비판적인 시선으로 평가한다.

28 염상섭, 「삼천리문예강좌—소설강좌」, 《삼천리》 7권 10호, 1935. 11.

29 「暴風的 人氣 朝光 八月號」, 《조선일보》, 1937. 7. 27.

30 「괴기 좌담회」, 《조광》, 1937. 8, 30면.

31 冠岳山人, 「怪談—졔사날밤」, 《매일신보》, 1927. 8. 21, 6면.

32 庾秋岡, 「怪談 『弟一席』」, 《매일신보》, 1936. 6. 25, 6면.

33 東啞子, 「怪談—나무귀신」, 《매일신보》, 1927. 9. 1, 3면.

34 白柳香, 「怪奇行脚—목업는그사람」, 《매일신보》, 1930. 11. 23, 5면.

35 백문임, 『월하의 여곡성—여귀로 읽는 한국 공포영화史』, 책세상, 2008, 176면.

36 한국에서 귀신의 형상은 불화나 무속화를 제외하고는 시각적 자료가 많지 않은 편이어서, 문학작품에 나타난 묘사나 필기·야담류에 나타난 기록을 바탕으로 추측할 수밖에 없는데, 임병 양란 이후 그로테스크하게 형상화되었던 원귀의 형상은 18·19세기 필기·야담집으로 계승되지 않았다.
김정숙, 「조선시대 필기·야담집 속 귀신·요괴담의 변화 양상—귀신·요괴 형상의 변화와 관심축의 이동을 중심으로」, 《한자한문교육》 21, 2008, 558면, 569면.

37 전래 귀신담에서 여귀 형상은 그녀들의 비정상적인 죽음을 증거하는 것이었지만, 1960년대 공포영화에서 여귀 형상은 내면의 원한 그 자체를 시각화한 것이거나 복수의 대상들을 공포에 몰아넣기 위해 만들어진 시각적 이미지였다.
백문임, 앞의 책, 177면.

38 김정숙, 앞의 논문, 572면.

39 丁學得, 「怪奇行脚—수동이의죽엄(五)」, 《매일신보》, 1930. 11. 30, 5면.

40 이미림, 「에도시대의 미인 유령화」, 중앙대학교 한일문화연구원 편, 『일본의 요괴문화 그 생성원리와 문화산업적 기능』, 한누리미디어, 2005, 221면; 이미림, 「일본근세회화의 다양성—교토화단의 요괴미인화를 중심으로」, 《일본문화학보》 26, 2005, 347면.

41 「거리의 怪談(二)—『쩟다봐라』꾼 食惻篇」, 《조선일보》, 1933. 8. 8, 2면.

42 柳光烈, 「怪談 弟三席—墓地異變」, 《매일신보》, 1936. 6. 25, 6면.

43 신정언, 「鬼神 울린 鄭古玉」, 《조광》 2권 2호, 1936. 2.

44 小山, 「奇人片談」, 《별건곤》 22, 1929. 8.

45 沙雲居士, 「슬기[智略]」, 《월간야담》 3, 1934. 12.

46 萬弩山人, 「朝鮮歷史奇譚」, 《조선일보》, 1931. 3. 25~8. 7.

47 壽春山人, 앞의 작품.

48 「거리의 怪談(一)—『쩟다바라』쟁이의 食惻」, 《조선일보》, 1933. 8. 7.; 거리의 怪談(二)—『쩟다바

라』둔 食物篇」, 《조선일보》, 1933. 8. 8.

49 신정언, 「連續怪談—雪上布衣美人」, 《조선일보》, 1939. 8. 9. ~8. 19.
참고로 이 작품은 조선 후기의 대표적인 야담집인 유몽인의 『어우야담』에 소개된 이야기이다.

50 今花郎, 「神出鬼沒 奇談篇—中國奇談·艷聞, 情寃鬼·花麗春」, 《별건곤》 33, 1929. 8.

51 한결生 譯, 「李生과 崔娘, 金鰲神話奇談」, 《동광》 25, 1931. 9.

52 방인근, 「영보와 怪處女」, 《조선일보》, 1933. 5. 21, 5. 23.

53 김승곤, 「붉은 당기」, 《조선일보》, 1933. 5. 21.

54 신정언, 「連續怪談—如人如鬼」, 《조선일보》, 1939. 8. 3. ~8. 8.

55 윤백남, 「出世奇談—相房奇顯」, 《월간야담》 34, 1937. 9.

| 제3절 |

전설에서 공포로, 한국적 공포 드라마의 탄생

1. 방송극 공포물의 원형

〈구미호, 여우 누이뎐〉(KBS, 2010. 7.~8.), 〈아랑 사또전〉(MBC, 2010. 8.~10.)은 2000년대 이후 텔레비전 드라마에서 볼 수 있었던 공포물 중 하나이다. 〈구미호, 여우 누이뎐〉은 인간 되기에 실패한 구미호에게 반인반수(半人半獸)의 딸이 있다는 상상력에서 출발하여 기존 〈전설의 고향〉의 구미호와 차별화를 시도한 드라마이다. 〈아랑 사또전〉은 여성 원귀 설화로 꼽히는 '아랑형 전설' 모티프를 변용해 억울하게 죽은 원귀의 한을 풀어가는 과정을 새롭게 재구성한 드라마이다. 두 드라마는 여름 시즌을 염두에 두고 기획된 공포물, 납량 특집이라는 것, 그리고 현대적 공포물과는 다르다는 공통점을 갖고 있다. 이들 드라마는 우리에게 익숙한 과거 공포물의 원형을 떠올리게 하면서도 그 흐름을 새롭게 이어가고 있다는 점에서 의미 있는 시도들로 평가받았다. 이들 드라마의 공포 스타일이 가진 공통점은 한 가지 오래된 프로그램을 상기시킨다. 한국 공포 드라마의 대표라고 할 수 있는 〈전설의 고향〉이다. 1977년부터 방송을 시작한 〈전설의 고향〉은 1990년대, 2000년대 두 번의 리메이크를 거치며 668회 방송된 최장기간 프로그램이다. 긴 방영기간 동안 시대별로 변화를 거듭했지만 변하지 않은 것은 한국형 공포물 드라마라는 전제 조건이며, 그에 따른 대중적 기대지평이었다.[1] 이처럼 텔레비전 드라마의 공포물은 〈전설의 고향〉에서 출발했다고 보아도 무리가 아니다. 〈전설의 고향〉은 전설, 민간 설화 등을 바탕으로 제작되었으며,[2] 라디오 드라마 〈전설 따라 삼천리〉를 계승한 드라마 프로그램이다.[3]

〈전설 따라 삼천리〉, 〈전설의 고향〉은 라디오, 텔레비전에서 각각 장기간 방송된 인기 프로그램 중 하나였으며 공포물로 강하게 인식되어 있는 드라마이다. 〈전설 따라 삼천리〉와 〈전설의 고향〉은 전설을 소재로 한 공포물이라는 점, 내레이터의 적극적 활용, 한국적 정서와 교훈적 주제의식 등의 유사한 방식을 취하고 있다. 그러므로 라디오, 텔레비전이라는 매체가 다를 뿐, 두 드라마는 동일선상에 있는 방송극이라고 할 수 있다. 이처럼 한국 방송사에서 반세기에 걸쳐 방송된 드라마가 공포물 장르였다는 점은 주목할 만하다. 공포의 원형으로 인식되며 대중적으로 큰 호응을 불러일으켰던 이들 드라마는 방송극에서 중요한 의미를 차지하고 있다.

〈전설의 고향〉은 라디오에서 텔레비전으로 이어지면서 30년 이상 대중들의 꾸준한 관심을 받았던 드라마 프로그램이지만, 〈전설의 고향〉에 대한 본격적 연구는 아직 없는 형편이다. 〈전설 따라 삼천리〉나 〈전설의 고향〉과 관련된 선행연구는 특정 시기나 주제에 한정되어 있다는 특징을 보인다.[4] 한국 방송극 역사상 대중적으로 큰 호응을 불러일으키며 라디오, 텔레비전에서 장기간 방송되었던 것에 비하여 두 드라마에 대한 학술적 관심은 상당히 부족한 편이라고 평가할 수 있다. 그 이유는 한국 방송극에서 공포물 장르가 큰 주목을 받지 못했던 사정에서 찾아야 할 듯하다. 즉 한국 방송극에서 공포물 장르가 멜로, 가족 드라마에 비해 주목을 받지 못해왔으며, 이 같은 부진이 공포물 장르의 소외로 이어졌다는 것이다. 하지만 공포물은 한국 방송극이 시작된 라디오 시기부터 현재까지 꾸준하게 변화, 성장해왔다는 점에 주목할 필요가 있다. 2000년대 이후 한국 텔레비전 드라마의 장르가 다양하게 확장되어온 점을 고려한다면, 방송사의 공포물 제작과 이에 대한 대중들의 관심이 높아질 것은 예상되는 대목이다.

이 글은 한국 방송극에서 유일하게 전설을 활용하여 장기간 방송된 공포물 〈전설 따라 삼천리〉, 〈전설의 고향〉을 대상으로 한국 공포물 드라마의 원형 탄생 과정과 변이를 살펴보는 것을 목적으로 한다. 1960년대 청각 매체인 라디오로부터 시작해 2000년대 텔레비전으로 이어지는 이들 드라마가 각 시대와 문화에 따라 어떤 공포를 형성하였으며 그 의미가 무엇인지 파악해볼 것이다. 이 같은 연구를 통하여 개별 작품에 대한 연구를 넘어서 장르적인 고찰까지 포괄할 수 있기를 기대해본다.

2. 소리로 전해지는 공포: 〈전설 따라 삼천리〉

한국 방송극에서 공포물이 시작된 것은 1930년대 야담 방송에서부터이다. 야담은 1930년대 대중문화 시스템 속에서 가장 잘 팔리는 문화상품 중 하나였으며, 일상적으로 대중들에게 소비되기 시작한 것은 라디오 야담 방송이 시작되면서부터이다. 야담 방송은 역사적 실존 인물들이 겪는 기이한 사건들을 흥미롭게 구성한 경우가 많았으며, 그중에는 귀신이나 원혼 이야기를 주로 다루는 괴담도 포함되어 있었다. 이 시기 야담 방송에는 '고담', '기담', '괴담' 등의 용어가 혼용되고 있었다.[5] 1930년대에는 신문과 잡지를 통해 야담에 속하는 기담이나 괴담 등이 자주 소개되었고, 그중에서 괴담이라는 갈래가 특화되었던 시기이다.[6]

근대적 공포물의 성격을 보여주었던 괴담은 신문이나 잡지뿐 아니라 라디오 방송에서 공포물의 감각을 형성하는 데도 중요한 영향을 주었을 것으로 보인다. 괴담이 새로운 문화적 현상으로 대두됨에 따라, 라디오 방송에서 괴담 좌담회가 기획되기도 하였다.[7] 하지만 라디오에서 괴담이 고정 프로그램으로 정착되지는 않았다. 야담 방송의 일부로 소개되었을 뿐, 괴담이 하나의 공포물 장르로 특화되지는 않았던 것이다.

라디오 방송에서 공포물 드라마가 본격적으로 시작된 것은 〈전설 따라 삼천리〉에서였다. 물론 〈전설 따라 삼천리〉가 처음부터 공포물을 특화했던 것은 아니다. 초기에는 이전의 야담 방송과 마찬가지로 다양한 에피소드를 다루는 가운데 가끔 공포물을 등장시킬 뿐이었다. 〈전설 따라 삼천리〉에서 자주 방송되었던 에피소드를 주제별로 분류하면 다음과 같다.

① 역사적 인물담 ② 효행담 ③ 산신령, 선녀담
④ 불교, 고승담 ⑤ 보은담 ⑥ 이물(異物)과의 결합, 교혼(交婚)담
⑦ 원혼담

위의 일곱 가지 에피소드는 전설의 이야기 유형과 동일하다고 할 수 있는데, 1960년대 중반 방송된 〈전설 따라 삼천리〉는 ①~⑤에 해당되는 이야기가 많았다. 실존 인물이나 지역에 대한 증거물을 근거로 한, 신기하고 기이한 이야기가 주종을 이루었던 것이다. 반면, 공포물에 해당하는 ⑥과 ⑦이 수적으로 낮은 비율을 차지했다. 〈전설 따라 삼천리〉의 방송 기획의도 또한 이 드라마가 처음부터 공포물로 기획된 것이 아니었음을 확인하게 한다. 문화방송은 1966년 신설 프로그램 〈전설 따라 삼천리〉를 소개하며 기획의도를 아래와 같이 밝히고 있다.

> 〈전설 따라 삼천리〉는 반만년의 오랜 역사를 배경으로 하여 우리나라 곳곳에 흩어져 있는 전설들을 발굴하는 것에 의미를 두었다. (중략) 이 방송을 통해 막연했던 조국의 산하에 대한 애정을 더욱 심화해주는 계기가 될 것을 확신한다.[8]

기획의도에서 눈에 띄는 대목은 방송사가 '역사성'을 강조하고 있다는 점이다. 진실성을 뒷받침하는 증거물이 갖는 효력을 십분 활용하여 역사성에 큰 의미를 부여하려 했던 것으로 볼 수 있다.[9] '역사성의 강조'를 이해하기 위해서는 1960년대 후반 방송 역사드라마의 변화를 참고할 필요가 있다. 이 시기에 역사적 사실을 고증하는 역사드라마와 왕조 중심의 연속사극이 증가하기 시작하는데, 이는 국민 통합과 결속이라는 국가적 명분과 맞물린 것이었다.[10] 1960년대 후반 방송은 사회적 규제나 억압에서 전혀 자유롭지 못했고, 따라서 〈전설 따라 삼천리〉 기획에서 역사성 강조도 이러한 분위기와 관련되었을 것이라고 추측할 수 있다. 그러므로 1960년대 후반이 되면 방송사에서 '야담'이라는 명칭은 점차 사라지기 시작한다. 야담 방송이 전혀 없었던 것은 아니나, 1950년대 후반부터 방송에서는 '야담'이라는 프로그램명이 사라지고 '옛이야기', '고전', '역사의 향기' 등으로 명칭이 전환되었다. 여기에는 '전설'이라는 명칭을 사용함으로써 대중적 오락거리, 흥미물이라는 야담의 이미지를 탈피하려 했던 방송사의 기획이 있었을 것이다.

그러나 방송극을 향유하는 대중들은 국가적 차원의 역사성보다는 역사드라마나 전설의 흥미성에 더 관심을 보였다. 역사드라마 소재의 사실성보다는 그 이야기가 얼마나 신선하고 흥미로운지에 관심을 가졌다는 것이다. 〈장희빈〉, 〈임금님의 첫사랑〉, 〈강화도령〉처럼 신파적 세계인식에 입각한 드라마나 신비롭고 기이한 이야기를 다루는 〈전설 따라 삼천리〉가 인기 있었던 이유도 여기에 있었을 것이다.

〈전설 따라 삼천리〉는 소리를 매개로 하는 청각 매체의 특성인 음향기법을 통해 환상으로의 도피를 가능하게 했다. 다양한 전설 중에서 기담이나 괴담 관련 소재를 방송할 때 사용했던 음향적 효과들은 당시 청취자들의 귀를 자극하기 충분했다. 귀신이 출현할 때의 음향효과인 '바람소리, 귀신의 울음소리, 도깨비 소리, 괴상하고 음산한 음악' 등은 공포 분위기를 조성했으며, 이는 대중들에게 새로운 쾌감을 선사했다.[11] 〈전설 따라 삼천리〉의 음향효과가 갖는 의미는 당시 방송 제작자 입장의 고민에서도 확인된다.

〈전설 따라 삼천리〉를 제작하는 데 있어서는 특히 어려운 점이 있어 항상 제작진들을 괴롭혀왔다. 여기에는 얼토당토않게 산신령이 나타나는 소리를 내야 하는가 하면 요괴가 난무하는 소리도 내야 하고 마귀가 우는 소리, 도깨비가 사라지는 소리, 바위 덩어리가 순식간에 부처님으로 변하는 소리, 조롱박이 황소로 변하는 소리, 도사가 도술로 산을 옮기는 소리 등 별의별 소리가 다 있었다. 이것을 실감 있게 효과를 내는 데는 여간 큰 고민거리가 아니었다.[12]

따라서 전설에서 채택된 소재와 라디오 음향기법은 라디오 방송에서의 공포감을 형성하는 중요한 기제로 작용했으며, 점차 드라마 청취자를 확보하는 결정적 방법으로 자리 잡기 시작했다고 평가할 수 있다. 당시 대중들은 새롭고 다양한 음향효과에 기반한 기이하고 무서운 이야기들에 호응이 높았으며, 이물 교혼이나 변신, 귀신, 도깨비, 저승사자 등 공포물 에피소드에 큰 관심을 보였다. 그러므로 〈전설 따라 삼천리〉의 공포는 서사 구성상의 긴장감에서 발생하는 공포가 아니라, 소재 자체에서 유발되는 공포에 가까웠다.

또 한 가지 흥미로운 점은 공포감을 환기하는 구미호, 귀신, 저승사자 등이 대중에게 낯설면서도 친숙한 존재로 인식되었다는 것이다. 어려서부터 구미호나 저승사자 이야기를 접해왔던 청취자들에게 〈전설 따라 삼천리〉의 불가사의한 존재나 사건은 비현실적이지만 그럴듯한 이야기로 받아들여졌다는 것이다. 이 점은 프로그램 제작 방식을 통해서도 확인할 수 있다.[13] 당시 연출자 고무송[14]은 "〈전설 따라 삼천리〉는 기록된 자료나 취재 등을 통해 극화될 전설을 수집하거나 때로는 청취자의 제보, 투고를 받아 방송을 제작했다"고 밝히고 있다. 이는 "프로그램의 인기가 많아지고 장기간 방송되자 소재 부족 차원에서 기획된 일이기는 하였지만, 청취자가 알고 있는 '전설'이 방송됨으로써 드라마의 이야기를 가까운 이야기로 수용하게 하는 효과를 줄 수 있었다"고 한다.[15] 성우의 내레이션 역시 낯설면서도 친숙한 공포감을 유발하는 역할을 하였다. 성우 유기현[16]이 〈전설 따라 삼천리〉의 해설을 담당했었는데 그의 구수하고 나지막한 음성은 청취자를 향수에 젖어들게 하는 한편, 구미호, 도깨비, 저승사자와 같은 존재가 친숙한 일상 뒤에 존재할지도 모른다는 또 다른 공포감을 환기시켰다. 〈전설 따라 삼천리〉에서 활용되었던 내레이션은 이후 텔레비전 드라마 〈전설의 고향〉으로 이어지면서 한국 방송극에서의 고전 공포물의 관습처럼 정착되기도 했다.

영화 〈전설 따라 삼천리〉

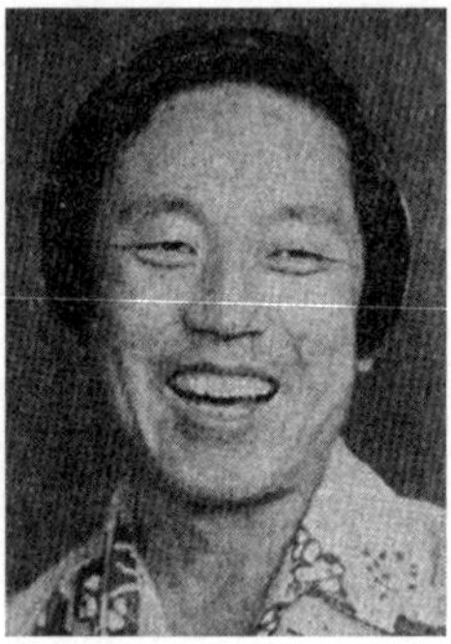

성우 유기현

〈전설 따라 삼천리〉의 공포 관련 에피소드에 대한 청취자의 호응은 점차 높아지고 1970년대 이후 원혼이나 이물 등의 공포를 주는 이야기가 확대되면서 〈전설 따라 삼천리〉는 한국 방송극을 대표하는 공포 드라마로 그 이미지가 정착되었다. 이처럼 〈전설 따라 삼천리〉에서 공포는 한 지류에 지나지 않았지만 청취자의 적극적 호응에 힘입어 공포물 드라마라는 인식이 확립된 것이다.

3. 텔레비전으로 진입한 공포물: 〈전설의 고향〉

전설과 공포의 결합은 텔레비전 시대가 본격적으로 문을 여는 1970년대에도 그 흐름을 이어간다.[17] 텔레비전 문화가 보편화되었던 1977년, 텔레비전 드라마 〈전설의 고향〉이 시작되었다. 〈전설의 고향〉은 1970년대 후반 흑백텔레비전 시기부터 시작하여 1980년 컬러텔레비전 전환기를 거친 이후에도 장기간 방송되어 한국 방송극의 대표 드라마 중 하나로 기억되고 있다.

1977년에 첫 방송된 〈전설의 고향〉도 〈전설 따라 삼천리〉와 유사한 기획의도로 출발한다. 방송사는 "전설을 통해 한국적 정서를 되살리기 위해 사실성을 근거로 한 지역이나 인물의 신기한 이야기를 아름다운 영상에 담아내는 것"을 목적으로 내세웠다.[18] 하지만 〈전설의 고향〉 방송 기획의도와 달리, 시청자들은 역사성이나 사실성을 강조하는 영웅담이나 각 지역 미담에 그리 큰 호응을 보이지 않았다. 1970년대 후반은 '민족사관 정립극'이라는 이름으로 드라마의 대중적인 인기를 적극적으로 이용하는 목적극형 드라마가 넘쳐나던 시기였다. 1970년 후반부터 1980년대까지 방송사는 '전통'을 표 나게 강조하고 '전통물'을 적극적으로 활용하도록 하였다. 사극에서부터 대담 프로그램, 심지어 〈고전유머극장〉, 〈웃으면 복이 와요〉 등 코미디 프로그램에까지 '전통물'의 색깔이 드러나도록 했던 것이다.[19] 전통이 강조되던 방송 분위기 속에서 〈전설의 고향〉은 '전통' 소재를 활용하고 있다는 이유로 장르 드라마로 위상을 굳히게 된다.

1970~1980년대 <전설의 고향> 포스터

하지만 대중들은 특정 지역의 역사나 미담을 다룬 이야기보다 공포물 에피소드에 즉각적인 반응을 보였고,[20] 이러한 대중의 반응은 이미 〈전설 따라 삼천리〉에서 경험되었던 것이기도 했다. 방송사의 분위기와 맞물려 〈전설의 고향〉은 1970~1980년대 한국 방송극에서 유일하게 환상적 성격을 가진 공포물로 자리를 잡아가게 된다. 대중들은 〈전설 따라 삼천리〉에서 소리로 느꼈던 공포가 〈전설의 고향〉에서 어떻게 시각화될지에 큰 기대감과 호기심을 보였다. 물론 대중들은 공포영화를 통해서 이미 소복 입은 귀신에 대한 공포를 경험한 바 있었지만, 〈전설의 고향〉은 라디오 〈전설 따라 삼천리〉를 통해 즐겨듣던 공포 이야기가 안방극장인 텔레비전 영상으로 재현되는 흥미로운 경험을 제공해주었던 것이다.

이 시기 〈전설의 고향〉은 방송극 공포물의 대중적 이미지를 형성하는 데 중요한 영향을 주었다. 우선 〈전설의 고향〉은 공포물 장르임에도 불구하고 폭넓은 연령대의 시청자를 수용하면서 한국 방송극의 공포물 이미지를 정착시켰다. 〈전설의 고향〉은 늦은 저녁이나 밤 시간에 방송되었음에도 불구하고 온 가족이 둘러앉아 시청하는 경우가 많았다.[21] 〈전설의 고향〉의 '한국적 정서와 미풍양속, 충의효열'의 교훈적인 주제는 온 가족이 공유할 수 있는 이유를 제공하였다. 〈전설의 고향〉은 교훈성이라는 안전망 속에서 전 연령대가 함께 즐길 수 있는 공포물로 정착되었던 것이다. 시청자들은 불안과 두려움 속에서 공포감을 느끼다가 다시 현실로 돌아와 안정적인 질서를 경험하게 되고 부가적으로 교훈을 얻게 되었다. 내레이션은 이러한 안도감을 주는 데 큰 영향을 주었다.[22] 〈전설의 고향〉은 마무리 해설을 통해 방송된 드라마의 배경이 되는 지역을 소개하고 드라마의 주제를 제시해주는 방식을 취하고 있었다. 가령, 아래와 같은 내레이션으로 드라마가 끝난다.

> 세속의 욕망과 목전의 이익에 눈이 멀어 하늘 무서운 줄을 모르는 인간들을 경계하고 더불어 원한을 푸는 길은 원수를 갚는 데 있는 것이 아니라, 용서함에 있다는 것을 일깨워주는 이 이야기는 고려가 망하고 새나라가 세워지면서 피가 부르고 피로써 피를 씻던 어지러운 세태에서 비롯된 전설이다. 미움도 원한도 넘어선

참으로 은애하는 마음들만이 피어나게 할 수 있다는 전설 속의 풀, 상사초는 사랑과 인정이 메말라가고 있는 각박한 세태 속에서 이제는 영영 사라지고 만 것인지, 이 전설은 서울 삼각산 봉우리 하나인 백운대에서 전해지는 이야기이다.[23]

〈전설 따라 삼천리〉의 에필로그 내레이션이 증거물을 통한 사실성의 확보에 비중을 둔 것과 달리, 〈전설의 고향〉의 내레이션은 교훈성에 치중했다는 차이를 보인다. 배경이 된 지역에 대한 소개보다 드라마를 통해 얻을 수 있는 교훈을 더 강조한 것이다. 교훈성을 강조한 〈전설의 고향〉의 내레이션은 이 드라마가 공포물임에도 아이들에게 유익하다는 이미지를 부여해주었으며, 성인에게는 지속되는 두려움을 차단시키는 역할을 했다. 〈전설의 고향〉의 내레이션은 이후 리메이크되는 〈전설의 고향〉에도 고정적으로 사용되지만 1990년대 이후 교훈성의 의미나 효과는 점차 그 기능을 잃게 된다.

다음으로 〈전설의 고향〉은 특정 공포유형과 관습이 반복되면서 한국 공포물 드라마의 전형성을 형성하는 데 영향을 주었다. 특히 1980년 이후부터는 공포물 관련 에피소드가 7~8월 납량특집으로 부분 기획된다.[24] 납량특집 〈전설의 고향〉은 이후 매년 기획 방송되었고, 여름 특집인 기간 기획은 점차 이슈화되며 〈전설의 고향〉이 공포물로 정착하는 데 중요한 지점을 마련한다.[25]

〈전설의 고향〉에서 자주 활용된 소재는 원한을 가진 귀신, 인간이 되기를 소망하는 여우나 지네 등의 이물, 죽음을 알리는 저승사자 등이다. 저승사자를 제외하면 대부분 여자귀신이었고 그중에서도 불합리한 상황에서 죽은 자가 자신의 억울함을 호소하기 위해 귀신이 되어 출현하는 원혼 소재가 가장 많았다. 원혼의 경우 억울한 일로 죽임을 당해 흉측한 모습으로 나타나는 여귀가 주를 이룬다. 물리적으로 우월한 힘을 가진 남성에 의해 피해를 보고 자신의 이름이 불명예스럽게 남겨진 것에 대한 억울함을 가진 경우, 집안의 명예를 위해 열녀를 강요당하다가 죽거나 가족이라는 공동체에서 강제적으로 추방당하는 경우 등 물리적으로 힘이 센 남성 또는 당시 사회를 지배하는 권력이나 공동체에 의해 피해를 입게 된 여성들의 원혼이다. 아랑형 전설을 토대로 한 〈나비의 한〉의 '아랑', 짝사랑하던 남성에 의해 강간당하고 자결한 〈짝사랑각〉의 연이, 시어머니의 계략으로 괴한에 의해 죽은 〈각시듬〉의 며느리 등이 그러한 예이다.

〈전설의 고향〉의 원귀는 외적으로 흉측하거나 끔찍한 존재가 아니라, 출현 자체가 공포스러운 존재다. 한국형 귀신 하면 흔히 떠오르는 것이 '소복 입고 머리를 풀어 헤친 원한 맺힌 여자 귀신'이며, 이는 〈전설의 고향〉에서 전형화된 귀신의 형상이다. 이러한 여귀 형상은 식민지시기 《매일신보》에 실린 괴담의 삽화에서부터 시작되었다. 일본 대중문화에서 관습화된 귀신의 형상을 식민지 조선에서 괴담의 삽화로 수용함으로써 여귀의 이미지가 생산된 것이다.[26] 〈전설의 고향〉은 현실에서 소외되고 거부당한 존재가 자신을 알리고 자기표현을 하는 방식을 다룬 원귀설화를 가장 많은 작품에서 활용하고 있다.[27] 원귀설화는 1930년대 식민지시기 괴담, 라디오를 통해서 구현되었고, 1960년대 공포영화를 통해 영상화되었다. 이들 콘텐츠에서 원혼 관련 여귀의 형상을 다양하게 나타냈던 것과 달리 〈전설의 고향〉의 원귀는 피해자의 신분, 죽음의 이유, 죽음에 이르게 된 방법 등에 상관없이 거의 동일한 이미지로 형상화된다. 〈전설의 고향〉에서 많은 비중을 차지하는 '원혼-해원'의 귀신서사는 1960년대 공포영화에서도 찾아볼 수 있다. 그러나 원귀의 이미지는 〈전설의 고향〉처럼 획일적이지는 않다. 죽음 직전에 모습 그대로 나타나기 때문에 다양한 모습으로 등장한다. 이는 원귀의 죽기 전 형상이 사건 해결, 해원의 결정적인 증거가 되는 이유에서이다.[28] 물론 〈전설의 고향〉의 경우에도 다른 형상을 한 귀신들도 있었지만 대중들에게 강한 공포물의 이미지로 각인된 것은 자주 반복된 '소복 입은 귀신'이었다. 1970~1980년대 〈전설의 고향〉은 이전 공포물의 귀신의 형상을 좀 더 획일적인 시각 이미지로 대중화시켰다고 볼 수 있다.

이는 구미호, 천년 묵은 지네 등의 이물 관련 공포물에서도 발견할 수 있다. 이물담은 이물이 인간이 되기 위해 인간 세상에서 자신의 괴물성을 숨기고 살아가다 결국 인간 되기에 실패하는 것이 주요서사이다. 〈전설의 고향〉에서 대중들에게 인기가 많았던 공포 캐릭터 중 하나였던 구미호는 인간의 간을 빼먹는 꼬리가 아홉 개 달린 괴물이다. 하룻밤 정을 통한 선비와 사랑을 약속했지만 이를 배신한 선비의 몸을 휘감아 목숨을 빼앗는 〈사녀〉의 구렁이나 인간이 되기 위해 자신의 사랑을 지켜줄 남성을 찾다가 신의를 저버린 대상을 독침으로 공격하는 〈지네바위〉의 천년 묵은 지네 등 〈전설의 고향〉에서 이물은 무섭고 두려운 대상이다. 그러므로 이물의 시각화는 공포를 형성하는 중요한 지점이 될 수 있다. 이물들이 출몰하는 곳은 언제나 깊은 산속이나 묘지 주변이다. 대부분 '흰 소복을 입은 백발'의 여자귀신으로 어두운 산속을 날아다니는 것처럼 이동하는 것이나, 높은 곳을 타넘거나 재주를 넘는 등의 행동을 통해 비인간적 면모를 드러낸다.

그러나 기이한 모습은 남자주인공과의 만남에서는 매혹적이고 아름다운 외모 뒤로 숨겨진다. 인간이 되기를 소원하는 이물은 인간과 함께 살기 위해 아름다운 여인으로 변신하고, 이러한 모습에 매혹당한 남자는 낯선 여인에 대해 어떤 의심도 하지 않는다. 이물이 형성하는 공포는 인간과 비인간의 경계에 있

1978년 〈호녀〉

1979년 〈구미호〉

다. 비인간적으로 매혹적인 외모 뒤에 감추고 있는 괴물성이 두려움과 불안감을 주는 것이다. 그러므로 〈전설의 고향〉의 이물은 치명적으로 아름다운 여인 뒤에 숨겨진 괴물성이다. 〈전설의 고향〉의 이물 관련 소재 중 '구미호' 역할에서 '매혹적인 외모'라는 점이 부각된 이유도 이 때문이었다.[29] 또한 이물은 단지 인간을 이용하거나 해치는 괴기스러운 악한 존재가 아니라 동정과 연민의 감정을 불러일으키는 대상이다. 인간이 되고 싶어 아름다운 여인으로 변신한 이물이 상대 남성의 배신에 의해 좌절, 실패를 경험하는 과정은 이물의 괴물성이 표출됨으로써 공포감과 동시에 애잔한 연민을 주기 때문이다.

〈전설의 고향〉의 원혼이나 이물은 인간 세상에서 쫓겨나거나 거부당한, 기존 질서나 사회체제에서 밀려난 존재들이다. 원혼이나 이물들은 사회적 안전망에서 소외되고 희생되는 계층으로 표상된다. 이러한 존재들이 귀신으로 귀환하여 억울한 사연을 호소하는 행위는 두려움과 불안을 만들어 공포를 주지만 공고한 사회적 체제를 균열시키는 측면이 있기 때문에 매혹적이다.[30] 1970~1980년대 지배층 중심의 왕조 사극이 대부분을 차지하던 시기, 대중들에게 〈전설의 고향〉은 공포를 통한 쾌감을 주는 유일한 환상물 드라마였다. 그러나 〈전설의 고향〉은 사회적 질서와 체제유지를 위한 교훈성이라는 안전망을 통해 위험하고 불온한 상상을 자체적으로 차단한다. 이 점은 〈전설의 고향〉이 폐지되지 않고 장기간 방송을 지속할 수 있는 중요한 이유로 작용하기도 하였을 것이다.

4. 전설의 부활, 고전의 반복과 변형

1990년대 리메이크된 〈전설의 고향〉은 본격적으로 '납량특집'을 내세웠으며, 이로 인해 공포물 장르로 고정화된다. 1990년대 〈전설의 고향〉은 1989년

8월 종영 이후 7년 만에 리메이크되어 한국 공포물 드라마의 원형의 이미지를 부활시킨다. 방송사는 기획의도에서부터 고전 공포물 드라마의 전형을 강조하며 〈전설의 고향〉의 전통을 이어가고자 함을 드러낸다.

> 〈돌아온 전설의 고향〉
> 한국인들의 가슴 깊숙이 남아 있는 공포물의 원형은 뭐니 뭐니 해도 〈전설의 고향〉이다. 〈전설의 고향〉은 단순한 공포물을 뛰어넘어, 훈훈한 미담과 담백한 교훈으로 이야기를 마무리하며 우리가 우리 문화의 뿌리와 조우할 수 있도록 도왔던 것이다. (중략) 〈전설의 고향〉이 안방극장으로 돌아와야 하는 데 세 가지 이유가 있다. 첫째, 한국적 공포물의 전형으로, 여름 킬러 콘텐츠라는 검증된 역사가 있다. 둘째, 우리 아이들은 국적 불명의 호러물이 아닌 우리 문화의 열매를 접해야 한다. 셋째, 해학과 풍자, 교훈과 미담이 함께하는 한국적 여름 문화 콘텐츠의 부활이다.[31] (밑줄 인용자)

1990년대 〈전설의 고향〉의 기획 의도는 현대 공포물과의 차별성을 가진 한국적 공포물의 복귀에 있다고 할 수 있다. 그러므로 리메이크된 〈전설의 고향〉은 새로운 이야기를 만들어내기보다 이전 에피소드를 취사선택하여 방송하는 방법을 선택한다. 1990년대 〈전설의 고향〉은 이전 시기 서사를 대부분 동일하게 적용하는 방식으로 리메이크 했다. 1970~1980년대 공포서사를 그대로 반영하고 있으나, 귀신의 형상이나 표출 방법에는 변화가 있었다. 가장 두드러진 차이는 원귀나 이물 등 귀신의 시각화된 이미지이다. 이 시기 드라마에서 원귀, 이물 등 공포 캐릭터는 모두 실제세계와의 확실한 거리감을 갖는 모습으로 그려진다. 특히 이물담에서 1970~1980년대 이물이 사람의 형상과 유사했던 것과 달리, 1990년대 〈전설의 고향〉의 이물은 괴물성을 강화하는 특징을 보인다. 한 가지 예로 '구미호'는 1990년대 〈전설의 고향〉에서 가장 많이 방송되었

는데, 이전 시기 구미호와 형상 면에서 다른 점이 많았다.[32]

리메이크 〈전설의 고향〉은 '사람의 간을 빼 먹는 꼬리 아홉 개 달린' 구미호의 괴기스러운 이미지를 집중적으로 강조하였다. 구미호는 특수효과를 이용하여 '흉측한 얼굴에 날카롭게 선 위협적인 손톱, 아홉 개 꼬리까지 드러나는 괴물적인 존재'로 형상화된다. 구미호가 인간이 아닌 자신의 본성을 드러낼 때의 모습에서는 인간과의 유사성을 전혀 발견할 수 없다. 밤마다 몰래 나와 무덤을 파헤치거나 사람이나 동물의 간을 빼먹기 위한 장면도 괴기스럽게 영상화된다. 구미호뿐 아니라 천년 묵은 지네나 동굴에서 제물로 바치는 여자들만 잡아먹는 구렁이, 고양이 귀신 등의 이물도 마찬가지의 형상화 특성을 보인다.

원혼의 형상도 1970~1980년대와 차이가 있다. 〈전설의 고향〉 원귀가 출현 방식의 스테레오타입화되어 있었다면, 1990년대 〈전설의 고향〉에서는 원귀의 출현양상과 가해자를 향한 징벌 방법이 다양해진다. 1990년대 〈전설의 고향〉의 원혼 편 이야기에서 담력이 센 사또나 성품 좋은 선비에게 자신의 사연을 호소하여 한을 푸는 해원서사가 적은 비중을 차지하는 것은 이 때문이다.[33] 1990년대에는 원귀가 가해자와 공모자에게 찾아가 직접 벌을 주는 복수서사가 주를 이룬다. 리메이크 〈전설의 고향〉의 원귀들은 자신을 유인하여 살해한 가해자, 이를 묵인한 사람들을 차례로 죽음에 이르게 만들기를 서슴지 않으며 이로 인해 가해자들의 두려움과 불안감이 시청자에게까지 전달되었다. 이전 시기 〈전설의 고향〉의 원귀가 늦은 밤, 소리 없이 '긴 머리를 풀어헤치고 소복 입고' 나타나는 것 자체에 그쳤다면, 1990년대 원귀는 시공간의 한계를 넘어 기괴하게 출현한다.

1990년대 공포물에서 확인되는 이 같은 차이는 물론 시대적 감각과 깊은 관련을 가질 것이다. 1970~1980년대에는 죽은 자가 살아온다는 것, 그 자체만으로 공포감이 형성되었다. 시청자는 원귀가 등장할 분위기만 감지되어도 등골이 오싹해지는 공포를 경험할 수 있었다. 1970~1980년대 〈전설의 고향〉은 서사의 패턴과 귀신의 형상이 동일해도 공포가 가능했지만 1990년대는 같은 방법으로 대중들에게 공포물 드라마의 매력을 전달하는 것은 무리였다. 1990년대는 더 이상 공동체적 존재로서가 아닌 스스로의 의미를 획득하면서 '개인'의 삶이 중요해지기 시작하는 시기이다. 공포는 이러한 개인의 일상이 안전성을 보장받기 힘든 상황들 속에서 작동되고 표출되었다. 그러므로 1990년대 공포 장르들은 개인의 일상 가운데서 오는 불안감을 표현하는 데 집중했다.[34] 더 이상 동일한 패턴으로 대중들을 놀라게 할 수 없게 되자, 〈전설의 고향〉은 이물, 원귀의 형상화에 변화를 주게 된 것으로 보인다. 이물의 괴기스러운 이미지를 영상 기법으로 최대화하거나 원혼 관련 이야기에서 복수서사가 강조된 것은 〈전설의 고향〉이 원형적 공포를 유지하면서 1990년대 대중에게 다가가기 위한 변형의 한 방법이다.

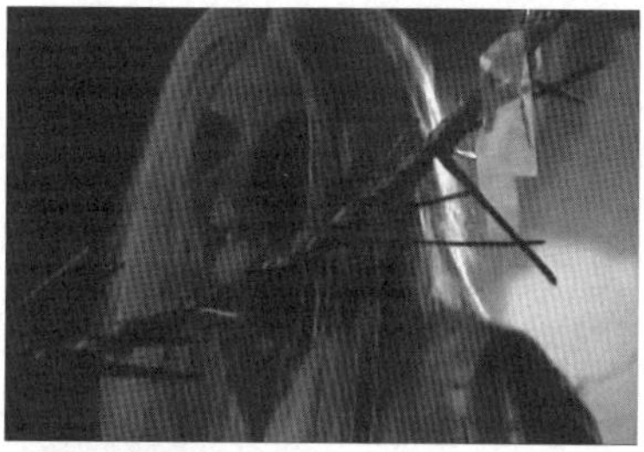
1996년 〈호녀〉

1997년 〈구미호〉

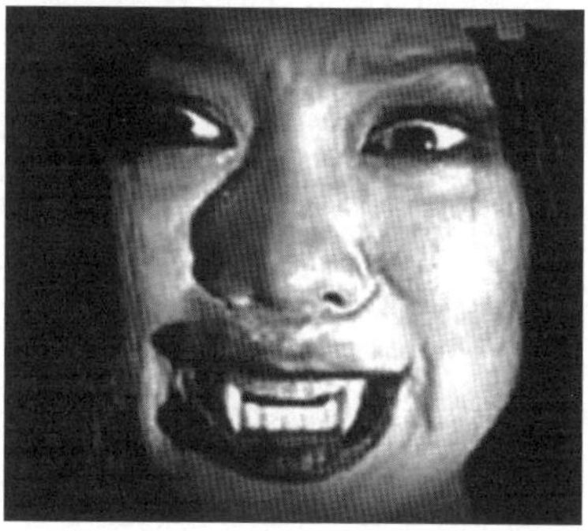
1998 〈여우골〉

1999년 〈구미호〉

그러나 1990년대 리메이크 〈전설의 고향〉은 과거 〈전설의 고향〉처럼 대중들의 꾸준한 호응을 얻지는 못했다. 〈전설의 고향〉에서 가장 인기가 있었던 구미호 편의 경우 1996년 상·하편으로 이틀간 방송된 〈호녀〉(박상아 주연)와 1997년 〈구미호〉(송윤아 주연)만 대체로 높은 관심과 인기를 얻었고 이후 1998년 〈여우골〉(노현희 주연), 1999년 〈구미호〉(김지영 주연)에 이르면 "비슷한 소재의 이야기가 반복되어 내용이 식상해지고 CG 기술의 한계로 공포의 스펙터클이 시청자의 기대치에 부응하지 못하면서" 인기가 하락한다.[35] 이러한 현상은 구미호 편에만 해당하는 것이 아니라 〈전설의 고향〉의 대부분의 각 편에서 드러난 결과였다. 영상 기술면에서는 컴퓨터 그래픽의 영상효과를 통해 1970~1980년대 〈전설의 고향〉의 매끄럽지 않은 영상보다 발전된 모습을 보였지만, 대중적 평가나 반응은 높지 않았다.[36] 1996년 〈전설의 고향〉이 리메이크 방송되기 전, 1994년 등장한 드라마 〈M〉을 통해서 새로운 방송 공포물을 경험한 바 있는 시청자들에게 〈전설의 고향〉의 도전은 충격적이지 않았을 것이다.[37] 또한 1990년대 전반에 걸쳐 등장한 범죄나 사건, 괴담 등의 재연 프로그램 방송을 통해 대중들은 언제 어디서에서든 현실에서 일어날 수 있는 공포의 경험들을 쉽게 접할 수 있었다. 〈경찰청 사람들〉, 〈공개수배 사건 25시〉, 〈다큐 사건파일〉, 〈토요 미스테리 극장〉, 〈다큐멘터리 이야기 속으로〉 등과 같은 재연 프로그램은 모두 1990년대 전반에 걸쳐 등장했다. 상당수의 재연 프로그램들은 범죄나 사건, 개인적 괴담 등을 극화하는 방식이었고, 선정성이나 자극성으로 늘 문제가 되었다.[38] 공포의 감각이 다양해지는 분위기 속에서 〈전설의 고향〉의 새로운 시도들은 미약하게 느껴질 수밖에 없었다.[39] 1990년대 〈전설의 고향〉은 과거 〈전설의 고향〉에서 느꼈던 공포의 향수를 재경험하고자 하는 수용자 층과 1990년대 도시를 배경으로 하는 현대 공포물에 익숙한 수용자 층, 모두를 수용하기에 무리가 있었던 것으로 보인다. 그럼에도 불구하고 1990년대 〈전설의 고향〉은 한국적인 정서를 기반으로 하는 고전 공포물의 원형적 감각들을 부활시키는 작업이었음은 분명했다.

5. 새로운 공포 감각의 시도

1990년대 〈전설의 고향〉의 시도들은 2000년대 이후 9년 만에 방송된 〈전설의 고향〉으로 이어진다. 2년 동안 방송된 〈전설의 고향〉 역시 첫 회는 '구미호' 나 '흡혈귀' 등 이물을 소재로 하고 있다는 점에서 〈전설의 고향〉의 전통을 이어가고 있음을 알 수 있다. 그러나 2008년 첫 방송된 〈구미호〉는 기존 '구미호'와 다른 캐릭터 설정, 변형된 서사를 통해 색다른 '구미호' 이야기를 선보였다. 2009년 〈전설의 고향〉 첫 회 방송된 〈혈귀〉는 사람이 되고자 하는 이물담이지만 전통적 한국 귀신과 거리가 있는 '흡혈귀'를 소재로 하고 있다는 점에서 과거 〈전설의 고향〉과 차이가 있다. 〈환향녀〉, 〈씨받이〉 등 원한 맺힌 여성 원귀서사도 억울한 죽은 자의 사연과 해원이라는 점이 중요했던 기존 서사와 다르게 원혼의 복수와 비극적 결말이라는 변형된 형태를 보인다. 이 외에도 공동체의 이기심과 폭력을 주제로 '유아 유기 및 살해', '전염병' 등을 중심으로 하는 에피소드는 2000년대 〈전설의 고향〉의 또 다른 공포 스타일을 보여주었다.

2000년대 〈전설의 고향〉에서는 이물담이나 여성 원귀의 원한에 관련된 이야기처럼 과거 반복되던 소재의 전통은 그대로 이어가되, 그것을 보여주는 방식을 전혀 달리한다. 2008~2009년 두 해에 걸쳐서 리메이크된 〈전설의 고향〉은 시대적 변화에 따른 공포 감각을 적극적으로 수용함으로써 현대화된 스토리, 참신한 소재, 신선한 연출로 새로운 〈전설의 고향〉으로 다시 탄생했다고 볼 수 있다. 2000년대 〈전설의 고향〉이 시도한 공포 드라마의 특성들은 다음 몇 가지로 정리할 수 있다.

2008년 〈전설의 고향〉 포스터

우선 2008~2009년 〈전설의 고향〉은 권선징악의 결말 구조에서 벗어나 있으며, 끝나지 않는 결말을 통해 공포감을 형성하고 있다. 〈구미호〉(2008)에서 '구미호'는 집단의 암묵적 동의에 의해 살해당하는 희생양이다. 과거 〈전설의 고향〉의 '구미호' 이야기가 '인간이 되기 위한 이물'이 인간의 배신에 의해 좌절되는 비극성을 중심으로 다루었다면, 2008년 〈구미호〉는 자신의 생명 유지와 부귀영화를 위해 '구미호'를 하나의 수단으로 여기는 인간의 탐욕에 초점을 두고 있다. 가문의 번영을 위해 구미호의 피를 가지고 태어난 여성을 무참히 살해하여 구미호의 간, 피를 나누어 먹고, 여우구슬을 갈취하는 인간의 모습은 이물인 '구미호'보다 더 괴물에 가깝다. 여기서 주목할 점은 불합리한 폭력적 전통에 반항하던 사람들도 결국 기성세대에 편입되는 결말을 제시하고 있다는 것이다. '구미호' 판별을 통한 구미호 살해 전통에 대해 유일하게 반대하던 종손 효문은 구미호와의 약속을 저버리고 가문의 잘못된 전통을 유지하며 살아간다. 〈구미호〉(2008)는 변하지 않는 인간의 악함을 보여줌으로써 우리 사회의 괴물성을 제시한다. 이는 유아 유기 서사를 다룬 〈목각귀〉(2009)에서도 찾아볼 수 있는 점인데, 〈목각귀〉는 전염병에 걸려 어른들로부터 버려진 어린아이의 원혼에 대한 공포를 다룬 작품이다. 병에 걸린 아이는 자신들의 생명을 유지하려는 어른들의 이기심에 의해 살아 있는 채로 나무에 묶여 버려지는 희생양이다. 억울하게 죽은 어린아이가 원귀가 되어 귀환하고, 자신을 버린 사람들을 직접 처단한다. 한 아이의 복수는 그의 마음을 알아주는 모성이 강한 여성에 의해 위로받게 되며 멈춘다. 하지만 어린아이 원귀의 저주는 다른 아이를 통해 지속된다. 아이의 원한이 담긴 나무로 만든 인형이 사라지지 않고 유기된 아이들의 손에 전달됨으로써 아이 원혼의 공포는 끝나지 않는 것이다.

2000년대 〈전설의 고향〉은 이물 서사를 통한 인간의 변화나 원혼의 해원을 통한 해결의 결말구조에서 벗어나 있다. 이 점은 〈전설의 고향〉의 대표적 특성으로 알려져 있는 에필로그 내레이션 효과 변화에서도 확인할 수 있다. 1970~1990년대 〈전설의 고향〉은 작품 마지막에 고정 출연 성우의 내레이션을 통해 방송 작품의 주제를 전달하여 교훈적 의미를 강조하였다. 에필로그 해설은 〈전설의 고향〉의 이미지를 각인시키는 데 중요한 효과를 발휘하던 방법 중 하나였는데, 2000년대 내레이션은 특별한 역할이나 의미를 부여받지 않고 있다.[40] 이는 교훈이라는 결말이 주는 공포서사의 한계를 벗어나 다양한 공포를 형성하고자 했던 시도에서 비롯된 것이라 볼 수 있다.

다음으로 〈전설의 고향〉에서 공포감 형성의 주체가 되었던 원혼 캐릭터의 변화를 살펴볼 수 있다. 한 맺힌 여성 원귀는 〈전설의 고향〉의 공포 드라마 이미지를 형성하는 데 중심이 되었을 정도로 높은 비중을 차지하고 있다. 1990년대 〈전설의 고향〉의 여성 원귀가 적극적인 복수를 감행하는 공포 존재였다 하더라도 억울한 죽음이라는 원인을 강조하는 것은 이전 시기와 동일했다. 하지만 2000년대 여성 원귀의 출현 원인은 외부에만 있지 않다. 다른 아이의 생명을 희생시켜 자신의 아이를 살리고자 한 어긋난 모정을 다룬 〈아가야 청산가자〉(2008)의 원귀는 희생된 아이의 엄마이다. 그러나 그녀도 가난 때문에 자신의 아이를 팔았고, 결국 죽음에 이르게 했다는 점에서 공범인 셈이다. 그녀는 유아 매매자의 속임수에 입양이라는 조건으로 아이를 넘겼고, 그 원인은 경제적 궁핍에 있었기 때문에 직접적 살인자는 아니다. 하지만 〈아가야 청산가자〉에서는 아이를 지키지 못한 죄책감과 아이에 대한 집착을 통해 원귀의 성격을 좀 더 다르게 표출한다. 여성 원귀는 자신의 아이 대신 살아난 아이 관련자들을 향해 적극적 복수를 감행한다. 복수는 자신의 아이를 희생한 대가로 생존한 아이를 향한 집착으로 이어지며, 결국 아이 엄마의 간구에도 불구하고 아이 생명을 빼앗으려 한다. 기존 〈전설의 고향〉의 유사 서사에서는 원귀가 상대의 진정한 사죄로 용서하는 결말을 추구했다면 〈아가야 청산가자〉(2008)의 경우 모성이라는 동일한 입장의 간절한 부탁에도 용서를 하지 않는다. 이는 단지 원귀의 귀환 자체가 외부를 향한 복수에만 그치지 않고, 내부 죄책감에서 비롯되고 있기 때문이라고 할 수 있다. 〈계집종〉(2009)의 경우는 이 점을 좀 더 적극적으로 반영하고 있는데, 자신이 섬기던 집안 도령에 대한 어긋난 사랑을 다룬 이 작품에서 원혼은 사랑을 이루지 못한 여자이다. 신분의 차이에도 불구하고 양반 자제와 친구처럼 지내던 계집종은 도령의 어머니에 의해 차단되고, 그 억울함에 자결한다. 원귀는 주인집 도령 주변인을 처단하는데, 그 대상자는 자신에게 해를 가한 사람으로 한정되지 않는다. 원귀의 복수는 자신이 사랑한 남자 주변의 여자들을 향한 질투나 자신의 마음을 받아주지 않았던 남자를 향한 집착에서 비롯된 것이다. 2000년대 〈전설의 고향〉의 원혼 캐릭터의 변화는 현대사회의 두려움과 불안이 단선적인 원인에서 파악되는 것이 아니며 해결 또한 단순하지 않다는 점을 반영한 결과라고 볼 수 있다.

마지막으로, 적극적인 서사 변형의 시도와 더불어 공포를 불러일으키는 전략이나 영상기법에서도 이전 〈전설의 고향〉과 다른 점을 보이고 있다. 〈전설의 고향〉의 공포감 형성 전략은 1990년대 〈전설의 고향〉에서부터 시도된 것이었다. 특수 분장이나 컴퓨터 그래픽(CG) 기술의 활용이 활발하지 않았던 1970~1980년대 〈전설의 고향〉에서 서사적 전략 자체에 주목을 했다면, 1990년대 이후는 영상기술을 통한 공포효과에도 집중하기 시작한다. 그러나 앞장에서도 언급했듯이 1990년대 영상기술 사용에 대한 대중적 반응은 그리 높은 편은 아니었다. 여기에는 컴퓨터 그래픽의 사용보다 특수분장이나 편집을 통해 공포효과를 만들었기 때문이라는 이유도 작용했다.[41] 2000년대 〈전설의 고향〉은 컴퓨터 그래픽을 보다 적극적으로 활용하고 있다. 이는 공포감 형성의 다양한 방법들에 대한 시도로 이어진다. 예를 들어 구미호의 발현 현상은 손톱, 눈,

꼬리 등의 변화 과정을 자세하게 보여줌으로써 공포효과를 극대화시킨다. 이전 〈구미호〉가 '구미호' 변신을 단지 백발이나 꼬리, 얼굴의 특수 분장을 통해 표현했다면 2000년대 〈구미호〉는 CG를 통해 손톱이 자라나는 과정이나 눈의 색깔이 변하는 과정들을 보여주는 방법을 통해 공포감을 형성한다.

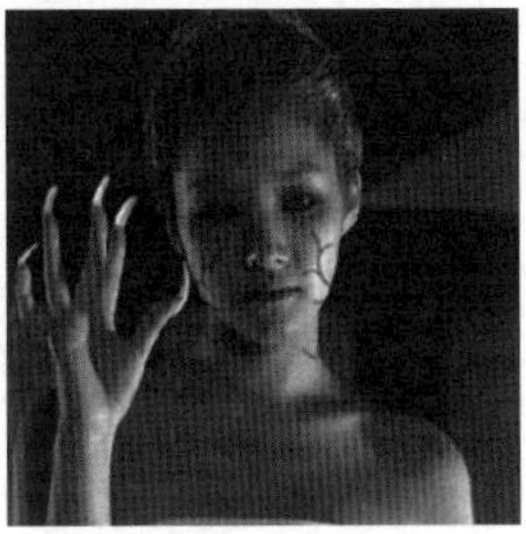

2008년 구미호

또한 원혼의 등장도 갑작스러운 출현을 통한 서프라이즈 효과에 그치는 것이 아닌 우물, 벽장, 상자 등 일상적 소도구에서 출현함으로써 섬뜩한 분위기를 연출하는 것으로 달라진다. 즉 예상하지 못한 순간이나 장소를 활용함으로써 공포감을 형성하고 있는 것이다. 이 점은 1990년대 후반부터 변화하기 시작한 공포 장르의 관습과 관련되어 있다. 1990년대 후반 이후 다시 활기를 띠기 시작한 한국 공포영화의 영향이 중요한 계기가 된다.[42] 1990년대 후반 일본영화 〈링〉, 한국영화 〈여고괴담〉의 영향은 이후 한국 공포영화의 새로운 전환점을 가져온다. 이후 한국 공포영화는 1960년대 전성기 이후 다시 활기를 띠며 다양한 공포영화가 상영된다. 2000년대 〈전설의 고향〉의 공포를 형성하는 영상 전략은 1990년 후반부터 2000년 초반에 유행하던 공포영화의 장르적 관습을 그대로 따르고 있다고 볼 수 있다.

2000년대 〈전설의 고향〉은 원혼이나 이물 등을 통해서 얻고자 하는 대중의 기대지평과 욕망의 변화를 현대적 감각에 맞추어 반영한 것이다. 즉 기존의 고전적 공포 관습에서 탈피하여 현시대의 정서를 담아 새로운 〈전설의 고향〉의 가능성을 제시했다고 볼 수 있다. 이러한 〈전설의 고향〉의 시도는 〈구미호, 여우 누이뎐〉, 〈아랑 사또전〉과 같은 미니 시리즈물로 이어지며 전설을 소재로 한 현대판 공포물 드라마의 새로운 지점을 마련해주는 계기가 되었다.

6. 전설과 공포의 결합 의미

〈전설 따라 삼천리〉, 〈전설의 고향〉은 라디오, 텔레비전에서 각각 장기간 방송된 인기 프로그램 중 하나이며 우리에게는 공포물로 강하게 인식되어 있는 드라마이다. 공포의 원형으로 기억되며 대중적으로 큰 호응을 불러일으켰던 이들 드라마는 방송극에서 중요한 의미를 차지하고 있다. 두 드라마 모두 초기 방송에서는 공포물로 제작·기획된 것이 아니었으며, '전설을 통해 민족 고유의 정서를 문화적으로 환기'시키는 데 목적을 두었다는 사실은 흥미로운 지점이라고 할 수 있다. 전설은 '민족성', '전통성'과 결합되어 두 드라마는 고전 사극이라는 장르로 포섭되기도 하지만 왕조 중심의 전통 사극이나 민족 사관 정립극과는 구별된 특성을 가진다. 이는 전설이 포함하고 있는 다양한 유형의 이야기에 대한 수용자의 향유 방식에 따른 것이었다. 전설은 라디오, 텔레비전이라는 대중 미디어와 결합하여 공포물이라는 장르를 탄생시켰다. 즉 이들 드라마가 획득한 공포물이라는 이미지는 대중의 반응이나 시대, 문화적 영향으로 형성되고 정착되었던 것이다.

두 드라마 모두 처음부터 '전설'과 '공포'가 결합된 것은 아니었으나, 대중들의 기대와 호응에 따라 각 시대에 맞는 공포물로 탄생되었다. 옛이야기에 대한 믿음과 향수를 가졌던 시기 '전설'은 대중들에게 공유할 수 있고 함께 듣고 보는 공포물과 결합하였다. 근대적 사고 전환기 대중은 오래전부터 듣고 자라온 전근대적인 괴담이 주는 환상에 매혹되었다. 라디오 〈전설 따라 삼천리〉의 익숙하고도 낯선 이야기는 공포감을 조성하는 음향적 효과 기술에 힘입어 청취자를 공포물 드라마의 세계로 빠져들게 했다. 라디오에서 전설은 증거를 기반으로 하는 사실성을 통해 비현실적인 이야기가 주는 두려움과 불안에서 공포감을 부여했다. 라디오에서 텔레비전으로 전환된 1970년대 후반, 라디오 〈전설 따라 삼천리〉의 대중적 인지도에 힘입어 제작된 〈전설의 고향〉의 탄생은 한국 방송극에서의 공포물 장르의 기틀을 마련하는 데 중요한 출발점이 되었다. 전설과 공포의 결합은 안방극장이라 불리는 텔레비전 화면을 통해 구체적인 이미지를 획득하고 대중화된 것이다. 1990년대, 2000년대 두 번의 리메이크 과정을 통해 〈전설의 고향〉은 한국적 공포물 드라마라는 명맥을 이어갔다. 또한 한국 방송 공포물 드라마의 원형적 이미지를 행사하며 현재 텔레비전 드라마에서의 다양한 공포물로 재창조되고 있다. 라디오 드라마 〈전설 따라 삼천리〉에서 텔레비전 드라마 〈전설의 고향〉까지, 전설과 공포의 결합은 공포 장르에 대한 감각의 변화와 다양한 매체의 영향 속에서 반복되고 또 다른 공포물로 변형을 거듭할 것이다.

주석

1 '대한민국에서 가장 무서운 공포 드라마'를 선정하는 설문조사에서 〈전설의 고향〉은 33%로 1위를 차지할 정도로 한국 시청자들에게 공포 드라마로 강하게 각인되어 있는 프로그램이라고 할 수 있다. (「2008 vs 2009 전설의 고향 전격 비교」, 《서울신문》, 2009. 8. 5.)

2 〈전설의 고향〉은 1977년 〈마니산 효녀〉로 첫 방송을 시작한 후 12년간 매주 방송되다가 1989년 578회 〈외장녀〉를 끝으로 종영되었다. 〈전설의 고향〉은 1996년부터 1999년까지 여름 납량특집 시리즈물로 다시 제작되어 총 72편이 방송되었고 2008년 여름 〈구미호〉편을 시작으로 총 8편, 2009년 총 10편의 미니시리즈로 방송되었다.

3 〈전설 따라 삼천리〉는 MBC 라디오(AM)에서 1966년 5월 시작되어 1983년 10월까지 15년간 방송되었다. 〈전설 따라 삼천리〉는 한국 각지의 전설을 극으로 만들고 내레이터의 내레이션을 통해 이야기를 정리해주는 방식이었다. 흥미로운 소재와 다양한 음향효과를 사용했기 때문에 당시 대단한 인기를 누렸다. 〈전설 따라 삼천리〉(장일호, 1968), 〈전설 따라 삼천리 2—상사초〉(장일호, 1968) 등의 영화로 만들어지기도 했다.

4 윤석진, 「2000년대 한국 텔레비전 역사드라마의 장르 변화 양상 고찰 1」, 《한국극예술연구》 38집, 2012; 이병훈, 「TV 사극의 변천과 특성에 관한 연구」, 한양대학교 언론정보대학원 석사학위논문, 1997; 주창윤, 「역사드라마의 장르사적 변화과정」, 《한국극예술연구》 제25집, 한국극예술학회, 2007; 박상완, 「텔레비전 역사드라마의 야담 수용 과정 연구」, 《인문학연구》 91호, 2013; 백문임, 『월하의 여곡성—여귀로 읽는 한국 공포영화사』, 책세상, 2008; 이명현, 「〈전설의 고향〉에 나타난 구미호 이야기의 확장과 변주—90년대 구미호와 2008 구미호를 중심으로」, 《우리문학연구》 28집, 2009; 이명현, 「이물교혼담에 나타난 여자요괴의 양상과 문화콘텐츠의 변용」, 《우리어문연구》 21집, 2007; 박윤희, 「한국공포드라마에 나타난 성격분장 연구—2008년 KBS 납량특집 8부작 '전설의 고향' 작품을 중심으로」, 건국대학교 석사학위논문, 2009; 주현수, 「공포의 효과적 표현을 위한 컴퓨터 그래픽 활용 연구—2008년 납량특집 '전설의 고향'을 중심으로」, 한양대학교 석사학위논문, 2012.

5 고은지, 「1930년대 오락물로서의 역사와 소비」, 『대중서사장르의 모든 것: 2. 역사허구물』, 이론과 실천, 2009, 127면.

6 이주라, 「식민지시기 괴담의 출현과 쾌락으로서의 공포」, 《한국문학이론과 비평》 제61집, 한국문학이론과 비평학회, 2014, 317면.

7 위의 논문, 310면.

8 문화방송사, 『문화방송사』, 1982, 292면.

9 전설에서 증거물은 허구와 비현실을 넘나드는 전설의 내용을 실재와 현실의 차원으로 끌어들이는 장치로 작용한다. 비현실적인 요소들 때문에 실제사건으로 보기 어려운 전설의 내용이 역사적 진실을 함축하고 있다고 이해되는 것은 증거물의 제한성에 의한 현실과의 일정한 관계맺음이 전설 결구의 제약요인으로 작용하기 때문이다. (강진옥, 「전설의 역사적 전개」, 『한국구비문학사연구』, 38면.)

10 윤석진, 「2000년대 한국 텔레비전 역사드라마의 장르 변화 양상 고찰」, 《한국극예술연구》 38집,

2012, 306면.

11 "방송의 속화주의적인 경향에 대해서 우리는 또 다음과 같은 대표적인 예를 생각할 수 있다. 좀 더 차원을 높일 수 있는 프로마저도 대중의 취향에 영합하기 위한 탓인지 오히려 성격이 바뀌고 통속화되어 가는 프로들도 있다. MBC의 〈전설 따라 삼천리〉 같은 것이 그렇다. (중략) 그런데 이것은 얼마 뒤에 어느 청취자들도 거의 의식하지 못하는 사이에 성격을 바꾸어버렸다. 그래서 이젠 어느 고목이나 돌이나 빗자루에 얽힌 황당무개한 귀신들의 괴기담들이 모두 전설이 되었다. 그리고 어린애들로부터 늙은 할아버지까지 모두 이 시간을 손꼽아 기다리며 청취하는 걸 보면 이 프로의 인기는 아주 대단한 모양이다."(김우종, 「인기프로의 속화(俗化)과정」, 『방송』, 1968. 5.)

12 문화방송사, 앞의 책, 292면.

13 "민족의 얼과 애완이 서려 있는 전설을 취재 또는 투고로 받아 극화시킴, 우수 소재 제공자 3인을 선정, 소재 채택료로 송금한다."(『한국방송연감』, 한국방송협회, 1973, 340면.)

14 고무송은 1966년 문화방송에 입사하여 1968년 〈전설 따라 삼천리〉를 오랫동안 연출했으며, 이후 라디오 드라마 〈법창야화〉, 〈고백〉 등을 연출하였다.

15 고무송 인터뷰(2015. 2. 13. 2시 한국성우협회사무실)

16 성우 유기현은 〈전설 따라 삼천리〉(1966. 5. 2.) 첫 방송부터 13년간 해설을 맡았다. 그는 24세 노역으로 데뷔하였으며, 조병옥 박사의 음성을 모방하여 인기 성우로 자리매김했다. 대표 작품으로는 DBS 〈잘돼갑니다〉, TBC 〈광복20년〉 등이 있다.

17 본격적인 텔레비전 문화가 조성된 것은 1970년대 전후 국민소득의 향상, 지방 중계소 신설에 따른 가시청지역의 확대, 민방 출현에 따른 프로그램의 다양화가 이루어지면서였다. 1970년대 중반은 TV 수상기 300만 대를 돌파하여 보급률 40%를 넘겼고, 1975년에는 농촌 보급률이 20%를 넘어갔으며, 1977년에는 30%를 넘어가며 TV 수상기의 전국화가 이루어졌다.(박기성, 『한국방송문화연구』, 1985, 422면.)

18 한국방송공사 편, 『KBS 연감』, 한국방송협회, 1997.

19 "민족사관 정립극은 민족의 재발견과 민족국가 건설을 위해 국가가 명시적으로 개입하여 만들어냈던 목적극형 드라마였다. 민족사관 정립극은 정책시간에 인기 있는 일일극의 형식을 빌어 역경과 시련을 이겨낸 선현들의 발자취, 국가관과 민족혼을 제시하고자 하는 발상에서 시작한 드라마였다."(임종수, 「텔레비전의 사회문화사」, 『한국의 미디어 사회문화사』, 한국언론재단, 2007, 465면.)

20 "KBS는 지난 11일 전설의 고향 〈어사화〉편(임충 극본, 최성식 연출)을 방영했다. 주색잡기에 탐닉하다 어진아내의 내조 덕택으로 새사람이 되어 고려 고종 때에 살례탑이 이끈 몽고군을 격파한 박서장군에 얽힌 전설이 소개되었다. 옛날이야기를 그대로 극본으로 만들어 영상으로 옮긴 것 외에는 새로운 맛은 아무것도 주지 못했다. 지루하고 뻔한 이야기라 하더라도 극적효과까지 얻지 못했다는 것은 제작에 너무 안일하다는 인상마저 준 작품이었다."(「TV주평」, 《경향신문》, 1980. 3. 19.)

21 〈전설의 고향〉의 방영시간은 자주 변경되는데, 1977~1979년까지는 밤 10시 정도에 편성되었고, 1980년대 초반부터 저녁 8시로, 1985년 이후는 다시 밤 10~11시대로 편성되었다.

22 〈전설의 고향〉 해설은 성우 김용식이 21년 동안 담당했다. 그는 1972년 MBC 성우 5기로 데뷔해 78년 오디션으로 〈전설의 고향〉 성우에 발탁됐다. 〈전설의 고향〉뿐 아니라 〈은하철도 999〉 해설

과 라디오 다큐멘터리 드라마 〈격동 50년〉의 고(故) 정주영 현대그룹 명예회장 역할, 내셔널지오그래픽 〈신 동물의 왕국〉 해설 등으로도 많이 알려져 있다.

23 〈상사초〉(임충 극본, 1980. 1. 16. 방송)

24 1980년 납량특집으로 5주간 〈백년한〉, 〈웅녀〉, 〈치악산〉, 〈망자의 소원〉, 〈늑대울음〉을 방송했다.

25 KBS 2TV 〈전설의 고향〉이 납량특집 6편을 제작, 20일부터 매주 일요일에 방영한다. 올해의 납량특집은 종전의 괴기에서 탈피, 시원한 서정물과 신비스런 얘기로 엮어진다. 〈상사룡〉, 〈꽃무덤〉, 〈물레야 물레야〉, 〈유복문서〉, 〈구미호〉 등이 방영된다.(〈전설의 고향〉 납량특집, 《경향신문》, 1986. 7. 18.)

26 이주라, 「일제강점기 괴담의 특징과 한국 공포물의 장르적 관습」, 《우리문학연구》 45집, 2015, 355면.

27 강진옥, 「원혼설화의 담론적 성격 연구」, 《구비문학연구》 12, 2002, 52면.

28 백문임, 앞의 책, 154면.

29 이 시기 〈전설의 고향〉에서 '구미호' 역할을 맡았던 배우들은 한혜숙, 장미희, 김미숙, 정윤희, 유지인, 차화연, 선우은숙 등이었으며, 구미호로 캐스팅되는 것은 당시 여배우의 인지도나 인기도를 파악하는 기준이 되기도 했다.

30 공포영화를 통해 그 사회문화가 억압한 가치들이 끔찍하고 흉측한 형상으로 나타난다고 할 때, 그 형상은 공포와 더불어 쾌락을 야기한다. 흉측한 괴물의 형상은 곧 억압된 소망이 그만큼 강렬하고 매혹적인 것이었음을 반증하는 셈이다.(백문임, 앞의 책, 48면.)

31 KBS 홈페이지 http://www.kbs.co.kr

32 〈호녀〉(1996. 6. 26.), 〈야호〉(1996. 7. 31.), 〈구미호〉(1997. 7. 12.), 〈여우골〉(1998. 7. 13.), 〈구미호〉(1999. 7. 15.)

33 1990년대 〈전설의 고향〉은 1970~1980년대 〈전설의 고향〉의 공포물 중에서 일부를 리메이크했기 때문에 선택된 공포 유형의 세부적 성격을 살펴볼 필요가 있다.

34 1990년대 공포영화에서 전통적인 시대를 배경으로 하는 경우는 거의 없다. 1990년대 공포영화는 고전영화의 주된 모티프였던 원한과 복수를 활용하지만 전통적인 서사하고는 거리가 멀었다. 〈손톱〉(1994), 〈피아노맨〉(1996), 〈올가미〉(1997), 〈여고괴담〉(1998), 〈링; 바이러스〉(1999) 등 다양한 공포 영화가 등장하였다.(김양지, 「한국 공포영화의 관습의 반복과 변화」, 이화여자대학교 석사학위논문, 2000, 31면.)

35 이명현, 「〈전설의 고향〉에 나타난 구미호 이야기의 확장과 변주」, 《우리문학연구》 28집, 2009, 70면.

36 "지난주 제 1편 〈호녀〉를 시작으로 7년 만에 다시 방송을 시작한 KBS 2TV 〈전설의 고향〉, 어린 시절 보았던 〈전설의 고향〉을 생각하며 〈호녀〉를 시청한 PC통신 이용자들은 예전의 〈전설의 고향〉에 못 미친다며 시큰둥한 반응을 보였다. 특히 캐스팅과 분장에 대한 불만이 많은 것으로 나타났다. 기획단계에서부터 오류가 있는 게 아닌가 싶다. 구수하고 감동을 주는 방향으로 나갈 것인지, 아니면 괴기스럽고 무서운 느낌을 줄 것인지를 먼저 결정해야 했다. 〈호녀〉는 이것도 아니고 저것도 아니다."(《경향신문》, 1996. 7. 4.)

37 〈M〉(MBC, 정세호 연출, 이홍구 극본, 심은하 주연)은 낙태당한 아이의 혼령이 한 여자에게 빙의되어 복수를 한다는 설정으로 50%대의 시청률을 기록하였다. 도시를 배경으로 한 일상의 공포를 불러일으키며 방송극 공포물의 새로운 전환점을 주었고, 이후 〈거미〉(1994), 〈고스트〉(1999), 〈혼〉(2009) 등 다양한 현대 공포물 드라마가 방송되었다.

38 송아름, 「1990년대 불안과 〈여고괴담〉의 공포」, 《한국극예술연구》 34집, 2011, 300면.

39 "도입부만 보고도 결말을 알 수 있을 정도로 이야기는 뻔하게 흘러간다. (중략) 그야말로 전설을 소재로 택했기 때문일까. 몇 장면만 보면 금세 전체 스토리를 알아차릴 수 있는 이 같은 권선징악은 지루해지기 십상이다."(「KBS 〈전설의 고향〉 등골 오싹하는 스릴이 없다」, 《동아일보》, 1997. 8. 13.)

40 내레이션의 사용도 고정적이지 않으며, 총 18편(2008~2009) 중 9편(2008; 〈구미호〉, 〈아가야 청산가자〉, 〈귀서〉, 2009; 〈혈화〉, 〈죽도의 한〉, 〈계집종〉, 〈씨받이〉, 〈구미호〉, 〈묘령의 구슬〉)이 해설로 끝맺음을 하고 있다.

41 박윤희, 「한국 공포드라마에 나타난 성격분장 연구―2008년 KBS 납량특집 8부작 〈전설의 고향〉 작품을 중심으로―」, 건국대학교 석사학위논문, 2009, 61면.

42 2000년대 한국 공포영화는 〈가위〉(2000), 〈폰〉(2002), 〈소름〉(2001), 〈장화, 홍련〉(2003), 〈알 포인트〉(2004), 〈기담〉(2007), 〈전설의 고향〉(2007) 등이 있었다.

| 제4절 |

2000년 이후 한국 공포영화에 드러난 '환(幻)'의 작동방식

1. '환(幻)'이 '멸(滅)'하는 장르로서 한국 공포영화

1960년대 이후 거의 사멸해가는 한국 공포영화의 구원투수로 등장한 작품이 〈여고괴담〉(박기형, 1998)이다.[1] 유명한 배우도 없는 저예산 공포영화의 성공은 예상하지 못한 일이었다. 여고생 귀신이 학교에 산다는 설정도 크게 주목받지 못했다. 하지만 그 안을 들여다보면 성공할 가능성이 높은 기획이었다. 1990년대로 들어서면서 한국 사회는 급속도로 변했고 영화는 빠르게 이를 반영했다. 1990년대 전반에는 로맨틱 코미디물이, 1990년대 후반에는 멜로드라마가 사회적 변화를 반영하는 가장 대표적인 장르였다. 로맨틱 코미디는 여성의 사회진출과 핵가족, 육아문제 등을 소재로 관객의 호응을 이끌어냈고, 멜로드라마는 신파적 감성과 새로운 트렌드 양쪽을 공략하며 사랑에 가슴 아파하는 새로운 남성상을 그려냈다. 영화산업의 지형도가 바뀌는 1990년대였지만 공포 장르는 여전히 활력 없는 마이너 장르로 남아 있었다. 그러는 사이 학교는 무한경쟁의 장으로 무섭게 변해갔고 아이들은 남을 밟아야 내가 산다는 사고방식을 당연한 것으로 받아들이게 된다. 〈행복은 성적순이 아니잖아요〉(강우석, 1989)라는 항변은 이제 무기력한 외침이 된 것이다. 오직 1등만이 살아남는 세상에서 성적 때문에 죽는 여고생이 귀신이 되어 복수를 한다는 〈여고괴담〉은 단순한 상상력이 아니라 지독한 현실이었다. 인간의 욕망과 사회적 억압을 가장 밀도 높게 드러내는 장르가 공포이다. 〈여고괴담〉의 흥행 성공은 교육 문제를 우려하고 개탄하면서도 '그래도 나(내 자식)는 살아남아야 한다'라는 학생 혹은 학부모의 욕망이 충돌하는 지점을 잡아냈다. 해결책이 보이지 않는 교육 문제는 합리적 인과관계나 자연법칙을 벗어난 공포 장르로 호출할 수밖에 없었다.

2000년대 한국 공포영화를 예비한 〈여고괴담〉(박기형, 1998)

2000년 이후 여고괴담 시리즈가 힘을 잃은 것은 단지 영화 내적인 문제라고 할 수 없다. 학교는 귀신이 되어 복수하는 이야기가 인간적으로 느껴질 정도로 더 각박하고 치열해졌기 때문이다. 〈여고괴담〉으로 기력을 회복한 한국 공포영화는 2000년대 들어서면서 매년 꾸준히 제작되었다. 공포영화는 저예산으로 제작되는 경우가 많다 보니 손익분기점을 넘기 쉬운 편이라 제작사 라인업에 늘 한두 편씩은 올라 있고 제작비 대비 수익을 낸 작품도 꽤 많다. 2000년대 한국 공포영화의 가장 큰 특징은 소재가 다양해졌다는 점이다. 동화나 설화에서 소재를 차용하기도 하고, 원조교제, 애완동물 학대, 성형수술, 왕따 등 사회문제가 광범위하게 공포영화로 흡수되었다. 또한 아이돌 걸 그룹, 구체관절인형, 웹툰, 동영상 등 새로운 문화현상도 다뤄지고 있으며 3D 촬영방식이 사용되어 공포효과를 높이려는 시도도 이루어진다. 2000년대 중반 이후 공포 장르는 다시 하향곡선을 그리게 되고 공포는 미스터리나 스릴러와 결합되어 장르 관습으로 소비되는 경향이 강해진다. 즉, 순수한 공포 장르 영화보다는 공포 장르 관습이 혼용된 미스터리 스릴러물이 급속히 증가하고 있다는 것이다.[2] 〈극락도 살인사건〉(김한민, 2007), 〈고사: 피의 중간고사〉(창감독, 2008), 〈숨바꼭질〉(허정, 2013) 등은 공포 장르 관습의 차용으로 작품의 완성도나 흥행 면에서 좋은 결과를 낸 경우다. 공포 관습을 참신하게 활용한 〈불신지옥〉(이용주, 2009) 같은 작품은 장르를 구분하기 어려울 지경이다. 그렇긴 하나 〈불신지옥〉은 영화 전체의 구도를 생각하면 미스터리 스릴러로 분류하는 게 맞을 것 같다. 2000년대 한국 공포영화는 소재와 양상은 다양해 보이지만 개인적, 사회적 원한과 죄책감이라는 '환'을 풀기 위한 한바탕 진혼굿을 벌이다가 마침내 환이 소멸하는 서사구조가 핵심 뼈대를 이루고 있다. 2000년대 한국 공포영화의 골간을 제대로 이해해야 다음 행보를 모색할 수 있을 것이다. 다양한 소재와 주제가 등장했지만 흥행에 성공하거나 비평적 주목을 받은 공포영화는 아무래도 모성이나 여성의 욕망을 다룬 작품들이라고 할 수 있다. 무수한 하위 장르[3]를 갖고 있는 공포영화지만 한국 공포영화는 주로 여성가해자/희생자가 등장하는 내용이 주를 이룬다.[4] 2000년대 한국 공포영화 리스트는 다음과 같다.[5]

2000, 〈가위〉(안병기)

2002, 〈폰〉(안병기)

2003, 〈장화, 홍련〉(김지운)

2003, 〈아카시아〉(이수연)

2003, 〈4인용 식탁〉(박기형)

2003, 〈거울 속으로〉(김성호)

2004, 〈분신사바〉(안병기)

2004, 〈령〉(김태경)

2004, 〈인형사〉(정용기)

2005, 〈분홍신〉(김용균)

2005, 〈가발〉(원신연)

2006, 〈아파트〉(안병기)

2006, 〈신데렐라〉(봉만대)

2007, 〈두 사람이다〉(오기환)

2007, 〈기담〉(정범식, 정식)

2007, 〈므이〉(김태경)

2009, 〈요가학원〉(윤재연)

2010, 〈폐가〉(이철하)

2010, 〈귀鬼〉(김조광수, 여명준, 조은경)

2011, 〈기생령〉(고석진)

2011, 〈고양이: 죽음을 보는 두 개의 눈〉(변승욱)

2011, 〈화이트: 저주의 멜로디〉(김곡, 김선)

2012, 〈미확인 동영상: 절대클릭금지〉(김태경)

2012, 〈두 개의 달〉(김동빈)

2012, 〈무서운 이야기〉(정범식, 임대웅, 홍지영, 김곡, 김선, 민규동)

2013, 〈더 웹툰: 예고살인〉(김용균)

2013, 〈무서운 이야기 2〉(김성호, 김휘, 정범식, 민규동〉

2014, 〈터널 3D〉(박규택)

2014, 〈소녀괴담〉(오인천)

2015, 〈검은손〉(박재식)

2015, 〈퇴마: 무녀굴〉(김휘)

2015, 〈검은 사제들〉(장재현)

2. 귀신들림과 모성

2003년은 2000년 이후 한국영화의 분기점을 이루는 시기로 장르영화의 새로운 전형들이 쏟아져 나왔다. 공포영화로는 반전을 적절히 활용한 〈장화, 홍련〉(2003년 6월 13일 개봉)이 흥행에 성공하였고 좋은 평을 받았다. 고전설화에서 모티프를 가져왔지만 현대적으로 세련되게 탈바꿈된 〈장화, 홍련〉은 각본, 연출을 맡은 김지운 감독의 역량이 십분 발휘된 영화라고 평가할 수 있다. 그런데 2003년에는 일맥상통하는 주제를 갖고 있는 공포영화 두 편이 더 개봉되었다. 〈4인용 식탁〉(박기형, 2003년 8월 8일 개봉), 〈아카시아〉(이수연, 2003년 10월 17일 개봉)로 이 두 작품은 〈장화, 홍련〉에 비해 주목받지 못했다. 이들 세 작품은 모두 가정에 내재된 공포를 다루고 있는데 핵심적인 요소로 아이와 모성의 문제가 등장한다는 공통점이 있다. 비슷한 시기에 세 편이나 유사한 주제를 다룬 공포영화가 나타났다는 점은 우연의 일치라고만 생각할 수 없다. 이들 영화에는 변화하는 가정, 모성에 대한 새로운 비전이 담겨 있으면서도 기존의 관습과 통념이 저항하는 지점들이 뒤엉켜 있다고 할 수 있다.

한국 공포영화의 주인공들은 주로 여고생, 여대생, 엄마이다. 아이를 제외하고 청소년기 이후의 주인공은 거의 여성이다. 남성 인물은 가해를 하거나 여성에게 원한을 심어주는 역할을 맡게 된다. 여성 인물 중에서도 여주인공의 친정엄마, 시어머니 등은 주인공 주변인물로만 등장한다. 결론적으로 한국 공포영화에서 여주인공은 모두 가임기 여성이다. 여고생부터 약 40세까지의 여성들이 공포영화의 주인공이 된다는 사실은 흥미로운 지점이다. 주인공 설정이 이렇게 되어 있으니 당연히 여성의 성적 욕망, 임신, 출산 등이 주요한 제재로 등장할

모성의 문제를 나무의 시선으로 바라본 〈아카시아〉(이수연, 2003)(왼쪽) / 고전설화 '장화홍련'을 현대적으로 해석한 〈장화, 홍련〉(김지운, 2003) (오른쪽)

수밖에 없다. 만일 멜로드라마라면 전혀 다르게 그려졌을 이야기들인데 공포영화에서 여성의 특수성은 두렵고 낯선 속성을 드러낸다.[6]

〈장화, 홍련〉, 〈아카시아〉, 〈기생령〉 등에 등장하는 엄마는 일종의 새엄마다. 하지만 과거 동화에 나오는 못된 새엄마는 아니다. 〈장화, 홍련〉의 관객이 가지고 있는 그러한 통념, 선입견을 오히려 반전을 위한 장치로 적절히 활용해 성공한 경우다. 〈아카시아〉의 엄마는 오랜 기간 불임의 고통을 겪다가 남자아이를 입양하고, 〈기생령〉의 엄마는 길을 잃은 아이를 집으로 데려와 잠시 보호자 역할을 한다. 〈아카시아〉의 입양된 아이나 〈기생령〉의 길 잃은 아이의 입장에서 새엄마는 죽은 엄마를 대신하는 존재다. 각기 다른 상황이지만 아이들에게 새엄마가 생겼다는 점은 같다고 할 수 있다. 이들 작품에서 머리를 풀어 헤친 귀신의 이미지는 무서운 효과를 창출하는 데 결정적으로 기여한다. 원혼을 가진 이 귀신 이미지는 1960년대 이후 재생산된 한국적인 이미지이기도 하면서 일본 공포영화의 영향이 감지되기도 한다. 두 작품에서 아버지들은 문제를 해결하려는 노력을 보이기는 하나 결정적인 행동은 여성 주인공의 몫이다. 고전에서 모티프를 가져와 새엄마에 대한 기존의 거부감을 적절히 사용하다가 결론에서 이런 선입견을 전복시킨 〈장화, 홍련〉은 흥행에 성공했지만, 대를 잇는다는 전통적인 관념을 소재 차원 이상으로 변형시키지 못한 〈아카시아〉는 거의 주목받지 못했다. 공포영화로서 영화적 관습의 사용이나 시각적 이미지의 활용이라는 측면에서 〈아카시아〉도 상당히 공을 들인 영화이며 작품의 완성도도 비교적 높다고 할 수 있지만 변화하는 시대의 패러다임을 담아내진 못한 것이 흥행 실패의 원인 같다. 가장 최근 영화인 〈기생령〉(고석진, 2011)은 오히려 가장 고전적인 귀신들림을 소재로 하고 있다. 또한 무속을 주요 모티프로 사용하고 있으며 잔혹한 장면 수위도 가장 높다.

〈장화, 홍련〉은 정신분열에 걸린 아이 수미(임수정)가 요양을 위해 아버지(김갑수)와 시골별장에 내려갔다가 병세가 악화되어 다시 병원에 입원하기까지의 시간을 다룬다. 영화는 시골로 떠나기 전, 수미가 정신병원에서 주치의를 만나는 장면부터 시작된다. 그때 화면에는 수미가 아니라 수연(문근영)이 등장하고, 시골에 도착했을 때 차에서는 수미와 수연이 함께 내린다. 〈장화, 홍련〉은 한 번 관람해서 내용을 파악하기 힘들 정도로 정교하게 시점이 조작된 영화다. 영화 말미에 사건의 진상을 보여주는 숏들이 배치되어 있어 전체 윤곽을 이해하는 데 크게 어려움은 없으나 영화를 처음 관람할 때는 영화가 의도한 대로 내용을 오해하도록 관객을 이끌고 있다. 수미는 혼자서 이미 죽은 동생 수연과 새엄마 역할을 한다. 첫 장면에서 정신과 의사는 수연에게(화면에 보이는 모습) "자신이 누구라고 생각해?"라고 질문한다. 대답 대신 화면은 시골로 내려가는 차 안 차창 풍경으로 서서히 바뀐다. 차창을 내다보는 시점숏으로 구성된 화면이지만 누구의 시선인지는 알려주지 않는다. 차에서 내릴 때도 뒷자리는 비추지 않는다. 차 문을 열고 두 자매가 내리면서 비로소 차 뒷자리의 주인공을 알려주는데 이것도 현실은 아니다. 두 자매가 사실은 한 명이라는 정보는 곳곳에 배치되어 있다. 두 소녀가 정원으로 뛰어가지만 집 안 창문에서 내다보이는 아이는 수연뿐이다. 선착장에서 두 소녀가 앉아 있을 때도 물에 비친 그림자는 수연의 것뿐이다. 집 안에서 수미와 수연이 처음 새엄마와 마주칠 때도 새엄마는 수연을 먼저 언급한다. "수연이 그동안 많이 변했네." 새엄마의 말을 듣는 수미의 얼굴이 창백해진다. 수연과 새엄마의 존재나 대화는 수미 혼자의 환상이므로 창문으로 보이는 아이가 수미이거나 그림자가 있는 아이도 수미여야 한다. 하지만 정신분열인 수미는 자신을 제거하고 타자만을 보고 있다. 이런 장면들은 관객이 보이는 화면을 그대로 믿도록 혼란에 빠뜨리며 내용에 몰입하게 만든다. 수미, 수연, 새엄마가 같은 인물이라는 것은 똑같은 행동을 하는 자매, 수연과 새엄마의 생리일을 일치시키는 것, 정신분열 약을 먹는 새엄마 등의 모습을 통해 암시한다.

〈아카시아〉에서 결혼한 지 10년 정도 된 미숙(심혜진) 부부는 불임 때문에 고민한다. 홀시아버지를 모시고 사는 부부는 신도시 주택에서 경제적으로 풍요롭게 살고 있다. 조각가인 시아버지와 산부인과 의사인 남편은 간절하게 아이를 원하며 미숙에게 입양에 대해 조심스레 운을 떼지만 미숙은 내켜 하지 않는다. 특히 시아버지는 "제사상 차려주는 사람"이라는 말을 하며 아이를 노골적으로 원한다. 직물공예가인 미숙은 어느 날 아이들 그림대회 심사위원으로 갔다가 비범한 그림을 보게 된다. 뭉크의 '절규'를 연상시키는 이 그림은 초등학생의 실력으로 보기 힘들 정도로 출중하다. 미숙은 이 그림에 마음이 끌렸지만 혼자 그린 그림일 수 없다고 생각해 뽑지 않는다. 그 후 남편의 간곡한 설득에 보육원을 방문한 미숙은 원장실에서 같은 내용의 그림을 보고 놀란다. 아무런 미술교육을 받은 바 없다는 원장의 말에 더 호기심이 생긴 미숙은 그림을 그린 아이를 보고 싶다고 말하고 그 아이를 입양하기로 결정한다. 그림을 그린 6살 소년 진성은 미숙 부부의 집에 와서 처음에는 서먹하게 있었지만 곧 엄마, 아빠라 부르며 적응한다.

그런대로 안정을 찾아가던 집안에 균열이 생기는 것은 미숙이 뜻밖의 임신을 하면서이다. 미숙은 진성을 친자식처럼 키우려는 노력을 하던 중 아이가 생기자 당황한다. 엄마가 사내아이를 출산하면서 진성은 소외감을 느끼고 질투하는 행동을 한다. 우는 아이 입을 막기도 하고 어른들에게 소리를 지른다. 미숙의 친정엄마는 이런 진성을 보면서 "어른을 잡아먹을 눈"이라고 함부로 말을 한다. 이때부터 미숙 남편의 악몽도 시작된다. 진성은 죽은 엄마가 나무가 되었다고 믿고 있으며 미숙네 정원에 있는 아카시아 나무에 엄마의 혼이 들어 있다고 생각한다. 진성과 미숙의 갈등이 본격화되면서 진성은 자주 나무 위로 도피를 하고 진성이 집을 나간 이후 죽어가던 아카시아 나무는 갑자기 살아나기 시작한다. 잎이 나고 꽃을 피운 아카시아는 향기롭고 아름다운 나무가 아니라 미숙의 가정을 위협하는 모습이 된다. 미숙의 친정엄마는 아카시아 가지의 공격을 받고 쓰러져 의식을 잃고, 시아버지도 아카시아 가지에 얼굴을 할

킨다. 미숙 부부는 점차 사이가 벌어져 싸움이 잦아지고 남편은 점점 폭력적으로 변해간다. 어느 날 아침을 먹던 남편은 밥에 들어간 바늘을 씹어 입 안이 피투성이가 되고 미숙에게 욕설을 퍼붓는다.

〈기생령〉은 〈장화, 홍련〉이나 〈아카시아〉에서는 별로 중요하지 않았던 돈 문제가 두드러진다. 임신을 한 서니(한은정)는 갑자기 남편의 형님 내외가 살던 교외의 근사한 주택으로 이사를 하게 된다. 서니의 남편은 주식으로 돈을 다 날린 상태로 매일 빚 독촉에 시달리며 초조하게 살고 있다가 형님의 죽음으로 기사회생하게 된다. 서니는 교통사고로 형님 내외가 사망한 것으로 알고 이사를 하지만 사실은 그 집안에서 끔찍한 살인사건이 있었던 것이다. 아내가 남편의 발목을 잘라 죽이고 자신도 자해 끝에 사망한 것이다. 서니는 그 사건에서 살아남은 조카 빈이의 작은엄마로 아이를 돌본다. 서니는 아이를 정성껏 돌보지만 빈이는 이상한 행동을 계속한다. 할머니가 무당이라는 사실 때문에 아이들에게 놀림을 당하는 빈이는 어느 날 놀리는 아이 눈을 연필로 찍어버린다. 영화가 진행되면서 하나씩 진실이 드러나고 빈이에게는 죽은 아이 기진의 혼이 씌웠다는 게 밝혀진다. 기진이는 빈이 엄마가 잠시 돌보아 주던 아이인데 빈이 할머니에 의해 희생되었다. 자기 딸이 낳을 아이를 위해 원혼 굿을 해야 한다고 믿는 할머니(백수련)는 기진이의 발목을 작두로 자르고 독 안에 아이를 넣어 생매장해 버렸던 것이다. 고등학생 여동생을 데리고 살고 있는 서니는 여러 아이에게 엄마의 역할을 요구당한다. 조카 빈이와 여동생 유린은 서니의 사랑을 두고 경쟁을 하는 구도를 연출한다. 공포영화의 효과 창출은 상당히 성공적임에도 근본적인 설정이 시대와 어울리지 않아 관객에게 외면당한 영화다.

3. 원혼과 복수

2000년대 한국 공포영화는 거의 다 원혼의 복수극이다. 2000년대 한국 공포영화는 안병기 감독의 작품들로 채워져 있다. 〈가위〉(안병기, 2000)[7]는 '어 퓨 굿 맨'이라는 대학 내 서클에서 벌어지는 살인사건을 다룬다. 경아(하지원)라는 신입생이 들어오면서부터 문제가 발생한다. 선애는 자신이 짝사랑하는 야구선수 세훈(유지태)이 경아에게 관심을 보이자 질투를 느끼고 경아를 훔쳐보기 시작한다. 그러다 경아의 과거를 알게 되고 서클 회원들에게 폭로한다. 서클의 중심인물 해진(김규리)과 어린 시절 함께 자란 경아는 동네에서 저주받은 아이로 경원시되었다. 끔찍한 버스 전복사고에서 홀로 살아남은 경아는 해진의 아버지가 죽는 현장에도 있었다. 이후 해진은 경아를 볼 수 없었고 이름을 바꾼 경아는 대학에서 다시 해진에게 접근한 것이다. 저주받은 아이로 불리긴 했으나 실제 경아가 어떤 능력이 있고 무슨 짓을 했는지 아는 사람은 없다. 그러나 서클 회원들은 경아에게 불길한 기운을 느끼고 회원들 사이에 불화가 생기기 시작한다. 그러던 중 사고로 경아가 사망하고, 그 자리에 없었던 해진만이 최종적으로 살아남는다. 하지만 영화 끝 장면에서 경아의 혼령이 계속 존재한다는 걸 암시하여 전형적인 공포영화의 결말로 귀결된다.

〈폰〉은 원조교제와 인공수정을 소재로 하고 있어 2000년대 새롭게 사회적 문제가 된 현상들을 발 빠르게 수용하고 있다. 인터넷과 휴대폰을 통한 원조교제는 당시 사회적인 문제가 되었고 의술의 발달로 인공수정도 전에 비해 급증하는 세태가 반영된다. 기자인 지원(하지원)은 원조교제 기사를 쓴 이후 이상한 전화와 문자메시지를 받는다. "우리는 사랑할 운명이에요." 이와 같은 알 수 없는 메시지가 계속 오고 무슨 소리인지 알아들을 수 없는 괴성이 울리는 전화가 걸려온다. 담대한 지원은 크게 신경 쓰지 않고 기사로 인해 원한을 갖고 있는 인물의 장난일 거라 대수롭지 않게 넘긴다. 그런데 문제는 지원의 절친인 호정(김유미)의 딸 영주가 그 전화를 받은 것이다. 이후 영주는 귀신들린 아이처럼 행동하며 엄마인 호정에게 적대적인 태도를 취하고 심지어 공격하기도 한다. 지원은 휴대폰의 이전 주인들을 수소문하는데 모두 의심스럽게 죽었다는 걸 알게 된다. 택시운전을 하던 남자는 갑자기 미친 듯이 차를 몰아 스스로 전신주에 들이받았고, 같은 번호를 쓰던 여자도 이해하기 힘든 상태에서 심장마비로 사망했다.

〈분신사바〉는 여고생들이 귀신을 부르는 주문이다. 〈여고괴담〉 유의 영화라고 생각할 수 있지만 훨씬 더 고전적인 귀신 이야기다. 아이들에게 괴롭힘을 당하는 유진(이세은)은 다른 친구 두 명과 분신사바를 하기로 한다. 한밤중에 교실에 모인 세 아이는 펜 하나를 함께 잡고 "분신사바 분신사바 오이떼 구다사이"라는 주문을 외운다. 유진은 창고에서 저주받은 책상이라 소문이 난 옛날 책상을 가져다놓고 그 위에 복수하고 싶은 아이들 이름을 적은 종이를 올려놓는다. 유진은 무슨 일이 있어도 절대 눈을 뜨면 안 된다고 아이들에게 당부하지만 정작 자신이 눈을 뜬다. 이상한 기운이 감돌고 펜이 저절로 움직이며 아이들 이름을 하나씩 지워갈 때 유진은 눈을 떴고 귀신을 보게 된다. 이후 종이에 적었던 아이들이 하나씩 사고로 죽는데 이상하게도 모두 검은 비닐을 뒤집어쓰고 스스로 라이터로 불을 붙인 자살이다. 유진뿐 아니라 새로운 미술 선생 은주(김규리)도 귀신을 보는 능력을 갖고 있다. 은주는 외지인이 거의 들어오지 않는 외딴 마을에 스스로 부임해온 경우다. 이 마을은 비밀을 갖고 있는데, 30년 전 춘희 모녀가 마을로 들어온 일이 그것이다. 아름다운 춘희는 앞을 볼 수 없는 딸 김인숙을 학교로 전학시킨다. 분명 심한 녹내장 때문에 앞을 볼 수 없어야 마땅한 인숙은 좋은 시력을 갖고 있어 모두 의아해한다. 춘희 모녀를 달가워하지 않고 마을에서 내쫓으려던 사람들은 차츰 그들을 받아들이는 쪽으로 기운다. 알고 보니 춘희가 마을 남자들을 찾아다니며 여성적 매력으로 그들의 마음을 돌린 것이다. 그럼에도 불구하고 아이들은 자신들과 생긴 것이 다른 인숙을 따돌리고 괴롭힌다. 결국 춘희 모녀는 불에 타 죽고 이 사실은 마을의 비밀로 묻혀버렸다. 은주는 춘희의 환생으로 마을에 복수하고 아이를 되살리기 위해 다시 돌아온 것이다.

〈아파트〉는 장애인 학대, 히키코모리 등의 문제를 소재로 삼은 도시 괴담 유형의 공포영화다. 인테리어 디자이너 세진(고소영)은 앞 동에 살고 있는 장애소녀 유연과 우연히 가까워진다. 부모가 교통사고로 죽자 마을 주민들은 혼자 사는 유연을 당번제로 돌봐준다. 쌍안경으로 유연을 관찰하던 세진은 이상한 점을 발견한다. 할머니, 아줌마, 대학생 등 여러 주민들이 유연을 찾아오는데 그들은 모두 커튼을 치고 유연에게 무언가를 강요하는 모습이다. 히치콕의 〈이창〉과 같은 모티프를 갖고 있는 〈아파트〉는 사회적인 문제에 치중하다 보니 오히려 공포영화로서의 정체성이 약해진 것 같다. 마지막에 유연이 이미 지난겨울에 자살했다는 것이 알려져 세진이 본 것은 귀신이었다는 게 밝혀지지만 반전의 묘미는 희박하다.

〈고양이: 죽음을 보는 두 개의 눈〉(변승욱, 2011)은 유기동물 문제를 다루고 있다는 점에서 역시 최근 사회적 이슈를 소재로 삼는다. 억울하게 죽은 여자 아이의 원혼이 고양이에게 씌워 사람들을 차례로 죽인다는 내용이다. 엘리베이터에서 심장마비로 죽은 중년 여성부터 저주가 시작된다. 비단이(고양이의 이름)의 주인이었던 이 여성은 애완동물을 진정으로 아끼는 것이 아니라 장난감처럼 여기고 있다. 이 영화에서 살해되는 인물들은 모두 비단이를 학대한 사람들인데, 가장 처참하게 죽는 인물은 유기견보호센터에서 일하는 계장과 펫샵 주인이다. 애완동물을 안락사시키고 소각로에 태우는 계장은 소각로에 빨려 들어가 타 죽고, 펫샵 주인은 가게 창고에 갇혀 온몸이 할퀸 상

유기동물 학대라는 사회적 문제와 고양이의 시점을 제시한 〈고양이〉(변승욱, 2011)

태로 발견된다.

이 장에서 살펴 본 영화들은 모두 원혼이 돌아와 복수를 하는 공포영화들로, 시대적인 풍조와 유행을 반영했다는 공통점이 있다.

4. 새로운 공포 장치의 발견

2000년대 초반 한국 공포영화는 모성의 문제에 천착했고 모성에 대한 통념을 살짝 비틀거나(〈장화, 홍련〉), 모성에 대한 기존의 가치를 공고히 하는(〈분신사바〉) 영화들이 흥행에도 성공했다. 〈분홍신〉(김용균, 2005)은 안데르센의 동화 『빨간 구두(The red shoes)』[8]에서 모티프를 가져온 공포영화로 여성의 성적 욕망을 정면으로 다루었다는 점에서 이전 영화들과 차별된다. 특히 엄마와 딸이 성적 욕망을 상징하는 구두를 놓고 경쟁한다는 설정이 흥미롭다.

안과의사인[9] 선재(김혜수)는 유독 구두를 좋아해서 집 안에 구두를 전시한 진열장을 놓은 방을 갖고 있다. 어느 날 낮에 집에 들른 선재는 남편이 낯선 여자와 정사를 벌이는 장면을 목격한다. 더구나 여자는 선재가 아끼는 파란 구두 한 짝을 발가락에 걸고 까닥거리고 있다. 선재는 집으로 들어서는 딸 태수를 데리고 밖으로 나가 놀이터에서 시간을 보낸다. 이 일이 있은 후 선재는 이혼한 뒤 집을 구하고 안과 개원을 준비한다. 새로 이사한 아파트 형광등을 갈던 선재는 갑자기 터진 형광등에 눈을 다치고 후배 병원에 가서 치료한다. 후배는 눈에 박힌 유리 파편을 빼고 치료 후 노안이 온 것 같다는 말을 한다. 노안이라는 말에 선재는 발끈하는데 억눌렸던 여성으로서의 정체성을 무의식적으로 방어하는 모습이다.

〈분홍신〉에서 분홍신을 탐내는 여러 여자들이 죽는다. 첫 번째 장면에서 여고생 친구를 비롯해서 선재의 후배인 안과 의사도 죽게 된다. 분홍신을 탐내면

죽지만 원칙이 있다. 분홍신을 주워서 신은 사람은 죽지 않고 뺏어서 신으면 죽는 것이다. 선재의 후배는 새로 이사한 선재 집에 놀러왔다가 분홍신을 보고 갑자기 흥분한다. 선재가 잠시 자리를 비운 사이 분홍신을 신어보려는 후배와 신발을 가지고 방으로 도망간 태수가 실랑이를 벌인다. 처음에는 어르고 달래던 후배는 강제로 신발을 뺏어 도망친다. 다음 장면에서 후배는 완전 다른 모습으로 변신한다. 무채색의 수수한 옷차림이던 이전 모습과 달리 핑크색 화려한 의상에 온갖 액세서리를 하고 짙은 화장에 머리 모양도 바꿨다. 생기발랄한 모습으로 길을 걸으며 누군가와 통화하는 후배는 신발을 바꿔 신으니 왠지 신이 나고 자신감이 생긴다는 말을 한다. 그러나 곧 누군가에 의해 쇼윈도로 처박히고 다리가 잘린다. 선재도 분홍신을 신고 나간 날은 달라진다. 분홍신을 신고 붉은 립스틱을 칠한 선재는 자신의 병원 인테리어를 하는 인철(김성수)과 하룻밤을 보낸다. 인철은 분홍신을 신은 선재에게 뭔가 달라졌다며 보기 좋다고 한다.

〈장화, 홍련〉, 〈아카시아〉에서 새엄마들은 "이제 니 엄마는 나야."라는 말을 하는데 〈분홍신〉의 엄마는 "그건 엄마 꺼야."라고 외친다. 아이의 엄마가 되려는 욕망에서 아이와 여성적 욕망을 경쟁하는 엄마로 달라진 것이다. 여성적 욕망의 주체가 된 듯 보이지만 사회적으로 용인받지 못한다. 선재는 자신의 성적 욕망을 거세한 남편이나 성적 욕망을 촉발하는 인철을 모두 제거해버린다. 그리고 자신이 죽인 여고생 귀신에게 또 다시 처벌된다. 가해자에서 피해자로 악순환의 고리 속에서 역시 또 희생되는 인물이다. 〈분홍신〉은 여기에 역사적인 맥락까지 보태 여성의 원혼이 대를 이어 전승한다는 설정까지 더해 오히려 난삽한 플롯을 만들었다. 하지만 공포영화에 '식민지 경성'을 포섭하여 한국 공포영화의 배경을 넓히는 초석을 마련하였다고 할 수 있다.[10]

매혹적인 공포물 〈기담〉(정범식, 정식, 2007)은 〈분홍신〉에서 과거회상 부분으로 등장하던 식민지시기 경성이 본격적인 배경으로 등장한다. 1942년 경성

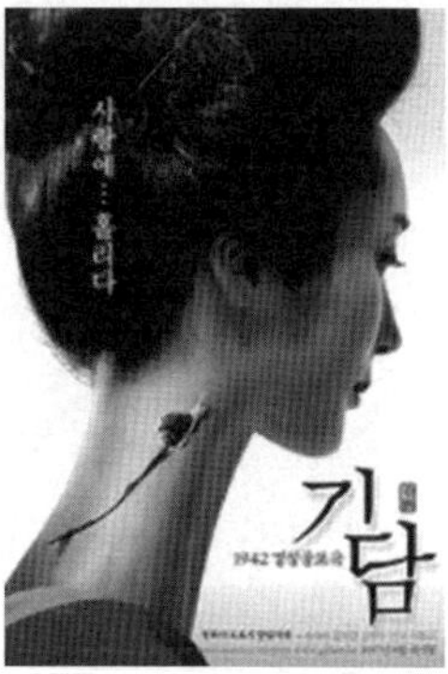

식민지시기 경성의 병원을 배경으로 한 탐미적인 공포영화 〈기담〉(정범식, 정식, 2007)

의 안생병원과 관련된 인물들의 이야기를 다루고 있는 〈기담〉은 양수리 세트장에 식민지시기 병원 건물을 복원해서 촬영했다. 병원 괴담과 식민지시기라는 절묘한 결합으로 탄생된 〈기담〉은 매우 탐미적이다. 젊은 의사(진구)와 귀신이 사랑을 나누는 장면은 아름다운 꿈처럼 묘사된다. 2000년대 한국 공포영화사에서 〈기담〉의 의미는 공포와 미의 결합 가능성을 열어놓은 데 있다.

〈기담〉과 같은 해 개봉한 〈두 사람이다〉(오기환, 2007)는 여러 가지 면에서 독자적인 편이다. 펜싱 선수인 여고생 가인(윤진서) 주변에는 이상한 일들이 벌어진다. 고모 결혼식 날 신랑이 신부를 밀어버리는 사고가 일어나고 중환자실에 있는 언니를 작은고모가 잔인하게 살해한다. 그런데 작은고모는 그 순간을 기억하지 못한다. 가인은 두 번이나 죽을 뻔한 일을 겪고 왜 그런 일들이 일어나는지 알기 위해 강원도 산 속에 숨어 사는 작은할아버지를 찾아간다. 가인 집안에는 유독 이상하게 죽는 일이 끊이지 않는데 그 시작은 작은할아버지가 아내를 죽인 사건이다. 자신의 아내가 바람을 피운다는 익명의 전화와 편지를 받은 작은할아버지는 순간적인 착각으로 아내를 밀어버린다. 이 영화의 주제는 인간의 마음속에 존재하는 질투, 살의가 실제 사건을 만들어낸다는 것이다. 가인 주변을 맴도는 고등학생(박기웅)은 사실 존재하지 않는 가인의 또 다른 자아였다. 주제의식은 심오하나 영화 전체의 플롯으로 작동하기에는 단순한 면이 있어 흥행에는 성공하지 못했다.

2010년 이후 한국 공포영화는 새로운 사회 문화 현상을 적극적으로 반영하게 된다. 〈화이트: 저주의 멜로디〉(김곡, 김선, 2011)는 아이돌 걸그룹의 치열한 경쟁의식, 표절 논란, 성상납 의혹 등을 전면으로 다루고 있다. 신인 걸그룹 '화이트' 멤버인 여가수 네 명은 서로 센터에 서기 위해 신경전을 벌인다. 배려

심 많은 은주(함은정)는 나이도 많은 데다 백댄서 출신이라고 멤버들에게 따돌림 당하지만 꿋꿋하게 버티며 연습에 매진한다. 〈화이트〉는 센터에 서게 되는 멤버들이 정체 모를 귀신에게 공격을 당하며 하나씩 식물인간이 되어 퇴출되는 과정을 보여준다. CCTV 영상에서 아이들은 환각 상태에서 자해를 한 것처럼 보이지만 사실은 과거의 화재사건으로 희생된 원혼이 복수를 하는 것이다.

탐욕이 가져오는 재앙에 대해 이야기하고 있는 〈화이트〉는 노이즈가 심한 비디오테이프에 담긴 비밀을 풀어가는 형식이다. 〈두 개의 달〉(김동빈, 2012)은 공포영화 전문 제작사 고스트픽처스에서 첫 번째로 만든 영화다. 고스트픽처스 대표 이종호 작가는 〈분신사바〉의 원작자로 꾸준히 공포장르에 매진해왔다. 기존 한국 공포영화와 비교해서 〈두 개의 달〉은 여러 가지로 신선한 면모가 있다. 외딴집 창고에서 마주친 세 남녀는 영문도 모른 채 대면하게 된다. 아무런 연관성이 없는 세 남녀는 자신들이 왜 거기 와 있는지 의문을 풀어보려 하지만 비밀은 쉽게 풀리지 않는다. 공포소설 작가라는 소희(박한별)는 무언가를 많은 정보를 가지고 있는 듯 보이고 상황 판단력이나 문제 해결력이 뛰어나다. 여고생 은정과 백수 청년 석호는 집에서 벗어나기 위해 숲으로 들어가지만 음험하고 괴기스러운 숲은 벗어날 수가 없는 장소였다. 〈두 개의 달〉은 퇴마사 이야기와 좀비물이 혼재되어 있기도 하다. 영화 후반에 가서 밝혀지는 진실은 소희를 제외한 나머지 인물들은 모두 귀신이라는 것이다. 그들은 죽었다가 다시 살아나는 형식으로 계속 생존하는 좀비형 귀신이라는 점에서 여타 영화 속 귀신들과 차별된다. 또한 소희가 본래 공포 현장 TV쇼 프로그램을 위해 그곳에 왔다는 점도 뒤늦게 알려진다. 한국적인 귀신 이야기와 서구 공포물의 관습을 섞어놓는 〈두 개의 달〉은 지속적인 스릴과 서스펜

아이돌 걸그룹을 둘러싼 사회문제를 파헤치는 〈화이트:저주의 멜로디〉(김곡, 김선, 2011)

스를 유지하고 있다는 점이 장점이다. 〈미확인 동영상: 절대클릭금지〉(김태경, 2012)도 모바일 기기로 동영상을 주고받는 일이 일상화된 문화적 배경에서 나올 수 있는 공포영화다.

〈더 웹툰: 예고살인〉(김용균, 2013)도 '웹툰' 문화가 이미 정착된 시기에 출현 가능한 공포물이라고 할 수 있다. 웹툰 원작이 영화화되는 현상은 이미 2000년대 이후 흔한 일이었으나, 웹툰 자체가 공포물의 소재가 된 것은 처음이다. 유명 웹툰 작가 강지윤(이시영)이 새로 연재를 시작하자 이상한 일들이 발생한다. 밤늦게 지윤의 원고를 받은 편집장이 밀폐된 사무실에서 자해하고 사망한다. 그녀의 행동은 모니터로 실시간 전송되는 웹툰과 똑같이 진행된다. 사건을 조사하는 형사(엄기준)는 처음에는 대수롭지 않은 사건이라 여겨 자살로 처리하려 하나 과거에도 지윤의 웹툰과 유사한 사건들이 발생했다는 사실을 알게 된다. 〈더 웹툰〉은 죄책감을 가지고 있는 인물들이 자신이 죽인 사람의 혼령에 의해 살해되는 이야기를 다루고 있다. 지윤 역시 재능에 대한 집착과 성공에 대한 야망 때문에 남의 작품을 베낀 이력이 밝혀진다. 모든 인물이 발목에 각기 다른 죄책감이라는 쇠사슬을 매달고 있지만 이들의 행동은 보편적인 인간이라면 공감할 수 있는 수준이다. 가령, 오랜 세월 지극 정성 아내의 병수발을 든 장의사가 죽은 줄 알았던 아내의 시신이 움직이는 걸 보고도 그냥 염을 하는 장면은 끔찍한 악행을 보는 느낌이 아니라 잘못됐지만 안타깝다는 연민이 든다. 〈더 웹툰〉은 이런 식의 에피소드들로 이루어졌기에 관객과 공감하는 데 유리했다.

2014년에는 딱 두 편의 공포영화가 개봉되었다. 〈터널 3D〉(박규택, 2014)와 〈소녀괴담〉(오인천, 2014)이 그 두 편인데, 둘 다 기존의 공포영화와는 다른 기획을 하였다는 점이 눈에 띈다. 최초의 한국 3D 공포영화인 〈터널 3D〉는 공포영화가 3D에 적합한 장르라는 사실을 일깨워준다. 〈소녀괴담〉은 고스트픽처스의 두 번째 작품으로 학원로맨스, 코믹이 혼합된 성격이다. 귀신을 보는 소년(강하늘)과 기억을 잃어버린 여고생 귀신(김소은)이라는 캐릭터 설정이 참신했다. 〈터널 3D〉와 〈소녀괴담〉은 결과적으로 관객과 소통에 성공하지 못하였지만 새로운 시도를 했다는 점에서 의미를 두어야 할 것 같다. 2014년은 2000년 이후 한국 공포영화의 암중모색기라고 할 수 있다. 한편, 한국 공포영화 장르 사이클이 제대로 한 바퀴 돌았다고 평가할 수도 있다. 이는 달리 말하면, 기존의 장르적 성과물을 바탕으로 익숙하고 낯선 새로운 장르물을 만들어낼 역량을 갖췄다고 설명할 수 있겠다.

한국 최초의 UHD(ultra high definition) 3D 공포영화 〈터널 3D〉(박규택, 2014)

2015년에는 세 편의 한국 공포영화가 개봉되었고, 그중 〈검은 사제들〉(장재현)은 낯선 소재임에도 불구하고 500만 명 이상의 관객을 동원하는 성과를 거두었다. 원혼, 가족관계의 트라우마, 무속 이런 모든 소재를 엑소시즘이라는 낯선 소재 안에 차곡차곡 그러나 체하지 않게 담아 넣은 게 〈검은 사제들〉이다. 2000년대 한국 공포영화는 보통 가족관계의 트라우마에 기초하고 있는데 거의 모성에 집중된 성향이 있다. 그런데 오빠/여동생 관계는 흔치 않을 뿐 아니라 강동원이라는 배우를 영화적으로 활용하기에 참 적절한 선택이다. 〈검은 사제들〉은 소재의 특수한 점도 있지만 한국 공포영화의 주인공으로 남성을 소환했다는 점에서도 기념비적이다.[11]

5. 환을 가시화하는 미장센

환, 환상을 이미지로 그려내는 방법은 다양하겠지만 공포영화는 그야말로 관객에게 가시적인 환을 보여주고 환이 야기하는 효과를 누리는 장르다.

2000년대 한국 공포영화의 대표적인 미장센은 귀신을 보여주거나 등장인물을 심리적으로 압박하는 화면을 구성하기 위해 대략 다음과 같은 방식들을 사용한다.

〈장화, 홍련〉에서 귀신은 침대 밑을 기어 다니다가 침대 위로 올라오거나 씽크대 아래서 기어 나온다. 혹은 옷장 속 이불 밑에서 튀어나오기도 한다. 이 귀신은 죽은 친엄마와 동생 수연이다. 수미에게 둘은 죄책감의 근원으로 두려움이 귀신의 형상으로 이미지화됐다. 씽크대 아래서 갑자기 튀어나온 손이 새엄마를 놀라게 하는 장면은 수미가 씽크대 앞에 머리핀을 떨어뜨렸다가 줍는 것이다. 귀신이 등장하는 수미의 꿈은 이중구조다. 숲에서 피투성이 엄마를 보고 놀라서 깬 수미는 자신의 침대 발치에서 무언가 꿈틀거리는 존재를 발견한다. 긴 머리를 산발한 귀신은 천천히 일어나는데 머리에 가려 얼굴은 보이지 않고 목은 꺾여 있다. 귀신의 목이 제자리로 돌아오면서 침대 위로 올라오고, 이때 점프컷으로 귀신이 수미의 머리 앞까지 다가온다. 화면에는 귀신 다리 사이로 수미의 얼굴이 보이는데 귀신의 종아리에서 실핏줄이 선명해지면서 다리 사이로 피가 흐른다. 마침내 보이는 얼굴은 희고 창백한 모습에 눈과 입에 피가 고여 있다. 이 장면은 일본 공포영화의 이미지와 상당히 유사해 보인다.

〈아카시아〉도 머리를 풀어 헤친 이미지로 시작되는데 사람이 아니라 길가 양편으로 늘어선 가로수들이다. 뿌옇게 처리된 화면에서 가로수는 머리를 풀어 헤친 귀신과 같은 이미지로 그려진다. 이 영화에서 나무는 혼령이 깃든 존재이자 모성을 상징하기도 한다. 원한을 제공한 장본인인 남편은 악몽에 시달린다. 산부인과 의사인 남편은 얼굴 없는 태아를 보고 놀라서 산모를 보는데 산모도 얼굴이 없어 비명을 지르며 깨어난다. 다음 날 남편은 몇 년 전부터 고사된 아카시아를 잘라버려야겠다고 말을 한다. 이때 화면은 나무가 남편의 말에 반응을 하는 것을 보여준다. 〈아카시아〉에는 정원에 서 있는 아카시아 나무의 시점으로 가족들을 바라보는 장면이 자주 등장한다. 모성과 무속을 결합한 영화 〈기생령〉의 첫 장면은 여자가 자기 발목을 식칼로 내리치는 잔혹한 화면이다. 자다 깬 아이가 "엄마, 뭐 해?"라는 말에 뒤돌아보는 여자의 얼굴이 섬뜩한 화면이다. 〈기생령〉은 식칼과 작두 등이 자주 등장해 한국적 슬래셔 분위기를 연출한다.

〈폰〉은 증권회사 CEO인 남편이 우연히 여고생을 알게 되어 밀회를 즐기는 것이 사건의 발단이다. 여고생은 둘의 사랑이 진실이라 굳게 믿고 있지만 남자는 가정으로 돌아가고 싶어 한다. 불임이던 아내는 친구의 난자를 얻어 인공수정에 성공하고 그 사실은 둘만의 비밀로 간직하고 있다. 결국 여고생의 존재를 알게 된 아내는 여고생을 몰래 만나 설득하려 하지만 여고생은 오히려 '진실한 사랑은 나'라고 고함친다. 둘은 몸싸움을 벌이고 여고생은 계단에서 굴러 크게 다친다. 아내는 여고생을 병원으로 데려가지 않고 아직 살아 있는 상태에서 벽에 세워두고 건축용 스테이플러로 박은 후 비닐을 덮고 벽돌을 쌓은 다음 회칠을 해버린다. 애드가 앨런 포 소설을 연상시키는 장면이다. 두 엄마를 가둬놓고 계단에서 구르는 여자아이의 모습은 귀신들린 아이의 전형적인 형상이다. 여고생 귀신은 자신을 죽인 아내는 죽이고 난자를 제공한 친구는 살려둔다.

〈분홍신〉의 첫 장면은 공포효과 만점이다. 텅 빈 곡성역[12]에서 한 여고생이 친구랑 통화를 하다가 승강장 끝에 놓인 분홍구두를 발견한다. 구두를 본 여고생의 눈이 갑자기 번뜩이며 전화를 끊고 무언가에 끌리듯 구두로 다가간다. 화면이 바뀌면서 여고생 친구가 나타나 그 구두는 자기 것이라고 말한다. 여고생은 이미 구두를 신고 있었는데 친구는 화난 표정으로 자기가 먼저 보았다고 주장한다. 둘은 몸싸움을 벌이고 친구는 구두를 뺏는다. 분홍 구두를 신은 친구는 갑자기 외모가 달라진다. 묶고 있던 머리를 풀고 입술색이 진해졌으며 무언가 자신감에 차 있는 얼굴이다. 에스컬레이터를 타고 역 구내를 이동하던 친구는 누군가 따라오는 소리를 듣고 뒤를 돌아보지만 아무도 없다. 다시 길을 가려고 몸을 돌린 친구는 저 멀리 검은 형체를 발견하고 소스라치게 놀란다. 이때 바닥에서 핏자국이 친구를 향해 달려오고 비명이 들린다. 자신의 다리를 바라보는 친구의 상반신에서 카메라가 뒤로 빠르게 빠지면서 핏자국과 잘린 두 다리가 화면에 보인다. 〈분홍신〉에서 깜빡이는 형광등, 눈은 중요한 이미지로 반복하여 등장한다. 안과에서 치료를 받은 날 선재는 한쪽 눈에 안대를 한 채 지하철을 탄다. 지하철에서도 이유 없이 등이 깜박이고 이때 선재는 열차를 연결한 통로에 놓인 분홍신을 보게 된다. 선재가 분홍신을 가져오자 딸 태수는 신발을 탐낸다. 엄마 몰래 신발을 신고 화장을 한 아이가 거울을 보자 거울에는 다른 모습의 아이가 있다.

〈화이트〉는 아이돌 걸그룹 이야기를 다루고 있다 보니 아이돌 기획사 건물과 공연장이 주 배경이 된다. 메인 보컬을 탐내던 아이들이 환각을 보고 하나씩 탈락하는 모습과 마지막 남은 은주의 공연장 장면을 공들여 찍었다는 걸 알 수 있다. 기획사 건물 보컬 연습실에서 마이크 줄에 걸려 실신하는 여자 가수의 이미지는 성공을 위해 무리해서 연습을 하고 긴장을 풀기 위해 약에 의존하는 형상이다. 세 번째로 희생되는 여자 가수의 모습은 더 처절하다. 도전 서바이벌 프로그램에 투입된 아이돌 멤버는 팬들이 지켜보는 광장에서 지미집 카메라에 머리카락이 끼어 공중을 회전하다 실신한다. 영화 마지막 은주는 성공적인 공연을 하지만 어느 순간 광기 어린 춤을 추면서 자신의 몸을 제어하지 못한다. 전기감전으로 무대에 쓰러진 은주의 깜박거리는 눈은 비밀이 담겨진 비디오테이프의 내용을 복제한다. 화려하고 멋진 공연장은 감전사고과 화재로 아수라장이 되고 스타와 그들에게 환호하는 관객 모두 눈감고 있던 잔혹한 현실과 적나라한 허상이 드러난다.

〈고양이〉는 아파트 시세 하락을 걱정하는 주민들이 고양이를 지하실에 가둬 몰살시키는 과정에서 함께 희생된 아이의 혼령이 복수를 하는 이야기다. 고양이처럼 날카로운 손톱을 가진 여자 아이가 천장에서 불쑥 내려와 펫샵 주인의 목을 타고 앉아 그의 얼굴을 긁는 장면은 신선한 이미지다.

〈검은 사제들〉의 하이라이트인 구마(驅魔) 장면 미장센도 매력적이다. 바퀴벌레와 쥐떼 등이 출몰하는 화면은 한국인들이 갖고 있지 않은 원관념으로써 악마에 대한 가시적 이미지를 표현하는 데 상당히 효과적이었다. '12형상 악마'의 숙주(부마자)가 된 여고생(박소담)이 순식간에 표변하여 흉측한 악마의 본체를 드러내는 장면은 배우의 연기와 CG가 어우러져 관객을 몰입시킨다. 사제(김윤석)와 부제(강동원)가 협심하여 마침내 여고생의 몸에서 악마를 추출하는 순간, 여고생의 입에서 뿜어져 나오는 피와 징그러운 뱀 형상도 인상적이다.

2000년대 한국 공포영화는 머리를 풀어 헤친 귀신, 깜박이는 전등, 잘린 발목 등 전형적인 공포 관습을 표현하는 화면부터 로만 칼라의 사제복을 입은 신부와 악마의 숙주가 된 여고생이라는 우리 정서에는 낯선 모습까지 미장센으로 담아내고 있다. 결론적으로 '환'을 가시화하는 공포영화의 미장센은 화면을 구성하는 소재 자체보다는 어떻게 새롭게 활용할 것인가에 관건이 있다 할 수 있다.

주석

1 2000년대 한국 공포영화계를 선도한 〈여고괴담〉은 이후 시리즈로 꾸준히 제작되었으나 바로 이듬해 제작된 2편을 제외하고는 큰 반향을 불러오지는 못했다. 결국, 〈여고괴담〉 시리즈는 2000년대 한국 공포영화를 예비하는 역할을 해낸 이후로는 한국 학원공포물의 상징적 이름으로 남게 된 셈이다. 여고괴담 시리즈는 다음과 같다.

1998, 〈여고괴담〉(박기형)
1999, 〈여고괴담2: 메멘토 모리〉(김태용, 민규동)
2003, 〈여고괴담3: 여우계단〉(윤재연)
2004, 〈여고괴담4: 목소리〉(최익환)
2009, 〈여고괴담5: 동반자살〉(이종용)
졸고, "학교가 무서울 수조차 없다니…", 《씨네21》, 2009. 7. 16.

2 한국 공포영화를 특집으로 다룬 《씨네21》 965호(2014. 7. 29.) 기사 중 "공포영화 제작이 무서워요"(송경원), "창의적 공포영화를 위하여"(정한석)는 한국 공포영화 제작에 관련된 취재와 분석을 다루고 있다.

3 오컬트, 슬래셔, 스플래터, 좀비, 흡혈귀, 악마, 거대 곤충, 귀신들린 집 등 공포영화의 하위 장르는 무궁무진하지만 2000년대 한국 공포영화는 원한의 서사가 주축을 이루고 있다.

4 최근작 〈검은 사제들〉을 제외하고 남성이 주인공으로 등장하는 공포영화로는 〈거울 속으로〉(김성호, 2003), 〈GP 506〉(공수창, 2008) 정도를 떠올릴 수 있다. 남성 주인공의 공포영화는 여성 주인공의 공포영화와 달리 가족의 문제에 초점을 두지 않는다. 백화점에서 연쇄살인이 일어나고 이를 조사하는 보안담당자(유지태)가 인간이 아닌 초자연적인 존재에 대해 알게 되는 〈거울 속으로〉, 비무장지대인 GP 초소 내에서 발생한 집단 살인사건을 조사하는 기무사 원사(천호진)가 알 수 없는 바이러스의 존재를 발견하는 〈GP 506〉은 둘 다 미스터리한 사건을 조사하는 형식과 초자연적인 존재의 발견이라는 공통점을 갖고 있다. 공포영화는 정보를 일부러 감추고 시기적절하게 정보를 노출하는 플롯을 갖기 마련이므로 미스터리 구조는 흔한 형식이다. 하지만 배경이 집과 같은 주거지가 아니고 공포의 근원이 가족 구성원 사이의 관계에 있는 것이 아니라는 점에서 두 작품은 2000년대 한국 공포영화 중 이례적이라 할 수 있다. 〈GP 506〉은 결말에 이르러 공포영화인 좀비물로 변신한다. 바이러스의 근원이 한국전쟁의 상흔에 있다는 결론에 이르자 더 이상 스릴러물로는 서사를 풀 수 없었기 때문이다.

5 2015년 개봉된 〈경성학교〉(이해영), 〈손님〉(김광태), 〈오피스〉(홍원찬), 〈더 폰〉(김봉주) 등은 공포 관습이 사용된 스릴러물들이다.

6 생리, 임신, 출산에 관한 공포성은 줄리아 크리스테바 등 이미 여러 논자가 언급한 바 있어 새로운 바는 아니다.

7 안병기 감독은 〈가위〉(2000), 〈폰〉(2002), 〈분신사바〉(2004), 〈아파트〉(2006) 등 꾸준히 공포영화를 만들어왔다. 고소영이 주연을 맡았음에도 불구하고 〈아파트〉의 흥행은 저조했지만 나머지 작품들은 흥행에도 성공적이었다. 안병기 감독 작품들은 다른 공포물에 비해 잔인함은 덜한 편이지만 심리적인 공포 창출은 효과만점이다. 또한 당대 사회의 이슈를 잘 섞어 현실적인 공포영화를 만들

고 있다. 최근에는 중국에 진출하여 〈분신사바2〉를 내놓았다.

8 '빨간' 구두가 왜 분홍으로 바뀌었는지에 대해서는 생각해볼 일이다. 〈분홍신〉에는 영화 초반 빨간 구두, 빨간 핸드백이 나온다. 이후에도 딸 태수의 빨간 잠옷, 붉은색 립스틱 등 붉은 색은 계속 성적 욕망을 상징적으로 보여주며 나타난다.

9 〈장화, 홍련〉, 〈아카시아〉에서는 남편들의 직업이 의사인데 〈분홍신〉, 〈신데렐라〉에서는 엄마의 직업이 각각 안과 의사, 성형외과 의사다.

10 1990년대 중반부터 식민지시기 경성에 대한 연구와 담론 장이 활성화되었고, 2000년대 중반 이후 식민지시기 경성을 배경으로 한 시대물이 다작 출현하게 된다. 공포영화에서는 〈분홍신〉, 〈기담〉 정도가 경성을 배경으로 하고 있지만, 다른 장르인 〈원스 어폰 어 타임〉(정용기, 2007), 〈라디오 데이즈〉(하기호, 2008), 〈모던 보이〉(정지우, 2008) 같은 다양한 시대물이 제작되었다.

11 〈검은 사제들〉에 대한 설명은 졸고, 「엑소시즘을 소재로 한 〈검은 사제들〉은 어떻게 관객을 설득하는가」(《씨네 21》 1032호, 2015. 12. 3) 참고.

12 역 이름에 주목하자. '곡성'은 곡소리를 연상시키고, 식민지시기부터 대물림된 원한을 감지하게 하는 명칭이다.

Ⅱ. SF와 판타지

| 제1절 |

한국 과학소설 도입사 시론(始論)
: 우리나라에 SF는 어떻게 다가왔는가?

1. SF의 기원

'과학소설(Science Fiction)' 문학은 그 명칭부터가 시사하듯 근대 서양의 산물이다. 서구 평단에서는 이 문학형식의 뿌리를 중세 혹은 고대까지 거슬러 올라가 짚어보려 하지만〔이를테면 조나단 스위프트의 『걸리버 여행기』(1726)나 토마스 모어의 『유토피아』(1516) 그리고 심지어는 루키아누스의 『참된 역사』(A. D. 2세기)와 성경의 일부 대목에 이르기까지〕, 과학소설이 공통된 패턴을 반복하는, 독자적 정체성을 지닌 문학의 한 장르로서 연구자들과 독자들에게 공히 인정받게 된 시기는 영국작가 메리 셸리가 장편 『프랑켄슈타인, 현대의 프로메테우스』를 발표한 1818년 이후로 보는 것이 일반적이다.[1] 즉 영국에서 산업혁명이 일단락되고 근대사회의 기본적인 윤곽이 드러나기 시작한 때에 이 새로운 문학형식 또한 그러한 사회변화를 투영하며 본격적으로 발돋움하기 시작한 것이다.〔A. 토인비의 『영국 산업혁명 강의』(1884)에 따르면 영국에서 국가경제가 급격하게 자본주의로 기울게 만든 산업혁명의 태동기를 1760년경부터 1830년경 사이로 본다.〕

애초 이 문학형식을 발명하고 발전시킨 이들은 순문학 작가나 사상가 혹은 철학자(근대 인문주의자)들이었다. 이들은 과학기술의 급속한 발달을 제때 소화하지 못하여 비틀대는 문명의 다양한 징후를 포착하고 그에 대한 사변적인 주석을 달기 위해 과학소설이란 내러티브 틀을 이용했다. 적어도 영국에서는 H. G. 웰스의 뒤를 이어 올라프 스태플든이 등장하기까지, 프랑스에서는 쥘 베른에 이르기까지, 그리고 러시아에서 예브게니 자마찐과 알렉세이 톨스토이가 과학소설을 정반대의 목적(소비에트 체제의 비판과 옹호)을 위해 이용했던 초기 시절까지는 그러했다. 그러나 과학소설이 사변소설로서 지닌 문명 비판적 통찰과 사회적 문제의식은 이러한 문학 형식이 미국에서 일종의 상업 장르로 융성하게 되면서 상당부분 거세되어 체제순화적인 (자본주의 이데올로기에 순종적인) 성격으로 탈색되었다. 싸구려 펄프잡지들을 근거지로 융성했던 20세기 초중반 미국의 과학소설들은 비판적 사고 따위는 독자들 앞에서 폼을 잡기 위한 양념거리로 내세웠을 뿐 실제로는 한 권이라도 더 팔아 돈을 버는 것이 주목적이었다.

이러한 실상은 영리 목적의 잡지 편집자와 작가뿐 아니라 독자들의 인구통계학적 특성에서도 드러난다. 제2차 세계대전 전후(前後)《어메이징 스토리즈》의 편집장 존 우드 캠벨 2세가 실시한 두 차례 조사에 따르면 과학소설의 주(主)독자층은 반수가 청소년 학생들이었고 그 다음이 엔지니어와 과학자 그룹 순이었다. 당시만 해도 성인 일반 독자들은 SF 커뮤니티에서 인구통계학적으로 유의미한 수준이 아니었다. 독자층의 주류가 이러할진대 과학소설 전문잡지들과 여기서 연재한 작품들을 한데 묶어낸 단행본들에서 유럽 작품에서와 같은 안목과 성찰을 요구하는 것은 시장과의 접점을 무시하는 짓이었을 터이다.

하지만 양(量)이 충분히 누적되면 질(質)로의 전환이 이뤄지는 임계점을 맞이하게 되는 법이다. 1960년대 말 영미권 과학소설은 성인들이 진지하게 돌아볼 수 있는 명실상부한 '변화의 문학'(과학기술적 변화가 사회변화에 미치는 영향에 진지하게 주목하는 사변적인 문학)으로 거듭났으니, 이는 뛰어난 작가들의 개인적인 노력 외에도 이른바 '뉴웨이브SF'라 불리는 영국에서부터 불어온 새로운 문학사조 열풍에 힘입은 덕분이었다. 이제까지의 자연과학의 기술적 사고실험실 수준에서 벗어나 사회와 역사, 문명 그리고 인간 내면의 자의식을 적극적으로 포용하려 한 이 문학적 접근은 이에 동의하는 작가들과 팬들은 물론이고 그에 반대하는 전통주의자들(?)에게도 긍정적인 영향을 미쳤다는 것이 오늘날의 대체적인 평가다. 19세기 초부터 20세기 초까지 사상가나 근대 인문주의자들의 문학으로 출발했던 과학소설이 1920~1960년대 일시적으로 소아적 퇴행기를 겪은 뒤 1960년대 말부터 다시 성인들의 진지한 문학으로 성장하기 시작한 것이다. 이후 과학소설은 1970년대의 페미니즘과 1980년대의 사이버펑크 그리고 21세기를 전후한 포스트사이버펑크와 특이점 SF의 파고를 넘으면서 사상적 지평의 외연을 지속적으로 확장해왔다.

그렇다면 같은 시기 우리나라의 사정은 어떠했을까? 구한말과 식민지 강점, 해방, 한국전쟁 그리고 종전 후 정치사회적 혼돈 속에서 박정희 군사정부가 출현하기까지의 약 60년 남짓 되는 기간 동안 이 땅에 과학소설이 어떻게 싹을 틔우고 낯설지 않은 우리의 문학으로 체화되었는지를 지면의 제약이 있긴 하나 간략하게나마 돌아보는 것이 이 글의 목적이다.

2. '공상과학소설'이란 잘못된 용어의 유래

우리나라에서는 SF(Science Fiction)를 여전히 '공상과학소설'이라 부르는 예가 많다. 그런데 사실 알고 보면 이러한 표현은 일본에서 이 용어가 수입되면서 의미가 상당부분 와전된 결과다. 1959년 12월 창간된 이래 오늘날까지 발행되고 있는 일본의 최장수 상업SF잡지 《SF 매거진(S-Fマガジン)》은 창간 당시 미국 잡지 《The Magazine of Fantasy and Science Fiction》의 일본어판을 표방했으며 잡지 뒤표지의 위쪽에도 그 사실을 명기했다. 그리고 앞표지에는 '공상과학소설지(空想科學小說誌)'라는 한자 명칭을 미국잡지 이름의 번역어

로서 병기했다. 즉 '공상과학소설'은 'Fantasy'와 'Science Fiction'을 아우르는 통칭이었다. 그 뒤 일본에서는 이 두 분야를 한데 묶어 언급하는 경우가 많아짐에 따라 자연히 '공상과학소설'이라는 말이 널리 퍼졌는데(예를 들어 《SF매거진》이 주최한 아마추어 작가 공모전의 공지를 보면 '공상과학소설 콘테스트'라는 명칭을 내건다), 바로 이 용어가 우리나라에 무비판적으로 수용되면서 엉겁결에 SF(Science Fiction)를 일컫는 말로 굳어진 것이다. 지금까지도 이런 혼용 내지는 오용 현상은 일본 내에 일부 존재한다.

비록 1990년대 말부터는 소위 '판타지' 소설들의 창작 및 번역 출간이 급증하면서 '판타지'라는 용어의 함의나 이 장르의 차별성이 상당부분 개선되었지만, 그럼에도 불구하고 일반 독자들 사이에서는 여전히 SF라 하면 '공상과학소설'이란 의미로 받아들여지는 경향이 있다. 안타깝게도 바로 이러한 멸칭(蔑稱) 자체가 우리나라에서 SF가 질적으로 성숙된 문학이란 인정을 그동안 받지 못하게 한 요인 중 하나로 꼽힌다. 이에 대한 반작용으로 오늘날 국내 과학소설 팬덤에서는 '공상'이란 수식어를 뺀 '과학소설'이란 표현을 더 선호한다.

3. 연구를 위한 전제들

한국의 창작 SF문학사를 논하자면 그에 앞서 몇 가지 고려해야 할 점들이 있다.

첫째, 'SF'의 범위를 어디까지로 보느냐 하는 것이다.

일각에서는 SF가 판타지와 함께 '환상서사(fantastique)' 내지 '상상소설(Imaginative Fiction)'이란 하나의 범주로 묶일 수 있다고 본다. 그러나 그렇더라도 그 하위분과인 SF와 판타지가 서로 어떻게 다르며, 양자를 어떻게 구별할 수 있는가 하는 문제가 여전히 남는다. 이에 대해 '현실세계의 자연법칙을 그대로 따르는가?'의 여부로 구분하는 편의적인 접근만으로는 오히려 SF 장르에 대한 이해를 조악하게 할 우려가 있다. 설상가상으로 일부 작가들은 의도하든 의도하지 않았든 간에 장르 간 경계가 모호한 작품들을 내놓기도 한다. 후자의 범주에 속하는 작품들을 지칭하기 위해서는 '경계소설'과 '슬립스트림(slipstream)' 같은 용어들이 동원된다.

과학소설의 본질을 논의할 때 다른 무엇보다 중요한 잣대는 이 장르문학이 근본적으로 세상의 변화(곧 도래할, 혹은 언제가 도래할)에 초점을 맞추고 그 전개 양상과 여파를 작가 나름의 사변적 관점에 입각해서 서술한다는 것이다. 그러므로 과학기술적 가제트의 요란한 전시에 연연하지 않고 19세기 말 사상가들이 이 장르문학을 고안했던 초심으로 돌아간다면 장르의 경계구분과 퓨전적 활용에 대한 평가는 보다 유연해질 수 있을 것이다. 예를 들어 신채호가 1928년에 발표한 『용과 용의 대격전』은 일견 우화적 판타지로 보인다. 그러나 이러한 스타일은 1960년대에 서양 SF계에 등장한 뉴웨이브SF와 닮은 면이 없지 않고 체코 작가 카렐 차페크의 장편소설 『도룡뇽과의 전쟁』(1936)을 연상시키는 면도 있다. 따라서 현실계의 국제정치를 우의적으로 풍자한 비판적 텍스트라는 점에서 『용과 용의 대격전』을 SF 색채가 담긴 우화의 범주에 넣을 것인지에 대해서는 추후 더 논의할 여지가 있어 보인다. 이는 그만큼 우리나라에서 과학소설의 정체성과 그 장르적 특질에 대한 논의가 평단에서 그다지 심도 있게 다뤄지지 않았다는 증거이기도 하다. 따라서 이 문학 장르의 가치사슬(value chain. 작가와 출판사, 출판시장 그리고 독자에 이르는 가치의 연쇄창출구조)이 한 단계 문학적으로뿐 아니라 산업적으로(실질적으로) 성장하기 위해서는 앞으로 과학소설의 장르적 특질에 대한 치열한 논의와 합의점 도출이 국내에서도 필요하리라 본다.

둘째, 번안과 번역, 창작의 구분을 명료하게 할 필요가 있다.

한글로 된 SF문학사는 현재까지 밝혀진 바에 따르면 그 기원이 1907년의 『해저여행기담』까지 거슬러 올라가는데 이것은 쥘 베른의 작품을 번안한 것이며, 그 뒤로 거론되는 작품들 역시 1920년대 말에 이르기까지 모두 번안이거나 번안에 가까운 번역 작품이다. 잠정적이나마 최초의 창작물로 가늠할 수 있는 작품은 김동인이 1929년 발표한 단편 「K박사의 연구」이다. 이 시기의 작품들을 평가함에 있어 유의해야 할 한 가지는 창작물인지 번안물인지 모호한 경우가 꽤 있다는 사실이다. 예를 들어 《과학조선》 1935년 11월호에 실린 단편 「三大官(삼대관)의 怪死事件(괴사사건)」은 '과학소설'이라는 별제만 붙어 있을 뿐 정작 작가 이름은 빠져 있다. 추후 박상준이 이에 관해 알아본 바에 따르면, 이 작품은 일본의 《과학화보》 1930년 3호(또는 3월호)에 실린 노부오 지로(信夫次郞)의 「三大官の怪死」를 번안한 것으로 보인다. 문제는 이와 비슷한 경우가 한둘이 아닌 것으로 보인다는 데 있다. 심지어 이러한 흔적은 1970년대에도 여러 편 보인다. 아무리 저작권과 원본 텍스트에 대한 가치 존중이 얄팍했던 시대였다고는 하나 이러한 정황은 출판 산업의 이윤 추구와는 별개로 번역자와 출판사의 윤리 차원에서 유감스러운 일이 아닐 수 없다. 이러한 문제는 이 시기의 국내 창작 과학소설에 대한 변별력을 갖추자면 연구자들이 먼저 문헌고증에 상당한 투자와 연구를 기울여야 함을 시사한다.

셋째, 발표경로가 매우 다양한 점을 감안해야 한다. 과학소설의 경우 문예지와 대중과학 잡지, 순문학지와 통속문예지, 성인 잡지와 어린이/청소년 잡지, 잡지 이외의 매체(신문) 등 작품을 발표할 수 있는 경로가 꽤 다양하게 혼재되어 있다.

우리나라의 창작 과학소설은 비단 문학지뿐 아니라 《과학조선》, 《학생과학》 같은 대중과학 잡지에도 정기적 혹은 부정기적으로 꾸준히 실렸다는 점에서 이러한 정황은 향후 과학소설 역사를 연구하고자 하는 학자들이 유의해야 할 부분이다. 문학지의 경우에만 해도 스펙트럼이 매우 넓은 편이어서 《자유문학》 같은 순문예지만이 아니라 《명랑》, 《야담과 화제》 같은 대중문예지들에도 과학소설이 실렸다. 아울러 SF의 주요한 발표지면 가운데 하나가 청소년 매체였다. 일찍이 식민지 시대 방정환은 1921년 자신이 창간한 《어린이》에 과학소설을 실었다. 한국전쟁 종전 후에는 우리나라 과학소설의 선구자 한낙원이 1950년대 말부터 《연합신문》을 비롯하여 이후 《학원》, 《새벗》, 《가톨릭소년》 등에 이르는 다양한 잡지들에 어린이/청소년용 과학소설을 연재했다. 일부 연구자들은 1965년 문윤성이 발표한 『완전사회』를 한국 창작 장편 SF소설의 시초로 보지만, 그 이전에 한낙원을 비롯해 이봉권 등 몇몇 선례가 있다. 다만 성인 눈높이에 맞는 본격적인 과학소설의 효시로는 문윤성의 『완전사회』를 꼽아도 무리가 없을 듯하다. 이렇듯 SF의 매체별 발표 경로에 대한 역추적을 통한 문헌적 고찰은 결과적으로 당대 문화사 연구와 맥이 닿게 된다. 특히 이러한 관점은 당대 과학기술의 사회사와 밀접한 관련이 있다. 이는 앞으로 규명해야 할 연구 소재들이 이 분야에 무궁무진함을 시사한다.

4. 연대 구분의 기준과 이유

이 글의 주목적은 한국 과학소설 역사 전반을 개괄하는 것이 아니라 우리나라에 처음 도입되어 시장에 정착하기까지의 초기과정에 초점을 맞추고 있기에, 여기서는 1907년 《태극학보》에 『해저여행기담』이 실린 이래 1965년까지의 역사만을 다루려 한다. 과학소설 초기 역사의 마지막 분기점을 1965년으로 잡은 이유는 크게 두 가지다.

첫째, 1965년을 기점으로 이후 1~3년 안에 우리나라 과학소설계에 큰 획을 그을 만한 사건들이 연이어 일어나기 때문이다. 하나는 문윤성의 장편소설 『완전사회』가 1965년 《주간한국》의 제1회 장편추리소설 공모에서 수상한 뒤 이듬해 1966년 1월부터 4월까지 동지에 연재된 일이다.[2] 이 장편은 창작 과학소설의 문학적 깊이가 순문학과 마찬가지로 청소년 뿐 아니라 성인들의 눈높이까지 아우를 수 있는 선까지 올라섰음을 국내에서 보여준 첫 사례였다. 다른 하나는 1968년 한국일보 기자 서광운과 만화가 신동우 그리고 학생잡지 《학원》 주간 오민영 등 문화계 인사들이 주축이 되어 한국SF작가클럽을 결성한 일이다. 이들의 장편소설 10편(일부는 번안)은 1970년대 아이디어 회관에서 해외 번역서 위주로 펴낸 〈세계SF명작 문고〉 전 60권의 대미를 장식했다.

둘째, 1964년에는 《과학세기》가, 1965년에는 《학생과학》이 창간되었다. 이 대중과학 잡지들은 중고생 독자를 타깃으로 했으며 특히 그중에서도 《학생과학》은 과학소설과 SF만화에 정기적으로 고정된 지면을 제공하였다. 비록 청소년 대상 잡지이기는 하지만 우리나라에서 처음으로 과학소설이 고정 연재지면을 얻게 된 것이다.

이 두 가지 변화는 우리나라의 과학소설이 청소년 문학에서 성인 문학으로, 그리고 어쩌다 한 번 접하는 신기한 문학이 아니라 하위문학 장르의 하나로서 고정적으로 접하는 문학으로 도약할 수 있는 기초를 마련해주었다. 이후의 과학소설은 비록 일정기간 침체기를 겪기는 하지만 오늘날의 현대문학으로 성장하기 위한 에너지의 비축에 들어간다. 따라서 이 시기 이전까지의 과학소설을 우리나라 과학소설의 도입기 내지 초창기로 보는 것이 나름 합당한 연대 구분의 출발점이 된다고 생각한다.

5. 한국 과학소설 도입사

1) 1910년 이전: 한일합방 이전까지

우리나라 과학소설 도입기의 정황을 논의함에 있어 한 가지 매우 의아한 부분은 비교적 엇비슷한 시기에 이 서구의 장르문학이 한국과 일본, 중국 등지에 이식되었음에도 불구하고 어찌하여 우리나라만 유독 이 문학의 출판시장이 지금까지 협소한가에 관한 문제다. 종합적인 연구가 미진한 가운데 이에 대한 답을 속단하기는 어렵지만 본 공동연구자들은 이에 관한 나름의 의견을 이 글의 말미에서 개진하도록 하겠다.

19세기 말에서 20세기 초 동아시아 3국에서의 과학소설 도입상황을 비교해 볼 때 확연하게 눈에 띄는 공통점은 각국이 해외문물의 수입 차원에서 들여온 과학소설들이 하나같이 쥘 베른의 작품들 일색이었다는 사실이다. 일찍이 일본에서는 『80일간의 세계일주』가 1878~1880년 사이 가와시마 주노스케(川島忠之助, 1853~1938)에 의해 번역 연재되었고, 중국에서는 1901년경 『80일간의 세계일주』와 『15소년 표류기』가, 그리고 1903년에는 『지구에서 달까지』가 량치차오(梁啓超, 1873~1929)와 루쉰(魯迅, 1881~1936)에 의해 각기 번역 소개되었다. 우리나라의 경우에는 1907년 《태극학보(太極學報)》에 연재된 『해저여행기담(海底旅行奇譚)』이 그 효시이며 마찬가지로 쥘 베른의 『해저 2만 리그』(1869)를 번안한 것이었다.

《태극학보》는 1906년 동경에서 발행된 재일유학생들의 학술지로, 『해저여행기담』은 처음에는 번역자의 이름을 박용희(朴容喜)라 명시했으나 암울한 시대상황 탓에 도중에 백락당(白樂堂) 혹은 모험생(冒險生) 등으로 옮긴이가 익명으로 바뀌었으며 결국 결말을 맺지 못하고 11회를 끝으로 중단되었다. 완간본을 기준으로 한 국내 최초의 과학소설은 1908년에 신소설의 개척자 이해조가 번안한 『철세계(鐵世界)』로, 이 또한 쥘 베른의 장편 『인도 왕녀의 5억 프랑

(Les Cing cents Millions de la Begum)』(1879)을 윤색한 것이다.[3]

급격한 산업화의 산고를 겪으며 압축 성장하기에 바빴던 일본사회나 일본을 따라잡기 위해 동분서주했던 중국, 그리고 그 틈바구니에서 과학기술이 곧 부국강병이라는 논리에 후발주자로서 공감하지 않을 수 없었던 우리나라의 식자층이 해외의 유수한 과학소설들 가운데 유독 쥘 베른에 가장 지대한 관심을 보인 것은 어찌 보면 당연한 일이다. 모름지기 과학기술을 아무리 발전시켜 봤자 스스로 잘 소화하지 못하면 멸망의 문턱에 다가설지 모른다고 경고하는 웰스 풍의 작품들보다는 실용적이고 당장 내일을 바꿀 비전을 던져주는 듯한 베른의 작품들이 훨씬 당시 동아시아 3국의 지식인들에게 절실하게 와 닿을 수밖에 없었을 것이다.

『철세계』 발표 이후 1910년대까지의 번안소설로는 조나단 스위프트의 『걸리버 여행기』(1909)와 쥘 베른의 『15소년 표류기(十五小豪傑)』(1912) 그리고 『비행선(飛行船)』(1912)[4]이 있다. 『비행선』의 번안자는 김교제(金教濟)로, 이것은 뉴욕에서 시작되어 히말라야 산맥 속에 과학이 고도로 발달한 신비의 나라가 있음이 밝혀진다는 일종의 유토피아 소설이다.[5] 일각에서는 쥘 베른의 『기구(氣球)를 타고 5주간』이 원작이라는 설이 있으나 양쪽 텍스트를 비교 연구한 김종방은 그 연관성을 부정했으며, 또 다른 연구자 강현조에 따르면 실제 원작은 미국작가 프레드릭 밴 R. 데이(Frederick van R. Dey)가 다임 노블(dime novel) 주간지 《New Nick Carter Weekly》에 1907년 3월 16일부터 4월 20일까지 총 6주간 연재한, 닉 카터를 주인공으로 한 연작물 가운데 1~4회분에 해당된다.[6] 더군다나 『비행선』은 이 영어 원작을 직접 대본으로 하여 번역된 것이 아니라, 1908년에 발간된 중국어 번역본인 역자 미상의 『신비정(新飛艇)』을 대본으로 하여 재번역된 작품이다.

2) 일제강점기(1910~1945년)

1920년대에 발표된 과학소설로는 쥘 베른의 『지구에서 달까지(De la terre a la lune)』를 신일용(辛日鎔)이 번안한 『월세계여행(月世界旅行)』(1924)과 카렐 차페크의 희곡 『로숨의 유니버셜 로봇(Rossum's Universal Roberts)』(1920)을 번안한 두 버전 『인조노동자(人造勞動者)』(1925. 번안자 박영희)[7]와 『R. U. R.』(1925. 번안자 김우진), 로버트 루이스 스티븐슨(Robert Louis Stevenson)의 『지킬 박사와 하이드(Dr. Jekyll and Mr. Hyde)』(1886)를 언더우드 부인이 번역한 『쪠클과 하이드』(1921)와 똑같은 원작을 게일 목사와 이원모가 함께 번안한 『일신양인기(一身兩人記)』(1926) 그리고 H. G. 웰스의 원작을 영주생이 옮긴 『The Time Machine』 등이 있다. 소설 형태는 아니지만 『로숨의 유니버셜 로봇』의 경우 춘원 이광수가 1923년 4월 『인조인(人造人)』이라는 제목으로 이 희곡에 관한 간략한 설명과 4막의 줄거리를 요약해서 소개한 바 있다.[8]

위의 작품들 가운데 『The Time Machine』은 연재가 중단되었는데 그 사유에서 우리는 시대상을 엿볼 수 있다. 1926년 대중잡지 《별건곤》 11월호와 12월호에 2회 연재된 후 중단된 이 작품의 번안 제목은 『팔십만년 후의 사회』였으며 번역자는 영주생(影洲生)이란 필명으로만 알려져 있다. 송명진은 웰스의 『팔십만년 후의 사회』 연재중단 이유를 두 가지로 꼽는다.[9] 하나는 1920년대 우리나라 독자들이 수용하기 어려운 개념과 사상을 담고 있었고[10] 다른 하나는 일본 제국주의가 식민지 조선 땅에 과학기술이 싹트지 못하도록 원천봉쇄하기 위해 아예 과학문화에 대한 진지한 관심마저 불씨를 끄려 했던 탓이다. 일제는 조선인들을 손발로만 부리고자 했지 과학적 탐구심을 지닌 인간형은 필요하지 않았던 것이다. 같은 맥락에서 제2차 세계대전의 발발과 더불어 일제의 조선 식민지 정책이 점점 가혹해짐에 따라 우리말은 공식적인 무대에서 자취를 감추게 되었고 결과적으로 이 땅의 지식인들은 문학 비문학 가릴 것 없이 해외 최신정보는 일어판으로 접할 수밖에 없게 되었다.

그렇지만 이렇게 척박한 토양에서도 1920년대 말부터 1940년대에 이르기까지 우리나라에도 창작 과학소설 몇 편이 눈에 띈다. 현재까지 확인되는 사료를 근거로 할 때, 최초의 창작 과학소설은 《신소설》 1929년 12월호에 실린 김동인의 단편 「K박사의 연구」로 추정된다. 똥을 원료로 대체식량을 개발했다가 시연회에서 봉변을 당한 과학자가 막상 똥 먹은 개로 만든 보신탕 앞에서 구역질하는 결말을 통해 인간의 이율배반적인 태도를 풍자한 이 짧은 소설은 과학소설 하위 장르 가운데 하나인 에디소네이드(Edisonade)에 속한다 할 만하다. 당대 기준으로는 '동양적 정서와 서양 과학이 빚어낸 통렬한 블랙코미디'로 읽혔을 터이다.

이후 1930년대에는 허일문의 「천공의 용소년」(1930)과 민태원의 「오색의 꼬리별」(1930), 김자혜(金慈惠)의 「라듸움」(1933), 작자 미상의 「三大官(삼대관)의 怪死事件(괴사사건)」(1935), 방인근의 미완결작 「여신」(1939)이, 그리고 1940년대에는 시몽루인(詩夢樓人)의 「제3의 세계」(1940)와 안전민(安田敏)의 「태평양의 독수리」(1941), 남산수(南山壽)의 「소신술(消身術)」 등이 번안 및 창작물의 계보를 이었다.

《어린이》 1930년 10월호부터 연재된 「천공의 용소년」의 저자 허일문은 방정환의 필명으로 추정된다. 이 작품은 화성을 무대로 한 일종의 SF동화다. 《매일신보》에 1930년 10월 28일부터 1932년 3월 20일까지 장장 15개월가량 연재된 「오색의 꼬리별」은 번안소설로 보이지만 아직 원전이 밝혀지지 않은 상태다. 《신동아》 1933년 2월호에 실린 「라듸움」은 엄밀히 말해 SF라기보다는 과학계몽 성격의 우화에 가깝다. 하지만 한국의 SF도입사와 관련해 당대 과학문화적 배경을 반영하는 귀중한 참고자료다. 《과학조선》 1935년 11월호에 게재된 작자 미상의 「三大官(삼대관)의 怪死事件(괴사사건)」은 당대의 첨단과학지식을 활용해서 미제살인사건의 해결을 다룬 추리소설로, 앞서 언급했듯이 노부오 지로의 동명소설 「三大官の怪死」를 번안한 것으로 추정된다. 《과학조선》

1939년 3월호부터 연재되기 시작한 「여신」은 비록 중도에 연재가 끊어지긴 했지만 1940년 6월호부터는 제목과 더불어 '과학소설'이라는 장르의 명칭이 함께 표기되었다는 점에서 특기할 만하다. 이는 작가가 그만큼 해당 장르의 특성을 십분 의식하고 있었다는 뜻으로 해석된다.[11] 《과학조선》 1940년 7월호부터 8/9월 합본호에 이르기까지 불과 연재 2회 만에 중단된 「제3의 세계」는 번안자의 필명만 알 수 있을 뿐 아직 원작이 밝혀지지 않았다. 다만 박상준은 이 작품이 미국작가 존 우드 캠벨 2세의 단편 「환영받는 공중해적(Piracy Preferred)」(1930)의 초반부 설정과 상당히 유사하다는 비교평가를 내린 바 있다. 《신시대》 1941년 2월호에 실린 안전민의 「태평양의 독수리」는 과학소설의 하위 장르상 19세기 중후반부터 영국에서 발달한 미래전쟁소설의 형식을 띠고 있으나 아쉽게도 식민지 치하의 작가가 일본 군국주의를 찬양하는 내용 일색이다. 이는 같은 시기 일본의 과학소설이 체제의 프로파간다 이데올로기에 철저하게 복무하면서 제국주의 담론의 전파에 앞장섰던 상황을 감안하면 새삼스러운 일은 아니다. 즉 안전민의 일제 찬양소설은 20세기 초 일본에서 현대 과학소설의 선구자 중 한 사람으로 꼽히는 오시카와 순로(押川春浪, 1876~1914)의 『해도모험기담 해저군함(海島冒険奇譚 海底軍艦)』(1900)에서 당대 인기작가 운노 주자(海野十三, 1897~1949)의 『떠오르는 비행섬(浮かぶ飛行島)』(1938)과 『태평양의 마성(太平洋魔城)』(1939)에 이르는 일제 선전선동 작품군의 끝자락을 차지했다. 한편 《신시대》 1941년 5월호에 실린 「소신술」은 투명인간 이야기다.

3) 해방 직후부터 1950년대까지(1945~1958)

해방 후 일본과 미국 등지에서 유학하고 돌아와 일제로부터 기득권을 인수한 지식인들은 국가재건을 위한 대의에 과학기술의 중요함을 깨닫고 조선학술원, 조선과학기술연맹, 조선공업기술연맹 그리고 다양한 유관기술협회 등을 조직했으며 《대중과학》, 《현대과학》, 《과학세기》, 《과학나라》, 《과학과 발명》 같은 과학 잡지들도 다수 발행하였다. 1950년대에 한낙원의 『금성탐험대』와 『잃어버린 소년』이 이런 지면들에 연재를 거쳐 단행본으로 나왔고 1960년대에도 이러한 잡지들에 해외 과학소설 작품들이 더러 번역 연재되었던 사례로 보건대 1950~1960년대 사이에 국내외 과학소설들이 과학유관잡지들에 정기적 혹은 부정기적으로 다수 실렸던 것으로 추정되나 이에 대해 구체적으로 논의하기 위해서는 앞으로 지속적인 발굴과 확인이 필요하다.

이제까지 확인된 사료에 근거해서 볼 때, 해방 후 첫 번역 과학소설로는 나만식의 번역으로 조지 오웰의 『1984년』이 『미래의 종 1984』란 제목으로 1948년 출간되었다. 해방 후 1950년대까지 나온 이외의 번역 과학소설들로는 제임스 힐튼(James Hilton)의 『잃어버린 지평선(Lost Horizon)』(1933)이 1955년, 쥘 베른의 『해저 2만 리그』를 번역한 『해저여행』이 1956년, 『80일간의 세계일주』가 1959년, H. G. 웰스의 『투명인간(The Invisible Man)』(1897)과 『우주전쟁(The War of the Worlds)』(1898)이 1959년 그리고 올더스 헉슬리(Aldous Huxley)의 『멋진 신세계(Brave New World)』가 1959년 출간되었다. 이중에서 『잃어버린 지평선』의 옮긴이 안동민은 1950~1970년대 초 사이 과학소설 중단편을 여러 편 창작했다. 다만 일본어 중역판인 『잃어버린 지평선』이 성인용이었다면 그의 창작 과학소설은 전부 청소년용이었다. 또한 안동민은 1960년대에 「공상과학소설의 마법(空想科學小說에 魔法)」이란 제목의 에세이도 썼다. 이 평론은 1968년 5월 출간된 학술지 『세대』(331-335면)에 수록되었다.[12]

이 시기의 창작물로는 이봉권의 『방전탑의 비밀』(1949)이 확인된 바 있다. 일제강점기 만주국에서 만주영화협회에 근무하던 주인공이 지하의 일본관동군 비밀연구소에서 신무기를 개발하다가 8.15 해방을 맞아 새 조국에서 뜻을 이어 펼친다는 내용이다.

한편 처음에 창작물로 알려졌던 김복순의 『화성마』(1952, 1954, 『우주전쟁』으로 개제하여 1957에 재간)는 일본 작가 운노 주자(海野十三)의 『화성병단(火星兵

团)』(1940)을 번안한 것이다.[13]

4) 한낙원의 활약과 SF작가클럽의 결성 이전까지(1959~1965)

한낙원(1924~2007)은 해방 후 21세기까지 꾸준히 청소년을 대상으로 창작 과학소설과 과학교양서를 집필해온 이 장르문학의 명실상부한 선구자다. 무엇보다 그는 다수의 창작 과학소설을 평생 꾸준히 집필했다는 점에서 향후 전체 과학소설 시장의 초석이 될 '청소년 과학소설의 아버지'라 해도 과언이 아니다. 아나운서와 교사 생활을 거쳐 잡지 《농민생활》과 《동광》의 주간을 지낸 한낙원이 과학소설을 창작하기 시작한 시기는 1952년부터로, 가장 활발하게 활동한 시기는 아동문고판 내지 세계문학전집류가 인기를 끌던 1950년대 말부터 1970년대 사이이다.

그중에서도 1957년 발표된 『금성탐험대』는 워낙 인기가 좋아 1969년까지 무려 10쇄를 찍을 만큼 스테디셀러가 되었다.[14] 이 장편은 하와이 우주항공학교에 다니는 한국계 청년이 미국의 금성탐험호에 탑승하기 직전 스파이에게 납치되어 소련의 금성 탐사 우주선에 탑승하게 되면서 양측이 옥신각신하는, 냉전구도에 충실한 스릴러다. 적어도 『금성탐험대』는 우주 항행과 금성 탐사 그리고 알파별 외계인들과의 만남 등 과학소설다운 서사적 틀을 풍부하게 갖추었을 뿐만 아니라 인물과 사건에 대한 묘사가 한낙원의 과학소설들 가운데 가장 정교하다는 점에서 해방 전에 비해 장르문학으로서 크게 진일보한 면을 보여준다. 아동SF 평론가 김이구는 허구의 과학소설임에도 불구하고 실제 우주비행사들의 사고사를 애도하는 서문으로 시작한다는 점에서 한낙원의 『금성탐험대』는 우리 문학사에서 매우 진귀한 사례라고 지적한다.(1967년 1월 17일 발사를 앞두고 있던 미국의 우주선 아폴로 1호 안에서 시험 도중 화재가 발생하여 세 명의 우주비행사들이 숨지는 사건이 일어났으며 작가는 이에 대한 애도를 소설 서문에 표했다.)

이외에 그의 주요 장편으로 1959년 12월부터 1960년 4월까지 《연합신문》

에 연재된 『잃어버린 소년』은 세계연방이 수립된 미래의 지구가 외계인의 침공에 맞서 싸우는 이야기로, 전형적인 소년모험담에 과학소설적인 설정을 가미한 작품이다. 신문연재 당시 이 소설에는 '과학모험소설'이라는 수식어가 붙었다. 아쉽게도 한낙원의 과학소설들은 당대 저명한 아동문학 작가들의 작품들과 함께 아동문학전집에 포함되는 서브 메뉴였던 까닭에 출판유통과정상 과학소설 범주에서 큰 주목을 받지 못했다. 대신 독립적인 단행본과 달리 금방 단종되지 않고 장수를 누렸고 해당 전집 내지 문고판이 재간될 때마다 거의 자동으로 목록에 오르는 이점이 있었으니 어찌 보면 장군 멍군 격이었다. 어쨌거나 수십 년에 걸쳐 다수의 청소년용 과학소설을 꾸준히 펴냄으로써 장차 성인이 되어서도 이 장르문학을 즐길 예비독자층을 길러냈다는 점에서 한낙원이 우리나라 초창기 과학소설 시장에서 기여한 바는 중국 작가 정문광(鄭文光, 1929~2003)의 초기 업적에 견줄 수 있다. 2015년부터는 작가의 유족이 후원하여 '한낙원 과학소설상'이 제정되었다. 이것은 아동문학 분야의 과학소설 신인작가 등용 공모전이다.

1959년부터 1965년 본격적인 성인 SF인 문윤성의 장편 『완전사회』가 발표되기 전까지 한낙원 외에 과학소설을 펴낸 예로는 서용운의 단편 「우주연애」(1959)와 박용의 단편 「나에게도 인권이 있다」(1959), 위기섭의 단편 「소유성의 공포」(1959), 김윤주의 단편 「재앙부조」(1960), 정진수의 연재물 「지구는 식어간다」(1961) 그리고 안동민의 단편 「어느 날의 아담」(1963) 등이 있다. 번역물의 경우에는 1959년 아데네 사(社)가 『소년소녀 세계과학모험전집』을 펴냈는데, 이 문고판은 한국 최초의 청소년용 SF문학전집으로 추정된다. 이 문고판은 모두 영미권 작품이긴 하지만 일어판 중역본들로 보인다. 한편 1964년에는 《현대문학》 9월호에 과학소설 평론이 한 편 실렸으니, 아더 J. 맥타가트가 대구미국문화원장 이임사로 쓰고 박석기가 우리말로 옮긴 「과학소설의 직능과 역할」이다.

6. 마치며

1950~1960년대에 동아시아 3국의 과학소설 주 독자층은 너 나 할 것 없이 청소년 위주였다. 하지만 이 시기에 일본과 중국의 과학소설 출판시장은 전에 비할 수 없이 양적으로 풍성해진 가운데 과학소설만 쓰거나 과학소설을 주로 쓰는 전업 작가층이 두터워졌다. 반면 우리나라에서는 과학소설이 질은 고사하고 양적인 면에서 성장을 이루는 데 심한 제약이 따랐다. 따라서 뜻을 같이하는 과학소설 작가들의 연대와 과학소설 연재를 위한 고정지면 확보라는 과제는 서광운이 주도하는 SF작가클럽이 결성되는 1960년대 중반 이후로 미뤄진다.

왜 이런 현상이 벌어졌을까? 이에 대한 연구자들의 해석은 여러 가지가 나올 수 있지만 일본과 중국에 비교해볼 때 다음과 같은 해석이 가능하다. 일본은 제2차 세계대전 패전이라는 시대적 공황 속에서도 자본주의적 시장경제를 적극적으로 받아들였고 이러한 맥락에서 과학소설이란 문화상품이 독자적으로 자생할 수 있는 대형 작가들과 이들을 추종하는 독자 커뮤니티를 스스로 만들어냈다. 중국의 경우에는 작가와 독자층의 과학소설 발전에 대한 자체 동력은 상대적으로 부족했지만 관(官)의 주도로 물질적 지원을 많이 받았다. 이는 과학소설이 부국강병의 중요성을 청소년들에게 일깨우는 유용한 선전 수단이라고 중국 정부가 인식했기 때문이다.(이러한 경향은 문화혁명과 정신오염척결운동 탓에 간간이 맥이 끊어지긴 하나 대체로 지금까지도 이어지고 있다. 중국 정부는 2000년대 들어서도 40만 부 이상의 종이잡지를 배포하는 SF저널 《과환세계》에 보조금을 지급했다.)

이에 비해 우리나라의 과학소설 출판시장은 일본과 중국에 비해 아무런 특징이나 강점을 보여주지 못했다. 일제 식민지시기와 전쟁 그리고 종전 후의 대혼란은 장르문학이 우리나라에서 자리 잡는 속도를 늦추는 데 일조했으며 (중국과 달리) 정부 지원 역시 기대할 수 없는 가운데 (일본과 달리) 자생적인 팬덤의 규모나 활동도 미흡했다. 그리고 무엇보다 결정적인 요인은 팬덤을 크게 일궈낼 만한 대형 작가가 이제까지 나오지 못했다는 사실이다. 이를테면 해방 후 우리나라 과학소설계에는 일본의 트로이카 빅3(고마츠 사쿄, 츠츠이 야스타카, 호시 신이치) 같은 거물작가들이 등장하지 못했다. 다른 한편으로는 고마츠 사쿄의 『일본침몰』이 일본에서 400만 부나 팔린 사례와는 달리 우리나라에서는 동시대인들이 십분 공감할 만한 우리의 보편적인 이야기로서 창작 과학소설이 제시되지 못했다. 번역 과학소설들의 경우에는 먼 외국에서 쓰인 신기한 이야기 이상으로 인식되지 못했다. 이러한 문제와 한계 상황은 1965년까지 구조적으로 크게 달라지지 않았다. 이후 한국과학소설은 21세기에 이르기까지 줄곧 부침을 겪게 되며 1990~2000년대에 이르러서야 비로소 양적 질적 도약의 기회를 맞이하게 된다.

주석

1 물론 이러한 주장은 영국 작가 브라이언 올디스(Brian Aldiss)가 처음 제기한 까닭에 다른 나라의 일부 평자들은 이견을 보이기도 한다. 사실 영국계 SF 편집자 체릴 모건(Cheryl Morgan)에 따르면, 올디스가 셸리를 전세계 과학소설의 시조로 삼으려 한 것은 과학소설을 영국 정통문학의 중심에 견실하게 세워놓으려는, 다분히 이데올로기적으로 계산된 시도였다. 그러나 프랑스와 일부 미국인들을 제외하면 대체적으로 올디스의 기준에 동의한다고 봐도 무방할 것이다.

2 작품 중 1부는 《주간한국》에 연재하였고 후에 미발표 원고인 2부를 추가하여 단행본으로 출간되었으며 1980년대에는 홍사단출판부에서 『여인공화국』(1985)이란 제목으로 바꿔 재출간하였다. 관련 논문을 쓴 이숙에 따르면, 두 텍스트 사이에는 제목을 변경한 점 이외에는 개작이라고 볼 만한 차이점이 거의 없다. 이숙, 「문윤성의 『완전사회』 연구」, 《국어대학》 52집, 전주대학교, 2012.

3 『철세계』는 중역본이 틀림없지만 원본 텍스트가 일어판과 중국어판이라는 의견으로 갈린다. 하지만 중국 역시 일본어판을 번역해서 자국 내에 소개했던 정황을 고려하면 이해조가 일어판을 번역용 원본으로 참조했을 공산이 크다. 당시만 해도 일찍부터 해외문물 수입에 앞장섰던 일본 지식인들과는 달리 우리나라와 중국의 문인들 가운데에는 영어나 프랑스어 소설을 능수능란하게 자국어로 옮길 수 있는 이들이 거의 없었기 때문이다.

4 김교제의 『비행선』은 2003년 서울대학교 출판부에서 출간한 『한국 신소설 전집』에 수록되어 있다.

5 조동일, 『한국문학통사』 4권, 지식산업사, 2005, 397면.

6 김교제가 참고한 원작의 회당 제목은 「보이지 않는 공포와의 대면 혹은 닉 카터의 실수 연발의 날(Facing an Unseen Terror, or Nick Carter's day of blunders)」과 「이다야, 미지의 여인 혹은 닉 카터의 4중고(Idayah, the Woman of Mystery, or Nick Carter's fourfold problem)」, 「제왕 만들기 혹은 닉 카터 생애 최대 미스테리에 직면하다(The Making of a King, or Nick Carter faces his greatest mystery)」 그리고 「여신의 제국 혹은 닉 카터의 놀라운 모험(The Empire of a Goddess, or Nick Carter's wonderful adventure)」 등이다. (자료원: 강현조, 「김교제 번역, 번안소설의 원작 및 대본 연구—『비행선』, 『지장보살』, 『일만구천방』, 『쌍봉쟁화』를 중심으로」, 2011.)

7 잡지 《개벽》 2월호부터 연재

8 이는 원작 발표시기로부터 불과 3년 뒤인데, 이는 당시 일본이 해외문물을 열심히 자국어로 옮기던 시절이라 체코어에 무지했던 이광수도 덕을 본 셈이다.

9 송명진, 「1920년대 과학소설 수용양상 연구」, 《대중서사연구》 제9권 제2호, 대중서사학회, 2003, 119-141면.

10 인류의 후손이 진화의 갈림길에서 분화되어 한쪽이 다른 한쪽을 잡아먹는 미래는 극단적인 계급투쟁에 대한 신랄한 풍자였고 근대 산업자본주의 문명에 대한 웰스의 비판적인 시선이 작품 전반에 녹아 있기에, 산업화의 폐해는커녕 아직 조국 근대화의 앞날조차 어두운 현실에서 작가의 시선은 구한말 조선 독자들의 눈높이와 나란히 하기 어려웠다.

11 그러나 「여인」은 이후 출간된 방인근의 전집에는 수록되어 있지 않다.

12 이 논문이 수록된 학술지 『세대』는 현재 국회도서관에서 열람할 수 있다.

13 운노 주자의 『화성병단(火星兵団)』은 일본에서 1948년에 『화성마(火星魔)』로 개제되어 재간되었다. 김복순은 아마도 이 재간본을 번안하면서 제목까지 차용한 것으로 보인다.

14 이 작품은 1950년대 후반에 처음 출간된 뒤 출판사를 바꿔가며 1980년대 초까지도 계속 재판을 찍었으며, 가장 최근에는 2013년에 창비에서 재출간했다.

| 제2절 |

과학적 애국주의와 환상의 제국

:《학생과학》지 수록 한국 과학소설의 지형도

1. 과학소설의 출발: "인간은 낯선 것을 상상하는 데 서투르다."

우주로 뻗은 세계인의 욕망의 크기와 달리 인간은 우주에 대해 많은 것을 알지 못한다. 1960년대의 우주물리학계를 지휘했던 카네기 과학연구소의 베라 루빈 박사는 이런 사실을 가장 통감했던 사람이었다. 평생 동안 암흑물질의 추적자로 살아온 박사는 은하계 질량의 대부분은 우리의 눈에 포착되지 않는 어떤 것으로 이루어져 있으며, 그것을 암흑물질(dark matter)과 암흑에너지(dark energy)라 불렀다. 우리가 빛 아래 볼 수 있는 것이 단 4%에 불과하다는 엄연한 과학적 사실 앞에서 우리는 인식의 범주와 능력이 한없이 작음에 겸손해진다. "인간은 낯선 것을 상상하는 데 서투르다."라고 한 베라 루빈 박사의 평범해 보이는 언명 속에는 그녀가 행한 일생의 연구를 응축되어 있다. 4%의 익숙한 세계를 떠나 미지의 낯선 96%를 찾기 위한 동력이 인간의 상상력에 있다는 말인데, 존재하는지 알 수조차 없는 암흑물질의 거대한 벽을 넘기 위해서 과학자로서 얼마나 큰 상상력의 도약이 절실했을지 알 수 있는 대목이다. 낯선 것을 상상하는 데 서툰 것은 과학자만이 아니었다. 1960년대는 한국과학소설사로서도 배양토가 형성되는 시기였던 만큼 과학소설가는 상상력의 뜀틀에서 잘 도약하여 4%의 현실을 넘어, 암흑물질과 암흑에너지로 가득한 96%의 상상과 환상의 창작세계와 조우해야 했다. 거대한 환상의 제국에 대한 서투른 상상의 결과는 과학소설의 존재와 지평을 뒤흔들 수 있었다.

유사 장르와 변별하는 경로를 통해 과학소설이라는 환상의 제국으로 진입해보자. 먼저 공포소설과 과학소설에 공유되는 특성으로 '낯선 것'을 상상하는 문학적 관습을 생각해볼 수 있다. 공포는 '익숙한 낯섦'으로 알려진 프로이트의 'unheimlich'[1] 개념을 주춧돌로 차용한다. 공포 장르를 만드는 가장 손쉬운 기법은 익숙한 것, 익숙한 공간 등을 갑자기 낯설게 바꾸는 것이다. 예를 들어 인간인 줄 알았는데 사실은 귀신이나 좀비였다든가, 가장 편안한 우리 집이나 내 침실이 전혀 다른 공간으로 인지되든가 하는 일이다. 그런데 과학소설은 낯선 것이 공포의 부정적 감정뿐 아니라 경이로움이나 호기심 같은 긍정적 감정을 복합적으로 산출한다는 데서 공포소설과 다르다.

추리소설과 과학소설은 문학과 과학의 혼종으로 태어난 장르로서 유사성이 있다. 추리소설은 과학적 발견과 사실을 비중 있게 활용하여 범죄를 해결하는 지적인 근대서사이다. 반면 과학소설은 추리소설처럼 과학적 발견과 사실을 활용하는데 추리소설과 역방향을 취한다. 과학소설은 과학적 사실성에서 출발하여 도약과 비약을 감행하고 환상 단계에서 과학성을 희석한다. 이후 과학에서 멀어진 비현실의 환상으로 서사를 이끌고 간다.

20세기에 들어서면서 우리나라 문단에 출현한 과학소설은 여타 다른 근대물처럼 매우 낯선 장르였다. 한국과학소설사의 첫 장은 박용희가 쥘 베른의 『해저 2만리』를 번역한 『해저여행기담』(1907)이었다. 이어 이해조가 쥘 베른의 『인도 왕녀의 5억 프랑』을 번안하여 『철세계』(1908)를 선보였다.[2] 순수한 과학소설 창작으로 거론되는 작품으로는 김동인의 단편소설 「K박사의 연구」(1929), 문윤성의 장편소설 『완전사회』(1965), 복거일의 『역사 속의 나그네』(1991), 이후 2000년대 대중문화시대를 맞이하여 활발히 나온 듀나 등의 과학소설이다.

우리나라의 과학소설은 소설사라고 이름 붙이기 민망할 정도로 창작이 부재하다. 왜 이런 특이한 일이 벌어진 것일까. 장르를 독립적으로 인식하는 시간이 오래 걸렸음을 가정해보자. 박용희가 번역한 작품의 제목 『해저여행기담』을 보면, 20세기 초에 우리나라의 출판계에서는 과학소설을 일종의 '기담'으로 받아들였음을 알 수 있다. 이는 1907년이라는 시대가 아직 이광수나 김동인이 활동하기 전이어서 현대적 소설에 대한 정확한 인지가 부재했고, 과학소설의 장르적 측면의 우세보다 내용의 '신기함'에 이끌렸던 현상이었다. 일제강점기의 대중독자들이 과학을 소비하는 방식도 흥미나 호기심에서 시작하였고, 이는 '기담'과 '한담'의 형태였다.[3] 대중독자들은 짧고 재미나는 기사 형태로만 과학을 소비했고 창작물보다 번역물로 과학소설을 수용하였다.

김동인의 소설 「K박사의 연구」는 맬서스의 인구이론을 듣고 미래에 식량이 부족할 것을 걱정한 어떤 박사의 황당한 실험을 내용으로 하였다. 이 작품은 김동인의 작품세계와 거리가 있는 특이한 작품으로 과학소설과 유머소설의 경계에 있다. 디스토피아 미래를 다룬 문윤성의 과학소설 『완전사회』가 《주간한국》이 공모한 제1회 추리소설 당선작이었다는 점을 주목해보자. 이는 1960년대에 이르러서도 우리 문단은 과학소설과 추리소설의 장르를 크게 변별하지 않았던 증거다.

과학소설 장르에 대한 인식의 미흡은 결과적으로 과학소설사의 명맥이 부재에 가까운 현상으로 이어졌다. 어른들을 위한 과학소설이 길을 잃고 있을 시기에 아동청소년을 위한 과학소설은 새로운 목적의식 속에서 에너지를 추동하고 있었다. 1960년대 박정희 정부가 들어선 이후의 시점이었다. 나라가 발전하려면 과학이 발전해야 하는데 이미 성인이 된 사람보다 아동청소년부터 과학을 교육해야 장래에 과학입국을 실현할 수 있다는 논리였다. 박정희 새 정권의 국가 이데올로기는 학생들을 겨냥한 매체 속에서 조용히 작동을 시작하였다. 이런 미션은 아동청소년용 잡지에서 수행되었다.

이 글은 한국과학소설사의 잃어버린 고리를 찾기 위한 작업의 일환으로 시작되었다. 과학을 매개로 만들어진 '환상의 제국으로서의 한국청소년과학소설'의 흥망성쇠를 따라가보려는 것이다. 과학소설은 《새벗》, 《어린이 연합신문》, 《새소년》, 《가톨릭 소년》 등 아동매체, 《학원》, 《학생과학》 같은 청소년매체에 주로 수록되었다. 특히 《학생과학》은 약 20년간 많은 청소년 과학소설을 축적한 의미가 지대하다. 따라서 이 글에서는 《학생과학》에 수록되었던 한국 창작 과학소설을 기본 자료로 하여 당시의 정치적 시대적 정체성이 어떤 작품으로 어떻게 형상화되었는지를 탐구하려고 한다.

한국과학소설 연구 또한 지체되어 있다. 이는 그동안 문단에서 과학소설을 경시했던 흐름과 직결된다. 최근에 나온 업적으로 임태훈[4]과 김지영[5]의 글은 이 논문과 직접 관계가 있다. 임태훈은 과학소설을 '시대의 증환(症幻)'을 읽는 매체로 보면서 1960년대 남한의 정치적 면모를 당시 나온 한국과학소설을 통해 분석하였다. 김윤주의 『재앙부조』(1960), 문윤성의 『완전사회』(1965), 60년대 《학생과학》 수록 과학소설 등을 정치적으로 재평가한 점이 돋보인다. 김지영은 우주 소재의 소설을 대상으로 '우주개척담'과 '우주전쟁담'으로 나누어 특징을 살폈다. 창작물이 아니라 번역된 과학소설에 대한 최애순[6]의 연구는 그 시대를 살피는 데 좋은 자료가 된다. 이정옥의 문윤성 작품 연구는 과학소설 전반에 관한 폭넓은 견해를 보여준다.[7]

2. 《학생과학》, "청소년을 위한 국내 유일의 과학교양지"

《과학세기》[8]와 《학생과학》은 과학을 표방한 전문잡지로서 1960년대 이후 벌어진 급격한 시대적 변화를 담지하고 있었다. 출판인 남궁호는 1964년에 과학자와 과학도를 위해 《과학세기》를 창간했고, 뒤이어 1965년 11월에 《학생과학》을 시작하여 1983년 12월까지 청소년 전문 과학잡지로 경영을 계속하였다. 《학생과학》은 이후 1984년 1월부터 3월까지 휴간되었다가 4월호에 재개되는데 잡지의 끝에는 출판사명이 없이 그동안의 독자 성원에 감사하는 글이 실려 있다. 5월호부터는 확실하게 한국일보사 장재구 대표가 잡지를 인수한 것을 알 수 있다.

청소년 대상의 전문 과학잡지 《학생과학》 창간호(1965. 11.) 표지.

남궁호 대표가 경영했던 19년 6개월간의 《학생과학》은 한국일보사가 인수한 《학생과학》과 정체성이 달랐다. 남궁호의 《학생과학》은 "청소년을 위한 국내 유일의 과학교양지"를 표방했고, 한국일보사의 《학생과학》은 "국민학생과 중학생을 위한 과학교양지"였다. 이는 단순히 독자 대상이 달라진 것만을 의미하지 않는다. 정치, 경제, 문화, 교육 등 분야에서 지향하는 방향과 분위기가 서로 달랐던 토대에서 오는 차이점이 컸다.[9] 이 글에서는 독자 타깃, 시대적 정체성과 관련하여 한국일보사가 인수하기 이전인 남궁호 대표의 《학생과학》에만 집중하려고 한다.

1960~1970년대는 박정희 대통령 재임 시절로서 국가의 정치 이데올로기가 독특한 시대였다. 《학생과학》이 간행되었던 때와 중첩되는 시기이므로 둘 사이의 연결고리를 알아볼 필요가 있다. 《학생과학》 초창기의 권두언 중 경제기획원 기술관리과장은 20세기 들어 과학적 풍토가 없는 국가는 후진국이 되었다면서 젊은이들에게 '과학의 나라'를 건설하여 살림을 윤택하게 만들자고 강조한다. 또한 정부는 '과학기술진흥5개년계획'을 세워 정책적으로 과학 발달에 후원을 할 것이라고 말한다.[10] 실제로 정부는 5.16 이후 '경제개발5개년계획'을 수립하면서 과학과 관련한 하부 정책으로 '과학기술진흥5개년계획'을 세웠다.[11]

《학생과학》은 새 정부의 경제개발계획과 과학기술진흥계획과 같은 방향의 길을 걸었다. 창간호의 글 「창간에 붙여」를 통해 대표의 시대적 인식을 읽어보면, 그는 사고, 생활을 과학화하여 우리나라가 전세기에서 탈출해야 한다는 소명의식을 가지고 있었고, 과학화와 인류의 복지가 비례한다는 전망도 하고 있었다. 이것을 이루는 '가깝고 빠른 길'은 과학기술의 발달에 있으며, 그것은 과학자뿐 아니라 일반인도 해당한다고 말한다. '생활의 과학화'로 압축된 그의 간행사에는 선진조국으로 나아가는 애국적 사명감 내지 욕망이 탑재되어 있다.

《학생과학》에 수록된 과학소설들의 시대적 정체성은 무엇인가. 이 잡지보다 이전에 나온 아동과 청소년 과학소설들[12]이 존재하는데도 《학생과학》에 수록된 과학소설이 중요한 이유는 무엇인가. 청소년 과학소설 창작에 있어서는 《학원》이 선취한 지점이 분명히 있기는 하다. 하지만 《학원》이 한국전쟁기와 그 이후의 여가와 오락을 담당한 문화매체로서 과학소설을 다루었다면, 《학생과학》은 1961년 5.16 이후 달라진 시대와 학생의 관계성을 과학소설에서 드러내고 있다. 1950년대가 정치적 혼란을 겪은 학생들을 위로하는 시기였다면, 1960년대와 70년대는 국가의 새 질서에 잘 적응하는 학생을 요구하는 시기였다. 따라서 《학원》의 오락적 분위기는 급속히 침체해갔다. 대신 학습지 《진학》(1965년 창간)이 새로운 시대적 요청에 조응을 시도하였다. 군사문화시대의 정치와 교육의 권력자들이 청소년들이 오락적 소비를 억제하고 조용히 착한 수험생으로 교실에 앉아 있기를 바랐던 흐름[13]과 관련이 된다.

《학생과학》은 창간 당시부터 오락성과 통속성을 비켜서 새 시대 새 교육의 담당자를 자처하였다. 지면의 거의 90% 이상은 과학지식과 교육현장, 학생들의 과학활동 소개, 과학소설과 만화 연재로 구성하여 교양과 교육을 충족하고 있었다. 남궁호 대표는 '흥미와 교육과 애국'을 모두 내건 중요한 선택을 한 것이었다. 여기에서 '흥미'는 '오락'이 아니라 '교양'으로 수위를 살짝 높인 수준이었다.

새 시대의 새 물결은 우리나라 밖에서도 크게 일고 있었다. 우리나라는 20세기 초부터 늘 열강에 뒤처진 역사를 보냈다. 따라서 새 정부는 5.16의 당위성을 보여주면서 또다시 국제사회에서 소외되지 않으려 하였다. 현실적으로 미국과 소련이 우리와 경쟁할 수 있는 상대가 아니었음은 누구나 아는 사실이었지만, 근대화 이후 벌어진 격차를 더 크게 하지 않으려는 의지는 무엇보다 강했고, 과학 발달을 통해 선진국으로 진입하려는 시대적 정치적 호명을 통해 과학교육은 실천적 도구가 되었다. 《학생과학》지에 수록된 과학소설들도 같은 처지에 놓이는 것이 자명했다.

3. 한국 청소년 과학소설 작품과 SF작가클럽: "젊은 얼 속에 과학주의의 신풍을"

《학생과학》지의 과학소설을 세 방향으로 분류하면, 한국 작가의 순수창작, 해외 작품의 번역 및 번안, 특별한 목적의 기획소설 등이다. 한국 작가의 순수창작 과학소설은 약 25편 확인된다. 길이는 장편이 대부분이며, 중장편과 중편이 그 다음으로 많다. 단편은 거의 존재가 미미하다. 과학소설이 25편이나 되는 수확은 이전의 어느 매체에서도 없던 일로서, 이는 한국 청소년과학소설의 환상세계를 집단적으로 조망할 수 있는 중요한 의미를 가진다.

25편을 소재나 하부 장르로 유형을 분류해보면, 우주 심해 모험SF류, 추리SF류, 로맨스SF류로 세분화할 수 있다. 세 유형은 적절하게 서로 섞이기도 한다. 지구 밖의 우주나 지구 내의 심해는 과학소설의 배경으로서 가장 관습적인 데가 있다. 미지의 공간에서 벌어지는 신기하고 모험적인 이야기는 지금도 국내외의 많은 과학소설에서 추구하는 유형이다. 추리SF는 기존 독자들에게 익숙한 추리서사적 틀을 활용하여 이야기를 끌고 나가는 유형이다. 추리소설과 과학소설은 '과학'을 다루는 장르로서 유사하기 때문에 작가들이 손쉽게 융합한다. 로맨스SF류는 좀 독특한 경우이다. 이 유형은 청소년들의 사랑보다 성인 남녀의 로맨스를 주로 다루려는 경향이 있다. 25편의 작품을 작가와 시간순으로 정리하면 다음과 같다.

서광운(서기로): 장편『북극성의 증언』(1965~1966), 장편『해류 시그마의 비밀』(1967), 장편『관제탑을 폭파하라』(1968), 장편『우주함대의 최후』(1969), 장편『절대시간 003으로!』(1974~1975),『아공간의 밀사』(1977).

오민영(오영민): 중편『지저인(地底人) 오리거』(1966~1967), 장편『화성호는 어디로』(1967~1968), 중장편『바다 밑 대륙을 찾아서』(1968~1969), 중장편『사건 2732년!』(1971~1972).

강성철: 중편『방랑하는 상대성인』(1966), 중편『우주에서의 약속』(1968), 장편『서기 2026년』(1974~1975).

이동성: 중장편『크로마뇽인의 비밀을 밝혀라』(1965~1966), 장편『악마박사』(1971~1972), 장편『지문의 비밀』(1972~1973).

문홍기: 중편『코리아륨 254를 찾아라』(1979), 장편『환상의 제국 곤드와나 시티를 찾아라』(1979~1980).

기타: 김학수의 중편『우주 조난』(1971), 이형수의 장편『잠수함 유격대』(1976~1977), 주승원의 중편『사라진 원자력잠수함을 찾아라』(1979), 신문성의 장편『SOS 안드로이드』(1981), 김병일의 중편『21세기의 인형극』(1981), 박석기의 단편「기적」(1966), 지영의 단편「이별」(1967).

해외 작품의 번역 과학소설로는 일반적인 SF와 동물소설, 생태소설 등이 연재되었다. H. G. 웰스의 단편「도둑맞은 세균」(1965), O. E. 해밀턴 원작『육체

환원기』(1966), 씨이튼의 동물소설 『지혜 있는 동물 티토』(1971~1972), 리처드 바크의 동물생태소설 『갈매기 조나산』(1973), G. K. 오닐 원작 『우주식민지』(1978), 아더 클라크 작 SF 『21세기 우주대모험』(1982~1983), 델 레이 원작 SF 『로보트 렉스의 모험』(1983) 등이 실려 있다. 번안작가로 가장 활약이 컸던 이홍섭의 작품으로 『시간포 계획』(1978~79), 『안개 속의 통로』(1979) 등이 있다.

기획소설은 교육, 다큐, 흥미의 세 가지 목적으로 수록되었다. 창작 과학소설에서도 과학교육을 다루기는 하였지만, 기획소설은 내놓고 과학교육을 표방할 수 있어서 교육의 효과가 컸다. 과학자의 전기인 '과학의 별들' 코너에 강민 작 『마리 퀴리』(1972), 『차알즈 다아윈』(1973) 등이 실려 있다. 다큐 느낌의 기획으로 신동한 주간한국 기자가 쓴 「식인사자 패터슨의 대결」(1973. 2.)이나 일본 원작의 고대사 연구가가 보고 들은 UFO이야기를 재구성한 「UFO이야기」(1975. 11.) 등이 있다. 흥미를 강하게 표출하는 기획소설의 경우도 단순히 오락성을 노린 것이 아니라 학습의 흥미를 높이려는 것들이었다. '흥미만점 SF추리', 'SF게임'을 표방한 이홍섭의 『공상과학에의 도전』(1973)은 이야기를 풀어가면서 과학 퀴즈를 내고 답을 알려주는 형식을 취하는 소설이었다. 따라서 이런 흥미 기획소설은 소설보다 학습도구로 기능하였다.

과학소설 창작의 축적은 《학생과학》지에 힘입어 자연스럽게 작가군의 형성으로 이어졌다. "젊은 얼 속에 과학주의의 신풍을 불어넣어주고 싶다."[14]는 욕망의 표현은 한국SF작가클럽의 회장 서광운 작가의 말로, 작가 개인의 생각을 넘어서서 당시 형성된 작가군의 의지를 대변한다고 보아도 무방하다. 서광운은 1968년에 SF작가클럽을 발족하여 회장이 되었다.[15] 회원은 서광운, 지기운, 윤실, 오민영, 강성철, 강승언, 이동성, 서정철, 김종안이었다. SF작가클럽 간사이자 《학생과학》 편집장이었던 지기운의 글을 보면, 신문학 60년 이래 과학소설이 창작된 적이 거의 없었고 최근 중고교 상대 잡지에서 조금씩 SF를 다루는 단계라고 한다. 멤버들의 소속은 서광운(SF작가클럽회장), 오민영(학원 주간),

강성철(주부생활 부록부장), 이동성(월간중1 편집차장), 강승언(광운전자고교 교사), 윤실(학생과학 편집차장), 서정철(만화가)로 소개되어 있다.[16] 9명의 회원 중《학생과학》에 연재한 작가는 서광운, 오민영, 강성철, 이동성이었고, 윤실은《학생과학》의 편집차장으로서 관련이 있었다.

서광운은《학생과학》지의 대표작가이다. 서광운은 초창기에 서기로라는 필명을 쓰다가 이후 본명으로 활동을 하였다. 그는《학생과학》에 가장 많은 작품을 연재하였고, 과학전공자이자 언론인 출신으로서 과학에 대한 충분한 이해와 필력을 갖춘 작가로서 활약하였다. 당시 우리나라의 위상과 지구의 미래 문제에 두루 고민이 많았고 이런 주제를 우주와 심해의 모험SF류로 풀어냈다. 천문학과 이론과학을 다룰 때는 난이도가 많이 올라가서 청소년들의 가독성을 뛰어넘는 부분도 종종 있다. 지구의 당면한 인구나 에너지 문제 해결에 대한 관심이 애국적 과학주의나 우주사회학 구상으로 이어졌다. 서광운의 여러 작품은 발자크 식 인물재현법과 유사한 면이 있는데,《학생과학》에 연재된 서로 다른 장편소설 속에 동일하거나 유사한 인물들이 등장하여 마치 연작소설처럼 구성되어 있다.

오민영은 당시에 명랑소설가로 인기를 누린 오영민과 동일인이다. 1975년에 해동출판사에서 나온 전집에는 이름을 오영민으로 썼다.《학원》주간을 오래 하면서 아동청소년물에 대한 이해와 접근성이 강했다. 아동 명랑소설의 대표작가로서 오영민은 무공해의 웃음을 불러일으켜서 학생 독자들에게 인기가 많았다.《학생과학》에는 연재한 청소년 과학소설에서는 서광운 작가와 달리 과학지식을 세밀하게 다루기보다 간단한 과학지식에 이야기를 재미있게 입히는 능력을 발휘하였다. 우주 심해 모험SF류와 로맨스SF류 등 다양한 작품을 썼다.

강성철은《주부생활》부장으로 재직하면서 과학소설가로 활동하였다. 추리SF와 로맨스SF, 추리와 모험SF를 혼용하여 흥미로운 이야기를 만들어낸 작가였다. 작품 중 『방랑하는 상대성인』(1966)은 서로 다른 시간대를 살아가는 젊은 남녀의 로맨스SF로서 색다른 장르적 매력이 있다. 이동성은 《월간중1》 편집차장으로 있다가 삼화출판사 편집부장으로 일하면서 청소년 과학소설을 창작했다. 특히 《학생과학》 창간호부터 인연을 맺은 중요한 작가이다. 창간호의 첫 소설인 『크로마뇽인의 비밀을 밝혀라』(1965~1966)에서는 교육적 의미와 환상성을 동시에 강하게 추구했다. 이후 나쁜 과학자[17]를 제거하는 『악마박사』(1971~1972), 지문의 단서를 가지고 범인을 추적하는 과학소설 『지문의 비밀』(1972~1973) 등에서는 환상성을 제거한 과학소설을 연재하였다. 기타 문홍기, 김학수, 이형수, 주승원, 신문성, 김병일, 박석기, 지영 등의 작가가 활동하였다. 이후 이들의 활동은 한국 최초의 과학소설 전집인 『한국과학소설(SF)전집』 10권(해동출판사, 1974)을 탄생시키는 밑거름이 되었다. 《학생과학》의 배양토에서 자양분을 얻은 SF작가클럽의 형성은 한국과학소설사에서 중대한 사건이었다.

4. 청소년 과학소설의 세계 1: 과학 교양과 교육으로 무장하라

"혹시 중공에서 날려 보낸 간첩풍선이 아닐까요?"(이동성, 『크로마뇽인의 비밀을 밝혀라』, 1965~1966)

교과서를 넘어서는 최신지식의 초고속 전달은 잡지 데스크의 중요한 지침이었다. 《학생과학》은 교과서에서 다루지 못한 최신 과학이론이라든지 우주탐사 뉴스 같은 것들을 서둘러 업데이트하려고 했다. 이는 1960년대와 70년대의 정치적 시대적 임무에 편승하여 같은 경로를 선택한 잡지사로서 당연한 맥락이었다. 과학소설은 교육의 도구로 소환되어 소비되었고, 고교생들이 가진 비과학적 태도와 정신을 이성적인 과학으로 치환하는 것이 중요한 명제였다.

청소년 과학소설에 등장하는 전형적 인물을 교육과 관련하여 보면, 피교육자와 교육자의 상하관계가 늘 나타난다. 《학생과학》지의 첫 연재소설로 등장한 이동성의 『크로마뇽인의 비밀을 밝혀라』의 주인공은 고교 과학반 학생 2명과 과학교사이다. 이들이 한라산 생태탐사의 선발대로 등반 중 우주인[18](외계인)에게 납치되어 벌어지는 사건이 중심 이야기인데, '준수' 학생은 갑자기 나타난 괴물체를 어느 과학소설에서 읽은 비행접시로 보고, '홍식' 학생은 뉴스에서 본 것처럼 중공에서 날려 보낸 간첩 풍선이 아닐까 추정한다. '중공'은 당시 소련연방과 함께 가장 현실적인 적이었다. 반면 물리학 교사인 김선생은 괴물체를 기상현상, 신기루, 자성의 성질 등으로 과학적으로 파악하여 가르치려고 노력한다. 괴물체에 납치되어 3일 만에 화성으로 가는 과정 중에도 '홍식'학생은 최근 본 우주영화에서 제미니6호의 우주선 내 우주비행사가 무중력상태에서 공중에 떠서 창밖으로 지구를 바라보던 장면을 떠올리고, 김선생은 지구와 화성의 거리, 별빛의 도플러효과를 설명한다. 이는 청소년 과학소설의 인물의 전형적 구도이다. 학생들은 과학소설이나 우주영화 같은 픽션, 확인되지 않은 뉴스에서 추정의 근거를 찾는데 교사는 과학원리와 현상으로 파악하는 것이다.

과학 교양의 교육은 다양한 내용으로 구성된다. 그런데 지식의 과다노출은 과학소설이 소설인지 교과서인지 혼동하게 만들 때도 있다. 25편의 과학소설

첫 연재 과학소설 『크로마뇽인의 비밀을 밝혀라』. 제주도에서 학술탐사 중이던 고교과학반과 외계인의 만남을 교육적 시각에서 다루었다.

중에서 가장 비중이 큰 과학소설은 우주 모험 SF이다. 따라서 소설에는 우주의 여러 행성에 대한 천문학적 지식, 지구와 우주의 시간 차이를 다룬 상대성원리, 로켓의 운항원리 등 다양한 과학지식을 기본적인 소재로 삼아 환상의 경로를 걷는다. 박석기의 단편 「기적」(1966)이 단적인 사례이다. 주인공 한국학생이 세계의 과학퀴즈대회에서 우승한 상품으로 달에 간다는 설정인데 과학퀴즈의 문제는 '달이 생긴 원인 3가지'이다. 소설은 마치 과학책의 한 부분을 옮겨놓은 것같이 3가지 원인을 나열할 뿐 서사화의 과정을 거치지 않는다.

작가 스스로 창작과 교육의 충돌을 고백한 경우도 있다. 서기로(서광운) 작가는 1960년대 우리나라가 아직 1차 산업시대였던 만큼 농업과 수산업의 과학화를 다루기 시작하여 차차 지구의 에너지 문제로, 우주 물리학 이론으로 관심의 폭을 점점 넓혀갔다. 『해류 시그마의 비밀』(1967) 연재 후기에서 작가는 《학생과학》지 독자들이 자신의 소설을 재미있게 읽으면서도 '딱딱한 과학사실의 나열'이라고 평했다고 전해준다. 서광운의 프로필을 보면 그가 과학전공자로서 다른 과학소설가들보다 난이도 높은 과학이론에 대해서 이해도가 높았을 것으로 보이지만, 그의 작품은 청소년 대상의 과학소설로는 좀 어려운 부분이 종종 있다.

비과학적 학생의 태도는 어떻게 교정의 변화를 맞이하는가. 오영민의 『바다 밑 대륙을 찾아서』(1968~1969)에서는 화산 폭발로 대서양에 가라앉았다는 전설적인 도시 아틀란티스가 바다 밑에 실재해 있다는 가정에서 시작한다. 도시는 수중에서 천 명 이상이 지낼 수 있을 만큼 과학이 발달해 있고, 이들은 외계인이 아니라 지구인이다. 전설 속의 악의 신인 '바알 시이퍼'는 아틀란티스인들을 괴롭히며 외계인인 자기의 실체가 드러날까 봐 과학발달을 저지해왔다. 그 동안 아틀란티스인들은 악마에게 과학발달을 억압당해 더 이상 기술을 개발하지 못하고 지상과 연락을 못했던 것이다. 최용현이라는 해양학연구소 소원과 마라코트 박사는 대서양 심해를 탐사하던 중 우연히 그들과 조우하는데,

우여곡절 끝에 박사가 기싸움을 통해 악마를 제거하고 아틀란티스를 구한다. 최용현이라는 인물은 청소년 독자들의 마음에 어떤 변화를 꾀하기 위한 역할을 담당한다. 처음에 감정적이고 과학자답지 못했던 태도를 지녔던 한국청년 최용현이 박사와 기사장의 과학정신에 감동을 받아 변화하는 것이다.

과학정신은 절체절명의 위기에서도 억압을 허용하지 않는다. 오영민의 『지저인 오리거』(1966~1967)와 『바다 밑 대륙을 찾아서』(1968~1969)에서 추구한 주제이다. 두 작품은 지구 밖의 우주로 가지 않고 지구 심해로 들어가서 외계인과 만난다. 이런 환상류는 인류의 역사 중에서 살짝 기록이 생략된 부분, 즉 미스터리한 과거 역사의 틈을 비집고 들어서면서 가능해진다. 작가는 마야제국의 번영에 대한 수수께끼, 화산 폭발로 사라졌다는 아틀란티스의 사실성 여부에 상상력을 집중하면서, 마지막에는 지구의 과학이 계속 발달해야 하고 과학정신은 절대로 억압되어서는 안 된다는 주제로 나아간다. 『지저인 오리거』는 비행기 추락에서 살아난 서태일이 신비한 여인 오리거를 따라가면서 벌어지는 환상적인 일을 다룬다. 12세기경 마야제국에 살고 있던 마야인이 사실은 외계인이었고, 그들은 700년 전 우주에서 조난하여 지구에 머물면서 지구의 역사를 다 보아왔고 미소의 우주개발도 알고 있었다. 그는 우호적인 태도로 지구인의 과학이 빨리 발달해야 자기들이 도움을 받아 귀향할 수 있다면서, 지구가 우주과학 연구에 힘쓰면 50년 후면 번영할 것이라고 예지한다.

"흉악한 문명재건자들을 끌어내라"(서광운, 『우주함대의 최후』, 1969)

과학발달의 종착역에서는 행복이 기다리고 있을까. 청소년들이 과학지식을 많이 습득하고 과학정신으로 무장을 한다면 유토피아를 보장받을 수 있을까. 대신 디스토피아가 검은 입을 벌리고 서 있는 것은 아닐까. 일반적으로 한국 청소년 과학소설은 맹목적인 유토피아를 보여주지는 않지만 가능하면 디스토피아를 피해갔다. 대신 디스토피아가 일어난 우주 행성이나 미래의 지구를 보여주면서 올바른 과학정신을 가져야 하겠다는 깨달음의 반면교사로 삼는 것이었다. 오민영의 『화성호는 어디로』(1967~1968)의 서술자는 H. G. 웰스를 거론하면서 "H. G. 웰스라는 영국의 소설가는 화성인이 굉장한 과학무기를 가지고 지구를 공격해 온다는 소설을 써서 온 세상 사람들을 전률케 했다."(1968. 1. 74면)고 말한다. 이는 당시 독자들이 디스토피아 소설을 어떻게 받아들였는지를 알려준다. 웰스가 디스토피아를 묘사한 이유는 바르지 않은 문명을 비판하는 방안이었는데, 우리나라에서는 웰스 소설의 주제를 간과한 경향이 있었다. 암울한 디스토피아 풍경을 일부러 청소년에게 전시할 필요는 없다는 판단에서 웰스의 작품세계를 적극적으로 받아들이지 못했기 때문이다. 순문학계가 가졌던 디스토피아에 대한 의견은 국제펜클럽회의 의제인 「과학시대에 있어서의 상상문학」을 놓고 벌인 작가들의 토론에서도 단서를 찾을 수 있다. 기성 소설가인 주요섭과 신진 비평가인 이어령은 서로 다른 생각을 가졌는데, 기성작가는 디스토피아를 피하려는 태도를 보인다.[19] 《학생과학》지에 속한 과학소설가들은 순문학계와 다른 노선을 걷고 있었지만 과학교육의 명제를 가진 청소년 소설을 창작하는 입장이었으므로 디스토피아를 묘사하는 데 주저함이나 조심스러움이 수반되었던 것이다.

핵전쟁으로 폐허가 된 외계행성 X4호별을 소재로 한 소설 『우주함대의 최후』. 유토피아와 디스토피아에 대한 성찰이 드러나 있다.

외계의 행성에서 디스토피아를 겪고 있는 장면을 그린 몇 안 되는 작품이 그래서 특별히 논의되어야 한다. 외계인들은 반성적 시각으로 지구탐사대에게 디스토피아를 보여준다. 서광운의 『우주함대의 최후』는 과학이 핵전쟁에 이용되어 디스토피아를 겪고 있는 X4호별의 내전을 다루었다. X4호별에서는 다시는 그 비극이 재연되지 않도록 자연으로 돌아가고 싶어하는 평원족(부리마라족), 이전의 문명을 재건하려는 산악족(삐오라족) 간의 대전투가 벌어진다. 평원족 사령관의 "흉악한 문명재건자들을 끌어내라"는 명령은 과학발달의 끝이 디스토피아로 귀결되어서는 안 된다는 작가의 메시지이다. 서광운의 『절대시간 003으로!』(1974)에는 편광성 오메가가 은하계를 돌던 중 강한 방사능을 받고 멸망한 비터별의 이야기가 나온다. 시그마5호별에서 후비아루 황제를 만난 지구의 우주 원정대원들은 그들이 지하에서 5만 년간 문명을 재건하느라 애를 써왔으며, 지구인들은 욕심이 많은 것이 문제라고 지적한다. 문명은 허망하게 사라질 수도 있으니 물질에의 욕심 이전에 올바른 정신이 있어야 물질의 발달이 의미 있다는 말이었다.

지구가 겪는 디스토피아를 다룬 또다른 소설로 오민영의 『사건 2732년!』(1971~1972)이 있다. 2732년 어느 날 외계인의 지구 침공으로 아시아의 제1도시 서울을 포함하여 세계적인 대도시들이 소실되는 사건이 잇달아 일어난다. 2732년의 미래에 화성과 금성은 지구의 식민지가 되어 있고, 문명이 발달하여 사람들의 생활이 편리하게 바뀌어 있다. 그런데 대도시 공격으로 통합정부가 마비되면 지구 인구의 4분의 1이 죽고 문명은 2천 년이나 역전될 것이라며 최901E는 두려움에 떤다. 그는 시체나 전염병보다 문명 역전을 더 두려워하는 인물이었다. 이 소설에서는 디스토피아를 문명비판이 아니라 퇴보로 받아들인다.

뒤를 돌아보지 않는 직진의 정신은 없는가. 강성철의 과학소설에서 그 단면을 볼 수 있다. 조지 오웰의 『1984』(1949)에서 벌어지는 세계는 우리가 맞닥뜨리고 싶지 않은 미래이다. 강성철은 이 작품을 의식한 듯 『서기 2026년』(1974~1975)에서 1984년에 하고 있는 연구가 아무런 부작용이 없을 것임을 확인받는 이야기를 다루었다. 주인공 소년은 1984년 현재와 2026년을 오고가면서, 우려와 달리 과학이 옳게 사용되고 있는 밝은 미래를 본다. 과학의 비약적 발전의 종착역에서 기다리는 유토피아로 인해 1960~1970년대를 살아간 청소년들은 안심하고 과학을 장착할 수 있었다.

5. 청소년 과학소설의 세계 2: 과학적 애국주의와 평등한 과학사회학

"충무공의 과학정신을 떠받는다"(서기로, 『해류 시그마의 비밀』, 1967)

제2차 세계대전이 끝난 후부터 미국과 소련은 냉전상태로 서로 대치하기 시작하였고, 정치, 군사, 외교, 우주개발 등에서 서로 경쟁하였다. 1960년대는 특히 우주개발 영역에서 어느 나라가 최초로 우주로 갈 것인가를 두고 첨예한 대립을 하였다. 이런 상황은 1980년대 말까지 계속되었다. 1991년 소련은 15개 독립국으로 분리되면서 연방이 붕괴되고, 중공은 1992년에 우리나라와 국교를 맺음으로써 적성국가의 위치에서 멀어졌다. 1965년 6월에는 정부가 일본과 한일기본협정을 조인하고 한일 교류를 재개하였지만, 일본과 한국의 역사는 법적으로 감정적으로 청산되지 않은 채였다. 《학생과학》이 간행되던 시절은 냉전이 최고조로 진행되던 시기였다.

UFO를 중공이 보낸 간첩 풍선이 아닐까 추측한 학생(서기로, 『북극성의 증언』, 1965~1966), 우리나라 경박사가 외계인의 질병을 고치러 우주로 떠날 때 방해공작을 하는 S연방(신문성, 『SOS 안드로이드』, 1981), 이순신의 과학정신으로 일본 수산학자가 못한 일을 해내어 세계에 우리나라를 빛내려는 충무호의 박사들(서기로, 『해류 시그마의 비밀』, 1967), 한국이 우수한 과학기술로 러시아와 일본

우리나라 최초의 해양탐사선 충무호의 활동을 다룬 소설 『해류 시그마의 비밀』. 이순신 장군이 과학의 아이콘으로 강력하게 부상된다.

의 군사 충돌을 억제하여 평화를 이루는 주도자가 된다는 내용(서광운, 『관제탑을 폭파하라』, 1968) 등에서 적대적 국가에 대한 생각은 여과 없이 드러난다. 반면 미국과 한국의 우호적인 관계는 오민영의 『화성호는 어디로』(1967~1968)에서 보이듯 한국 청소년 강성일과 미국 청소년 잭크가 화성탐험에 동행함으로써 실현된다.

'과학적 애국주의'는 '이웃 나라의 과학과 이해가 맞설 적'에 당연히 불끈 일어나는 신념과 같은 것으로서 취급되었다.[20] 서광운의 『관제탑을 폭파하라』(1968)에서 우리나라는 우리가 개발한 '허력에너지'가 러시아의 연구보다 한 발 앞서 있어서 러시아의 경쟁상대가 되고, 일본이 기상위성 문제에 무책임한 태도를 보이면서 한일 양국 간 긴장이 조성된다. 소련과 일본의 관계도 적대적이다. 한국, 일본, 소련 세 나라 간의 국제적인 과학 첩보전이 벌어지는 상황이 초래되고, 우리 과학자인 김철수 박사와 정보부 과학과원인 김민수 형제의 애국적 활약상이 그려진다.

'진리를 밝히겠다는 과학에 대한 신앙심'과 '민족심'이 결합하면서 애국적 과학주의는 한 단계 상향으로 고양되었다(서광운, 『절대시간 003으로!』, 1974~1975). 이 정신은 물질의 기원을 찾아 먼 여정을 떠난 한국 우주원정대가 고단한 과정을 버티는 힘의 원천이 되기도 한다. 과학적 애국주의는 극단적 자존감의 형태로 표현된다. 세계 최초로 에너지원을 개발한 김철수 박사(서광운, 『관제탑을 폭파하라』, 1968), 원자핵물리학자로서 새 원소를 발견하여 노벨상 후보자가 된 구남섭 박사(문홍기, 『코리아륨 254를 찾아라』, 1979), 공학, 의학, 고고학을 두루 섭렵하여 세계적인 미래학자로 외계인의 표적이 되는 구운경 박사(문홍기, 『환상의 제국 곤드나와시티를 찾아라』, 1979~1980) 등 많은 소설에서 다국적 탐험대에서 한국인이 반드시 대장이 되고 한국 과학자는 노벨상을 받을 정도의 석학으로 등장한다. 당시 우리 과학계의 후진성을 고려하면 이는 지나친 선민의식의 발로로 보인다. 과도한 애국심이 심리적 기제로 작동한 과학주의는 20세기 들어서 식민지와 전쟁을 겪으면서 수없이 좌절을 경험했던 민족의 한이 청소년 과학소설에 여과 없이 즉각적으로 투영된 결과라고 볼 수 있다.

이순신 장군을 과학영웅으로 숭배한 것은 애국심과 과학주의의 결합에서부터였다. 우리 정치사에서 충무공 이순신 장군을 숭상하는 분위기는 1960년대 초에 형성되기 시작하였다. 박정희 대통령은 집권 초기부터 곧바로 이순신 장군의 성역화 사업을 추진하였는데, 1962년 3월에 현충사 경내를 확장하고 유물전시관을 신축하였고 1967년 3월에는 현충사를 사적 제155호로 지정하였다. 현재 청와대와 경복궁에서 정면으로 보이는 광화문 중심에 이순신 동상을 세운 시기는 1968년 4월이었다. 당시 초중고생들에게 수학여행이나 가족과 함께하는 체험으로 현충사를 다녀오는 일은 일반적인 교육의 과정이었다. 이순신과 과학의 연결은 거북선인데, 거북선은 세계 최초의 돌격용 철갑전선으로서 원리의 과학적 우수성이 부각되어 지금까지 교육 커리큘럼으로 중요시되고 있다.

충무공 이순신을 과학정신과 연결한 작품은 서기로의 『해류 시그마의 비밀』이다. 소설에서는 우리나라 최초의 해양탐사선이 충무호로 제명되는 과정에서 있었던 일을 소개한다. "어떤 이는 충무공이 군인이었던 까닭으로 평화적인 해양관측선의 선명으로는 적당치 않다고 지적하고 차라리 십자성(十字星)호를 주장했다. 어떤 이는 남양(南洋)호라는 이름을 고집했으나 대서양까지 진출하기에는 어감이 적당치 않다고 반대당하기도 했다. 선박은 보통 여성명사로 통용되고 있다. 그러나 김 학장은 충무공의 과학정신을 떠받는다는 점과 대양으로 나가면 외롭다는 점에서 위대한 선각자의 사람이름을 끝내 주장한 것이었다."(1967. 1. 50-51면) 이 설명은 박정희 대통령 시절의 새 시대 새 교육을 자처했던 《학생과학》지의 편집방향이 고스란히 드러나 있는 부분이다. 충무호 제명을 반대하는 사람의 의견을 보면 아직 국민들 사이에 충무공에 대한 무조건적 숭배가 형성되지 않았음을 알 수 있다. 김 학장은 다른 사람들의 의견을 누르고 여성명사로 이름을 짓는 관례까지 깬다. 나아가 충무공의 과학정신을 본받자는 의미를 강조하면서 충무호로 제명하는 김 학장의 강제성은 충무공 정신을 강조한 정치권과 같은 생각으로 연결된다. 청소년 과학소설의 과학정신으로 과학자가 아닌 이순신이 설정된 것은 작가 개인의 생각이라기보다 정치적 분위기의 반영으로 보는 것이 옳다. 이처럼 충무공 이순신은 정치적 호명을 넘어서서 과학의 아이콘이 되었다.

"지구의 인간이 제멋대로 그런 짓을 해도 괜찮을까? 화성에는 화성의 주인이 있는 것이 아닐까?"(오민영, 『화성호는 어디로』, 1967~1968)

과학소설 속의 우주사회는 무한으로 확장한 지구촌이다. 우주과학시대는 어떤 사회학으로 움직이며 여기에 맞는 새로운 법적 질서는 무엇을 기준으로 하는가. 지구인과 외계인이 공존하는 청소년 소설에서 과연 우리 작가는 어떤 상황을 상상하는가. 우선 지구 내의 통합은 통합정부(오민영, 『사건 2732년!』, 1971~1972), 유엔(오민영, 『화성호는 어디로』, 1967~1968), 하나의 국가(강성철, 『서기 2026년』, 1974~1975) 등으로 이미 이루어진 것으로 보고, 지구 외 행성 간의 갈등상황을 보여주며 해결책을 제안하려는 소설이 많다. 지구를 포함한 은하계의 갈등상황은 행성 간 전쟁(오민영, 『사건 2732년!』, 1971~1972) 또는 행성 내의 내전(서광운, 『우주함대의 최후』, 1969)을 종식하는 문제, 외계 행성의 특수한 질병을 지구인이 치료하는 상황(신문성, 『SOS 안드로이드』, 1981), 지구인을 납치한 외

한국과 미국의 대표 청소년이 화성을 탐험하는 이야기 『화성호는 어디로』. 지구인과 외계인이 평등하게 살아갈 미래사회를 보여준 소설이다.

계 행성인의 처리(강성철, 『우주에서의 약속』, 1968) 등이다. 그중 가장 비극적인 갈등상황은 계층문제이다. 과학의 비윤리적 실행으로 유전자를 조작하여 노예로 쓸 생물체를 생산하는 일(서광운, 『아공간의 밀사』, 1977), 과학문명이 더 발달한 행성이 덜 발달한 행성인을 노예로 삼는 일(서기로, 『북극성의 증언』, 1965~1966) 등 지배자들의 비인도적 사고는 우주과학시대에도 반복된다. 인류의 역사에서 여러 이유로 되풀이되었던 계층문제는 과학시대의 사회에도 여전히 존재한다. 지배행성인과 식민노예층이 분류되는 기준은 과학의 발달정도에 있다.

'과학이냐 인도주의냐'의 도덕성 문제는 서광운의 『아공간의 밀사』에서 심도 있게 다뤄진다. 한국우주탐험대는 RY3호별에서 참혹한 현장을 목격한다. 그 행성은 지배자인 개미인간, 로봇, 유전변이로 태어난 반인반수층이 살고 있다. 다모토리는 중학생 정도의 아이큐로 몸만 튼튼하게 농부용 짐승으로 유전 조작되어 태어난 생물이며, 반인반수층으로 심지어 로봇보다도 아래 계층에 위치한다. 다모토리족은 한국우주탐험대를 찾아와 자기네를 해방시켜달라고 부탁하고, 한국우주탐험대는 다모토리의 유전자구조식을 풀어서 다시 완전한 생물체로 환원시키는 일에 동참한다. 개미문명인들이 기이한 실험을 자행한 일은 우주사회의 무법적, 비인도적 사례로 최근 과학계의 이슈인 과학윤리 문제를 일찌감치 보여준다.

서기로의 『북극성의 증언』은 과학문명의 발달정도에 따라 행성인간의 계층이 형성된 모습을 상세히 전시한다. 사무하라는 프로구시마인은 납치해온 지구인을 보고 산소 냄새가 역하고 원시동물 같다고 평하면서 문명을 발달시키라고 말한다. 사무하가 말하는 '우주사회학'은 '이성' 유일주의에 가깝다. 프로구시마별의 헌법 1조는 "우리는 이성적이어야 한다."이며, 그는 지구인이 과학발달을 못하는 가장 큰 원인을 지구인의 감정 과다에서 찾는다. 자기네 별 사람들은 감정, 미신, 종교 등을 버리고 오로지 이성으로 과학을 발전시켰다고 한다. 노예계층인 오후레족은 프로구시마의 지배에서 벗어나고자 반란을 일으킨다. 작가는 우주사회학의 필요성을 여러 작품에서 주장하고, 이 작품에서 작가의 생각이 사무하 쪽에 기울어 있지만 소설 속의 지구인들의 마음은 오후레족의 판단에 공감을 한다.

우주과학시대에 이에 적용할 사회학이 필요하다는 생각은 자연스럽게 이어졌다. 작가 서광운은 『우주함대의 최후』에서 우주사회학의 개념을 지구과학자의 생각으로 재구성한다. 이만석 박사는 '가장 합리적으로 인간을 진화시키는 지름길'을 연구하는 것이 '우주사회학'의 목적이라는 강의를 한다. 이 박사는 "처음부터 과학적인 바탕에서 역사를 창조할 수 있는 그러한 낙원을 건설할 수가 있을까?"(1969. 1. 157면)를 고민한다. 그러나 그는 현실의 문제를 해결하지 않고 미봉한 채 완전한 이성적 과학주의 국가를 건설하려 한다. 이는 매우 극단적이고 비현실적인 데가 있다. 현실을 떠난 '낙원'은 늘 비판의 대상이 될 수 있다.

오히려 청소년 주인공의 배려 있는 판단이 우주시대의 사회학을 옳게 풀어나가는 실마리가 되기도 한다. 오민영의 『화성호는 어디로』에는 한국과 미국의 청소년이 나온다. 미국 소년 잭크는 "지구의 인간이 제멋대로 그런 짓을 해도 괜찮을까? 생각해보았다. 화성에는 화성의 주인이 있는 것이 아닐까? 만약 그렇다면 지구인은 화성의 침입자라는 것이 된다."(1968. 3. 157면) 잭크는 심성이 따뜻한 청소년이라서 행성 간의 폭력이나 억압을 반대하고 각 행성의 주인이 대등하게 살아가는 우주시대를 꿈꾼다. 이는 우주 간의 평등한 조화를 희망하는 사회학과 연결될 수 있을 것이다. 이 소설이 한국과 미국의 우호적 관계가 드러난 소설인 만큼 미국 청소년의 생각은 한국 청소년 독자에게 긍정적으로 작용하게 된다.

이와 같이 한국 청소년 과학소설은 과학을 애국주의의 관점에서 수용하여 우주시대에 필요한 평등한 과학사회학의 구상으로 소설세계를 확대하였다. 과학사회학은 나중에 우주통합안(문홍기, 『환상의 제국 곤드나와시티를 찾아라』, 1979~1980) 또는 우주연합의 제 법률(강성철, 『우주에서의 약속』, 1968)로 소설화한다. 제 법률은 우주표준어 구상, 종족 간 결혼금지법, 종족 간 금기사항 등 각각의 소설 내용에 맞는 작가의 상상으로 이어졌다.

6. 청소년 나라로 유폐된 SF

"학교... 가고 싶었다... 전쟁... 엄마도 아빠도 다 죽었어..."(이형수, 『잠수함 유격대』, 1976~1977)

1960년대에 불기 시작한 과학주의의 신풍(新風)은 어디로 전진했는가. '청소년을 위한 국내 유일의 과학교양지'로서 《학생과학》지의 수명이 다해가던 시기의 소설들을 통해 그 바람이 도달한 지점을 탐색해보자. 1970년대 후반기부터 잡지에 나타나는 특징적인 현상은 꾸준히 창작물을 내놓던 대표 작가들이 잘 보이지 않고, 그 빈자리를 비창작물들이 메우고 있는 점이다. 서광운처럼 꾸준히 장편을 창작해온 작가가 『아공간의 밀사』(1977)에서 격월로 세 편만 연재한 채 중단한 일, 오민영이나 이동성, 강성철 같은 대표 작가들의 작품이 보이지 않는 현상은 《학생과학》지의 모종의 변화를 느끼게 해준다. 번안작으로 의심되는 작품(문홍기, 『코리아륨 254를 찾아라』, 1979)이나 번안작들이 창작연재 코너를 차지하거나, 흥미로운 교육이 주목적으로 보이는 기획류 과학소설(문홍기, 『환상의 제국 곤드나와시티를 찾아라』, 1979~1980)들이 등장하기도 한다. 그 가운데 이형수의 작품은 청소년 과학소설의 향방을 짐작하게 한다.

청소년 과학소설사는 마치 천천히 침몰하는 배의 격실에 유폐된 상황에 비유될 만하였다. 이형수의 『잠수함 유격대』는 초능력을 지닌 전 세계 300명의 청소년들이 한국인 대장 장운룡을 중심으로 모여서 외계의 적 판타즈마와 싸우는 내용의 과학소설이다. 월남인 소년 구엔은 전쟁고아다. 알다시피 베트남전쟁은 1960년에 시작되어 1975년에 끝난 길고 지루한 전쟁이었고 많은 고아를 만들어냈다. 유격대 대장은 자신이 한국전쟁 고아이기 때문에 구엔 소년의 마음을 읽으면서 동질의 정치적 시대적 비장함을 느낀다. 이 밖에도 미국 소녀 에이미가 가난을 이유로 부모에게 버려진 아이로 나오는 등 아이들의 신상과 생각을 보면 부모 즉 기성세대에 대한 불만이 팽배하다. "전 세계의 어른들은 요즘의 젊은이들은 예의를 지킬 줄 모른다고 하면서 자기네들이야말로 전혀 예의를 모르는 행동을 취하고 있다."(1976. 1. 171면)는 것이다. '어른들은 평화와 정의를 말로만 하고 바라지는 않는다' 또는 '어른들에게 세상을 맡겨둘 수가 없다'는 생각이 이야기를 지배하고 있다. 불온한 시대의 현실을 비판하는 것, 따라서 이 소설은 베트남전쟁이 끝난 직후에 나온 정치비판적 과학소설로 읽힌다. 진짜 지구의 적은 외계에 있는데 어른들이 그것을 깨닫지 못하고 지구 내의 국가들끼리 전쟁을 일삼는 것을 비판하는 것이 이 소설의 주제이다.

전 세계 300명의 청소년들이 합쳐서 외계의 적과 싸우는 내용의 소설 『잠수함 유격대』. 어른들의 세계를 강하게 비판하고 부정한다.

청소년 과학소설이 '청소년나라'에 유폐되는 현상은 문제적 '어른나라'를 상징적, 우의적으로 공격하는 데 적절한 하나의 문학적 상상이다. 한편 이는 판타지 동화에서 이원수가 했던 시도를 반복하는 일이기도 하다. 이원수의 『숲 속 나라』(《어린이나라》, 1949. 2.~12.), 『잔디 숲 속의 이쁜이』(계몽사, 1973)는 어른과 어린이의 세계를 현실과 환상으로 경계를 지은 후 어른은 진입이 금지되고 어린이들만으로 이룬 강력한 유토피아 동화이다.[21] 어른나라를 부정하고 청소년나라를 구상하는 일은 우화처럼 명쾌하게 이해된다. 현실과 유리된 판타지라는 맥락에서 이형수의 『잠수함 유격대』는 이원수 동화의 청소년 버전으로 보아도 무방할 것이다.

영원히 어른이 되지 않는 피터팬 증후군은 의학적으로 콤플렉스의 증상이다. 초능력자인 장운룡 대장은 시간이 흘러도 신비롭게도 어른이 되지 않는다. 아버지의 세계에 살고 싶지 않다는 욕망의 표현이다. 《학생과학》은 그동안 기성세대의 지침을 따라 과학시대의 청소년으로 잘 자라는 모습을 보여왔었다. 그런데 이 소설에서 '청소년나라'의 문을 안에서 잠그는 시도는 불온한 기성세대와 자발적으로 결별하는 동시에 새로운 청년문화를 형성하는 모종의 변곡점일 수도 있다.

청소년용 《학생과학》은 새 정권의 국가 이데올로기와 과학 선진국을 향한 꿈으로 빙의된 잡지로서, 1965년에 기획된 이래 약 20년간 과학의 교양과 교육을 담당하며 애국적 과학도를 생산하는 데 힘썼다. 따라서 《학생과학》지에 수록된 청소년 과학소설은 지나친 오락성을 배제하고 과학지식이나 과학계의 이슈 등을 소설화함으로써 당시로서는 최첨단 과학교육의 미션에 지속적으로 동원되었다. 열강의 우주경쟁으로 선동된 '과학주의'는 초대형 태풍으로 한반도를 향해 전진하였다. 과학주의는 때마침 새 정부로 리셋한 우리나라의 '젊은 얼' 속에 '신풍(新風)'을 불러일으켰다. 한국 청소년 과학소설은 빙의된 환상의 시간을 보내다가 종국에는 '청소년나라'로 유폐되는 문제적 환상의 제국으로 귀결되었다.

주석

1 '어둠 속에 있어야만 했으나 드러나버린 어떤 것'을 말한다. 'heimlich'는 '집의, 익숙한, 친밀한 또는 우호적인'을 뜻하는 독일어로 'unheimlich'는 반대어로 '공포'의 감정과 연결된다. 지그문트 프로이트 저, 정장진 역, 『예술, 문학, 정신분석』, 프로이트전집 14, 열린책들, 2004, 434면.

2 대중문학연구회, 『과학소설이란 무엇인가』, 국학자료원, 2000, 58-59면.

3 한민주, 「인조인간의 출현과 근대SF문학의 테크노크라시—『인조노동자』를 중심으로」, 《한국근대문학연구》 25, 한국근대문학회, 2012, 417-420면.

4 「1960년대 남한 사회의 SF적 상상력: 재앙부조, 완전사회, 학생과학」, 『우애의 미디올로지』, 갈무리 2012, 239-273면.

5 「1960~1970년대 청소년 과학소설 장르 연구—『한국과학소설(SF)전집』(1975) 수록 작품을 중심으로」, 《동남어문논집》 제35집, 2013. 5, 125-149면.

6 「우주시대의 과학소설—1970년대 아동전집 SF를 중심으로」, 《한국문학이론과 비평》 제60집, 한국문학이론과 비평, 2013. 9, 125-149면.

7 「페미니스트 유토피아로 떠난 모험 여행의 서사—문윤성의 『완전사회』론」, 대중문학연구회, 『과학소설이란 무엇인가』, 국학자료원, 2000, 139-165면.

8 《과학세기》는 대중독물이 아니라서 흥미로운 기사나 여가로 읽을 과학소설 같은 것이 전혀 게재되지 않았다. 《학생과학》은 《과학세기》처럼 과학지식을 전달하는 기능이 가장 컸지만, 학생들의 흥미를 고려하여 과학소설과 과학만화를 늘 연재하였다.

9 한국일보사가 인수한 후 첫 연재 과학소설은 한낙원의 「우주전함 갤럭시안」(1984. 4. ~)인데, 이는 《학생과학》의 독자 대상의 변화를 보여준다. 또한 1980년대는 1960~1970년대와 달리 과학입국에 대한 강박이 사라졌고 지배적인 문화형태도 달라지고 있었다. 만화 연재의 경우 이전에는 과학만화 창작과 번역 각각 1편 정도였었는데, 한국일보사가 인수한 첫 호에서 명랑, 야구, 공상과학, 심령과학, 축구, 탐정 등 6편으로 늘어났다. 과학의 경계를 넘어서 아동들이 흥미로워하는 주제라면 잡지에서 흡수하겠다는 의지를 읽을 수 있다.

10 「과학하는 마음을 갖자」, 《학생과학》, 1967. 1.

11 송성수, 『과학기술종합계획에 관한 내용분석: 5개년계획을 중심으로』, 과학기술정책연구원, 2005, 40-55면.

12 초창기 《학원》에 실린 과학소설의 비중은 미미했다. 그나마 1957년부터는 과학소설의 수록이 줄어들기 시작한다. 오소백의 '과학탐정' 『제2의 지구』(1957), 장수철, '과학탐정소설' 『잃어버린 지하왕국』(1958~1959), 한낙원, 『금성탐험대』(1962~1964) 등 몇 작품이 확인된다.

13 조계숙, 「탐정소설의 민족주의적 의장과 대중오락화」, 대중서사장르연구회 지음, 『대중서사장르의 모든 것: 3. 추리물』, 이론과실천, 2011, 354-386면; 조계숙, 「얄개들의 전성시대와 웃음의 수사학」, 대중서사장르연구회 지음, 『대중서사장르의 모든 것: 4. 코미디』, 이론과실천, 2013, 240-266면.

14 「북극성의 증언을 마치고」, 《학생과학》 1966. 12. 이 글에는 그의 프로필이 나와 있다. "동경대학 이학부 수학과 수료, 조선일보 외신부기자, 한국일보 외신부, 과학부, 사회부장, 서울신문 문화부장, 일요신문 특집부장, 한국기상학회 회원, 농촌진흥청 기술공보분과위원"

15 《동아일보》, 1969. 1. 4. "공상과학소설을 쓰는 작가들이 모여 지난달 20일 'SF작가클럽'을 발족시켰다. 우리나라에 거의 개발되지 않은 공상과학소설을 육성, 활발한 작품활동을 벌이겠다..."

16 《동아일보》, 1969. 7. 30.

17 이동성의 『악마박사』는 과학자 영화의 흐름과 연관이 있다. 연구자 송효정의 1960년대 한국과학영화 연구 참고. 「실험실의 미친 과학자와 제국주의적 향수—1960년대 한국 고딕SF영화 연구」, 《대중서사연구》 제20권 3호, 대중서사학회, 2014. 12, 271-308면.

18 《학생과학》 소설 속의 '우주인'은 '우주탐사대원'이 아니라 '외계인'을 의미한다. '외계인'이라는 어휘는 나오지 않는다.

19 1959년 서독에서 열릴 제13차 국제펜클럽대회를 앞두고 펜클럽 한국본부위원장인 주요섭 작가가 조경희, 전숙희, 김성한 작가 등과 토의한 결과를 기고하였다.(《동아일보》, 1959. 4. 13.~14.) 펜클럽멤버가 아닌 이어령이 주요섭에 반론을 제기하였다.(「펜의 논제를 말한다」, 《동아일보》, 1959. 4. 24.~25.)

20 서광운, 『관제탑을 폭파하라』, 1968. 1. 157면, '작자의 말' 중에서.

21 조은숙, 「한국아동판타지에 나타난 '어린이나라'의 시공간과 유토피아적 상상력의 계보」, 대중서사의 표상체계와 매체역학 워크숍, 고려대학교 민족문화연구원 HK 한국문화연구단, 2015. 4. 24, 141-160면.

| 제3절 |

한국 SF영화의 출현과 전개
: 1960년대 고딕SF와 소년SF를 중심으로

1. 한국 SF영화의 존재론

한국 SF영화는 그 특성이나 장르적 발전단계에서 독자적인 장르 형성에 실패했다고 평가받아왔다. 하지만 영화의 완성도를 떠나 B급영화들까지 한국영화사의 자료로 참고하는 동시에 그동안 주변 장르들(호러영화, 괴수영화)로 분류되던 영화들의 소재 특성을 감안한다면 1960~1970년대 초반에 등장했던 영화 중 한국적 SF영화로 분류 가능한 일련의 영화들을 선별해볼 수는 있다. 그동안 1960년대 영화를 연구할 때 SF장르에 대해서는 거의 주목하지 않았다. 2000년대 이후 연구에서나마 공포영화의 하위 장르로서 '괴기영화', '괴수영화'로 간혹 언급되거나 한국 장편 SF 애니메이션 연구의 주변적인 검토 대상으로 다루어져 왔을 뿐 진지한 연구의 대상이 되지는 못했기 때문이다.

〈투명인의 최후〉(이창근, 1960) 이래 한국영화계에도 1960년에서 1970년대 초반까지 '과학적 상상력'이 영화의 주된 소재로 등장하는 일련의 영화들이 등장했다. 그 첫 번째는 한국형 고딕SF영화다. 이들의 영화에서는 사악한 과학자가 공동체에서 합의 가능한 윤리적 선을 넘어서는 실험의 과정을 다룬다. 이들은 초자연적 현상에 전적으로 서사를 의존하기보다는 비록 성공으로 이어지지는 않는다 하더라도 허황되나마 실험을 통해 상상 가능한 지점을 넘어서려 하였다. 초자연적 현상에 다가가는 방식으로 '과학'을 유용하는 방식을 보여준 셈이다. 주제와 표현의 과도함(excess)와 극단(extreme)을 보여주는 고딕SF영화는 '미친 과학자(mad scientist)' 계열의 한 축을 이루게 된다. 이들 영화에서 과학자들은 주로 식물학, 동물학, 의학 등 생명과 관련된 과학을 다루며 개인적 욕망으로 인해 비윤리적인 실험을 전개한다. 과거 제국주의 시대에 대한 복고적 향수를 보여주는 이러한 영화들은 광포한 근대화와 냉전기 과학 공포를 경험했던 대중의 불안을 반영한 B급 영화들이었다.

두 번째 경향은 소년SF영화다. 1967년을 기점으로 하여 대괴수, 외계인, 로봇을 등장시키는 아동·가족용 SF영화 및 애니메이션이 등장하기 시작하였다. 1967년은 대괴수가 등장하는 특수촬영영화인 〈우주괴인 왕마귀〉와 〈대괴수 용가리〉가 한국 최초의 미니어처 영화라 선전하여 경합을 벌이던 기념적인 해이기도 했다. 이후 소년SF의 상상력은 1968년에 최초로 등장하는 한국 애니메이션으로 이어졌고 실사 영화판 소년SF는 1990년대까지 매우 드물게 제작되다가 자취를 감추게 된다.

일반적으로 보다 큰 범주의 장르인 판타지영화는 호러, SF, 동화, 모험영화 등 네 가지 기본 범주들을 포함한다고 평가된다. 때때로 호러영화와 SF영화가 쉽게 구분되기 어렵다는 것도 일반적인 인식이다. 문학 장르로서 19세기 후반에 등장한 SF는 크게 보아 쥘 베른이 예견한 이국적 모험과 안전한 지구 귀환이라는 행복한 결말로 끝나는 낙관적 방식과, 허버트 조지 웰스가 예견한 과학에 대한 부정적 공포에 토대를 둔 비관적 방식으로 분류된다. 이러한 두 경향은 1960년대 한국 SF의 두 경향인 소년SF와 고딕SF의 경향과 유사하다. 소년SF는 과학을 통해 이데올로기적 불안을 제어하고 공동체의 평화를 보장받는다. 고딕SF는 미친 과학자가 윤리에 어긋나는 실험을 통해 범죄를 저지르는 것을 주된 서사의 동력으로 삼고 있다.

본래 문학에서 출발한 SF(Science Fiction) 장르는 어원 그대로 과학적 내용과 허구적 상상력이 결합한 장르다. 일반적으로 SF는 고딕소설의 주형에서 탄생했다고 평가된다. 1818년 창작된 메리 셸리의 『프랑켄슈타인』은 당시의 과학 기술이론을 반영한 소설이었으며 과학과 이성에 대한 직접적인 문제를 제기하고 있었다.[1] 데이비드 시드에 의하면 SF란 로맨스·과학·예언의 조합, 미래의 사태에 대한 리얼리즘적 성찰, 독자에 따라 상상된 대안들에 의거한 장르다.[2] '과학적 허구'라는 거친 정의로 규정되는 이 장르는 때로 판타지·호러 등 인접 장르와 모호한 관계를 지니고 있기도 하다. 영화매체로 넘어온 SF장르 규정의 모호성은 종종 호러영화와의 변별성 문제에서 발생된다. 수전 헤이워드는 SF영화가 호러영화의 하위 장르로 간주되기도 하고 때로 판타지영화의 하위 장르로 구분되어 왔음을 언급한다.[3]

이러한 분위기는 드물게 수행되는 한국 SF영화 연구에도 고스란히 반영되어 있다. 현재까지 한국 SF영화에 대한 연구 경향은 크게 네 가지로 양분된다. 첫째는 아동을 대상으로 한 SF 애니메이션에 대한 연구다.[4] 두 번째 경향은 장르적 상상력을 중시하기는 했으나 주로 시대적으로는 1990년대 말이나 2000년대에 제작된 동시대 한국 SF영화에 대한 연구다.[5] 세 번째는 SF를 보다 큰 범주인 판타지영화의 하위 장르로 다루는 것이다.[6] 네 번째는 본격적 SF영화 연구는 아니지만 한국형 호러영화 연구의 와중에 부분적으로 언급되는 경우다.[7] 특히 한국형 호러의 소재로서 '여귀'는 해당 장르의 젠더적 연구경향을 대변해 왔다.

이러한 연구들에서는 1960년대에서 1970년대 초반까지 본격적으로 제작되었던 한국 SF영화의 특징이 '괴담·괴기', '가족·아동용 SF', '해외물 모방'으로 간단히 묘사된다. 아동이 아닌 성인을 대상으로 한 SF는 없는가? 여귀로 상징되는 한국형 호러와 차별화되는, 남성(과학자)이 등장하여 실험을 통해 악행을 저지르는 영화들을 어떻게 범주화할 것인가?[8] 괴기영화와 차별되는 요소로서 '과학'의 기능과 기술적 조작에 대한 감성은 어떻게 반영되고 있는가? 해외물 모방이라고 축소시켜 논하기에 앞서 그것의 '한국적' 특징을 추출해볼 수 있지 않을까? 더불어 한국적 SF영화 서사의 기원과 분화양상에 대한 진지한 고민도 필요하다.

2. 한국형 SF로서의 고딕SF와 소년SF

앞서 언급했듯 호러·판타지·SF 장르를 구분지어 범주화하는 것은 대단히 어려운 일이다. 1960년대 한국에서도 SF라는 용어는 괴기, 스릴러, 공상과학이라는 용어와 혼용되어 사용되었다.[9] 노엘 캐롤은 호러영화와 호러-SF 혼성장르(horror-SF hybrid)를 구분한다.[10] 캐롤은 영화 〈드라큘라〉, 〈13일의 금요일〉, 〈엑소시스트〉, 〈조스〉를 호러영화로 지목한 후 이들을 '발견의 플롯'으로 특징짓는다. 발견의 플롯이란 '**시작—발견**(귀신, 괴물 등)**—확정**(있을 리 없는 정체의 확정)**—대치**'라는 네 단계로 구성된다. 한편 영화 〈프랑켄슈타인〉, 〈지킬 박사와 하이드 씨〉, 〈X-레이 눈을 가진 사나이〉 등은 호러-SF로 지칭되는데, 이러한 영화들은 '과잉 도달자(Overreacher) 플롯'으로 구분된다. 윤리적으로 넘어서는 안 될 선을 넘은 과학자를 다룬다는 취지에서다. 이 유형의 영화는 앎에 대한 과학의 의지를 비판한다. 이 유형의 플롯 역시 네 단계로 진행된다. 첫째는 망상증적 주인공의 '실험 **준비**—실험 **수행**—실험 **불발**—괴물과의 **대치**'이다. 여기서 말하는 '과잉 도달자', 즉 과학의 금도를 넘어선 자를 다루는 호러-SF혼성장르들은 과학자, 실험, 광기, 비윤리성 등을 서사의 주된 요소로 삼고 있다. 이 글에서 다루려는 소년SF는 캐롤이 구분한 '발견의 플롯'에, 고딕SF는 '과잉 도달자의 플롯'에 폭넓게 해당한다.

우선 이 글에서는 SF 하위 장르의 하나로서 초자연적 현상과 원한까지 '과학적 실험'의 대상으로 삼는 과학자 등장 영화들을 고딕SF로 다룬다. 이들을 호러의 장르에서가 아니라 SF의 장르에서 살펴보고자 하는 이유는, 이 작품들에서 '과학자'와 '실험실'이 부각되어 있기 때문이다. 다른 한편에서 초자연적인 원한을 다루는 같은 시기의 호러 장르인 '여귀영화'와 차별화하기 위해서이기도 하다.

1960년대를 거쳐 1970년대 초반까지 일련의 '과학자' 영화가 제작되었다. 공식적으로 확인할 수 있는 한국영화사에서 가장 오래된 SF영화는 〈투명인의 최후〉(이창근, 1960)이다. 이어 과학자 영화들이 만들어졌다. 생명에 관여하는 식물학자, 동물학자, 곤충학자, 유전공학자 혹은 이와 유사한 의사(뇌과학자) 등이 주된 역할로 등장하는 영화는 〈악의 꽃〉(이용민, 1961)을 시작으로 〈목없는 미녀〉(이용민, 1966)를 정점으로 하여 〈공포의 이중인간〉(이용민, 1974)까지 이어졌다.[11] 연구대상을 '과학자 영화'로 한정한 이유는 소년SF를 제외하고 이 시기 다른 SF영화의 흔적을 발견하기 어렵기 때문이다. 본고에서 연구대상으로 삼은 '과학자 영화'가 1960~1970년대 중반까지 제작된 거의 모든 성인 대상 SF영화라고 생각해도 좋을 것이다.[12]

한국 최초 SF영화이자 고딕SF의 포문을 연 〈투명인의 최후〉(1960)는 소설 『투명인간』에 한국적 신파를 결합시킨 작품이었다.

〈대괴수 용가리〉(1967)는 서울에 나타난 대괴수에 맞서는 소년 용이의 재기를 다루는 대표적 소년SF영화로 기억되고 있다.

한편 1967년을 기점으로 하여 대괴수, 외계인, 로봇을 등장시키는 아동·가족용 SF영화 및 애니메이션이 등장하기 시작하였다. 1967년은 한국영화의 새로운 분야가 개척된 한 해이기도 했다. 아동영화의 불모지나 다름없던 한국영화계에서 상반기 한국 최초의 장편 애니메이션 〈홍길동〉이 1월 20일 개봉하여 흥행에 크게 성공했다. 이어 같은 해 신동헌 감독은 후속 애니메이션인 〈호피와 차돌바위〉와 〈손오공〉을 제작하였다. 최초의 인형극 영화 〈흥부와 놀부〉(강태웅)도 선보였다. 〈홍길동〉의 흥행으로 새로운 관객층으로서 '아동'이 부각되고 있음을 재빨리 간파한 영화계는 이들을 대상으로 한 색다른 특수촬영영화를 발 빠르게 기획한다. 〈우주괴인 왕마귀〉와 〈대괴수 용가리〉는 이러한 분위기 속에서 기획되어 제작된 영화였다.[13] 〈우주괴인 왕마귀〉는 1967년 6월 30일 "한국 최초의 괴물영화"라는 홍보문구를 달고 개봉했다. 같은 해 8월 13일 〈대괴수 용가리〉도 "한국 최초의 특수촬영영화"임을 강조하며 개봉했다.

두 편에 그치기 때문에 하위 장르로서의 대표성이 부족하지만 그럼에도 불구하고 한국 소년SF영화에 주목하는 이유가 있다. 첫째, 영화의 주인공으로 '소년'이 등장한다는 점에서 한국 소년모험의 서사적 전통을 잇고 있다는 점이다. 영화 〈수업료〉(1941)나 〈똘똘이의 모험〉(1946) 등 식민지 말에서 해방기를 거쳐 정착된 한국 아동영화의 주인공으로는 주로 '소년'이 부각되어왔다. 소년의 서사는 식민지 시절 형성된 '소년모험물'의 전형적 서사를 이어가는 한편 이후 1970년대 후반 반공애니메이션의 전통으로 이어질 것이다. 둘째, 냉전시대의 불안과 갈등, 평화에 대한 열망이 착종적인 방식으로 영화 내에 반영되었는데 이는 대한민국의 수도의 상징공간의 지리적 상상력과 결합되어 있었다. 인왕산, 남산, 한강, 중앙청 등 수도의 주요한 공간이 정체불명의 괴수에 의해 침범된다는 설정은 분명 한국전쟁에 대한 트라우마의 반영인 동시에 적대세력에 대한 불안의 반영이었다. 도심이 파괴된다는 설정은 일본 특수촬영물에서도 드러나는 사항이었으나, 괴물이 쓰러지는 장소가 한강이나 비무장지대 근처라는 설정은 전쟁에 대한 남한 주민들의 고유한 경험을 드러내는 것이었다. 셋째, 미소 우주경쟁시대에 제작된 만큼 우주적 상상력(공군, 우주비행선, 로켓, 미사일)이 군사적 상상력과 밀접하게 결합되어 있었다. 넷째, 동시대 '고딕SF'와 상반되게 과학에 대한 유토피아적 열망과 기대가 담겨 있는데, 여기서 과학이란 '국방'의 상징이 되었다. 이러한 점은 애니메이션으로 전이된 소년SF의 특징으로도 이어진다. 소년SF영화는 동시대의 한국 SF애니메이션 및 소년모험물의 발전과 영향관계를 지니고 있었다.

〈표〉 1960~1970년대 한국 SF영화 목록

고딕SF			소년SF			SF애니메이션			소년모험물(실사, 애니)		
연도	감독	제목	연도	감독	제목	연도	감독	제목	연도	감독	제목
									1946	이규한	똘똘이의 모험
1960	이창근	투명인의최후									
1961	이용민	악의꽃									
1964	신현호	목숨을 판 사나이									
1966	이용민	목없는 미녀	1967	권혁진	우주괴인 왕마귀						
1969	이규웅	투명괴인	1967	김기덕	대괴수 용가리	1968	박영일	황금철인	1968	김영식	똘똘이의 모험
1970	남태권	원				1971	용유수	번개아텀			
1974	이용민	공포의 이중인간				1972	용유수	괴수대전쟁	1973	이상언	똘똘이 해상 특공대
1975	김 기	반수반인				1976	김청기	로보트 태권브이			
						1978	김청기	날아라 원더공주	1978	김청기	간첩잡는 똘이장군
						1979	송정율	날아라우주전함 거북선	1979	김청기	똘이장군 제3땅굴
						1979	김태종	태극소년 흰독수리			

3. 1960년대 영화지형과 과학의 근대화

한국에 처음 SF영화가 소개된 것은 1929년 〈메트로폴리스〉에서부터다.[14] SF영화는 초창기 과학영화로 불리다가 차츰 공상과학영화라는 명칭을 얻게 되었다. 1930년대에 '과학영화'는 영화의 분명한 하위 장르로 인식되기도 하였다.[15] '과학영화'라는 용어를 대체하고 사이언스픽션(Science-Fiction)의 일본식 번역어인 '공상과학영화'라는 용어가 본격적으로 사용되기 시작한 것은 한국전쟁 이후 SF영화의 붐이 일던 시기로 보인다.[16]

한국전쟁 이후 고착화된 냉전기에는 세계적으로 '불안의 시대'를 표현한 새롭고 적절한 장르가 만들어지기 시작했다. 1949년 소련의 핵폭탄 실험 성공, 중국 내전의 와중에서 1949년 사회주의 세력의 승리, 이어진 한국전쟁은 미국인들에게 이념대립의 전쟁에 대한 묵시록적 공포감을 선사하였다. 공산권의 거대한 블록이 세력을 확장시켜 세계대전을 일으킬지도 모른다는 불안감은 할리우드 장르영화에 영향을 끼치기 시작했는데, SF영화는 냉전기 미국사회가 드러낸 무의식적 반응이었다. 기술적 우위를 지닌 외계인의 지구 침공, 도시를 황폐화시키는 방사능에 오염된 괴물의 반란 등은 영화의 빈번한 소재가 되었다.[17] 핵폭탄 이후의 불안, 냉전 시기 공산주의 침투에 대한 공포, 새로운 미국 정체성에 대한 내부 사회의 갈등을 다루는 이 시기 공포영화에 새로운 흐름으로 '괴수영화'가 등장하기 시작했다.[18]

1960년대 서구 SF영화의 수입상황을 살펴보면 흥미롭다. 1959년과 1962년 사이 한국에는 〈프랑켄슈타인의 역습〉(테렌스 피셔, 1957), 〈괴인 드라큐라〉(테렌스 피셔, 1958), 〈납 인형의 비밀(House of Wax)〉(안드레 드 토스, 1953), 〈앗샤가의 참극〉(로저 코먼, 1960) 등이 수입되어 호러와 스릴러에 대한 관심을 증가시켰다. 이 시기 미국과 영국의 영화계에서는 1930년대 미국의 '고전적 공포영화'에서 단생한 다양한 종류의 괴물들을 다시 스크린 위에 올리면서 혁신을 꾀하였다.[19] 입체 공포영화 〈심야의 별장〉(윌리엄 캐슬, 1959), 〈흑사관의 공포〉(아서 크랩트리, 1959)도 한국에서 개봉했다. 〈모르크가의 괴인〉(로이 델루스, 1954)와 〈앗샤가의 참극〉(로저 코먼, 1960)과 같은 경우는 에드거 앨런 포의 「모르그가의 살인사건」과 「어셔가의 몰락」을 각각 원작으로 삼은 작품으로 당시 비교적 높은 평가를 받기도 했다.

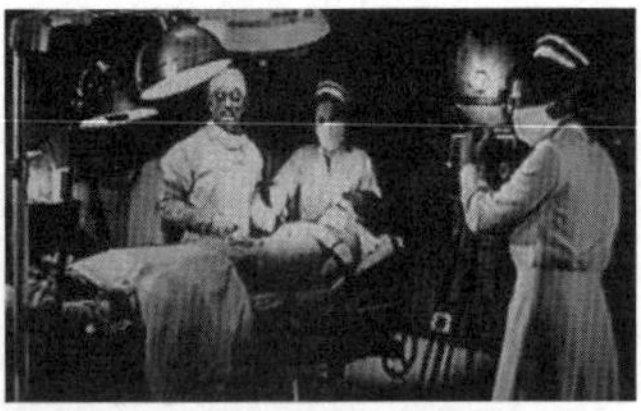

(왼쪽부터)〈납 인형의 비밀〉(안드레 드 토스, 1953)와 〈프랑켄슈타인의 역습〉(테렌스 피셔, 1957), 〈심야의 별장〉(윌리엄 캐슬, 1959). 한국에 수입된 이러한 외화는 고딕소설적 설정에 미친 과학자의 실험실을 선보이며 1960년대 한국형 고딕SF의 설정에 큰 영향을 주었다.

경영난에 허덕이던 영국의 무명 영화사 '해머 필름(Hammer Film Productions)'은 1950년대 '공포영화'가 돈이 되리라 예측하여 그 방향에 집중하기 시작했다. 가장 큰 영화시장인 미국에서 환영받을 수 있는 고전적 공포 캐릭터들을 등장시키자, 미국 메이저 영화사들이 이 영화들을 시장에 배급했다. 1950년대 중반부터 테렌스 피셔 감독이나 인기배우 피터 쿠싱, 크리스토퍼 리 등을 동원해 제작한 해머 필름의 고딕 호러 영화는 연속적으로 미국과 영국에서 인기를 끌었다.

이러한 해외 영화의 제작, 수입의 영향 하에서 한국에서도 SF영화가 만들어지기 시작한다. 대개는 일상과 동떨어진 저택에서 벌어지는 기이하고 끔찍한 사건들을 다루는 영화들로, 초기의 서사들에서는 서구 고딕소설의 전형적인 설정들이 드러나고 있다. 「어셔가의 몰락」, 『프랑켄슈타인』, 『드라큘라』나 인간 내면의 악과 현대기술의 부정성을 보여준 『지킬박사와 하이드씨』, 『투명인간』 등이 그러한 작품들이다.

한국 과학영화에 가장 큰 영향을 끼친 것은 냉전과 함께 전개된 과학전쟁일 것이다. 냉전기 미국과 소련은 우주과학 경쟁국으로서, 양국 전략 무기를 공격적으로 정비해나갔다. 핵폭탄이 전 세계를 공멸시킬 수 있다는 핵공포는 대중들에게 과학에 대한 무의식적 반감을 심어두었다. 과학에 대한 무의식적 공포는 이 시기 영화에 등장하는 과학을 주관하는 전문가인 과학자에 대한 불신을 해석할 수 있는 실마리가 된다.

다른 한편에서 '과학'의 선도성은 대중들에게 국가에 대한 신뢰감을 주는 절대적 요소 중 하나가 될 수 있다. 군사 쿠데타로 집권한 박정희는 경제부흥과 국가안보에 집중하며 정권의 정당성을 보장받으려 했으며 경제와 안보 두 분야와 관련되어 과학기술이 부흥하게 되었다고 일반적으로 평가된다. 한국에서 1960년대는 근대화와 더불어 '과학기술의 현대적 정착'[20]이 이루어진 시기로 평가받는다. 해방 후 국립 서울대학교를 필두로 대학의 설립이 이어지면서 이공계 학과들이 설치되었고 과학기술 분야의 고등교육이 시작되었다. 한국전쟁을 거치며 물적 자원의 파괴를 경험했던 남한사회에서 현대과학의 학습은 1959년 과학기술 행정을 실질적으로 주도했던 원자력원의 창설과 함께 본격화되었다. 하지만 과학기술을 위한 제도와 조직, 교육정책 등이 체계적으로 구축되기 시작된 시기는 1960년대 중반 무렵이었다.[21]

박정희 정권은 1962년 시작된 경제개발계획의 하부 계획으로 '제1차 기술진흥5개년계획(1962~1966)'과 '제2차 과학기술진흥5개년계획(1967~1971)'을 수립하고 '과학기술개발 장기종합계획(1967~1968)'도 마련하였다. 기술응용 촉진 기반 확충을 위해 1966년에 '한국과학기술연구소'가 설립된다. 1967년 1월에는 「과학기술진흥법」이 제정되었고 같은 해 4월 과학기술처가 설립되었다.

과학의 현대화가 본격적으로 진행된 1967년 제작된 〈우주괴인 왕마귀〉나 〈대괴수 용가리〉, 1968년 이후 본격적으로 제작되기 시작한 아동SF 애니메이션들은 이러한 분위기에서 등장할 수 있었던 영화였다. 이들은 고딕SF와는 달리 남성 과학자가 아니라 소년과 과학자가 연대하여 불안의 근원인 거대한 타자를 제압하는 냉전기 소년SF의 하위 장르를 형성하였다.

폴 웰스는 1950년대 미국 공포영화를 두 가지 하위 장르로 나누었다. 그중 하나는 SF 혼성장르로 소련과 벌이고 있던 우주전쟁과 '악은 외부에서 들어와 내부의 평화를 해친다'는 매카시즘적 공포를 반영하고 있는 '스페이스 오페라'이다. 다른 하나는 히로시마 핵 투하로부터 비롯된 핵과 과학의 광기에 대한 두려움을 반영하고 있는 괴수영화이다.[22] 한국의 소년SF는 이 두 가지 경향의 혼종이었다. 영화 속에는 이념대립의 대리전인 우주전쟁과 공산주의의 내부 확산에 대한 공포가 뒤섞여 있었다. 소년SF는 우주를 제어하고 국방력을 향상시키는 과학은 '좋은 과학'이지만, 핵폭탄을 만들어 자유진영을 위협하는 것은 과학이라기보다 '나쁜 이데올로기'라는 신념을 견지했다.

1960년대 한국 SF영화는 당대 진행되어온 근대화과정에 대한 두 가지 반응일 수 있다. 질서와 규격화에 익숙했던 제3공화국의 폐쇄적 스타일에 대한 첫 번째 반응은 부정성, 가학성, 멜로드라마틱 과잉, 그로테스크를 강조한 고딕 SF영화들이었다. 영화의 공간은 현실이 아닌 외딴 대저택이나 병원 건물에 한정된다. 비오는 어두운 밤, 생체실험, 쌓인 시체들, 광기, 연쇄살인, 파국적 결말 등이 주요 요소로 등장하는 이 영화들에서는 '과학주의'를 가장한 미치광이 과학자가 등장하여 기이한 세계의 질서를 장악하려 한다. 미치광이 과학자는 자신의 오도된 욕망으로 비인도적이고 잔혹한 실험을 반복하는데, 그는 폐쇄된 공간 안에서 지식과 권능의 최고 권좌에 있으나 결말에서는 비극적 최후를 맞이하게 된다. 두 번째 반응은 괴수 퇴치를 주된 서사로 하는 아동 SF영화로 이들은 터무니없는 합리주의, 긍정성, 계몽성, 기지와 꾀로 포장된 공격성(방첩물에 흔히 나타나는 꼬마들의 추리와 신고)을 포함하고 있다. 원자력, 에너지 과학은 국방의 주요한 자산이 되며, 적국을 능가하는 과학기술은 '국방력'의 다른 이름이 된다.

4. 고딕SF: 실험실의 미친 과학자와 식민지의 원한

1960년대에 남성관객을 대상으로 한 일련의 고딕SF영화가 만들어졌다. 이에 해당하는 영화는 한국 최초의 SF인 〈투명인의 최후〉(이창근, 1960)에서 〈반수반인〉(김기, 1975)에 이르는 시기에 제작되었다. '과학자'가 등장하는 SF영화는 크게 두 가지 경향으로 변별된다.

첫 번째 경향인 '투명인간'을 소재로 한 영화는 총 세 차례 만들어졌다. 이들은 소설 『투명인간』의 설정을 빌려오되, 원작의 비관적 분위기를 바꿔 신파적 분위기가 가미된 권선징악의 멜로드라마틱한 서사로 탈바꿈시켰다. 투명인간 계열 영화의 주인공은 과학자이지만 일반적으로 선한 도덕주의자들이다. 두 번째 경향으로 『프랑켄슈타인』이나 『드라큘라』의 설정을 빌려온, 광기에 빠진 과학자가 등장하는 음산하고 괴기스런 영화들도 만들어졌다. 여기서 근대과학은 권위의 상징이지만, 이는 자신과 주변인물을 파멸로 이끄는 오도된 권위로 기능한다. 과학은 영화에 등장하는 초현실적 사건을 개연성 있는 것으로 만드는 장치로 등장한다. 과학자는 사리사욕을 위해 도의적으로 받아들여질 수 없는 실험(납치한 자들의 생체실험, 제국주의 일본군의 부활, 사악한 목적의 이식과 흡혈 등)을 진행한다. 미치광이 과학자의 실험이 점점 극단적이 되거나, 과학으로는 도저히 설명될 수 없는 원한의 작동을 설명해야 하는 순간에 도달하면 두 번째 경향의 영화들은 점차 심령과학 쪽으로 기울게 되며 영화는 과학자 영화에서 점차 오컬트 영화로 변이해갈 것이다.

고딕SF라는 장르를 규정하기 위해서는 과학혁명을 기반으로 한 산업혁명기에 발생한 고딕소설의 발생을 살펴볼 필요가 있다. 서구에서 고딕소설은 사실주의적이며 합리주의적 전통과는 달리 경험주의적 물질세계를 넘어선 신비롭고 불가해한 영역에 대한 탐구로서 많은 독자들의 호기심을 자극했다. 흔히 '이성의 시대'라 불리는 18세기에 등장한 고딕소설은 어떤 면에서 당대의 엄격하고 규율적인 시대정신에 대한 무의식적인 반작용으로 이해될 수 있다. 고딕소설은 지나친 공상과 상상으로 이루어진 중세 로맨스가 지닌 한계와 정확한 현실묘사에 충실한 근대 사실주의 소설 각각이 지닌 단점을 절충하고 보완하기 위한 혼합장르기도 했다.[23]

고딕소설이 크게 유행한 배경에는 합리성의 명목 하에 억압받았던 초자연적·비합리적인 것의 귀환의 측면도 놓여 있다. 고딕소설은 문명인의 내면에 놓인 비합리적 욕망이나 사악한 충동 등을 반영하고 있다. 고딕소설은 주제와 표현의 과도함(excess)과 극단(extreme)으로 인해 종종 작가들의 풍자와 조소의 대상이 되었다. 전통적인 영국의 고딕소설은 지극히 평면적인 인물 설정, 멜로드라마틱한 플롯, 작품 전반에 걸친 기괴한 분위기, 빈번히 발생하는 초자연적인 현상들 때문에 당대의 문인들과 비평가들로부터 높은 미학적 평가를 받지는 못했다.

한국적 고딕SF영화는 서구 고딕문학과 다음과 같은 점을 일반적으로 공유한다. 사건은 주로 인가와 분리된 외딴 공간(호텔, 별장, 병원)의 서구식 대저택에서 일어난다. 잔악하고 탐욕적인 과학자가 자신의 사욕을 위해 실험 대상에게 고통을 가하는데, 실험 대상은 대개 젊고 사회적 약자들이다. 명목상으로는 과학적 실험을 표방하고 있지만 원한에 근거한 초현실적 현상들도 빈번하다. 주제와 표현에 있어서 과도함과 극단성을 갖추고 있다.

프랑코 모레티는 대표적인 고딕소설 『프랑켄슈타인』과 『드라큘라』를 분석하며, 이들 소설이 근대사회의 불안을 반영하며 반동적이고 퇴행적인 면모를 보이고 있음을 분석한 바 있다. 프랑코 모레티는 메리 셸리의 소설에서 악마(괴물로서의 프롤레타리아)의 종족들이 지상에 번식하게 되어 지구가 인간에게 위험하고 공포로 가득한 곳이 될지도 모른다는 진정한 악몽이 상상되고 있다고 보았다. 소설 『프랑켄슈타인』의 결말은 세상의 가족이 안전하다는 것으로 끝나기에, 이 소설의 진정한 보수성은 괴물을 처치하고 '가족'의 가치를 회복한다는 것에 놓여 있다.[24] 한편 『드라큘라』는 전통사회의 귀족제도가 사라져가는 자본주의 사회에 대한 공포가 반영된 텍스트로 분석된다. 애덤 스미스를 읽은 드라큘라는 하인도 없이 살아가며, 피를 단 한 방울도 허비하지 않고 필요한 만큼만 착취한다. 즉 드라큘라는 구원자이며 금욕주의자로 프로테스탄트 윤리의 지지자다. 그는 자본처럼 끊임없이 증식하고 지배영역을 무한대로 확장하려는 욕구에 내몰리는데, 그의 본성에는 본질적으로 무한한 축적욕이 내재해 있다. 즉 흡혈귀란 영국사회가 자본주의적 독점에 맞선 부정적 반응이라는 것이다.[25]

1960년대 고딕SF는 『투명인간』 계열, 『드라큘라』 계열, 『프랑켄슈타인』 계열로 크게 삼분된다. 첫 번째 경향은 웰스의 모티프를 한국적으로 풀어낸 영화들이다. 이들은 〈투명인의 최후〉(이창근, 1960), 〈투명괴인〉(이규웅, 1969)에 이어 이후 〈투명인간〉(김기충, 1986)으로 이어진다. 투명인간을 소재로 한 세 영화의 변화는 해당 영화가 생산되었던 시대적 변화를 고스란히 반영하고 있다. 세 편 각각이 신파 멜로드라마에서, 코믹 분위기의 근대화 서사로, 그리고 정의사회를 구현하는 계몽영화로의 이행을 보여주고 있기 때문이다. 〈투명인의 최후〉에서 비롯된 괴인-가짜괴인에 관련된 미스터리-멜로드라마적 흥미 본위 서사는 〈투명인간〉에 이르면 자유남한인과 공산당의 정체성을 대조시키는 반공적 소

한국형 『드라큘라』로 알려진 이용민의 〈악의 꽃〉(1961). 팜므파탈로 변신하는 흡혈식물과 미친 과학자를 등장시켜 음산한 분위기를 고조시켰다.

재로 변화된다.

두 번째로 『드라큘라』 계열의 영화인 〈악의 꽃〉(이용민, 1961), 〈원〉(남태권, 1969)은 사악한 식물과 식물학자가 등장하는 영화다. 이외에도 식물학자가 등장하는 괴수영화로 〈반수반인〉(김기, 1975)이 있다. 특이하게도 흡혈귀를 통해 전염에 대한 공포를 유포시킨 브람 스토커의 『드라큘라』의 설정은 한국영화에서 '흡혈식물'에 대한 상상력으로 전이되었다.[26] 실제로 당시 〈악의 꽃〉은 한국형 '드라큐라'로 홍보되었다.[27] 한편 〈원〉의 감독 남태권은 〈악의 꽃〉의 각본을 담당한 바 있는데, 설정 상 〈원〉은 〈악의 꽃〉의 리메이크작으로 보아야 할 것이다.

흡혈식물 영화들은 『드라큘라』 서사의 성적 위치를 전도시키고 있다. 전근대사회의 귀족을 위협하는 매력적 부르주아를 상징하는 드라큘라가 자본을 상징하는 피를 착취한다는 고딕소설의 설정은, 성적으로 매력적인 여성이 남성 과학자의 지식을 착취하는 방식으로 변형되고 있다. 두 편의 영화에서 흥미로운 것은 지식 탐구자인 과학자가 결국 요염한 흡혈식물에게 감염된 채 괴물이 되어가는 과정이다. 압도적 팜므 파탈이자 매혹(성적 파트너)과 공포(살인교사)의 대상으로서의 여성에 대한 남성의 압도와 복종은 B급영화로서 이 작품의 분명한 무의식을 드러낸다. 영화에서 지식(과학)은 성에 굴복한다. 괴물의 기원은 '과거', 그것도 식민지시대에 놓여 있다.

두 편의 영화들은 식민지시대의 과거회상 장면을 매우 낭만적으로 묘사하고 있는데, 마치 고딕영화에서 빅토리아조의 우울한 귀족의 대저택에서의 삶의 방식을 모방하는 것처럼 보인다. 여기서 식민지시대는 제국주의 양식의 화려한 번영을 제공하는 시대로 등장하고 있다. 식민지시대라는 '과거'는 이후에 다룰 생명과학 관련 과학자 영화에서도 중요한 원한의 기원으로 등장하게 된다. 위의 영화에 등장하는 흡혈의 상상력은 식물학적 범주를 벗어나 점차 '국적이 수상쩍고 으스스한 한국판 드라큐라'[28] 영화인 〈살인마〉와 같은 한국형 여귀영화로 발전하게 될 것이다. 그렇기에 〈악의 꽃〉과 〈원〉은 남성 과학자 영화와 한국형 여귀 호러영화의 발전과정을 살필 때에도 흥미로운 텍스트다.

한편 『프랑켄슈타인』의 상상력은 시체를 소생시켜 괴물을 만드는 미치광이 과학자가 등장하는 일련의 영화들을 통해 나타난다. 〈목숨을 판 사나이〉(신현호, 1966)[29]는 '생명을 판 사나이'라는 제목으로도 알려져 있다. 영화의 심의대본과 녹음대본의 속표지에는 '공상괴기영화'라 되어 있어 이 영화가 SF와 호러의 혼종장르임을 알려준다.[30] 한국적 고딕SF영화 중 과학자 영화 고유의 설정은 〈목 없는 미녀〉에서 그 단초를 보이기 시작한다. 이 영화는 과학자를 주인공으로 삼지 않았고 '실험'을 중요한 서사적 계기로 등장시키지도 않는다. 그럼에도 곤충학자의 등장, 일제강점기에 기원을 둔 원한의 작동과 복수의 서사라는 특징은 이후 이용민이 연출한 미치광이 과학자 유형의 고딕SF영화 서사의 근간을 이루고 있기 때문에 주목할 만하다. 이 영화는 '색채괴기영화', '괴기 취미의 추리물'로 평가되며 으스스한 효과와 컬러촬영에서 좋은 평가를 얻었다. 이러한 영화는 〈악마와 미녀〉로 이어졌다.

〈악마와 미녀〉는 한국적 미치광이 과학자 영화의 전형이 되는 작품이다. 이 전형은 다음과 같은 특징으로 이루어져 있다. (1) 시간의 구조는 현재—과거—현재로 구성된다. 현재 특정한 음모를 품은 위험한 실험들이 반복되지만 결정적 성공에 이르지 못한다. 이 실험의 원인은 과거에 놓여 있다. 이 과거는 주로 식민지 지배 기간 동안 조선인과 일본인 사이에 발생한 사건의 원한관계에 기인한다. 다시 현재로 돌아와 나쁜 과학자는 실험에 성공하지만, 성공의 대가로 결국 되살려진 괴물에 의해 죽음에 이른다. (2) 뇌 이식이나 시체소생술을 통해 죽은 자의 기억을 복원하려는 시도가 이루어진다. 실험 재료를 얻기 위해 힘없는 자들에 대한 납치 및 연쇄살인이 벌어진다. 이때 실험실의 분위기나 실험 방식은 『프랑켄슈타인』에서와 유사하게 전개된다. (3) 외딴 곳에 있는 산장, 병원, 대저택의 실험실에 한밤중에 처녀 간호원이 찾아오는 것이 영화의 시작점에 등장한다. 이 여성은 가까스로 희생자가 되지 않고 살아남으며 여러 위기를 겪으면서도 끝까지 자신의 순결을 지키고는 젊고 순수한 제자 과학자와의 사랑에 성공한다. (4) 희생당했던 실험의 피해자들이 죽은 후 귀신으로 다시 나타나 박사에게 복수한다.[31]

최후의 고딕SF 괴작 〈공포의 이중인간〉(1974). 실험실의 미친 과학자 이야기와 식민지적 원한을 뒤섞어 B급 영화의 진수를 보여주었다.

〈공포의 이중인간〉은 1961년부터 지속되어온 이용민의 고딕SF영화 중 가장 세련된 문제적 B급 영화작품이다. 이 영화에 드러나는 불균질적이고 역동적인 요소들은 서사의 난삽함을 넘어 의욕적 해석의 재료들이 될 것이다. 이 영화에서도 실험을 반복하는 근본 원인은 과거에 놓여 있다. 태평양전쟁 말기, 패전을 예감한 일본군은 만주와 중국에서 수단과 방법을 가리지 않고 모은 다이아몬드를 조선을 통해 이동시킨다. 조선인 학병으로 구성된 병사들은 일본군 오노 소좌에 의해 모조리 학살된다. 가까스로 살아난 정유식 일병(이후 정 박사)은 오노를 살해하나 이후 미국, 영국, 독일에서 30여 년간 의학을 배워 그의 시체를 부활시켜 보물이 숨겨진 장소를 알아내려 한다.

한편 정 박사에 의해 생사동체(living-dead)·자웅동체로 부활한 괴물은 여체에 남성의 의식이 주입된 것이기에 속옷을 입은 여간호사를 강간하려 덤벼들기도 하는데 이때 가학적이고도 동성애적인 분위기가 연출된다. 한편 정 박사가 매력적 여성인 옥경을 강간하려고 하자 고압전류를 통해 자웅동체의 괴물이 다시 살아나 정 박사를 죽이고 자신도 고압선에 감전되어 죽고 만다. 결말에서 본래 약혼한 사이인 옥경과 젊은 의학도 준호가 살아서 병원을 빠져나간다. 옥경은 다이아몬드를 호수에 버리고 보물이 묻힌 장소를 평생 비밀로 하기로 한다.

이후에도 죽은 자를 소생시키려는 과학자/의사가 등장하는 영화들이 있지만 연애–불륜의 원한에 기반을 둔 멜로드라마로 점차 기울어갔다. 이들은 1960년대 이래 집적된 고딕SF영화의 클리셰를 활용하고 있을 뿐 주제나 기법 면에서 새로움을 보여주지 못했다. 나쁜 과학자 영화는 〈귀화산장〉(이두용, 1980)[32]이나 〈괴시〉(강범구, 1980)[33] 등의 영화에도 소재 상으로 영향을 주게 된다. 다른 한편에서는 나쁜 일본인에 대한 원한은 식민지시대 수도 경성(京城)에서 일어난 연쇄 미녀 실종사건을 다룬 〈한녀〉(이유섭, 1981)[34]로 이어진다.

한국의 고딕SF의 경우 지식, 권능, 경제의 정점에는 과학자가 놓여 있다. 과학자와 실험대상의 관계는 위에서 프랑켄슈타인 박사가 시체들(프롤레타리아들)로 만들어진 괴물과 맺는 관계와 유사하다. 가령 〈공포의 이중인간〉의 경우 정신병원에 입원한 가난한 사람들이나 힘없는 간호사들이 실험 대상으로 전락하여 실패 후 시체실에 가서 무더기로 쌓이게 된다. 이들은 영화의 중반에 리빙데드로 살아나 복수를 가하는데, 때로는 힘을 합해 박사를 공격하기도 한다. 영화에서 최종적으로 생존하는 존재는 환자, 광인, 노파를 제외한 순수한 젊은 연인이다. 사악한 과학자와 원한의 기원인 과거로부터 탈출한 청춘남녀는 예정된 결혼을 통해 안전한 가족을 이룰 것이다.

한편 한국의 고딕SF영화에는 고딕소설이 빅토리아조에 대해 그러하듯이 제국주의 시대에 대한 향수와 복고적 회고가 반영되어 있기도 하다. 주인공은 대개 식민지 시절 과학적 지식을 일본에서 축적한 자이며, 이를 통해 부를 얻고 거대한 저택을 지어 살아간다. 그가 과학에 몰두하는 이유는 동포 나아가 인류를 위해서가 아니라 개인의 욕망과 원한의 해소를 위해서다. 그는 지식으로 세계를 지배하기를 원한다. 가령 미치광이 과학자는 실험을 통해 죽은 일본 군인을 살려내 제국 일본이 숨겨둔 금괴의 위치를 알아내려 한다. 혹은 일본 귀족 딸의 성형수술을 위해 생사람의 얼굴 가죽을 떼어낸다. 피해자는 조선 거리를 배회하는 힘없는 자들(주로 젊은 여성들이나 남성 범죄자들이나 일탈자들)이다. 자신의 세계(저택, 병원 등)를 지배하고 타인에 대한 권력을 무한대로 확장하려는 이들의 욕망은 결국 파멸에 이르고 만다.

5. 소년SF: 소년 모험담의 냉전 서사적 변용

〈대괴수 용가리〉는 소재와 설정에서 〈심해에서 온 괴물〉(1953)이나 〈고지라〉(1954) 이래 일련의 특수촬영 시리즈의 강한 영향 하에 만들어진 영화다. 〈고지라〉는 일본 도호영화사의 달러 박스로 세계적 괴수 영화가 되었지만 본래는 생태학적 관점을 지닌 반핵영화였다.[35] 바다의 원폭실험으로 인해 발생된 일본의 '고지라'와, 대륙(중국)의 원폭실험으로 인해 등장한 한국의 '용가리'는 태생적으로 그 기원이 같다. 즉 이들은 핵공포에 대한 분명한 은유였던 것이다. 한편 〈우주괴인 왕마귀〉의 경우 정체불명의 괴수가 웨딩드레스를 입은 신부를 납치한다는 일부 설정에서 〈킹콩〉(1933)을 강하게 환기시키기도 하였다. 영화 속에서 왕마귀와 조우한 시민들은 괴물을 수차례 '킹콩'에 묘사하기도 하였다. 그럼에도 〈우주괴인 왕마귀〉와 〈대괴수 용가리〉는 분명 한국의 1960년대적 특수성을 보이고 있다.

우선 이 두 편의 영화에는 우주개발 시대의 상상력이 담겨 있었다. 우주비행선, 우주정거장, 로켓, 미사일, 전투기 등은 이 두 영화에 중요한 소재이며, 공군 비행사와 우주 파일럿이 영화의 주된 인물로 등장한다. 소련과 미국의 경쟁적 우주개발은 1950년대 후반부터 1970년대 초반까지 이어졌다. 아폴로 11호가 달에 착륙하던 1969년까지는 우주비행, 우주비행사에 대한 관심이 최고조가 된 시기였다. 미국은 소련의 우주개발을 따라잡기 위해 1958년 NASA를 설립하여 미국의 육해공군 및 여러 기관의 우주관련 산업을 흡수한 후 결국

1969년 아폴로 11호를 통해 인류 최초 달 착륙에 성공하고 달에 첫걸음을 내딛는 데 성공한다. 우주개발 경쟁에 막대한 금액이 필요하자 국가 재정에 큰 타격이 되었고 결국 1972년 5월 미국과 소련 간의 협정 조인에 따라 1975년 7월 15일 미국과 소련의 우주경쟁을 마감하는 협조실험을 성공적으로 수행하면서 냉전기 미소의 우주경쟁은 완만한 시기에 접어들게 된다. 당시의 우주과학전에서 기술력은 냉전 상태에서 각 진영의 주도권과 이념적 우월성을 입증하는 것이었다. 자유세계의 안전보장을 위해 불가피하게 우주과학기술을 방위용 무기로 이용하는 것은 어쩔 수 없지만, 우주개발 기술은 인류사회의 복지증진을 위한 평화적 목적에 최대한 활용해야 한다는 것이 미국을 위시로 한 남한을 포함한 자유진영의 입장이었다.[36]

〈우주괴인 왕마귀〉와 〈대괴수 용가리〉는 냉전, 세계평화의 균열, 우주개발의 불안을 반영한 우주시대의 SF영화였다는 점에서 1960년대 후반의 특이할 만한 성과물이었다. 두 편의 작품은 표면상으로는 '평화주의'를 내세우고 있지만 그 이면에는 한국전쟁 이후 남한사회가 품고 있는 불안과 공포를 반영하고 있었다.

그렇다면 할리우드 B급 괴수물이나 일본의 특수촬영영화의 영향으로 환원될 수 없는 한국형 소년SF의 독자성을 무엇으로 볼 수 있을 것인가. 첫 번째로 두 영화에는 '소년'이 부각되어 있다. 그런데 이러한 소년의 모험서사는 식민지 이후 한국사회에서 특수한 서사적 전통을 지니고 있었다. 1936년 2월 9일부터 5월 20일까지 《동아일보》에 총 72회 연재된 이무영의 『똘똘이』는 '똘똘이'라는 이름의 소년의 모험을 서사화한 최초의 연재물이었다. 주인공 똘똘이는 장난꾸러기이며 모험심이 뛰어난 용기 있는 소년이다. 납치된 여동생을 찾아 낯선 곳으로 가서 난관을 헤치고 문제를 해결하여 집으로 돌아온다는 구조는 '납치-모험과 구조-귀환'이라는 이후 한국 소년모험서사에 익숙한 서사의 원형을 공고히 하였다.[37]

1937년 6월부터 이듬해 1938년 5월까지 잡지 《소년》에 연재된 김내성의 『백가면』에서는 수길이가 백가면에 의해 납치된 강영제 박사를 구하기 위해 모험하는 이야기를 다룬다. 이 소설은 해방 후인 1946년 조선출판사에서 재간행되기도 했다. 한편 1946년에 라디오 방송극 〈똘똘이의 모험〉이 큰 인기를 끌었는데 그 극본은 김내성, 김영수, 유호 등이 번갈아 썼다고 한다. 라디오 드라마의 인기를 입어 이 작품은 이규한 감독의 아동영화 〈똘똘이의 모험〉(1946)으로 만들어져 해방 후 열악한 상황에서도 10만 이상의 관객을 동원하는 등 흥행에 성공하였다. 이러한 서사물들에도 납치, 소년의 모험과 구조, 안전한 귀환은 전형적 구조로 작용하고 있었다.

(왼쪽부터)'납치-구조-귀환'의 서사를 전형화한 소년서사의 계보를 잇는 〈똘똘이의 모험〉(1946), 〈똘똘이의 모험〉(1968), 〈우주괴인 왕마귀〉(1967).

애니메이션 〈똘이장군〉(1978)은 소년모험물에 반공서사를 결합시켰다.

한국전쟁 이후 리메이크된 '똘똘이' 영화들은 '똘똘이'라는 꾀 많고 용기 있는 소년의 모험에 반공적이고도 계몽적인 색채를 가미한 작품들로 각색되었다. 특히 『백가면』이나 그 이전 식민지 똘똘이 서사에서처럼 '납치와 구조'가 중요한 소재로 등장한다.[38] 이야기 전개에서 갈등은 간첩들이 야기하는 것이고 소년은 또래 및 경찰(방첩대)과 협조하여 불온세력을 물리치는 주역이 된다. 영화 〈똘똘이의 모험〉(김영식, 1968)과 〈똘똘이 해상구조대〉(이상언, 1973)는 부분적 각색이 있기는 했지만 남한의 세계적 원자과학자가 간첩에 의해 납치되어 용감한 똘똘이가 그를 구조하기 위해 온갖 모험을 한다는 내용으로 구성되어 있다. 이후 똘똘이 영화는 반공계몽 애니메이션인 〈똘이장군〉 시리즈로 이어져 명맥을 잇게 된다.[39]

이렇듯 식민시시대 《동아일보》의 연재소설에서 탄생한 '똘똘이'라는 캐릭터는 해방기 라디오 소설에서 영화로 각색되어 인기를 끌었으며, 한국전쟁 이후에는 반공물로 각색되어 리메이크되기도 했다. 영화, 드라마 등에서 인기를 끈 똘똘이의 모험서사는 계몽성이 강화된 '똘이장군'이라는 캐릭터로 이어지면서 냉전기 대표적인 반공애니메이션으로 정착하게 되었다.

〈우주괴인 왕마귀〉와 〈대괴수 용가리〉는 소년의 모험서사가 노골적 반공영화화 되기 이전에 등장한 특이한 아동영화이다. 두 영화는 해방기까지의 '똘똘이 서사'와 몇 가지 공통점을 지니고 있다. 첫 번째, 낯선 세력(외계인, 괴수)에 대한 공포감은 기존의 똘똘이 서사가 지닌 청나라 상인, 쌀도둑, 간첩 등 공동체에 위협을 가하는 타자에 대한 감각의 연장선상에 있다. 둘째, 꾀 많은 개구쟁이 '소년'의 모험이 난관이나 재난을 헤쳐 나가는 데 중요한 역할을 한다. 셋째, '과학'은 대단히 중요한 국방의 요소이며 외부의 세력에 대항해 반드시 지켜야 할 소중한 가치이다. 넷째, 분단의 지리적 감각이 영화에서 대단히 중요하게 드러나는데, 특히 영화에서 인천 바닷가, 판문점, 휴전선 등이 괴물(간첩)이 출연하는 주요 장소이다. 이러한 점은 일본의 괴수영화나 미국의 냉전 SF와는 차별적인 특징들이다.

또한 두 편의 소년SF가 특이한 점은 냉전기 한국의 분단 상황을 특이한 방식으로 재현하고 있기 때문이다. 두 편의 영화는 특이하게도 오리지널 시나리오와 실제 제작된 영화에서 큰 차이를 보인다.[40] 오리지널 시나리오 상에서 〈우주괴인 왕마귀〉는 냉전시대 전쟁의 공포를 외재적 타자인 '왕마귀'에 투사하여 이에 맞서는 지구인들인 UN과 특히 남한과 북한의 평화적 협조를 주제화한 반전의 영화로 기획된 듯 보인다. 특히 '휴전선'과 비무장지대는 반전의 메시지를 전달할 수 있는 상징적인 공간으로 제시되었다. 오리지널 시나리오에서 왕마귀는 공산주의의 확산에 대한 공포라기보다, UN체제 하에서 세계평화를 위협하는 냉전논리에 입각한 주전론에 대한 비유라고 보는 것이 적절할 것이다. 그 과정에서 냉전의 각 진영은 수차례 만나 대화를 하는데 이는 '평화를 파괴하는 국제 분쟁이나 폭력 사태를 평화적 수단으로, 정의와 국제법의 원칙에 의거해 조정하고 해결한다'는 UN의 목적과도 맞닿아 있었다.[41] 왕마귀가 파멸된 이후 우주인들은 다른 우주식민지를 찾아 지구를 떠나게 된다.

하지만 실제 제작된 영화상에서는 반전·세계평화·냉전의 공포에 대한 비판적 요소들은 사라져버렸다. 영화는 휴전선에서부터 남하한 왕마귀가 서울 시가지를 파괴하고 결국 대한민국의 공군에 의해 파괴된다는 이야기로 대폭 수정되었다. 휴전선에서 왕마귀에 맞서기 위한 적대세력들 간의 협력은 사라지고, 서울 시가지의 파괴와 시민들의 공포가 더욱 강조되었다. 그 결과 괴물 왕마귀가 상징하는 추상적 전쟁의지에 대한 공포 및 반전과 보편주의에 입각한 세계평화의 메시지는 희석되었다. 외계에서 온 존재이기는 하지만 휴전선에서 남하하여 서울을 파괴하는 정체불명의 괴물의 이미지는 동시대 대중들에게 아마도 전쟁 나아가 북한에 대한 공포로 해석될 수 있었을 것이다.

〈대괴수 용가리〉의 오리지널 시나리오를 살펴보면 영화화 되는 과정에서 매우 큰 수정이 있었음을 알 수 있다. 일본의 고지라 시리즈를 연상시키는 영화

〈대괴수 용가리〉(왼쪽)와 〈우주괴인 왕마귀〉에서 대괴수들이 서울 시가지를 파괴하는 장면. 이들은 냉전기 반공물로도, 국제적 양식의 오락물로도 즐길 수 있는 수준으로 제작되었다. 두 편의 영화에서 괴물은 분단과 냉전의 갈등이 만들어낸 희생양이자 파괴자였다.

에 비해, 오리지널 시나리오는 그저 괴수를 소재로 한 노골적 반공 스파이물에 가까웠기 때문이다. 오리지널 시나리오는 이재헌, 황운헌이 집필하였다.[42] 본래는 80분 분량의 컬러 시네마스코프로 제작되었으나 현재 영상자료원에서 확인할 수 있는 〈대괴수 용가리〉 영상은 48분짜리 불완전판이다. 국내 원본필름은 유실되었고 미국에 발굴한 필름으로 복원된 영어 더빙판이 남아 있으며, 한국어 음성버전은 불완전판만이 유일하다. 그렇기에 한국에 상영되었던 영화에 대해서는 정확히 추정할 수 없다. 자료의 한계로 인해 완벽하게 추론할 수는 없지만 현재 남아 있는 영상을 바탕으로 개작 과정의 주요한 특징에 대해 살펴보기로 한다.

각색의 가장 중요한 특징은 오리지널 시나리오에서 스파이스릴러적 요소들이 대부분 사라진 대신, 원 시나리오에는 없던 '용이'라는 소년이 등장하여 영화에서 꽤 중요한 활약을 하게 되었다는 점에 있다. 특히 용이가 초등학교 5학년생이자 지독한 개구쟁이라는 설정은 이 캐릭터가 '똘똘이'를 참조했음에 대한 강한 근거로 작용한다. 이러한 커다란 개작 방향의 원인으로 두 가지를 추정해볼 수 있다. 첫째, 거대 자본금이 투자된 아동–가족 영화라는 점에서 성인 대상 스파이스릴러에 적합할 수위의 정치적 음모나 협잡을 다룬 서브플롯이 거의 사라졌으리라는 생각을 해볼 수 있다. 실제 영화는 국제스파이를 모두 없애고 원안에는 등장하지 않던 소년 '용이'를 통해 유머 코드와 모험 에피소드를 첨가하였다. 이를 통해 용이와 괴물의 관계와 교감의 지점들을 만들어냈다. 둘째, 수출을 염두에 둔 작품이기 때문에 해외배급을 위해 국내적 특수성이 반영된 부분을 윤색하는 등 스토리를 국제적 수준에서 표준화했을 가능성도 있다.

오리지널 시나리오는 작품의 배경을 상당한 규모의 국제무대로 설정하였다. 중공에서 출몰한 괴물은 베이징, 의정부, 평양을 경유해 서울을 거쳐 최종적으로는 현해탄을 건너 일본을 향하다 파괴된다. 용가리의 방향은 지속적으로 남쪽을 향하는데 이는 공산주의의 확산에 대한 분명한 공포의 반영이었다.[43] 특히 대한민국과 일본은 미국의 우방국으로서 자유진영의 보루였다. 작품의 후반에서 용가리가 현해탄에서 제어당하기 전에 대한민국은 UN, 특히 일본과 긴밀하게 공조한다. 그리고 작품은 용가리를 결국 중공의 상공으로 쏘아 보내는데, 이는 핵실험을 자행하는 중공에 대한 경고의 표시였다.

여기서 괴물 용가리란 무엇을 뜻하는 것이었을까. 원안에서 괴물 용가리는 중공의 핵폭탄 실험에서 태어난, 핵폭탄을 에너지 삼아 생겨난 방사성원소로 구성된 생명체로 설정되어 있다. 용가리는 고비사막에서 베이징, 의정부, 평양, 판문점을 거쳐 서울을 뚫고 남하를 지속해서 현해탄을 건너다 진압된다. 원안은 분명 난데없는 재난의 원인을 공산진영의 핵실험에 두고 있으며, 적색 스파이단의 음모를 혐오스러운 것으로 묘사하면서 이들에 대한 부정적인 감정을 노골화하였다. 동시에 용가리는 공산진영에게도 공포의 대상이다. 남한에서 암약하는 국제 스파이단의 목적은 용가리를 파멸시킬 실험을 전개하는 고일우 박사를 납치하는 것이었기 때문이다.

흥미롭게도 원안에서 용가리는 '쌍두의 괴수'로 묘사된다. 실제 영화화된 용가리가 일본의 고지라와 유사한 외모였음을 감안할 때 매우 동떨어진 설정이었던 것이다. 원안의 '쌍두'란 냉전적 핵무기 경쟁의 두 얼굴, 즉 폭력으로 평화를 유지한다는 역설적 상황에 대한 비유였다. 군비경쟁은 평화를 위해 폭력을 강화한다는 내적 모순을 지니고 있었다. 다른 한편에서 괴물이란 분단에 대한 비유이기도 했다. 냉전의 긴장 속에서 탄생된 정체불명의 괴수 용가리는 왕마귀처럼 외계에서 온 외재적 타자라기보다는 분단과 핵경쟁이 만들어낸 우리 안의 괴물성의 현현으로 보아야 할 것이다. 〈대괴수 용가리〉의 오리지널 시나리오는 〈우주괴인 왕마귀〉의 보편주의에 입각한 국제평화와 달리 갈등을 갈등으로, 폭력을 폭력으로 제어하려 하였다는 점에서 전쟁의 패러다임[44]에 갇혀 있었다. 하지만 결과적으로 시나리오 수정 끝에 제작된 실제의 영화에서 두 편 모두는 '괴물'의 기원을 모호하게 하여 냉전기 반공서사로도, 국제적 양식의 가족오락영화로도 즐길 수 있는 수위로 제작되었다.

6. 결론

한국적 SF영화로서 고딕SF는 『투명인간』, 『드라큘라』, 『프랑켄슈타인』과 같은 고딕소설, 동시대 미국과 영국의 B급 공포영화의 영향 하에 형성되었다. 그럼에도 불구하고 '한국'적 특성도 분명히 지니고 있었다. 투명인간 계열 영화들은 식민지시대 이래 형성된 '누이-오빠'의 '조선신파'적 서사구도를 차용하여 당대 인기를 끌던 장르영화의 외피를 빌려 권선징악의 구조를 만들어냈다. 흡혈과 시체 소생을 다루는 미치광이 과학자 계열의 영화에서는 과학자가 식민지시대 형성된 원한(혹은 그 당시 해소되지 못했던 욕망)을 풀기 위해 실험을 통해 반복적으로 과거를 재소환하였다. 여기서 과학자는 부정적인 인물들로 등장하고 제국주의 시대의 기억은 물질적 번영, 죄책감, 학살과 살인의 기억으로 남아 있다. 문제적 작품인 〈공포의 이중인간〉에 이르면 과학자가 제국주의 일본의 군인을 부활시키려 하는데, 그 목적은 보물(다이아몬드)의 거처 즉 제국주의의 치부와 닿아 있다. 프랑코 모레티의 사유를 빌리자면 자본(지식)을 집적하고 끊임없이 프롤레타리아를 착취하던 사악한 자본가이자, 영토와 권력을 집중한 퇴행적 지식의 제국주의자인 과학자는 자신의 비밀스러운 실험실 안에 폐칩되어 있었다.

고딕SF영화는 과학을 도구로 삼은 지식, 권력, 자본의 정점에 서 있는 과학자의 탐욕을 부정적으로 그려낸다. 희생자는 가난한 사람들, 미치광이, 살인광, 나약한 젊은 여성들이다. 이들이 원귀, 생사동체, 자웅동체가 되어 반복적으로 부활해 과학자를 처단하는 서사 속에 사실상 그다지 계몽적 의도는 없어 보인다. 스승인 과학자(교수)를 정점으로 그의 휘하에는 젊은 남성 제자가 있다. 그에게는 약혼한 여성이 있는데 이 여성은 주로 영화에서 간호원 내지 연구보조자로 등장한다. 때때로 이 여성의 아버지도 과학자로 등장하는데 그는 젊은 남성의 공식적 스승이기도 하다. 비전(祕傳)의 실험을 수행하는 과학자(의사)—젊은 제자 과학도(의사)—연구보조자이자 연인(간호사)은 연령, 성차, 지식의 총량에 의해 계급화 된다.

외딴 곳의 대저택에서 자행되는 미치광이 과학자의 학살과 만행에서 가까스로 빠져나온 젊은 남녀는 악한 아버지(나쁜 과학자)를 처단하고 선한 아버지(착한 과학자)의 승인 하에 새로운 가족을 이루게 될 것이다. 이러한 서사적 변화는 광포한 근대화를 경험하는 대중들의 불안이 점차 완화되고 과학적 계몽이 보편화되면서 점차 고딕SF영화의 불온성이 순치되는 과정과 맞물린다. 중요한 점은 장르적으로 1967년 즈음을 전후로 정부의 과학시책이 변화해가고 소년SF와 SF애니메이션이 등장하던 와중에 고딕SF영화가 장르적 진화를 거의 멈추었다는 점이다. 이외에 다른 유형의 한국 SF영화의 증거를 찾을 수 없기에, 성인 대상 SF영화는 이후 오랫동안 한국 장르영화사에서 사라져버린다.

1965년 창간된 《학생과학》은 청소년 창작 과학소설을 수록하면서 국가에 대한 충성심과 과학에 대한 호기심을 결합시킨 '애국적 과학주의'를 선보였다.[45] 1966년 3월 제미니 8호가 우주개발 역사상 최초로 무인우주선 아제나와 우주 도킹에 성공했다. 같은 해 기술응용 촉진 기반 확충을 위해 1966년에 '한국과학기술연구소'가 설립되었다. 1967년 1월에는 「과학기술진흥법」이 제정되었고 4월 과학기술처가 설립되었다. 소년SF는 좋은 과학(국방과학)을 진보와 발전의 상징으로 삼은 채[46] '나쁜 과학(핵개발)'의 이미지를 괴물의 이미지에 투사해버리는 결과를 만들어냈다.

1967년 제작된 〈우주괴인 왕마귀〉나 〈대괴수 용가리〉는 과학의 현대화가 본격적으로 진행되어가던 이러한 과정 속에서 등장할 수 있던 영화였다. 이후 1970년대 국내 아동전집을 통해 SF가 선보였다. 소년소녀 과학모험소설전집이나 과학소설전집이 간행되었는데, 이 시기 소개된 과학은 공포(외계인, 타자, 디스토피아)보다는 '진보와 발전'에 대한 관심을 보였다.[47] 고딕SF에서처럼 인간의 제어를 벗어나기에 불안한 것이자 불온한 목적에 악용되었던 과학과 달리 소년에게 과학은 진보, 정복, 승리의 수단이 되었다. 전율과 공포의 대상인 '원자력'의 시대가 가고 선망의 '우주' 시대가 열린 것이다. 과학은 이제 은밀한 실험실에서 빠져나와 드넓은 우주로 개방된다. 시간은 과거에서 미래를 향한다. 과학은 소년의 것이다. 동시에 이 천진한 낙관은 1960년대 후반 이래 진행된 정권의 근대화 예찬의 울림과 조응하는 것이었다.

거지소년 다람쥐를 등장시킨 〈우주괴인 왕마귀〉와 개구쟁이 초등학생 용이를 등장시킨 〈대괴수 용가리〉는 과학주의와 진보와 발전에 대한 낙관이 결합된 소년SF영화였다. 예외적인 작품들이기는 하지만 이들에 주목하는 이유는 외면적인 가족영화, 오락영화, 괴수영화의 틀을 넘어서 냉전기 국제질서가 응축된 분단국가인 한반도의 특이성을 징후적으로 드러내고 있었기 때문이다. 우주경쟁과 핵무기 견제를 통해 과열되던 냉전의 논리는 두 편의 영화 속에 주된 갈등의 축으로 등장한다. '과학'은 미래의 주도권을 선점하기 위한 각 진영의 주요한 가치였다. 약소국인 대한민국에서 '과학'적 우위는 국가의 안위를 지킬 수 있는 애국적 도구로 활용되기도 했다. 전 세계적 범위에서 일어나는 전쟁/평화에 대한 불안/열망이 두 편 영화의 시나리오에서 변별적으로 드러나고 있었다.

소년SF는 동시대 한국의 다른 경향인 고딕SF에 비해 대상관객 지향이 분명히 달랐다. 미친 과학자(mad scientist)의 광기와 탐욕을 다루던 고딕SF는 도덕적으로 모호한 주제와 성적인 소재 상 분명 성인(남성)을 대상으로 하고 있었다. 고딕SF영화는 주로 원한, 갈등, 대결, 복수의 서사로 추동되는데, 이러한 영화들은 미래보다 '과거'를 향해 있으며 특히 '식민지 말기'에 형성된 원한을 그 핵심에 두고 있었다. 한편 소년SF는 과학을 긍정적인 것으로 묘사하며 소년의 기지를 통해 적대세력을 제거한다. 괴물의 출현으로 인해 지연된 커플의 결합은 영화의 결말에서 행복하게 완수된다. 그렇기에 이들은 과거가 아니라 '미래'의 시간을 향해 있다.

이들은 좋은 과학(국방과학)과 나쁜 과학(핵과학)을 나누고, 결국에는 좋은 과학의 이데올로기적 승리를 옹호하였다. 두 편의 영화는 모두 괴물의 궁극적 소멸로 마무리되지 않는다. 〈우주괴인 왕마귀〉의 경우 무인비행기의 충돌로 괴로워하던 괴물을 우주인들이 스스로 소거해버리면서 진압시킨다. 갈등은 우리 공동체의 주체적인 힘으로 해결되지 않고, 현실질서 밖의 외재적 힘에 의해 의존된다. 〈대괴수 용가리〉의 경우 약물로 인해 괴로워하던 괴물은 한강에 붉은 피를 뿌리며 쓰러진다. 영화의 결말에서 괴물은 제거되지 않고 소년 용이의 소원대로 고유의 가공할 폭력성을 제어당한 채 우주로 방출된다.

평등주의에 입각한 상호대화와 협상, 회원국 간의 외교적 존중이라는 '이상적 세계평화론'과 군비확산과 폭력적 방식을 통해 전쟁을 전쟁으로 제어하려는 '현실적 냉전 논리'는 그 어떤 방식으로도 개연적인 결말에 도달하지 못하였다. 외계인의 힘에 의해 소멸되는 방식이든 우주로 날려 보내지는 방식이든, 냉전기 불안과 잠재적 폭력성을 다스리는 방식은 합리적인 내러티브에 의해 봉합될 수 없었기에, 1960년대 후반 한국의 소년SF는 개연성의 오류 내지 돌발적 결말로도 보이지만, 기계장치 신(deus ex machina)의 개입을 통해서 모호하게 끝나고 말았다. 즉, 우리 안의 갈등이란 우주라는 초월적 타자와의 조우를 통해 상대화될 수밖에 없었다고 해석될 수도 있는 것이다.

주석

1 임종기, 『SF부족들의 새로운 문학혁명, SF의 탄생과 비상』, 책세상, 2004, 19면.

2 David Seed, *Science Fiction: A Very Short Introduction*, Oxford Univ. Press, 2011, p.1.

3 수전 헤이워드, 이영기 외 역, 『영화사전』, 한나래, 2012(개정판), 307면.

4 이성희, 「1970년대 한국 SF애니메이션 연구: 한국사회의 근대적 욕망에 대한 소망충족을 중심으로」, 중앙대학교 첨단영상대학원 석사학위논문, 2007; 허인욱, 『한국 애니메이션 영화사』, 신한미디어, 2002; 조미라, 「한국 장편 애니메이션의 서사 연구」, 중앙대학교 첨단영상대학원 박사학위논문, 2004.

5 이의경, 「한국 SF영화에 대한 고찰 : 2000년대 한국 SF영화를 중심으로」, 중앙대학교 첨단영상대학원 석사학위논문, 2009; 엄상준, 「21세기 한국 SF영화의 정치적 상상력 연구: 영화 〈지구를 지켜라〉, 〈설국열차〉를 중심으로」, 부산대학교 석사학위논문, 2014; 박창선, 「90년대 이후 한국 SF영화의 경향성 연구: 한국적 SF영화의 가능성을 중심으로」, 동국대학교 석사학위논문, 2007; 조미영, 「한국 SF영화에 나타난 환상성 연구: 2000년도 이후 SF영화를 중심으로」, 경희대학교 박사학위논문, 2014.

6 조해진, 「한국 판타지영화의 시대별 양상과 특징 연구」, 《한국디자인문화학회지》 17, 2011.

7 남성 과학자가 등장하는 고딕SF의 경우 여귀를 다룬 '괴기' 혹은 '호러'영화 연구에서 부분적으로만 언급되어왔다. 특수 촬영된 괴수가 등장하는 영화는 호러영화의 하위 장르인 '괴수영화'로 분류되어 현장비평에서 주로 언급되고 있는 실정이다. 백문임, 「월하의 여곡성」, 책세상, 2008; 이효인 외, 한국영상자료원 편, 『한국영화사공부 1960~1979』, 이채, 2004, 126-127면; 박상준, 「1960년대 과학문화의 타임캡슐—영화 〈대괴수 용가리〉」, 《플랫폼》 16, 2009; 이영진, 「한국 토종 괴수들이 몰려온다」, 《씨네21》, 664호, 2008.
한편 허지웅은 괴수 영화로서 〈대괴수 용가리〉와 〈우주괴인 왕마귀〉에 대해 본격적으로 다룬 바 있다. 그는 이 두 편의 영화가 한국전쟁을 반복 재현하는 텍스트였던 동시에, 어린이의 기지와 과학의 중요성을 다룬다는 측면에서 공통점이 있다고 보았다. 이야기의 전형적인 구성에서 용가리가 땅속에 잠들어 있던 내재된 위험이었다면 감마성 괴인은 외부로부터의 위협이라는 차이점을 지닌다는 점도 지적하였다. 허지웅, 『망령의 기억; 1960~1980년대 한국공포영화』, 한국영상자료원, 2010, 61면.

8 수전 헤이워드는 대표적 SF영화를 검토하며, (기계 및 문명의 발달에 맞선) 남성이 자신의 퇴화를 두려워하여 여성을 퇴화시키려는 욕망이 이 장르에 반영되어 있다고 본다. SF영화가 과학과 미래에 관한 남성들의 공포에 관련된 장르라는 판단에서다. 수전 헤이워드, 앞의 책, 312-313면.

9 「사차원의 세계의 꿈, 성행하는 S.F.영화의 부움」, 《동아일보》, 1960. 7. 4. 이 기사는 당시 미국과 영국을 중심으로 우주로켓트 붐(boom)을 타고 우주에 대한 공상과학영화가 압도적으로 유행하고 있음을 밝힌다. 이러한 영화 중에는 우주인이 지구를 습격하거나, 지구인이 우주를 찾아가거나, 방사능을 소재로 한 영화들이 다수라고 밝힌다. 특히 스탠리 크레이머의 〈바닷가에서〉는 방사능 재해를 다룬 영화이고, 〈방사능 X〉, 〈원자괴수〉, 〈괴수 우랑〉, 〈축소하는 인간〉 등은 모두 방사능

으로 인하여 변이를 일으키는 공상영화라고 설명되어 있다.

10 Noel Carroll, 「Nightmare and Horror Film; The Symbolic Biology of Fantastic Beings」, *Film Quarterly* 34, 3, 1981, pp.16-25.; Steve Neal, *Genre and Hollywood*, Routledge, 2000, pp.36-38에서 재인용.

11 기본 연구 대상은 다음과 같다.(영상이 남아 있지 않아 시나리오로 검토한 작품을 [S]로, 영상이 남아 있는 경우를 [F]로 표기하였다. [F]의 경우 시나리오도 함께 검토하였다.)
〈투명인의 최후〉(이창근, 1960)[S], 〈악의 꽃〉(이용민, 1961)[S], 〈목숨을 판 사나이〉(혹은 '생명을 판 사나이')(신현호, 1964)[S], 〈목없는 미녀〉(이용민, 1966))[F], 〈우주괴인 왕마귀〉(권혁진, 1967)[F], 〈대괴수 용가리〉(김기덕, 1967)[F], 〈악마와 미녀〉(이용민, 1969)[S], 〈투명괴인〉(이규웅, 1969)[S], 〈원〉[F](남태권, 1969), 〈공포의 이중인간〉(이용민, 1974)[F], 〈반수반인〉(김기, 1975)[S]. 더불어 이들의 장르적 모방작인 〈한녀〉(이유섭, 1981)[S], 〈투명인간〉(김기충, 1986)[F]도 검토하였다.

12 시기를 1970년대 중반으로 한정한 이유는 〈영노〉(이성구, 1976), 〈원무〉(박윤교, 1976) 등에도 과학이나 과학자가 등장하지만 식물학, 동물학, 유전과학, 화학 등 이전의 영화가 (비록 초자연적인 원한을 소재로 다루고 있다 하더라도 명목상으로는) 자연과학의 틀을 빌려왔던 것과 달리 1970년대 중반이 되면 본격적으로 심령과학을 다루는 영화들이 등장하기 때문이다. 여기에는 1970년대에 전 세계적인 오컬트영화의 붐이 일었고, 1975년 5월에 한국에 〈엑소시스트〉가, 1976년에는 〈오멘〉이 수입되었던 분위기가 반영된 듯하다.

13 김기덕 감독의 회고에 의하면 용가리라는 이름은 우리나라의 공상의 괴물 중 '용'과 '불가사리'를 결합시켜 만든 것이다. 김기덕 감독은 〈대괴수 용가리〉를 기획하게 된 의도에 대해 다음과 같이 밝힌다. 우리나라엔 통속적 최루물이 주를 이루고 있는데, 너무 그런 것만 만들어지고 하니까 관객들도 식상하고 새로운 돌파구를 찾아보자, 그래서 이러한 특수한 작품을 구상하게 되었다는 것이다. 그는 〈고지라〉니 〈가메라〉와 같은 일본영화의 영향도 있었는데, 당시에는 한일관계로 인해 일본영화의 수입, 상영이 어려웠기 때문에 우리나라에서도 (이러한 특수촬영 괴수물을) 한번 만들어 보자는 취지가 있었다고 밝힌다. 김기덕 증언, 『한국영화를 말한다: 한국영화 르네상스 1』 한국영화구술총서02, 한국영상자료원 편, 이채, 2005, 36면.

14 R生, 「우파사(社) 작 메트로폴리스」, 《동아일보》, 1929. 5. 2. 같은 해 멜리에스의 〈달나라 여행〉도 지면상으로나마 소개된다. 「월세계여행」, 《동아일보》, 1929. 2. 1.

15 이운곡, 「영화의 문화적 역할(4)—영화의 인식론적 가치」, 《동아일보》, 1937. 10. 26. 이 기사에서 과학영화는 교육영화, 문화영화 등과 같은 범주로 분류되는, 다양한 자기목적을 지닌 양식으로 설명된다.

16 「실감 없는 과학영화 〈인공위성 X호〉」, 《동아일보》, 1959. 9. 11. 이 기사의 본문에서 기자는 '공상과학영화'라는 단어를 사용하였다. 「사차원의 세계의 꿈, 성행하는 S.F.영화의 부움」, 《동아일보》, 1960. 7. 4. 이 기사는 SF의 하위 장르로 '공상과학영화', '괴기영화', '슐릴러(thriller)' 등을 나눈다.

17 Rick Worland, *The Horror Film*, Blackwell, 2007, pp.76-77. 릭 워랜드는 관련된 영화들로 〈뎀!〉(고든 더글라스, 1954), 〈타란튤라〉(잭 아놀드, 1955), 〈죽음의 사마귀〉(나단 주란, 1957), 〈놀랍도록 거대한 남자〉(버트 I. 고든, 1957) 등을 들고 있다.

18 〈심해에서 온 괴물〉(유진 루리에, 1953)은 이후 일본 괴수영화의 효시인 〈고지라〉(혼다 고지로, 1954)에 결정적 영향을 끼친 작품으로 핵공포를 반영한 냉전기 괴수영화의 효시로 알려져 있다.

19 백문임, 앞의 책, 97-98면.

20 김근배, 「과학기술입국의 해부도—1960년대 과학기술 지형」, 《역사비평》 85, 2008, 236면.

21 문만용, 「1960년대 '과학기술 붐': 한국의 현대적 과학기술체계의 형성」, 《한국과학사회학지》 제29권 1호, 2007, 69-70면.

22 폴 웰스, 앞의 책, 90면. 웰스는 이러한 미국 괴수영화의 경향이 영국의 해머 스튜디오가 부상하면서 지속되었던 고딕 전통에 필적하는 것이라고 언급한다. 여기서의 해머 스튜디오 방식인 고딕 전통은 앞서 언급한 한국 고딕SF 경향에 시각적이고도 서사적인 영향을 주게 된다.

23 정연재, 「포우와 미국 고딕소설의 전통」, 《근대영미소설》 제13집 1호, 2006, 241-243면.

24 프랑코 모레티, 조형준 역, 『공포의 변증법』, 새물결, 2013, 23면.

25 위의 책, 32-45면.

26 비슷한 소재의 영화로 〈흡혈식물 대소동〉(로저 코먼, 1960)이라는 영화가 있지만, 〈악의 꽃〉은 B급 블랙코미디인 전작에 비해 오히려 고딕적 장엄함과 비장미의 측면에서 『드라큘라』의 성전도(性轉倒) 버전에 가까워 보인다.

27 국산 '드라큐라'로 알려진 〈악의 꽃〉은 서양풍의 무섭지 않은 오락용의 괴기물로 평가되었다. 바의 여급을 마취해 톱으로 팔을 자를 때엔 관객들을 웃게 했으며, 처가 남편에게 피를 빨리면서도 묘한 압살교성을 발하여 기괴한 음탕감을 낼 뿐 무섭지 않았다고 비웃음을 사기도 했다. 「극장가, 양풍 풍기는 한국 귀신-국산 〈드라큐라〉…〈악의 꽃〉」, 《한국일보》, 1961. 4. 9.

28 《주간한국》, 1965. 8. 22.

29 영상도서관에 보유된 오리지널 시나리오에는 '생명을 판 사나이'라는 제목으로 되어 있고, KMDb에도 '생명을 판 사나이'라고 되어 있으나 포스터를 보면 〈목숨을 판 사나이〉로 홍보되었음을 확인할 수 있다.

30 영상도서관에는 총 4종류의 시나리오가 남아 있다. 오리지널 시나리오(김희림 감독, 최진 각본), 심의대본1(김희림 감독, 정찬환 원작, 강일문·이종세 각본), 심의대본2와 녹음대본에는 (신현호 감독, 정창환 원작, 이종세 각본)으로 표기되어 있다.

31 같은 것이 반복해서 회귀함으로써 무언가 이상하게 불안한 감성이 생긴다는 점은 프로이트의 소논문 「두려운 낯설음(Das UnHeimliche)」에서 언급된 '억압된 것의 회귀'의 양상을 보인다. 지그문트 프로이트, 정장진 역, 「두려운 낯설음」, 『예술, 문학, 정신분석』, 열린책들, 2003, 429-430면.

32 장난스러운 연애로 임신한 간호원 경아는 의사인 한 박사에게 살해당한다. 한 박사는 이후 물리적 자극에 의해 죽은 사람도 살리는 기술을 발명하고, 부유한 아내를 만나 처갓집에서 차려준 종합병원을 갖게 된다. 그는 이후 소생한 경아에 의해 곤경을 겪게 된다.

33 한중합작영화인 〈괴시〉에는 초음파송신기로 인해 시체들이 살아나는 설정이 등장한다. 주인공 강명은 초음파송신기를 만든 친구를 죽인다. 흡혈귀를 만드는 초음파기계가 등장하는 이 영화는 인간이 만들어낸 기계에 인간이 희생당하는 아이러니를 다루며, 환경문제, 자연보호 문제를 교훈적으로 결말에 강조한다.

34 식민지시대 경성, 성형수술의 신기원을 마련하려는 요시무라 박사는 젊은 처녀들을 희생시켜 실험을 지속한다. 요시무라는 전쟁터에서 수많은 환자들을 다루면서 고도의 기술을 체득하게 되었다. 그의 조선인 아내 정애는 요시무라의 본질을 모르는 채 병들어 죽기 전에 남편의 실험대상이 되겠

노라고 하지만, 죽기 전 남편의 불륜을 목격하고는 나중에 원혼이 되어 나타난다. 한편 요시무라의 정체를 모르는 영식은 유능한 스승의 가르침을 받는 것을 영광으로 생각하며 열심히 공부하여 억압받는 민족을 위해 살겠다는 다짐을 하는데, 정애의 원혼이 나타나 동족은 해치고 싶지 않으니 떠나라는 경고를 듣는다. 한편 일본의 겐지 백작의 외동딸 렌꼬는 흉측한 얼굴을 지니고 있다. 그녀를 위해 요시무라는 죄 없는 조선의 처녀들을 데려다 산 채로 피부를 도려내 성형수술을 시도한다. 정애의 원혼과 일본의 퇴령사가 대립을 하고, 결국 요시무라 박사는 죽은 여자들에게 복수를 당해 불타 사라진다.

35 1954년 제작된 이 영화는 9년 전 일본을 초토화한 미군의 공습과 남해에서 사라져간 일본군에 대한 진혼이란 점을 간과할 수 없다. 요모타 이누히코, 박전열 역, 『일본영화의 이해』, 현암사, 2001, 166-167면.

36 「글렌 중령의 우주비행 성공이 의미하는 것」, 《경향신문》, 1962. 2. 22.

37 이와 같은 구조는 1925년 잡지 《어린이》에 연재된 방정환의 『동생을 찾으러』에서 최초로 형성된 것이다.

38 1960년대 《학생과학》과 1970년대 한국 SF창작집에서도 '납치-구조'는 반복되는 패턴으로 등장한다. 관련 김지영, 「한국 과학소설의 장르 소설적 특징에 대한 연구—『한국과학소설전집』(1975)를 중심으로」, 《인문논총》 32집, 2013; 조계숙, 「국가이데올로기와 SF, 한국 청소년 과학소설—《학생과학》지 수록작을 중심으로」, 《대중서사연구》 제20권 3호, 2014 참고.

39 관련해서 이정아, 「소년의 근대와 모험, 기획된 표상 : 〈똘똘이의 모험〉과 〈똘이장군〉 시리즈를 중심으로」, 《문화연구》 2권 2호, 2013; 장연이, 「〈똘이장군〉에 반영된 반공적 이데올로기 이미지 표현에 관한 연구」, 《만화애니메이션연구》 15, 2009 참고.

40 관련된 시나리오 개작 양상에 대해서는 송효정, 「한국 소년SF영화와 냉전 서사의 두 방식—〈대괴수 용가리〉와 〈우주괴인 왕마귀〉의 개작과정연구」, 《어문논집》 제73호, 2015. 참고.

41 국제연합 헌장 1조는 평화에 대한 위협을 예방하고 제거하며, 침략이나 파괴행위의 진압을 위해 유효하고 필요한 집단 조치를 취하고, 평화를 파괴하는 국제 분쟁이나 폭력 사태를 평화적 수단으로, 정의와 국제법의 원칙에 의거해 조정하고 해결한다고 명시하고 있다.

42 심의대본에는 이 두 명에 서윤성이 추가되었다.

43 냉전시대의 쾌활한 스파이스릴러 〈북북서로 진로를 돌려라(North by Northwest)〉(알프레드 히치콕, 1959)의 제목을 노골적으로 차용한 반공영화 〈기수를 남쪽으로 돌려라〉(장천호, 1964)나, 한국 첩보스릴러인 〈남남서로 직행하라〉(장일호, 1967)와 같은 영화에서 방향성이란 공격의 방향이거나 이념의 확산에 대한 은유였다.

44 바디우는 20세기가 전쟁의 패러다임에 갇혀 있었음을 이야기하며, 전쟁을 전쟁으로 종식시키려는 최종전쟁에 대한 관념이 유포되었음을 언급한다. 이를 위한 세기의 강박관념 중 하나가 '궁극적인 것'을 획득하려는 것이었는데, 이는 결국 파괴 너머에서 획득될 수 있는 것이었다는 것이다. 알랭 바디우, 박정태 역, 『세기』, 이학사, 2013, 71-77면. 바디우는 이 부분에서 이념과 가치의 쇄신과 생성을 위한 '파괴'를 이야기하고 있는데, 이를 20세기의 실제 역사에 대입해 보아도 적용 가능할 듯하다. 핵폭탄은 실재하는 무기였던 동시에 최종전쟁에 동원될 '궁극적인 것'의 상징이기도 했기 때문이다.

45 조계숙, 앞의 글.

46 1970년대 국내 아동전집을 통해 SF가 선보였다. 소년소녀 과학모험소설전집이나 과학소설전집이 간행되었는데, 이 시기 소개된 과학은 공포(외계인, 타자, 디스토피아)보다는 '진보와 발전'에 대한 관심을 보인다고 최애순은 분석하고 있다. 최애순, 「우주시대의 과학소설—1970년대 아동전집 SF를 중심으로」, 《한국문학이론과비평》 60, 2013.

47 김지영, 「1960~70년대 청소년 과학소설 장르 연구: 『한국과학소설 전집』(1975) 수록 작품을 중심으로」, 《동남어문집》 35, 2013; 최애순, 「우주시대의 과학소설—1970년대 아동전집 SF를 중심으로」, 《한국문학이론과비평》 60, 2013.

| 제4절 |

한국만화의 환상성과 근대성
: 근대만화의 시작에서 1990년대까지 SF를 중심으로

1. 근대만화의 출발 : 일상성과 환상성

우리나라의 만화는 20세기에 접어들어 근대매체의 등장과 함께 시작되었다. 공식적으로 공인된 최초의 만화는 1909년 6월 2일 창간된 《대한민보》에 수록된 이도영의 만화 〈삽화(揷畵)〉다. 물론 그 이전에 출간된 출판물에도 만화(적 이미지)가 표지나 본문의 삽화로 활용되었지만, 완결성을 지닌 만화라기보다는 보조적으로 활용되는 그림이었다. 반면, 이도영의 만화(공교롭게 창간호에 실린 제목이 삽화였지만)는 계몽과 풍자를 한 칸에 담아낸, 그 자체로 완결성이 있는 '만화'였다. 이도영의 만화는 창간호를 시작으로 검열에 의해 삭제된 날을 빼고는 매일 연재되었다. 묵직하고 날카로운 목판화로 완성된 그의 만화는 세태에 대한 풍자, 민중에 대한 계몽, 때론 과감한 실명 비판도 피하지 않았다.

20세기에 들어서 신문, 잡지가 시작된 우리나라와 달리 서구는 1702년 영국 최초의 일간지 《데일리쿠란트》가 창간되는 등 18세기 들어 근대신문이 등장한다. 풍자만화(혹은 풍자화)는 신문과 전단을 통해 대중적 인쇄물의 주요 콘텐츠로 자리잡았는데, 1820년대에 들어 '풍자산업'이 런던에 기반을 두고 영국의 주요 도시에 지점을 운영할 정도였다.[1] 이 시기 풍자만화를 그린 대표적 작가로 토머스 롤랜드슨(Thomas Rowlandson), 제임스 길레이(James Gillray), 조지

크룩샹크(George Cruikshank) 등이 있다.

이후 19~20세기 계몽적 중산층과 시골에서 올라온 노동자, 이민자들을 겨냥한 신문, 잡지는 전 시대 풍자화의 전통을 이어받은 풍자만화와 우스꽝스러운 캐릭터가 나오는 우스개만화를 연재했다. 19세기 중반 이후 영국에서는 익살스러운 유머 잡지(로저 새빈은 『만화의 역사』에서 '중산층 잡지'라 표현했다)인 《펀치(Punch)》(1841), 그리고 로저 새빈이 '노동자 계층을 겨냥한 잡지'라 표현한 《주디(Judy)》(1867), 《웃기는 사람들(funny Folks)》(1874), 《스크랩스(Scraps)》(1883) 등의 잡지가 창간되었고, 이 잡지에는 주로 우스개만화가 연재되었다. 다만, 이들 유머 잡지에 발표된 만화에는 고정된 '주인공'이 없어, 우리가 생각하는 전형적인 우스개만화와는 거리가 있다. 1884년 길버트 댈지엘(Gilbert Dalziel)이 창간한 《앨리 슬로퍼의 반나절 휴일(Ally Sloper's Half Holiday)》은 다른 잡지와 다를 바 없는 1페니짜리 타블로이드 주간지였다. 잡지의 핵심은 제목이 되기도 한 '앨리 슬로퍼'[2]라는 우스개만화다. 집세를 받으러 온 주인을 피하기 위해 골목(Alley)에 엎어져(slopes) 있다고 해서 '앨리 슬로퍼'라 불리는 '알렉산더 슬로퍼'는 상류계급 흉내를 내는 술주정뱅이 노동자다. 앨리 슬로퍼는 대머리에 커다란 붉은 코, 가느다란 팔다리에 배만 불룩한 외형도 우습게 보이는 전형적인 우스개 캐릭터다. 앨리 슬로퍼는 한 페이지 만화에 활용되기도 하고, 연속되는 이야기에 나오기도 하는 등 종횡무진 활약을 하는데, '앨리 슬로퍼'의 인기에 기대 잡지는 큰 성공을 거두었다.[3]

1890년, 영국의 스물다섯 청년 알프레드 하먼스워스는 반 페니 동전 하나로 구매할 수 있는 만화잡지 《코믹 커츠(Comic cuts)》와 《일러스트레이티드 칩스(Illustrated Chips)》를 창간했다. 일반적인 타블로이드 잡지의 절반 가격에 다양한 만화를 담은 매체는 크게 성공했지만, 연이어 후폭풍을 맞는다. 그동안 가벼운 읽을거리로 무장한 새로운 매체가 탐탁지 않았던 가장적 중산층은 새로운 오락거리를 적극적으로 배척했던 것이다.

"이 새로운 형식의 노동자 오락거리를 공격했다. 비평가들은 그것이 두 가지 상반된 차원에서 '읽고 쓰는 능력에 위협이 된다'고 보았다. 첫째, 그림에 기초한 모든 출판물은 자연히 산문 자료에 비해 열등하다고 간주되었다. 독서는 '발전적인' 도덕성과 관계가 있는 반면 만화는 정반대 효과를 발생시킨다는 것이었다. 둘째, 그들은 새로운 만화잡지의 조밀한 인쇄가 시력을 해친다고 주장했다. 어느 측면에서나 만화잡지는 변명의 여지가 없어 보였다. 게다가 보수주의자들은 문화적 타락에 대해 보다 폭넓은 운동을 전개하기 시작했다. 만화잡지가 크게 유행하고 있다는 사실만으로도 그것은 국가적 규범의 타락을 상징하는 주범으로 인식되었다. 이러한 편견 외에도 잡지의 인기가 노동자 계층에 집중되어 있다는 사실 때문에 광범위한 편견이 생겨났다."[4]

조지프 퓰리처(Joseph Pulitzer)는 1883년 《뉴욕 월드》 일요판 신문에 컬러 부록을 신설해 영국의 타블로이드 잡지에서 인기를 끈 만화를 적극적으로 도입했다. 그리고 미국의 신인작가들을 발굴해 적극적으로 데뷔시켰다. 그중 한 명이 이후 〈옐로 키드(The Yellow Kid)〉를 발표하는 리처드 펠튼 아웃코트(Richard Felton Outcault)다.[5] 그는 1895년 5월 5일 〈호건 골목의 서커스(At the Circus in Hogan's Alley)〉를 발표한 뒤 뉴욕 빈민가 호건 골목을 배경으로 한 한 쪽짜리 만화를 연이어 게재한다. 이 만화에는 노란 옷을 입고 있으며 커다란 귀가 팔랑이는 대머리 동양인 꼬마가 등장하는데, 작가는 이 꼬마를 주인공으로 하여 옷에 재치 넘치는 대사를 적어 넣었다. 주인공 꼬마는 '노란 꼬마'라는 별명을 얻으며 인기를 얻는다.(첫 작품에는 노란색 옷도 입지 않았고, 옷에 대사를 써놓지도 않았다.) '호건 골목(Hogan's Alley)' 시리즈는 만화 한 면을 차지하는 형식이었지만, 《뉴욕 저널》로 자리를 옮긴 아웃코트는 1896년 10월 25일자부터 〈옐로 키드〉라는 제목으로 독립시켜 만화를 연재하기 시작한다. 네모 칸을 나누고, 인기 주인공을 고정시키는 신문연재 우스개만화의 포맷이 완성되었다.[6]

19세기 후반 서구의 대중적인 근대신문과 잡지에 연재되어 인기를 얻은 바보 같은 우스개 주인공이 영국에서는 술주정뱅이 노동자(앨리 슬로퍼)였고, 미국에서는 빈민가에서 사는 이민자 꼬마(옐로 키드)였다. 만화 주인공과 독자가 일치했다. 노동자와 이민자들은 중산층과 어울리는 술주정뱅이 노동자와 가끔 천재적인 바보 꼬마를 보며 현실에 대한 풍자와 동시에 어처구니없는 상황에서 발생하는 웃음을 즐겼다.

웃음이라는 욕망은 중세와 다른 근대성의 표상이었지만, 중산층 모던보이들은 노동자와 이민자들에게 다가간 우스개 캐릭터와는 다른 근대성을 꿈꾸었다. 애니메이션 〈공룡 거티(Gertie the Dinosaur)〉(1914)를 만든 윈저 맥케이(Winsor McCay)는 아르누보의 감성이 충만한 〈잠의 나라의 리틀네모(Little Nemo in Slumberland)〉를 발표한다. 1905년 10월 15일부터 《뉴욕 헤럴드》에 연재된 〈잠의 나라의 리틀네모〉는 중산층 어린이가 침대에 들어가 잠이 들면 완전히 다른 세계로 들어가 펼쳐지는 이야기를 그린 판타지한 이야기다. 다양한 공간구성과 칸의 분할, 파격적 원근과 세련된 색채 사용이 매력적인 작품이다.

당대의 인기작 〈옐로 키드〉와 비교하면 장르, 캐릭터, 연출, 색채, 이야기 등 모든 면에서 유사점을 찾을 수 없다. 〈잠의 나라의 리틀네모〉는 이민자이자 가난하며 버릇없고, 바보 같은 '옐로 키드'에 대항한 중산층의 기획이었다. 세련된 스타일과 중산층 가정에서 어린이가 꾸는 밤의 모험은 〈옐로 키드〉의 현실적 우스개와 다른 중산층의 환상 그 자체였다.[7]

풍자적 일상과 이상적 환상이 치열하게 대립하던 20세기 초반, 새로운 근대 매체인 만화는 일본과 한국에 수입되었다. 다이쇼(大正)시대[8] 일본의 신문, 잡지 편집자들은 영국과 미국 매체에서 만화를 발견하고 이를 적극적으로 받아들인다. 1913년부터 연재를 시작한 조지 맥머너스(George McManus)의 히트작 〈아빠 기르기(bringing up father)〉는 1923년 일본 《아사히 그라프》[9]에 소개되

었다. 같은 잡지에 영국 《데일리 미러》에 연재된 동물만화 〈핍, 스퀵과 윌프레도(Pip, Squeak and wilfred)〉[10]를 참조해 의인화된 동물 캐릭터를 등장시킨 〈쇼우짱의 모험(正チャンの冒險)〉[11]이 연재되었다. 같은 해 7월 '마보(MAVO)'라는 이름의 전위미술동인(이들은 이후 다이쇼 다다라 불렸다)이 등장한다.

1919년 3.1운동 이후 총독부의 지배정책은 문화지배로 변화한다. 한글매체가 허용되었고, 근대지식들이 등장했다. 1924년 《시대일보》는 조지 맥머너스의 〈신혼부부와 아기(The newlyweds and their baby)〉[12]를 〈엉석바지〉라는 제목으로 연재한다. 조지 맥머너스의 만화를 본 경성의 모던보이들은 1924년 10월 13일 《조선일보》에 〈멍텅구리〉의 첫 번째 시리즈인 〈멍텅구리 헛물켜기〉를 연재한다.[13] 서구에서 '앨리 슬로퍼'나 '옐로 키드'가 풍자적 일상을 담아낸 것처럼, 우리나라에서는 '멍텅구리'가 풍자적 일상을 담아냈다.

그 다음 순서는 환상의 이상을 담아낼 차례였다. 그런데 환상의 이상을 담아낼 자리에 군국의 광기가 들어왔다. 다이쇼 다다이스트였던 다카미자와 미치나오(高見澤路直)는 다가와 스이호(田河水泡)라는 이름으로 1931년 잡지 《소년구락부(少年俱樂部)》에 '노라쿠로'라는 들개가 '맹견연대(猛犬聯隊)'에 입대해 전쟁에 참여하는 이야기인 〈노라쿠로(のらくろ)〉를 연재하며 큰 인기를 끈다. 당시 일본의 제국육군의 모습을 담아낸 〈노라쿠로〉가 큰 인기를 끌자, 1933년 제국해군을 모델로 한 〈모험 단기치(冒險ダン吉)〉가 같은 잡지에 연재된다. 시마다 케이조(島田啓三)가 연재한 〈모험 단기치〉는 소년 단기치가 미개한 섬나라에 근대사회를 건설한다는 이야기로 당시 일본이 벌인 침략전쟁을 정당화한 논리를 그대로 담은 만화였다. 서구에서는 바보 같은 캐릭터들이 보여주는 일상의 우스개에 반발해 환상의 이상을 담은 판타지만화가 나왔지만, 일본은 판타지의 이상 대신 군국주의의 모험을 담은 만화가 나왔다는 말이다. 일본과 한국에서 환상의 이상을 담은 만화가 나오기 위해서는 조금 더 시간이 필요했다.

2. 고통받는 인류, 그리고 SF

세기말(19세기 말~20세기 초) 발전된 과학과 산업이 인류의 미래를 풍족하게 해줄 것이라는 믿음 만큼 미래에 대한 불안도 가득했다. 이 시기 미래에 대한 모험을 그리거나, 장밋빛 미래에 의문을 제기한 선구적 작가들(쥘 베른, H. G. 웰스, 올더스 헉슬리 등)의 소설로 SF가 시작된다.

1910년대에 접어들며 미국에서는 상업적인 일간지와 잡지에 만화를 공급하는 신디케이트(syndicate, 배급기업)가 출현하기 시작했다. 신디케이트의 탄생으로 미국의 모든 일간지와 잡지는 재미있는 만화를 연재할 수 있게 되었다. 근대적인 형식의 만화가 탄생한 지 불과 수십 년의 시간 동안 만화는 사회, 경제적인 변화의 급류를 타고 진보의 최전선에서 대중들과 만났다.[14] 신디케이트를 통해 배급된 만화들은 대중들에게 인기를 얻으며 새로운 엔터테인먼트로 자리를 잡았다. 〈타잔(tarzan of the apes〉(1929)[15], 〈뽀빠이(Popeye the sailor〉(1929),[16] 〈딕트레이시(Dick Tracy〉(1931), 〈플래시고든(Flash Gordon〉(1934), 〈테리와 해적들(Terry and the Pirates〉(1934)과 같은 장르를 견인한 인기 만화들이 탄생했다. 이들 만화들은 신문이나 잡지의 한정된 지면을 벗어나 연속된 연재로 독자들의 사랑을 받았다. 특히 이 시기 미국만화는 할리우드의 장르영화처럼 모험물, SF, 코미디, 탐정물, 웨스턴(서부극) 등 다양한 장르로 분화되며 독자들의 사랑을 받았다.

1930년대 미국은 만화가 최초로 대중들의 사랑을 받은 시기였는데, 공교롭게 이 시기는 미국의 경제대공황기와 맞물려 있다. 세계대전의 한복판에서 고통받던 유럽에서는 세계를 돌아다니는 소년신문기자 '땡땡(TinTin)'[17]의 모험이, 대공황으로 고통받던 미국에서는 SF, 판타지 영웅들의 활약이 대중들에게 현실의 고통 너머에 존재하는 판타지의 세계로 인도해주었다. 특히 SF와 판타지 영웅들은 독자들에게 현실에서 완전히 이격된 이국적 상상의 세계를 보여주며, 현실의 고통을 잊을 수 있도록 도와주었다.

우스개만화 이후 '환상의 이상'으로 나아가지 못하고, '군국의 이상'만 담아냈던 일본만화는 전쟁이 끝난 후 자기분열적 상황과 마주해야 했다. 전후 일본만화를 끌어간 테즈카 오사무(手塚治虫)의 경우를 보자. 테즈카 오사무가 중학교에 들어가던 1941년 12월 7일 일본은 진주만을 공습한다. 전함 여덟 척, 구축함 세 척, 경순양함 세 척, 보조함 세 척, 비행기 177대를 파괴하고, 미군 3,297명이 전사했다. 전쟁 초반 일본군은 태평양과 동남아시아 전역을 접수했다. "1941년 12월부터 1942년 4월 말까지 아시아와 태평양에서 벌어진 전격전만큼 여러 곳에서 압도적인 전과를 거둔 경우는 없었다."[18] 1940년대 들어 일본군은 물론 일본 전체가 하나의 군대처럼 돌아가기 시작했다. 테즈카 오사무도 근로봉사란 명목으로 공장에 나가 일을 해야 했다. 테즈카 오사무는 그 시절을 기억하며 "하루 종일 쉬지 않고 슬레이트를 만들었고, 잡다한 노동으로 시간을 때우는 지옥 같은 생활"이라고 했다.[19] 1945년이 되자 미군기의 공습이 시작되었다. 전쟁은 이제 전후방을 가리지 않고 모든 곳으로 확산되었다. B29가 퍼붓는 폭탄은 군인, 민간인, 어른, 아이들을 가리지 않았다. 테즈카 오사무도 전쟁의 한복판에서 광기의 20세기를 고스란히 견뎌야 했다.

일본의 패전으로 태평양전쟁이 끝났지만, 20세기 인간은 전쟁을 멈추지 않았다. 1950년 한국전쟁이 일어났고, 소련과 미군은 군비경쟁에 들어갔다. 1945년 8월 15일 전쟁이 끝나고, 살아남은 것에 감사했던 테즈카 오사무는 계속되는 전쟁 소식에 절망했다. "1950년 한국전쟁이 일어났다. 이제 전쟁은 정말 진저리난다. 어차피 전쟁이 일어나면 손해를 보는 것은 '인간'이라는 안타까운 심정에서 〈메트로폴리스〉와 〈미래세계〉[20]를 그렸다."[21] 1950년대 아카혼[22]시대 SF의 출발이 바로 전쟁에 대한 테즈카 오사무의 환멸이었다.

테즈카 오사무는 의학공부를 병행하며 만화를 그렸다. 1940년대 후반에서 1950년대 초반에 걸쳐 오사카에서 발표한 단행본들은 전쟁 중에 그렸던 반

전 테마의 만화를 당대의 상황에 맞게 가다듬어 발표하기도 하고, 1950년 한국전쟁이나 미국, 소련의 대량살상무기 개발 경쟁(구체적으로 수소폭탄 개발) 등을 보며 반전의 의지를 담기도 하는 등 주로 SF 테마의 만화를 그렸다. 1948년 〈로스트월드(ロストワールド)〉, 1949년 〈메트로폴리스(メトロポリス)〉, 그리고 1951년 〈넥스트월드(来るべき世界)〉로 이어지는 초기 SF 3부작은 이 시기에 태어났다.

군국주의의 거대 담론이 붕괴되고, 경제적으로도 어려운 전후 일본에서 테즈카 오사무는 SF를 그린다. 왜 SF일까? 두 가지 의미가 있다. 하나는 반전에 대한 메타포. 테즈카 오사무 스스로 "이제 전쟁은 정말 진저리가 난다"며, 전쟁이 일어나면 모두가 죽을 수 있다는 경고를 만화에 담으려 했다. 〈넥스트월드〉는 미소 양강의 대결을 우회적으로 비판한 만화이다. 다른 하나는 SF 상상력이 주는 희망이다. 생존을 고민해야 하는 시대, 로봇이 등장하고, 거대한 도시가 나오며, 이세계(異世界)의 존재와 조우하는 상상력은 독자들에게 희망이었기 때문이다.

제2차 세계대전 종전 후 이어진 냉전, 그리고 군비경쟁은 많은 이들을 불안에 빠지게 했다. 전쟁의 참혹함을 경험했던 테즈카 오사무는 원자력을 평화적으로 쓰는 세상에 대해 이야기하고 싶었다. 우주인과 지구인 사이의 갈등을 평화의 주인공 '아톰 대사'가 해결하는 〈아톰대사(アトム大使)〉가 1951년 4월 첫선을 보였다. 그리고 다음 해 작은 꼬마 로봇 아톰을 주인공으로 한 연재만화를 〈철완 아톰(鉄腕アトム)〉으로 제목을 바꾸어 연재를 시작했다.

3. 과학과 조우한 환상의 이상

1945년 8월 15일 해방 후 한글매체가 창간되며 만화도 조금씩 제 모습을 드러냈다. 신문과 잡지 등에 만화가 연재되었지만 풍자만화나 우스개만화 혹은 옛 이야기에서 벗어나지 못했다. 1950년 6월 25일, 한국전쟁이 벌어졌다. 45년간의 식민지 지배에서 겨우 해방된 한국은 5년 만에 다시 전쟁에 빠져들었다. 전쟁의 소용돌이 속에서 가장 상처받은 계층은 어린이들이었다. 공동체를 기반으로 한 전통적인 놀이문화는 파괴되었고 어린이들은 파괴된 거리에서, 서로가 서로를 죽이는 삭막한 현실을 바라보며 놀 수밖에 없었다. 피난지 부산을 중심으로 '만화'는 상처받은 어린이들을 위로하는 새로운 문화로 부각되며 조잡하게 출판된 10여 쪽에 불과한 만화들이 큰 인기를 얻었다. 당시에는 모험만화, 활극만화 등이 많이 출간되었는데 그중에 SF만화도 어엿하게 한자리를 차지했다.

1952년 발간된 최상권의 〈헨델박사〉는 50년대 SF를 짐작케 해주는 작품이다. 젊은 과학자 오젤 박사가 태평양 바다를 헤매며 살기 좋은 곳을 찾아다닌다. 우주선처럼 생긴 수중탐사선은 각종 무기가 장착되어 있고 커다란 바퀴가 인상적이다. 이 탐사선은 수륙양용이며 동시에 하늘을 날아다니기도 한다. 수중을 탐사한 지 약 1년여 만에 뭍으로 올라온 오젤 박사는 모든 사람들이 다 죽어 있는 것을 보고 방송국으로 가 살아 있는 사람이 있다면 방송국으로 연락을 하라는 방송을 한다. 그러자 세상을 정복한 지구단(두건을 쓰고 가슴에는 거미줄 문양이 있는)이 오젤 박사를 잡으러 온다. 오젤 박사가 잡혀가는 순간 헨델 박사가 오젤 박사를 구하고 헨델 박사와 오젤 박사는 지구단을 조직해 지구를 점령한 지-멘에 맞서 싸우기 위해 인조인간 '지-멘'을 만든다. 화려한 결투, TV 방송국, 인조인간, 신기술이 결집된 새로운 무기, 방사선 무기 등이 등장하는 SF만화다.

1960년대 SF만화의 걸작으로 크게 인기를 끈 작품은 슈퍼 히어로를 등장시켜 큰 인기를 끈 산호(당시 작품발표 시 '산호'라는 이름으로 발표. 김산호)의 〈라이파이〉(1959), 두 번째 신동우의 스페이스오페라 〈싸워라 지구함대〉(1962), 그리고 이정문의 히어로물인 〈설인 알파칸〉(1965) 등이 있다. 이 중 60년대 초반기의 SF 중 가장 유명한 작품은 김산호의 〈라이파이〉다.

〈라이파이〉는 1959년부터 만화방용 만화로 출간되기 시작해 1967년 연재[23]가 끝날 때까지 폭발적인 인기를 누렸다. 서기 2130년 서울. 무수한 사건을 해결한 유능한 사설탐정, 김철수 탐정은 한국의 가장 저명한 과학자인 윤 박사가 국제적 범죄집단 Z단에게 납치되었다는 정보를 듣고 사건 현장을 찾아간다. 그러나 윤 박사를 인질로 잡은 Z단의 협박에 속수무책이다. 그때, 제비처럼 생긴 비행기가 나타나더니 비행체 아래에 문이 열리며 흰 두건을 쓰고 검은 복면을 한 사나이가 줄을 타고 내려와 순식간에 Z단을 해치워버린다. 그리고 윤 박사와 함께 줄을 타고 하늘로 사라진다. 이때부터 김 탐정은 그 신비로운 사나이를 찾기 시작한다. 그 신비로운 사나이는 라이파이로, 지구정복을 꿈꾸는 악의 무리인 Z단, 피너 3세, 녹의 여왕, 앗타 대왕, 벤핑히 등과 싸운다. 〈라이파이〉는 작품의 주요 공간을 남극과 북극, 히말라야, 안데스 산맥, 남태평양 등 지구 곳곳으로 확장시켰고, SF장르답게 혹성과 달, 녹의 여왕이 온 초록별까지 우주로 확대시켰다. 태백산맥 깊숙한 곳에 인공안개로 둘러싸여 있는 라이파이 요새, 최첨단 제비기, 공중을 부양해 날아다니는 에어카, 라이파이의 허리에 부착된 호출기, 무선으로 조종되는 레이저 포, 홀로그램 등 김산호의 번득이는 과학적 상상력이 돋보이는 작품이다.

무엇보다도 〈라이파이〉의 인기는 화려한 돌려차기로 대표되는 라이파이의 탁월한 격투솜씨다. 서부극이나 권법물을 차용한 당대의 다른 격투물에 비해 잉카의 여왕, 외계의 대왕 등 지구를 침략하려는 악의 세력에 맞서 각종 첨단 무기를 동원한 라이파이의 활극은 60년대 독자들에게는 경이로운 세계였다. 그러나 〈라이파이〉는 정통 SF보다는 '모험'과 '활극'을 강조한 'SF모험활극(冒險活劇)' 만화에 가깝다. 라이파이는 평화와 정의를 위협하는 일이 생기면 번개처럼 나타나 사건을 해결하고 사라지는 '협객활극물' 혹은 '슈퍼 히어로물'에 상상력의 뿌리를 둔 작품이라고 할 수 있다.

역시 만화방 만화로 출간된 신동우의 〈싸워라 지구함대〉는 스페이스 오페라에 60년대의 소련과 미국의 치열한 우주개발을 접목시킨 작품이다. 펄프SF 특유의 근육질 활극물인 스페이스 오페라에 당대의 과학적 관심을 접목시켜 현실성을 강화시켰다. 서기 2099년 지구 대기권 속에 '시리우스' 성좌의 '찌길'이라는 별이 들어온다. 지구와 환경이 흡사한 제2지구의 독재자인 흐루쵸크는 그곳의 왕을 죽이고 정권을 장악한 뒤 지구를 지배할 욕심으로 제2지구를 무노프에게 식민지로 바친 후 찌길의 힘을 빌려 지구를 침범한 것이다. 철호와 희숙이 탑승한 '지구함대'는 이들을 무찌르기 위해 출동한다. 지구함대의 파일럿 철호와 희숙, 그리고 제2지구의 왕위 계승자인 큐-보이와 지구를 침략하려는 흐루쵸크와 찌길 성의 황제 무노프의 대결을 그린 작품이다. 특이하게도 매우 구체적인 우주탐사 일정을 제시하고 있다.[24] 〈싸워라 지구함대〉는 작품의 배경을 전 우주적으로 확장시켰으며 매우 세세한 우주탐사 일정을 제시했다. 신동우는 초기 우주개발 시기였던 당시에 미소의 우주개발정책이 어떻게 펼쳐질 것인가를 예상하고 그 미래를 예견했다. 거대한 찌길 성이 지구 대기권 안으로 들어와 평화로운 지구를 위협하는 장면은 할리우드 블록버스터 〈인디펜던스데이〉와 비교해 그 스케일 면에서 하나도 뒤지지 않고 오히려 더 거대하다. 〈싸워라 지구함대〉는 무려 수십 년 전에 할리우드 블록버스터의 미래를 예견하며 거대한 스펙터클을 성공적으로 보여주었다.

〈라이파이〉와 〈싸워라 지구함대〉가 각각 1959년, 1962년에 시작된 60년대 초반부의 SF만화라면, 이정문[25]의 〈설인 알파칸〉은 60년대 중후반기에 창작된 만화로 1965년부터 1971년까지 어린이 잡지 《새소년》에 연재된 작품이다. 앞의 두 작품은 모두 단행본 형식으로 제작되어 만화방에 공급된 만화였고, 〈설인 알파칸〉은 어린이 잡지에 매달 연재되었다. 1965년 12월호부터 《새소년》 본지에 연재를 시작해 무려 6년 동안 매월 연재를 이어나가 총 5부작의 장편 시리즈를 완성했다. 초기 명랑만화풍 스타일은 점점 정리되어 연재 후반부에 이르러 이정문 특유의 SF 스타일을 완성했다. 이정문 스스로 "하늘을 자유롭게 날아다니는 손오공"에서 아이디어를 짜기 시작해 당시 유행했던 세계의 불가사의 혹은 미스터리 시리즈의 단골손님 '설인(雪人)'을 주인공 소년으로 설정한 작품이다. 작품 초기 설인 알파칸의 모습은 영락없는 명랑만화의 주인공으로 동그란 얼굴에 입과 턱을 강조한 귀여운 모양새이지만, 후반부로 갈수록 날카로운 코가 아래로 내려오고 입이 작아져 강인한 스타일로 변화했다. 작화 스타일뿐만 아니라 이야기 구조, SF 설정 등 모든 측면에서 이후 이정문 SF의 모든 것이 들어 있는 원형적 작품이다. 세계정복을 꿈꾸는 붉은별단 두목 뜨베르 박사에 맞서 싸우는 알파칸과 준의 활약을 보여준다. 세뇌, 비밀기지, 인조인간 스피칸과의 대결까지 이야기는 매우 박진감 넘치게 진행된다. 히말라야산, 남극, 바다, 제주도 등 다양한 공간을 넘나드는 화려한 액션도 볼 만하다. 〈설인 알파칸〉은 '2부 사탄제국'에서 준의 여성 파트너 숙을 등장시켰고, '3부 우주전쟁'에서 우주로 이야기를 확장시켰다. 이후 '4부 침입자'에서는 우주인의 지구 침입을, '5부 세균전쟁'에서는 몸이 작아져 몸속으로 여행을 떠나 세균과 싸우는 이야기를, '6부 특공대편'에서는 붉은별단의 잔당인 루카 일당과의 대결을 그렸다.

60년대 만화방을 기반으로 형성된 만화 생태계는 활발한 장르 분화를 가져왔다. 서구의 만화는 중산층이 꿈꾸던 '환상의 이상'을 만화에 담아내는 데 성공했지만, 일본과 우리나라는 '환상의 이상'을 담아내기에 시절이 참혹했다. 일본만화는 고통스러운 전쟁 경험을 딛고 특유의 묵시적 SF를 만들었다. 일본 SF만화에서 지구는 늘 멸망에 직면하거나, 멸망했다. 좀 더 미시적으로 일본은 늘 미지의 적에게 침략을 당했다. 일본만화의 영향을 받은 한국만화 역시 '환상의 이상'을 담아내지 못했다. 한국만화에서 담아내는 환상이란 고작해야 괴담류에 불과했다. 괴담류 만화를 빼고 나면 한국만화가 붙들었던 환상이란 '공상과학'으로 번역했던 SF였다.

1960년대에는 '환상의 이상'과 크게 다르지 않은 '과학의 이상'이 SF만화에 담겨 있었다. 60년대 소련과 미국은 치열하게 체제 경쟁을 하고 있었고, 우주에서도 체제 경쟁이 이어졌다. 1969년 7월 20일 한국시간 7월 21일 아폴로 11호의 달 착륙은 한국에도 TV로 중계되어 최고의 시청률을 기록했다. 당시 박정희 정권은 1962년을 기점으로 제1차 경제개발5개년계획을 시행하며, 경제개발계획을 지원하기 위한 제1차 과학기술진흥5개년계획[26]을 수립했다. 또한 1967년부터 시작된 제2차 경제개발5개년계획을 위한 제2차 과학기술진흥5개년계획을 통해 "과학적인 풍토를 조성해 사회생활과 사고방식의 과학화를 기한다"는 목표를 설정해놓고 여러 가지 노력을 기울이기 시작했다. 과학(기술)은 고단한 현실의 모든 걸 바꿔줄 마법과 같은 존재였으며, 이런 과학(기술)의 발전을 통해 다가올 세상은 한 집에 자동차를 한 대씩 갖게 되는 이상의 나라로 받아들여졌다. SF만화는 판타지만화에 담겨 있던 환상의 이상을 가져와 공상과학만화가 되었다.

4. 거대로봇과 중화학공업

〈라이파이〉, 〈싸워라 지구함대〉, 〈설인 알파칸〉처럼 다양성이 존재했던 1960년대 한국의 SF는 1970년대에 들어 다양하게 발전하지 못했다. 과학기술에 대한 관심 확대나 경제소득의 증가 등 SF가 사랑을 받을 조건이 60년대와 비교해 더 좋아진 70년대였지만, 주목할 만한 SF는 몇 편 나오지 못했다. 첫 번째 이유는 상상력을 규정하는 심의제도 때문이었다. 이정문은 〈설인 알파칸〉을 연재할 무렵 심의를 당했던 기억에 대해 "어떻게 소년이 하늘을 날 수 있느냐고 심의에서 시비를 걸어 손오공도 하늘을 날아다닌다, 알파칸은 손오공의 최신 버전이라고 했다"[27]고 밝혔다. 과학적 상상력을 황당무계한 발상으로 취급받았다. 작화에 더 많은 수고가 들어가고, 심의에서도 지적당하는 SF 대신 작가들은 다른 장르를 선호했다.

두 번째 이유는 1970년대 국가주의 이데올로기다. 박정희 정권은 중화학공업을 육성하고 수출 중심의 경제개발정책을 추진하며 개발독재의 길을 달렸다. 1972년 10월 17일 '10월 유신'을 선포하며 독재의 길을 걸었는데, 경제개발과 반공 이데올로기는 10월 유신의 두 축이었다. 경제개발을 위해 정부는 1973년부터 석유화학, 제철, 기계, 전기, 조선 등 중화학공업을 집중적으로 육성하게 되었다. 정부는 자본력을 보유하고 있는 재벌들에게 중화학공업에 진출할 것을 권유했고, 재벌들은 정부의 특혜와 비호 속에서 부를 축적해나갔다. 정부의 중화학공업 육성정책으로 인해 경공업 대 중화학공업 비율이 1972년의 64:36에서 1976년에는 53:47로 바뀌어 전체 공업구조가 중화학공업 중심으로 재편되었다. 다른 산업을 희생하며 비정상적으로 밀어붙여진 중화학공업 육성정책은 1970년대 하나의 신앙이 되어 유신의 이념과 함께 학생들의 교과서를 지배했다.[28]

때마침 1970년대 일본에서 강철의 거대로봇이 등장하는 거대로봇만화와 애니메이션이 크게 히트했다. 한국의 방송국은 앞다퉈 거대로봇 애니메이션을 방영[29]했고, 어린이들은 거대로봇에 열광했다. 수출만이 살길이요, 경공업보다는 부가가치가 큰 중화학공업을 육성해야 한다는 내용을 달달 외우던 70년대의 어린이들은 거대한 공업의 산물인 거대로봇을 자연스럽게 받아들였다. 70년대를 살아가던 대한민국의 어린이들에게 로봇은 판타지이자 현실적인 꿈이었다.

1975년 8월 11일 문화방송에서 거대로봇 애니메이션 〈마징가 Z(マジンガーZ)〉를 방영했다. 거대로봇 장르는 인간형 로봇(〈철완 아톰〉), 사이보그(〈사이보그 009〉[30])와 달리 파일럿이 탑승하여 움직이는 로봇이다. 장르의 원형은 1956년에 발표된 요코야마 미쓰데루(横山光輝)의 〈철인 28호(鉄人28号)〉에서 시작된

다. '철인 28호'는 전쟁 중의 일본 육군이 비밀리에 개발한 신병기다. 전쟁 중에는 사용하지 못했지만, 패전 후 소년탐정 쇼타로가 로봇 조종기를 손에 넣어 악의 무리를 소탕한다. 〈철인 28호〉는 로봇을 조종하는 소년탐정, 조종하는 사람에 따라 선과 악의 양면성을 지닌 거대한 강철의 위압감이라는 두 요소를 기반으로 장르의 원형을 만들었다.

1960년 이종진은 한창 일본에서 인기를 끌던 〈철인 28호〉를 제목까지 그대로 가져와 독수리문고에서 출간했다. 로마병정처럼 생긴 거대한 로봇 '철인 28호'는 한국에서도 큰 인기를 얻었다. 〈철인 28호〉의 성공 이후 로봇을 철인으로 부르는 특유의 작명법도 한국만화에 퍼졌다. 이정문의 〈철인 캉타우〉(1976)에서도 '로봇'을 '철인'으로 부르고 있다.

〈철인 28호〉가 만든 장르의 원형을 계승해 거대로봇 장르를 완성한 만화는 나가이 고(永井豪)의 〈마징가 Z〉다. 한국에는 애니메이션으로 방영되며 인기를 끌었지만, 일본에서는 만화와 애니메이션이 동시에 기획되었다. 1972년 10월 2일 만화잡지에 연재를 시작했고, TV에는 12월 3일부터 애니메이션이 방영되었다. 18미터에 달하는 거대한 크기와 유니크한 디자인, 로켓펀치와 같은 기술을 보유한 거대로봇은 존재 자체로 경이로웠다. 닥터 헬이 개발한 고대 미케네의 기술을 기반으로 개발한 기계수를 매번 광자력 연구소로 보내고 마징가 Z는 위기 끝에 이를 막아낸다. 반인반수의 느낌을 살린 독특한 기계수의 메카닉 디자인, 터프한 파일럿 가부토 코지(한국명 쇠돌이)의 활약과 격렬한 로봇 전투 장면은 단박에 소년들을 사로잡았다. 1974년 9월 1일 92화로 방영이 끝나고 난 1년 뒤 1975년 8월 11일부터 문화방송에서 방영을 시작한다. 다른 일본 문화는 철저히 막았지만, 〈우주소년 아톰〉, 〈신조인간 캐산〉, 〈우주소년 짱가〉, 〈마징가 Z〉, 〈그레이트 마징가〉, 〈그랜다이저〉, 〈그로이저 X〉, 〈독수리 오형제〉[31] 같은 70년대 일본 SF는 거의 다 우리나라에 수입되었다. 1970년대 우리나라 TV에서 방영되어 인기를 끈 일본 SF애니메이션의 중심에는 항상 로봇, 그것도 거대로봇이 있었다.

철인 28호, 마징가 Z, 그레이트 마징가, 그랜다이저, 그로이저 X 등 일본만화가 풍미하던 1970년대 '일본' 로봇들에 맞선 '한국' 로봇으로는 철인 캉타우, 로보트 킹 그리고 로보트태권V가 있다. 이 중 70년대에 출판만화가 아닌 애니메이션으로 먼저 만들어졌으며, 극장에서 거둔 성공을 바탕으로 연속 시리즈로 만들어진 유일한 작품이 〈로보트태권V〉였다. 어디 그뿐인가. 한국애니메이션 역사상 가장 성공한 극장용 시리즈였으며, 가장 장기간 동안 속편이 제작된 작품도 〈로보트태권V〉다. 특히 1976년 여름방학에 발표된 오리지널 1편 〈로보트태권V〉 이후 〈로보트태권V—우주대작전〉(1976), 〈로보트태권V—수중특공대〉(1977)로 이어진 오리지널 2, 3편은 당대 최고의 스태프들이 실력을 자랑했다.

〈로보트태권V〉는 일본의 거대로봇물에 뿌리를 두고 있지만 그것의 한국적 변용, 특히 70년대적인 변용의 과정을 거쳤다. 〈로보트태권V〉는 작품의 전면에 '태권도'라는 상징을 내세웠다. 70년대 '태권도'는 박정희 정권에 의해 한국을 통합하는 상징으로 육성되었던 무예였다. 군대에서 시작된 태권도는 동네마다 도장이 세워지며 어린이를 사로잡았다. 제목에서부터 태권도를 차별화의 상징으로 내세운 〈로보트태권V〉는 작품의 시작을 태권도로 열어갔다. 깊은 산속에서 태권도를 수련하는 주인공 훈이는 거대한 바위를 파괴하는 내공을 익히게 된다. 아버지 김 박사, 친구 영희와 함께 하산한 훈이는 세계 태권도 대회에 나가 우승을 차지한다. 훈이나 일본선수를 비롯해 세계의 내로라하는 선수들을 이기는 장면은 〈로보트태권V〉와 태권도가 작품에서 이야기하는 바가 무엇인지를 가장 명확하게 보여주는 것이기도 하다.

결승에서 훈이에게 패한 쇼오 선수를 괴한들이 납치해가자 큰 사회문제가 된다. 쇼오 선수가 납치된 후 세계 검도선수권 대회에 나간 멕시코 선수가 타고 있던 점보기가 괴물에게 납치당하는 사건이 벌어진다. 게다가 훈이와 철이

(깡통로봇)가 구경 간 레슬링 경기장에서 검은 복면이 패하자 체육관의 지붕이 부서지며 로봇이 나타나 이 검은 복면도 데려간다. 곧이어 한국의 지도층이 모인 자리에 로봇박쥐가 등장하고, 로봇박쥐는 "세상은 우리의 것"이라고 말하고 붉은 별만 남기고 사라진다. '붉은 별'은 냉전시대에 악의 무리를 상징하는 아이콘이었다. 다큐멘터리에서, 대한뉴스에서, 텔레비전에서 포스터에서 각종 시각 이미지에서 붉은 별은 공산집단의 상징으로 기능했다. 붉은 제국을 움직이는 카프 박사가 어떤 이념을 지녔고, 어떻게 지구를 위협하는가에 대한 구구절절한 설명 없이 바로 '붉은 별'을 통해 '적'이라고 이미지화한다.

태권도를 구사하는 정의의 로봇 '태권V'가 붉은 제국에 맞서 지구를 구한다. 태권도와 붉은 제국이라는 상징을 통해 관객들은 선과 악의 명확한 대결 구도를 받아들이며 동시에 태권도를 구사하는 거대한 강철의 로봇이 주는 스펙터클을 즐기게 되는 것이다. 사막에서 벌어진 마지막 대결에서 태권V는 다른 격투기 로봇(검도, 레슬링, 격투기 로봇)과의 3대 1 대결을 승리로 장식한다. 카프 박사가 '용 로봇'을 타고 '태권V'를 공격하지만 역시 '태권V'의 적수가 되지 못한다. 훈이는 로봇에서 나와 마지막 괴물과 일대일 대결을 펼친다. 훈이의 발차기로 괴물을 공격하자 거기에서 카프 박사가 나온다. "세계를 정복하려고 꿈꾸고 있던 나는 역시 어리석었어. 졌다. 그 많은 로봇을 개발했지만 한국의 태권도 앞에 우리는 무릎을 꿇고 말았어. 용서해다오. 훈아."

〈로보트태권V〉는 중화학공업의 이상인 거대로봇과 70년대 국가주의 이데올로기의 상징인 태권도가 결합한 1970년대를 상징하는 전형적인 작품이었다. 1970년대를 상징하는 또 다른 거대로봇은 〈철인 캉타우〉다. 〈설인 알파칸〉(1965)과 〈감마소년 카르마이〉(1966)와 같은 슈트 입은 소년 히로인을 등장시킨 SF를 그린 이정문은 1976년 6월 새롭게 창간한 어린이 잡지 《소년생활》에 거대로봇만화 〈철인 캉타우〉를 발표한다. 〈철인 캉타우〉는 〈설인 알파칸〉, 〈감마소년 카르마이〉의 슈트 입은 소년을 주인공으로 하여, 후속작 〈녹색별을 찾아라〉(1977)로 연결되는 환경보호를 이야기하는 SF다. 그리고 그 중심에 거대로봇이 있다. 이정문은 〈마징가 Z〉에 대항해 한국적 로봇인 〈철인 캉타우〉를 그렸다고 밝혔다.[32] 1976년에 등장한 두 편의 거대로봇물은 모두 〈마징가 Z〉의 영향권 안에 있는 셈이다. 그러나 '마징가 Z'와 유사한 메카닉 디자인을 갖고 있는 '로보트태권V'와 달리 '철인 캉타우'는 독특한 메카닉 디자인을 선보인다. 70년대부터 시작해 오늘에 이르기까지 소년들과 함께한 로봇들은 거의 대부분 일본에서 생산되어 번안, 수입된 것들이다. 일본산 로봇들은 선과 악의 선명한 대조, 힘을 소유한 남성과 그렇지 못한 여성이라는 도식적인 구조를 통해 소년들로 하여금 힘의 결정체인 로봇 완구를 소유하게 했다. 〈철인 캉타우〉는 일본산 로봇만화의 틈에서 거의 독보적인 오리지널리티를 자랑한다.

〈철인 캉타우〉는 당시 유행했던 네스호 괴물 출현, 지구 내부 공동설 등을 기반으로 '환경보호'라는 주제의식을 구현했다. 일본의 로봇만화에서 익숙한 빌딩 숲 전투 장면에서 벗어나 남극의 바다와 심해 속으로 옮겨온 전투 장면, 인간에 의해 오염되는 지구환경을 지키기 위해 세계를 정복하려 하는 선과 악의 복합적 인물인 악당 스펠타, 신에 가까운 힘을 소유한 로봇이 아니라 유한의 에너지로 움직이는 캉타우, 경박하고 가벼운 소년 현이에 비해 차분하고 냉정한 소녀 경아 등 소년들의 욕망을 자극하는 일본산 로봇들의 관습적 패턴을 비켜가려는 의식적인 노력이 돋보인다. 벌집형 가슴판과 좌우 대칭의 상식을 깨는 철퇴형 왼 주먹과 보통의 오른 주먹, 별 모양의 필살기 표창과 분리되는 머리, 공포의 백색광선을 발사하는 카우카의 헬멧과 원통형 보조장치 안에 있는 스펠타와 지구 대기에 적응할 수 없어 복면을 쓰고 있는 그의 부하들까지 모두 독특했다. 100만 년의 시공을 넘나드는 스케일, 환경보호의 테마, 선과 악의 모호한 경계, 독특한 메카닉 디자인을 지닌 로봇 디자인까지 〈철인 캉타우〉는 70년대 가장 매력적인 로봇SF만화였다.

1976년 또 한 편의 SF걸작이 연재된다. 방학기는 《소년중앙》 3월호부터 별책부록으로 〈타임머신〉(당시 표기는 〈타임머쉰〉)을 연재한다. 〈타임머신〉은 소년의 모험, 성장, 우정을 70년대풍 펄프SF의 상상력을 통해 끌어간 작품이다. 70년대 잡지들은 인류의 미스터리, 세계의 불가사의 따위의 기획을 종종 소개했다. 미국에서 일본으로 다시 한국으로 건너와 선명하지 못한 사진과 함께 배나 비행기가 사라졌다는 버뮤다 삼각지대, 남극에 구멍이 있어 그 아래에는 꽃이 핀 지하세계가 있다거나, 히말라야에 설인이 살고 있다거나, 마야의 벽화에 우주선과 우주인을 묘사한 그림이 있다거나 하는 등의 기사가 실렸다. 정신동력이나 텔레파시 같은 초능력자 테마도 빠지지 않았다.

〈타임머신〉의 첫 시간여행은 무난하게 이순신 장군이 전사한 노량대첩이다. 시간여행자인 모험소년 창민과 파트너 소연이 함께한다. 시간여행자들답게 이들은 과거에 개입하지 않고, 바라보기만 한다. 약간의 위기와 무사귀환. 두 번째 시간여행부터 본격적인 SF 테마가 등장한다. 타임머신을 개발한 소연의 할아버지까지 함께한 여행에서 세 명은 미래로 떠난다. 3000년의 미래는 펄프SF에서 상상하는 전형적인 미래의 모습이다. 직선과 곡선이 단순하게 조화된 높은 건축물과 공중도로는 70년대가 꿈꾸던 풍요로운 미래의 모습이다. 하지만 그곳에는 아무도 살지 않는다.

500년 전인 2500년 할레살레별의 무람무타 왕이 지구를 식민지로 만들기 위해 지구를 침략한다. 2500년의 지구인은 할레살레별의 비행군단을 잘 무찔렀는데, 위기에 몰린 무람무타 왕이 간첩을 지구에 침투시켜 핵 폭파장치를 설치해 지구를 두 동강 내려는 계획을 세운다. 위기의 순간, 지구군의 첩보대는 할레살레별의 간첩선을 무찌르고, 적의 침입이 없는 지하제국을 건설했다. 창민 일행은 지하제국의 여왕을 만나 이런 사정을 듣는다. 하지만 이걸로 끝이면 재미없다. 무람무타 왕은 다시 명왕성과 해왕성 근처에 집결해 지구를 습격할 준비를 하고 있다.

시간여행의 테마에 디스토피아의 테마, 그리고 우주인의 습격까지, 이제는 주인공인 창민의 활약만 남았다. 하지만 태권소년이자 모험소년인 창민이 할레살레별의 침략을 맞아 지구를 지켜내는 걸로만 이야기가 진행된다면 너무 심심하다. 이 만화의 핵심은 낭만성이다. 독자의 허를 찌르는 전복의 상상력이 아니라 당대의 소년들에게 호응할 수 있는 낭만성은 크게 펄프SF의 익숙한 상상력과 눈물과 감동의 스토리로 존재한다.

소년은 혼자 모험을 하는 것이 아니라 미래세계에서 폐기되기 직전인 로봇 솔로몬을 구해내고, 그 로봇과 함께 여행을 한다. 여기에 한 명 더. 이야기 도입부에서 소연의 가방을 도둑질하는 사람을 태권도장에서 돌아오던 창민이 삼단뛰어차기로 제압하고 가방을 찾아주는 장면이 나온다. 마침 방범대원 아저씨가 지나가지만 아이들은 쓰러진 날치기범이 술을 마신 것 같다고 둘러대며, "늦기 전에 집으로 가셔요. 그리고 올바른 일을 하시며 살아 가셔요."라고 돌려보낸다. 이후 이 아저씨는 창민과 소연이 돌아오지 않는다는 뉴스를 듣고 자원해서 미래세계로 간다. 눈물과 감동의 스토리는 날치기였던 김석만의 변화, 로봇과 아이들의 우정, 그리고 자신을 인간으로 대해준 아이들에 대해 보은하는 로봇의 헌신으로 마무리된다.

펄프SF의 친근한 상상력과 눈물의 대중성만이 〈타임머신〉의 전부라면, 〈타임머신〉은 잘 만들어진 70년대 소년만화의 하나로 끝났을 것이다. 우리가 이 만화를 비롯한 방학기 작가의 70년대 소년만화를 다시 바라봐야 하는 결정적 이유는 추리, SF 같은 당대의 마이너한 장르를 한국적 배경에 가장 탁월하게 접목시켰다는 점이다. 지하세계와 할레살레별 에피소드가 끝난 뒤 이야기는 마야에서 타임머신을 개발한 연금술사 타루가와 욕심 많은 왕 파갈의 이야기로 넘어간다. 70년대에 가장 각광받은 역사적 미스터리인 마야문명과 바다로 가라앉은 아틀란티스 대륙의 이야기를 축으로 미스터리를 한국에서 구체화한 〈타임머신〉 하반부는 한국형 SF의 정체성과 가능성을 한꺼번에 보여주는 대단원이다. 특히 텔레파시로 창민과 소통하며 〈과꽃〉을 부르며 죽어가는 타루가 와, 창민을 내보내고 로봇 메두사를 향해 타임머신을 몰고 돌진하는 솔로몬의 모습은 신파적이어서 더욱 비극적인 장면으로 기억될 것이다.

5. 한국만화 환상성의 계보

한국화한 환상은 1960년대 공상과학의 이상으로, 70년대에 접어들어 중화학공업의 이상으로 나아간다. 거대로봇은 중화학공업의 상징으로 소년들의 마음에 다가왔고, 심지어 70년대 거대로봇을 대표하는 '로보트태권V'는 당시 국기로 기획된 태권도로 악을 물리쳤다. 거대한 로봇의 힘과 태권 소년의 정의로움은 곧 소년들의 환상이었다. 같은 거대로봇이지만 다양한 SF테마를 갖고 있는 〈철인 캉타우〉나 〈타임머신〉에 비해 TV 시리즈도 아닌 극장용 애니메이션인 〈로보트태권V〉가 당대 소년들에게 폭발적 사랑을 받을 수 있었던 까닭도 〈로보트태권V〉가 그 자체로 70년대의 완벽한 이상이었기 때문이었다.

1980년대 한국만화는 1970년대와 완전히 다른 질적 변화가 진행된다. "이현세의 〈공포의 외인구단〉으로 촉발된 장편 서사만화 붐은 '극화'의 유행을 가져왔다. 1983년 대본소에 〈공포의 외인구단〉이 처음 등장한 이후 대본소 만화는 일거에 극화 일색으로 변화했다."[33] 〈공포의 외인구단〉을 비롯한 장편극화의 인기는 대본소의 확산을 가져왔다. 또한 1982년 월간 만화잡지 《만화 보물섬》이 창간되며 만화잡지가 속속 창간되었다. 1988년 주간 만화잡지인 《아이큐점프》와 여성 만화잡지인 《르네상스》가 창간되었다.

1980년대 만화의 큰 흐름은 극화의 인기를 기반으로 한 만화방 만화의 확대와 만화잡지의 창간이다. 1970년대까지만 해도 만화방은 어린이들이 주요 고객이었는데, 1980년대 극화의 인기는 만화방 고객의 연령대를 끌어올렸다.

1980년대 초반 만화방에서 인기를 끈 극화는 주로 스포츠, 기업 극화였다. 작가나 출판사 모두 대중들에게 익숙한 장르를 극화 식으로 해석(개성 강한 스타일의 그림체와 비극적 결말)했다. 스포츠나 기업 극화 모두 대중들에게는 비교적 현실적 장르였다. 반면 낯선 장르였던 SF나 판타지는 작가, 독자 모두에게 외면당했다. 사정은 만화잡지도 크게 다르지 않았다. 명랑만화나 스포츠 만화가 주류였고, SF는 김형배,[34] 고유성[35] 등 몇몇 작가가 고군분투할 뿐이었다.

1980년대 후반이 되어 상황이 달라졌다. 70년대 중반 이후 TV에서 방영된 애니메이션과 불법 번역된 일본 소녀만화로 소녀팬들이 성장했다. 성장한 소녀팬을 겨냥한 새로운 만화가 출간되었고, 드디어 80년대 들어 여성 독자들도 만화방을 찾게 되었다. 1980년대 후반으로 접어들며 80년대 초반 개인적이고 감상적인 사랑 이야기에서 폭을 확장시킨 순정만화는 SF를 적극적으로 받아들였다.

1986년 만화방용으로 출간된 후 1990년에 21권이 완간된 강경옥의 〈별빛속에〉는 타의에 의해 우주와 신과 같은 거대한 담론과 마주해야 하는 여고생 신혜의 이야기가 나온다. 달콤한 러브라인도 등장하지만, 느닷없이 우주의 운명을 쥐게 된 소녀의 존재론적 갈등을 담았다. 1988년 《르네상스》에 연재한 〈라비헴 폴리스〉는 가상의 도시 '라비헴 시티'에 거주하는 경찰 히이야 리안, 라인 킬트를 주인공으로 SF적 설정을 이용한 휴먼 드라마를 보여주었다. 같은 해 《르네상스》에 연재한 신일숙의 〈1999년생〉은 21세기 원반인들에 맞서 싸우는 지구의 초능력 전사들에 대한 이야기다. 1999년에 태어난 아이들이 유난히 초능력자가 많았고, 이들이 성장하며 원반인들과 싸울 수 있게 된다. 주인공 '크리스탈 정'은 초능력자 부대를 지휘한다. 여전사의 이미지를 투영한 주인공의 사랑과 극적인 반전을 담아 충격을 준 작품이다. 신일숙은 1993년 남성향 성인만화가 주로 연재되던 스포츠신문에 〈나의 이브〉라는 창세기를 재해석한 SF를 선보인다. 역시 같은 해 김진은 어린이들을 위한 만화월간지 《만화왕국》에 스페이스오페라 〈푸른 포에닉스〉를 연재한다.

1980년대 최고의 인기작가였던 이현세는 1988년 12월 22일자 《아이큐점프》 창간호에 〈아마게돈〉을 연재하며 SF에 도전했다. 〈아마게돈〉은 인류의 기원이 컴퓨터라는 설정에서 시작해 다른 인류가 지구에 침입하고 그와 싸우는 주인공의 이야기다. 45억년 인류 진화의 비밀을 간직한 소년 오혜성이 지구의 운명을 걸고 '이드'종족과 싸움을 하고, 최후에는 진화의 비밀을 풀기 위해 감마 6666 컴퓨터, 이후 앗시리아 종족에게까지 다가간다는 이야기다.

그동안 〈아마게돈〉은 이드가 1987년 지구로 보낸 에일리언을 닮은 킬러, 초반부 '터미네이터'를 떠올리는 전개, 이후 이드 지구정복군의 데스스타와 스타디스트로이어(스타워즈의 우주선)와 닮은 우주선 등등을 약점들만 주로 지적받았다. 하지만 〈아마게돈〉은 작가의 신화적 상상력이 펼쳐지는 그야말로 환상적 SF다. 오혜성이 점차 비밀에 다가갈수록 마주치는 건, 거대한 신화적 상상력이다. 1987년의 오혜성이 2157년의 지구로 시간여행을 하다가 26차원의 세계로 빠져든다. 오혜성은 그곳에서 그리스 신화에 나오는 '티탄족'과 마주한다. 24차원 에피소드에서는 노골적으로 그리스 신화의 신들을 만화 안으로 끌어 온다. 뿐만 아니다. 엘카의 인물들의 이름도 모두 신화에서 나온 이름이고, 감마 6666과의 싸움에서 조우한 이미지들도 역시 신화적이다. 큰 틀에서 보면, '아마게돈'은 그리스로마 신화에 상상력의 원천을 대고, 이를 다시 SF로 재해석하고, 거기에 다양한 SF클리셰를 끌어온 작품이다.

1980년대를 대표하는 또 다른 작가인 허영만은 1990년 판타지를 SF적으로 해석한 〈날아라 슈퍼보드〉[36]를 《만화왕국》에, 디스토피아의 SF활극 〈망치〉를 《아이큐점프》에 연재했다. 이 두 작품 모두 허영만 특유의 유머감각이 살아 있는 작품으로 인기를 모았고, 〈날아라 슈퍼보드〉는 TV용 애니메이션으로, 〈망치〉는 극장용 애니메이션으로 제작되었다.

1990년대에 들어서면서 만화시장은 일본식 만화잡지시스템으로 재편되었다. 그러나 SF는 이번에도 변방으로 밀리고, 학원폭력 장르나 판타지 액션 장르가 주류를 차지했다. 그 와중에 김재환, 이태행, 이유정, 권가야 등 몇몇 작가들이 SF를 선보이나 앞선 시대의 몇몇 작품들처럼 폭발적 힘은 없었다. 90년대 이후 한국만화의 환상성은 판타지로 급격히 이행했다. 요괴나 마물 등을 퇴치하는 동양적 판타지와 검과 마법이 등장하는 서양 판타지, 그리고 다양한 판타지의 혼성 장르들은 21세기로 접어들어 웹툰이 대중화하며 더욱 확산되었다.

주석

1 "1820년에는 이른바 '풍자산업'이 런던에 기반을 두고 영국의 주요 도시에 지점을 운영했다. 만화는 하나의 산업으로서 디킨스 풍의 측면이 있었다. 새로운 기술에도 불구하고 대부분의 만화 전단은 경비 절감에 의존했다."(로저 새빈, 『만화의 역사』, 글논그림밭, 2002, 12면.)

2 중산층이나 상류계급을 흉내 내는 주정뱅이 노동자 슬로퍼는 1867년 8월 13일자 《주디》에 찰스 헨리로스의 작품 〈대출과 할인의 몇몇 신비들(Some of the mysteries of loan and discount)〉에 등장한 주인공이었다. 이후 캐릭터의 인기가 높아지자, 캐릭터를 전면에 내세운 잡지를 창간했던 것이다.

3 윌리엄 G. 백스터(William Giles Baxter, 1856~1888)가 만화를 그렸다.

4 로저 새빈, 앞의 책, 19면.

5 조지프 퓰리처는 "1883년 일요판에 컬러 부록을 신설해 신인 만화가들의 처녀작들을 싣기 시작했다. 그 가운데 한 사람인 리처드 펠튼 아웃코트는 1895년 5월 5일 뉴욕의 빈민가 호건즈 앨리의 순진하고 집단적인 주민들의 삶을 그린 〈호건 골목의 서커스(At the Circus in Hogan's Alley)〉"를 실었다.(클로드 몰리테르니·필리프 멜로, 신혜정 역『세계 만화의 역사』, 다섯수레, 2003, 12면) 인용한 책의 본문에는 작품 제목이 〈호건즈 앨리의 광장에서〉라고 번역되어 있지만, 〈호건 골목의 서커스〉로 수정했다.

6 1896년 10월 25일 작품에는 눈에 보이는 칸 구획은 나오지 않았지만, 1897년 1월 24일 작품에 네모 칸을 구획했고, 2월 14일 작품에는 칸과 칸 사이의 여백을 주었다. 이로써 만화에 칸이 나뉘고, 말풍선이 등장했으며, 같은 주인공이 전체 시리즈에 출연했고, 서사가 갖추어졌다. 또한 상업적으로 대중매체에 수록되어, 많은 이들에게 소비되었다.

7 "윈저 맥케이의 〈잠의 나라의 리틀네모〉는 '옐로 키드'에 대한 중산층의 대응이라는 의도에서 제작되었다. 아르누보의 영향을 받은 보다 세련된 표현법을 사용하여 유복한 가정의 어린이와 그 어린이가 불 꺼진 시간에 꾸는 엉뚱한 꿈을 묘사했다."(로저 새빈, 앞의 책, 19면)

8 1912년 7월 30일에서 1926년 12월 25일까지 일본 다이쇼 천황 통치기이다.

9 1923년 창간해 2000년까지 간행된 일본의 주간 잡지이다.

10 A. B. 파인(Austin Bowen Payne)의 만화로 개, 토끼, 펭귄의 이야기이다. 1919년에서 1956년까지 연재되었다.

11 카바시마 가츠이치(樺島勝一) 그림, 오다 노부츠네(織田信恒) 글

12 원작이 〈신혼부부와 그의 아기〉일 것으로 추정한다.

13 1924년 10월 13일 《조선일보》에 노수현의 4칸 만화 〈멍텅구리 헛물켜기〉가 첫선을 보였다. 김동성이 기획하고, 이상협이 이야기, 노수현이 그림을 맡았다. 놀랍게도 한국의 첫 오락만화가 조직적인 분업에 의해 기획, 진행된 것이다. 〈멍텅구리 헛물켜기〉는 제목에서 연상할 수 있듯, 예고 기사의 표현을 빌리자면 '우습고 재미있는 이야기'였다. 당대 미국 신문의 코미디 만화를 한국에 적용해 경성의 모던보이들이 보여주는 허세, 말썽 등을 우습게 풀어냈다. 주인공 최멍텅과 윤바람은 작명

에서 유추할 수 있듯 '멍청'하거나 '바람' 피우는 모던보이들. 그리고 이와 대응하는 여자 주인공 신옥매는 미모의 기생이다. 모던보이와 기생의 조합은 식민지 근대의 서글픈 표정의 또 다른 모습이다. 〈멍텅구리〉는 '헛물켜기'를 시작으로 '련애생활(연애생활), 자작자급, 가뎡생활(가정생활), 세계일주' 등으로 시리즈를 계속 이어가 모두 192회나 연재되었다. 당시 반도키네마에서 영화로 제작되어 조선극장에서 상영되기도 할 정도로 대중적 인기를 누렸다.

14 유럽의 경우 1926년 벨기에에서는 조르주 레미(Georges Rémi)가 《보이스카웃》지에 〈토토르(Totor)〉를 발표했다. 조르주 레미는 이후 에르제(Hergé)라는 필명으로 활동했고, 〈토토르〉는 〈탱탱(TinTin)〉이 되었다. 유럽의 가장 대표적인 만화인 〈땡땡〉은 1926년 탄생해 제2차 세계대전의 포화 속에서 시름하는 유럽인들의 우울한 삶을 위로하며 그들의 가장 친한 친구가 되었다.

15 연재물이나 연속발행 만화의 연도 표기는 특별한 내용이 없을 경우 첫 회, 첫 권이 출간된 연도만 표기한다.

16 '뽀빠이'는 〈씸블 씨어터(Thimble Theatre)〉라는 제목의 엘지 크라이슬러 시거(Elzie Crisler Segar)의 연재만화에 등장한 캐릭터다. 〈씸블 씨어터〉는 1919년 12월 19일부터 《뉴욕 저널》에 연재된 만화로 1929년 1월 17일에 뽀빠이가 등장한다. 뽀빠이가 인기를 끌어 계속 시리즈에 출연하게 되었고, 1938년 작가 사망 후에도 킹 피처스의 여러 작가들에 의해 계속 창작되면서 제목은 조금씩 변화가 있었다. 통상적으로 익숙한 〈뽀빠이〉로 제목을 표기한다.

17 에르제(Hergé)의 만화 〈땡땡의 모험(Les aventures de Tintin)〉의 주인공.

18 니얼 퍼거슨, 『증오의 세기: 20세기는 왜 피로 물들었는가』, 민음사, 2010, 649면.

19 테즈카 오사무, 『어머니는 나에게 하고 싶은 일을 하라고 하셨다』, 누림, 1999, 95면.

20 〈메트로폴리스(メトロポリス)〉는 1949년, 1951년 〈미래세계〉의 원제는 〈来るべき世界〉. 우리나라 출간 제목은 『넥스트 월드』(AK)다.

21 테즈카 오사무, 『만화가의 길』, 황금가지, 2002, 156면.

22 오사카 지역에서 출간된 싸구려 단행본 만화를 뜻하는 용어다. 책 표지에 붉은 색 계통을 사용해 붉은책[赤本]이라 불렸다. 일반적인 출판 공급 선 대신 어린 아이들이 즐겨 찾는 문방구나 노점 등에서 판매되었다. 테즈카 오사무의 〈신보물섬〉이 크게 히트한 후 전국적인 붐이 일어났다.

23 〈라이파이〉는 만화방용 만화로 출간되었다.

24 정확한 스토리는 아니나 1978년 미국과 소련이 각각 우주탐사에 나서고 헤라클레스 성에 도달했다는 사실로 미루어 제2지구는 지구인들이 발견하고 개척한 새로운 별로 판단된다. 그래서 신동우는 제2지구의 흐르쵸크나 큐-보이 등을 표현할 때는 그냥 사람 이름만을 썼고, 찌길 성의 황제 무노프는 '우주인간'이라는 단서를 달았다.

25 이정문은 〈설인 알파칸〉 이후 〈녹색별을 찾아라〉, 〈철인 캉타우〉 같은 SF만화를 발표했다.

26 정부는 과학기술진흥5개년계획을 총괄하는 부서로 경제기획원 내에 기술관리국을 신설하고 과학기술행정제도의 정비, 과학기술교육의 강화, 기술훈련의 강화, 국제협력의 강화, 기술타당성 조사 등을 중점적으로 추진하게 된다.

27 필자와 개인적 인터뷰

28 박인하, 〈로봇은 그 시절에 무엇을 했을까〉, 창비닷컴

29 일본문화가 개방되기 이전이었지만, 일본 애니메이션은 원산지를 속여가면서 우리나라에 수입되

었다. "새 만화영화 〈마징가 Z〉는 아메리카 피처의 제작으로 지난 수년 동안 미국을 비롯한 구라파 등지에서 절찬리에 방영됐던 공상과학 만화영화"라고 하면서 〈마징가 Z〉의 원산지를 미국산으로 소개했다. (《경향신문》, 1975년 8월 7일자)

30 이시노모리 쇼타로의 〈사이보그 009(サイボーグ009)〉는 1964년 연재를 시작한 일본의 SF만화로 사이보그로 개조된 001호에서 009호까지의 개성을 지닌 사이보그들이 함께 팀을 이루어 악을 물리치는 내용을 그렸다. SF만화이며 일본 특유의 전대물 장르로 유명하다.

31 한국 방영 제목

32 "캉타우는 어떻게 해서 그렇게 컨셉을 잡았는지 기억을 못했다. 그 당시 〈철인 28호〉가 우리나라에서도 큰 인기여서, '철인'이라는 말을 활용했다. 그리고 깡다구라는 말에서 캉타우를 가져왔다. 한쪽에 철퇴주먹 같은 것은 어떻게 해서 그렇게 나왔는지 모르겠다. 결정적으로 날 자극한 건 '마징가 Z'야. 그게 우리나라 화면에 나와서 난리 치는 게 보기 싫었지."(필자와 인터뷰)

33 한국만화가협회 편저, 『한국만화사연표연구 1909~2013』, 한국만화영상진흥원, 2014, 73면.

34 김형배는 애니메이션을 각색한 만화로 SF에 발을 들여놓은 뒤 스페이스 활극이나 스페이스 밀리터리물을 주로 발표했다. 〈최후의 바탈리온〉은 히틀러가 살아남아 지구의 평화를 위협한다는 가상의 설정을 적용한 작품이다. 〈20세기 기사단〉과 〈21세기 기사단〉 연작은 지구의 평화를 위협하는 적에 맞서 소년들로 구성된 평화의 기사단의 활약상을 그린 작품이다. 이런 밀리터리SF는 이후 〈고독한 레인저〉로 계승되었다. 김형배의 다른 작품인 우주를 배경으로 한 스페이스 활극물이다. 〈우주해적 사이코〉, 〈우주탐정 갤럭시〉, 〈우주묵시록〉 등은 당대에 인기를 얻었던 작품들이다. 90년대 들어 김형배는 〈헬로! 팝〉으로 현실을 배경으로 한 SF를 시도하기도 했다.

35 고유성은 〈혹성로봇 델타〉, 〈번개 기동대〉, 〈로보트 킹〉 등의 작품을 창작하며 고군분투한 국내 SF의 대표 작가다. 〈로보트 킹〉은 메인 로봇이 일본 만화의 메카닉 디자인을 그대로 도용했다는 치명적인 약점을 갖고 있지만 국내에 열악한 로봇만화의 수준을 개척한 작품으로 평가받고 있다.

36 1989년 《만화왕국》에 연재한 〈미스터손〉의 후속. 〈미스터손〉은 〈드래곤볼〉의 설정을 많이 가져온 작품으로, 작가도 인정하고 연재를 중단했다.

제4부

징후로서의 환상

Ⅰ. 괴물, 무당, 그리고 사회적 환영

| 제1절 |

괴물의 탄생: 무감정, 반윤리, 비죽음

: 김승옥의 「환상수첩」을 중심으로

1. 괴물은 내부에 있다

괴물(monster)의 라틴어 어원은 monstro, monere, monstrum 등 '다가오다', '경고하다'의 의미를 지닌 것으로,[1] 대개 한 사회가 부정하거나 공포스러워 하는 타자성의 징후이자 표상이다. 이 '괴물'은 삶의 균열을 초래하는 심연의 내용이 무엇인지, 그리고 공포심의 말단에 놓인 무의식이 무엇인지를 역으로 드러내기 때문에 언제나 설명될 수도 언뜻 알아챌 수도 없는 기호들의 집합으로 등장하나, 분명한 것은 이 이질적인 괴물의 등장이 무의식의 심연이나 소외의 구조를 출현시키는 환상적 계기가 된다는 점이다. 또 괴물은 과잉된 기호의 집합적 표상이기 이전에 감정이 격발하는 지점이자 경계라는 사실이다.

푸코는 괴물의 의미를 '비정상성'으로 설명한다. 그가 보기에 괴물은 그 존재나 형태에 있어 '사법적-생물학적' 영역의 위반과 금기의 극단적인 위치에 처한다. 적어도 18세기 괴물은 공히 인간과 동물이라는 두 계(界)의 혼합을 통해 등장한다. 예측할 수도 관리할 수도 없는 자연의 질서에 대한 두려움이 인간과 짐승의 모호한 경계 위반을 통해 드러나며 인간과 짐승의 혼합종이 바로 괴물이라고 상상해낸 것이다. 이에 반해 18세기 말에 등장하게 되는 괴물은 성의 구분을 넘나들며 성의 혼합을 가져오는 '양성성'을 띤 것으로 성의 분할을 자의적으로 혼합하거나 불완전하게 체화한 '사법적-의학적' 일탈로 나타난다.[2] 커니는 이를 두고 괴물에 대한 관점 변화가 자연과 신의 영역에서 점차 과학적 질서로 넘어오는 과정이라고 설명한다. 즉, 자연의 영역에 대한 공포가 반인반수의 괴물을 등장시켰다면, 이후에는 인간의 정체성을 위협하는 다른 형태의 괴물, 이를테면 계몽주의가 실패하는 지점에서 나타나는 예측불가능한 사건과 징후들에 대한 두려움으로 나타난다는 것이다.[3]

괴물은 인간이 누구이고 무엇인지에 대한 질문 속에서 그 정체성을 위협하는 타자성의 기표이다. 이는 범박하게 이성/비이성, 정상/비정상의 구분을 넘어서 이 대립항을 넘나드는 존재이자,[4] 법 외부의 존재이지만,[5] 그 경계를 동요시킬 때에는 역으로 정상성의 기준을 제시하는 권력 강화의 기술로 사용되기도 했다. 괴물이 완벽하게 처치되고 처벌됨으로써 평화와 안정을 도모하는 방책으로 이용되었던 것이다. 그러나 19세기 이후 희생양 기제로서의 괴물을 대신해서 새로운 괴물이 등장한다. 이 괴물은 정신의학과 사법권력의 공조에 따라 출현하게 된 새로운 인간형으로, 잠재적 범죄가능성이 있는 모든 인간을 지칭하는 개념이다. 즉 사법적 경계 안에 있는 모든 시민권자 전체가 바로 괴물성을 내장하는 인간이라는 뜻으로 타자성의 집합적 기호로서의 괴물이 더 이상 '외부'에 있지 않다는 의미이기도 하다. 괴물 혹은 괴물성은 사법적 권력의 내부에 있는 것으로 보아도 무방하다. 엄밀히 말해 이 괴물은 내부에 있지만 '범죄자'로 지목되는 순간 외부가 될 위기에 처하는 내부에 있는 것이다. 푸코는 이 괴물을 '정신적 괴물'이라고 칭한다. 푸코는 이와 관련해 자세하게 언급하지는 않았지만, 분명한 것은 '괴물'이 사회 내부에 잠복해 있는 새로운 인간형이라는 사실이다. 때문에 괴물이 종전과는 다른 방식으로 출현한다.[6]

그럼에도 여전히 '괴물'에 대한 우리의 상상력은 현재적 질서 바깥에 놓인 기괴한 것 정도로 그치고 있다. 특히 한국의 경우 영화 장르가 대중들의 심성과 상상력에 직접적으로 영향을 미쳤던 해방 직후에는 더했다. 괴물이 이 세계 바

끝에 놓인 '무엇'으로 상상되면서 괴물을 완벽하게 외부화했고, 이 과정에서 국가의 관리 능력을 드러내는 시험대로 상상했다. 그래서 괴물의 등장은 사회 내부의 갈등을 봉합하는 힘들과 활용되었다. 이를테면 1967년 한국 최초의 SF 영화로 손꼽히는 〈대괴수 용가리〉만 하더라도 남북한의 지정학적 경계가 지닌 유동성과 적대성을 괴물 표상으로 응축시킨 뒤 남한의 과학자와 소년이 처치하며 그 경계를 재배치해내는 이야기이다. 판문점이라는 불안정한 지정학적 위치에 괴물을 등장시킨 후 괴물을 처벌하는 이야기는 당대의 불안과 공포를 판문점으로 한정시켜내는 희생양 기제일 뿐만 아니라 대중들의 동요하는 감정을 괴물로 전도, 대체하는 정치적인 이데올로기일 뿐이다.[7] 이렇게 괴물을 완벽히 처치할 수 있다고 상상하는 것은 장르영화 문법에서만 가능한, 국가주의적 스펙터클이다.[8]

"한국영화의 기원을 새롭게 할 공상과학 대작 마침내 천하에 소개된다."(「광고」, 《경향신문》, 1967. 8. 9.)

해방 이후 등장하는 '괴물'에 대한 논의는 장르영화의 문법이 아닌 다른 방식을 통해 분석되어야 한다. 만약 그러한 괴물 상상력으로 문학 텍스트를 접할 경우 '괴물' 표상을 찾는 것은 어려울 것이다.[9] '괴물'이 완벽하게 이질적인 표상으로 외부에 있을 것이라고 믿는 편집증적 시선으로 괴물에 대한 사유를 이끌어내기보다 오히려 인간의 정체성에 대한 근원적 질문이나 이와 대극에 놓이는 타자성의 문제로 접근하는 게 더 적절하다. 이와 관련, 해방 후 '유령'의 표상, 혹은 비유를 통해 당대의 타자성의 표상에 대해 사유하려고 한 논의를 잠시 고찰해보면 크게 두 가지로 정리해볼 수 있다. 우선 김소영의 『근대성의 유령들』이 있고, 또 다른 하나는 『박정희 시대의 유령들』이 있다.[10] 두 책 모두 1960년대를 전후로 타자성의 문제를 '유령' 표상으로 제시하고 있다. 우선 김소영의 책에서 '유령'은 근대 질서 이면에 억압된 타자로서 '전근대적인' 기호를 통해 재구성된 것이다. 해방 후 영화 속에 빈번하게 등장하는 유령이, 실은 근대적 질서 바깥으로 강제 추방된 '전근대성'의 회귀라고 설명하는 분석이다. 다시 말해, 1960년대 이후 본격화된 국가 근대화 사업 속에서 여러 신념의 체계들이 민심을 현혹시키는 '전근대적 미신'으로 강제 추방되면서 이것들이 다시 비가시화된 존재로 출현한다는 분석이다. 김원은 이 기호에 사회역사적인 맥락을 부과하여 억압된 타자들이 '전근대적인' 것뿐만 아니라 실은 '서벌턴'이라는 점을 강조하면서 '민중사'의 관점에서 접근한다. 조국 근대화의 맥락 속에서 '망각된 주체'들, '근대화'의 속도와 결과를 늦추거나 오염시키는 존재들로 분석하는 것이 그것이다. 두 가지 논의에서 사용된 유령의 의미는 다소 다른 측면이 있지만, 1960년대 사회역사적 조건 속에서 바라보고 있는 점, 그리고 억압된 것들의 (비)가시화된 출현으로 이해하고 있는 점 등은 유사하다.

다만 본고에서는 '민중사'의 관점이나 '장르영화'의 맥락에서가 아니라 1960년대 문학작품 안에서 재현되고 있는 '인간'에 대한 기본적인 정의와 이와 관련된 타자성의 문제로 접근하려고 한다. '괴물'과 '유령' 등에 관한 문제제기가 대부분 문화론적 상징이나 장르영화의 표상 정도로 이해되면서 현실세계의 '인간'과 다소 무관하게 이해될 우려가 있다는 점에서 '괴물'의 문제를 1960년대 이후의 인간학에 대한 이해로 접근해보고자 한다. '괴물'에 대한 접근이 기본적으로 '인간'이 누구인지, 그리고 무엇인지에 대한 관심 속에서 이루어진다는 것,

그리고 이를 가능하지 않게 하는 힘과 존재에 대한 각성이 괴물로 나타나고 있다는 점을 가정하면서 현대사회 속의 괴물에 대한 문제를 다시 한 번 사유하려고 한다. 이는 체제 내부 속에서 '이질적인 것', '괴이한 것', '공포를 불러일으키는 것' 등이 어떻게 출현하면서 현실을 재배치하는지 하는 문제와 관련된다.[11]

2. 인간의 얼굴을 한, 괴물

'괴물'은 대면하고 싶지 않은 것, 섬뜩하고 공포스러운 감정을 유발하는 것이다. 그렇다면 현대사회에서 괴물은 '무엇'인가? 아니 이렇게 괴물을 '무엇'으로 묻는 것은 타당한가. 일반적으로 괴물이 인간이 아니라는 전제가 분명하다면 '무엇'으로 물어도 틀리지 않을 수 있으나 만약 '인간'까지 포함한다면, 또 '인간' 내부의 성질로 이야기한다면 '무엇'이 아니라 '누구'라고 묻는 것도 부적절하지는 않을 것이다. 분명한 것은 '괴물'에 대한 상상 속에 익숙하게 잠복해 있는 '인간이 아닌' 무엇에 대한 상상력은 수정되어야 한다는 사실이다. 인간의 얼굴을 하고 있는 괴물, 이 세계 속에 내 이웃으로 살고 있는 괴물에 대한 문제라면 괴물이 '누구'인지 묻는 것이 더 본질에 육박할 수 있기 때문이다.

현대사회 속에 등장하고 괴물, 혹은 인간의 얼굴을 하고 있지만 '인간'의 정체성을 위협하는 괴물은, 기실 인간학에 관한 문제이다. 괴물은 '인간'에 대한 정의와 맞물려 그 타자성의 상징으로 등장하고 있기 때문에 그러하다. 그런데 이 괴물의 등장과 관련한 사유에서 주목해볼 작가가 바로 김승옥이다. 1960년대까지 '인간'과 대척적인 지점에서 언급되던 괴물이 김승옥의 소설에 와서는 분명하게 인간 내부의 특질로 형상화되고 있으며 더 나아가 인간을 규율해내는 사법권력의 문제로 드러나고 있다. 그래서 바로 괴물이 어떻게 사회 내부에서 생산될 수 있는지, 그 안에서 배제되는 인간 개별의 소외 문제를 얘기하고 있다. 본고에서는 이와 관련해서 작가의 초기작 「환상수첩」을 살펴보려고 한다. 그간 김승옥에 대한 연구사를 돌아보면 대개 4.19 혁명 세대의 작가이자 한국의 민주주의 교육을 받았던 한글세대의 작가로서 젊은 세대가 간직하고 있는 삶의 고양된 열기와 감수성을 표현한 작가로 평가된다. 그런데 그의 초기작인 「환상수첩」에서 포착하고 있는 것은 고양된 삶 속에서 느끼는 환희나 격정, 혹은 평범한 세태가 아니라 몰락하는 청춘들의 삶이다. 그가 발견한 세계 속에서 젊은이들은 생각하고 판단하는 삶 속에 있지 않다. 오히려 아니러니하게도 그런 삶이 '환상'일 뿐이라고 말하며 삶의 조건과 사투하는 동시에 인간의 얼굴 속에 또 다른 괴물을 발견해가는 젊은이들의 환멸을 담아내고 있다. 1960년대의 삶의 질서가 민주주의의 가치가 고양된 세계도 아니고 그렇다고 그 가치를 실현하기 위해 애쓰는 인간들의 세상도 아니다. 오히려 모든 의미를 반납한 채 삶과 죽음의 경계 속에서 생존만을 고민하는 그런 인간들이 거주하는 세상인 동시에 이런 거주조차 불안정하게 떠밀려가는 세계이다. 요컨대 4.19 이후에 도래한 세상은 정치적 인간의 민주주의적 삶의 세계가 아니라 아니러니하게도 순전히 '생존'에 집착하는 세계로 재현된다.

김승옥의 「환상수첩」은 1962년 《산문시대》에 실린 중단편소설이다.[12] 《산문시대》는 이미 알려진 것처럼, 서울대에 재학중인 대학생들 중심으로 만든 소설 동인지이다. 이들은 창간사에서 '태초와 같은 어둠 속'에서 '죽음의 팻말을 새기며 쉬임없이 떠난다'고 비장하게 말하고 있다.[13] '죽음'까지 운운하는 이 의식의 근간에는 깊은 절망과 허무 등이 놓여 있고 이는 4.19 이후의 변화된 세계상과 무관하지 않아 보인다. 그러나 '어둠'에 대한 인식과 비장함에 대한 고백은 정치환경의 변화를 목도한 개인의 문제의식 정도로만 돌릴 수 없을 듯하다. 오히려 당시 진행된 대대적인 담론화의 여파와 효과로 보아야 한다. 4.19와 5.16에 대한 의미는 이후의 담론 지형 속에서 재구성되었으며, 이 속에서 4.19

의 의미와 5.16의 역할에 대한 진단과 개입이 일어났다. 또 '혁명으로서의 4.19'의 의미에서 '혁명'과 '4.19'의 의미를 분리한 뒤, '혁명으로서의 5.16'으로 담론화되는 과정 속에서 '대학생'이 그간 점하던 역할과 비중이 축소되고 있다. 다시 말해 '4.19'와 '5.16'이 역사적 필연성 속에서 배태된 동시적 사건이라는 사실 이면에는 힘의 역학과 정치적 이데올로기가 깊이 관여되어 있다.[14]

이 사진은 「환상수첩」이 실려 있는 《산문시대》 2호의 표지로, 루카 시뇨렐리(Signorelli)의 〈성 요한의 탄생〉 중 일부를 크게 확대한 것이다.(《산문시대》 2호, 1962)

그 결과 '5.16'은 '4.19'의 의미를 전유하는 어른들의 목소리이자 법으로 등장한다. 한 사회 속에서 시민으로 살아가는 것, 그리고 정치적 자유와 인권을 가진 개인으로 살아간다는 것 등의 질문과 마주하게 된 현실이다. 이것이 소설에서는 삶과 죽음의 경계 속에 놓인 생존의 문제로 나타난다.[15] 그리고 이 변화된 여건 속에서 '생명' 그 자체가 정치의 대상이 되고 있다. 첫 번째 작품 「생명연습」에서 어느 정도 문제의식이 드러나고 있지만 삶과 죽음, 생과 사의 경계 자체가 '인간'에 대한 질문 속에서 이루어지고 있다. 다만 「생명연습」보다 「환상수첩」이 대학생들이 놓인 사회역사적 조건을 잘 나타낸다는 점에서 이 작품이 가진 새로운 인간학에 대한 질문, 그리고 이 속에서 이루어지는 인간됨의 새로운 규정으로서 괴물에 대한 인식까지 생각해보려고 한다.[16]

작품 논의로 들어가 1962년에 발표된 「환상수첩」은 액자소설이다.[17] 액자 내부와 외부의 이야기로 구성되어 있으며 내외부의 화자는 다르다. 외부이야기의 화자는 내부의 이야기를 친구의 '수기'일 뿐이라고 폄하하며 소개한다. 내부이야기는 대학생 정우의 이야기다. 정우는 '서울'에서 더 이상 '생존'하기 어렵다고 말하면서 '고향'으로 내려가겠노라고 선언하는 인물이다. 친구 오영빈은 이를 두고 '자살'하려는 도피행이라고 짐작하며 정우에게 여자 친구를 바꿔보자고 제안하기도 한다. 정우는 이를 수락하는데 이 사건 이후 애인이었던 선애가 자살하면서 정우는 고향행을 서두르게 된다. 정우의 고향에는 세 명의 친구가 있다. 수영, 윤수, 형기. 우선 수영은 법대생이지만 폐병으로 고향에 내려와 춘화를 팔며 연명하는 친구이고, 윤수는 시를 쓰는 시인이지만 술집을 전전하며 자학만을 일삼는 친구이며, 형기는 심성만은 착하지만 화상을 입어 실명하게 된 인물이다. 정우는 고향에 내려간 뒤 이 친구들과 어울려 지내는데, 수영의 춘화사업으로 인해 수영의 동생 진영이 윤간 당하는 일이 발생한다. 그럼에도 수영은 동생이 당한 사건에 대해 무감하게 반응한다. 이에 격분한 윤수가 분노하며 복수하려고 하지만 결국에는 목숨까지 잃고 만다. 그리고 정우와 형기는 이후 자살한다. 수영은 정우의 죽음을 둘러싼 정우의 이야기가 유치하다며 '생존'의 중요성을 역설한다.

이 소설은 1960년대 청춘들의 이야기이다. 이 중에서 살아남은 자는 영빈과 수영 뿐이다. 나머지 세 사람은 모두 죽었다. 이 소설에서 삶과 죽음의 경계는 모든 인물들의 내면을 추동하는 가장 강력한 화두이다. 생존할 수 있을지 없을지 하는 문제가 그것, 다시 말해 삶과 죽음이라는 가장 원초적인 문제를 선택지로 두고 고민한다. 그런데 수영은 이들과 다른 태도를 보인다. 수영이 보이는 여러 성격적 감정적 자질이 실은 윤수와 정우의 죽음과 직간접적으로 관련되어 있으며 이 차이와 대립이 작품의 전반적인 메시지에도 영향을 미치게 된다.

수영이 선택하는 것은 세계 내에 일어나는 사건과 자극에 대해 감정적으로 반응하지 않은 채로 무감한 존재로서 살아가는 것, 즉 분노, 슬픔, 외로움, 원한 등에 대해 무심해지는 것이다. 이 무감함이 결국에는 관계의 파탄과 죽음을 야기함에도 불구하고 수영은 감정을 표현하지 않는다. 그런데 이 무감정의 얼굴, 혹은 신체는 한 개인의 문제로 끝나는 게 아니라 실은 그와 관련된 관계들의 폭력성으로 드러나면서 삶의 저간에 놓인 인간적 유대조차 파괴시켜낸다. 이 무감한 얼굴은 기왕에 알려진 인간의 일반적인 얼굴이 아니다. 인간이라는 사실을 알아볼 수 없는 낯선 얼굴이다. 이 낯섦은 기괴함의 징후로만 포착되며[怪] 비인간의 신체를[物] 둘러싼 기표로만 의미화된다. 괴물은 새로운 인간형의 존재론적 명명이다. 그들은 무감정, 반윤리, 비죽음의 형태로 나타난다.

1) 무/감정

내부이야기의 화자이자 초점인물인 정우는 '더 견디어내기 어려운 서울'이라고 할 정도로 서울에서의 삶에 대해 자포자기하고 있다. 이러한 태도는 더 나아가 '그들을 죽이든지 그렇지 않으면 내가 떠나든지 해야 했다'고 할 정도로 분명하다. 물론 '그들'이 누구이고 무슨 사건인지 분명하게 제시되지는 않으며 정우가 어떤 사건을 겪었는지 알 수 없다. 오직 드러난 단서는 표현된 감정뿐인데, 이를테면 '사람을 미워하는 법'을 배웠다면서 '미움'을 얘기하거나 '부글부글 끓어오르는 내부'라고 하면서 '분노'를 표현한 것, 그리고 '비명이라도 지르고 싶었다'고 하면서 '슬픔'을 얘기하는 것이 그러하다. 이 감정들이 어떤 사건인지 구체적으로 명시되어 있지는 않다. 다만 감정들이 징후적으로 드러나는 문면들을 돌아보면 특정 사건이 아니라 좀더 포괄적인 사건, 아니 좀더 엄밀히 말해 삶의 본질을 건드리는 사건을 경험하고 있다는 짐작은 가능하다. 정우가 이 복잡한 감정들을 경유하며 문제를 해결하는 방식이 바로 '사느냐 죽느냐' 혹은 '거주하느냐 떠나느냐'라는 문제로 귀결되고 있기 때문이다. 즉 이 감정은 특정 사건을 직접적으로 말해주지는 않으나 적어도 사건의 정도와 특질에 대해서는 짐작해볼 수 있다. 뿐만 아니라 정우의 감정은 특정 '누구'를 향해 표현되지 않는다. 또 슬픔과 애도가 '무엇'을 위한 목적으로 귀결되지도 않는다. '누구'의 문제가 아니라 그의 존재 전체를 위협하는 것에 대한 대결구도로 보는 것이 적합해 보인다. 또 이 '적대감'을 표현하는 과정에서, '서울'에서 살아가기 어렵다는 진술을 하는 것을 보아 '서울'이 주요한 의미소로 사용되고 있다는 짐작은 해볼 수 있다.

> 저런 무관심한 표정으로 가려버리는 법을 지난 몇 년 동안 서울에서 나는 마스터한 것이었다. 되도록 무관심한 척하라. 할 수 있으면 쌀쌀하게 웃기까지 하여라. 그제야 적은 당황한다. 제군 표정을 거두어라 그리고 오직 하나 무관심한 표정만을 남겨라. 그게 됐으면 자 이번에는 거부하는 몸짓으로 쌀쌀하게 웃을 차례다. 하나, 둘, 셋. (12면)

그런데 흥미로운 것은 정우가 결국 고향행을 선택한 후 반복적으로 떠올리는 하나의 장면이 있다는 사실이다. 정우는 고향으로 내려가는 버스에서 유리창에 비친 얼굴을 바라보면서 혼잣말하는데, 그때 다른 목소리와 장면이 끼어든다. "제군 표정을 거두어라 그리고 오직 하나 무관심한 표정만을 남겨라. 그게 됐으면 자 이번에는 거부하는 몸짓으로 쌀쌀하게 웃을 차례다. 하나 둘 셋."이라는 목소리가 그것이다. 목소리의 주인공은 정우가 아니라 '제군'이라고 명령할 수 있는 효력을 발휘할 만한 위상학적 관계에 놓인 자이다. 정우는 이 목소리의 주인공에 대해 주저하지 않고 '적'이라고 말한다. 이 관계가 명령과 복종으로 배치된 상하관계이지만 이에 대한 거부감이 '적'이라는 단어로 표현되고 있다. 이 목소리는 정우에게 '무관심한 표정'만을 남기라고 말한다. 지시하는 내용이 바로 '무관심'이다. 분명하지는 않지만 세계에 대한 한 개인의 감정적 반응에 대한 직접적 개입이다. 이를 통해 정우의 분노와 슬픔이 바로 누구인지는 모르지만 '제군'이라고 부를 수 있는 자에 대한 적대감과 그에 대한 신체적 반응이라는 것만은 알 수 있다. 다시 말해 정우는 '무관심하라'고 명령하는 외부적 목소리에 괴로워하고 있으며, 이 명령의 내용과 형식에 대해 적대감을 표현하고 있다.

그런데 문제는 이것이 단지 정우만의 고민이 아니라는 점이다. 고향행을 선택하는 것은 정우 한 개인이지만 이 선택에 대해 친구 영빈이 던지고 있는 말은 "우리 세대에도 용기 있는 자가 있었다"라는 것으로, 정우의 선택을 '우리'의 문제로 수용하고 있다. 즉 정우가 고향행에 대해 영빈에게 얘기하자 영빈은 이 선택을 '세대'의 문제로 일반화하고 있으며 정우 또한 '우리의 생활'이라고 수긍하며 공공연히 집단화하고 있다. 이를 통해 '무관심하라'는 명령이 삶과 죽음의 경계를 재배치하는 강력한 요구인 동시에 이러한 힘의 행사가 개개인의 몫으로 수용되는 게 아니라 일반적인 형태로 나타나고 있다는 사실을 알 수 있다.

그러므로 각각의 인물들이 보이는 반응은 약간의 차이에도 모종의 보편적인 증상으로 읽어야 한다. 이를테면 정우나 윤수, 형기의 경우 다른 방식으로 표출하고 있지만 그들이 공통적으로 분노와 미움의 적대감을 드러내고 있다는 것, 그리고 이 감정 자체가 세대적 범주로 나타나고 있는 점은 염두에 두어야 한다. 또 이 감정들이 외부로 표출되기보다 자기 자신으로 향하게 되면서 자학과 자살충동 또한 나타나고 있으며 그 결과 폐병, 우울, 자학, 실명 등의 병적 증상까지 동반하고 있다는 점도 주목해볼 수 있다. 윤수는 시인이지만 과연 시의 본래적 의미가 통용될 수 있는지를 되물으며 자학을 일삼고 있으며 친구 형기는 '바다로 데려가줘'를 읊조리며 죽음만을 유일한 출구로 상상하고 있다. 수영 역시 병든 신체인 것은 이들과 다르지 않지만 유일하게 감정을 드러내지 않는 것으로 자신을 보호하고 있다. "수영은 병든 고슴도치처럼 웅크리고 앉아서 빈틈없이 자신을 보호"(56면)한다고 하는 것처럼 그저 살아남기 위한 방어적 태도로 일관하고 있다. 또한 본래부터 냉정하거나 무감한 사람이 아니라 실은 '모든 것을 잃어버린 자'(64면)라는 비유적 표현에서 떠올릴 수 있는 것처럼, 어떤 일련의 변화 속에서 '무감'한 태도를 취했다고 볼 수 있다. 일련의 변화 속에서 '무감정'을 그 방법으로 체화했다고 미루어 짐작할 수 있는 것이다. 이는 규율의 내용이었으며 '적'의 목소리이기도 하다.[18] 그리고 '무감하라'는 신체적 규율이 '대학생'을 공분모로 발화되고 있다는 점, 다시 말해 젊은이들을 향해 위협적이라고 느낄 만큼 수직적인 관계 속에서 말해지고 있다는 점도 주목할 부분이다.

2) 반/윤리

이 소설에서 정우가 '무관심하라'는 명령에 대해 '욕된 생활'이라고 하면서 '좌충우돌'하는 모습을 보여주고 있다면 수영은 적극적으로 이 '무관심하라'는 명령을 수용하고 있는 경우이다. 또 이 명령을 체화하는 과정에서 다소 이질적인 태도를 통해 반윤리적인 모습까지 보여준다.

> 수영은 일방적인 의사로서 자기의 밥값을 자기 어머니에게 지불하고 있는 것이었다. 수영은 자기를 아들이라고 생각하지 말 것을 자기 어머니에게 선언했던 것이다. 수영은 어머니가 당신의 수입으로 사들여준 약병을 어머니 앞에서 깨뜨려 버렸던 것이었다. 수영은 윤수와 윤수의 기생을 자기 방에 데려다놓고 미친 듯이 괴성을 연발하곤 했던 것이었다. 수영의 춘화 만드는 얘기는 어지간히 알려져버린 것이어서 수영의 어머니와 진영은 낯을 들고 거리를 다닐 수 없다는 것이었다.(61면)

반윤리적 태도는 가족에 대한 수영의 태도에서 가장 적나라하게 드러난다. 그는 어머니와 누이동생에게 무감하기 위해 가족애를 돈으로 해결하려고 한다. 그래서 수영은 오로지 '돈'만을 목적으로 삼는 듯 보이지만 실은 감정적 유대를 지워내고자 하는, 다시 말해 무감정한 삶을 선택한 이후의 결과이다. 어머니에게 '일방적인 의사'로 밥값을 지불하고 아들이라고 생각하지 말라고 선언하는 것, 어머니가 사다 준 약병조차 그 자리에서 깨뜨려버린 후 친구를 대상으로 괴성을 질러가며 춘화를 찍어대는 이 행위와 태도는 가족관계를 절연하고자 하는 의지의 발현이다. 수영이 이렇게 무감각하게 감정적 관계를 절연하면서,[19] 그가 취하는 태도는 세계 속에서 고립되는 삶이다.[20] 이 속에서 '해골 같은' 수영의 얼굴은 무표정하며, 때로는 명랑하게 보이기도 한다.[21] 물론 수영의 이런 무감한 반응과 삶의 태도조차 삶과 죽음의 경계에서 선택된 것이다. 이 선택, 다시 말해 무감하게 사는 이 방식은 '광태(狂態)' 같은 세상 속으로 뛰어드는 일이자 정우가 미워했던 삶과 그리 멀지 않다. 이는 삶에 대한 태도와 관련된 일로서 관계를 절연한 채로 세계와 맺는 관계를 변화시키는 일이기도 하다. 그러나 무감하고자 하는 이 삶의 방식은 결국에는 한 개인의 몫으로만 남지 않는다. 무감한 이 태도는 가족관계를 파괴시키고, 가족들에게 씻을 수 없는 상처를 남기며, 친구조차 잃는 결과로 나타난다.

"내게서 춘화를 사던 놈들인 모양이야 네 오빠가 그림장수지. 하며 옷을 찢더라는 데야 난 뭐 분해서 씨근거릴 처지도 아니지 않아?" 그는 입술을 삐죽 내밀었다. 반 죽어 돌아온 진영에게 할 말도 없고 해서 그래 남자 맛이 어떻든? 하고 묻다가 자기 어머니에게 방망이로 죽어라 하고 얻어맞았다고 하며 우리를 제법 타이르는 목소리로, "뭐 다 그런거야 슬퍼해서는 안되지 제군" 하며 호호호 웃다가, "내 대신 그놈들한테 복수라도 해줄테냐 그렇게 분해서 죽겠으면"(92면)

윤수의 장례식을 치르고 난 뒤, 심신이 한꺼번에 약해져서 이불을 둘러쓰고 끄응끄응 앓았다. 불면증에 걸려서 어지럽기만 했다. 모든 것을 지배하는 것이 무엇인 줄 알아채고 요리조리 미끄러 빠지며 처신해가는 수영에 대한 증오가 나의 혼미한 정신 속에서도 부글부글 끓었다. 신이 있어 윤수를 죽인 자를 가리키라고

했다면 나는 수영이를 지적하고 싶은 정도였다. 울분의 시간, 울분의 공간(93면)

수영의 여동생은 수영의 행위로 인해 '윤간'이라는 씻을 수 없는 폭력을 당하게 된다. 그럼에도 수영은 이에 대해 그 어떤 감정적 반응을 보이지 않는다. 무감한 것에서 더 나아가 여동생에게 가학적으로 행동한다. 세상은 다 그렇고 그런 것이라고 하면서 그 어떤 윤리적 판단도 하지 않는다. 그리고 '슬퍼하지 말라'고 말한다. 이 목소리는 앞서 정우가 들었던 그 명령과 다르지 않다. "제군"으로 호명하는 이 목소리를 그대로 내면화한 뒤 슬퍼해서는 안 된다고 명령하는 것이다. 이 감정 표현이 실은 세계를 인식하는 개인들의 윤리적 표현들과 긴밀히 관련되어 있다는 사실이 드러나는 지점이다. 무감함은 결국 세계에 대한 가치판단 중지를 명하는 것으로 그 어떤 불법적이고 비인간적인 폭력 앞에서조차 판단하지 않는 태도로 나타난다.

윤수의 죽음은 수영의 분노하지 않는 태도와 연결되어 있다. 여동생의 성폭행에 이어 윤수의 죽음까지 이르게 된 직간접적인 원인은 어찌되었든 수영의 분노하지 않는 비윤리적인 태도와 관련되어 있다. 감정을 지운 신체로만 남은 그에게 인간의 몸은 단지 '살'일 뿐이지, 감각과 느낌, 의지와 지향이 머무르며 정체성이 새겨지는 장소가 아니다. 인간에 대한 이해가 신체의 문제로 귀결되고 이 신체가 바로 권력이 작용하는 지점으로 나타나면서 사랑이 성관계로만 물화된다. 이 세계 속에서 신체는 이미 병들어 있거나 폭력적인 방식으로 교환되는 관계이다. 실은 정우조차 선애를 그런 방식으로 대했고, 결국 선애는 이 관계의 폭력성으로 인해 자살을 선택한 바 있다.[22]

수영은 분노하지 않으며 그렇다고 판단하지도 않는다. 만약 그가 분노했더라면 그 또한 윤수처럼 죽었을 것이다. 그에게 주어진 언명, 즉 감정을 표현하지 말라고 하는 것은 모든 가치판단을 중지시키는 명령이다. 윤리적 판단이 생사를 가른다는 것을 알고 있기 때문에 그렇게 하지 않았던 것이다. 무감하게 반응하지 않은 채 윤리적 판단을 반납한 인간, 적어도 종으로서의 인간의 의미를 잃어버린 인간이다.

3) 비죽음

「환상수첩」에 등장하는 세 명의 젊은이들에게 생사여탈의 문제는 더 이상 한 개인의 몫이 아니다. 서울에서 살아갈 수 없다고 고향을 선택했지만 결국엔 자살한 정우와 형기, 그리고 결국엔 목숨을 잃은 윤수의 죽음은 각각 다른 사건이지만 실은 개별적이라고만 할 수 없는 것들이다. 이들 모두 살아남고자 했지만 공교롭게도 그렇게 되지 못했다. 생존의 방법을 모색하기 위해 서울에서 고향으로, 정주하는 삶에서 여행하는 삶으로 변화를 도모했지만 이 또한 일시적일 뿐 결국에는 자살을 선택하거나 죽음을 맞이하고 만다. 윤수의 경우 자살의 형식은 아니었지만 그의 죽음이 '어설픈 미덕'이자 '아무리 생각해도 무의미한 것'이라는 정우의 언급에서 드러나는 것처럼, 실은 '의미'와 '미덕'의 무의미함을 증명한 결과라는 점은 마찬가지다. 윤수의 죽음은 결과적으로 죽음을 선택하든 그렇지 않든 결과적으로 같은 의미맥락에 놓인다는 점을 보여준다. 그런데 이들과 달리 수영의 선택은 다소 이채를 띤다. 죽지는 않았지만 '반수면' 상태라고 불리는 반죽음의 상태로 삶을 지속시키기 때문이다.

> "차라리 우리는 오빠가……오빠가 죽어줬으면 해요" 하고 나더니 엎드려서 어깨를 들먹이는 것이었다. 마침내 어머니까지 훌쩍거리며 울고 있었다. 이러한 모녀를 흙벽 하나 저편에 두고 악마의 주언 같은 얘기들만 쑤군거리고 있던 우리들은 아아 죽을지어다 죽을지어다. (61면)
>
> 다시한번 말하고 싶지만 중요한 것은 어떻게 해서든지 살아내야 한다는 문제일 것이라고 나는 확신한다. 더구나 그를 자살로 이끈 고뇌라는 게 그처럼 횡설수

설하고 유치한 것이라면 아예 세상엔 사람이 하나도 없으리라[…]그러나 죄의 기준이라는 게 없어진 지금 죄의 기준을 비단 죄뿐만 아니라 모든 것의 기준을 높여서 생각할 필요는 없다고 나는 생각한다. (96면)

수영의 가족들은 수영이 죽었으면 좋겠다고 말한다. 그만큼 수영의 삶은 인간으로서의 가치를 포기하거나 지워버리고 있다고 볼 수 있을 정도로 무참하고 극악하다. 물론 수영의 생각은 다르다. 이 반인간적인 상태의 삶을 선택하고 있는 수영은 인간의 가치보다 생존의 가치가 더 우선이다. 그래서 어떻게 해서든 살아내야 한다고 말한다. 수영의 삶은 '죽지 않은' 상태이지만, 살아 있는 상태라고도 말하기 어렵다. '해골 같은' 몸으로 표현되는 '비죽음'의 상태이다. 그의 방에 놓여 있는 사보뎅[선인장]은 바로 그의 상태가 어떠한지 상징적으로 보여준다. 어두컴컴한 그의 골방에서 유일하게 환히 돋보이는 사보뎅 화분에 대해 수영은 '본인은 그처럼 장엄하게 살고 있지'라고 말하며 선인장과 자신을 동일시하는 것뿐만 아니라 살아가는 행위를 장엄하다고 말할 만큼 생명만을 목적으로 삼고 있다. 그런데 사보뎅 화분에 양분이랍시고 넣어둔 것이 바로 수면제 세코날이다. '세코날이 사보뎅을 키운다'라고 노골적으로 얘기하면서 푸른 녹색의 사보뎅은 살아 있는 것도 죽은 것도 아닌 상태인 반수면 상태에 놓여 있다는 것을 언급함으로써 수영의 연명 또한 그와 같은 수준임을 미루어 짐작해볼 수 있는 상징이다. 그는 죽음충동을 체화한 채로 결코 소진되지 않은 생명 욕구를 미덕으로 삼고 있다는 점을 보여준다. '살아남을 지어다'를 지상 최대의 명령이자 주권자의 소명으로 받아 안는 인간, 분명히 살아 있는 인간이지만 인간의 존엄성을 내버린 채 의미 없는 삶을 살아가고 있는 반인의 존재로서, 죽지 않는 것으로만 인간임을 증명하는 인간이다.

수영의 그로테스크하면서도 변태적인 삶은 피할 수 없는 선택의 결과이다. 지독하게 가난한 법대생 수영이가 선택하는 삶이란 법 내부에 있는 삶이며 그

삶은 잠재적인 범죄자이지만 그럼에도 법 내부에 포함되는 삶이다. 관계와 유대를 끊어내며 다른 신체와 관계 속에 스스로 포함되고자 하는 것이다. '저만큼 비켜 앉으라'고 말하는 수영은 익숙한 관계들에서 떨어진 채 스스로의 삶을 지탱한다. 수영이 선택할 수 있는 것은 병든 육체와 인간으로서의 존엄성이지만 이 두 가지를 동시에 붙잡을 수 없다. 이 속에서 수영은 인간의 존엄을 포기하는 대신 '죽지 않음'의 반시체 상태를 선택하게 된다.

하지만 그의 선택은 그가 맺고 있는 관계와 가치 전체를 파괴한다는 점에서 공포스럽다. 차라리 죽었으면 좋겠다고 말하는 친구와 가족들의 절규에도 불구하고, 그는 '생존'만을 목표로 삼는다. 반윤리적인 태도가 결국은 인간에 대한 최소한의 연민조차 지워내며 삶의 근간을 파괴한다는 점에서 그 어느 '적'이나 '원수'보다 공포스럽다. 이러한 그는 인간이 가져야 할 기본적인 죄의식조차 지워내는 듯 보인다.

> 그는 마지막에 가서 엉뚱하게도 죄와벌에 관한 얘기를 잠깐 꺼내고 있지만 죄란 게 있다고 한들 또 어떠한가? 불가피하게 죄를 짓게 되면 짓는 것이다. 그러나 죄의 기준이란 게 없어진 지금 죄의 기준을 비단 죄뿐만 아니라 모든 것의 기준을 일부러 높여서 생각할 필요는 없다고 나는 생각한다. (96면)

그는 '죄와 벌'의 의미조차 재정의한다. '죄'와 '벌' 사이에 놓인 인과론적인 질서 자체를 문제 삼으며 죄의 기준이 사라졌다고 말한다. '죄'와 '벌'이라는 사법적 권력의 역학은 작동하지 않았을지도 모른다고 말이다. 죄와 벌이 하나의 짝패가 아니라 실은 우연적인 변수와 자의적인 조정이 가능한 것으로 사유한다. 이는 죄와 벌 사이를 연결하는 인간의 부끄러움과 죄의식을 지워내는 것으로 이어진다.[23] 그러면서 수영은 자살한 정우를 일컬어 죄의 기준을 너무 높게 잡았다고 하면서, '벌'의 의미를 윤리적 가치 판단을 전제로 하지 않는 사법적 결과로만 사유한다. 지상에 죄가 있을 리 없으며 오직 있는 것은 벌뿐이라고 말하는 데에서 드러나는 것처럼, 윤리적 판단과 사법적 판단은 무관하다고 믿는다. 오직 이 세계를 구성하는 것은 사법적 판단과 그 권력행사다. 이런 상황에서 윤수는 복수하러 가는데, 그 결과는 어느 정도 예측가능하다. 복수는 정의감에서 비롯되는 일이지만, 그 판단은 오로지 사법권력의 몫이다. 개인의 복수, 그 원한의 감정 표현은 적어도 살아남으려고 하는 태도는 아니다. 그러므로 이 세계 속에서 '죄'가 있을 리 없다고 말하는 수영의 진단은 진실은 아닐지언정 사실에 가까워보인다. 이 세계 속에 있는 것은 오직 '벌'로 언급되는 사법적 힘의 행사일 뿐이다. 이제 괴물조차 사법적 권력의 작용 속에서만 그 얼굴을 드러낼 것이다. 적어도 수영은 발각되지 않는 한 괴물이 아닐지 모른다. 그러나 '모든 범죄자는 괴물일 수 있다'는 말처럼, 발견되는 순간 법 외부로 내던져지며 처벌될 것이다. 그러므로 그의 목적은 발각되지 않는 것, 비가시화된 비죽음의 상태이다.

3. 결국 괴물은 내/외부에 있다

「환상수첩」을 통해 '괴물'이 바로 이 사법권력 속에서 양산되는 인간형에 대한 문제임을 밝혀보고자 했다. 1962년 발표된 「환상수첩」은 일종의 유서이며 삶을 포기할 수밖에 없었던 저간의 사정과 상황을 통해 당시 청년들이 목도하고 직면하고 있는 심리적 압박과 공포의 일단을 엿보고자 하였다. 이 논의를 통해 '괴물'은 이 세계 바깥에서 던져진 내쳐져야 하는 이물스러움이 아니라 인간이 누구이고 무엇인지에 대한 물음 속에서 제기되는 '인간학'에 관한 이야기라는 점이다. 그간 인간의 정체성에 대해 사유하면서 인간을 규정하는 기본적인 요건에 대해 논하면서 '괴물'을 인간과 다른 종으로 사유해왔지만 1960년대「환상수첩」에서 분명히 드러나고 있는 것은 새로운 인간형에 대한 떼려야 뗄 수 없는 징후로 출현하고 있다는 점이다. 1960년대를 전후로 우주개척 시대가 도래하면서 지구를 위협에 빠트리는 '외계의 생물체'가 바로 괴물로 지목되면서 외부의 존재로 상상하기도 했지만 분명한 것은 그 이면에 바로 인간을 가르는 기준으로 도래하고 있다는 점이다. '인간의 얼굴을 한 괴물'의 등장, 이들을 두고 정신의학적 판단과 진단을 통해 예외적인 존재나 정신병자로 설명하거나 규정하려고 하지만, 분명한 것은 이 괴물의 존재가 실은 이 세계 내부에 거처하고자 하는 삶의 존재조건과 분리할 수 없다는 것이다.

이들이 괴물 같은 이유는 '인간'의 본질과 배리되는 어떤 양태가 보이기 때문이다. 물론 이러한 인간의 등장이 공포스러운 것도 사실이기는 하다. 그러나 이들이 공포스러운 것은 삶의 바닥까지 내려간 자들의 선택, 이 사회 속에 거처할 수 없는 자들이 도달한 결과이기 때문이지만 더 본질적으로는 법의 외부를 담아내고 있기 때문이다. 무표정한 얼굴, 더 이상 자신이 교류하고 소통할 수 있는 관계들을 반납한 자들은 이 세계를 유사-초월하는 듯 보이지만 실은 인간의 가치를 지워내는 대가로 얻어진 결과이다. 다시 말해 이들이 생존만을 목적으로 삼는 것, 그리고 이런 삶의 형태를 누구보다 더 장엄하고 숭고하게 여기는 것, 그리고 '최초' 운운하며 합리화하는 것은 법 외부에 내쳐지는 끔찍한 공포에 대한 감지 때문이다. 이 삶 속에서 이들의 얼굴은 때로 이해할 수 없는 낯선 얼굴로 변신한다. 이 낯선 얼굴들이 표상하는 것은 인간이 아닐 수도 있다는 그 타자성의 징후이다. 인간의 의미가 그저 살아 있음을 통해 증명될 뿐인 삶인 것이다.

이 모든 죽음, 자살이든 타살이든 더 이상 삶을 유지할 수 없는 삶의 환경 속에서 이들이 택하는 것은 자살이다. 마치 '환상'으로 인한 죽음인 듯 보이기도 하지만 실은 비현실적일 정도로 믿을 수 없는 현실을 드러내는 상징이기도 하다. 그러면서 인간다움이 상실된, 극도로 비인간적인 현실의 이야기가「환상수첩」 안에 담기게 된다. 「환상수첩」에서 '환상'은 정우의 내부이야기를 폄하하는 '망상'과 의미론적으로 유사한 기의이다. 액자 외부의 수영은 정우와 윤수 등의 고뇌를 유아적 '환상'쯤으로 해석하려고 하나, 바로 환상의 기표가 아니었다면 보여지지 않았을 이야기이다.

이 환상적 계기를 통해 분명해진 것은 젊은이들의 상상을 망상으로 만들며 이야기를 통어하는 목소리가 등장하고 있다는 사실이다. 액자 외부의 화자는 내부의 이야기를 규율한 바로 그 목소리이다. 액자 내부의 이야기는 이미 죽은 자의 사장된 목소리일 뿐이며, 결국 내부이야기를 전달하는 것은 의미 없는 삶일 뿐이라고 진단하는 목소리, 이 말과 권력은 내부의 삶을 지속적으로 경계 밖으로 내모는 실체이기도 하다. 이 목소리는 내부에도 있지만 외부에 있다.[24] 이 목소리는 외부에 놓인 채로 '환상수첩'으로 집합된 젊은이들을 하나의 부분집합으로 묶어내고, 이 젊은이들의 관계를 다시 재배치한다. 대학교에 포함되어 있던 '학생'들을 고향 친구들의 묶음으로, 그리고 결국에는 이들 모두를 목소리 바깥으로 던져버린다. 어쩌면 외부에 놓인 수영조차 어느 순간 이들과 같은 처지가 될지도 모른다.[25] 수영조차 반죽음의 상태로 경계의 가장자리에 놓여 있기 때문이다. 외부의 목소리의 주인공은 늘 외부에 있는 채로 그 경계만을 바꾸어낼 것이다. 그래서 그 목소리를 내면화한 또 누군가가 무표정한 얼굴로, 그 어떤 판단도 하지 않는 방식으로 삶과 죽음의 경계 사이에서 병든 신체로 현시될 것이다. 그러므로 '괴/물'은 이 괴물들을 증식해내는 사법권력의 결과이다. 또 이 사회 속의 '괴/물'은 늘 내부에 포함되어 있을 것이라는 사실이다.[26]

1960년대 젊은이들이 놓인 삶의 조건과 질서는 빈곤이나 질병의 문제로 한정할 수 없을 듯하다. 민주주의를 배우고 학습한 이들이 4.19 혁명 이후 대면하게 된 세계는, 더 이상 참아낼 수 없을 정도로 '환멸'스럽다. 생존 자체를 위협하는 '무감하라'는 명령은 위협적인 동시에 억압적이다. '학생'들에게 가해지는 이러한 명령은 인간다움에 대한 직접적인 거세를 동반한다. 인간다운 인간에 대해 질문한다면, 이 명령을 감내할 수 없으며 그저 생존만을 목표로 했을 때에만 이 말을 내면화할 수 있다. 이 세계에서 윤리적 판단과 사법적 판단은 별개이다. 범죄자로 발각되기 이전에 모든 인간은 괴물이 아닐 수 있지만, 법의 외부로 내쳐지는 순간 괴물이 될 가능성 또한 배제할 수 없다.[27] 이 괴물(성)은 이 법체계 내에 거주하는 자가 감수해야 할 몫이다. 이 소설 속에 재현된 세계는 개인과 개인들이 만나서 무한한 느낌을 나누고 인권에 대해 이야기하는 커뮤니티의 확장이 아니라 삶과 죽음의 권한을 정치권력을 내맡기며 일신(一身)의 문제를 관장하고 규율하는 세계이다. 이 속에서 만나게 된 '인간'들은 '무감하라'는 명령에 순응하고, 윤리적 판단에 주저하며, 죽지 않기 위해 사는 타자성의 징후를 기입한 괴/물이다. 「환상수첩」은 이 결과가 개인의 선택이 아니라는 사실을 메타적 구조(목소리)를 통해 보여준다. 환상적 계기는 괴물 표상을 생산하는 희생양 기제로 활용되는 게 아니라 그 시스템을 적나라하게 보여주는 알리바이로 사용된다.

주석

1 리처드 커니, 『이방인, 신, 괴물: 타자성 개념에 대한 도전적 고찰』, 개마고원, 2004.

2 푸코, 『비정상인들: 1974-1975, 콜레주 드 프랑스에서의 강의』, 동문선, 2001.

3 장정윤, 「괴물: 임의적인 법의 폭력—메리 쉘리의 프랑켄슈타인을 중심으로」, 《19세기 영어권문학》, 19세기영어권문학회, 2012. 2, 107-127면.

4 권선희, 「괴물성의 정치학」, 경희대학교 석사학위논문, 1998.

5 김영희, 「푸코의 역사—비판 존재론으로서의 의학적 시선의 고고학」, 《의철학연구》 7권, 2010, 43-61면.

6 윤태욱, 「푸코를 읽는 한 가지 방법」, 《의철학연구》 12집, 2011. 12, 49-72면. 윤태욱은 이 논문에서 '괴물을 다루는 방법'과 관련해서 푸코가 캉길렘과 다르게 사회적 변화에 초점에 맞춰 분석하고 있다고 설명한다.

7 1967년 개봉된 〈용가리〉는 조금 자세한 부연이 필요하다. 이 영화가 처음 상영되었을 때 소개된 제목은 '대괴수용가리'였으며 장르는 '공상과학' 그리고 관객은 '아동'을 겨냥한 교훈과 스릴 중심의 구성으로 소개되었다. 이미 기본적인 구성에서도 나타나는바 '괴수'를 '과학담론'을 통해 처벌하는 교훈적인 이야기 형식이다.

8 커니, 앞의 책.

9 식민지시기 '기괴' 담론이 다양한 서사 장르를 통해 등장하고 있지만, 이 '기괴함'에 대한 반응은 다양한 함의에도 불구하고 근대성에 대한 대중들의 감각 변화를 담아내고 있는 경우가 많았다.

10 김소영, 『근대성의 유령들』, 씨앗을 뿌리는 사람, 2000; 김원, 『박정희 시대의 유령들』, 현실문화연구, 2011.

11 로지 잭슨은 카프카의 『변신』에 대한 설명에서 그레고리 잠자가 벌레로 변신하는 과정은 경이로움의 중개(초자연주의, 마술, 유사과학 실험이나 약)를 통해서이거나 무의식적 동기(잠재된 욕망을 기괴하게 드러내는 것)를 통해서 일어나지 않는 대신, 인간에서 비인간으로 전이되는 과정에 놓인 현대인의 소외 문제가 더 부각된다고 설명한다. (『환상성』, 문학동네, 2001, 211면)

12 「환상수첩」과 관련한 기존 논의로 김윤식의 분석을 참고했다. "일제 강점 36년 미제 소제 강점 3년 그리고 자유당 독재 20여 년을 머릿속에 둔다면 자유의 개념을 괴물이라는 메타포로밖에 표현할 방도가 달리 있었겠는가. 이 순간 그것에 대한 환상적 기준이 솟아올랐다. 환상이란 괴물의 형상을 두고 부른 문학적 표현이었던 것이 4.19 혁명이 가져온 환상적 기준이 바로 한 해 뒤의 5.16 군사쿠데타로 무화되었음은 모두가 아는 일이다. 바로 여기에 60년대의 아이러니가 깃들고 있거니와 이른바 4.19 세대란 인격분열증의 극단적 양상 속에 함몰되지 않으면 안 되었던 이유가 여기에 담겨 있다. 무한가능성과 무한좌절의 낙차에 직면한 길잃음이었던 것이다."(김윤식, 『한국현대문학비평사론』, 서울대학교 출판부, 155면)

13 《산문시대》 1호, 가림출판사, 1962. 6.

14 졸고, 「문학소녀를 허하라」, 대중서사학회 봄정기학술대회 발표문, 2014.

15 "제3신분의 해방, 부르주아 민주주의의 형성과 대중 산업 민주주의로의 변형 이후, 정치적으로 유의미한 차이들을 무화시키고 또 그러한 차이들에 대한 결정을 회피하는 일이 극도로 심화되면서, 급기야 정반대의 결과, 즉 심지어 겉으로는 생명의 중립적인 영역처럼 보이는 것을 포함한 모든 것의 총체적인 정치화라는 현상이 나타나기에 이르렀다. 예를 들어 마르크스주의 하의 러시아에서 '어떠한 절대왕정 국가보다도 더 철저하게 국가주의적인 노동자 국가'[슈미트]가 탄생했다. 또 파시즘하의 이탈리아에서는 전국적인 노동뿐만 아니라 '노동 이후'와 정신생활까지 함께 규범적으로 통제하는 조합주의적 국가가 탄생했다. 국가사회주의[나치] 하의 독일에서는 총체적으로 조직된 국가, 즉 각종 인종차별 법률을 통해 그때까지 사적인 것으로 간주되던 생명에 이르기까지 모든 것을 정치화하는 국가가 등장했다."(뢰비트, 『칼 슈미트의 기회주의적 결단주의』(아감벤, 『호모사케르』, 새물결, 238면 재인용)

16 푸코에 이어 아감벤 또한 생명이 곧 정치가 되는 근대 정치권력의 특징을 '생사여탈권'을 통해 설명해내고 있다. 이를테면 "죽음의 가능성 그 자체를 통해 정치화되는 생명이라는 것을 이보다 더 명료하게 설명할 수는 없을 것이다"(186)라고 쓰는 부분이 바로 그것이다.(『호모사케르』, 새물결, 2008)

17 김승옥, 「환상수첩」, 《산문시대》, 1962.[이 논문에서는 《산문시대》 동인지에 실린 「환상수첩」을 대신해서 김승옥문학전집(문학동네)에 수록된 『환상수첩』을 참고했다.]

18 박유희는 「박정희 정권기 영화 검열과 감성 재현의 역학」에서 '건전한 명랑성'이 검열의 기준이자 감성규율이었다고 지적한다.(《역사비평》, 2012 여름호)

19 손창섭의 「잉여인간」이나 장용학의 「비인탄생」에서도 비인간성이 극대화되는 양상이 드러나나, 이것은 결정적으로 감정 표현이 소거되는 방식이 아니라 과잉된 형태로 드러난다.(오양진, 「전후소설에 나타난 아이러니와 인간상 탐구」, 『한국어문학국제학술포럼』, 2012. 5, 123-148면)

20 바디우에 따르면, '국가는 사회적 유대의 표현에 기반하는 것이 아니라 그러한 유대를 금지하는 해체에 기반하고 있다는 것'이다.(『존재와 사건』, 새물결, 2013, 186면)

21 수영의 얼굴에 나타나는 유일한 감정표현은 '명랑'이다. 이 명랑함은 개인의 느낌을 표현하는 감정이 아니라 개인의 감정을 표백해내면서 사회가 요구하는 얼굴로 변신하는 감정규율이다.

22 정우와 선애 모두 영빈에게 속았다고 하지만, 실은 정우조차 여자친구를 교환하는 순간 그가 대면하게 된 것은 '짐승 같은 여자'였다. 정우가 여자친구를 바꿔 선애 대신 향자를 찾아갔을 때 '조마조마한 심정으로 어쩌면 기다리고 있었던 것은 바로 나 자신이 아니었던가'라고 쓰고 있는 것처럼, '짐승 같은' 향자의 신체는 바로 정우의 또다른 일면이라고 볼 수 있다.

23 아감벤은 부끄러움과 관련해 흥미로운 지적을 한다. "우리는 부끄러움에 대한 초보적이고 잠정적인 정의를 제시할 수 있게 되었다. 그것은 바로 노예됨과 주인됨이라는 명백히 상반되는 두 가지 의미에서의 주체됨이라는 근본 감정이다"라는 지적이다. 이 언급을 통해서도 나타나는바, 부끄러움은 노예됨과 주체됨의 경계 속에서 노예됨의 상태를 벗어날 수 있는 감정상태라는 점이다.(『아우슈비츠의 남은 자들』, 정문영 역, 새물결, 2012, 161면)

24 바디우는 마르크스의 국가 개념에 대해 설명하면서 "국가는 단지 모든 역사적 사회적 상황의 필수적인 메타구조일 뿐이다"라고 지적하는데, 이 메타구조는 이 소설의 형식적 특징과 일면 부합한다.(바디우, 앞의 책, 181면)

25 수영은 바로 자신처럼 살아가는 인간들이 바로 '최초의 인간'이 될 것이라고 공언하면서, 새로운

인간형의 출현을 얘기한다. 수영은 춘화의 불법 거래를 통해 이익을 얻고 있지만 발각되지 않으며 법 내부에 자리잡고 있다. '한번도 걸리지 않았지만' 법 외부의 일이다. 즉 사법적 권력이 용인하지 않았지만 아직 처벌하지 않은 상태일 뿐이다. 법 내부에서 살아가고자 하지만, 그가 할 수 있는 것이라고는 가까스로 처벌되지 않은 상태를 유지하며 살아가는 것뿐이다. 그런 상태는 바로 컴컴한 골방에서 지속적으로 돈벌이를 하고 있음에도 인간다움과 거리가 먼 상태에서 연명하는 상태와 그리 다르지 않다.

26 이와 관련하여 바디우는 '개인은 사회에 속한 누군가가 아니라 사회 안에 포함된 누군가로 간주되기 때문이다. 국가는 근본적으로 속함에는 무관심하지만 포함에는 부단히 신경 쓴다'고 하면서 근본적으로 개인은 국가에 속하는 것이 아니라 포함되는 관계라고 밝힌다.(184) 이 포함의 관계는 불안정한 동시에 그 경계선이 늘상 변화될 수 있는 것임을 뜻한다.

27 내부이야기의 화자인 정우는 공간적 질서를 문제를 시간적 질서로 해결하고자 하나 고향 또한 이 질서 바깥의 장소가 아니라는 사실을 깨달을 뿐이다. 김승옥의 소설에서 공간적 질서를 시간적 질서로 재전위시키고자 하는 모색은 이 작품에서뿐만 아니라 다른 작품에서도 드러나나 결국 확인하게 되는 것은 불가능성이다. 공간적 차별성과 편재성의 문제가 시간적 질서의 탐구를 통해서 구해지지 않는다는 사실만을 확인한다.

| 제2절 |

1970년대 연극 속에 드러나는 무속의 두 얼굴

1. 소재로서의 무속

무속[1] 연구는 그 자체로 일정한 영역을 갖고 있지만 국문학의 입장에서는 전통에 대한 탐구란 측면에서 더욱 의미 있게 받아들여졌다. 전통이라고 하면 무속 이외에도 판소리, 산대놀이, 탈춤, 꼭두각시놀음, 농악 등을 말하고 이들이 모두 전통이란 이름으로 그 중요성이 호명되었지만 특히 무속의 경우 전통문화라는 관점이 중요하게 작용했다. 무속은 다른 전통보다도 근대화라는 개념과 정면으로 상치되는 부분이 있기 때문이다. 이는 무속이 특히 전통의 보호를 필요로 한다는 뜻이 된다. 그러나 무속이 지닌 연극성은 한편으로 전통의 보호가 아니더라도 자기 확장을 해나갈 수 있는 가능성을 보여준다. 무속이 지닌 이러한 잠재력은 한국연극을 풍요롭게 하는 도구로 기능한다.

이 글에서는 무속이 지닌 이러한 모순적인 특성이 작품을 통해 어떻게 드러나는지 살피고자 한다. 이를 위해 1970년대 희곡 중 무속을 소재로 한 작품을 대상으로 하여 1970년대 전통담론 속에서 재발견된 무속의 의미를 짚고 그것이 구체적인 작품 속에서 어떤 양상으로 드러나는지 분석할 것이다. 분석 대상이 되는 작품은 오영진의 〈한네의 승천〉(1972), 윤대성의 〈너도 먹고 물러나라〉(1973), 오태석의 〈초분〉(1973), 〈물보라〉(1978), 허규의 〈물도리동〉(1977), 〈다시라기〉(1979), 최인훈의 〈둥둥 낙랑둥〉(1978)이다. 윤대성을 제외하고는

전통, 민족, 설화에 관심을 기울인 작품을 쓴 작가들의 면면을 확인할 수 있다.[2]

이러한 작가가 쓴 무속 관련 작품들은 전통이란 큰 범주 안에서 어떤 구체적인 의미를 지니는 것일까. 기존의 연구를 보면 전통이나 제의의 개념으로 큰 범주 안에서 논의하거나 반사실주의라는 미학적 특성으로 접근한 경우는 많았는데 무속이나 굿만을 따로 모아 논의한 경우는 드물다. 1970~1990년대를 아울러 굿을 소재로 한 대표적인 작품을 다룬 경우는 있지만 1970년대에 한정해서 무속이라는 외연을 포괄적으로 다룬 연구는 없었다. 이러한 관점에서 보려고 하는 이유는 1970년대 전통 수용의 문제에서 무속이 차지하는 비중이 적지 않기에 이에 대한 공과를 실제 작품을 통해 정리하고 분석하기 위해서이다.

물론 1970년대는 탈춤의 시대라고 부를 만큼 전통 중에서도 탈춤의 영향력이 컸던 것은 사실이다. 그러나 그것이 연극 작품으로 수용되어 관객의 주목을 받았던 것은 굿을 소재로 한 작품이 더 많다. 탈춤과 굿판의 연결성이 강하기에 서로 호환되는 측면도 있다. 민족극계열의 작품에서 이것이 잘 드러나는데 굿을 연극으로 이해하여 제목에 '—굿'이라고 되어 있지만 공연의 내용이나 성격은 탈춤에 더 가깝다.[3] 1970년대 전통을 소재로 한 대표적인 작품 목록은 다음과 같은데 굿이 등장하는 무속 소재 작품의 비중도 만만치 않음을 확인할 수 있다.[4]

번호	작품명	연도	소재	작가/연출가
1	망나니	1969년	탈춤	윤대성 작/김현영 연출
2	허생전	1970년	고전	오영진 작/허규 연출
3	어디서 무엇이 되어 만나랴	1970년	설화	최인훈 작/김정옥 연출
4	이식수술	1971년	꼭두각시놀음	오태석 작/연출
5	쇠뚝이 놀이	1972년	탈춤, 판소리, 산대	오태석 번안/연출
6	**한네의 승천**	1972년	굿	오영진 작/손진책 연출
7	**너도 먹고 물러나라**	1973년	굿	윤대성 작/김영렬 연출

8	노비문서	1973년	탈춤	윤대성 작/표재순 무세중 공동연출
9	**초분**	1973년	장례풍습, **굿**	오태석 작/유덕형 연출
10	고려인 떡쇠	1973년	역사	김희창 작/허규 연출
11	서울 말뚝이	1974년	탈춤	장소현 작/손진책 연출
12	약장사	1974년	재담, 판소리	오태석 작/연출
13	배비장전	1974년	고전	김상열 작/손진책 연출
14	동리자전	1974년	고전	김용락 각색/김정옥 연출
15	태	1974년	역사	오태석 작/안민수 연출
16	놀부뎐	1975년	고전	최인훈 소설/허규 연출
17	허생전	1975년	고전	장윤환 작/허규 연출
18	**춘풍의 처**	1976년	탈춤, 고전, **굿**	오태석 작/오태석 연출
19	옛날 옛적에 훠어이 훠이	1976년	설화	최인훈 작/표재순 연출
20	하멸태자	1976년	고전	안민수 번안/연출
21	**물도리동**	1977년	**굿**	허규 작/허규 연출
22	**무엇이 될고 하니**	1978년	**굿**	박우춘 원작, 집단창작/김정옥 연출
23	**물보라**	1978년	**굿**	오태석 작/ 연출
24	**등등 낙랑둥**	1978년	**굿**	최인훈 작/허규 연출
25	달아 달아 밝은 달아	1978년	고전, 설화	최인훈 작/심현우 연출
26	**다시라기**	1979년	탈춤, **굿놀이**	허규 작/연출
27	광대가	1979년	판소리	허규 작/연출
28	사추기	1979년	유교	오태석 작/연출
29	**산수유**	1980년	**굿**	오태석 작/연출

2. 재발견된 무속의 1970년대적 가치

한국의 샤머니즘, 무속이 1970년대 전통 부활 운동의 기류를 타고 한국적인 것의 하나로 긍정적 평가를 받게 된다. 무속이 민속의 차원에서 긍정된 연원은 일제강점기로 거슬러 올라갈 수 있다. 식민통치의 일환으로 일제는 구한말부터 지속적으로 무속을 탄압했지만[5] 한편으로 일제는 그들의 신을 우리가 받아들이기 용이하게 하기 위해 한국 고유의 민속신앙을 긍정하는 작업을 준비시켰다. 그들의 의도대로 되지 않아서 이러한 계획이 성공하지는 못했지만 그 영향으로 그 당시 고적조사사업이나 무속조사사업이 이루어졌다.[6] 이것은 무속 등의 민속을 재인식하는 데 긍정적인 역할을 했을 것으로 추측된다. 물론 일제의 탄압에 대한 대응으로 내부적으로 국가 상실로 인해 민족이라는 상상적 공동체가 절실히 필요함에 따라 단군을 신화적 존재에서 역사적 존재로 인식하고자 하는 움직임도 있었다. 이를 주도한 인물로 최남선을 들 수 있다.[7] 1930~1950년대에는 기층성을 지닌 민간신앙으로 무속을 이해하면서 민중을 발견하게 되고 실증적 연구의 대상이 되기도 하지만 1960~1970년대에 오면 무속, 무교를 부정적으로 인식하는 대중의 부정적 관점을 교정하려는 인식이 매우 강하게 피력된다. 여기서 서구 근대화 흐름에서 상실된 한국인의 종교적 심리적 문화적 정체성을 탐구한다는 의미가 부각된다.[8]

구한말부터 전통의 재창조라는 필요성에 의해 무속이 소환된 역사를 보면 정치적 담론의 성격을 띤다. 일제강점기에는 식민지적 근대화와 문화적 서구화의 과정에서 상실된 고유한 것의 재발견으로서의 의미를 부여받았다면 1970년대에는 박정희 정권에서 주장한 한국적 민주주의의 바탕으로서 전통의 의미가 재발견되어야 했다.[9] 무속이 긍정적으로 호명되는 이유를 이해하는 데 이러한 배경은 중요하다. 여기서 분석 대상으로 삼는 작품들 역시 이러한 배경 안에 놓이기 때문이다. 그러나 한편 1970년대 근대화 프로젝트의 기치 아래 미신으로 여겨지던 무속이 전통이나 토속의 가치 안에서 인정받게 되었다는 것은 다소 아이러니하다.[10] 이는 유신정권 근대화 프로젝트의 특수성과 관련된다. 사회적 위기를 한국적인 것의 발명 혹은 전통의 창조적 재해석을 통해 극복하고자 했기 때문이다. 이는 식민지시대의 일제 청산이 잘 되지 못한 것에 대한 보상심리에서 나온 전략일 수 있다. 또 다른 관점에서 전통을 중요시하는 것은 서구 근대화와 거리가 있는 것처럼 보이지만 서구 근대화 역시 정신혁명에서 출발했기 때문에 피식민지의 식민지적 주체성으로 보기도 한다.[11]

한편, 연극에서 전통이나 제의, 무속의 호명은 그 당시 서구의 최신 연극이론과 무관하지 않다. 단순히 한국적 상황에서만 전통이 요청되었던 것이 아니라 세계적인 흐름에서도 자연스러운 현상이었다. 여기서 무속이 전통의 범주에서 배제당하지 않았다는 것이 중요하다. 공연 장르의 경우 판소리나 가면극, 인형극 등의 전통연희가 전통의 범주에 속하는 것은 당연한데 무속의 경우에도 인정을 받는다는 것은 무속의 원시적 연극성에 대한 학계의 연구가 전제되었다는 점 외에 김동리 소설 등 다른 장르에서의 움직임이나 세계적인 흐름과 무관하지 않은 것으로 보인다. 여성국극의 경우 정통의 전통으로 완전히 받아들여지지 못했다는 점을 생각하면 무속이 지닌 잠재적 가능성이 연극에서 중요하게 받아들여진 것으로 보인다.

물론 무속의 위상이 높아진 데는 앞에서 언급했듯이 정부의 문화정책 영향이 크다. 정부 주도의 1970년대 문화정책 중 전통문화 부문 관련 사업에 정부 지원의 70%를 투자했다고 한다.[12] 1973년의 문예중흥5개년계획의 사업방향을 보면 영화와 연극 모두에서 민족연극 혹은 국난 극복하는 새로운 한국인 상을 요구한다는 점을 확인할 수 있다.[13] 이러한 분위기 속에서 무속이란 소재는 정부 주도 문화정책의 큰 틀 안에 있으면서 획일화된 요구에서 벗어날 수 있는 성격을 지니는 것으로 보인다. 탈춤이 가장 사랑받았지만 진보적인 성향이 드러나서 운신의 폭이 넓지 않았던 반면 굿을 소재로 한 무속은 다양한 방향으로 모색해볼 수 있는 가능성이 높았다. 이렇게 무속에는 상을 받는 등의 성과로 포장하기 좋은 부분과[14] 작가정신을 최소한으로라도 확보하게 해주는 이중적 측면이 동시에 존재한다. 이런 점에서 무속은 외부적 내부적 검열을 용이하게 해주는 안전장치이면서 새로운 의미를 파생하는 가능성의 도구로 기능했다. 이는 무속에서 전통이 결과적으로는 굴레로 작용하기도 하고 보호막으로 작용하기도 했다는 의미이다. 무속이 지닌 이러한 다양한 가능성은 창작자들에게 매력적인 것이 되기에 충분했다. 전통 중에서도 무속과 관련된 소재가 많은 비중을 차지하는 것도 이러한 측면에서 이해할 수 있다.

기존 연구에서는 전통 굿에 대한 연구를 바탕으로 혹은 모본으로 삼아 현대 작품의 의미를 파악하는 데서 성과가 있었다면 여기서는 작품 안에서의 굿의 기능과 효과에 집중하고자 한다. 다음 장에서는 주제의 양상을 나눠보고 굿의 기능이 이러한 주제에 기여하는 바를 살펴보도록 하겠다.

3. 죽음을 통해 본 삶의 갈등

1) 죽음과 풍자 혹은 놀이

대상 작품을 들여다보면 무속을 통해 드러내고자 하는 바는 죽음을 통해 바라본 삶에 대한 시각, 개인과 집단의 갈등으로 정리된다. 두 가지 특성이 맞물려 있기 때문에 대상 작품들에서 모두 이러한 특성을 찾아볼 수 있지만 죽음을 통해 바라본 삶에 대한 시각이 더 두드러진 작품은 〈너도 먹고 물러나라〉, 〈초분〉, 〈물보라〉, 〈다시라기〉이고[15] 개인과 집단의 갈등이 더 중요하게 작용하는 작품은 〈한네의 승천〉, 〈물도리동〉, 〈둥둥 낙랑둥〉이다.

윤대성의 〈너도 먹고 물러나라〉와 허규의 〈다시라기〉는 전통 굿 놀이를 바탕으로 했다는 점에서 공통된다. 〈너도 먹고 물러나라〉는 황해도 한량굿 '장대장네 굿'을, 〈다시라기〉는 진도에 전승되는 호상놀이 다시래기를 현대적으로 활용한 작품이다. 그렇지만 굿 놀이가 기여하는 방식은 상반된다. 〈너도 먹고 물러나라〉는 굿 놀이를 바탕으로 했지만 놀이보다는 제의적 기능이 강조되었고 〈다시라기〉는 호상놀이의 흥겨움이 강조되었다. 전자는 풍자에 후자는 놀이에 초점이 있다. 그래서 〈다시라기〉에는 무당 대신 가상주가 서사자를 겸하여 놀이판을 이끌어 나간다.

〈너도 먹고 물러나라〉는 '모조리네 굿'이라고 해도 좋을 것이다. 등장인물은 판수와 모조리네뿐이다. 판수는 사설광대라는 서술자가 되어 극을 이끌기도 하지만 점을 치고 굿을 주관하는 역할이 중심이다. 원래 장대장네는 무당이라서 판수와 무당이 굿 놀이를 하는 방식인데 이 작품에서 모조리네가 무당은 아니지만 판수와 궁극적으로 굿을 벌인다는 점에서 비슷한 기능을 한다. 이 작품에서의 굿은 광대굿 놀이라서 죽은 이들을 위한 것임에도 놀이의 성격이 강하다는 점이 특징적인데 이 작품에서는 풍자적인 성격을 지닌다. 그런 점에서 원래의 굿 놀이가 지닌 원시적이고 분방한 허용의 세계와 대조되는 어둡고 억압적인 현실을 드러내는 작품이다.[16] 굿 놀이라는 소재와 방식을 그대로 가져와 재담극의 장점을 살리고 극성과 서사성이 절묘하게 어우러지는 무대를 만들어내어 굿 놀이의 연극성을 계승했다.[17] 그러나 주제적인 측면에서는 오히려 원래 굿 놀이의 세계와 대조되는 1970년대 부조리한 현실을 그대로 대입함으로써 문제적인 현실이 더욱 도드라지도록 하였다. 모조리네를 통해 부조리한 한국사회의 모습이 그대로 드러나기 때문이다.

사실 굿을 통한 풍자는 마당극 계열의 작품들에서 가장 일반적으로 드러나는 특징이다. 〈소리굿 아구〉(1974)는 굿보다 탈춤의 현대적 계승이라고 볼 수 있는 작품이지만 윤대성의 〈너도 먹고 물러나라〉에 나오는 모조리네를 통한 사회 비판과 비슷한 측면을 여공과 여대생을 통해 드러낸다. 궁극적인 풍자의 초점은 다르지만 한일관계 문제 등 1970년대 사회에 대한 비판으로 공유되는 지점이 있다. 다만 이 작품은 1970년대 사회의 부조리를 상징적으로 표현한 죄 없이 죽어간 아기들을 해원해주는 굿을 통해 굿의 특성을 적극적으로 활용하고자 하였다. 그런 점에서 굿의 분량은 작지만 의미로 볼 때 굿의 비중은 결코 작지 않다.

굿 중에서 죽은 사람을 천도하는 망자천도굿은 현재에도 여전히 신성성을 유지한다는 점에서 의미를 지닌다.[18] 그런 점에서 죽은 자를 불러내 영혼을 위로하고 좋은 곳으로 보내준다는 굿의 행위는 죽은 자와 그를 떠나보내는 산자 모두에게 가장 핵심적인 의미가 된다. 〈너도 먹고 물러나라〉에는 무당의 역할을 맡은 판수가 망자의 영혼을 받아들이는 과정까지 담겨 있지는 않지만 죽은 아기들의 영혼을 위로하여 좋은 곳으로 보내주려는 행위는 굿이 지닌 본질적인 기능을 보여준다. 그러므로 이 작품은 굿이 지닌 본질적인 기능의 핵심만을 가져와 풍자의 정신을 극대화한다.

〈다시라기〉에서도 아기는 중요한 상징성을 지닌다. 〈너도 먹고 물러나라〉에서 유아 유기라는 사회적 문제를 통해 비인간성을 보여줬다면 〈다시라기〉에서는 생명의 탄생을 통한 삶의 순환을 의미한다. 그러나 이러한 결론이 엄숙하게 제시되는 것이 아니라 삶과 죽음의 놀이를 통해 숨 가쁘지만 자연스럽게 나오게 함으로써 무속적 전통의 한 방식을 현대적으로 형상화했다.[19]

〈다시라기〉 1979년 공연 포스터

2) 살인사건과 추리

무당이 죽은 이의 넋을 받아 망자의 입장을 전함으로써 신격으로서의 권위를 부여받게 되는 부분까지 구체적으로 다룬 작품은 오태석의 〈물보라〉이다. 이 작품은 1978년 국립극단에 의해 초연되었고 그해 서울연극평론가 그룹에서 주는 희곡상 연기상, 무대미술상을 받았다.[20] 이 작품은 풍어제를 바탕으로 하지만 덕중의 혼을 위로하는 씻김굿이 큰 역할을 한다. 물에 빠져 죽은 덕중의 혼을 위로하기 위해 무당 용만이가 바다 한가운데 배 위에서 굿을 벌인다. 이때 덕중은 용만의 혼을 받아 망자를 대변한다. 이 부분은 굿의 중간 절차 정도에 해당하는데 망자굿이라고 하여 죽은 이의 영혼을 위로하고 달래는 내용의 굿거리를 연행한다. 넋 올리기를 하기 전에 혼맞이 굿을 하고 혼을 건져올리기 위해 토끼나 닭 같은 제물을 바친다.[21] 〈물보라〉에는 이러한 씻김굿의 방식이 그대로 활용된다.

그런데 이 작품은 단순히 덕중의 혼을 위로하고 풍어를 비는 목적으로 굿을 사용하는 것은 아니다. 오히려 문제를 제기하고 그것의 해결과정을 지켜보는 일이 흥미진진해지도록 한다. 이 작품의 갈등은 약간 모자란 일렬과 각시 부부 사이에 덕중과 용만이 끼어들어 각시를 탐냄으로써 비롯된다. 그리고 덕중의 죽음에 일렬이 관여했다는 자백이 나오면서 덕중의 죽음이 살인사건이 될 수 있는지에 집중된다. 그런데 문제를 풀어내기 위한 굿을 주관하는 용만 역시 각시를 탐내는 입장에 있다. 이러한 상황을 객관적으로 정확하게 간파하고 있는 인물은 신기리뿐이다. 신기리는 무당의 역할을 해야 하는 용만이 덕중의 혼을 받아 공수라고 하면서 일렬의 죄를 확인해주고 각시를 합법적으로 취할 수 있음을 드러낸다. 명백히 눈에 보이는 문제에도 굿의 신성성에 기대를 거는 마을 사람들과 달리 신기리는 이 문제의 본질을 현실에서 찾는다. 그러나 풍어제의 기본 과정에 변화가 없기에 굿은 범인을 밝혀야 하는 진실의 도구로써 복잡하고 모순된 상황을 해결해야 하는 과제를 부여받는다.

현대인에게 굿은 전통으로서 의미가 있고 해원의 의미도 인정할 수 있으나 과학적으로 문제를 해결해주는 도구와는 거리가 멀다. 그러므로 굿이 이러한 문제를 어떻게 해결할지에 관심이 집중된다. 특히 신기리의 답이 제시된 상황이기에 이 작품에서의 굿은 추리라는 과학적인 과정을 어느 정도 담당해줘야 하는 역할을 부여받는다. 굿이 이러한 역할까지 담당한다는 점이 이 작품의 흥미로운 부분이라고 할 수 있다. 굿이 단지 해원의 의미만으로 문제를 해결하는

데 국한되지 않는다는 점은 과학적인 해결 방식이 중요해진 현대에도 굿이 지닌 기능이 통한다는 의미이다.

굿의 다양한 기능이 가능한 것은 굿에 참여하는 인물들이 변수로 작용하기 때문이다. 작품 속 배 위에서 치러진 굿을 통해 용만이 덕중의 혼을 받았지만 각시가 자신을 겁탈하려 했던 덕중에 대한 기억으로 그의 넋을 받은 용만에게 칼을 꽂고 물속으로 뛰어듦으로써 새로운 국면으로 이끈다. 덕중의 혼을 받아 그의 한을 풀어주는 씻김의식의 행위보다 그가 생전에 저지른 죄의 호명이 더 강력하게 작용했다는 점에서 반전을 가져오고 그럼으로써 문제를 해결하게 된다. 물에 빠진 각시는 구조되어 살아나고 무당 용만은 죽어서 시체로 돌아온다. 물론 용만은 덕중처럼 각시를 탐내는 인물이기에 덕중과 한 계열체를 이룬다. 이렇게 이 작품은 굿이 지닌 전통적인 의미를 해치지 않으면서 그것이 현실적인 문제까지도 아울러 해결해줄 수 있는 지점을 굿의 방식 그대로를 활용하여 보여주었다는 점에서 굿의 기능을 확장했다.

〈물보라〉 국립극장 초연 사진

3) 시신과 공포

오태석의 〈초분〉은 굿의 의식 과정이 중요하게 기능하지 않는 작품이다. 그러나 장례의식을 다루기 때문에 어부들이 중심이 된 씻김굿의 행동이 작품의 배경처럼 제시된다. 당자와 소자가 나누는 대화에서 어부들의 소리가 혼을 건지는 행위라는 것을 드러내주기도 하고 "혼백을 띄운다. 그물로 건진 혼백을 물로 띄운다."와 같은 대사를 통해 직접적으로 상황을 설명하기도 한다. 다만 이 작품에는 무당이 따로 등장하지 않는다. 마을 사람들이 장례의 제의를 주관하는 인물들이 된다. 그러므로 이 작품은 죽음에 집중하지만 무당이 망자의 혼을 받는 능력이나 과정이 중요하지 않다.

여기서 중요한 것은 결국 이러한 갈등을 관장하는 할머니의 시신이다. 임자가 할머니의 시신을 숨김으로써 갈등이 구체화되고 결국 시신의 등퇴장이 이 작품에서 갈등을 쥐락펴락하는 큰 힘이 된다. 그리고 이것은 섬의 질서와 뭍의 질서 간의 갈등이 중심이 되는 이 작품에서[22] 섬의 질서가 중요하다는 것을 드러내주는 기제가 된다. 이 작품에서 주인공에 해당하는 인물들이 섬의 질서를 지키고자 하는 이유가 그다지 설득력 있게 제시되지는 않는다. 그러나 안 보이는 것이지만 시간을 두고 지켜온 가치에 대한 믿음이 있다. 초분은 물이 잘 스며서 땅을 파면 안 되는 섬만의 특성에서 나온 장례풍습인데 이것은 섬을 위한 것이기에 섬의 질서가 된다. 그러므로 열악하지만 그 환경 속에서 섬을 지키려고 한 마을 사람들의 안간힘이 그 섬을 유지시키는 원동력이 되었던 것이다. 그러므로 초분에는 섬의 질서라는 상징성이 내포되어 있다. 그리고 바닷물에 씻기고 넋을 건져 장례를 치르는 의식은 섬의 질서와 가치를 보여주는 표상이 된다.

이 작품에서는 할머니의 시신을 대신하기 위해 당자의 시신도 이용된다. 당자 역시 시신이 더 중요한 기능을 한다. 이렇게 이 작품에서는 아이러니하게도 죽음이 더 큰 기능을 한다. 모두들 살기 위해서인데 살기 위해서도 죽음이 필요하다.[23] 이러한 죽음의 강력한 호명은 공포의 정서를 환기한다. 단순히 죽음이 전시되기 때문이 아니다. 죽음이 환기하는 공포는 오태석의 개인사와 관련되는데 궁극적으로는 6.25전쟁으로 인한 것이다. 11살 때 아버지의 납북으로

〈초분〉 초연 사진

인한 충격, 6.25 전쟁에서 본 무수한 죽음들이 작가의 무의식을 강하게 지배해왔는데 민속학자 심우성에게 초분 풍습에 대한 이야기를 듣고[24] 이러한 무의식의 죽음이 소환된 것으로 보인다. 이 작품은 전쟁과 직접적인 연관이 없지만 부분적으로 그것을 떠올리게 함으로써 그것을 포괄한다. 동기간이라는 마을 사람들과 임자의 애증관계, 법으로 얽혀있는 소자와 당자의 관계 역시 공동체로서의 운명을 상징하고 그 공동체의 성원이 결국 공동체를 위해서 일원을 희생시켜야 한다는 점에서 모순이 발생하는데 이는 오태석 작품에 나타나는 동족상잔의 죽음과 그대로 겹친다.

물론 작가가 이렇게까지 해서 지키고 싶은 가치는 과거, 전통, 아버지 등 작가가 무의식 속에서 붙잡고 싶은 것들, 그러나 지금은 없는 것들[25]로 포괄될 수 있지만 그것을 죽음이란 표상으로 드러냈다는 점, 그리고 그 죽음이란 표상의 움직임에 따라 개인과 집단이 화해하기도 하고 갈등하기도 하면서 공포의 정서까지를 유발한다는 것은 전쟁에 대한 무의식이 작용한 이 작품만의 특징이다. 다른 작품에서의 굿이 망자와 산 자의 한을 풀고 죽음을 받아들이는 과정에 충실했다면 이 작품에서는 죽음을 받아들이고 처리하는 장례제의가 사회구성원의 가치질서의 문제를 소환하여 그것이 사회구성원에게 미치는 영향력이 크다는 점을 공포라는 정서로 환기하였다. 결국 이 작품에서의 죽음은 역사적 의미를 지니며 전통과 전쟁의 기억을 새롭게 조합한다.

1980년의 〈산수유〉에 오면 전쟁의 기억이 전면에 드러나고 굿도 적극적으로 활용된다. 가족들이 보는 앞에서 조카가 삼촌을 죽여야만 했던 공동체의 상처를 치유하기 위해 소년의 위기가 제시되고 이를 해결하기 위해 산 자와 죽은 자가 온 힘을 기울인다. 무당은 물론이고 무당의 유사 역할자인 천주학쟁이 장씨, 지관 허씨, 무당의 소녀까지 총동원되고 죽은 소년의 아버지 어머니까지 동원된다. 여기서도 산 자보다 죽은 자의 존재감이 돋보인다. 천주학 역시 서양종교로서 무속과 대조되는 것이 아니라 무속과 동급으로 대구되어 등장한다는 점에서 무속을 바라보는 오태석의 열린 시각을 확인할 수 있다.

4. 개인과 집단의 갈등

1) 순응과 희생

공동체의 대동굿은 범위와 규모에 따라 마을굿, 고을굿, 나라굿으로 구분할 수 있다.[26] 허규의 〈물도리동〉, 오영진의 〈한네의 승천〉은 마을굿에 해당하고 최인훈의 〈둥둥 낙랑둥〉은 나라굿에 해당한다. 규모의 차이는 있지만 이 작품들의 굿은 공동체의 단결을 위한 것이다. 그러므로 여기서는 개인과 집단의 문제가 보다 첨예하게 드러난다.

허규의 〈물도리동〉은 하회탈 제작자로 알려진 허도령 전설과 현지에서 청취한 서낭설화를 바탕으로 굿을 연극적으로 분석하고 실험하려는 의도가 담긴 작품이다.[27] 그러한 만큼 마을굿뿐만 아니라 하회별신굿 탈놀이, 설화 등이 다양하게 수용되어 극단 민예의 전통지향 색채가 잘 드러난 작품이라고 할 수 있다. 그러나 이 작품을 굿이란 행위 중심으로 보자면 마을이라는 집단의 안녕을 위해 개인이 희생되는 측면을 강하게 부각하고 있다. 희생제의의 의미를 찾고자 하였다는 점에서 제의의 본래 기능에 충실한 작품이다.

집단의 안녕을 위해 개인이 희생당하는 구조를 깨달음을 통한 순응으로 풀어낸 이 작품을 보면 비판적인 측면이 약하다. 그러나 작품의 시작 부분이나 하회탈놀이가 변용된 부분을 보면 양반을 중심으로 한 사회가 지닌 문제점을 의식하고 있다. 허도령이 각시한테 마음을 두게 되는 것도 각시에 대한 부당한 처사 때문이다. 죽은 도령을 위해 살아 있는 각시가 죽은 목숨처럼 살아야 하는 문제적 상황에서 권력을 지닌 양반의 이기심을 볼 수 있다. 물론 죽은 혼을 위로하는 것은 굿이 지닌 순 기능이다. 굿은 산 자와 죽은 자 모두를 위한 제의이다. 그러나 이 작품에서처럼 산 사람을 희생제물로 바치는 일은 굿의 본래 기능을 넘어서 양반 가문의 안위를 위해 변질된 모습이다. 허도령이 각시를 구하는 행동은 이러한 모순에 대한 문제제기를 담고 있기에 비판적 측면이 없지 않다. 그러나 그러한 문제제기가 끝까지 지속되지 못하고 허도령의 사랑 가득한 희생으로 마무리된다는 점에서 작품의 초점이 이동한다.

이런 점에서 궁극적으로 이 작품의 핵심은 개인과 집단의 갈등 속에서 개인이 그것을 어떻게 극복하는가의 문제와 연관된다. 물도리동 마을의 문제이기에 사회적 측면을 지니지만 그 사회적 문제를 결국 개인이 해결하는 방식이다. 그런데 그 해결방식을 보면 허도령이 서낭신을 만나 마을신의 존재를 받아들이게 되고 굿의 의미가 자신이 생각했던 것보다 포괄적임을 깨달음으로써 이루어진다. 이는 굿이라는 제의가 현실에서 변질되면서 문제를 지닐 수 있지만 그 문제는 작은 것이고 결국 그보다 더 큰 의미로 포괄된다는 점을 강조한다. 이를 통해 개인과 집단의 갈등도 작은 것으로 약화된다. 여기서 개인은 큰 의미에 순응하게 되는 수순을 따른다. 그러므로 개인의 희생이 희생으로 다가오지 않게 만든다. 그러나 그것은 희생이다. 깨달음이란 이름으로 미화되어 있을 뿐이다.

개인과 집단의 갈등을 정면에서 다루지 않았다고 해서 문제가 되는 것은 아니지만 순응의 과정이 얼마나 설득력을 지녔느냐는 문제가 될 수 있다. 이는 굿을 포함한 전통연희에 대한 작가의 무한 긍정이 작품의 설득력에 얼마나 기여했느냐와 관련된다. 물론 문제의식을 지닌 허도령의 깨달음은 무속의 의미를 부각시킨다. 이 작품이 산만하여 이러한 주제가 큰 줄기로 느껴지지 않은 것도 문제이지만[28] 순응의 과정이 관념적이어서 설득력이 약한데 무속의 의미를 강조하는 것은 굿을 피상적으로 받아들이게 한다.

2) 고발과 은폐

오영진의 〈한네의 승천〉은 개인과 집단의 문제가 마을굿 과정에서 첨예하게 드러난다. 결국 개인의 희생으로 마무리되기는 하지만 고발의 의미가 더 강하게 남는다는 점에서 〈물도리동〉과는 차별된다. 물론 기존의 연구를 보면 전통 소재의 측면에 집중한 연구,[29] 제의적 관점에서 바라본 연구가[30] 주를 이룬다. 제의성의 관점에서 보면 금기—영신—걸립—치제—난장에 이르는 통과제의 과정 속에서 겨울과 여름의 싸움이라는 풍요제의의 원형적 주제로 수렴된다. 이러한 틀에서 보면 가해자의 입장인 필주의 죽음이나 피해자의 입장인 한네, 만명의 죽음의 차이가 무화된다. 결론은 낙원회복이기 때문이다. 이 작품은 크게 보았을 때 이러한 제의구조 안에서 이해될 수 있지만 갈등 요소를 분석하면 좀 다른 성격이 드러난다.

〈한네의 승천〉에 대해 오이디푸스적 욕망의 구조로 해석한 연구를 보면 만명과 필주가 만명 어멈를 두고 벌이는 갈등은 이미 죽어버린 만명 어멈을 영원한 욕망의 대상인 남근으로 여기는 라캉의 욕망이론으로 설명된다.[31] 이 작품에는 어머니와 한네를 죽게 한 아버지의 세계를 거부하는 만명의 입장이 강하게 드러나 있기에 만명이 필주에 대항할 수밖에 없는 인물로 기능한다. 이러한 측면을 좀 더 적극적으로 해석하자면 무의식적으로도 만명은 아버지의 세계를 인정하지 않기에 필주의 문제를 폭로하기 좋은 입장에 놓여 있는 인물이다. 그렇지만 만명이 마을 사람들 앞에서 드러내놓고 필주의 죄를 폭로하지는 않는다. 이로 인해 폭로의 효과는 더욱 전복적으로 잠재되어 있다.

이 작품의 억압 기제는 한 마을을 중심으로 마을 제사를 모시는 제수어른 필주, 이장과 노인영감 등 남성 지배자가 가장 큰 권력을 행사하는 데서 발생한다. 특히 제수어른 필주는 그 권력의 핵심에 있다. 그는 마을의 평안을 빌 수 있는 권력을 지니고 있는데 이는 마을의 안위가 그의 손에 달려 있다는 의미를 내포한다. 그는 아내와 아들을 두었고 종이었던 만명 어머니를 취하여 만명을 낳게 하고 돌보지 않았다. 그는 만명이 아들임에도 이를 밝히지 않은 채 방관하여 소외된 인물, 타자로 존재하게 한다. 이 폭력적인 아버지는 20년 후 만명의 여자인 한네를 취함으로써 그의 정상적인 상징계로의 진입을 완강하게 차단하고 결국 만명도 죽음에 이르게 한다. 그런 점에서 이 작품은 만명이 아버지 세계에 도전한다는 의미를 지닌다.

이 작품이 원래 시나리오로 쓰였고 이를 하길종이 1977년에 영화화한 바 있다. 이때 오영진이 시나리오 작업을 한 것으로 되어 있어 민예에서 1975년에 손진책 연출, 장소현 각색의 음악극 〈한네의 승천〉보다 영화 〈한네의 승천〉이 오영진 원작을 더 잘 살린 경우로 해석된다.[32] 영화를 보면 오영진이 다소 중립적으로 혹은 모호하게 처리한 부분을, 하길종은 원작을 전혀 바꾸지 않고도 그 의미를 잘 살려낸다. 그것은 바로 만명이 아버지 필주에 은밀히 대항하는 구도이다. 마을 구성원의 대동단결을 위해 마을굿을 주재하는 제수어른 필주와 같은 가부장적인 권력이 사실은 가정과 집단의 단결을 해치는 인물로 기능한다는 점을 희생양으로 등장하는 한네들과 만명의 어머니로 드러낸다. 만명 어머니와 한네는 같은 계열체이므로 한네를 두 번 죽이는 셈이 된다. 가장 큰 희생양은 이들이고 그 다음 희생양은 만명이다. 그는 권력의 사생아이기 때문이다. 그러나 한네나 만명이 죽음을 선택한다는 점에서 수동적 측면이 강하고 제의적 요소는 이 작품의 은밀한 저항을 희석하기도 한다. 이는 전통소재가 지닌 이중성과 연관된다.[33]

3) 전복과 아이러니

최인훈의 〈둥둥 낙랑둥〉은 고구려라는 나라의 굿을 다룬다는 점에서 가장 규모가 큰 집단을 문제 삼는다. 여기서 개인과 집단의 갈등은 한 나라의 흥망을 좌우하는 것으로 영향력을 발휘한다. 이 작품에서 무당의 역할을 맡은 왕비는 낙랑의 공주인데 고구려의 왕비가 된 인물로 볼모와 같은 입장에 있다. 그럼에도 고구려 주몽신을 받들어야 한다는 점에서 문제적 개인이다. 그 왕비가 주재하는 굿판에서 고구려의 북을 칠 것인지 낙랑의 북을 칠 것인지 결정을 해야 하는 고구려의 왕자 호동 역시 개인적 사랑과 국가적 이익 사이에서 갈등하는 인물이다.[34] 실제 쌍둥이는 왕비와 낙랑의 공주이지만 이 부분에서 왕비와 호동은 쌍둥이처럼 닮아 있다.

이 작품에서 굿은 전쟁에서 승리한 것을 축하하기 위해, 나라에 가뭄이 들어 불충한 자가 누구인지를 심판하기 위해 벌어진다. 무당인 왕비는 굿을 주재하지만 주몽신을 받아들이는 수단일 뿐, 아주 작은 개인에 불과하다. 이 작품에 나오는 굿은 국운을 가늠한다는 점에서 개인에게 엄청난 부담으로 작용한다. 왕비나 호동 모두 높은 신분의 사람들이지만 이 굿 앞에서는 왜소해진다. 물론 그들은 근친상간이란 죄를 지었다. 이는 그들을 낙인찍기에 충분한 죄이다. 그러나 이 죄는 순전히 개인적 욕망의 결과는 아니다. 호동은 낙랑공주에게 진 사랑의 빚을 갚아야 한다는 죄책감에 쌍둥이인 왕비와 역할놀이를 하다가 벌어진 결과이다. 호동 입장에서는 왕비가 아닌 낙랑공주와 사랑한 것일 뿐이다. 그렇지만 개인의 이러한 갈등은 집단의 관점에서 전혀 중요하지 않다. 국가 재앙의 이유로 등장하는 것이 근친상간이 아니라 호동이 낙랑의 부처를 섬긴 탓이라는 점은 개인의 사랑보다 정치적인 측면이 더 중요하게 기능하는 기제를 단적으로 보여준다. 비가 내리지 않는 문제를 개인의 죄로 몰아가는 데서 집단의 폭력성을 드러낼 뿐이다.

이 작품에 등장하는 후반부의 굿은 호동과 왕비가 희생제물로 바쳐진 나라굿이다. 그러나 그들의 죽음은 여느 희생제의에서처럼 신성시되지 않는다. 왕자와 왕비의 머리를 식은 밥덩이 주워 넣듯 하는 하늘 사자의 행동에서 이를 알 수 있다.[35] 최인훈은 굿이란 제의를 활용했지만 이 부분에서 굿의 일반적인 사용법에 저항한다. 그리고 이를 통해 집단의 폭력성을 전복적으로 드러내고자 한다. 호동은 여전히 고구려에 대한 충성심이 가득한 인물로 민족주의적 정체성에 변함이 없는데 단지 세상이 자신의 반쪽인 낙랑공주 혹은 낙랑을 제대로 사랑하고자 하는 개인적 의지를 받아들여주지 않을 뿐이다. 여기서 문제가 되는 것은 그러한 성격을 지닌 집단사회, 즉 국가이다. 이승희는 〈옛날 옛적에 훠어이 훠이〉, 〈봄이 오면 산에 들에〉가 1970년대에 대한 알레고리적 성격이 강한 작품들이고 〈둥둥 낙랑둥〉을 포함한 나머지 작품들은 이러한 정치적 의미가 잠복해 있거나 틈새로 비어져 나온다고 했다.[36] 정치적 함의들이 약화되어 있기는 하지만 곳곳에 숨어 있다는 뜻이다. 나라굿을 통해 1970년대의 정치적 상황에 대한 저항을 감지할 수 있다는 점에서 동의할 수 있다.

5. 무속의 이중성

1) 전시와 도전

1970년대 전통이란 것이 창작극에는 물론이고 번역극에까지도 큰 영향을 미쳤다. 우리 것에 대한 발견과 재발견의 의미란 상찬하기 좋은 가치라서 그 자체에 대한 가산점이 없었던 것은 아니지만 연극성의 새로운 영역을 개척했다는 점도 무시할 수 없다. 이는 전시와 도전으로 설명할 수 있다. 허규의 〈물도리동〉이 제1회 대한민국연극제 대통령상 수상작이고 오영진의 〈한네의 승천〉이 한국연극영화예술상 4개 부분에서 상을 받은 작품이라는 점, 오태석의 〈초분〉이 미국에 초청공연을 다녀올 정도로 이슈가 되었던 작품이라는 점을 생각해볼 필요가 있다. 전통에 대한 가산점이 있었겠지만 작품성도 있었기에 가능했던 당대적 평가로 해석된다.

물론 이 작품들이 상을 받았다고 좋은 평가만 받았던 것은 아니다. 허규의 〈물도리동〉과 오영진의 〈한네의 승천〉은 모두 극단 민예에서 허규와 손진책 연출로 이루어졌다는 점에서 비슷한 색채를 공유한다. 그것은 우리의 전통을 제대로 알리고자 하는 데서 출발한다. 전통을 수용하고자 하는 의지가 강하고 그것을 잘 전달하고자 하는 전략을 구사하다보니 전통을 전시하게 되는 경향도 생겨난다. 그러나 전통수용에 대한 성실한 태도는 긍정적 평가가 가능하다. 적어도 첫 단추를 제대로 꿰었다는 의미가 되기 때문이다.

반면 오태석의 〈초분〉은 전위적이라고 평가될 만큼[37] 현대적인 느낌을 주는 데는 어느 정도 성공했으나 난해함이 해결되지 않았고 외국 유학파인 유덕형의 연출에 서구적인 시선이 들어가 있을 수밖에 없다는 점에서 오리엔탈리즘의 한계가 지적되기도 한다.[38] 이는 극단 민예와 동랑레퍼토리의 차이라고 할 수 있다. 그러나 전통을 수용하는 방식이나 태도는 대조되지만 그것을 전시하는 결과에 이르렀다는 점에서는 공통된다고 할 수 있다. 이 점에서는 극단 자유의 전통 작업도 예외가 될 수 없다. 〈무엇이 될고 하니〉에서 놀이성을 강조하여 무속을 통한 죽음을 제시하였지만 여러 가지를 엮어 보여주는 방식 위주여서 겉으로 드러난 것 이상의 의미를 부여하기 힘들다.

오태석의 〈물보라〉는 오태석 연출이라서 조금 성격이 다르다. 1978년 국립극단에 의해 오태석 연출로 초연되었다. "제의를 통한 눈요기 때문에 이야기 줄거리가 부수적 뜻밖에 지닐 수 없는 이 작품은 토속적 리얼리즘으로 말하면 1막이 아주 뛰어나다. 2, 3막으로 고조되는 연희놀이 형식의 제의 속에 주제는 숨어 있지만 물에 대한 신앙의 변주곡이 우선 작가의 한 특색이 된다."[39] 이 평가에 기대자면 굿의 제의적인 전시가 전혀 없었다고 말하기는 힘들 것으로 보인다. 그러나 물의 신앙을 특색으로 언급한 것으로 봐서 주제와 조화되는 지점으로 이끌었다고 판단된다.

전시적 성격과 거리가 먼 작품들은 윤대성의 〈너도 먹고 물러나라〉, 허규의

〈다시라기〉, 최인훈의 〈둥둥 낙랑둥〉이다. 윤대성의 〈너도 먹고 물러나라〉는 1972년에 이화여대 앞 카페에서 살롱드라마로 초연되었고[40] 1973년에 실험극장에 의해 김영렬 연출로 공연되었다.[41] 규모가 크지 않았고 반응이 뜨거웠던 것은 아니지만 새로운 연극을 하겠다는 당시 실험극장의 의도가 잘 반영된 공연이었다. 장대장네 굿 놀이를 전시하고자 하는 의도와는 거리가 멀었고 이 굿 놀이가 지닌 핵심적 요소를 가져와 풍자의 특성을 가장 집약적으로 드러내주는 데 집중했다. 허규의 〈다시라기〉 역시 진도의 호상놀이를 재연했다는 가치 외에 놀이로서의 연극성이 돋보였기에 역설적으로 현대적인 가능성도 인정할 수 있는 작품이다.

최인훈의 〈둥둥 낙랑둥〉은 1980년 허규 연출로 국립극단에 의해 초연되었다. 이 작품 역시 허규 연출의 특징이 있지만 최인훈 희곡 자체가 설화를 바탕으로 해도 개방적이고 다중적인 현대성이 두드러지기 때문에 전작에서와 같이 전시적 성격이 드러나지는 않는다. 오히려 청각을 활용하고 행동을 최소화하여 압축적으로 접근하고자 했다.[42] 그렇다고 이 작품이 아이러니와 전복적 측면을 잘 살린 공연이었다고 말하기는 힘들다. 최인훈 작품이 전반적으로 희곡의 아우라가 무대보다 강해 연극성을 무대에서 보여주기 어렵다고 하는데 이 작품은 특히 더 그런 경향이 있다. 그런 점에서 이 작품은 아직도 도전을 기다리고 있다고 봐야 할 것이다.

이렇게 보면 전통을 발견하고 그것을 온전히 수용하고 현재적 의미를 찾고자 하는 연극적 시도들이 만족스러웠다고 말하기 힘들다. 전통이 지닌 본래적 가치에 힘입은 바 크기에 그것이 전시적인 방식으로 드러날 수밖에 없었다. 이것은 전통의 이중성이라고 할 수 있는데 전통이 새로운 탐구 영역이라서 그 자체로 연극적인 시도들이 신선함을 주었지만 그것이 더 발전하는 단계로 나아가는 데는 어려움을 겪었다. 전통의 전시 효과는 1차적 성과물이자 한계라고 할 수 있다. 문제는 1970년대에 그것은 한계가 아니었지만 현재까지도 전시적인 성격이 지속된다는 것이다. 도전적인 시도는 위험 부담이 크기도 하기에 결국 전시적 성격을 유지한 채 세련되어지는 방식을 선택하게 된다는 점이다. 전통을 호명했던 1970년대적 호황을 벗어난 상태에서도 그 방식에서 벗어나지 못한다는 것은 전통을 대하는 태도가 고착화되었다는 점에서 매우 큰 한계라 할 수 있다. 보여주기 위한 전통이 아니라 우리가 온전히 즐길 수 있는 전통으로 재발견되어야 할 필요성은 여전히 과제로 남아 있다.

2) 순응과 전복

무속을 통한 전통 수용의 성과를 좀 다른 시각에서도 볼 수 있다. 무속이란 환상성을 제공해줄 수 있는 중요한 기제이다. 굿을 주재하는 샤먼은 사실 다른 세상, 저승으로 여행할 수 있는 자이다. 우리의 무당은 바로 이러한 샤먼의 한 형태이므로 이와 비슷한 경험을 하는 자이다. 환상 장르에 대한 우리의 전통은 전기, 몽유록, 괴기담에서 찾아볼 수 있고 이것이 방송이나 영화로 와서 영향력을 발휘하고 있다. 연극에서도 무속이 지닌 의미를 이러한 맥락에서 이해해 볼 수 있다.

물론 무속은 서양 이론으로 설명되는 환상물에 속할 표지를 갖고 있지만 여기서 다룬 작품들이 이에 꼭 들어맞는다고 얘기할 수는 없다. 환상물을 가르는 장르 개념에 따르면 이 작품들은 환상보다 경이에 더 가깝다고 할 수 있다. 환상 장르는 실제와 초자연세계 사이의 머뭇거림이 중요한데 굿은 초자연적 세계에 대한 믿음을 어느 정도 전제로 하기 때문이다. 또한 로지 잭슨에 의하면 머뭇거림 외에 주제적 측면에서는 전복성이 중요하다고 했다. 그녀는 환상물이 결코 이데올로기적으로 순수한 텍스트가 아님을 강조하면서 〈프랑켄슈타인〉부터 〈드라큘라〉에 이르는 고딕소설의 전통이 부르주아 이데올로기를 강화하지만 그것의 서사적 추진력이 환상적 영역, 즉 상상계를 지향함으로써 폭력적인 반문화적 공격을 구성한다고 보았다.[43] 〈둥둥 낙랑둥〉이 어느 정도 이러한 성격을 지니지만 다른 작품들의 전복적인 특성은 그다지 강하다고 말하기 힘들다. 그런데 〈둥둥 낙랑둥〉 또한 알레고리적으로 해석될 수 있어서 환상 장르의 기준으로 보면 거리가 있다. 이렇게 환상 장르에 속하기는 어렵지만 그럼에도 불구하고 굿과 같은 무속은 우리 방식으로 환상적 요소를 드러내주는 기제라고 할 수 있다.

이렇게 볼 때 연극에서 무속이 지닌 환상적 요소가 기여하는 바도 찾을 수 있다. 전통이나 제의로 설명되지 않는 부분을 설명해주기 때문이다. 우선 무속의 환상적 요소는 작품의 기능을 확장하는 데 기여한다. 〈물보라〉에서는 전통적인 굿의 기능 외에 추리적 요소라는 과학적 시선이 들어감으로써 사실적인 측면을 돋보이게 해주어 굿의 세계가 지닌 환상성을 새롭게 환기시켜주었다. 앞에서도 언급했듯이 환상 장르의 가장 중요한 표지는 현실과 가상세계 사이의 머뭇거림인데 이는 자연법칙들만을 알고 있는 한 존재가 겉보기에 초자연적인 사건과 마주하며 경험하는 '주저함'이다.[44] 이는 경계에 대한 인식이 필요하다는 뜻이다. 우리의 무속에서는 현실인지 가상인지 구분을 못할 정도의 과정을 포함하지만 가상을 경험했다는 인식이 존재한다. 굿이라는 것이 바로 그것을 형식화한 제의이다. 그러나 현대로 오면서 굿의 이러한 기능에 대해 의문을 제기하게 된다. 〈물보라〉에서는 이러한 제의에 대한 확신과 현실 논리 사이의 갈등 부분을 다룸으로써 굿의 가상 체험 기능이 얼마나 확장 가능한지를 도전적으로 보여준다. 이는 굿이 지닌 환상적 측면을 풍부하게 만드는 효과를 가져온다. 〈초분〉에서는 시신을 둘러싼 갈등을 통해 어떤 질서를 따르느냐에 의해 집단의 생사가 갈린다는 공포를 상징적으로 형상화했다. 공포는 환상물의 중요한 특징이다. 토도로프는 환상과 관련된 정의들을 이야기할 때 독자의 독특한 경험을 중요시하고 그 경험을 공포로 구체화한다고 밝혔다.[45] 공포가 없는 환상적 이야기들이 없는 것은 아니지만 공포와 당혹감을 통해 순수 상상이 현실은 아닐지 자문하게 하기 때문이다. 〈초분〉의 공포는 미역밭이 썩거나 섬이 없어지거나 공동체의 존립이 어려운 상황이 매우 비현실적인 것처럼 느껴지는 공간에서 벌어지게 함으로써 이러한 공포를 극대화한다.

연극에서 무속이 기능하는 환상적 요소들은 이렇게 부분적이지만 전통의 이중성처럼 기능한다는 점에서 닮아 있다. 앞에서 전통의 발견, 재발견과 수용은 전통의 모습을 재구해야 하는 과정이 필수적이기에 초기에는 전시적 효과가 크게 작용한다고 했다. 이는 작품 외적으로 1970년대 문화예술정책이 전통을 지원해줌으로써 전시적 효과가 눈에 보여야 하는 측면과 관련된다. 환상 장르의 속성도 1970년대 전통 수용 담론이 지닌 이중성과 같이 기성의 가치관이나 세계를 부정하는 전복적인 성격을 지니지만 한편으로는 고딕소설들이 부르주아 이데올로기를 강화하면서 심도 있는 억압을 유발한다는 한계도 인정된다. 그럼에도 불구하고 공격과 억압이란 양쪽 힘의 긴장이 환상성의 중요한 요소로 작용하듯이 전통 수용도 도전과 전시의 긴장감이 작품을 이끈다. 오태석은 무속을 꾸준히 작품에 반영했고 1993년 〈백마강 달밤에〉, 2005년 〈용호상박〉에 오면 굿의 활용이 더욱 돋보인다. 물론 후대로 오면서 오히려 굿 자체를 연극적으로 활용하려는 노력 자체가 줄어든 것은 사실이고 1990년대 2000년대에 와서도 해외공연을 염두에 둔 전시적 성격이 없어진 것도 아니지만 굿은 순응과 전복 사이의 긴장감을 통해 새로운 것을 이야기할 수 있는 가능성의 도구라고 할 수 있다.

앞에서 살펴보았듯이 굿은 죽음의 문제를 다루기에 매우 좋은 도구로 활용된다. 양적으로 볼 때도 죽음과 굿의 관계는 매우 밀접해서 무속 소재의 거의 모든 작품이 이를 다루지만 질적인 면에서도 매우 다양한 스펙트럼을 보인다. 작품 말미에 잠깐 등장하는 식으로 굿이 활용되어도 작품 전체에 미치는 영향은 크다. 〈춘풍의 처〉보다 〈너도 먹고 물러나라〉에서 굿의 역할이 더 크듯이 작품마다 굿의 영향력에 약간의 차이가 있지만 등장 시간보다 훨씬 더 큰 영향력을 발휘한다는 점은 공통된다. 죽음이란 일상적이면서 형이상학적이고 개인적이면서 사회적인 문제이기에 굿은 이러한 측면에서 지속적으로 유용성을 발휘할 것으로 기대된다.

개인과 집단의 갈등 부분에서 무속이 활용될 때는 사회적인 의미가 부각된다. 그러나 무속이 지닌 이중적 성격으로 인해 순응하거나 고발하는 차원에 머물게 된다. 무속의 이중성은 1970년대 정부지원 정책이라는 열매와 전통의 재발견이란 가치를 획득해야 하는 이중성, 무속이 지닌 해원의 의미가 표면적으로 순응처럼 받아들여질 수 있는 이중성이다. 전자의 경우 전시라는 덫에 걸려 있다는 점이 한계로 지적된다. 후자의 경우 이 이중성을 잘 활용하면 오히려 전복적인 의미가 드러나도록 그 사이를 뚫고 나오는 억압과 긴장의 에너지가 커질 수 있다. 무속의 활용으로 죽음을 바라보는 방식의 변화가 연극성의 확장에 기여한 바가 크다. 그러나 이 죽음에 대한 탐구가 사회적 의미와 결합하여 확장될 때 더 큰 영향력을 발휘할 수 있다.

주석

1 무속을 샤머니즘의 번역어로 보는 학자(유동식)와 구분하는 학자(김태곤, 최길성)가 있는데 이 글에서 이러한 용어를 둘러싼 논의가 중요하지 않아서 거의 동의어로 보고 논의를 진행하고자 한다. 무속과 샤머니즘의 개념에 대한 설명은 다음 논문 참조. 조남욱, 「샤머니즘의 개념과 접근방법의 관계에 대한 연구」, 서울대학교 석사학위논문, 2005.

2 자유극장의 김정옥 연출로 공연된 1978년에 박우춘 작 〈무엇이 될고 하니〉란 작품도 70년대 무속 소재 작품에 속한다. 작품 분석에서는 논의의 편의상 제외하였지만 필요한 부분에서 함께 논의할 것이다. 오태석의 〈춘풍의 처〉도 굿이 소재로 등장하지만 중심 소재가 아니라서 제외하였다.

3 〈진동아굿〉 〈소리굿 아구〉 등 이는 1970년대에 한정된 설명이다. 1980년대로 오면 실제 굿이 적극적으로 등장하는 작품이 많아진다. 〈관악굿〉 〈장산곶매〉 〈돼지풀이〉 〈좀녀풀이〉 등.

4 연출가는 초연 공연을 기준으로 작성하였다. 다시라기의 굿놀이는 성격이 좀 다르긴 하지만 넓은 의미의 굿에 속한다고 볼 수 있다. 무속의 강세는 영화에서도 예외가 아니다. 이는 다음 논의 참조. 박유희, 「샤먼의 기억—한국영화에 나타난 '무당' 표상」, 《현대문학이론연구》 48, 2012, 189면.

5 이용범, 「무속에 대한 근대한국사회의 부정적 시각에 대한 고찰」, 《한국무속학》 9, 2005, 141면. 일제의 무속탄압은 통제의 성격을 지닌다고 한다. 무당을 심하게 탄압하면 도리어 피해가 있을 것으로 생각하였기 때문이다.

6 박진숙, 「한국근대문학에서의 샤머니즘과 민족지의 형성」, 《한국현대문학연구》 19, 26-28면 참조.

7 최남선으로 대표되는 민족의 소환을 통한 민족주의 운동은 다소 복잡한 논의가 뒤따른다. 최남선의 불함문화론이 1936년 이후 대동아공영 논의 안으로 수렴, 해체되면서 그 한계를 보여주지만 초기에는 최남선의 무속종교를 통한 민족주의가 어느 정도 의미가 있었던 것으로 보기도 한다. 중요한 것은 상상된 공동체의 성격을 지닌 선택적 민족 개념의 뿌리가 약할 수밖에 없다는 점이다. 무속을 통한 전통 담론의 시작이 구한말부터이므로 70년대 이후 전통담론의 기초로 작용한다는 점에서 중요하다. 이에 대한 자세한 논의는 다음 논문 참조. 김성례, 「일제시대 무속담론의 형성과 식민적 재현의 정치학」, 《한국무속학》 24집, 2012.

8 김성례, 「한국의 샤머니즘 개념 형성과 전개」, 《샤머니즘》 5집, 86-87면. 이 연구에서 한국의 샤머니즘 전개 양상을 5개의 패러다임으로 설명하고 있는데 그것을 부분적으로 참조했다.

9 이외에도 "1970년대 전통담론은 서구 문화의 급격한 수입과 1967년 한일회담으로 식민지의 기억이 호출됨으로써 탈식민화를 위해 개인은 민족의 일부로 다시 흡수되는 지점에서 발생했다"고 할 수 있다. 김윤미, 「〈한네의 승천〉에 나타난 한국적 영상의 의미 연구」, 《드라마연구》 28호, 2008, 49면. 1970년대 전통담론은 전통이 여러 측면에서 요구되었던 상황에서 시작된다.

10 정부 주도의 전통문화 살리기 운동이 진행되었지만 이것이 새마을운동의 과정에서 전통문화가 망가지기도 했다는 점을 보면 서로 상치되는 측면이 분명 존재한다. 백현미, 「1970년대 한국연극사의 전통담론 연구」, 《한국극예술연구》 13, 166면.

11 이상록, 「1960~1970년대 비판적 지식인들의 근대화 인식」, 《역사문제연구》 18호, 2007, 222-

224면 참조.

12 백현미, 「1970년대 한국연극사의 전통담론 연구」, 《한국극예술연구》 13, 166면. 정부주도 정책의 세부 내용과 한계가 이 논문에 실려 있다. 1973년 문예중흥5개년 계획에 대한 설명은 김원, 「한국적인 것의 전유를 둘러싼 경쟁」, 《사회와 역사》 93집, 2012, 198면 참조.

13 김원, 위의 글, 199면; 오명석, 「1960~1970년대의 문화정책과 민족문화담론」, 《비교문화연구》 4호, 1998.

14 〈물도리동〉 〈한네의 승천〉 〈초분〉이 상을 받거나 외국에 나가서 우리 문화를 알리는 대표선수 역할을 했고 〈한네의 승천〉 〈초분〉은 영화로 만들어졌는데 영화제 수상으로 이러한 전통 작업을 인정받았다.

15 〈무엇이 될고 하니〉 〈춘풍의 처〉에 등장하는 굿도 죽음을 다루기 위한 장치로 기능한다. 〈무엇이 될고 하니〉는 〈다시라기〉만큼 놀이성에 비중을 둔 것은 아니고 그 효과도 약하지만 죽음을 놀이로 접근하고자 한 의도는 비슷하다. 〈춘풍의 처〉에서 굿 역시 처의 죽음을 애도하기 위한 방법인데 명월이가 무당 역할을 맡게 함으로써 갈등의 해결을 구조화한다.

16 김현철, 「윤대성 희곡의 전통극 양식 수용과 현실의 형상화」, 《한국극예술연구》 28집, 한국극예술연구회, 2008, 222-223면.

17 김미도, 「윤대성 희곡의 전통수용 양상」, 《한국연극학》 29호, 한국연극학회, 2006, 22-24면. 김현철, 위의 글에서도 긴장과 이완의 구조가 연극성에 기여하는 측면을 분석하였다.

18 홍태한, 「서울 진오기굿의 공연예술성」, 《공연문화연구》 8집, 2004, 27면.

19 김미도는 이 작품을 〈물도리동〉과 비교하여 원형적 놀이가 잘 보존되어 통일성이 있고 놀이성, 즉흥성, 신명이 잘 살아 있는 작품으로 재탄생했다고 평가했다. 김미도, 「한국 현대극의 전통수용」, 《한국연극학》 27집, 2005, 24-25면.

20 《동아일보》, 1978. 12. 14.

21 허미경, 「천도재와 씻김굿에 관한 비교 연구」, 《동양학연구》 3, 2007, 106-107면.

22 이 작품에는 "죽음과 삶, 인간과 자연, 법과 질서, 섬과 물, 습한 것과 마른 것, 남과 여, 사랑과 미움, 희생과 이기"(유덕형, 「70년대의 초상—상황적 고통의 확인」, 서울평론, 1975. 5. 1. 『오태석 희곡집』 2, 평민사, 1994, 269면에서 재인용) 등 이분법적으로 대립하는 구도가 많은데 작가는 이를 원심력과 구심력으로 표현하기도 한다.(오태석 서연호 대담, 『오태석 연극: 실험과 도전의 40년』, 연극과 인간, 2002, 59-61면.) 이외에 개인과 집단의 갈등이라고 볼 수 있는 측면도 있다.

23 삶과 죽음의 공존과 전도에 대한 특징은 이 작품만의 특징은 아니다. 〈춘풍의 처〉 같은 오태석의 다른 작품들에서도 드러난다. 김방옥, 「과거: 잃어버린 것, 잊고 싶은 것들에 관한 유희」, 『열린 연극의 미학』, 문예마당, 1997, 317-319면.

24 김남석, 「오태석 초기작에 나타난 혼란 양상과 그 의미」, 『오태석 연극의 역사적 사유』, 연극과 인간, 2005, 121면, 심우성과 필자와의 개인 인터뷰 내용 참조. 6.25 때 본 죽음과의 연관성은 유덕형, 「70년대의 초상—상황적 고통의 확인」, 『오태석희곡집』 2, 평민사, 1994, 275면에도 언급.

25 김방옥, 앞의 글, 299-310면 참조.

26 김월덕, 「호남지역 마을굿의 전승 양상과 공연 원리 연구」, 《공연문화연구》 15집, 공연문화학회, 2007, 9면.

27 허규, 작가의 말, 『물도리동』, 평민사, 1998, 88면.

28 서연호, 「극작가로서의 허규, 그 작품 세계」, 허규, 『물도리동』, 평민사, 1998, 366면에서 재인용.

29 권오만, 「오영진 삼부작에 대하여—구비문학과의 관련을 중심으로」, 《국어교육》 18, 1972. 권오만의 연구를 시작으로 연구자들이 오영진 작가론을 다룰 때도 삼부작에 한해서는 전통이나 민속, 제의와 관련된 시각이 대부분이다.

30 김승옥, 「한국현대희곡의 전통수용 연구」, 단국대학교 박사학위논문, 1996.

31 김성희, 「오영진 희곡의 대립구조와 그 의미」, 《한국극예술연구》, 229-231면 참조. 만명의 한네를 닮은 술집여인의 살해는 개연성이 떨어진다는 지적을 받는 부분인데 이 논문에서는 오이디푸스적 의미로 보아 자신과 어머니에 대한 고착관계를 끊는 거세역할로 해석한다. 영화 〈한네의 승천〉을 근친상간에 대한 욕망과 관련해 설명하는 것은 다음 글 참조. 강성률, 『하길종 혹은 행진했던 영화 바보』, 이론과실천, 2005, 225-230면.

32 음악극 〈한네의 승천〉에는 고발이 더욱 부각되어 있다. 주제를 강하게 피력하다 보니 은폐의 구조에서 드러나는 고발이 아니라서 이것이 작위적으로 느껴지는 점이 있다.

33 하길종의 영화 〈한네의 승천〉의 경우 유신정권에 대한 알레고리로 읽힐 수 있지만 하길종의 자기검열이 강하게 들어간 경우로 파악하기도 한다. 김윤미, 「〈한네의 승천〉에 나타난 한국적 영상의 의미 연구」, 《드라마연구》 28호, 2008, 50-54면.

34 송전, 「원초심성의 탐구—최인훈 희곡세계」, 《외국문학》 15, 1998. 8, 62-64면.

35 김유미, 「한국현대희곡의 제의구조 연구」, 고려대학교 박사학위논문, 2000, 70-71면. 일반적으로 희생제의는 희생물의 희생을 숭고하게 만듦으로써 희생을 미화하는 측면이 있는데 이 부분은 그러한 측면을 일부러 거부한다는 의미를 지닌다고 했다. 백현미, 「최인훈 희곡 〈둥둥 낙랑둥〉의 감성 연구」, 《국어국문학》 157호, 2011, 200-201면. 이 논문은 제의적 연구와 거리가 멀지만 그러한 관점에서도 감성 갈등 부재의 사물화된 세계상으로 공포감을 준다고 했다.

36 이승희, 「최인훈의 극작 여정, 그 보편성에의 유혹과 정치적 무의식」, 《민족문학사연구》 35집, 2007, 268-269면.

37 이미원, 「한국현대연극의 전통수용 양상(1)」, 《한국연극학》 6호, 1994, 196면.

38 이상우, 「한국희곡의 동양지향성과 오리엔탈리즘」, 《한국문학이론과 비평》 39집, 2008, 405-412면 참조.

39 이상일, 「국립극단의 〈물보라〉를 보고」, 《동아일보》, 1978. 9. 20

40 서연호, 이상우, 『우리 연극 100년』, 현암사, 2000, 246-247면.

41 김미도, 「윤대성 희곡의 전통수용 양상」, 《한국연극학》 29호, 2006, 17면.

42 배재훈, 「최인훈 작 〈둥둥 낙랑둥〉의 공연사 연구」, 중앙대학교 석사학위논문, 2012, 29-46면 참조.

43 로지 잭슨, 서강여성문학연구회 역, 『환상성—전복의 문학』, 문학동네, 2001, 160-161면.

44 츠베탕 토도로프, 최애영 역, 『환상문학서설』, 일월서각, 2013, 53-64면 참조.

45 츠베탕 토도로프, 위의 책, 72면 참조.

| 제3절 |

공포에서 해원으로
: 1980년대 전후 영화 속 무당 표상과 사회적 무당의 탄생

1. 한국사회 내 무당의 존재와 무당 소재 영화

한국 대중예술에서 무당[1]은 여타의 초현실적 소재와는 구별되는 독특한 소재이다. 무당은 영혼이나 신 등 우주 안의 다양한 정신적 에너지들과 살아 있는 인간과 매개하는 것을 주 임무로 삼는 존재이다. 무당이 매개하는 것들은 이른바 근대과학으로 존재를 증명하기 힘든 것들이라는 점에서 초현실적인 것, 환상적인 것으로 간주되고, 대중예술에서 이것을 다룰 때에 환상이라는 설정으로 나타난다. 그러나 한국 대중예술 속의 무당은, 한국의 수용자 대중들에게 타임머신, 외계인, 퇴마사, 점성술사, 옥황상제, 구미호 등과는 아주 다른 존재로 다가온다. 대중예술 속 타임머신이나 외계인은 환상적 설정이라는 점에서 무당과 다를 바 없지만, 근현대 자연과학적 상상력을 바탕으로 이루어진 것이라는 점에서 크게 다르다. 서양의 소설이나 영화에서 자주 등장하는 점성술사, 퇴마사, 꼬리 달린 타원형의 하얀색 서양 유령, 검은 뾰족 모자에 빗자루를 타고 다니는 마녀, 서양식 흡혈귀인 뱀파이어, 인도 등 서남아시아의 마법사 등은, 모두 그 배경이 외국으로 외국의 문화적 맥락 속에 들어 있다. 말하자면 한국의 대중예술 수용자의 생활공간과 어울리지 않으므로, 대중예술 속의 특정 공간적 배경 안에서만 유효성이 있는 존재들이다. 옥황상제나 삼신할미,

구미호, 도깨비 등은, 동아시아나 우리나라의 문화적 맥락 속에 존재하나 과거의 것이다. 전근대의 사람들은 그것의 실재를 믿었을지 몰라도 적어도 근대 이후의 한국인에게는 설화나 작품 안의 것으로 받아들여진다. 그러나 무당은 현재 한국인의 생활공간 안에 엄연히 존재한다.

무당은 한국 내에서 깊은 문화적 토대를 지니고 긴 시간 동안 존재해왔을 뿐 아니라, 현대의 수용자 대중의 삶 속에 존재하는 현재적인 존재이다. 즉 무당이라는 존재가 환기시키는 초현실성은, 먼 미래에나 가능한 것, 한국인의 생활 영역에서 접해보기 힘든 이국적인 것, 혹은 이미 지나가버린 과거의 것이 아니라, 현재 서울의 미아리고개나 인왕산 국사당, 길거리에서 흔히 볼 수 있도록 건물 외부에 홍백기(紅白旗)를 내건 무속인 사무실, 심지어 시내버스의 광고판에서조차 쉽게 만날 수 있는 존재이다. 무당이 중심이 되는 한국의 민간토속신앙은 현재에도 막강한 힘을 발휘하는 살아 있는 신앙이다. 사단법인 대한경신연합회는 1971년에 문화공보부에 등록된 무속인의 대표 단체이며 1997년에 법인으로 등록이 되었고 《한국민속신문》이라는 기관지를 발행한다. 전국에 199개 지회가 있고, 141,790명의 회원을 기록하고 있으나,[2] 여기에 등록하지 않은 무속인이 훨씬 더 많다고 추정된다. 물론 이 통계에는 신을 모시는 무속인만 포함된다. 이들 무당은, 사주·관상·주역 등의 술수학을 바탕으로 길흉을 예견하는 사람들과는 다른 존재이다. 무당들이 술수학을 공부하여 술수학의 논리체계의 힘을 빌려 점을 치기도 하지만, 귀신을 매개하지 않으면 무당이라 하지 않는다. 무당들의 단체 이름에 '경신(敬神)'이란 말이 포함되어 있는 것은 그 때문이다.

이렇게 많은 무당들이 있다는 것은 주목할 만하다. 무굿(무당굿)[3]의 일부가 무형문화재로 지정되었다고 해서, 다른 무형문화재들처럼 모든 무굿이 다 사라질 위기에 처했다고는 볼 수 없다. 소음이나 종교적 갈등의 이유로 일반 주택에서 무굿을 하기는 힘들어졌지만, 굿당을 대여하는 방식으로 엄연히 무굿이 행해지고 있기 때문이다. 즉 무형문화재 지정은 무굿 문화 전체의 소멸 위기 때문에 행하는 것이 아니라, 예술적·문화적으로 의미 있다고 판단되는 특정 무굿 종목의 원형보존을 위한 조치이다. 문화재 지정과 무관하게 엄청나게 많은 수의 사람들이 신을 모시고 무업(巫業)으로 생계를 유지하고 있을 만큼, 한국에서 여러 신과 영혼을 믿는 무속신앙, 무당, 무굿은 살아 있는 문화이다.

현재 한국인의 삶 속에 무당이 존재하고 있으므로, 한국의 대중들에게 대중예술 속의 무당과 이들이 매개하는 귀신은, 다른 종류의 환상들과는 비교할 수 없는 현실적 개연성을 지니는 설정으로 느껴질 수밖에 없다. 사실 수많은 한국영화 속의 머리 풀고 소복 입은 귀신은 인물 형상화나 미술의 측면에서 할리우드 영화의 정교한 특수효과를 거론하기조차 민망할 정도로 엉성한 경우가 많다. 그런데도 할리우드 영화 속의 유령이나 뱀파이어보다 엉성하게 머리 풀고 소복(素服)한 귀신이 한국의 대중들에게는 훨씬 더 무섭게 느껴지는 것은, 문화적·사회적 맥락에서 기인하는 개연성 때문이다. 도시 주변 공동묘지에서 갓 튀어나온 듯한 한국인의 얼굴을 가진 귀신 형상은 분명히 초현실적인 존재라는 점에서 환상이지만, 평생토록 전혀 만날 가능성이 없는 서양 유령이나 외계인처럼 완벽한 비현실적 존재가 아닌, 어쩌면 자신이나 주변인이 만날 수도 있다고 느껴지는 현실적 개연성을 지닌 존재이다. 당연히 이런 귀신을 매개하는 한국의 무당과 무굿 역시 남다르게 느껴지게 된다. 이러한 현실성 때문에 특정 시기 대중예술 작품 속의 무당 표상이 드러내는 일정한 경향은, 당대의 현실적인 무당과 민속신앙에 대한 그 시대 사람들의 생각과 태도를 여실히 드러내게 된다.

이 글은 1970년대 중반부터 1990년대 중반까지의 한국영화 속에 나타난 무당과 무굿의 표상이 어떠한지, 그것이 보여주는 의미는 무엇인지에 대해 고찰하고자 하는 글이다. 이 시기 한국영화 속의 무당과 굿의 표상은 상당히 주목할 만한 지점이 있다. 그 이전과 이후의 작품들과 달리 쉽게 이해되지 않는 특이함이 발견되기 때문이다. 한국영화사에서 무당 표상의 변모 양상은 이미 박유희가 일목요연하게 정리한 바 있는데, 이 연구에서도 특히 이 시기의 특이성에 대해 주목했다.[4] 박유희도 지적했듯이, 이 시기의 무당 표상은 영화에서 전면화되어 있다는 점에서 다른 시기의 영화들과 다르다.[5] 모든 영화가 다 그러한 것은 아니지만, 이 시기에는 유달리 무당 인물의 비중이 매우 높은 작품이 밀집해 있다. 특이한 지점은 이뿐만 아니다. 영화 속 무당의 위상과 의미 역시 주목할 만한 차이를 보인다. 이 시기 이전인 1960년대의 영화들에서는 무당이 주로 전근대적이고 비과학적 미신을 주창하며 혹세무민하는 존재로 의미화된다. 이러한 무당 표상이란, 근대 이후의 제도교육이나 언론 등 이데올로기적 장치를 통해 토착적 민간신앙을 미신으로 치부하고 배격하는 관념을 온 국민에게 지속적으로 학습해왔다는 점에서, 그 문화적 맥락이 쉽게 이해된다. 한편 1990년대 중반 이후의 무당 소재 영화들은, 〈영매〉(박기복, 2003), 〈사이에서〉(한윤희, 2006)[6] 등의 다큐멘터리 영화를 제외하고는 비교적 대중영화의 장르 관습에 충실한 경향을 보인다. 예컨대 〈여고괴담〉(박기형, 1998)은 공포물의 관습을, 〈박수건달〉(조진규, 2012)은 코미디의 관습을 지닌다. 이 두 경우 무당의 설정과 의미, 표상 등은 비교적 쉽게 이해된다.

그에 비해 1970년대 중반부터 1990년대 중반까지 무당이 등장하는 영화에서는, 무당의 비중이 높아지면서도 단순히 전근대적 미신이라는 의미망이나 대중영화 장르에서 요구되는 신비주의적·초현실적 설정을 위한 배치로도 보기 힘든, 다소 복잡한 문화적·사회적 의미망들이 포착된다. 이러한 현상에 대해 박유희는, 당시 영화계가 박정희 정권의 후반기에 강화된 민족문화 정책에 순응하며 문예영화에서 파생되는 여러 이득을 고려하면서, 텔레비전이라는 새로운 매체에 밀려 쇠락하는 흐름의 대응으로서 에로티시즘을 드러낼 수 있는 소재라는, 꽤나 다양한 이유들이 맞물린 결과라고 분석했다. 나 역시 이러한 주장에 동의하는 바이지만, 박유희의 글이 이 시기의 무당 소재 영화들에서 다소 이질적인 몇 개의 가닥을 구분하지 않고 한꺼번에 설명함으로써, 영화 속 무당 표상의 여러 측면이 당대의 어떤 사회·문화적 현실과 관련 맺고 있는지가 다소 뭉뚱그려져 범박하게 해석된 감이 있다.

따라서 이 글은, 1970년대 중반부터 1990년대 중반까지 무당과 굿을 다룬 영화를 대상으로 하여 무당과 굿의 표상이 어떻게 나타나고 변화하는지, 그리고 이 시기의 독특한 표상들이 현실 속 무당과 굿의 양상과 어떤 대응을 지니고 있는지를 조금 더 섬세하게 살펴보고자 하는 것에 초점이 맞추어져 있다. 특히 앞서 이야기했듯이, 무당은 한국의 사회 속에 엄연히 존재하고 생명력을 지니는 문화이며 정부와 문화계의 관심 대상이기도 하다는 점에서, 각 시대에 부상하는 무당 표상이 영화 바깥의 어떤 사회·문화적 현실의 영향을 받은 것인지를 살펴보는 것은 이 글이 목표하는 가장 중요한 지점이다. 이 시기는, 1960년대부터 시작했던 제1, 2차 경제개발5개년계획의 시대가 모두 지나고, 한국의 산업화·근대화가 자리를 잡으며 이전의 농촌공동체는 거의 해체된 시기였으며, 전쟁 이후에 태어나 본격적으로 의무교육의 혜택을 받으며 자라난 세대가 청년기에 도달하여 이른바 서구 근대의 과학적 사고의 기본 틀이 대부분의 국민들에게 내재화되었던 시대였다. 이러한 때에, 다른 어느 시기보다도 무당과 굿이 작품의 전면에 등장하는 영화들이 등장했다는 것은 흥미로운데, 이러한 부류의 작품을 대두시켰던 당대의 문화가 무당이 매개하는 초현실적 영역을 어떻게 이해하고 받아들이고 있는지, 그것은 어떤 문화적·지적 흐름 속에서 만들어진 것인지를 살펴보는 일이 이 글에서 관심을 두고 있는 지점이다.

마지막으로 이 글이 대상으로 삼으려 하는 시기에 대한 설명이 조금 더 필요하다. 1970년대 중반부터 1990년대 중반까지의 영화라는 제한은, 한국영화사의 일반적 시대구분과 일치하지 않고, 선행연구와도 일치하지 않기 때문이다. 정종화의 『한국영화사』는 다소 범박하게 1970년대(1970~1979), 1980년대(1980~1989), 1990년대(1990~1999)로 나누고 있고,[7] 김미현 책임편집 『한

국영화사: 개화기에서 개화기까지』는 정치사적 변화와 영화법 개정 시기를 고려하여 1972~1979년, 1980~1987년, 1988~1995년, 1996년 이후로 시기를 나누어 서술하고 있다.[8] 한편 박유희의 연구에서는, 1960년대를 한꺼번에 묶고, 1980년대 이후를 한꺼번에 묶어 서술하면서, 그 중간에 놓인 1970년대 초부터 1980년대 초반까지를 시기와 내용적 경향을 고려하여 세 가닥으로 서술한다. 어떤 식으로든 박유희는 〈무녀도〉(최하원, 1972)를 1970년대 흐름의 시작으로 보고 있는 셈이다. 그러나 나는, 〈무녀도〉를 〔비록 그 이전의 무당 소재 영화인 〈만고강산〉(최인현, 1969)과는 몇 년의 격차가 있기는 하지만〕 1970년대의 시작으로 보기보다는 1960년대의 마지막 경향으로 보는 것이 타당하다고 생각한다. 1972년의 〈무녀도〉가 이루었던 성취가 있지만, 무당을 형상화하는 관점에 관한 한 여전히 이전 작품의 흐름 속에 있다고 보인다. 여전히 1970년대 초에는 1960년대 영화들이 지녔던 미신이라는 관점이나 공포물 관습에 의거한 무당 표상이 유지되는 감이 있는 것이다. 이에 비해 1977년 〈이어도〉(김기영)와 〈한네의 승천〉(하길종)부터 무당 소재의 새로운 흐름이 시작되는 것으로 보이며, 이는 1980년대 중반까지 이어진다. 그리고 이후, 1987년 〈나그네는 길에서도 쉬지 않는다〉(이장호)부터 1994년 〈태백산맥〉(임권택)과 유사무당이 등장하는 1996년 〈꽃잎〉(장선우)에 이르기까지 그 이전에는 발견되지 않는 무당과 굿 표상들이 나타나고 있다고 보인다. 따라서 이 글에서는, 1970년대 후반부터 1986년, 1987년부터 1996년의 두 시기를 중심으로 서술할 것이다. 이는 『한국영화사: 개화기에서 개화기까지』의 시대구분과 엇비슷하기는 하지만, 일반적인 한국영화사 시대구분을 중심으로 영화들을 나누어 살펴본 결과가 아니라, 오로지 무당 표상에 국한하여 시기를 나눈 결과임을 밝혀둔다.

2. 전통예술 부흥의 시대 영화적 호응: 1970년대 중반부터 1980년대 중반

1970년대 후반의 무당 소재 영화들이 그 이전과 확실히 변별되는 지점은 이전과는 확실히 차별화된 방식으로, 그로테스크하면서도 강력한 지배자로서의 무당을 영화의 전면에 등장시키기 시작했다는 점이다. 〈이어도〉, 〈한네의 승천〉, 〈초분〉(이두용, 1977) 등이 그 시작이다.

주지하다시피 1960년대의 무당 소재 영화들은 무당을 근대화의 걸림돌인 미신, 혹은 근대화 과정에서 청산될 수밖에 없거나 이미 돌이키기 힘든 회고적인 향토성과 관련 있는 것으로 그려내고 있다는 점이 특징적이다. 1960년대 말에 유행한 B급의 여귀(女鬼)영화들이 그나마, 무당·귀신을 당대의 삶과 관련 있는 것으로 형상화하고 있기는 하지만, 이들조차 상당수는 전근대시대나 해방 전 상황을 배경으로 하고 있는 작품들이다. 1960년대 초의 〈쌀〉(신상옥, 1963), 〈고려장〉(김기영, 1963) 등은, 저주로 사람들을 고통에 빠뜨리며 마을의 권력자와 야합하여 혹세무민을 함으로써 주인공이 주도하는 근대적인 사업의 방해하는 등, 근대화에서 청산될 부정적 존재로서의 무당 표상을 드러낸 작품으로 대표적이라 할 만하다. 〈김약국의 딸들〉(유현목, 1963), 〈갯마을〉(김수용, 1965), 〈역마〉(김강윤, 1967) 등의 이른바 문예영화들에서는, 무당을 부정적으로 형상화하는 경향이 다소 약하기는 하지만, 근대화 과정에서 사라질 수밖에 없는 잔존적 사회·문화현상으로 그리고 있다는 점에서는 동일하다. 저물어가는 이 현상에 대한 회고적인 아쉬움과 그에 대한 심미적 태도가 있기는 하지만, 근대적 세상 속에서 무속과 굿의 쇠락은 돌이킬 수 없는 것으로 느껴지도록 그려내고 있다.

그렇게 보자면 이 흐름은 1970년대 중반까지도 계속되는 것으로 보는 것이 타당하다. 비록 20세기를 시대적 배경으로 하고 있기는 하나 도시의 근대성과는 가장 멀리 떨어져 있다고 할 만한 외진 바닷가 마을을 배경으로, 바다에서 죽은 어민들의 넋건지기 굿을 보여주는 〈갯마을〉은, 문예영화 속의 향토적 풍속으로서의 무속을 확실하고 전형적으로 보여주고 있는데, 이 흐름은 〈역마〉를 거쳐 1972년 〈무녀도〉로 이어진다. 즉 이들 작품에서 무당·무속은, 쇠락해 가는 한국적이고 향토적인 것으로서의 이미지를 완성시킨다.

한편, 1970년대 중반까지는 여전히 1960년대 식의 여귀 소재의 공포물 〈반혼녀〉(신상옥, 1973), 궁중 배경의 통속화된 사극 〈박수무당〉(임원식, 1974) 등도 꾸준히 그 모습을 보여주고 있다. 문예영화에서의 향토성과는 달리, 과거 배경의 영화에서 무당은 자주 그 모습을 드러내고 있으며, 이는 무당과 무굿이 더 이상 근대적이지 않은 것, 그러나 영화에서 여전히 자극적인 스펙터클과 긴장감 조성을 가능하게 하는 소재로 기능하고 있음을 말해주고 있다.

1970년을 전후한 시기에 텔레비전 매체의 급성장과 정치상황의 변화 등으로 한국영화의 흐름이 요동치면서, 이러한 작품들이 몇 년 동안 나타나지 않았다. 그러나 바로 이러한 흐름을 고려할 때에 1972년의 〈무녀도〉는 1960년대 경향의 연장으로 보는 것이 더 타당해 보인다. 〈무녀도〉가 무당을 주인공으로 설정하여 무속을 전면화한 작품이라는 점에서 이후 나타난 새로운 흐름과 유사한 측면이 없지만, 1970년대 후반 〈초분〉, 〈한네의 승천〉 이후의 새로운 경향보다는 오히려 1960년대 〈갯마을〉, 〈역마〉와의 연계성이 강하게 느껴진다. 문단에서 어느 정도 정전으로 인정받는 작품을 소재로 한 문예영화라는 점에서도 그렇거니와, 〈무녀도〉의 연출자 최하윤의 성향도 1970년대의 새로운 흐름을 받아냈다기보다는 1960년대에 본격화된 문예영화의 흐름을 탄 마지막 인기 감독인 측면이 강하다는 점에서 그러하다. 최하원은 〈나무들 비탈에 서다〉(1968)로 첫 연출을 맡고 〈독 짓는 늙은이〉(1969)와 〈무녀도〉로 크게 인정받으며 1970년대에도 이러한 흐름의 문예영화를 계속 연출한 감독으로, 1960년대를 대표하는 인기 감독이라고는 할 수 없지만 그렇다고 해도 1970년대의 새로운 흐름을 보여준 일련의 감독들과도 구별되는 결을 지니고 있다.

이에 비해 1977년 〈이어도〉, 〈한네의 승천〉, 〈초분〉은 이전과는 확연히 구분되는 새로운 흐름의 시작이라 할 만하다. 그리고 이는 〈태〉(하명중)가 나오는 1986년 즈음까지 이어진다. 물론 이 흐름에 속하는 작품들도 문학작품을 원작으로 하고 있다는 점에서 문예영화로 분류된다. 하지만 그 이전 시대의 문예영화에서와는 다소 다른 문화적 흐름이 이 영화에 들어와 있음이 감지된다. 우선 이 새로운 흐름은, 김동리나 오영수 같은 이미 정전화된 문학작품이 아니라, 이들 영화와 동일한 시대인 1970년대 이후의 작품들을 원작으로 하고 있다는 점이 큰 차이점이라 할 만하다. 이 시기 무당 소재 영화 중 새로운 흐름이라 볼 만한 작품과 그 원작은 이러하다.

영화 〈이어도〉의 한 장면. 오른쪽 무당 역을 맡은 연극배우 박정자는, 위협적인 카리스마, 으스스한 공포, 강한 성적 에너지를 드러내는 무당 역에 자주 캐스팅되었다.

영화연도	영화명	감독	원작 작품명	원작자	원작발표연도
1977	이어도	김기영	소설 〈이어도〉	이청준	1974
1977	한네의 승천	하길종	희곡 〈한네의 승천〉	오영진	1972 (공연 1975)
1977	초분	이두용	희곡 〈초분〉	오태석	1972 (공연 1972)
1979	신궁	임권택	소설 〈신궁〉	천승세	1977
1979	물도리동	이두용	희곡 〈물도리동〉	허규	1977 (공연 1977)
1980	피막	이두용	원작 없음		
1980	물보라	김수용	희곡 〈물보라〉	오태석	1977 (공연 1978)
1983	불의 딸	임권택	소설 〈신딸〉(1983년 〈불의 딸〉로 개제)	한승원	1981
1986	태	하명중	소설 〈낙월도〉	천승세	1973

작품의 면면을 보면 이전 시기의 작품들과는 다른, 이들만의 특징이 확연히 보인다.

첫째, 〈피막〉(이두용, 1980)을 제외하고는 모두 기존 문학작품을 원작으로 삼았는데, 흥미롭게도 모두 1970년대 이후의 작품이다. 다소 늦은 시기에 나온 〈태〉를 제외하고는, 원작이 발표된 지 5년 이내에 영화로 만들어졌음을 알 수 있다. 게다가 〈한네의 승천〉은 1975년 극단 민예의 음악극으로 만들어져 작곡가 김영동의 국악가요, 손진책의 연출, 주인공을 연기한 가수이자 배우인 김성녀 등이 모두 유명해지는 계기가 되었고, 연극 〈초분〉 역시 1972년에 초연되기는 했지만 이후 미국과 캐나다 공연에서 호평을 받으면서 1970년대 후반 내내 국내에서도 계속 재공연되고 여러 상을 받으며 화제가 이어지고 있었다. 이렇게 보자면 이 시기 무당 소재 영화의 대부분은 당대의 화제작을 바로 영화화한 것이나 다름이 없을 정도이다. 이렇게 '따끈따끈한' 신작을 리메이크했다는 것은, 본격예술에서 새롭게 부상하고 있는 새로운 관심과 화두를 빠르게 흡수하는 양상을 보이고 있는 것으로, 같은 1970년대의 무당 소재 작품일지라도 김동리의 소설을 원작으로 삼은 〈무녀도〉나 〈을화〉(변장호, 1979)와는 전혀 다른 성격을 지녔다고 할 수 있다.

둘째, 그중에서도 연극이 원작으로 쓰인 것이 많다는 점은 매우 독특한 지점이다. 영화가 당대의 연극, 그것도 대중연극이 아닌 본격연극을 원작으로 삼는 경우는 매우 희귀하다. 1960년대의 작품으로는 〈몽땅 드릴까요〉(유현목, 1968, 원작 박조열 작 〈토끼와 포수〉) 정도를 꼽을 수 있을까 싶다. 그런데 이 흐름에서는, 소설과 연극이 원작을 반분하고 있을 정도로 연극의 비중이 큰데, 이렇게 본격연극의 영화화가 몰려 있는 경우는 한국영화사에서 처음이다. 게다가 〈한네의 승천〉, 〈초분〉, 〈물도리동〉, 〈물보라〉의 4편 중, 〈초분〉과 〈물보라〉의 2편은 오태석의 원작이며, 나머지 2편 〈한네의 승천〉과 〈물도리동〉은 극단 민예가 올린 연극이다. 즉 허규·손진책이 중심으로 활동하던 극단 민예와 1960년대에 등단하여 1970년대에 두각을 나타낸 오태석은 1970년대의 연극 중에서 전통문화의 새로운 계승이라는 경향을 대표하고 있었다. 전통연희에 대한 관심은 비단 연극만이 아니라 이 시대 본격예술의 중요한 경향이었고 이를 연극과 공연예술이 이끌고 있었는데, 이 시기 무당 소재 영화는 바로 이러한 예술계의 최신 경향을 받아들인 것이다.

셋째, 감독의 면면이 이른바 작가주의라 지칭될 만한 사람들이라는 점에서 독특하다. 김기영과 김수용이라는 1960년대부터 작가주의적 면모를 지닌 감독, 임권택과 이두용처럼 1960년대에는 흥행 중심의 대중적 작품을 만든 이른바 'B급' 감독이었으나 1970년대 후반을 거치며 작가주의적 면모를 보이다가 1980년대에 그 세계를 굳히게 되는 감독, 그리고 당시 한국의 영화감독 중에는 최고의 고학력자이며 청년문화 영화를 대표하는 감독인 하길종, 그리고 그의 동생 하명중이, 이들 작품을 만든 감독들이다. 이 역시 이전 무당 소재의 대중적 흥행 영화와는 물론이거니와 문예영화들과도 다른 지점이다.

종합해 보자면 이 흐름은, 작가주의적인 감독이, 연극을 중심으로 하여 본격예술에서 한창 솟아오르고 있던 전통문화에 대한 뜨거운 관심을 받아들여, 당대의 주목할 만한 신작 소설과 연극을 영화한 것이라고 요약할 수 있다. 그리고 바로 이 흐름이 1970년대 후반부터 1980년대 중반까지 무당 소재 영화의 새로운 흐름으로 등장하여 한 시대를 풍미하게 되는 것이다.

이들 작품 안에 형상화되는 무당과 무속의 이미지도 이전의 작품들과는 크게 다르다. 우선 다른 작품들에 비해 무당·무속의 비중이 월등히 높다는 것이 눈에 띈다. 무당과 무속은 작품에서 전면화되어 있다. 무당과 무속은 작품에서 스쳐지나가는 한 대목이나 단역 정도가 아니라, 중심적인 인물과 중요한 배경으로 등장하며, 무당과 무굿 등을 매우 공들여 재현하며 그 시각성을 중요하게 전면화하는 경향을 보인다. 무엇보다도 사라져가는 과거의 것이거나 근대화의 걸림돌로 의미화되지 않는다. 향토성과 결합되어 나타나거나 시대적 배경이 과거로 설정된 경우가 대부분이기는 하지만, 그럼에도 불구하고 그 시공간적 배경 안에서 무속·무당은 매우 강력한 힘을 가진 존재로 등장하는 경우가 보통이다. 이들 작품에서 무당은 종종, 한 마을 공동체를 좌지우지할 정도로 강력한 제정일치적인 지배력을 갖는 존재로 등장한다. 이들 영화 속의 무당은 결코 우스꽝스럽거나 무식하지 않으며, 오히려 영화 속 세상의 중심을 차지하고 있다. 그들이 자신의 이해관계에 따라 위선적인 행동을 한다는 설정이 많지만, 그럼에도 불구하고 〈쌀〉에서처럼 지주의 하수인 정도로 행동하지는 않는다. 이들은 훨씬 힘이 있으며 복잡한 사유를 하는 존재들일 뿐 아니라, 사람들로 하여금 알아서 복종하게 만드는 에너지와 카리스마를 지니고 있다. 즉 이들 작품은, 무당을 그 시공간에서 매우 중요하고 힘 있는 존재로 그려낸다. 짐작건대, 외부와 차단된 외딴 섬 등이 자주 공간으로 설정된 것 역시, 무당의 주도적인 힘이 관철되는 공동체로 형상화하기 용이한 설정이기 때문일 것이다. 이들 무당이 지배하는 영화 속 시공간은, 합리성과 효율성, 건조한 인간관계 등을 지닌 당대의 대도시의 삶과는 전혀 다른 원리가 관철되는 시공간이며, 현실 속의 섬의 리얼리티와도 다소 거리가 있어 보인다. 그럼에도 불구하고 현실적 개연성과 무관하게 이러한 설정들이 나타나는 것은, 창작자가 무당을 거부할 수 없는 에너지를 지닌 힘 있는 권력자로 그려내고자 하는 욕망 때문일 것이다. 한편 이미 무속신앙의 힘이 약화된 현대를 배경으로 한 〈불의 딸〉에서는, 무속신앙을 받아들이지 않던 지식인 주인공은 거부할 수 없는 신비체험 끝에 결국 이를 받아들여, 이 세계로 귀의한다.

물론 이 시기에 이들 영화만 있었던 것은 아니다. 어느 시대에나 새로운 흐름과 과거의 잔존적 경향이 공존하며 이 시기 무당 소재 영화 역시 흐름이 단일하지 않다. 〈원한의 공동묘지〉(김인수, 1983) 같은 1960년대 말에 인기를 모은 여귀영화들이 1980년대 초까지 제작되었고, 1979년 〈을화〉 등 〈무녀도〉에서 촉발된 문예영화의 분위기를 유지하며 향토성과 에로티시즘이 뒤섞인 영화들도 큰 비중을 차지한다. 이 흐름은 1980년대에 들어서면서 문예영화의 아우라를 줄이고 향토성과 에로티시즘을 조금 강화한 대중적 영화들로 점차 나아가는 경향을 보인다. 〈뻐꾸기도 밤에 우는가〉(정진우, 1980), 〈화랭이〉(고응호, 1985) 등을 거치면서 '한복 입은 에로영화' 경향으로 나아가는 것이다. 〈불새의 늪〉(고응호, 1983, 홍성원 원작)은 새로운 경향과 그 외의 경향이 뒤섞인 양상을 보여준다. 비교적 최신 소설을 원작으로 하고 있고 〈초분〉의 조감독이었던 비교적 젊은 고응호 감독의 작품이라는 점이 새로운 흐름과의 공통점이라 할 수 있다. 그러나 작품 경향으로는 무속을 완고한 과거의 문화로 치부하면서 에로티시즘을 드러내는 발판으로 사용하는 한편, 새로운 흐름에서 가장 중요한 작가주의적 욕망이 잘 드러나지 않는다는 점에서 온전히 새로운 흐름이라고는 할 수 없다.

이렇게 보자면, 1970년대 후반과 1980년대 중반까지 무당 소재 영화의 새로운 경향은 확실히 당대 화제의 신작들을 원작으로 삼고 작가주의적인 감독이 만든 영화들로 보는 것이 타당하다고 할 수 있다. 그렇다면 도대체 왜 하필이면 이 시기에, 이러한 작품들이 경향을 이루며 등장한 것일까? 이렇게 1970년대 중반에 나타난 이 독특한 무당 소재 영화들의 문화사·사회사적 의미는 무엇일까? 아주 범박하게 이야기하자면 이른바 전통문화의 부흥·계승이야말로 1970년대의 중요한 화두 중의 하나였고 이 시대의 여러 성과가 1980년대까지 이어졌기 때문이다. 1970년대에 전통문화는 한국적 민주주의를 내세운 박정희 정권과 진보적 민족주의 의식을 키워온 젊은 지식인들이 때로는 대립하고 때로는 손잡으며 밀고 당기는 치열한 담론·실천의 장이었다. 식민지를 겪으며 근대국가를 성립한 우리나라에서 민족주의는, 그 내용의 질과 무관하게 국민 전체의 동의를 얻어낼 수 있는 가장 강력한 명분이었고, 전통문화는 문화 분야에서 이 문제가 드러나는 가장 중요한 대상이었다. 정권은 강력한 정부 주도 근대화·산업화 드라이브의 이면에 도사린 국민들의 불안과 피로를 어루만지는 데에 민족주의의 명분이 필요했고, 따라서 강력한 국가주의적 단합에 전통문화를 호출했고 이는 전근대적이고 비민주적인 사회상황의 합리화에도 유용했다. 이에 비해 젊은 진보적 지식인과 대학생들은 민족주의를 전반적인 (신)식민지적 상황에 대한 반성의 근거로 삼으며 이러한 맥락에서 전통문화를 소환했고, 채 해결되지 못한 자주적인 근대화·민주화를 위한 자신들의 활동의 뿌리로 이를 인식하였으며, 전통문화는 때때로 점점 억압적으로 변해가는 정부의 탄압을 비켜갈 수 있는 명분이 되어주기도 했다. 1962년에 시작된 무형문화재 제도가, 박정희 정권의 민족주의 이데올로기 확립과 궤를 함께하면서도 동시에 1970년부터 시작된 대학생들의 탈춤부흥운동의 발판이 되어주기도 했던 것이다. 다른 한편, 1970년대에 이르러 예술문화계에서 크게 대두된 현대성에 대한 지식인들의 욕망은, 전통예술이 서구 근대의 예술을 서구와는 다른 방식으로 넘어서는 발판이 될 수 있음에 착목하게 했고, 구미의 현대적 조류와 발맞추면서도 국내의 민족주의적 명분을 동시에 만족시킬 수 있는 보물단지가 전통예술이고, 이를 현대로 소환하는 작업이 요구되고 있음을 알게 되었다.[9]

이 흐름을 주도한 것은 공연예술이었다. 1970년부터 시작하여 전국의 대학에 탈춤동아리가 결성되었고, 대학생들이 판소리감상회에 몰려들거나 PVC 파이프로 만든 단소를 들고 다니며 단소 배우기에 열중하며, 대학의 무용과가 주도하는 신무용 계열의 한국무용과 차별화된 전통무 공연이 이루어지며 큰 반향을 일으켰다. 기존의 전통문화를 발굴하고 재현하는 데에 그치지 않고, 진보적 대학생과 지식인이 마당극이라는 새로운 양식을 창출하였고 기성의 연극계와 서양음악계에서도 판소리나 무굿, 국악 등을 적극적으로 활용한 현대적인 작업이 속속 발표되었으며, 심지어 대중음악에서까지 작가주의적인 국악가요가 시도되었고, 사물놀이 같은 새로운 양식이 창출되기도 했다.[10] 이러한 흐름에 가장 강하게 호응한 층은, 이러한 전통문화에의 호응이 결코 미신이나 전근대적 회귀로 기울지 않을 것이라는 자신감을 지닌 고학력의 젊은 지식인들이었다. 산업화·근대화의 급격한 흐름 속에서 해체되어가는 농촌공동체의 잔재만을 겨우 목격한 젊은 세대들은, 전통예술을 봉건잔재로 본 이전 세대의 지식인들과 달리 급격한 산업화로 인한 정신적 공황 상태를 완화해줄 문화적 근원과 뿌리로 인정을 할 수 있게 되었다. 식민사관 극복과 신식민주의적 문화 풍토를 극복할 수 있는 보루이자, 서구 근대문화를 넘어선 현대적 예술과 맞먹을 수 있는 매우 현대적이고 예술적인 것으로 받아들였다.

이러한 지식인과 예술인들의 관심은 가면극과 판소리 같은 예술 영역의 전문인 중심 종목에서 출발하였지만, 이내 이와 밀접하게 관련을 맺은 무굿 등으로 확산되었다. 1960년대 말에도 여전히 무속이 미신이라는 계몽이 이루어지는 한편에서 김태곤의 『황천무가집』(1966)이 발행되는 등 민속학자들은 세시풍속이나 설화, 가면극 등을 넘어서서 무속 연구를 진행하고 있었고, 이러한 관심은 전통문화가 문화적 화두로 등장한 1970년대에 점점 확산되었다. 민속학 연구자들이 무굿의 현장을 찾아가 연구하거나 취재하는 수준을 넘어서서, 아예 중요한 무굿의 전 거리 모두를 소극장에서 시연한 1979년의 '전통무속제'는 무속과 굿에 대한 관심이 얼마나 크게 달라졌고 뜨거워졌는가를 잘 보여준다. 비록 공간사랑이라는 좁은 소극장이지만, 심우성의 해설을 곁들이며 동해안 오구굿, 진도 씻김굿, 서울 지노귀굿, 경기도당굿의 네 종목을 4일 동안 아침부터 저녁까지 시연한 이 행사에는, 교육학자 김인회, 현대음악 작곡가 강석희, 독일문화원장 이남덕 등 당대의 내로라하는 예술인·지식인과 대학생들이 입추의 여지 없이 모여들어 녹음하고 메모하면서 굿의 전 거리 시연에 집중했다.[11] 더 놀라운 것은, 이 중 서울 지노귀굿 시연에 이 굿의 주무(主巫)인 이지산에게 굿을 배우고 있던 이화여대 학생들이 상제로 분장하고 함께 출연했다는 점이다.[12] 즉 1970년대 초부터 시작된 대학교 탈춤 붐이 이제 무굿을 직접 배우는 단계에 도달해 있음을 보여준다. 연극 분야에서는 이미 1970년대 전반기부터 무속에 착목한 작품이 등장하여 굿의 연극성을 살린 윤대성 작 〈너도 먹고 물러나라〉 같은 작품이 1973년에 공연되었고, 무굿과 직접 관련은 없지만 이름을 빌려온 김지하 작 〈진오귀굿〉 같은 작품이 1973년에 발표되었음은 주목할 만하다. 즉 1970년대 중후반이 되면 공연예술계에서 무속은 가장 선진적이고 뜨거운 소재 중의 하나로 부상해 있었던 것이다.

영화에서 1977년부터 이러한 작품이 등장하는 것, 그것도 지식인과 고학력 관객을 겨냥하는 작가주의적인 감독들에 의해 창작된 것, 그리고 더 이상 무당과 무굿이 쇠락하는 존재가 아닌 아주 강력한 사회적·정치적 힘을 가진 것으로 작품 안에 전면화되어 나타난 현상 등은, 1970년대 문화 전반의 이러한 흐름을 고려한다면 매우 자연스럽다. 연극의 선도적 흐름과 일부 소설가들의 관심에서 출발한 작품성과가 대중성과 상업성이 강한 영화계의 결실로 나타나기까지는 몇 년의 시간이 필요했던 것이다.

하지만 영화계에서만 나타나는 독특함도 없지 않다. 영화 속에 나타난 무당·무속의 이미지는, 시종 신비하거나 괴기스러운 분위기로 일관되어 있다. 이러한 질감은, 이전의 문예영화의 그것과도 다를 뿐 아니라, 현실 속의 무당이 보여주는 질감과도 확연히 다르다. 이전의 문예영화 속의 무당과 비교해볼 때, 힘과 성적 에너지가 넘치는 존재로 그려진다는 점에서는 동일하다. 하지만 문예영화 속의 무당이, 다소 익숙한 옛날 분위기를 풍기고 있다면, 1970년대 후반의 이 새로운 무당 형상의 질감은 현대적 질감의 그로테스크함과 날카로운 이질감에 가깝다. 그런데 대개 현실 속 무당들이 주민들의 친절한 상담자라는 사실과 비교하면, 영화 속 무당 형상은 리얼리티와 꽤 거리가 멀다. 무당을 직접 가까이에서 만나보지 않은 현대 대도시의 젊은이들은 무당에 대해 자신들의 삶과는 이질적이고 낯선 향냄새와 울긋불긋한 무화(巫畵)와 당징 소리와 함께하는 그로테스크한 영적 존재라고 여기며 공포감이나 거리낌, 이질감을 느끼는 경우가 많지만, 실제 무당이 일반인들과 어우러져 살던 시대의 무당은 일반인들의 대소사 상담을 도맡는 친근한 존재인 측면이 강하다. 특히 몇몇 영화들이 배경으로 삼고 있는 남해안 외딴 섬의 무당들은 신내림 없이 무당이 되는 세습무 당골들이어서, 더더욱 귀기나 그로테스크함과는 거리가 멀다. 그런 점에서 이들 영화가 그려낸, 무당의 신비하고 괴기스러우며 그로테스크한 아우라는, 이러한 한국의 무속을 낯설게 여기는 주체에 의해 타자화된 수용의 결과라고 말할 수밖에 없다. 말하자면 영화 속 무당·무속의 이미지는 다분히 오리엔탈리즘의 태도와 취향의 소산인 것이다. 공연예술계에서는 탈춤과 판소리가 먼저 관심의 초점이 되었는데도, 유독 영화에서만은 무굿으로 관심이 쏠리는 것도, 영화인들이 한국의 전통예술에 대해 공연예술인들보다 훨씬 낯설어하고 있음을 보여주는 한 현상이라 할 수 있다. 무굿은, 탈춤과 판소리에 비해 가장 빠르고 날카롭게 감각적인 자극을 주는 문화이기 때문이다. 무당·무굿에서 피상적으로나마 느끼게 되는 괴기스러움, 신비로움, 그로테스크함 등의 특성이, 현대성에 높은 관심을 지닌 작가주의적 영화감독들을 매료시킨 요소였겠지만, 유독 그러한 특성만 도드라지게 드러내고 있다는 점에서 오리엔탈리즘의 혐의를 지울 수 없다. 연극 분야에서도 서양 유학을 통해 비서구의 문화에 대한 형상화 경험을 갖게 된 연출가 유덕형 등의 작품이, 직접 탈춤이나 판소리를 배우면서 공연을 만든 대학 마당극이나 극단 민예의 작품에 비해 월등히 이러한 특성을 많이 지니고 있는 것도, 또 이렇게 신비와 괴기의 분위기가 강한 작품들이 연극·영화에서 모두 서양의 관객들에게 주목받았다는 것도 이러한 맥락에서 설명가능하다. 영화 〈태〉에서 무당 역을 맡은 채희아는, 김금화에게 내림굿을 받은 무당이지만, 서울대 국악과를 졸업하고 미국에서 무용학 석사를 마친 상당히 현대적인 분위기를 풍기는 인물이라는 점에서, 이러한 영화에 아주 잘 어울리는 인물이다.

바로 이러한 오리엔탈리즘의 시각은, 무당·무굿을 통해 이렇게 강렬한 느낌을 만들어내는 반면, 무당·무속이 우리 사회와 삶 속에서 어떤 의미를 지니는가에 대한 답을 제대로 내릴 수 없게 만드는 요인이 된다. 영화는 원초적 욕망, 운명, 비가시적 존재의 인정 등 서구 근대세계가 절대화해온 이성과 자연과학, 논리 등이 부정해온 것들의 힘의 강력함을 드러냄으로써 이를 복권시킨다. 이들 작품 속 인물들의 에너지 넘치는, 그러나 이성적으로는 설명되기 힘든 행동과 기운들은, 이성이나 합리성, 자연과학에 비해 인간의 삶과 죽음에서 얼마나 힘 있고 의미 있는지를 느끼게 한다. 심지어 〈이어도〉나 〈불의 딸〉에서 보이듯, 현대의 지식인 인물들조차 미신이라 치부했던 무속의 세상에서 벗어나지 못하고 있음을 말한다. 이러한 생각은, 〈이어도〉, 〈초분〉에서 설정되어 있듯이, 섬을 관광지로 개발하려는 근대화의 흐름과 대비되어 있다. 국가 주도의 산업화 드라이브 속에서 성장한 세대가 이미 청년기에 도달해 있는 1970년대에, 이러한 근대화의 흐름에도 불구하고 거부할 수 없는 인간 근원의 무엇인가를 무당·무속의 재현을 통해 드러내보고 싶어 하는 의도는 충분히 읽힌다.

하지만 여전히 이들 영화 속 무당은, 1960년대의 영화들에서처럼 혹세무민하거나 더 심한 부패한 권력으로 등장하는 경우가 많다. 자신의 성욕과 물욕을 채우기 위해 진실을 호도하며 여론을 조작하는 존재로 등장하는 것이다. 마을 전체를 장악하고 있고 상당한 고뇌를 지닌 인물이라는 점에서는 1960년대 영화와는 다르지만, 여전히 다소 사악하기도 한 권력자의 모습에, 비문명적인 원시적 본능의 냄새를 풍기는 인물로 그려지고, 멋지고 카리스마 넘치기는 하지만 여전히 으스스하게 공포스러운 분위기를 동반하고 나타나는 무당이라는 점에서는 이전의 영화들과 크게 다르지 않다.

심지어 영화 속에서 그려지는 세상에서, 무당은 오로지 공포만을 무기로 삼아 마을사람들과 소통하고 공존하는 존재로 느껴진다. 이들은 악하고 불편하며 공포스러운 분위기로 가득 차 있는 불편한 존재이다. 그러나 앞서 이야기했듯이, 이러한 불편함과 이질감은 현실 속의 그것이라기보다는 이들 영화 속 재현에서 나타난 특성이다. 전근대의 사회에서는 물론 근대화되어가는 세상에서도 추방되지 않고 여전히 존립하고 있는 무속과 비교해보아도 매우 비현실적이다. 그런 점에서 영화 속 무당·무속은 현실성과 개연성이 결여된, 오로지 그것이 중요하다는 것만 소리 높여 웅변하는 듯한 불편한 재현의 모습을 보여준다. 물론 현대적인 세상의 눈으로 보는 무속과 무당이 편안하고 낯익은 것일 리는 없겠지만, 현실과 비교해서는 물론 1960년대 작품들에 비해서도 그로테스크함이 지나치게 과장되어 있어, 지금의 감각으로 보자면 종종 난데없고 우스꽝스러운 대목도 없지 않다. 이러한 특성이 단지 영화라는 예술의 특성 때문에, 혹은 다소 모더니스틱한 작가주의적 형상화가 지닐 수밖에 없는 필연적 현상이라고 치부하기에는 무리가 있다. 다른 시기의 무당 소재 영화에서와 달리 유독 이 시기의 특정 흐름의 영화에서만 나타나는 현상이며, 바로 다음 장에서 서술하겠지만 1980년대 중반부터 1990년대 중반의 새로운 흐름에서는 모더니스틱한 작가주의적인 감독들이 전혀 다른 무당 형상을 보여주고 있기 때문이다. 김기영, 하길종, 이두용, 임권택 등이 모두 다른 결을 지니고 있는 감독임에도 불구하고 이 시기에는 일제히 비슷한 무당 형상을 만들어냈다는 점 역시 주목할 만하다. 말하자면 1970년대 중반부터 1980년대 중반에 나타난 이들 영화 속 무당 재현의 독특함은, 확실히 이 시기 한국영화계를 휘어잡은 특정한 경향으로 보는 것이 옳으며, 그것은 전통예술에 대해 급상승한 관심과 1970년대에 이를 주도했던 오리엔탈리즘적인 시각이라 보는 것이 타당하다. 아마 이는, 무당·무속이 서양화된 시각에 의해 '발견'되기는 했으나 그것이 정말 무엇이며 당대 한국사회에서 어떤 의미를 지니는 것인지에 대한 깊은 천착이 이루어지지 않았기 때문일 것이다. 한국적인 것, 예술적인 것, 신비로운 것, 여태껏 한국적인 것이 배제해왔던 강력한 힘이 느껴지는 그 무엇이기는 한데, 그 이상 깊이 있는 파악이 이루어져 있지 않기 때문일 것이다. 무당에 대한 적극적 관심은 증폭되었으나, 무당과 무속은 여전히 타자화된 시선 속에 갇혀 있다.

주목할 만한 것은, 이러한 특성이 유덕형·안민수 등 현대연극 창작자들의 작품의 특성과 흡사하다는 것이다. 1970년대 공연예술 분야에서 일어난 다양한 전통부흥의 흐름 중, 대학의 탈춤부흥운동과 이로부터 시작된 마당극운동과 달리, 외국유학을 통해 현대연극을 배워온 일부 연극인들의 작품은 그 강렬함과 현대연극적인 세련됨으로 빨리 주목받았지만 여전히 서양화된 시각으로 전통연희를 차용한 측면이 크다. 그에 비해 대학에서 마당극운동의 흐름은 직접 무굿을 배우는 데에 이르렀지만 기성의 연극계 바깥에 존재하며 예술계 내에서 충분히 그 존재감을 입증하지 못했다. 이 시기 영화는 당대 공연예술계에서 가장 화려하게 두드러진 특정 측면을 증폭시켜 받아들인 측면이 크다. 그리고 이는 1980년대의 사회문화적인 변화에 따라 달라질 수밖에 없었다.

3. 역사적 피해의 해원과 사회적 무당: 1980년대 후반부터 1990년대 중반

1980년대 후반부터 1990년대 중반까지의 무당·무속 소재의 영화들 역시, 이전 시기와 마찬가지로 단일한 흐름을 보여주지는 않는다. 크게 두 가닥의 흐름으로 요약할 수 있는데, 하나는 이전 시기에서 이어져온 흐름, 다른 하나는 새로운 흐름이다. 전자는 이른바 에로틱한 영화에 등장하는 무당·무속이라고 말할 수 있다. 앞서 1970년대 후반부터 1980년대 전반까지의 영화에서도, 무당과 무속이 성적 강렬함과 연관되어 나타나는 경향을 이야기한 바 있다. 1960년대 식 문예영화의 '약발'이 끝나버린 이후에도 이들 문예영화들 몇 편이 개발해놓은 향토성과 에로티시즘의 결합으로 무당·무속을 다루는 방식은 여전히 유지되었고, 1980년대에 들어서서 더욱 강화되었다. 그나마 1980년대 전반에는 여성수난사 식의 포장이라도 다소 남아 있었다면, 1980년대에 들어서면서 이러한 포즈마저 사라진 양상이다. 〈사방지〉(송경식, 1988), 〈색녀도〉(박희태, 1990), 〈산딸기 5〉(김수형, 1991) 등 무당이 등장하는 영화들은 노골적인 에로영화의 모습을 띠고 있다.

이와 별개로 또 하나의 흐름이 존재하는데, 〈나그네는 길에서도 쉬지 않는다〉(이장호, 1987), 〈그 섬에 가고 싶다〉(박광수, 1993), 〈태백산맥〉(임권택, 1994)으로 이어지고, 유사무당이 등장하는 〈꽃잎〉(장선우, 1996) 등이 그것이다. 네 작품 모두 소설을 원작 삼아 리메이크한 영화라는 점에서 공통적이지만, 사실 본격문학 리메이크 영화라는 지점은 그리 새로운 현상이라 할 수 없다. 오히려 눈에 띄는 것은 1970년대 후반에 나타났던 연극 원작의 리메이크 현상이 사라졌다는 정도이다. 본격 연극의 리메이크는 1970년대 후반 무당·무속 소재 영화의 독특한 현상이었던 셈이다.

이 흐름이 새롭다고 보는 가장 중요한 이유는, 이들 작품이 무당·무굿을 역사적·사회적 피해의 해원(解冤)이라는 의미로 형상화하고 있다는 점이다. 흥미롭게도 4편은 모두, 마지막 부분에 무굿을 배치해놓고 있다. 돌이키기조차 힘든 역사적 상처를 치유하는 무굿이 펼쳐지는 것이다.

당연히 무당의 이미지 역시 다르다. 이들 영화 속의 무당은, 〈이어도〉, 〈초분〉, 〈한네의 승천〉의 무당들처럼 그로테스크하지 않으며, 무굿도 귀기(鬼氣)가 서린 어둡고 으스스한 분위기로 그려지지 않는다. 〈그 섬에 가고 싶다〉의 무당은 그냥 평범한 동네 아주머니였다. 신이 내려 헛것을 보게 되니 어쩔 수 없이 내림굿을 받아 무당이 된다. 잘못한 것 없이 남편에게 늘 맞고 살던 그는 무당이 되어 동네사람들의 몸과 마음의 병을 치유해주며 산다. 그는 따뜻하고 정 많은 여인네이다. 그가 내림굿을 받는 장면조차 그로테스크나 으스스함과는 거리가 멀다. 내림굿에서 시아버지의 신이 내려 귀기로 눈에 광채가 빛나기는 하지만, 여태껏 자신을 때리던 남편을 불러내 호통치며 호되게 때리자 굿 구경하던 동네사람들은 통쾌하다며 손뼉을 치고 웃는다. 마지막 장면의 굿에서는, 전쟁 때 엉뚱한 이념 갈등에 말려 서로 죽고 죽였던 해묵은 원한을, 무당은 나지막한 소리로 위무하고 어루만진다. 무굿에 해학과 신명이 있고, 무당의 공수(무당이 신을 받아 신의 말을 하는 것)에서 위로받는, 그런 무당과 무굿을 그려내고 있다. 〈태백산맥〉의 마지막 부분도 무당 딸 소화의 씻김굿이다. 빨치산 강동식은, 염상구에 의해 강간당한 뒤 청산가리를 먹고 죽은 아내 외서댁을 위해 인민공화국에서는 금지된 무굿을 부탁하고, 근대과학의 상징인 병원 앞에서 굿판을 벌인다. 국군이 밀려오는 상황에서, 굿판의 뒤에서는 살육의 총소리가 나고 강동식 역시 절 한 번 하고는 산으로 밀려올라갈 수밖에 없지만, 산 자는 물론 죽은 자까지 위무하는 굿에 지식인 김범우는 감동받는다.

〈나그네는 길에서도 쉬지 않는다〉에서, 죽은 아내의 유언대로 유골을 북한 땅 가까이 뿌려주려 동해안을 찾아온 주인공은, 그곳에서 아내나 자신과 꼭 같은 고통을 겪은 사람들을 만난다. 마지막까지 함께 동행한, 아내를 닮은 간호사는, 바닷가에서 펼쳐지는 굿을 보다가 갑자기 신이 들려 굿판에서 펄쩍펄쩍 뛴다. 분단·실향의 한과 상처(喪妻)의 충격을 온몸으로 드러내며, 자신과 남자와 해원을 하는 무당이 된 것이다. 스스로 피해자이면서 그 고통을 온몸으로 받아내어 위무하는 무당이기도 한 인물을 설정하는 것은, 〈꽃잎〉에서도 마찬가지이다. 광주민주화운동 한복판에서 계엄군의 총에 맞아 죽어가는 엄마의 손을 뿌리치고 혼자 살아남았다는 죄책감으로 실성한 것처럼 돌아다니는 어린 소녀는, 온몸이 만신창이가 된 상태로 무덤 앞에서 중얼거리다 신이 들린 것처럼 몸을 떤다. 이때 배경음악은 무악(巫樂) 분위기로 쳐올려지며, 소녀의 발광(發狂)은 그 자체가 굿처럼 느껴진다. 소녀는 피해자이자 가해자이며 무당이기도 한 것이다.

영화 〈나그네는 길에서도 쉬지 않는다〉의 마지막 부분. 황해도 큰무당 우옥주가 무당 역으로 직접 출연하였다.

흥미롭게도 이들 무당은 신이 내리는 순간조차 어둡고 으스스한 분위기를 풍기지 않는다. 무당 얼굴을 비추는 조명은 밝고 환하며, 무당은 무섭다기보다는 처절하고 불쌍하거나 구슬프고 처연하다. 이전 작품들처럼 무당이 성적 에너지가 강한 여자로 그려지지도 않는다. 동네 아주머니인 〈그 섬에 가고 싶다〉의 무당은 물론이거니와, 흰 꽃 같은 외모의 소화, 아내 혹은 술집 작부와도 닮은 간호사, 심지어 부랑자에게 밥 먹듯 강간당하는 미친 소녀조차 전형적인 섹시함과는 거리가 멀다. 〈이어도〉의 나이 든 무당이 개연성도 없이 뇌쇄적 눈빛으로 젊은 남자를 탐하거나, 〈초분〉, 〈한네의 승천〉의 박수가 권력을 이용하여 성적 폭압성을 드러내는 것과는 매우 대조적이다.

이렇게 1980년대 후반부터 1990년대 중반까지의 네 작품은, 1960년대 문예영화의 맥락에 놓인 작품들은 물론 전통연희에 대한 전 예술계적인 관심을 반영한 1970년대 후반부터 1980년대 전반까지의 무당 소재 영화에서도 나타나지 않았던 아주 새로운 경향이라 할 만하다. 이렇게 새로운 변화를 추동한 힘은 무엇일까? 이 대목에서 주목할 만한 점은 이를 만들어낸 감독의 면면이다. 4편의 감독은 이장호, 임권택, 박광수, 장선우이다. 4명 모두 작가주의적 감독이라는 점에서는 이전 시기 새로운 흐름을 주도한 감독들의 특성과 크게 다르지 않아 보이지만, 임권택을 제외하고는 인물들이 모두 바뀌었다는 점은 흥미롭다. 특히 이장호·박광수·장선우는 1980년대에 가장 진보적인 감독이었다. 장선우와 박광수는 진보적 영화운동을 시작한 첫 멤버들이며, 이장호는 이들 젊은이들이 '충무로 바닥'에서 유일하게 믿고 기댈 수 있는 영화인으로, 빈민운동을 하던 허병섭 목사의 동월교회를 다니며 진보적 예술인들과 넓은 교류를 하고 있었다. 임권택만 예외적이라 할 수도 있지만, 이 시기 임권택은 초기 영화운동의 멤버였던 김홍준, 마당극운동 멤버였던 김명곤과 함께하던 시절로, 이들 그룹과 가장 가까웠던 시기였다. 말하자면 이 4편의 영화는 모두 1980년대의 진보적 예술문화운동과 가까운 거리에서 만들어진 작품인 것이다.

영화 〈태백산맥〉의 마지막 부분. 무당 딸 소화가, 자살한 외서댁의 씻김굿을 하고 있다. 1970년대 영화 속의 무당과 달리, 친근하고 처연한 이미지이다.

이는 결코 우연이라 할 수 없다. 1980년대부터 1990년대 중반까지의 시기는 공연예술 분야의 예술문화운동이 급성장한 시기로, 이 운동에서 실제로 사회와 역사적 상처를 치유하는 (유사) 무당이 탄생하고 활발하게 활동한 시대였기 때문이다. 그런 점에서, 이 운동과 가까운 거리에 있던(심지어 직접 참여한 경험조차 있는) 감독들이 사회·역사적 해원의 무굿에 관심을 가지고 이를 영화 속에 담아낸 것은 어찌 보면 당연한 일이기도 하다.

대신 이 시기가 되면, 이른바 기성 연극계에서는 1970년대 초중반과 같은 전통연희에 대한 지대한 관심이 다소 줄어든다. 손진책과 오태석이 꾸준하게 전통연희적 요소를 작품에 담아오기는 했지만 1970년대와 같은 붐은 다소 수그러들었다고 보는 것이 옳다. 전통연희의 현대적 계승은 1970년대 전반기에 현대연극을 주도한 소수 사람들의 것으로 오리엔탈리즘적인 색깔이 두드러졌던 것에 비해, 1980년에 들어서면서 훨씬 광범위하게 확산되는 양상을 보여준다. 상업적인 마당극인 마당놀이가 연례행사처럼 공연되어 체육관 규모의 관객을 모았고, 예술문화운동은 전국 대학은 물론 1980년대 후반에는 노동조합에까지 영향이 확산되어 기성 예술계의 바깥에서 이루어지는 엄청난 문화현상으로 자리 잡았다. 이들은, 1970년대 말부터 탈춤과 판소리 등에 국한되어 있던 전통예술 관심을 무굿과 풍물, 민요 등으로 넓히기 시작했고, 실제로 명망 있는 무당들에게 굿을 배우고 작품에 무굿을 활용하기 시작했다. 1980년 봄부터는 마당극 작품 안에 굿과 무당이 등장하는 경우가 많아졌는데, 이 해 봄에 서울대 탈춤반의 〈관악굿〉, 서울의 극단 연우무대의 〈장산곶매〉와 광주 극단 광대의 〈돼지풀이〉가 약속이나 한 듯 무굿을 전면적 혹은 부분적으로 쓰고 있다는 점은 흥미롭다. 이러한 경향은 1980년 광주항쟁 이후에는 더욱 강해져 무굿을 쓰는 마당극은 매우 흔해졌으며, 아예 무굿만으로 공연을 하기도 했다.

무굿에 대한 이들의 관심은, 1970년대 기성연극계의 현대연극들이 보여준 오리엔탈리즘과는 완전히 무관했고, 이러한 시각을 배격했다. 또한 극단 민예가 흔히 해왔던, 연극의 극중 상황 안에서 무굿을 배치하는 관행에서도 벗어났다. 예술문화운동의 멤버들은 무굿이 지니는 의례·행사의 성격에 크게 주목했고, 그 의례로서의 무굿의 공동체적 성격을 중시했다. 따라서 이들은 연극의 한 장면으로 무굿을 배치하는 수준을 넘어서서, 무굿을 설정함으로써 연극이 행사나 의례로 성격변환을 하도록 유도했고, 아예 사회운동적인 행사, 종교적 행사에 무굿의 틀을 이용하였다. 예컨대 제주 놀이패 한라산의 〈한라산〉(1989)의 마지막 부분은, 무당(제주어로 '심방')이 4.3항쟁으로 죽은 빨치산의 피 묻은 치마를 어깨에 걸쳐 멘 채 벌이는 무굿이다. 이 장면은 극중 상황 안에 들어 있지 않으며, 이 장면으로 인해 연극은 4.3항쟁을 추모하는 의례로 변모하게 되는 것이다. 또한 몇몇 진보적인 교회에서는 예배를 예수라는 신을 모시고 벌이는 굿으로 틀을 바꾸어 행하기도 했다.[13] 이를 위해, 예술문화운동에서 무굿 연희 능력을 지닌 배우들이 등장했고, 이들 중 몇몇은 실제로 무당이 되었다. 예컨대 〈장산곶매〉 등에서 무당으로 뛰어난 연기를 보여준 김경란은 1983년 황해도 큰무당 김금화에게 내림굿을 받았고, 제주도 놀이패 수눌음과 한라산을 이끌며 심방 역할을 도맡았던 정공철과, 김경란과 함께 뛰어난 굿 주재 능력을 보였던 조성현은 1990년대 이후에 정식으로 무당이 되었다. 또한 마당극운동·춤운동과 별도로, 무굿과 풍물굿만을 운동 영역으로 설정한 굿운동 단체인 굿패 비나리가 1985년에 결성되어 활동하기도 했다.

돌이켜보건대, 이 시대에는 진보적 운동의 맥락에서 많은 (유사)무굿이 이루어졌다. 이 시기에는 진보적 운동을 하다가 많은 사람들이 죽었고, 이들의 장례식이 전사회적으로 치러졌다. 예술문화운동이 쌓이고 어느 정도 공개적인 집회가 가능해진 1980년대 후반부터 이러한 장례식에는 진혼무가 포함되고 상여소리를 하며 상여가 나가는 경우가 많았다. 이러한 진혼무야말로 무당의 굿을 연상하게 하는데, 잘 알려진 1987년 이한열 장례식에서 이애주 서울대 교수가 춘 진혼무, 1991년 강경대를 비롯한 학생들의 장례에서 추어진 진혼무 등이 그것이다. 혹은 오랫동안 진상이 제대로 밝혀지지 않았거나 사회적으로 의제화되지 못한 역사적인 죽음을 추모하는 행사들도 무굿의 방식으로 많이 이루어졌다.

예컨대 1984년 5월 19일, 민주화운동청년연합이 서울에서는 최초로 개최한 광주항쟁 추모집회에서 당시 예술문화운동의 중요한 활동가이자 이미 내림굿을 받은 바 있는 김경란이 실제 무굿을 벌여, 집회에 모인 사람들에게 형언할 수 없는 감동을 안겨주었다. 특히 이 무굿은 (이한열 장례식 등이 많이 알려지고 기록된 것과 달리) 이 행사를 주최한 민주화운동청년연합의 기관지 《민주화의 길》에만 활동보고로 짤막한 기록을 남기고 있을 뿐이어서, 이 굿의 관객 중 하나였던 필자가 간략하나마 기록해놓을 필요를 느낀다. 이 굿이야말로 1980년대 중반부터 이루어져 관중들과 독특한 교감의 방식을 형성했던 (유사)무굿의 가장 전형적 형태를 띠고 있다는 점에서, 다소 장황하지만 사실적인 기록을 남기는 것이 의미 있다고 생각한다. 이 굿을 주재한 것은 김경란이며, 황해도 굿의 반주를 하던 나이 든 전문 악사 1명이 현악기를, 예술문화운동을 하던 2명이 장구와 당징 등의 타악 반주를 맡았다. 장소는 흥사단 1층의 강당이었다. 소복 차림의 무당 김경란이 황해도 굿의 순서대로 5박 장단의 장구 반주에 맞춰 청신(請神)을 하는 것으로 굿을 하였는데, 장단이 빨라지면서 사방으로 돌며 절을 하고 신을 받은 후 공수를 하였다. 공수에서 무당은 광주항쟁에서 억울하게 죽은 여자의 말로 자신이 이러저러하게 죽었으니 억울한 한을 풀어달라고 했고, 주변을 두리번거리며 아기를 찾았다. 당시 김경란은 첫 아이를 낳은 지 100일이 조금 넘은 때였는데, 아기 아버지가 안고 온 갓난쟁이 딸을 엄마인 무당 김경란에게 넘겨주었고, 무당은 아기를 안은 채 울면서 공수를 계속했다. 자신이 이승에 아기를 남겨놓고 왔으니, 여러분들이 이 아기를 잘 키우고 지켜 달라는 당부였다. 그리고는 한 손에 아기를 든 채, 다른 한 손으로는 칼을 잡았다. 칼 하나를 입에 물고, 다른 하나는 손에 든 채 무당은 춤을 추기 시작했고, 아기를 다시 아기 아버지에게 넘겨준 후 본격적으로 칼을 들고 춤을 추었다. 그리고 마지막으로 작두 위에 올라, 목숨을 건 결단을 보여주는 솟을굿(황해도 굿의 마지막 거리로 흔히 작두 타기를 한다)을 했다. 관중들은 공수 즈음에서부터 눈물을 흘리기 시작하여, 칼춤과 솟을굿이 치러질 무렵에는 분위기가 달아오를 대로 달아올랐다. 사실 그곳에 모인 진보적 지식인은 귀신 등의 초현실적 현상에 대한 믿음이 매우 박약한 사람들이며, 게다가 광주항쟁에서 죽은 여자의 아기가 1984년에 갓난아기일 수 없다는 것은 논리적으로 쉽게 판단할 수 있었음에도 불구하고, 그 점이 관중들의 몰입을 방해하는 요소가 되지는 못했다. 그리고 그 몰입은, 허구로서의 극중 상황을 설정했음을 분명히 하는 연극과는 상당히 다른, 영혼이 그 자리에 내려왔다는 초현실적 설정을 마음으로 받아들이는 무굿에의 몰입이었다. 무굿이 끝나고 모든 집회가 종료되었음에도 관중들은 〈임을 위한 행진곡〉 등을 부르며 자리를 좀처럼 뜨지 못했다. 《민주화의 길》 3호는, 이날 행사의 참가자가 1천여 명이었고, '추도사, 추모시, 광주항쟁일지 보고, 증언, 강연, 진혼굿'의 순서로 행사가 이루어졌으며, '홍사단 강당이 터져나갈 듯한 분위기'였다고 기록하고 있다. 또 귀가 중 이화동사거리에서 참가자 50여 명이 경찰에게 집단구타를 당하고 10명이 연행되었으며, 임신 중인 여성회원 한 명이 폭행으로 유산을 하는 사고가 발생하였다고 기록해놓았다.[14]

2014년 세월호 참사가 발생한 후 〈세월호 희생자 추모 위령제〉가 열렸고, 황해도 큰무당 김금화가 굿을 했다. 1980년대에 많은 사회적 (유사)무당들의 활동은, 민주화가 어느 정도 성취된 이후 김금화 등의 큰무당들까지 사회적 해원의 장으로 끌어들였다.

제6공화국 이후에는 이러한 굿을 보는 것은 그리 어려운 일이 아니었다. 수십 년 해원되지 못한 역사적 사건의 굿이 한꺼번에 이루어졌을 뿐 아니라, 다종의 사회운동이 격화되면서 그만큼 희생자도 많이 발생했기 때문이다. 이러한 무굿에는 으레 예술문화운동 출신의 (유사)무당들이 굿을 이끌거나 진혼무를 추었다. 제주도에서 4.3항쟁 41년 만에 최초의 공식적 추모제가 열렸을 때에도 정공철이 심방이 되어 초감제 등 제주도 무굿의 방식으로 추모굿을 주재했다. 문민시대가 열린 1993년 이후에는, 긴 군부정권 시대에 제대로 드러내지 못한 역사적 상처를 무굿으로 추모하는 행사가 자주 열렸다. 이러한 것을 늘 해왔던 김경란이나, 청주에서 춤운동을 이끌었던 무용과 교수 강혜숙 등의 춤꾼들뿐 아니라, 인간문화재인 황해도 굿의 김금화나 동해안 굿의 김석출 등도 나서서 위안부를 위한 굿을 주재했다.[15]

한편, 예술문화운동에 종사한 사람들만이 아니라, 무업을 하던 직업적 무당들이 이렇게 사회적·역사적 해원을 위한 무굿에 나서는 현상은 매우 흥미로운 지점인데, 예술문화운동의 활동이 직업적 무당들을 변화시켰음을 보여주는 대목이다. 김금화와 김석출처럼 국가·민족 차원의 의제에 나설 만한 인간문화재가 아니더라도, 김금화의 신딸 정순덕처럼 사회적인 억울함을 해원하는 일에 적극적인 무당들도 나타났다.(1966년생 정순덕은 김금화의 신딸로 8살 때 신병이 들어 무당이 되었다. 김경란이 김금화의 신딸로 활동하던 때에 정순덕은 10대 소녀였는데, 나이는 어렸지만 김경란보다 먼저 김금화 휘하에 들어온 선배였다. 그는 1986년 아시안게임이나 1988년 올림픽 기원을 위한 국가적인 굿에 참여하기도 했고, 1988년 박종철 1주기 진혼굿, 1996년 금정굴 학살 양민의 진혼굿, 1998년 제주 4.3 희생자 진혼굿, 그 외 수많은 민주화운동의 '열사'의 진혼굿을 했다. 그는 종교학 박사와 결혼했고, 결혼 후에도 무업을 계속하며 살고 있다. 기독교를 비롯한 타 종교와의 교류가 활발한 무당 중의 하나이다.)[16]

1980년대 후반부터 1990년대 중반의 무당·무속 소재의 영화의 새로운 흐름이 사회적·역사적 해원으로서의 무굿에 집중되어 있는 것이, 진보적 예술문화운동에서부터 시작된 무굿에 대한 새로운 접근과 실천의 영향이라고 본 것은, 바로 이러한 정황들 때문이다. 게다가 이들 작품을 만든 감독이 이러한 활동의 영향을 받을 만한 사람들이었다는 점은, 이러한 추정을 더욱 확실하게 해준다. 인적 연계성도 확실히 드러나는데, 〈그 섬에 가고 싶다〉에서 내림굿을 주재하는 무당으로 김경란이 출연하며, 〈나그네는 길에서도 쉬지 않는다〉의 굿은 굿패 비나리가 스승으로 모시던 황해도 큰무당 우옥주(황해도 무형문화재 만구대탁굿 보유자 정학봉의 신어머니)가 출연하여 촬영했다. 1970년대 후반부터 1980년대 중반까지의 새로운 흐름이 1970년대 초 기성 연극계를 중심으로 한 새로운 전통연희 붐의 영향을 받았고, 1980년대에 확산된 예술문화운동에서의 무굿 해석·실천이 1980년대 후반의 영화에서부터 반영되었으니, 공연예술 분야에서 선도한 새로운 흐름이 몇 년씩 뒤늦게 영화에서 나타난 것이라 보는 것이 타당할 것이다.

그러나 한편, 생각해보면 참으로 희한한 일이 아닐 수 없다. 진보적 운동이 이른바 '과학적인 운동이론'이란 말로 지칭되던 유물론을 향해 무작정 달려가고 있던 이 시대에, 이러한 운동의 논리를 공유하던 예술문화운동에서 어떻게 무당과 무굿을 이토록 적극적으로 포용하고 계승할 수 있었을까? 탈춤에서 시작한 진보적 예술문화운동, 마당극운동에서 무굿의 연극성과 의례성에 착목했고 적극적인 계승과 재창조를 시도했다는 이야기는 이미 한 바 있다. 하지만 이러한 재창조는, 이들 무굿 방식의 연희가 수용자들에게 받아들여져야만 유지될 수 있다. 결코 짧지 않은 기간 동안 무굿 방식의 의례가 마당극은 물론 엄숙한 추모집회에까지 굳건히 자리 잡을 수 있었던 것은, 수용자인 운동권 대중들이 이를 용인하고 받아들여 주었고, 다른 한편 이를 행하는 진보적 예술문화운동 내에서도 민주·민중운동의 논리와 심각하게 충돌하지 않았다는 것을 의미한다.

이러한 운동권의 무굿 수용은 크게 두 가지로 설명할 수 있다. 하나는 민주화운동이 활발해지던 1960년대 말부터 기독교의 영향이 매우 컸고, 그 결과 종교와 진보적 운동 논리의 양립이 비교적 자연스러웠다는 점을 들 수 있다. 한국의 기독교는 개신교와 천주교 모두 해방 이후 미국과의 연계성이 매우 강했고, 이승만 정권에서 정책적으로 기독교는 특권적 위치를 부여하며 성장했다. 따라서 한편으로 정치적 집권세력과의 협력도 꾸준히 긴밀하게 이루어졌지만, 다른 한편으로는 정권의 통제 바깥에서 자율적인 활동을 할 수 있는 폭이 매우 큰 종교였다. 특히 개신교 중에서는 WCC(세계교회협의회)에 가입된 KNCC(한국기독교교회협의회) 소속 교파인 장로교의 일부(기독교장로회, 예수교장로회의 통합파)와 감리교 등이 1960년대 후반 미국 개신교의 진보적 변화의 영향을 받아 진보적 성향을 띠었다.[17] 1969년 삼선개헌 반대투쟁 때부터 개신교의 민주화운동 참여가 시작되었고, 유신정권 시기에 들어서서 정권에 저항할 수 있는 모든 합법적 통로가 완전히 봉쇄된 상황에서 기독교는 KNCC 인권위원회, 천주교 정의구현전국사제단이 중심이 되어 민주화운동의 고사를 막는 최소한의 보루 역할을 하였다. 이는 단지 대학생과 지식인만의 현상은 아니었고, 노동자와 농민, 빈민처럼 집단적 저항이 자칫 용공으로 몰리기 쉬운 계층에서는 도시산업선교회, 가톨릭농민회, JOC(가톨릭노동청년회) 등 기독교단체의 활동이 노동운동·농민운동 성립 자체가 큰 기여를 했다고 할 수 있다.[18]

이러한 기독교의 진보적 운동은 운동권 내에 광범위한 영향을 미쳤는데, 1970년대 후반부터 형성된 민중가요 문화에서 찬송가·복음성가들이 적지 않은 비중을 차지하고 있음[19]이 이를 증명한다. 예컨대 찬송가 〈우리의 믿음 치솟아〉(〈뜻 없이 무릎 꿇는〉), 복음성가 〈흔들리지 않게〉, 〈미칠 것 같은 이 세상〉, 〈오 자유〉, 〈가라 모세〉처럼 이미 교회권에서 널리 불렸던 노래로부터 시작하여, 1980년대에 들어서면 대학생들이 새로 창작하여 퍼져나간 민중가요에서도 〈민중의 아버지〉, 〈이 세상 사는 동안〉 같은 기독교적 내용의 노래가 인기를 모았다. 교인 아닌 사람들에게까지 퍼지면서 노래가사가 '자유 주시는 내 주님께'가 '자유 주시는 새 세계로'(〈오 자유〉)로 바뀌는 등 기독교적 색깔이 탈색되는 경우도 있었지만, 1980년대에 새로 만들어진 〈민중의 아버지〉의 '우리들에게 응답하소서 혀 짤린 하나님 / 우리 기도 들으소서 귀먹은 하나님' 같은 가사에서 보이듯 기독교적 내용이 매우 강한 노래가 전국적으로 널리 인기를 얻으며 향유될 정도로 기독교적 내용에 대한 운동권 민중가요 수용자들의 거부감은 적었다. 종교가 '인민의 아편'이 아니라 오히려 진보적인 운동의 동반자일 수 있음을 현실 속에서 확인하고 있었기 때문에, 종교와 진보적 운동의 양립의 태도를 다른 종교로까지 확대할 수 있었고, 특히 우리나라 근대사의 내재적 발전론에서 매우 중시하는 동학농민전쟁 등의 존재는 이를 소재로 한 예술작품에서 종교와 진보적 운동의 양립이란 자주 등장하는 설정이기도 했다. 사회적 구원의 문제를 화두로 내세운 소설 『사람의 아들』, 『만다라』 같은 작품이 베스트셀러가 될 정도로 인기를 누리고, 1980년대 이후 영화에서 〈개벽〉, 〈이재수의 난〉, 〈화엄경〉 등 사회적 구원이나 종교-변혁의 관련성이 긴밀한 역사사건을 다룬 영화가 계속 만들어졌던 때가 바로 이 시기였다. 단순화시켜 이야기한다면 우리나라의 1970, 80년대 진보적 운동에서, 영성(靈性)과 종교를 완벽하게 배척하는 태도는 지니지 않았다는 것이다.

그러나 이러한 종교적인 내용을 지닌 작품이나 의례가 종교를 지니지 않은 사람들에게까지 광범위하게 받아들여질 수 있었던 것은, 종교적 의례가 큰 감동을 줄 수 있는 상황이 만들어졌기 때문인 측면이 있다. 특히 무속의 현대적 재창조에 앞장 선 마당극운동의 작품을 살펴보면, 1980년 광주항쟁 이전의 작품들에 나타난 무굿의 사용이 인식전달을 위한 틀로서 기능하는 측면이 컸다면, 광주항쟁 이후의 작품에서는 죽음으로 인한 충격과 상처를 치유하고 극복하는 종교 본질에 좀 더 깊이 근접한 재창조가 이루어지고 있음을 알 수 있다. 예컨대 광주의 1980년대 전반기의 마당극들에서는 죽음, 넋씻김, 부활이 가장 중요한 내용으로 배치되어 있다. 극단 광대의 마당극 〈호랑이놀이〉(1982)의 마지막 장면은 호랑이·고양이 세력에 맞서다 죽임을 당한 포수를 팥죽할멈이 관중과 함께 "일어나라"를 연속해서 외치고 포수가 부활하는 것으로 끝을 맺는다. 같은 시기 같은 주체들에 의해 만들어진 〈빛의 결혼식〉(1982, 광주항쟁을 대표하는 노래인 〈임을 위한 행진곡〉이 바로 이 작품에 삽입된 노래이다)은 비합법음반에 수록되어 유포되다가 1983년에 〈넋풀이〉라는 제목으로 공연되는데, 광주항쟁의 시민군 지도자로 전남도청을 사수하다 죽은 윤상원의 영혼결혼식을 작품의 틀로 삼고 있다. 억울하고 무참한 죽음이 산 자들의 집단적 염원으로 극복되고 억울한 한이 풀려, 죽은 자는 곱게 저승으로 가고 산 자는 이승에서 죽은 자의 염원을 실현하고자 투쟁하고 노력한다는 식의 설정은 이 시기 마당극을 비롯한 진보적 공연예술에서 매우 빈번히 등장하는 서사였다. 1980년 5월 광주에서의 충격적인 죽음으로 시작하여 1990년대 초에 이르기까지 진보적 운동에서는 쉴 새 없이 죽음이 이어졌고, 추모식·장례식은 익숙한 것이 되었다. 이런 상황에서 민주화나 사회변혁 같은 운동의 목표와 사유체계는, 죽음으로 인한 사람들의 상처를 설명하기에 무력한 틀이었다. 역사발전을 위한 어쩔 수 없는 희생이란 건조한 사유는, 바로 옆에서 숨 쉬고 살아 있던 사람이 갑자기 이승에서 영영 사라져버린 당혹감과 내적 상처를 감당할 능력이 없었다. 인간의 죽음과 이승 이외의 세상에 대한 사유를 담은 종교가 필요한 시기였던 것이다.

이때 무굿은 이를 담아내기에 적합한 종교적 의례였다. 기독교나 불교 등 고등종교들의 의례와 달리 오랫동안 서민들의 토착종교 의례인 무굿은 서민들의 슬픔·분노 등의 감정을 표현하고 참가자들과 빠르게 공감하도록 하는 것에 적합한 형상적 표현 관행을 지니고 있었고, 공연예술적 성격이 강하여 집단적 정서를 모으고 고양시키는 대중집회에 잘 어울렸다. 또한 기독교나 불교가 이미 큰 사회적 힘을 지니고 있어 그 의례를 비전문인이 주재하거나 재창조하는 것이 불가능했다면, 상대적으로 사회적 힘이 약한 무속신앙에서는 정식 무당이 아닌 사람이 무굿을 주도하거나 전통의 무굿 절차를 창의적으로 바꾸어도 전문적 무속계에서 저항할 가능성이 적었다. 또한 이미 무형문화재로 한창 지정되기 시작한 무굿을 활용하는 것은 전통연희의 계승이라는 민족주의적 명분을 내세우기에도 유리했다. 말하자면, 집회나 공연에 무굿을 활용하는 것은 그 무속신앙을 승인하지 않는 사람에게도 쉽게 용인되는 것이었다. 즉 참가자·관중들은 무굿이 지닌 삶과 죽음에 대한 사유, 죽음으로 인한 충격과 트라우마를 치유하는 데에 효과적인 예술적 관습의 도움으로 마음을 추스르면서도, 특정 종교의 논리를 진심으로 승인해야 한다는 심적 부담감을 갖지 않아도 되었다. 무굿 방식의 추모제를 보면서 참여한 관중이 위로를 얻는 것은, 죽은 자와 살아 있는 자신, 더 나아가 더 많은 초현실적 존재들과 우주가 자신과 감응하고 있다는 느낌을 관중 자신이 의식하든 안 하든 갖게 되기 때문이다. 이를 가능하게 하는 것이 긴 세월 동안 우리 문화 속에서 축적되고 형성된 무굿의 예술적 관습이고, 이를 바라보는 관중들은 자신도 모르게 이를 받아들이고 있는 것이다. 그러면서도 관중들은, 사회적 권위를 갖지 않고 오히려 문화재 정책으로 인해 예술로 위치 지워지는 무굿 의례에 종교적 부담감을 갖지 않아도 되었다. 사회적·역사적 해원으로서의 무굿이 자주 행해진 것은 바로 이러한 이유들 때문이었다고 설명할 수 있다.

이 시기 진보적 예술문화운동의 무굿 담론은 인류학·민속학적인 담론이라 할 수 있다. 1980년대부터 1990년대까지 예술문화운동 관련자와 주변의 연구자들에 의해 적지 않은 굿 관련 담론들이 나왔는데,[20] 이들은 모두 귀신의 존재나 초현실적 체험의 진위 여부에 집착하지 않고, 그러한 종교·신앙이 엄연히 존재하는 문화임을 인정하고 이를 설명하고자 하는 인류학적 태도로 접근하고 있다. 무속신앙의 세계관, 사유 패러다임, 그 사회적 기능에 주목하며 설명하고자 노력하는 것이다. 이러한 담론에 입각해 씻김굿의 고장인 진도를 담은 텔레비전 다큐멘터리 〈진도〉(3부작, KBS, 1989)는, 초기 탈춤운동과 풍물운동 멤버였던 조경만과 그의 아내로 민요연구회 활동을 했던 작곡가 이정란이 자문으로 참여하여 진도 취재까지 동행하는 등 내용을 주도했다. 2000년대 이후 무당을 다룬 다큐멘터리 영화들이 무속신앙의 영적 측면과 신비체험 등에 상당한 관심을 보이고 있는 것에 비해, 이 〈진도〉 3부작은 '죽음', '무', '신명'을 소제목으로 설정하고 있음에도 불구하고 귀신 등 초현실적 존재의 실재에 대한 호기심은 접어두고, 무속신앙이라는 문화의 사고체계와 표현양식이 무엇인지, 그것이 그 문화권의 사람들에게 어떤 기능을 하는 것인지에 초점을 맞추고 있다. 따라서 이 〈진도〉를 비롯한 이 시기 담론 속의 무굿과 무당은 전혀 공포스럽거나 괴기스럽지 않다. 황루시는 자신의 책에서, 텔레비전 등 대중매체가 비춰주는 무당·무굿 이미지가 사람 잡는 선무당이거나 아무에게나 반말을 하고 번득이는 눈빛을 지닌 비정상적인 사람으로 그려져 있다고 지적하며, 이는 리얼리티가 없을 뿐 아니라 무당에 대한 편견만 키운다고 지적하기도 했다.[21] 황루시가 지적하는 바로 이것이야말로 오랫동안 영화 등에서 만들어온 형상이며, 1970년대 후반부터 1980년대 중반까지 무당을 전면화시킨 작가주의적 영화에서 더욱 강하게 두드러진 무당 형상이기도 했다. 그리고 〈나그네는 길에서도 쉬지 않는다〉에서 시작한 1980년대 후반부터 1990년대 중반까지의 4편의 영화는, 바로 황루시가 비판한 무당 형상화 관행을 극복하고 1980년대 예술문화운동의 실천과 담론 속에서 형성된 새로운 무당·무속에 대한 인식과 관점, 친근하고 서민적이며 삶의 고통을 어루만지는 무당·무굿을 담아내고 있었던 것이다.

4. 무당과 무굿의 본질에 대한 재인식

모든 종교는 본질상 초현실성을 포함하고 있다. 그럼에도 불구하고 근대 이후 우리나라 사람들에게 무당·무속의 초현실적 측면은 매우 별다른 취급을 받았다. 1950년대 후반부터 1980년대까지 영화 속에 자주 등장하는 기독교적 표상들은, 심지어 명백히 환상적이고 초현실적임에도 불구하고, 무속신앙의 그것들과는 매우 다른 태도로 다루어졌다. 기도하며 환영을 보거나 기적이 이루어지는 초현실적 장면에서조차 기독교적 표상들은 숭고하거나 우아하게 드러나는 것에 비해, 무당에게는 그런 방식의 형상화가 허용되지 않았다. 오랫동안 영화 속 무당은 악인이거나 스스로 몰락하는 자였고, 앞서 살펴보았듯이 무당·무속이 전면화된 1970년대 후반의 영화에서조차 그러했다.

그럼에도 불구하고 1970년대 후반의 영화들에서부터 무당은 인간의 삶에서 거부할 수 없는 힘을 지닌 존재로 등장하기 시작했음은 분명해 보인다. 작품 안에서의 몰락과는 무관하게, 무당·무속은 사라져갈 존재라는 굴레를 벗고 당대적인 긴장감을 회복하기 시작했다. 그리고 1980년대 후반에 진보적 예술문화운동의 영향을 받은 4편의 영화에서 결정적으로 현재적이고 긍정적 가치를 지닌 것으로 그 모습을 확연히 드러냈다.

이 시기를 거치면서 무속·무당은 다른 방식의 형상화로 나아갈 가능성이 열렸다고 말할 수 있다. 2000년대 이후의 다큐멘터리 영화에서 1980년대 후반부터 1990년대 중반까지의 무당 표상과는 달리, 다시 초현실성을 강조하는 방식의 접근을 다시 강화하면서도 차분하고 때로는 애정 어린 시선으로 무속·무당을 그려내고 있는 것도, 어찌 보면 1980년대를 거쳐옴으로써 가능해진 일일 수 있다. 황해도 큰무당 김금화를 다룬 몇 편의 영화들은 그를 친근하면서도 위풍당당하고 위엄 있는 사제의 모습으로까지 그려내었다. 이제 무속과 무당은 악인과 몰락하는 자에 묶여 있던 한계로부터 확연히 벗어났다. 1980년대 후반부터의 4편의 영화들이 일제히 역사적 상처를 무굿으로 치유하는 결말이나 초현실성의 문제를 뒷전으로 미뤄두는 등의 태도가, 무속·무당에 대한 영화적 접근으로는 다소 일률적이며 편협하다 싶기도 하다. 그러나 여태껏 주목하지 않았던 무당·무굿의 본질을 새롭게 발견하고 당대적 문제의식 속으로 끌어들였다는 점에서 그 의의는 적지 않다 하겠다.

무엇보다도 2000년대 이후 영화들은 더 이상 무속·무당을 그리면서 스스로 전근대적 퇴보를 우려하지 않고, 편안한 눈으로 당대에 엄연히 존재하는 무속·무당을 포착하고 있는 것이다. 그것이 바로, 무속·무당 혹은 이를 둘러싼 초현실적 현상을 그리면서 전근대적 미신을 옹호한다고 질타 받지 않을까 우려하는 열등감을 깨끗이 떨어버렸던 1970~1990년대 새로운 작가주의적 영화들의 성과 덕분임은 부인할 수 없을 것이다.

주석

1 대개 무당은 민간신앙의 여성 사제를 의미하므로, 정확하게 하자면 남녀 사제 모두를 아우르는 무격(巫覡)이라는 용어를 쓰는 것이 옳다. 그러나 이 글에서는 손쉽게 이해되도록 무당이라는 말로 통칭하고자 한다. 또한 실제 굿 현장에서는, 무당이라는 말이 다소 비하적인 어감으로 받아들여지므로 이들은 '만신'이라는 예스러운 표현으로 지칭되는 경우도 많다. 그러나 이 역시 일반적으로 쉽게 이해되는 말이 아니라는 점에서 비하의 어감에도 불구하고 무당이라는 말로 통칭하고자 한다.

2 (사)대한경신연합회 공식 홈페이지 http://www.kyungsin.co.kr/

3 굿은 음악 등 공연예술적 요소가 결합된 전통적 의례나 행사를 의미하는데, 무당이 주재하는 것을 무굿, 풍물패가 주재하는 것을 풍물굿이라 부른다.

4 박유희, 「샤먼의 기억—한국 영화에 나타난 '무당' 표상」, 《현대문학이론연구》 48호, 현대문학이론학회, 2012.

5 같은 글, 191면.

6 영화 작품명에 부기된 괄호 안 정보는 감독명과 제작연도로, 모두 한국영상자료원에서 운영하는 한국영화데이터베이스에 의거했다.(http://www.kmdb.or.kr) 감독명과 제작연도는 처음 언급될 때에만 밝혔고, 두 번째부터는 생략한다.

7 정종화, 『한국영화사』, 한국영상자료원, 2007.

8 김미현 책임편집, 『한국영화사: 개화기에서 개화기까지』, 커뮤니케이션북스, 2006.

9 이영미, 「총론」, 한국예술연구소 편, 『한국현대예술사대계 IV—1970년대』, 시공사, 2002, 20-26면.

10 이들 공연예술의 경향은, 같은 책에, 이승희가 쓴 「연극」, 이희경이 쓴 「음악」, 김영희가 쓴 「무용」을 참조하기 바란다. 한편 이러한 전통예술에 대한 관심을 주도한 연극계의 전통담론은 백현미, 『한국연극사와 전통 담론』(연극과인간, 2009)의 1970년대 편에 잘 정리되어 있다.

11 김순주(기자), 「전통무속—굿은 종합예술이다」, 《경향신문》, 1979. 11. 19.

12 이는 필자가 직접 목격한 것이다. 필자는 1979년 '전통무속제' 중 진도 씻김굿과 서울 지노귀굿을 관람했는데, 서울 지노귀굿의 주무인 박수 이지산은, 지노귀굿은 죽은 사람을 위한 굿이므로 시연에서도 상제 역할을 할 사람이 필요하여, 자신에게 굿을 배우고 있는 이화여대 학생들이 출연해주었다고 소개했다. 점심시간을 이용해, 상제로 출연한 몇몇 여학생에게 소속을 물었더니 이화여대 탈춤반이라고 말해주었다. 최근 황선진의 구술에 의하면, 비슷한 시기에 서울대 탈춤반 멤버들은 김금화에게 찾아가 황해도 굿을 배우고 있었으니, 이 현상이 이화여대만이 아니라 당시 대학 탈춤반의 관심이 무굿으로까지 확산되는 일반적인 경향이었음을 알 수 있다.(황선진 구술, 이영미 채록연구, 「황선진 구술채록문」, 이영미 편, 『구술로 만나는 마당극 3』, 고려대학교 민족문화연구원, 2011, 103-105면.

13 김성진, 「삶과 노동의 놀이」에, 민요를 찬송가로 부르고 성경 봉독을 '공수'로 간주하여 배치한 예배의 사례가 수록되어 있다.(고은 외, 『문학과 예술의 실천논리』, 실천문학사, 1983, 135-138면.)

14「광주 추모식 및 경찰에 의한 집단폭행사태 발생」, 《민주화의 길》 3호, 민주화운동청년연합, 1984. 6. 18, 23면.

15 변재성(기자), 「정신대 한풀이 굿」, 《한겨레신문》, 1993. 5. 9.; 이동관(기자), 「일(日)서 종군위안부 등 진혼굿 김경란 씨 "희생영령 원한의 목소리 느껴"」, 《동아일보》, 1995. 11. 12.; 류재훈(기자), 「강혜숙춤패 일본서 '해원굿' 일본군위안부 할머니 한 실어」, 《한겨레신문》, 1995. 7. 15.; (기자), 「인간문화재 김금화 '위안부 추모굿'」, 《경향신문》, 1999. 2. 27.

16 안수찬(기자), 「무녀의 남편, 학자의 아내」, 《한겨레21》 824호, 2010. 8. 20. 참조.

17 강인철, 『저항과 투항—군사정권들과 종교』, 한신대학교 출판부, 2013, 145-188면.

18 민주화운동기념사업회 편, 『한국민주화운동사 2—유신체제기』, 돌베개, 2009, 359-407면.

19 이영미, 「운동권 노래의 전개과정과 노래운동의 전망」, 『민족예술운동의 역사와 이론』, 한길사, 1991, 49면.

20 대표적인 것으로, 민족굿회 편, 『민족과 굿』(학민사, 1987), 주강현, 『굿의 사회사』(웅진출판, 1992), 황루시, 『우리 무당 이야기』(풀빛, 2000) 등이 있다.

21 황루시, 위의 책, 264-265면.

Ⅱ. 포스트시대의 환상

| 제1절 |

한국 텔레비전 드라마의 환상성
: 1990년대 이후의 미니시리즈를 중심으로

1. 환상적 환영(幻影), 현실의 환영(歡迎)

환상(幻想, fantasy)은 현실이 아니다. 하지만 그것은 현실의 배면(背面), 즉 언제나 현실을 저본으로 한다는 점에서 현실과 닮아 있다. 범상치 않은 복장의 영웅은 대개 인간의 형상으로 등장하고, 시간을 거스르는 모험은 항상 시간의 선조성을 전제로 하며, 기상천외한 이계(異界)나 외계(外界)에서 인간 사회와 유사한 법과 제도를 찾아내는 것은 별로 어렵지 않다. 그럼에도 불구하고 환상은 실제 현실에서 가능하지 않은 인간과 시간과 공간 속에 마련된 사건(현상) 혹은 세계를 상상한다는 점에서 비현실의 영역에 머문다. 결국 환상은 모순으로서 존재한다. 현실을 필요로 한다는 점에서 그것은 현실에 복속되지만, 현실로만은 충분치 않다는 점에서 현실로부터 탈주하기 때문이다.

그런데 비현실로서의 환상은 현실에 대해 가치중립적이다. 그것은 현실이 '아님'을 강조하고 있을 뿐 그 자체로는 현실에 대해 어떠한 시비(是非)의 태도도 뚜렷이 나타내지 않는다. 이에 반해 초현실 혹은 반현실이라는 기표는 의미심장하다. 초현실과 반현실은 각각 현실에 대한 '초월' 내지는 '저항'의 태도를 분명히 드러내고 있기 때문이다. 초월과 저항은 상실과 부정으로부터 비롯되게 마련이다. 이를테면 초현실과 반현실은 현실에서의 상실과 부정에 직면하여 표출되는 현실 극복의 욕망이라고 할 수 있다. 환언하자면 환상은 현실에서 불가능한 사건과 세계에 대한 상상을 통해 오히려 현실의 결핍을 보충하려는 역설의 카타르시스에 다름 아니다.

> 무엇이 일어날 수 있는 일이고, 무엇이 일어날 수 없는 일인지에 대한 각 시대의 공통된 인식들에 한정했을 때, 환상적인 텍스트 속에서 작자는 현실에서 일어날 가능성이 없는 사건들을 이야기한다.[1]

토도로프의 환상성에 대한 기본적인 정의는 환상적인 것에 대한 태도에 있어서 의미 있는 시사이다. 환상은—작가의 입장에서이건 독자의 입장에서이건—항상 현실을 낯설게 한다. 작가는 애초부터 현실의 논리와 합리로는 해석 불가능한 사건과 세계의 묘사를 작정하고, 독자 역시 그러한 사건과 세계와의 대면을 기꺼이 받아들인다. 당대적 에피스테메(episteme) 속에서 쉽사리 납득하기 어려운 사건과 세계에 대한 작가와 독자 사이의 공모가 이루어지는 셈이다. 서사를 둘러싼 작가와 독자의 이러한 협업은 그것이 환기시키는 해방감에서 비롯된다. 환상이 "독자의 긴장을 증폭시키고 해방"시킴으로써 "충격적이고, 매혹적이며, 만족을 준다."[2]는 흄의 진단은 이를 대변한다.

이러한 환상은 현실과 더불어 이야기의 역사에 있어서 가장 오랜 세계관으로서 존재해왔다. 그것은 설화로 통칭되는 신화와 전설과 민담으로부터 중세의 기사담과 괴기담을 거쳐 다양한 미디어와 결합한 현대의 대중서사에 이르기까지, 현실을 저본으로 하되, 현실적이지 않지만, 현실을 보충하는 서사로서 끊임없는 자기증식을 이루어왔다. 특히 현대의 환상서사는 미디어의 발달에 힘입은 드라마와 결합하여 불가사의한 사건과 세계의 재현을 2차원에서 3차원으로 확장시켰다. 현실에서는 결코 발생할 수 없는 사건과 세계와의 대면이 개별적 독서뿐만 아니라 집합적 관람으로까지 가능해진 것이다.

환상의 시청각적 재현, 즉 환상의 영상화라는 편폭의 확장은 영화를 통해서 이루어졌다. 거친 흑백의 화면에 그저 플랫폼으로 진입하는 열차를 담아낸 뤼미에르 형제의 〈기차의 도착(Arrival of a Train)〉을 보고 혼비백산하던 관객들이 그로부터 불과 7년 후 당시로서는 황당무계한 공상에 지나지 않았던 외계와 외계인을 다룬 멜리에스의 〈달세계 여행(A Trip to the Moon)〉을 아무렇지 않게 관람하고 있었다.[3] 영화에 이어 환상의 시청각적 재현에 동참한 것은 텔레비전 드라마였다. 기계식 측정 장치인 오디미터(audimeter)로 인해 텔레비전의 프로그램별 시청률 조사가 가능해진 1950년대의 집계를 살펴보면,[4] 당시 미국의 3대 지상파 방송사(ABC·CBS·NBC)에서 방영된 드라마 가운데 짤막한 환상적 에피소드를 시리즈(series)로 방영했던 CBS의 〈환상특급(The Twilight Zone)〉은 드라마 중에서 4위, 전체 프로그램 가운데 6위를 차지할 정도로 적지 않은 인기를 얻었다.[5] 그리고 영화와 텔레비전 드라마의 경계가 본격적으로 허물어지기 시작한 1990년대 중반 이후 현재까지 환상의 시청각적 재현은 미디어에 구애받지 않고 흘러넘칠 정도라고 해도 과언이 아니다. 바야흐로 환상적 환영이 현실에서 환영받는 시대가 도래한 셈이다.

환상의 이러한 득세는 최근 한국의 텔레비전 드라마에서도 비슷한 양상으로 나타나고 있다. 현실과 환상을 텔레비전 드라마의 서사가 펼쳐지는 주요한 두 개의 세계라는 관점에서 보았을 때, 한국의 텔레비전 드라마는 상당히 오랫동안 현실에 경사(傾斜)되어 있었다. 이미 1960년대부터 시간여행이나 우주탐사를 소재로 한 드라마를 방영해왔고,[6] 2010년대인 현재에도 여전히 용과 마법 내지는 인간 대 좀비의 세계를 그린 드라마가 꾸준한 인기를 구가하는 서양의 텔레비전 드라마에 비하면,[7] 한국의 그것은 주로 현재(당대)에 기반한 남녀의 사랑을 다루는 멜로드라마 아니면 과거의 사서(史書)에 기초한 역사드라마가 주를 이루었다. 하지만 비교적 가까운 과거인 1990년대로부터 현재에 이르는 동안 한국에서도 환상적 사건과 세계가 텔레비전 화면을 서서히 점유해오고 있다.

이 글은 한국 텔레비전 드라마에서 감지되는 이와 같은 환상의 점진적 확산에 주목한다. 1980년대까지만 해도 한국의 텔레비전 드라마에서 환상의 구현은 〈전설의 고향〉이라는 예외적 기담괴설(奇談怪說)이 유일무이했다. 하지만 1990년대에 접어들어 현실 불가능한 환상이 간헐적으로 형상화되면서 2000년대까지 이어지다가 2010년대인 현재에 이르면 일종의 유행이라고 해도 무방할 만큼 급격하고도 뚜렷한 증가를 보이고 있다. 따라서 이 글은 한국 텔레비전 드라마의 역사에 있어서 환상이 텍스트를 지배하는 주요한 화소(話素)로 등장하기 시작하는 1990년대 이후 현재까지의 미니시리즈에 대한 사적 일별에 치중하려 한다. 대략 20여 년 사이에 산포되어 있는 환상물에 대한 다양한 인덱스는 한국 텔레비전 드라마에서 '환상적인 것'의 현재를 가늠하는 기초자료가 될 것이다.

2. 학습된 환상, '외화(外畵)'라는 참고서

환상의 영상화는 두 가지 조건의 충족을 전제로 한다. 그것은 비현실성과 시청각성이다. 즉 영상문학에서 환상은 비현실적 세계의 시청각적 재현을 통해 이루어진다. 당연히 텔레비전 드라마에서 환상물이란 비현실적 사건이나 세계를 중심으로 하는 서사가 텔레비전을 통해 보고 듣는 화면으로 재현되는 것을 일컫는다. 이때 환상적인 것은 세계를 구성하는 인간과 시간과 공간의 총합 중에서 부분 내지는 전체에 비현실적 요소가 틈입하면서 발생한다. 그리고 그러한 세계는 다시 그것이 실제 현실과 어느 정도의 친연성을 유지하고 있는가에 따라 구별된다. 환상이 "현실의 질서를 따르는 세계에서 국소적으로 발생하는 것인가 아니면 현실의 상식선이 통용되지 않는 제도와 규율에 의거한 전혀 다른 세계(2차 세계) 그 자체로 구현되는가"[8]에 따라 각기 특수한 환상과 보편적 환상이 지배적 세계관으로 작동되는 것이다.

한국의 텔레비전 드라마는 현실과 환상 가운데 유독 현실에 치중해왔다. 1980년대까지만 해도 한국의 텔레비전 드라마에서 비현실적 세계의 시청각적 재현이라는 정의에 부합하는 환상물은 〈전설의 고향〉 정도가 전부였다. 1977년 KBS에서 〈마니산 효녀〉를 시작으로 해서 1989년 〈외장녀〉에 이르기까지 12년간 총 578회의 시리즈로 방영된 〈전설의 고향〉은 귀담(鬼談) 위주의 설화를 소재로 하여 많은 인기를 얻으면서 이른바 '납량특집'의 대명사가 되었다. 이후 1990년대 중후반과 2000년대 후반에 걸쳐 일종의 개정 및 증보된 시리즈가 제작될 정도로 〈전설의 고향〉은 말 그대로 한국 환상물의 '전설'이었다고 할 수 있다. 하지만 〈전설의 고향〉을 제외하면 이때까지 이렇다 할 환상물은 찾아보기 힘들다.

이는 두 가지 요인에서 비롯된 것으로 보인다. 그것은 텔레비전 드라마의 생산과 소비를 둘러싼 내외적 환경과 관련된다. 텔레비전 내부적 요인으로는 드라마의 생산을 둘러싼 제작환경을 꼽을 수 있다. 환상적 사건과 세계를 다루는 드라마는 현실에 기반한 그것에 비해 다소 까다로울 수밖에 없다. 현실의 논리와 합리로는 도저히 설명할 수 없는 사건과 세계를 그럴듯하게 재현하기 위해서는 텍스트 자체의 논리와 합리를 별도로 설정해야 하고, 이를 다시 시청각적으로 표현하려면 동시대를 화면에 옮기는 것에 비해 유다른 분장과 효과와 세트가 필요하기 때문이다. 텔레비전 외부적 요인으로는 드라마의 소비가 이루어지는 시청환경이 꼽힌다. 영화가 공공의 장소인 극장에서 외부와 차단된 제의적 시간(ritual-time) 동안 관람되는 반면, 텔레비전 드라마는 가정의 잡다한 혼잡이 뒤섞인 일상적 시간(ordinary-time)에 시청된다. 그렇기 때문에 텔레비전 안팎 세계의 극명한 차이로 인해 고도의 몰입과 집중이 필요한 화면보다 상대적으로 '흘끗보기(glance)'가 용이한 시의적(時宜的) 화면이 선호되게 마련이다.

그런데 한국 텔레비전 드라마에서 환상적인 것의 부재는 그것의 국적성 또는 생산지에 국한해서만 유효한 진술이다. 위와 같은 요인에도 불구하고 한국의 텔레비전에 환상물이 전혀 없었던 것은 아니기 때문이다. 텔레비전 드라마가 설화에 기댄 귀담에서 벗어나 좀 더 다양한 환상을 상상하기 시작한 1990년대 이전에도 엄연히 환상적 이야기들이 화면에 적잖게 산포하고 있었다. 그것은 이국(異國)의 화면이라는 우회로를 거쳐서 가능했다. 영화의 국적을 가름하는 '방화(邦畵)'와 '외화(外畵)' 등의 사멸해가는 단어가 시사하듯 텔레비전에서도 KBS의 〈명화극장〉이나 MBC의 〈주말의 명화〉 등과 같은 외화 및 시리얼이나 시리즈로 제작된 외국의 드라마는 편성에서 적지 않은 비중을 지닌 레퍼토리였다.

텔레비전으로 방영된 당시의 외국 드라마는 주로 미국에서 제작된 것이었다. 이러한 드라마들은 규모와 물량에 있어서 한국의 그것과는 현저히 달랐다. 한국에서는 흑백으로 방영되었음에도 인권을 둘러싼 흑(黑)과 백(白)의 명암을 뿌리 깊게 각인시켰던 〈뿌리(Roots)〉(ABC/1977, TBC/1978)[9]를 위시하여 탁월한 과학 지식으로 초인적 범인(凡人)의 면모를 보여준 〈맥가이버(MacGyver)〉(ABC/1985, MBC/1986), 인간과 대화하는 슈퍼카와 전투기를 능가하는 헬리콥터를 내세운 〈전격Z작전(Knight Rider)〉(NBC/1982, KBS/1985)과 〈출동! 에어울프(Airwolf)〉(CBS/1984, MBC/1985) 등의 드라마가 보여준 스펙터클은 차라리 영화에 가까웠다. 이러한 일련의 미국 드라마가 선보인 화면은 한국에서 제작된 드라마에서는 좀처럼 보기 힘든 '선진(先進)'의 표상이었다.

그리고 이러한 선진의 표상 중에는 환상적인 것이 병존하고 있었다. 〈브이(V)〉(NBC/1983, KBS/1985), 〈환상특급〉(CBS/1985, KBS/1986), 〈엑스파일(The X-Files)〉(FOX/1991, KBS/1994) 등이 여기에 속한다. 〈브이〉는 친선을 가장하여 지구를 정복하려는 외계인 방문자들(Visitors)에 맞서 승리(Victory)를 쟁취하기 위한 지구인들의 저항을 그린 시리얼이다. 〈환상특급〉은 다양한 환상적 사건과 세계를 옴니버스로 담아낸 단막극 시리즈이고, 〈엑스파일〉 역시 비현실적인 미해결 사건을 추적하는 FBI 요원들의 이야기를 에피소드로 하는 시리즈이다. 아직 인터넷이 상용화되기 전인 1980~1990년대에 걸쳐 방영된 이러한 미국 환상물들은 현재의 텔레비전 드라마 문화에서 심심치 않게 명멸하는 팬덤(fandom)의 시원(始原)이라고 할 수 있을 정도로 두터운 마니아층을 형성하며 적지 않은 인기를 끌었다.

> 주5일제가 정착되기 전인 2000년대 중반까지만 해도 휴일로서의 '주말'은 토요일 오후부터로 감각되었다. 이러한 맥락에서 토요일 오후 1시 MBC에서 방영되었던 〈에어울프〉와 〈맥가이버〉 등과 같은 일련의 외화 시리즈는 주말의 시작을 알리는 상징적 콘텐츠였다. 그러나 1980년대부터 거의 고정적으로 편성되어오던 미국의 외화 시리즈는 2000년대 중반부터 일요일 심야—정확하게는 월요일 자정 이후—시간대로 밀려나고 말았다.[10]

한국에서 주말의 시작을 알리는 텔레비전 프로그램이 미국의 드라마였다는 것은 상징적이다. 인용에서 예시한 드라마가 비록 환상물은 아니지만 이는 몇 가지 중요한 사실을 시사해주기 때문이다. 노동에서 여가로의 진입을 신호하는 '오락물'이 주로 외화 시리즈였다는 것은 한국 콘텐츠의 상대적 빈곤과 미국 콘텐츠의 절대적 인기를 짐작케 한다. 대중적 호응을 구가하는 프로그램에 시선이 쏠리는 것은 당연한 일이다. 그리고 이러한 시선의 쏠림은 자연히 화면에 대한 학습효과를 유발시키게 마련이다. 이는 다시 세대론으로 이어진다. 미국의 외화 시리즈가 토요일 오후에서 일요일 심야로 방영 시간이 옮겨진 2000년대 중반은 곧 1980~1990년대에 외국—특히 미국—의 다종다양한 텔레비전 드라마를 시청하며 자란 세대가 텔레비전 콘텐츠 생산과 소비의 전면에 본격적으로 등장하는 시기라는 점에서 그렇다. 소설가 안정효의 표현에 빗대자면, 영화의 '헐리우드 키드'에 버금가는 텔레비전의 이른바 '미드-키드(american drama-kids)'가 출현한 것이다.

외화 시리즈의 편성 시간 변화는 두 가지 중요한 의미를 지닌다. 하나는 한국 콘텐츠의 양적 증가 및 질적 성장이다. 드라마 편성의 적지 않은 시간을 외국의 프로그램에 할애해야 했던 콘텐츠 빈곤의 시기를 벗어나 이제는 자국의 프로그램으로 주요한 시간대를 채울 만큼 풍성한 콘텐츠를 확보하게 된 것이다. 게다가 이러한 콘텐츠들은—외국의 그것과 단순히 비교할 수는 없지만—시청자를 충분히 만족시킬 정도로 다양해지고 세련되어졌다. 다른 하나는 텔레비전 드라마 시청자의 기호 변화이다. 여전히 미국의 자본과 기술에 비하면 다소 뒤처지지만 이국의 화면에 성우의 목소리가 삽입된 외화보다 정서의 공유라는 측면에서 손쉽게 몰입과 집중이 가능한 자국의 드라마를 선호하게 된 것이다.

한국 지상파 방송에서 미국 드라마 〈CSI 과학수사대(CSI: Crime Scene Investigation)〉(CBS/2000, MBC/2001)의 시간 이동은 한국과 미국 드라마의 위상 변화를 대변하는 사례이다. 〈CSI 과학수사대〉는 미국뿐 아니라 세계적으로 각광을 받으며 무려 열다섯 번째 시즌을 거쳐 2015년 9월 열여섯 번째 시즌을 표방한 특별 단편 '시리즈 피날레(series finale)'로 종영한 장수 시리즈이다. 한국에서는 시즌 1이 MBC를 통해 2001년부터 예의 토요일 오후 1시에 방영되었다. 그러다가 시즌 3이 종료되는 2003년 9월 20일을 끝으로 〈CSI〉 시리즈는 일요일 심야 시간대로 자리를 옮긴다.[11] 스핀오프(spin-off)인 〈CSI 마이애미(CSI: Miami)〉(CBS/2002, MBC/2004)가 2004년 5월 9일 12시 30분에 편성된 이후, 〈CSI 과학수사대〉 시즌 11의 마지막 회가 2012년 11월 4일 자정에 편성되었고, 〈CSI 마이애미〉의 엔딩 시즌인 시즌 10의 최종회는 2013년 4월 14일 1시 10분에 편성되었다. 전 세계적으로 커다란 인기를 얻고 있던 〈CSI〉 시리즈가 유독 한국의 지상파 방송에서는 일요일—엄밀하게는 월요일—정파(停波) 직전의 심야 시간을 메우는 프로그램이었던 셈이다. 〈CSI〉 시리즈는 최근까지도 케이블 방송인 OCN에서 방영된 바 있지만, 적어도 지상파 방송에서는 초라한 퇴출을 피할 수 없었다.

1990년대까지만 해도 가족 시청 시간대의 한 축을 담당하던 외국 드라마에 가해진 이러한 편성의 홀대는 의미심장하다. 이는 더 이상 외국 드라마에 의존할 필요가 없다는 판단, 즉 대체 가능한 볼거리로서 한국 드라마에 대한 자신감 표출에 다름 아니기 때문이다. 2000년대 중반 이후 적어도 지상파 방송에서는 외국 드라마를 대중적 시청물이 아닌 마니아적 혹은 오타쿠적 시청물로 간주하게 된 것이다. 이후 텔레비전에서 토요일 오후 1시라는 상징적 편성 시간을 쟁취한 것은 한국의 드라마였다. 외화 시리즈의 퇴출 이후 한동안은 국내외 다큐멘터리나 예능 프로그램 등이 해당 시간대를 차지하게 되었다. 하지만 얼마 지나지 않아 토요일 오후 1시에서 3시는 주중에 방영된 미니시리즈 2회분의 연속 재방송에 할애된다. 이후 지상파 방송3사 공히 이러한 편성이 정착되어 현재에 이르고 있다.

그런데 외화 시리즈가 주말의 프라임 타임에서 밀려났다고 해서 그것을 시청하던 감각마저 사라지진 않았다. 현실적인 것과 환상적인 것을 망라하여 1980~1990년대 외국의 드라마는 한국 드라마의 생산과 소비에 있어 고급의 참고서였다. 일련의 외화 시리즈 시청 경험은 텔레비전이 드라마를 통해 보여줄 수 있는 무궁무진한 사건과 세계에 대한 일종의 학습과도 같았다. 여전히 한국의 드라마는 주로 가정과 직장으로 대표되는 당대적 사회를 배경으로 이성애와 가족애를 전경화하는 경우가 대부분이었지만 외국의 드라마를 통해 학습된 다종다양한 극적 사건과 세계에 대한 감각은 고스란히 남아 있었다. 이는 생산과 소비 모두에 해당하는 것이었다. 결국 동시간대의 편성을 미국의 화면에서 한국의 화면으로 별다른 저항 없이 대체할 수 있었던 것은 그러한 감각을 사이에 둔 도전과 응전, 즉 방영과 시청에 있어서 양쪽 모두가 흡족할 만큼 드라마의 스펙트럼이 확장되었다는 방증이기도 하다. 그리고 그 스펙트럼의 띠 중에는 환상적인 것 역시 자리하고 있었다.

3. 계승과 모방, 고전적 동양과 현대적 서양

비현실성과 시청각성을 전제로 하는 환상의 영상화가 한국의 텔레비전 드라마에 하나의 레퍼토리로 안착한 것은 2000년대에 이르러서이다. 여기서 안착이란 텍스트의 면면함을 일컫는 것으로, 이때까지만 해도 환상물의 등장은 간헐적이었다. 하지만 2010년대로 접어들면서 환상물은 느닷없다고 해도 무방할 정도로 갑작스럽게 쏟아지기 시작하였다. 계량적으로만 따져도 2010년대가 채 절반도 지나지 않은 2014년까지 방영된 환상물의 편수가 2000년대 전체의 그것을 압도한다. 이러한 환상물의 전에 없던 유행 혹은 득세는 1980년대부터 예비되었다가 1990년대의 실험을 거쳐 현재에 이른다고 할 수 있다. 그것은 앞에서 이미 언급한 것처럼 이국이라는 우회로를 통한 학습의 성과였다.

한국의 텔레비전은 1980년대에 다양한 장르의 외국 드라마를 접하게 된다. 특히 1980년 12월부터 시작된 컬러 방송은 한눈에 보아도 한국의 그것에 비해 압도적인 규모와 물량을 자랑하는 외국 드라마의 위용을 그대로 보여주기에 충분했다. 그중에는 한국의 드라마에선 좀처럼 보기 힘든 사건과 세계를 다룬 기기묘묘한 드라마들이 있었다. 이는 공포의 극대화를 위해 소등을 하고 온 가족이 이불을 뒤집어쓴 채 숨죽이며 지켜보던 〈전설의 고향〉과 일견 유사한 것 같으면서도 달랐다. 현대의 문명이 마련한 논리와 합리를 극복하기 위해 종전까지는 그때/거기의 과거라는 당연한 필터를 거쳐야만 하는 것으로 여겨지던 환상적 이야기가 지금/여기의 현재는 물론 도래하지도 않은 또 다른 그때/

거기의 미래를 기반으로 펼쳐지고 있었기 때문이다.

환상적 외화의 이처럼 다채로운 스펙트럼은 1990년대에도 계속되었다. 그리고 그것은 자연스럽게 흉내의 대상이 되었다. 한국의 텔레비전 드라마에서 환상물의 다각화는 동양적 환상과 서양적 환상에 대한 계승과 모방이 혼융된 1990년대를 시발(始發)로 한다. 부연하자면 한국의 텔레비전 드라마에서 환상적인 것은 〈전설의 고향〉이 대표해온 고전적 귀담의 계승과 〈브이〉로부터 〈엑스파일〉에 이르는 현대적 기담의 모방이라는 문화적 혼종의 결과라고 할 수 있다. 1990년대 중반 MBC에서 방영된 미니시리즈 〈M〉[12]과 단막극 시리즈 〈환상여행〉[13]은 이와 같은 문화적 혼종이 적용된 환상물이라는 점에서 주목을 요한다.

미니시리즈 〈M〉은 한국 텔레비전 드라마에서 현대적 환상물의 효시로 꼽힌다. M은 주인공 박마리에게 깃든 악의 화신이다. M은 그녀가 스스로를 통어하지 못할 때 각성하여 그녀를 지배한다. 주인공의 또 다른 인격이라고도 할 수 있는 M은 26년 전 마리가 태어나던 병원에서 낙태 수술로 인해 생명을 빼앗기면서 그녀의 몸에 숨어든 영혼으로 밝혀진다. 〈M〉은 낙태라는 심각한 현실적 사회 문제를 육체가 박탈된 태아의 복수라는 비현실적 설정으로 에둘러 풀어낸 환상물에 속한다. 10부작 '납량특집 드라마'로 방영된 〈M〉은 현재에 비하면 조악하지만 당시로선 한국 드라마에서 보기 힘든 특수효과를 동원한 현대적 환상물로서 평균 시청률 38.6%라는 높은 수치를 기록하며 세간의 화제가 되었다.

이로부터 대략 2년 후에 방영된 단막극 시리즈인 〈환상여행〉은 회당 45분 분량의 에피소드를 두 편씩 묶은 옴니버스이다. 드라마의 시작과 끝에 화자가 등장하여 시청자를 환상적 사건으로 안내하는 형식을 띤 〈환상여행〉은 설화가 소멸한 시대의 설화라는 점에서 현대판 〈전설의 고향〉이라고도 할 수 있다. 주당 1회씩 선보이는 단막극 시리즈라는 점을 감안해야 하지만 〈환상여행〉은 환상물 가운데 〈전설의 고향〉 다음으로 가장 오랫동안 많은 회가 방영될 정도로 지속적 인기를 얻은 드라마였다. 이는 편성 시간을 통해서도 확인된다.[14] 〈환상여행〉은 상당 기간 동안 당시나 지금이나 주말을 마감하는 일요일의 황금 시간대라고 할 수 있는 오후 6시에 편성되었기 때문이다.[15]

한국 텔레비전 드라마에서 〈M〉과 〈환상여행〉은 현대적 환상의 실험작이라는 의의를 지닌다. 〈M〉은 '영혼'의 '복수'라는 큰 틀에서 보자면 〈전설의 고향〉이 가장 즐겨 사용하던 설정과 닮아 있다. 하지만 아득한 과거라는 시공의 부여를 통해 쉽사리 납득하기 힘든 비현실적 상황의 면피를 꾀하던 종전의 환상물과 달리 〈M〉은 지금/여기에서 펼쳐지는 불가사의한 상황을 재현함으로써 환상적인 것의 편폭을 넓혔다. 이를테면 〈M〉은 동양적/고전적 설정과 서양적/현대적 시공의 합작인 셈이다. 〈환상여행〉 역시 마찬가지였다. 〈환상여행〉은 제목에서부터 드러나듯이 더욱 노골적으로 환상적인 것을 표방하면서 비현실적 사건과 세계를 동시대로 호출해냈다. 그리고 애초부터 그것은 서양적/현대적 형식과 내용을 따랐다. 미국의 〈환상특급〉과 일본의 〈기묘한 이야기(世にも奇妙な物語)〉(Fuji TV/1990)의 한국판—정확하게는 아류—인 〈환상여행〉은 그것이 지닌 독창성에 대한 회의에도 불구하고 텔레비전이 다다를 수 있는 환상적 시간과 공간과 인간을 다채롭게 펼쳐놓았다.[16] 이처럼 한국적 환상에 대한 계승과 외국적 환상에 대한 모방이라는 맥락에서 환상적인 것의 문화적 혼종을 시도한 〈M〉과 〈환상여행〉이 성공을 거두면서 이후 환상물은 사건과 세계에 구애 받지 않고 자유로이 텔레비전을 드나들 수 있는 통행증을 발급 받는다. 그리고 그것은 경우에 따라 경계 짓기 모호할 정도로 다채로워진다.

텔레비전 드라마에서 환상물을 가름하는 기준은 앞에서도 언급한 바 있듯이 비현실적 세계의 시청각적 재현이다. 이때 비현실의 드라마적 기준은 중요하다. 텔레비전이 애초부터 보고 듣는 미디어라고 했을 때, 드라마에서 비현실의 척도-환상적인 것의 기준을 무엇으로 삼느냐에 따라 환상물의 목록이 달라지기 때문이다. 환상이 항상 (당대적) 현실과의 대비 속에서 판정된다는 점을 감안하면 환상적인 것은 실제 현실이 구상(具象)하는 세계에 대한 반정립(antithese)으로서 걸러낼 수 있다. 그것은 인간(human)과 시간(time)과 공간(space), 그리고 이의 총합으로 구성되는 세계(world)의 현실/비현실이라는 프레임을 통해서 이루어진다.

> 환상적인 것은 이러한 [현실의—인용자] 질서로부터 이탈한다. 인간에 대해 비인간(귀신, 좀비), 반인간(늑대인간, 구미호), 초인간(초능력자, 신)이 등장하고, 과거나 현재의 시간에 더해 도래하지 않은 미래, 시대를 특정할 수 없는 시기, 과거와 현재와 미래를 자유로이 오가는 시간을 다루며, 현실세계에 이계(천국, 지옥)나 외계(우주)가 간섭하는 공간을 그린다. 그리고 이러한 세계는 다시 현실과 관계 맺는 양상에 따라 갈린다. 그것은 보편적 현실에서의 특수한 환상으로서 현실과 연결된 세계이거나 환상이 곧 보편적 현실로 통용됨으로써 오히려 현실과 차단된 세계로 나뉜다.[17]

이러한 프레임에 의하면 〈전설의 고향〉은 같은 환상물이라도 회별 에피소드에 따라 환상적인 것의 주된 화소를 달리한다. 예컨대 〈전설의 고향〉 시리즈의 대명사와도 같은 구미호 설화는 인간의 형상을 한 여우가 환상의 유일한 화소이다. 설화의 특성상 시공을 특정하기 힘든 경우가 적지 않지만 구미호 설화는 그때/거기의 있음직한 세계를 연결고리로 한다는 점에서 인간에 대한 반인간을 통해 환상을 구현해낸다. 반면 구미호만큼이나 심심치 않게 등장하는 저승사자와 염라대왕은 비인간 내지는 초인간이면서 그들이 기거하는 세계가 확인할 수 없는 이계라는 점에서—그때/거기의 시간과 공간은 현실적일지언정—인간에 대한 비/초인간과 세계에 대한 이계 등의 두 가지 화소가 환상의 창출에 기여한다.

한편 드라마의 세계 자체는 현실의 논리와 합리를 따르지만 과거로부터 현재에 이르는 확인 가능한 역사적 사실을 '역사적 만일(historical if)'이라는 가정(假定) 아래 형상화한 것 또한 환상물에 포함된다. 역사를 절대적 필연이 아닌 상대적 우연의 연쇄로 보고, 특정한 과거의 기록된 역사를 가상의 역사로 치환함으로써 존재하지 않았던 역사의 변곡점(變曲點)을 살피는 상상력의 소산인 이른바 '대체역사(alternative history)'는 아무리 현실의 논리와 합리를 따르고 있다손 치더라도 부재하는 세계의 현존이라는 점에서 환상의 범주에 속한다.[18] 이러한 관점에서 한국이 일제강점기에서 벗어난 후 현재와 같은 민주공화제가 아니라 입헌군주제를 채택했다는 역사적 만일을 토대로 한 〈궁〉,[19] 〈궁S〉,[20] 〈마이 프린세스〉,[21] 〈더킹 투하츠〉[22] 같은 드라마 역시—극적 세계는 비록 현실의 상식선을 따르지만—환상물이라고 할 수 있다.

4. 초능력과 타임슬립, 한국 환상물의 망탈리테(mentalites)

1990년대 이후 2014년까지 한국 텔레비전 드라마에서 환상물은 대략 60편에 달한다.[23] 이러한 환상물의 연표는 몇 가지 기준에 의해 추출되었다. 첫째, 기간은 1990년 1월부터 2014년 12월까지로 한정하였다. 앞에서 이미 언급했듯이 1980년대까지는 〈전설의 고향〉을 제외하면 마땅히 환상물이라 칭할 만한 텍스트가 없었기 때문에 현대적 환상물의 효시로 꼽히는 〈M〉이 방영된 1994년에서 비교적 가까운 1990년대를 기점으로 삼았다. 둘째, 단막극·미니시리즈·연속극 가운데 미니시리즈만을 대상으로 하였다.[24] 연속극의 경우 아직까지는 환상물로 볼 만한 텍스트가 없다. 문제는 지상파 방송3사의 〈드라마시티〉(KBS), 〈베스트극장〉(MBC), 〈오픈드라마〉(SBS) 등과 같은 단막극 시리즈물이다. 이러한 시리즈물은 매 회 서로 다른 사건과 세계를 다룬다는 점에서 〈전설의 고향〉이나 〈환상여행〉과 같은 포맷이지만 제목에서부터 환상성을 유추할 수 있는 이들과 달리 산포한 개별 텍스트에 대한 조사가 선행되어야 하나 방영 기간과 분량이 지닌 방대함 때문에 전체 시리즈가 환상을 표방하는 경우가 아니면 논외로 하였다. 셋째, 환상성은 비현실적 세계의 시청각적 재현이라는 정의에 따랐다. 앞에서도 거듭 언급했듯이 비현실의 범주는 당대적 현실의 논리와 합리-상식선에서는 도저히 해명이 불가능한 사건과 세계로 하되, 명백한 가짜 현재인 대체역사까지 포함시켰다. 넷째, 각각의 환상물에서 가장 주된 환상의 화소를 현실과의 대비 속에서 인간(Ⓗ)·시간(Ⓣ)·공간(Ⓢ)·세계(Ⓦ) 혹은 이의 복합으로 기입하였다. 단, 회마다 화소를 달리하는 단막극 시리즈는 제외시켰다.

이러한 프레임에 의해 선별된 환상물은 미니시리즈 51편과 단막극 시리즈 8편으로 총 59편이다.[25] 미니시리즈는 1994년 방영된 〈M〉을 필두로 2014년 12월에 종영한 〈미스터 백〉[26]에 이르기까지 전체 환상물 가운데 86.4%를 차지할 정도로 압도적 편중을 보인다. 미니시리즈가 주로 주중과 주말 밤 시간대를 점유하고, 이로 인해 통상적으로 연속극에 비해 폭넓은 상상력이 발휘될 수 있음을 고려하면 이는 당연한 결과라고 할 수 있다.[27] 반면 단막극 시리즈는 13.6%에 불과하다. 단막극 시리즈는 미국의 〈환상특급〉과 일본의 〈기묘한 이야기〉와 동궤에 있는 〈환상여행〉과 1980년대까지 환상물의 대명사였던 〈전설의 고향〉의 리메이크가 1990~2000년대에 방영되었지만, 2010년대에는 지상파 방송에서 모두 사라지고 케이블 방송인 tvN에서 2013년 방영된 〈환상거탑〉을 통해 가까스로 그 명맥을 유지하고 있을 뿐이다.

환상물이 방영된 연대별 통계는 앞에서 지적한 바 있던 실험(1990년대) → 안착(2000년대) → 확산(2010년대)의 단계를 여실히 보여준다. 미니시리즈와 단막극 시리즈를 망라하여 살펴보면 1990년대에는 〈M〉으로부터 1999년의 〈고스트〉[28]까지 도합 10편이 방영되었는데, 이 가운데 기왕의 레퍼토리였던 〈전설의 고향〉이 1996년부터 1999년까지 4년간 리메이크된 것을 감안하면 전혀 새로운 환상물은 〈환상여행〉까지 포함하여 6편에 지나지 않는다. 2000년대에 들어서면서 환상물은 한동안 소강상태였다가 2003년의 〈천년지애〉[29]부터 2009년의 〈혼〉[30]까지 모두 14편이 방영되었다. 얼핏 보면 편수에서 1990년대의 그것과 큰 차이가 없는 듯하지만, 2008년과 2009년의 단막극 시리즈인 〈전설의 고향〉을 제하고도 12편의 미니시리즈가 새로 선보였다는 점에서 1990년대에 비해 두 배 가까운 성장세를 나타냈다. 그리고 2010년대에 이르러 환상물은 폭발적으로 증가한다. 2010년의 〈구미호, 여우 누이뎐〉[31]에서 2014년의 〈미스터 백〉 사이, 즉 2010년대가 채 절반도 지나지 않은 시점까지 방영된 환상물만 해도 무려 35편에 달한다. 이는 1990년대 이후 전체 환상물의 59.3%에 해당하는 수치로, 최근 5년간 방영된 환상물이 지난 20여 년의 그것을 가볍게 추월하고 있다.

방송사		연대			합계
		1990	2000	2010	
지상파	KBS	5(4)	4(2)	6	15(6)
	MBC	4(1)	8	9	21(1)
	SBS	1	2	9	12
케이블	JTBC	—	—	1	1
	OCN	—	—	3	3
	tvN	—	—	6(1)	6(1)
	TV조선	—	—	1	1

〈표1〉 지상파/케이블 방송사별 환상물 방영 편수

〈표1〉은 1990년대 이후 지상파와 케이블 방송사의 환상물 방영 편수이다.[32] 이는 방송사에 따른 환상물 방영의 추이를 가늠케 해준다. 가장 확연히 눈에 띄는 것은 2000년대까지 지상파와 케이블 사이에서 확인되는 편차이다.

1990~2000년대 지상파 방송3사에서는 20편의 환상물이 방영된 반면, 케이블 방송사의 그것은 전무하다. 이는 지상파 방송사에 비해 상대적으로 열악한 환경에 놓인 케이블 방송사의 사정에서 비롯된다. 외국의 경우와 달리 한국의 케이블 방송사는 2000년대까지만 해도 자체 제작 능력의 부족과 콘텐츠의 빈곤으로 인해 주로 국내외에서 이미 방송된 프로그램의 재송출을 담당해왔기 때문이다. 하지만 2010년대에 이르러 케이블에서도 4개의 종합편성채널—이른바 '종편'—이 선정되고, 방송미디어의 중요성을 실감한 대기업이 적극적으로 군소 케이블 방송사를 인수 및 합병하게 되면서 자체 제작 프로그램이 비약적인 증가를 이룬다. 〈표1〉에서도 확인할 수 있듯이 2000년대 전까지만 해도 전무하던 케이블의 환상물은 2010년대 이후 최근 5년 동안 11편으로 같은 시기 지상파까지 포함한 전체 환상물 가운데 3분의 1에 육박하는 31.4%의 점유율을 보이고 있다. 그중에서도 특히 대기업 문화자본이 적극적으로 투자되고 있는 tvN의 약진이 두드러진다.[33]

지상파 방송3사의 경우 환상물의 전체 편수에 있어서는 대동소이한 양상을 보인다. 하지만 연대별 증감을 살펴보면 방송사마다 약간씩 다른 추세를 확인할 수 있다. 그것은 KBS의 약세, MBC의 보합세, SBS의 강세로 요약된다. KBS는 1990년대로부터 2014년에 이르기까지 도합 15편, 연대별로는 5/4/6편이라는 비교적 고른 분포를 나타낸다. 그럼에도 불구하고 이 중 절반에 조금 못 미치는 40%에 해당하는 것이 기왕에 검증된 단막극 시리즈인 〈전설의 고향〉이라는 점으로 미루어 KBS는 환상물 방영에 있어서—공영방송의 표방과 어떠한 연관이 있는지 파악할 도리는 없으나—상대적으로 소극적이었다고 할 수 있다. MBC는 4/8/9편으로 3사 중 가장 많은 21편의 환상물을 방영하였다. 환상물과 관련하여 MBC에서 주목을 요하는 것은 선도성이다. 한국 텔레비전 드라마 환상물에 있어서 중요한 분수령이라고 할 만한 〈M〉과 〈환상여행〉 등이 공히 MBC에서 방영되었다는 점에서 그렇다. 1990년 개국한 후발 주자인 SBS는 총12편으로 수치만 놓고 보자면 3사 가운데 가장 적은 편수를 방영했다. 그러나 2010년대 이후의 급격한 증가는 도드라진다. 최근 5년간 9편의 환상물을 방영함으로써 2010년대 지상파/케이블 전체에서 25.7%, 지상파 3사에서 37.5%라는 월등한 수치를 보이고 있다.[34]

화소	유형	연대			합계	
		1990	2000	2010		
인간	인 간	—	2	7	9	36
	초인간	2	2	9	13	
	반인간	—	2	5	7	
	비인간	3	2	2	7	
시간	시간여행	—	—	2	2	10
	타임슬립	—	1	4	5	
	타임루프	—	1	2	3	
공간	현 계	—	2	2	4	5
	이 계	—	—	1	1	
	외 계	—	—	—	0	
세계	연결	5	11	33	49	51
	차단	—	1	1	2	

〈표2〉 화소 및 유형별 환상물 방영 편수

〈표2〉는 환상물의 화소 및 유형에 따른 방영 편수를 나타낸다. 단막극 시리즈를 제외한 51편의 미니시리즈를 대상으로 각각의 텍스트에서 가장 지배적인 환상의 화소를 인간·시간·공간으로 먼저 분류한 후, 이와는 별도로 현실세계와의 연관성을 따져 기록하였다. 이러한 통계에서 가장 두드러지는 것은 환상의 화소에서 인간이 차지하는 비중이다. 한국 텔레비전 드라마 환상물은 환상을 작동시키는 요소로 인간(70.6%)〉시간(19.6%)〉공간(9.8%)을 선호해왔으며, 현실과 차단(3.9%)된 전혀 다른 세계는 거의 배제한 채 현실과 연결(96.1%)된

세계에서 구현되는 환상에 집중해왔다. 요컨대 한국 텔레비전 드라마에 있어서 환상물의 주류는 보편적 현실에서 특정한 인물의 육체와 정신을 통해 발생하는 특수한 환상이라고 할 수 있다.

첫 번째 화소로서 인간은 인간·초인간·반인간·비인간 등의 네 가지 항목으로 유형화하였다. 이는 시각을 통해 구별되는 인간의 신체적 특질을 기준으로 삼은 것이다. 한국의 환상물에서 평범한 인간과 비범한 초인간은 육안으로 쉽게 구별되지 않는다.[35] 따라서 인간은 환상이 자신의 의지와 무관하게 외부에서 작용한 경우, 초인간은 그 자신의 의지로 환상을 작동시킬 경우로 구분하였다. 전자로는 갑작스런 신체의 변화-환상적 변신을 모티브로 하는 〈두근두근 체인지〉,[36] 〈돌아와요 순애씨〉,[37] 〈시크릿 가든〉,[38] 〈빠담빠담〉,[39] 〈아이러브 이태리〉,[40] 〈빅〉,[41] 〈울랄라 부부〉,[42] 〈꽃할배 수사대〉,[43] 〈미스터 백〉 등이 꼽힌다. 후자에는 신에 비견되거나, 도술을 사용하거나, 타인의 마음을 읽거나, 귀신과 대화를 하는 등의 다종다양한 초능력자(11)와 더불어 지구인보다 탁월한 능력을 지닌 외계인(2)이 포함된다.[44] 그리고 다소 애매하지만 인간적 형상을 겸비한 생명체인 구미호(5)와 드라큘라(2)는 반인간, 신체를 상실한 귀신(6)과 정신이 박탈된 좀비(0) 등은 비인간으로 분류하였다.

이러한 기준에 의거했을 때 환상의 화소로서 인간은 초인간(36.1%)〉인간(25%)〉반인간=비인간(19.45%)의 순서로 자주 모습을 드러냈다. 여기서 한 가지 흥미로운 대목은 동일한 편수를 보이고 있는 반인간과 비인간의 형상화 양상이다. 반인간과 비인간으로서의 구미호와 귀신이 동양적이라면, 드라큘라와 좀비는 다분히 서양적이라고 할 수 있다. 드라큘라에 대한 구미호의 우세는 설화의 빈번한 차용이라는 한국적 정황에서 당연한 결과로 간주된다. 하지만 귀신에 비한 좀비의 부재는 소설을 위시하여 게임과 웹툰 등의 대중문화에서 불고 있는 선풍적 인기를 상기해보면 선뜻 이해하기 어렵다. 이는 2차 세계의 형상화라는 난제와 직결된다. 대개 귀신이 '개인'의 '욕망'과 관련되어 '개체'로 등장하는 반면, 좀비는 '집단'의 '전염'을 특징으로 '군집'을 이루기 때문에 수년째 전 세계적 흥행을 하고 있는 미국의 〈워킹 데드〉(2010/AMC, 2011/FOX)[45]에서 알 수 있듯이 유다른 세계관의 설정과 그에 준하는 스펙터클의 창출이 필수적이다. 따라서 한국의 환상물에—케이블이라는 차선의 경로가 있음에도—아직까지 이렇다 할 좀비물이 없는 유력한 이유 중 하나는 바로 제작과 수익 사이의 수지타산이라는 흥행 논리에서 기인한다고 볼 수 있다.

두 번째 화소로서 시간은 시간여행·타임슬립(time slip)·타임루프(time loop) 등의 세 가지 항목으로 유형화시켰다. 기본적으로 세 가지 항목 공히 과거—현재—미래라는 시간의 현실적 선조성으로부터 이탈한 환상적 시간을 다룬다는 점에서 일치한다. 그러므로 시간의 일방적 흐름에서 벗어나 유영(遊泳)한다는 너른 의미로 보자면 모두가 시간여행이라고도 할 수 있다. 그러나 여기서는 인물의 의욕에 따른 시간 이동을 시간여행, 의지와 무관하게 시간이 옮겨간 것을 타임슬립, 의도치 않은 시간의 반복과 순환을 타임루프로 보았다.[46] 더불어 시간과 공간을 달리하여 새로운 삶을 살게 되는 환생 역시 삶의 반복과 순환이라는 측면에서 타임루프에 포함시켰다.

시간을 환상의 화소로 삼은 드라마는 1990년대에는 보이지 않는다. 10편 가운데 2편이 2000년대에 이르러 나타나고 나머지 8편은 모두 2010년대에 몰려 있다. 항목별로 보자면 타임슬립(50%)〉타임루프(30%)〉시간여행(20%) 순이고, 시간 이동의 방향성으로 따지면 시간적 선조성에 복속되는 환생을 포함하여 과거에서 현재로의 이동이 3편, 현재에서 과거로의 이동이 6편, 미래에서 현재로의 이동이 1편에 달한다. 이러한 시간의 환상성에는 크게 세 가지 특징이 엿보인다. 첫째, 시간 이동이 주로 개인의 의지와 무관한 타임슬립과 타임루프에 치우쳐 있다. 둘째, 시간여행을 다룰 경우 모두 가까운 과거로의 여행을 감행한다. 이러한 두 가지 특징은 앞의 2차 세계 형상화 문제로 다시 연결된다. 개인의 의지가 반영된 시간여행은 굳이 가까운 과거로 한정될 이유가 없다. 하지만 아득한 과거라든가 먼 미래로의 자유로운 시간여행은 현재와 더불어 과거 혹은 미래가 포함된 두 개의 세계와 두 가지의 볼거리를 화면으로 제공해야 한다는 점에서 부담스럽기 마련이다. 〈나인: 아홉 번의 시간여행〉[47]의 현재에서 과거로의 시간이동과 〈미래의 선택〉[48]의 미래에서 현재로의 시간이동이 실상 지금/여기의 현실과 크게 다르지 않은 가까운 과거를 여행지로 삼은 것 역시 이와 무관하지 않다. 그리고 셋째로는 이러한 환상물 가운데 무려 70%에 달하는 7편이 불과 2년 사이인 2012~2013년에 집중적으로 방영되었다는 것이다. 이러한 득세는 향후 좀 더 지켜보아야 할 문제이지만, 현실에 대한 피로가 빚어낸 망각 내지는 도피의 극적 투사일 공산이 크다.[49]

세 번째 화소인 공간은 현계(顯界)와 이계와 외계라는 유형으로 구분하였다. 이러한 획정(劃定)은 드라마의 내러티브가 주되게 진행되는 공간을 지표로 해서 이루어졌다. 범례를 찾기 쉬운 영화를 예로 들자면 극적 공간이 현실세계 이외에 〈매트릭스(The Matrix)〉(1999·2003·2003)와 〈반지의 제왕(The Lord Of The Rings)〉(2001·2002·2003) 시리즈처럼 또 다른 가공의 세계를 그리면 이계, 〈스타워즈(Star Wars)〉(1999·2002·2005·1977·1980·1983)와 〈에이리언(Alien)〉(1979·1986·1992·1997) 시리즈처럼 또 다른 미지의 세계를 다루면 외계로 설정하였다. 현실에 기반하되 엄연한 사이비 현실인 대체역사는 현계에 포함시켰다. 대체역사로 이루어진 환상물은 역사적 만일이라는 환상적 가정을 제외하곤 대개 환상을 자아내는 특별한 장치 없이 지금/여기의 논리와 합리를 따르기 때문이다.

〈표2〉에서 확인되듯이 한국 텔레비전 드라마의 환상물은 공간을 통한 환상의 창출에 상대적으로 취약한 면모를 보인다. 편수도 5편에 불과할 뿐더러 2000년대의 〈궁〉과 〈궁S〉, 2010년대의 〈마이 프린세스〉와 〈더킹 투하츠〉 등 상황의 환상성 이외에는 환상에 구속되지 않는 대체역사물이 거의 전부이기 때문이다. 그런데 나머지 한 편인 〈해를 품은 달〉[50]은 상당히 난감하다. 〈해를

품은 달〉은 매회 초반 "조선의 가상 왕 시대를 배경으로 펼쳐지는 픽션으로 역사적 인물, 사건과는 무관"하다는 자막을 통해 공표하듯이 실재하지 않았던 가상의 조선을 시대적 배경으로 한다. 조선시대의 제도와 규율에 의거한 사회라는 점에서 유형상 현계와 가까워 보이지만, 역사적으로 존재하지 않았던 왕이 존재하고 상식적으로 수긍하기 힘든 주술(呪術)이 통용되는 사회라는 점에서 이계와도 닮아 있다. 형식은 역사드라마의 그것과 거의 흡사하고, 내용은 멜로드라마와 하등 다르지 않다. 차라리 조선의 어느 왕을 특정하여 지어낸 이야기라면 해결은 간단해진다. 환상물에서 제외시키면 그뿐이기 때문이다. 2차 세계에 기반한 미국의 의심할 나위 없는 환상물 가운데 하나인 〈왕좌의 게임〉은 이러한 난관에 의미 있는 참조를 제공한다. 〈왕좌의 게임〉의 7왕국은 중세 유럽의 왕정국가를 연상시킨다. 그 시대의 복식(服食)을 하고 그 시대의 제도와 규율을 따르기 때문이다. 하지만 그 세계에서는 또한 용과 마법이 통용된다. 조선시대와 봉건왕국, 주술과 마술의 유비(類比)는—한국 화면의 낯익음과 외국 화면의 낯섦이 빚어내는 환상에 대한 선입견을 배제하면—〈해를 품은 달〉이—엄연한 스케일의 차이에도 불구하고—〈왕좌의 게임〉과 마찬가지로 세계와 이계의 중간쯤에 위치한 환상물이라는 판단을 가능케 한다. 비록 〈해를 품은 달〉은 외국의 그것에 비해 성글지만 향후 2차 세계를 중심으로 하는 환상물의 초석이라고도 할 수 있다.

하지만 한국 텔레비전 드라마를 통해 현실과는 사뭇 다른 환상을 만끽하기란 아직 요원해 보인다. 1990년대 이후 현재에 이르기까지 고전과 현대 그리고 동양과 서양의 경계를 허문 환상물들이 꾸준히 늘어나고 있는 것은 엄연한 사실이다. 하지만 51편의 환상물 가운데 현실세계의 논리와 합리를 차단한 채 극적세계만의 독자적인 논리와 합리를 새로이 설정한 드라마는 그나마 〈구미호 외전〉[51]과 〈해를 품은 달〉이 유일하다. 여전히 한국의 환상물은 현실세계의 한 켠에서 발생하는 국지적 환상에 주력하고 있는 셈이다. 물론 환상성의 가치는 규모와 물량으로부터 산출되지 않는다. 그럼에도 불구하고 다양성이라는 측면에서 보자면 환상물의 국지성은 한계이자 과제이다. 총체적 환상이라는 수사가 허락된다면, 이러한 환상을 구현하는 일은 결코 쉽지 않다. 마치 하나의 국가나 사회를 새로 세우듯 총체적 환상의 세계는 독창적 세계관에 대한 구상과 집필로부터 시청각적 재현을 위한 촬영과 편집에 이르기까지 섬세한 설계와 막대한 비용을 요구하기 때문이다. 그러나 환상은 늘 언젠가 현실로 도래한다. 그렇기에 환상이다.

5. 신(神)과 별[星], 환상 너머의 현실

문학은 현실에 비/반/초 등 그 어떠한 접두사를 붙이더라도 결국 현실을 화두로 하게 마련이다. 환상은 이에 복속된다. 제아무리 현실과 동떨어진 환상일지라도 그것은 현실에 대한 이색적 반영에 다름 아니다. 환상이 "부재와 상실로 경험되는 것들을 추구하는"[52] 욕망이라는 잭슨의 주장을 빌리자면, 환상은 현실에서의 부재와 상실을 환상에서의 존재와 소유로 보듬고자 하는 치유의 상상력이라고 할 수 있다. 이러한 맥락에서 21세기라는 첨단의 현실에서 오히려 그러한 첨단에 힘입어 다종다양한 미디어를 통해 현시(顯示)되는 환상의 득세는 비유컨대 고전주의 문학을 풍미하던 '시적 정의(poetic justice)'의 귀환을 보는 듯하다.

> 현실 문제를 해석하고 설명하며 해결의 방향을 제시해왔던 '상식'의 근간이 의미를 잃고, 그 결과, 현실은 '뭐가 뭔지 알 수 없는 것'들을 뭉쳐놓은 덩어리가 되고 말았다. 가정이, 아이들이, 주부가, 집단이, 회사가, 그리고 경제가…… '알 수 없는 무언가'로 끝없이 변형(괴물화)되면서 내적으로 파괴되기 시작하였다. 현실의

호러적 변용이라고 할 수 있겠다. 현재 이러한 변용은 해소되기는커녕, 문화적 보수주의나 내셔널리즘을 찬양하는 사회 분위기에 의해 더욱 걷잡을 수 없는 방향으로 흘러가고 있다.[53]

현실의 상식이 무참히 허물어지는 사회에서 환상의 몰상식은 도리어 상식적이다. 다소 비약하자면 정체가 분명한 인간의 인간에 대한 살육이 자행되는 뉴스의 화면과 마주하느니 차라리 정체를 알 수 없는 귀신과 좀비에 맞서 싸우는 인간을 묘사하는 드라마의 화면에 시선을 의탁하는 편이 오히려 인간으로서 스스로의 존엄을 보호하는 데 도움이 되는 아이러니가 지금/여기의 엄연한 현실이라는 점에서 그렇다. 이러한 현실을 반영하기라도 하듯 텔레비전 드라마에서도 환상물은 전 세계적으로 나날이 호황을 누리고 있다. 문화제국이라고 할 수 있는 미국의 사례는 이를 여실히 대변한다. 텔레비전 포털(portal) 사이트인 티비닷컴(tv.com)에 따르면, 2014년 9월을 기준으로 미국에서 방영 중인 모든 텔레비전 프로그램을 망라하여 산출한 시청률 집계에서 드라마는 상위권을 휩쓸었다. 1위부터 10위까지의 순위를 전부 드라마가 석권했는데, 이 가운데 절반이 바로 환상물이었다.[54] 그리고 이러한 활황은 한국에서도 비슷하게 감지된다.

한국의 텔레비전 드라마에서 현대적 환상물은 1990년대에 이르러 비로소 모습을 드러냈다. 1990년대라고는 하지만 전기적(轉機的) 의의를 지닌 〈M〉이 방영된 1994년을 기점으로 하자면 한국 텔레비전 드라마에서 환상물의 본격적인 역사는 이제 갓 20년을 넘긴 셈이다. 실험(1990년대)과 안착(2000년대)을 거쳐 확산(2010년대)의 단계로 접어든 한국 텔레비전 드라마의 환상물은 지난 20여 년간 미니시리즈 51편과 단막극 시리즈 8편을 더해 총59편이 제작 및 방영되었다. 이는 1990년대에 새삼스럽게 출몰했다기보다는 1980년대까지의 레퍼토리를 저본으로 한 혼융, 즉 동양적/고전적 환상의 계승과 서양적/현대적 환상의 모방이라는 문화적 혼종의 결실이었다. 한국의 환상물은 창작과 제작 그리고 방영과 시청에 수반되는 여러 가지 난제로 인해 생면부지의 환상이라고 할 수 있는 2차 세계의 창조보다는 현실세계의 인간과 시간을 통해 발생하는 국지적 환상의 창출에 주력해왔다.[55] 그럼에도 불구하고 20년 남짓한 기간 동안 텔레비전 드라마에서 환상이 차지하는 영역은 대단히 넓어지고 깊어졌다.

2014년 상반기에 종영한 두 편의 환상물은 이러한 넓이와 깊이의 현재를 가늠케 한다는 점에서 의미심장하다. 유괴된 딸의 죽음에 절망하여 스스로 강물에 몸을 던진 어머니가 2주 전의 시간으로 되돌아가게 되면서 딸을 살리기 위해 범인을 추적하는 〈신의 선물—14일〉[56]과 어려서부터 연예계에 입문하여 사람과 사랑의 가치를 오만과 편견으로 대신하던 여배우가 외계에서 온 전생의 인연을 만나 다시 사람과 사랑의 가치에 눈뜨게 되는 〈별에서 온 그대〉[57]가 그것이다. 두 편의 드라마는 각각 시간과 인간을 주요 화소로 하는 환상물에 속한다. 두 명의 여성 인물 김수현과 천송이는 유사한 상처를 지니고 있다. 김수현은 딸의 죽음이라는 현재의 부재와 마주해 자신의 미래를 자살이라는 방식으로 중단하려 한다. 천송이 또한 자신을 둘러싼 부모의 다툼에서 비롯된 오해로 아버지를 떠나보내야 했던 과거의 상실로 인해 현재의 자신을 닫아버린다. 그리고 이들의 부재와 상실이라는 현실은 '신'과 '별'이라는 환상을 통해 비로소 치유된다.

아득한 과거로부터 현재에 이르는 동안 인간에게 신과 별은 언제나 각별한 환상이었다. 서양에서는 별에 신의 이름을 부여하였고, 동양에서는 별을 향해 두 손 모아 정성스레 기도하였다. 신과 별은 비루한 현실에서 인간이라면 누구나 불편부당하게 기댈 수 있는 찬란한 환상이었던 것이다. 환언하자면 인간에게 신은 곧 별이었고, 별은 곧 신이었다. 하지만 현대의 첨단 과학과 기술은 종교와 우주가 지닌 환상을 논리와 합리로 적잖이 소명해냈다. 그럼에도 불구하고 신과 별은 〈신의 선물—14일〉과 〈별에서 온 그대〉에서처럼 여전히 시청자에게 매력적인 환상으로 동경을 받는다. 현대사회의 시청자는 현실과 환상을 구분하지 못할 만큼 무지하지도 무식하지도 않다. 그저 드라마라는 환상을 통해서라도 현실의 부재와 상실을 치유함으로써 다가올 또 다른 현실에 대비코자 할 뿐이다. 환상 너머에는 다시 현실이 있다.

한국 텔레비전 드라마 환상물 연표(1990~2014)

방영연도	제목	극본	연출	방송사	분량	시영	종영	화소	유형
1994	M	이홍구	정세호	MBC	10	94.08.01	94.08.30	Ⓗ	비인간(원혼)
1995	거미	박일	이재갑	MBC	10	95.07.31	95.08.29	Ⓗ	비인간(거미)
1996	별	이홍구	조중현	MBC	12	96.01.08	96.02.13	Ⓗ	초인간(외계인)
1996	전설의 고향 1996			KBS2	24	96.06.26	96.09.12		
1996	환상여행	김균태·인정옥 외	김정욱·이응주	MBC	68	96.10.27	98.04.15		
1997	전설의 고향 1997			KBS2	26	97.07.12	97.10.12		
1998	전설의 고향 1998			KBS2	12	98.07.06	98.08.11		
1998	천사의 키스	손영목	전산	KBS2	18	98.12.14	99.02.02	Ⓗ	초인간(천사/악마)
1999	전설의 고향 1999			KBS2	12	99.06.28	99.08.03		
1999	고스트	강은경	김종학·민병천	SBS	16	99.07.06	99.08.31	Ⓗ	비인간(귀신)
2003	천년지애	김기호·이선미	유재혁·이관휘	SBS	20	03.03.22	03.05.25	Ⓣ	타임슬립(과거→현재)
2004	두근두근 체인지	신정구·조진국	노도철	MBC	13	04.05.16	04.08.08	Ⓗ	인간(변신)
2004	구미호외전	이경미·황성연	김형일	KBS2	16	04.07.19	04.09.07	Ⓗ/Ⓦ	반인간(구미호)/2차세계
2005	안녕, 프란체스카(시즌 1)	신정구·조진국	노도철	MBC	12	05.01.24	05.04.25	Ⓗ	반인간(드라큘라)
2005	안녕, 프란체스카(시즌 2)	신정구·조진국	노도철	MBC	17	05.05.02	05.08.29	Ⓗ	반인간(드라큘라)
2005	환생-넥스트	고은님·구선경 외	김도훈·박재범 외	MBC	14	05.05.16	05.06.28	Ⓣ/Ⓢ	타임루프(환생)
2005	안녕, 프란체스카(시즌 3)	김현희	조희진	MBC	23	05.09.05	06.02.27	Ⓗ	반인간(드라큘라)
2006	궁	인은아	황인뢰	MBC	24	06.01.11	06.03.30	Ⓣ	대체역사

2006	돌아와요 순애씨	최순식	한정환	SBS	16	06.07.12	06.08.31	Ⓗ	인간(변신)
2007	궁S	도영명·이재순	김수영·황인뢰	MBC	20	07.01.10	07.03.15	Ⓣ	대체역사
2007	마왕	김지우	박찬홍	KBS2	20	07.03.21	07.05.24	Ⓗ	초인간(초능력)
2007	태왕사신기	박경수·송지나	김종학·윤상호	MBC	24	07.09.11	07.12.05	Ⓗ	초인간(신)
2008	누구세요?	배지은	노종찬·신현창	MBC	17	08.03.05	08.05.01	Ⓗ	비인간(영혼)
2008	전설의 고향 2008	김재은·박영숙 외	곽정환·김용수 외	KBS2	8	08.08.06	08.09.03		
2009	혼	고은님·인은아 외	강대선·김상호	MBC	10	09.08.05	09.09.03	Ⓗ	비인간(원혼)
2009	전설의 고향 2009	김랑·김정숙 외	김정민·김형석 외	KBS2	10	09.08.10	09.09.08		
2010	구미호: 여우누이뎐	오선형·정도윤	이건준·이재상	KBS2	16	10.07.05	10.08.24	Ⓗ	반인간(구미호)
2010	내 여자친구는 구미호	홍미란·홍정은	부성철	SBS	16	10.08.11	10.09.30	Ⓗ	반인간(구미호)
2010	시크릿 가든	김은숙	권혁찬·신우철	SBS	20	10.11.13	11.01.16	Ⓗ	인간(변신)
2011	마이 프린세스	장영실	강대선·권석장	MBC	16	11.01.05	11.02.24	Ⓣ	대체역사
2011	49일	소현경	박용순·조영광	SBS	20	11.03.16	11.05.19	Ⓗ	비인간(영혼)
2011	뱀파이어 검사 (시즌 1)	양진아·한정훈	김병수	OCN	12	11.10.02	11.12.18	Ⓗ	반인간(드라큘라)
2011	빠담빠담	노희경	김규태	JTBC	20	11.12.05	12.02.07	Ⓗ	인간(변신)
2012	해를 품은 달	진수완	김도훈·이성준	MBC	20	12.01.04	12.03.15	Ⓦ	2차 세계(가상세계)
2012	프로포즈 대작전	윤지련	김우선	TV 조선	16	12.02.08	12.03.29	Ⓣ	타임루프(현재→과거)
2012	히어로	구동회	김정민·김홍선	OCN	9	12.03.18	12.05.13	Ⓗ	초인간(초능력)
2012	더킹 투하츠	홍진아	이재규·정대윤	MBC	20	12.03.21	12.05.24	Ⓣ	대체역사
2012	옥탑방 왕세자	이희명	신윤섭	SBS	20	12.03.21	12.05.24	Ⓣ	타임슬립(과거→현재)
2012	인현왕후의 남자	김윤주·송재정	김병수	tvN	16	12.04.18	12.06.07	Ⓣ	타임슬립(현재→과거)
2012	닥터 진	전현진·한지훈	오현종·한희	MBC	22	12.05.26	12.08.12	Ⓣ	타임슬립(현재→과거)
2012	아이러브 이태리	문지영	김도혁	tvN	16	12.05.28	12.07.17	Ⓗ/Ⓣ	인간(변신)
2012	빅	홍미란·홍정은	김성윤·지병현	KBS2	16	12.06.04	12.07.24	Ⓗ/Ⓣ	인간(변신)

2012	신의	송지나	김종학·신용휘	SBS	24	12.08.13	12.10.30	Ⓣ	타임슬립(현재→과거)
2012	아랑사또전	정윤정	김상호·정대윤	MBC	20	12.08.15	12.10.18	Ⓗ	비인간(귀신)
2012	천 번째 남자	김균태	이배훈	MBC	8	12.08.17	12.10.12	Ⓗ	반인간(구미호)
2012	뱀파이어 검사(시즌 2)	강은선·한정훈	유선동	OCN	11	12.09.09	12.11.18	Ⓗ	반인간(드라큘라)
2012	울랄라 부부	최순식	이정섭·전우성	KBS2	18	12.10.01	12.11.27	Ⓗ	인간(변신)
2012	전우치	박대영·조명주	강일수·박진석	KBS2	24	12.11.21	13.02.07	Ⓗ	초인간(초능력)
2013	나인: 아홉 번의 시간여행	김윤주·송재정	김병수	tvN	20	13.03.11	13.05.14	Ⓣ	시간여행(현재→과거)
2013	구가의 서	강은경	김정현·신우철	MBC	24	13.04.08	13.06.25	Ⓗ	반인간(구미호)
2013	너의 목소리가 들려	박혜련	조수원	SBS	18	13.06.05	13.08.01	Ⓗ	초인간(초능력)
2013	환상거탑	김기호	이성원	tvN	8	13.07.17	13.09.04		
2013	후아유	문지영·반기리	조현탁	tvN	16	13.07.29	13.09.17	Ⓗ	초인간(초능력)/비인간(귀신)
2013	주군의 태양	홍미란·홍정은	진혁	SBS	17	13.08.07	13.10.03	Ⓗ	초인간(초능력)/비인간(귀신)
2013	미래의 선택	홍진아	권계홍·유종선	KBS2	16	13.10.14	13.12.03	Ⓣ	시간여행(미래→현재)
2013	별에서 온 그대	박지은	장태유	SBS	21	13.12.18	14.02.27	Ⓗ/Ⓣ/Ⓢ	초인간(외계인)/환생
2014	처용	홍승현	강철우	OCN	10	14.02.09	14.04.06	Ⓗ	초인간(초능력)/비인간(귀신)
2014	신의 선물-14일	최란	이동훈	SBS	16	14.03.03	14.04.22	Ⓣ	타임루프(현재→과거)
2014	꽃할배 수사대	문선희·유남경	김지영	tvN	12	14.05.09	14.07.25	Ⓗ/Ⓣ	인간(변신)
2014	야경꾼 일지	김선희·방지영 외	윤지훈·이주환	MBC	24	14.08.04	14.10.21	Ⓗ	초인간(초능력)/비인간(귀신)
2014	아이언맨	김규완	김용수·김종연	KBS2	18	14.09.10	14.11.13	Ⓗ	초인간(초능력)
2014	미스터 백	최윤정	이상엽	MBC	16	14.11.05	14.12.25	Ⓗ/Ⓣ	인간(변신)

주석

1 츠베탕 토도로프, 최애영 역, 『환상문학 서설』, 일월서각, 2013, 70면.

2 캐스린 흄, 한창엽 역, 『환상과 미메시스』, 푸른나무, 2000, 55면.

3 최초의 영화 중 하나로 꼽히는 뤼미에르 형제의 〈기차의 도착〉은 1895년 작, 역시 최초의 환상영화로 불리는 멜리에스의 〈달세계 여행〉은 1902년 작이다.

4 http://www.tv.com/shows/decade/1950s/

5 1950년대를 기준으로 1위는 서부시대를 배경으로 한 〈딜론 보안관(Gunsmoke)〉, 2위는 추리에 능한 변호사를 등장시킨 〈페리 메이슨(Perry Mason)〉, 3위는 가족시트콤인 〈왈가닥 루시(I Love Lucy)〉로 모두 CBS에서 방영되었다.

6 각각 1963년부터 방영되기 시작한 영국 BBC의 〈닥터 후(Doctor Who)〉와 1966년부터 방영된 NBC의 〈스타트렉(Star Trek)〉이 대표적이다.

7 2015년을 기준으로 각각 시즌 5와 시즌 6이 방영 중인 HBO의 〈왕좌의 게임(Game of Thrones)〉과 AMC의 〈워킹 데드(The Walking Dead)〉 등의 시리얼(serial)이 그것이다.

8 박노현, 「텔레비전 드라마와 환상(성)」, 《한국문학연구》 제47집, 동국대학교 한국문학연구소, 2014, 525면.

9 제목에 부기한 괄호 안의 정보는 각 시리즈의 최초 방송사와 방송년도, 한국 방송사와 방송년도이다.

10 박노현, 「텔레비전 드라마와 한류 담론」, 《한국문학연구》 제45집, 동국대학교 한국문학연구소, 2013, 351-352면.

11 외화가 MBC의 토요일 오후 1시 편성에서 완전히 사라진 것은 토요일 오후 1시 10분 편성으로 시영(始映)했다가 일요일 심야로 종영한 〈스몰빌(Smallville)〉(The CW/2001, MBC/2004) 시즌 2가 방영된 2006년이다.

12 이홍구 극본, 정세호 연출, MBC, 총10회, 1994. 08. 01. ~ 30.

13 김균태·인정옥 외 극본, 김정욱·이응주 외 연출, MBC, 총68회, 1996. 10. 27. ~ 1998. 04. 15.

14 〈환상여행〉의 최초 편성은 일요일 프라임 타임인 오후 6시였다. 첫 방송을 시작한 1996년 10월 27일부터 이듬해인 1997년 5월 18일까지는 방송사의 편성 상황에 따라 오후 5시 50분~6시 10분 사이를 오가며 방영되다가, 그해 5월 24일부터 12월 28일까지는 일요일 심야인 오후 10시 35분~45분으로 시간대를 옮겨 방영되었으며, 1998년 1월 14일부터 마지막 방송인 4월 15일까지는 수요일 오후 11시에 방영되었다.

15 이보다 앞선 1995년 4월 22일부터 방영된 MBC 예능 프로그램 〈테마게임〉은 〈환상여행〉의 전신이라 할 만하다. 1994년 하나의 주제 하에 세 개의 에피소드를 담은 〈테마극장〉으로 시작해 1995년에 이름을 바꾸면서 1999년 11월 22일까지 무려 4년 넘게 이어진 〈테마게임〉은 비록 개그맨이 연기하는 드라마 형식의 코미디였지만 에피소드 가운데에는 환상적 이야기가 종종 등장하였

다. 〈환상여행〉은 이러한 〈테마게임〉에서 환상적인 것이 특화되어 독립된 프로그램이라고도 할 수 있다.

16 텍스트의 독창성이라는 측면에서 보자면 〈M〉과 〈환상여행〉은 다소 의뭉스럽다. 〈환상특급〉과 〈기묘한 이야기〉와의 친연성이 두드러지는 〈환상여행〉은 말할 나위도 없거니와 〈M〉 또한 서양 공포영화의 고전으로 꼽히는 윌리엄 프리드킨의 〈엑소시스트(The Exorcist)〉(1973) 및 리처드 도너의 〈오멘(The Omen)〉(1976)과 적잖이 겹쳐지기 때문이다.

17 박노현, 「텔레비전 드라마와 환상(성)」, 《한국문학연구》 제47집, 동국대학교 한국문학연구소, 2014, 526면.

18 대체역사의 환상성에 대해서는 류철균·서성은, 「영상 서사에 나타난 대체역사 주제 연구」, 《어문학》 제99집, 한국어문학회, 2008, 423-429면 참조.

19 인은아 극본, 황인뢰 연출, MBC, 총24회, 2006. 01. 11. ~ 03. 30.

20 도영명·이재순 극본, 김수영·황인뢰 연출, MBC, 총20회, 2007. 01. 10. ~ 03. 15.

21 장영실 극본, 강대선·권석장 연출, MBC, 총16회, 2011. 01. 05. ~ 02. 24.

22 홍진아 극본, 이재규·정대윤 연출, MBC, 총20회, 2012. 03. 21. ~ 05. 24.

23 1990년대 이후 한국 텔레비전 드라마의 환상물 연표는 지면의 말미에 「부록」으로 수록한다.

24 한국의 시트콤은 텍스트 시간(길이)과 횟수(크기)에 따라 미니시리즈와 연속극을 넘나든다. 이 가운데 2개의 에피소드가 주간 단위/60분 내외/30회 이하로 방영된 것은 미니시리즈, 1개의 에피소드가 일간 단위/30분 내외/30회 이상 방영된 것을 연속극으로 분류하였다.

25 〈안녕, 프란체스카〉와 〈뱀파이어 검사〉처럼 제목과 화소가 같은 시즌제 드라마는 1편으로 보았다. 다만 〈전설의 고향〉은 해와 회에 따라 각기 다른 제목과 화소를 지닌 단막극 시리즈라는 점에서 별개로 셈하였다.

26 최윤정 극본, 이상엽 연출, MBC, 총16회, 2014. 11. 05. ~ 12. 25.

27 미니시리즈가 지닌 폭넓은 상상력으로서의 드라마적 유목성에 대해서는 박노현, 『드라마, 시학을 만나다』, 휴머니스트, 2009, 244면 참조.

28 강은경 극본, 김종학·민병천 연출, SBS, 총16회, 1999. 07. 06. ~ 08. 31.

29 김기호·이선미 극본, 유재혁·이관휘 연출, SBS, 총20회, 2003. 03. 22. ~ 05. 25.

30 고은님·인은아 외 극본, 강대선·김상호 연출, MBC, 총10회, 2009. 08. 05. ~ 09. 03.

31 오선형·정도윤 극본, 이건준·이재상 연출, KBS2, 총16회, 2010. 07. 05. ~ 08. 24.

32 괄호의 수치는 전체에서 단막극 시리즈가 차지하는 편수로 KBS의 〈전설의 고향〉, MBC의 〈환상여행〉, tvN의 〈환상거탑〉 등이다.

33 2006년 개국한 tvN(Total Variety Network)은 공연·방송·영화·음악 등을 망라한 종합 문화콘텐츠 기업을 자임하는 CJ E&M의 엔터테인먼트 채널이다. CJ그룹의 계열사인 CJ E&M은 2011년 그룹 내 미디어 관련 계열사 5곳-CJ미디어, CJ엔터테인먼트, CJ인터넷, 엠넷미디어, 온미디어 등-을 합쳐 게임·방송·영화·음악/공연/온라인 등의 4개 분야로 재편한 후 케이블에서만 해도 tvN 뿐만 아니라 영화 전문 채널인 OCN과 CGV를 포함하여 18개의 채널을 운영할 정도로 문화콘텐츠 산업에 공세적인 투자를 계속해오고 있다.

34 다만 환상물의 방송사별 방영 편수에 따른 이러한 통계가 각 방송사의 환상물에 대한 선호를 고스란히 반영한다고 볼 수는 없다. 2010년대 이후의 텔레비전 드라마 편성에는 방송사의 외주제작 관행과 제작사의 해당 드라마에 국한된 유한회사 설립 등의 외적 환경이 복잡하게 작용하기 때문이다.

35 이러한 이유에서 미국의 히어로물을 대표하는 DC 코믹스(DC Comics)와 마블 코믹스(Marvel Comics)의 영웅들은 대개 자신만의 개성을 부각시키는 슈트(suit)를 착용한다.

36 신정구·조진국 극본, 노도철 연출, MBC, 총13회, 2004. 05. 16.~08. 08.

37 최순식 극본, 한정환 연출, SBS, 총16회, 2006. 07. 12.~08. 31.

38 김은숙 극본, 권혁찬·신우철 연출, SBS, 총20회, 2010. 11. 13.~2011. 01. 16.

39 노희경 극본, 김규태 연출, JTBC, 총20회, 2011. 12. 05.~2012. 02. 07.

40 문지영 극본, 김도혁 연출, tvN, 총16회, 2012. 05. 28.~07. 17.

41 홍미란·홍정은 극본, 김성윤·지병현 연출, KBS2, 총16회, 2012. 06. 04.~07. 24.

42 최순식 극본, 이정섭·전우성 연출, KBS2, 총18회, 2012. 10. 01.~11. 27.

43 문선희·유남경 극본, 김진영 연출, tvN, 총12회, 2014. 05. 09.~07. 25.

44 물론 외계인은 존재 자체만으로도 환상적이지만 공교롭게도 한국 텔레비전 드라마에서 그들은 항상 지구에만 머문다. 이처럼 경험할 수 없는 미지의 세계인 외계, 즉 2차 세계를 주요한 시공간으로 하지 않고 소수의 외계인이 지구의 현실에 참예하는 경우는 화소로서의 공간과 유형으로서의 이계로 분류하지 않고, 인간/초인간의 항목에 포함시켰다.

45 〈워킹 데드〉는 미국의 지상파/케이블의 모든 프로그램을 망라한 시청률 조사에서 방송 역사상 최초로 1위를 차지한 케이블 드라마이다. 한국에서는 역시 케이블 채널인 폭스코리아에서 2011년 시즌 2부터 정식 방영되기 시작하여 현재는 미국과 일주일 간격으로 거의 동시에 방영되고 있다.

46 타임루프 역시 인물의 자의에 의해 시간여행을 경험하진 않지만, 인물의 미련 혹은 염원이라 할 만한 간절함에 대한 외부적 응답으로 시간여행이 이루어진다는 점에서 타임슬립과 다르다.

47 김윤주·송재정 극본, 김병수 연출, tvN, 총20회, 2013. 03. 11.~05. 14.

48 홍진아 극본, 권계홍·유종선 연출, KBS2, 총16회, 2013. 10. 14.~12. 03.

49 과거의 기억과 현실의 망각으로서의 텔레비전 드라마에 대해서는 박노현, 「텔레비전 드라마의 '王政'과 '復古'」, 《한국학연구》 제30집, 인하대학교 한국학연구소, 2013 참조.

50 진수완 극본, 김도훈·이성준, MBC, 총20회, 2012. 01. 04.~03. 15.

51 이경미·황성연 극본, 김형일 연출, KBS2, 총16회, 2004. 07. 19.~09. 07.

52 로지 잭슨, 서강여성문학연구회 역, 『환상성』, 문학동네, 2001, 12면.

53 다카하시 도시오, 김재원 외 역, 『호러국가 일본』, 도서출판 b, 2012, 62면.

54 상위권에 포진한 환상물은 〈왕좌의 게임〉(1위), 〈에이전트 오브 쉴드(Marvel's Agents of S.H.I.E.L.D.)〉(3위), 〈뱀파이어 다이어리(The Vampire Diaries)〉(6위), 〈수퍼내추럴(Supernatural)〉(8위), 〈원스 어폰 어 타임(Once Upon a Time)〉(10위) 등의 다섯 편이다.

55 1990년 1월부터 2014년 12월까지의 편성표에 기초하여 조사한 이 글의 환상물 연표 및 통계는

한국 텔레비전 드라마의 환상물에 대한 거친 참조물일 뿐이다. 이 글의 부록으로 제시할 연표에는 혹여 누락된 것이 있을지 모를 뿐더러, 환상(성)의 기준에 따라 가감과 첨삭을 통한 또 다른 목록화가 가능하다는 점에서 그렇다. 통계 또한 마찬가지여서 이 글이 제시한 화소와 유형은 어디까지나 협량한 개인의 의견일 따름이다. 따라서 이 글의 연표와 통계가 환상물에 대한 풍성한 연구 속에서 마구 헝클어지길 기대해마지 않는다.

56 최란 극본, 이동훈 연출, SBS, 총16회, 2014. 03. 03. ~ 04. 22.

57 박지은 극본, 장태유 연출, SBS, 총21회, 2013. 12. 18. ~ 2014. 02. 27.

| 제2절 |

2000년대 소설에서 '환상'을 사유하기

1. 재현된 리얼리티라는 환상

지난 세기 확립되고 유지돼온 '(근대)소설'의 강령 중 첫 번째를 '현실'의 '재현'이라 말해도 될 것이다. 이는 근대적 글쓰기가 실현되면서 추동되었던 두 가지 인식론적 토대 위에서 가능한 것이었다. '현실'이라는 글쓰기의 대상과 '재현'이라는 글쓰기의 가능성, 이 둘이 불가분의 양태로 맞물려 서로를 규정함으로써 소설의 제일 요건이 성립했다. 글 또는 언어가 '현실의 재현'을 목적으로 할 때, (원래의) 현실과 (재현된 현실인) 소설이 같은 위상에서 사고된다. '소설의 현실'은 스스로 존재하는 것이 아니라 재현의 주체를 거쳐 언어로 지어진 것임에도 마치 현실 그 자체인 것처럼 여겨지기도 했다. 바로 이런 관습에 의해 한국문학이 현실 혹은 현실성(reality), 현실적(realistic)이라고 여기게 된 '리얼리티'의 이념은 상당 부분 구축되었다. 따라서 리얼리티의 개념과 영역은 언어의 모방능력이나 재현의지에 상당히 의존적일 수밖에 없다. 묘사된 현실과 실제 현실 사이에서 언어는 투명할수록 유능한 도구처럼 여겨졌고, 언어의 불완전함이 드러나거나 회의되는 것은 리얼리티 구현과 가장 멀리 있는 것처럼 생각되었다. 지난 세기의 한국문학에 대해서라면, 현실이라 불린 지상적 삶의 양식(樣式)과 그것을 투명하게 반영하여 소통시킨다는 언어의 한 임무가 리얼리티의 주된 양식(良識/糧食)이 되어왔다고 말해도 크게 틀리지 않을 것이다.

리얼리티에 대한 일반적 합의와 그것을 형상화하는 양식에 본격적인 변화가 일어 소설은 물론 제반 문학적 현상들에 전반적인 지각 변동이 일어난 것은 아무래도 2000년대의 사건이다. "리얼리즘 문학의 어떤 기본적인 규율과 현실의 인력도 발본적으로 무시하는 서사적 상상력"[1]을 이 시기의 데뷔물이라고 할 수는 없겠지만, 그런 것이 복수(複數)로, 군집으로 나타나 일련의 분위기를 주도한 작품들은 분명히 전과 다른 글쓰기의 자리를 생성한 듯했다. 이른바 "무중력 공간"이라는 명명은, 2000년대 중반쯤에야 윤곽을 드러낸 듯 보인 그 변화의 조짐이 이미 지난 세기말의 문학적 동력이었음을 밝혀주면서 당시 새로 탐색된 글쓰기의 자리를 인상적으로 각인시켜주었다.

> 한국 문학의 주류를 구성해온 '리얼리즘 문학'의 기율에 대한 해체적인 작업은 가장 강력한 90년대 문학의 동력 중의 하나였다. 이 동력을 문학적으로 추동한 세대가 90년대와 2000년대 문학의 경계에 선 세대라는 것은 어쩌면 필연적이다. 백민석, 박성원, 이응준, 김연수, 김경욱, 최대환, 김종광 등이 밀고 나간 탈리얼리즘의 서사는 한국 사회의 정치적 외상들을 리얼리즘 문학과는 다른 방식으로 해체하고 재구축하는 시도를 보여주었다. 그런데 이들 작가들이 보여주는 것은 단순히 리얼리즘 문학에 '반대'하는 수준의 문학이 아니라, 리얼리티를 구성하는 방식 자체에 대한 다양한 모색이었다.[2]

이와 같은 지적은, 2000년대 문학에서 발견되는 특성들을 이전 시대의 흐름과 연결 지음으로써 그것이 전무후무한 새로움인 것처럼 과장하지 않는다. 이른바 "혼종적 글쓰기"라 칭해진 1990년대 문학의 한 특성이 다양한 문화적 텍스트들과의 교섭을 통해 자기 세대의 서사 감각을 드러내는 문화적 다원주의를 드러냈다는 것이었다.

그러나 2000년대 중반 이후에 대거 등장한 작품들은 이와 유사하면서도 조금 다른 측면에서 주목될 수밖에 없었던 듯하다. "비루한 것들의 세계로부터 환상적이고 끔찍한 것들의 세계로의 전이, 그리고 일상적인 세계의 리얼리티를 통과한 뒤의 잡종적이고 무국적적인 감수성 같은 것"[3]이, 이전 시대와의 연속성을 초과하면서 출현했기 때문일 것이다. 2000년대 소설의 특징을 '환상'이라는 키워드로 포착한 박진의 말을 빌리면, "박민규로부터 시작하여 편혜영, 박형서, 천명관, 서준환, 김숨, 김이은, 김유진, 윤이형, 김주희, 염승숙, 황정은, 윤고은, 조현 등에 이르기까지, 2000년대 젊은 소설은 '기본현실 속에 주어져 있는 기본값들' 자체를 '새로운 설정치로 변경'하는 환상적 경향을 강하게 띠고 있다."[4] 이것이 아마도 2000년대 중반 무렵 인상적으로 떠오른, '혼종적 글쓰기'라는 표현으로 충분치 않은 문학적 리얼리티에 대한 첫 느낌이었을 것이다.

다시 말해 2000년대 소설의 '환상적 경향'은 이전까지 합의해온 '리얼리티'의 외부를 지칭하던 '환상'이 눈에 띄게 빈번히, 적극적으로 나타났다는 진단이었다. 소설이 근본적으로 허구의 구조물이고 창조적 상상력의 산물이라는 점에서 넓은 의미의 '환상'은 소설의 본성과 원천적으로 통한다. 소설 속에서 현실을 재현하는 언어의 이미지, 상징, 내러티브 등의 층위에서, 정도의 차이는 있지만 환상은 언제나 이미 작동중이다. 그럼에도 2000년대 소설에서 특히 '환상적 경향'을 지적하지 않을 수 없었다면, 소설의 허구성에 관한 관습적 합의로는 감당되지 않는 수준, 즉 현실에서 그러한 것과 그러하지 않은 것의 구별이 무시되고 현실적으로 가능한 것과 가능하지 않은 것의 경계가 거의 완전히 무너진 현상을 목도했기 때문일 것이다. 요컨대 2000년대 소설에서 '환상'은 더 대담해지거나 더 만연해졌고, 그리하여 환상이 소설에 존재하는 방식 자체를 묻지 않을 수 없게 했다. 이 글에서는 최근 십여 년간 '환상'이 소설과 관계 맺는 방식에 대해 다양하게 언급한 논의들을 살펴, 환상과 서사, 환상과 리얼리티, 환상(성)과 환상의 작동 등의 문제를 검토하고자 한다. 최종적으로 한국소설이 2000년대를 통과하면서 (재)조정하게 된 문학적 효과의 실행 범위까지 타진

해볼 수 있기를 바란다.[5]

2. 문학성으로서의 환상: 환상의 기능 강화

2000년대 이후 특히 신인이나 젊은 작가들의 소설에서 경험의 원리를 배반하는 비현실적 망상, 사회적 맥락을 무시하는 엉뚱한 공상 들이 증가한 데 대해 우선 그 원인부터 물어져야 했다. 전보다 빈번하고 대담하게 나타나는 '환상'이라면 무엇보다도 그런 환상을 낳은 주체들이 처한 현실적 상황과 관련지어 생각될 수밖에 없었다. 대표적으로, 김영찬은 2000년을 전후한 십여 년간의 한국문학에 대해 "대결하기보다 외면하거나 회피하고, 존재와 현실을 파고들기보다 그 표면 위를 미끄러져가고, 다른 세계를 꿈꾸기보다 자신의 무력함을 속으로 삭이며 지레 체념해버리는 문학"이라며, '환상'을 '현실' 혹은 '삶'에 대응하는 주체의 태도로 보았다.

> 2000년대 젊은 문학의 자아는 대체로 처음부터 자기 자신의 현실적·정신적 무력함을 일종의 운명으로 내면화하고 있는 자아다. (중략) 이들에게는 기댈 수 있는 어떤 관념적 거점도, 현실과 부딪치는 모험적 열정도, 자기파괴적 항의도, 냉소할 수 있는 여력도, 또 이를 떠받칠 수 있는 자아에 대한 강한 신념도 없다. 그보다는 예컨대 신경증적 강박과 폐소 공포증적 불안, 혹은 무력한 자기위안적 판타지가 아니면 딴전 피우기나 그에서 비롯되는 엉뚱한 공상과 수다가 있을 따름이다.[6]

환상의 주체는 "삶의 횡포"에 저항하기보다 감내하는 왜소한 주체로서 자기를 방어하고 보존하는 나름의 표현 방법으로 '환상'을 체득한다. 그들이 "현실과 맞서지 않고 아예 처음부터 다른 방향으로 길을 돌아가는" 까닭에 "요즘 소설의 지배적인 요소인 유머나 환상, 유희와 공상 같은 게 거기서 나오는"[7] 것이다. 이렇게 무력, 강박, 공포, 불안 등에 시달리는 초라한 개인이 감내, 자기위안, 방어를 위해 그리는 것을 '환상'이라 부른다면, 환상은 그만의 헛것, 그만의 유희일 수밖에 없다. 그리고 그 심리적 근원에는 물론 "현실에 대한 우울한 체념" 아니면 "더 나아가 그런 체념조차 없는, 현실을 아예 회피하거나 무시해 버리는 태도"[8]가 있을 뿐이다. "실제로 2005년 이후 등장한 젊은 작가들의 작품 속에서, 주인공들은 하나같이 고립과 자폐를 선험적인 것처럼 수긍하고(마치 지하 생활자처럼), 행위 대신 망상을 통해 세계를 파악하고(세계에 대한 사유의 우위), 그 망상 속에서 이런저런 방식의 변신을(그레고르 잠자처럼) 감내한다."[9] 이것은 평론가 김형중의 말이다. 김형중은 이들이 "이 악몽 같은 현실로부터 더 이상 어떠한 출구도 발견할 수 없을 때, 그들이 마련하는 유일한 도피처가 바로 '환상'"[10]이라고 했다. 인용한 부분에서 보이는 바와 같이 김영찬과 김형중의 언급은 서로 맞바꾸어도 무리가 없을 만큼 유사한데, 이는 '현실에 기권패를 선언한 주체들과 그들의 도피책으로서의 환상'이 2000년대 소설에 횡행하고 있다는 판단에 이들이 합의했기 때문일 터이다. 현실과 '대립각'을 세우지 못하고 자폐적으로 고립된 채 망상으로 세상을 파악하거나 '출구'로서 환상을 만들어 겨우 세상을 감내하는 주체들, 그들의 자기방어와 자기위안으로서의 환상. 실로 2000년대 소설 속 인물들에게 대결의식이나 공격성 같은 것보다는 우울감이나 체념이 익숙해 보인 것은 사실이다.

이와 같은 논의들에서는, 2000년대 소설의 '환상'이 어느 다른 시기, 다른 상황에서의 그것과 구별되는 기능을 하고 있다는 점이 부각된다. 환상 혹은 상상력이 '현실'이라는 이 세계에 대응하는 방법적 일탈의 전략으로 쓰일 수 있기 때문이다. 김형중은 2000년대 소설의 환상이 일면 '불가피'한 것이라면서 그것을 '일종의 정신승리법'이라고 표현했다.

> 황정은, 윤이형, 정한아, 윤고은의 작품에서 나타나는 판타지는 일종의 '정신승리법'처럼 읽힌다. 그들에겐 선험적으로 주어진 재앙, 어떠한 희망도 없는 사회로부터 탈출할 방법이 없을 뿐 아니라 심지어 그것을 이해할 수 있는 방법조차 없어 보인다. 그러니까 창공의 별은 이미 사라졌고, 이전 시대처럼 이 세계가 어떻게 해서 굴러가는지를 감지할 수 있는 메타 서사조차 존재하지 않을 때, 그래서 변혁은커녕 세계에 대한 이해마저 불가능할 때 판타지가 등장한다. 실천에 대한 사유의 우위, 실재에 대한 환상의 우위, 곧 정신승리법이다. 너무 힘들면 모자로 변신하면 되고, 또 너무 힘들면 오뚝이가 되면 된다. 혹은 윤이형처럼 게임 속에서 혁명을 일으키면 된다. 달이 여러 개 증식해도 된다.[11]

인용문에서는 2000년대 소설이 배태된 이 사회를, 희망은커녕 이해의 가능성도 희박한 현실로 파악하고, 거기에 맞서는 거의 유일한 방법으로 '환상'이 생겨나지 않을 수 없었다고 해석한다. '환상'이 무용하고 무의미한 것이 아니라 '현실'에 대하여 쓸모가 있다는 뜻일 것이다. 그것도 '선험적 재앙 탈출'의 수단으로서 말이다. 이때 '환상'은 소설에서 효과적으로 '활용'된 기법이 된다. 앞서 말해진 "정신승리법"이나 '무력한 주체들의 자기방어나 보존을 위한 자기표현법'으로 김영찬이 예시한 "편집증적 내러티브"는, 양편 모두 도피든 수세든 어떤 식으로나 현실에 대처하고 현실을 버티는 '방법' 혹은 '전략'으로 환상이 이용되었음을 주장한다. 이는 소설 혹은 서사에 기능하는 환상의 효용을 분명하게 함으로써 환상의 의의를 다지는 것이기도 하다.

2000년대 소설에서 환상이 활용되는 바를 적극적으로 이해하는 또 다른 방법도 있다. 김영찬은 박형서, 김애란, 이기호, 김중혁 등의 소설을 들어, 작가가 특히 '상상의 권능'에 의지하여 이야기를 만들 뿐만 아니라 상상력 자체를 '주제화'하거나 그 속에서 글쓰기의 자의식을 표출하는 경향을 드러낸다면서 "관습적인 현실의 제약을 초월하는 자율적 상상"이 "현실과 문학의 관습을 심문하는 상상의 효과"를 지닌다고 평가했다. 이런 언급은, 2000년대 소설에서 상상 혹은 환상이 현실의 제약과 문학의 관습을 반성케 하는 문학적 역할을 담당함을 강조함으로써, 당대 문학의 특징에 문학적 의미와 가치를 부여하는 것이기도 하다.

이처럼 2000년대 소설에서 환상이 세계에 대한 주체의 서사적 전략이자 글쓰기의 상투화된 관습을 거부하는 의식의 표출로 파악될 때, 환상의 효용은 선명해지고 문학적 의미는 뚜렷해진다. 이때 '환상'은 현실과 정반대되는 어떤 실체처럼 여겨지고, 소설 속에서 그것은 늘 '사용'되는 것이 아니지만 특별한 목적에 의해 활용될 수 있는 예외적인 '기법'의 하나처럼 생각된다. 그런데 바로 이 지점에서 다음과 같은 반문이 자연스럽게 도출될 수 있다. "워낙 소설에서 환상이 아주 새로운 요소는 아니고 (…) 물론 신진작가들의 작품에서 환상이 두드러진다는 것 자체는 2000년대 문학을 이야기하면서 주목할 점이라는 데 저도 동의합니다. 다만 환상이 소설에 들어오거나 활용되는 방식이 지금 근본적으로 바뀌고 있다고 하기에는 이르지 않나, 하여간 좀 더 봐야 할 것 같네요."[12] 환상이 소설에 '활용'되어 선명한 효과를 내는 일은 2000년대 문학만의 일이 아닐 뿐더러 특히 주목할 만한 현상도 아니지 않은가 하는 의문이다.

요컨대 '환상'의 서사적 기능과 문학적 효용을 적극적으로 수용하는 앞의 논의들에는, 근본적으로 환상이 현실의 반대 혹은 외부라는 인식이 전제되어 있다. '환상≠현실' 혹은 '환상=비현실'이라는 공고한 관계 위에서, '환상'과 '현실' 양쪽의 개념과 영역은 서로 대치된다. 환상이 현실의 반대 항일 때, 환상을 추동하는 '상상'의 넓이와 현실을 탐색하는 '인식'의 깊이는 서로 반대쪽으로 향하는 것인 양 여겨지기 쉽다. 정말 그러한 것이라면 2000년대 소설에서 환상은 기능적으로 전보다 확실해졌지만 전과 다르게 주목해야 할 근본적인 원인은 없는 셈이 된다. 전보다 우세해진 세계의 억압과 그에 비례해 더 왜소해진 주체의 빈곤을 드러내기 위해 하필이면 '환상'이 동원된 까닭에 대해서는 더 생각될 필요가 있었다.

3. 다른 현실(성)이라는 환상: 환상의 영역 전이

"환상을 추동하는 상상의 넓이와 현실을 탐색하는 인식의 깊이는 서로 반대쪽으로 향하는 듯" 여겨질 수 있다고 앞에서 우려했던 것은, 사실을 말하자면, 환상을 추동하는 상상이란 이미 언제나 현실에 개입하는 힘이기 때문이다. 현실 혹은 현실성이란 하나의 실체가 아니라 '현실적'이라고 믿어지는 계기와 장치들의 무수한 맥락이다. 이 세계의 '현실'을 구성하는 고정된 논리는 없으며, 이 세계 속의 모든 인간들이 저마다 자기 자신이 연루된 현실을 끝없이 (재)구성하는 유동적인 맥락들이 있을 뿐이다. 어쩌면 가장 '현실적'으로 드러난 '현실'의 맥락도 실은 '현실적'이라는 이념의 체현일 수 있다. 다시 말해, 현실을 운용하는 것이 (가령 사회, 이데올로기, 관념 등의) 환상일 수도 있고, 환상이 작동하는 것이 이미 현실에 내속된 작업이며 리얼리티의 한 작용일 수 있다는 것이다.

'현실'이 고정된 실체가 아니듯이 환상의 영역도 고정된 것이 아니다. 앞에서 환상과 현실을 전혀 별개의 두 개념처럼 말했던 것은, 먼저 '현실'의 개념을 일상적 역사 현실의 경험적 실제성에 한정하고, 나아가 그것을 언어 혹은 이야기의 지시적 모방능력에 의지하여 '재현'한 것을 '소설의 현실'이라고 불렀던 관습적 용법을 일부러 따랐기 때문이다. 그렇다면 소설에 '반현실적인 환상'이 이전과 다르게 나타난 것으로 보일 때, 무엇보다 먼저 의심되는 문제는 환상 자체가 아니라 '현실' 혹은 '현실의 재현'에 두어진다. '현실' 혹은 '재현'에 어떤 문제 혹은 변화가 생긴 것은 아닌가? 즉 소설에서 환상이 문제시된다면, 역으로 '소설의 현실'을 살펴야 하는 것이다. 말하자면 2000년대 소설에서 '현실'이 성립되는 지점은 어디인가 하는 문제다. 현실을 구성하는 두 측면을 편의상 '현실'

의 질료와 형상으로 나누어 살펴보자.

먼저, '현실'의 질료에 해당하는 영역이 이전과 같지 않음을 상기해야 한다. 시대적으로, 역사적 현실을 지각하는 통로가 달라졌고 경험적 현실의 가능한 정도가 달라졌다. 앞에서 현실의 압력에 맞서는 '방법론적 환상'을 언급하며 현실과 환상을 대립시켰던 김영찬도 다음과 같이 얘기한 바 있다. "또 다른 각도에서 보자면 지금 젊은 작가들이 주도하는 문학적 변화의 배경에는 리얼리티 개념의 변화가 있다고 생각해요. 젊은 작가들의 의식에는 현실은 이미 그렇게 존재하는 허구일 뿐이고, 환상이나 감각, 이미지, 텍스트 등이 오히려 현실보다 더 리얼할 수 있다는 생각이 깔려 있는 것 같습니다."[13] 이를테면 신문에서 '현실'이라 일러주는 사실들이 오랜 시간 존재해온 허구처럼 느껴지고, 일상적 현실이 아니라고 여겼던 "환상, 감각, 이미지, 텍스트" 등이 문득 더 현실적으로, 실제처럼 다가올 수 있다는 말이다.

아마도 어떤 것을 현실로 지각하는 합의와 관습에 변화가 생겨났다는 말이겠다. 주요 원인이라면 가히 혁명적이라 할 만한 매체 현실의 변화, 즉 전자매체의 다양화, 인터넷매체의 범용화 등 언어 실용 환경의 급진적 변모를 꼽을 수 있을 것이다. 달라진 매체환경이 지식, 정보, 자료 등의 취득 및 활용에 미친 영향에 대해, 현재로서는 지난 세기와 이번 세기를 가르는 원천적 요인이라고까지 말해도 틀리지 않다. 접할 수 있는 텍스트의 산술적인 양이 어마어마해진 것은 물론, 세계를 텍스트로써 접할 수밖에 없는 삶의 조건이 일상으로 안착되었다. 인간의 경험세계가 텍스트를 통해 무한정 확장되다시피 했고, 그러자 텍스트라는 이차적 현실이 더 이상 '부차적'인 세계일 수만은 없게 되었다. 일상의 거의 모든 영역에 검색과 조회가 침투한 정도를 반성하자면, 텍스트들의 맥락과 전적으로 분리된 '순수한' 실제의 경험 같은 건 거의 발생하기 어렵다고 보는 것이 맞다.

이런 상황에서 텍스트의 간접 현실은 이미 경험세계의 일부이고 경험세계는 직접 현실과 간접 현실을 분리하지 못한다. 세계를 상상하고 이해하는 우리의 통로는 기하급수적으로 증가했다. 상상력의 기반이 경험의 직접성과 텍스트의 간접성을 차별화할 수 없는 상태에 마련되고, 현실을 인식하는 구조는 자연적인 현실로부터만 직접 도출되는 것이 아니라 텍스트라는 인공적인 사실들로부터도 구축 가능하게 되었다. 우리가 세계를 의미화하여 인식하는 방식, 즉 현실을 구성하는 방식이, 지난 세기에는 사회 구성원들이 공유하는 이데올로기, 세계관, 전통, 규범 등에 관한 주요 담론을 통했다면 이번 세기에는 무수히 다양해진 사소한 담론들을 통하는 것으로 바뀌었다고도 할 수 있다. 요컨대 현실의 질료가 이전, 확장된 것이다.

다음, '현실'의 형상에 해당하는 언어의 '재현' 기능에 대해 전처럼 생각하지 않게 되었음을 상기해야 한다. 이 글의 서두에서도 얘기했지만, '소설의 현실'은 언어의 '재현' 능력과 가장 직결되어 있다. 그것은 말의 지시적 기능을 극대화한 능력으로서, 객관적 세계상을 과학과 이성의 언어로 옮길 수 있다는 기대를 충족시켜주었고, 근대적 문학의 다양한 속성과 자질을 계발하고 정착시키게 해주었다. 즉, 말의 지시적 기능이 주도적으로 관여하는 재현 체계가 어느 정도 공고하게 성립되었으며, '현실(성)'은 그 재현 체계에 포섭된 것이다. 그러나 우리가 언어의 그 역능에 크게 의지한 것은, 어찌 보면 불과 백여 년간의 일이라고도 할 수 있다. "리얼리티가 '진짜라고 지각된' 것을 지칭하고 따라서 애초부터 지각의 한계 안에 놓여 있다는 사실, 리얼리티란 관습적으로 틀지어지고 제도적으로 '구성된' 산물이라는 사실을 새삼 설명할 필요가 있을까? 또한 우리의 현실 자체가 이데올로기적 환상을 통해 지탱되는 불안정한 허구에 불과하며, 그럼에도 그 환상들은 '실제로' 강력하게 작동하고 있다는 사실 말이다."[14]

대체로 소설적으로 새롭게 개척되는 세계 혹은 새로운 문학적 글쓰기는, 기성 언어의 한계를 절감하고 기존의 재현 체계에 의문을 제기하는 것으로 개시되는 법이다. 언어의 가능성과 더불어 소설의 재현 대상과 재현 가능성이 의심되고, 재현의 결과/효과인 리얼리티(라고 믿어지는 것)에 대해서도 그 자명성을 보장하지 못하게 된다. 따라서 기존의 언어 규범, 재현 관습 등을 탈피한 새로운 글쓰기가 감행될 때, 그때 나타나는 '낯선' 결과/효과는 이전까지 자명했던(하다고 믿었던) 리얼리티를 벗어난 것일 터이다. 이 '낯섦'을 편의상 '환상'이라 부르는 사례는 생각보다 적지 않다. 하지만 역으로 우리가 '환상'을 문제시할 때, 기존의 언어 규범과 재현 관습 등에 대한 의심에서부터 사태를 파악하는 경우는 생각보다 많지 않은 것 같다. 많은 경우 환상과 현실을 가름하는 것은 누적된 습관과 관례화된 양식에 의한 것일 뿐, 이 용어들이 의미하는 대상이 반드시 불가역적인 두 세계라고 할 수는 없을 것이다.

실제로 소설을 쓰는 쪽, 즉 작가들로서는, 남들이 그들을 어떻게 분류하는가와 관계없이, 언제나 어떤 '현실'에 대해 쓴다고 할 수 있다. "글 쓸 때 많은 작가들이 현실을 생각 안 할 수가 없겠죠. 어떤 작가들은 현실을 보는 거울이나 현실에서 있을 수 있는 일, 실제로 발생하는 다큐멘터리적인 것들을 끌어와서 쓰는 반면에, 뭔가 겹쳐지고 뒤틀린, 소설가로서 기록된 텍스트로 만들어지는 세계 자체도 또한 현실이지 않을까 생각해요."[15] 서로 다른 경향의 소설을 쓰는 네 명의 작가가 한자리에 모여 이야기하던 중 대략 '문학과 현실'에 관해 이런 대화가 시작되었다. '기록된 텍스트의 세계도 현실'이라고 한 이 작가는 "현실을 무시하는 게 아니라 다른 매체를 갖고 있다는 걸 항상 생각하는 것 같아요."라고 덧붙였다. 이에 동의하는 맥락에서 다른 작가는 다음과 같이 말했다. "리얼리즘을 비판하는 사람들은 '너희가 현실이 아니라 너희도 재구성된 현실 중의 하나인데 너희는 그게 현실이라고 말하는 거야'라고 해요. (…) 너희가 이게 현실이라고 구성하게 된 배경이 뭐냐, 어떤 배경에서 이렇게 이야기하느냐는 거죠. 저는 김종호 씨와 김태용 씨의 소설을 읽으면서, 무엇을 현실이라고 하느냐가 문제라고 생각했어요."[16] 모든 현실, 그 중에서도 소위 '리얼리즘'에서 주장하는 현실까지도 실은 (재)구성된 현실이라는 이 주장은 평범하게 들리지만, '현실이 무엇이냐'가 아니라 '무엇이 현실이냐'를 물어야 한다는 사실을 짚었다는 점만은 간과할 수 없다. 현실이 '무엇'이라고 하는 대답은 그것이 어떤 대답이건 일단 현실이란 것을 하나의 대상으로 설명하고 그와 다른 것들에 대해서는 그와 얼마나 닮았는가에 의해 현실적인가 아닌가가 측정되기 마련이다. 그러나 무엇이 현실인가를 묻는다면, 다음과 같은 답변도 충분히 가능하다. "문학이 가지는 어떤 힘이라고 할까요. 내가 말하고자 하는 것이 말 그대로 현실이 되는 거죠, 그 자체가. 일반적으로 말하는 현실하고는 좀 다른 문제긴 한데 문학을 하는 사람의 현실, 문학이 나를 현실로 이끌었을 때의 현실. 그런 게 있는 것 같아요."[17]

'문학이 나를 이끈 현실.' 실은 이것이 우리가 편의상 '환상'이라고 불렀던 바로 그것에 다름 아니다. 이렇게 정리해 보자. 그간 우리는 허구의 어떤 (특이한) 논리를 가리켜 '환상'이라 불렀는데 그렇게 할 수 있는 기준 자체가 본성적으로 모호하기도 하고 역사적으로 가변적이기도 하다는 생각에 이르렀다. 환상이 먼저 있다기보다 우리가 어떤 것을 환상이라고 말하게 하는 논리가 먼저 있었던 것인데, 그 논리가 공고한 것이 아니라 '합의'에 따라 변경 가능한 것임을 고려하게 되었기 때문이다. 그렇다면 환상과 현실을 가르는 그 유동적인 합의의 논리가 차라리 '실체가 없는 허망한 것', 혹은 '현실에 없는 것을 있는 것처럼 느끼는 상념'에 가까운 것이 아닌가. 환상은 허구를 조형하는 어떤 논리가 아니라 현실을 규정하는 어떤 논리라고 해야 더 타당하다.

요컨대 2000년대 소설에 '환상'이 빈번해지고 만연해진 것, '환상적 경향'이 강력해진 것은, '환상성' 자체가 증대한 것이라기보다는 '현실(성)' 혹은 '리얼리티'의 개념을 구성하는 조건 전반에 변화가 있었기 때문이다. 다시 말해 리얼리티의 기반이 경험 현실에서 매체 현실로까지 이동, 확대되었고, 리얼리티를 생산하는 양식이 재현 관습을 넘어 폭넓어졌다. 그렇다면 더 확장되고 풍성해진 것은, 환상이 아니라 현실이다. 역설적이게도, 2000년대 소설에서 '환상'을 사유한 흔적들을 더듬다 보면 '환상'의 영역을 어떻게 규정할지 고민하기보다 '환상'이 놓이는 '현실'의 영역이 재설정될 수밖에 없다는 데 생각이 이른다. 그로써 '환상' 자체의 의의가 문학성의 일부로서 부각되기보다 '현실'의 의미가 그 자체로서 확장되거나 깊어졌다는 인식에 다다르게 되었다.

4. 허구의 실행이라는 환상: 환상의 층위 이동

소설이라는 허구세계의 사건 혹은 장면을 '현실' 혹은 '환상'으로 구별하는 것은 그 세계를 구성하는 언어의 역능 중 특히 '재현'의 관습에 의한 것이라고 했다. 앞의 논의를 정리하여 말하자면, 2000년대 소설에서 '환상'이 증가한 것은 소설 속에 '현실'이라는 세계가 줄고 '환상'이라는 그와 다른 세계가 늘어났기 때문이 아니다. 세계를 현실(적으)로 보이게 하는 '재현'의 관습에 충실할 수 없는 현실, 즉 그간 현실에 반(反)하는 '환상'으로 여겼으나 실은 언어의 기존 재현 방식으로는 감당되지 않았던 '다른 현실'이 2000년대 소설에 다양하게 나타났기 때문이다. 그렇다면 '현실vs환상' 혹은 '환상=비현실'이라는 인식이 유효하지 않은 지점에서 다시 환상은 무엇인가, 하는 질문에 봉착한다. 환상이 현실과 다른 세계를 가리키는 것이 아니라 현실의 다른 양태, 즉 '그냥' 현실일 수도 있다면, 환상이란 정녕 없다는 것인가.

2000년대 소설의 '환상적인 경향'이 '현실'의 여러 버전 중 하나로 여겨질 수 있다면, 이제 궁금한 것은 바로 그런 버전을 성립시키는 방식이다. 소설이라는 자율적 세계의 허구성을 구성해온 기존의 '재현 관습'을 존중하지 않으면서 리얼리티를 생산하는 양식 말이다. 재현의 대상과 수단이 고정성을 유지할 수 없게 됨으로써 필연적으로 전과 다르게 드러나는 허구의 논리가 있을 것이다. 그것은, 소설 속의 사건이나 장면이 '현실적'인가, '환상적'인가를 구별하게 했던 기존의 ('현실 재현'이라는) 코드와 같지 않겠지만, 기존의 코드가 소설이라는 허구적 세계를 자율적으로 성립시켰던 것과 마찬가지로 소설의 자율성을 작동시킨다. 다시 말해 소설 속의 그 세계(허구)가 ('재현 관습'에 의해) '현실적'으로 여겨지든 '환상적'으로 여겨지든, 그 세계는 (소설 속에서) '실제로' 작동하는 것이다.

이제, 2000년대 소설의 '환상적 경향'을 단연 대표한다고 해도 과언이 아닐, 두 편의 소설을 보자.

> 아아, 마치 기지개처럼 나는 다릴 뻗고 고갤 젖혔다. 여전히 구름은 흘러가고 지구는 돌고, 그리고 다시 고개를 들었는데 건너편 플랫폼의 지붕 부근에 떠 있는 이상한 얼굴 하나가 눈에 들어왔다. 저것은 설마
> 기린이 아닌가. 그것은 정말 한 마리의 기린이었다. 기린은 단정한 차림새의 양복을 입고, 플랫폼의 이곳저곳을 천천히 거닐고 있었다. 오전의 역사는 한가했고, 아무리 한가해도 그렇지 사람들은 그럴 수도 있지 뭐, 의 표정으로 그닥 신경을 쓰지 않는 눈치였다. 이거야 원 누군가 한 사람은 긴장을 해야 하는 게 아닌가, 란 생각으로 나는 기린을 예의, 주시했다. 끄덕끄덕, 머리를 흔들며 걷던 기린이 코너 근처의 벤치 앞에서 멈춰 섰다. 그리고, 앉았다. 그것은 그리고, 앉았다 라고 해야 할 만큼이나 분리되고, 모션이 큰 동작이었다. 이상하게도 그 순간, 나는 기린이 아버지란 생각을 했다. 이유는 알 수 없지만, 그런 확신이 들었다. 나는 이미 통로를 뛰어가고 있었다. 사라지기 전에, 사라지기 전에.
> 다행히 기린은 꼼짝 않고 앉아 있었다. 주저주저 그 곁으로 다가간 나는, 주저주저 기린의 곁에 조심스레 앉았다. (중략) 이상하게도 자꾸만 눈물이 나오는 것이었다. 아버지… 곧장 나는 가슴속의 말을 꺼냈고— 기린의 무릎 위에 내 손을 올려놓았다. 떨리는 손바닥을 통해, 손으로 밀어본 사람만이 기억하는 양복의 질감이 그대로 느껴져왔다. 구름의 그림자가 빠르게 지나갔다. 기린은 여전히 아무 반응이 없었다. 아버지, 아버지 맞죠?

어떻게 된 거예요? 기린의 무릎을 흔들던 나는, 결국 반응을 포기하고 이런저런 집안의 근황을 들려주었다. 할머니의 소식과 어머니의 회복, 그리고 (중략) 그러니 돌아오세요. 이제 걱정 안 하셔도 된다니까요. 구름의 그림자가 또 빠르게 지나갔다. 아버지, 그럼 한마디만 해주세요, 네? 아버지 맞죠? 그것만 얘기해줘요. 무관심한, 그러나 잿빛의 눈동자가 이윽고 물끄러미 나를 바라보았다. 기린은 자신의 앞발을 내 손 위에 포개더니, 천천히, 이렇게 얘기했다.

그렇습니까? 기린입니다.[18]

세 남매의 아버지는 자주 모자가 되었다.

이사를 하면 첫째가 제일 먼저 하는 일이 장도리를 들고 다니며 벽에 박힌 못을 뽑아내는 것이었다. 못이 있으면 아버지가 집 안을 돌아다니다가 거기 걸리고, 틀림없이 모자가 되어버리기 때문이었다.

일단 모자가 되면 언제 아버지로 돌아올지 알 수 없었다.

못이 있을 때만 모자가 되는 것도 아니었다. 남이 보는 곳에서도 곧잘 모자가 되곤 해서, 소문이 번지는 바람에 그들 가족은 자주 이사를 다녔다.[19]

자정이 훨씬 넘어서 집으로 전화가 한 통 걸려왔다.

첫째가 전화를 받았다.

파출소입니다.

무겁게 가라앉은 목소리 너머로 전화벨 소리와 전화를 받는 소리와 누군가 중얼거리는 소리와 종이를 주욱 찢는 소리 등이 들려왔다. 낯선 이가 마른기침을 하고 난 뒤 말했다.

그 댁의 부친이 여기서 모자가 되어 있습니다. 모셔가세요.

*

파출소에서의 앞뒤 사정은 이랬다.

늦은 저녁에 웬 남자가 나타나서, 자기 자식이 추행을 당한 것 같다면서 근처의 예비군 동원훈련장을 고발하겠다고 말했는데, 훈련장을 고발하겠다니 전례는 없지만 어쨌든 피해자를 데리고 오라고 말했더니, 아니 글쎄 피해자는 그게 고의로 벌어진 일이 아닐 수도 있다고 했지만 자긴 그렇게 생각하지 않는다고 해서, 그렇다면 피해자의 신고의사나 증인도 없는 상태인데다 다른 일이 많아 지금 당장을 해결이 곤란하다고 했더니, 애들 아버지인 자기가 고발을 하겠다는데 왜 안 되느냐고 고집을 피우다가, 아무도 대꾸를 해주지 않으니까 잠잠해졌고, 조금 뒤에 보니 의자 위에서 모자가 되어 있었다는 것이었다.

첫째가 모자가 된 아버지를 데리러 갔다.[20]

박민규의 「그렇습니까? 기린입니다」와 황정은의 「모자」에서 길게 인용했다. "서울의 전철 역사에 양복을 입은 기린이 나타났다"는 것과 "세 남매의 아버지는 자주 모자가 된다"는 것, 이 두 문장(들)은 경험 현실에서 발생 가능성이 희박한 일이므로 이 소설들에 대해 '환상' 혹은 '환상적'이라고 하는 것일 텐데, 이와 같은 (2000년대 소설에 나타난) '환상'에 관해 (앞에서 논의한 바대로) 그간 여러 가지 질문과 사유가 잇따랐던 것이겠다. 우선, 두 소설에서 현실에 대해 무력한 주체의 자기 위안, 자기 방어, 정신 승리 등을 떠올린 이들이 있다. 이를테면 "이 세계가 너무, 그렇고 그렇다 는 생각"이 들지만 세계에 맞설 힘도 의지도 없는 주인공이 지구를 떠나는 상상으로 자기 위안을 삼는다거나(「몰라몰라, 개복치라니」), '경찰서'에서의 일화가 암시하듯 세상에 대해 무력한 아버지가 모자가 되어버리는 것(「모자」)은 막막한 현실에 망상으로 뚫어놓은 '출구'라고 여기는 것이다. 그렇게 해야 서사는 최소한의 '현실적'인 이야기로 성립하고 '현실적'인 주제를 품은 것이 되며, 그것을 잘 표현하기 위해 '환상'은 기법적으로 동원된 것으로 생각된다.

그런데 두 소설 속의 이런 '환상'이 경험 현실에서 일어나지 않는다는 말은,

역으로 말하면 두 소설 속의 황당한 이야기 혹은 그것을 전달하는 문장들이 어떤 것을 '지시적으로 재현'한 것이 아니라는 말이다. 즉 이 소설들을 '재현의 관습'에 맞추어 읽어서는 안 된다는 뜻도 된다. 저 이야기들은 현실에 반하는 환상을 지시하는 것이 아니라, 말의 지시적 기능이나 모방적 용법으로는 드러내기 어려운 어떤 현실에 대해 (지시적 재현이 아닌 방법으로) 말하고 있는 것이 아닐까? 예컨대 인용된 부분에서 각각 '기린'과 '모자'는 소설의 인물들에게 나타난 '환상물(幻像物)'이나 그들의 상상 속 장면을 지시한 것이 아니다. 그것(들)은 특수한 처지에 놓인 인물들의 눈에만 보인 환각이라 할 수도 없다. 원관념을 품은 채 보조관념으로 쓰인 문학적 비유나 상징이라고도 할 수 없는 '기린'이나 '모자'는, 차라리 '어떤 현실'의 심상(心像, image)에 가깝다. 아니면 어떤 '심리적 현실'의 묘사라고 하는 게 더 타당할 것인데, 그것들을 표현하는 말들은 지시하는 기능을 발휘하는 것이 아니라 환기하는 기능을 발휘하는 중이다. 저 농담 같고 우화 같은 상황 혹은 장면들은, 소설 속 현실에 일순 등장했다 곧 사라지는 (현실 이외의) 허상도 아니고, 현실이라는 경계의 안쪽에서 거리를 둔 채 '감상'하는 (현실 바깥의) 환영도 아니다. 소설 속에서 저 기린과 모자는 분명히 '있는 것'으로 나타나 있다. 심상 혹은 심리적 현실은, 보이지 않아도, 이상하게 말해져도, '현실'인 것이다.

중요한 것은, 이 허구의 이야기들이, 현실적이거나 환상적이거나 상관없이 자율적으로, 그 자체로 이미 하나의 현실로서 존재한다는 것이다. 바로 이것, 소설이 보여주는 세계는 언제나 그 자체로 하나의 '현실'이라는 사실, 허구의 세계가 우리의 경험 현실에서 실제처럼 존재하는 것이 우리에게 수락된다는 사실이 어쩌면 진짜 환상이 아닐까. 그 어법대로 정녕 '환상적인(fantastic)' 사건은, 소설 세계의 어떤 일들이 실제 세계와 유사한가 아닌가와 무관하게, 그 (실물 아닌) 허구가 우리에게 실상으로 경험된다는 사실인지도 모른다. 환상은 소설이라는 (이미 가상인) 세계의 현실성/허구성 정도에 따라서가 아니라, 소설이라는 그 가상의 세계가 (헛것이 아닌) 실질로 존재하는 사태에 대해 붙일 수 있는 이름인 것은 아닐까. 물론 이것은 허구의 현장을 실제의 일로 믿는 것, 즉 '허구성'을 '현실성'으로 착각하는 오류와는 구별된다. 허구성은 현실성과 같은 층위에 있지 않지만 허구의 실행과 현실의 실행은 같은 층위에서 서로 얽혀 있다는 뜻이다. 다시 말해, 소설의 허구성 혹은 소설이라는 가상의 현실이 '환상'으로서 존재하는 것이 아니라 허구성 혹은 가상이 실행되는 현실이 '환상적'으로 작동한다. 허구성 자체에서 허구의 실행으로, 환상은 더 폭넓은 층위에서 사유 가능해진 것이다.[21]

5. 정신 활동의 계기로서의 환상

일반적으로 '환상'은 현실세계와 분리되어 존재하는 허구세계의 자율적인 질서 혹은 논리를 말하지만 어떤 허구가 실제적인 경험으로 실행되는 현실의 양상들도 환상이라고 했다. 우리 삶이 실제로 걸려 있는 맥락을 현실이라 할 때, 즉 삶에 관한 주체적 실천적 태도는 그 맥락을 주재하는 데 있고 삶의 가치 또한 그 맥락 안에서 형성되는 것이라 할 때, 그런 삶의 맥락에 제 '허구'의 세계들은 어떻게 관련되어 있을까? 허구의 세계들을 삶의 맥락에서 갈라, 현실의 외부에 놓인 별개의 영역으로 볼 수가 있을 것인가? 물론 그럴 수 없다. 인간의 삶을 구조화하는 맥락은 생활, 실물, 현실에만 걸려 있는 것이 아니라 상황, 상상, 허구로도 연결되어 있으며, 삶의 가치란 양자의 맥락에서 함께 발생하는 것이 아닌가. 아니, 생활, 실물, 현실이 상황, 사건, 상상과 명백히 구별될 수 없다. 다시 말해, 현실과 허구를 형성하고 이해하는 인간의 사고 자체가 이원화되지 않는다. 삶의 맥락은 현실의 범위만이 아니라 허구의 범위까지 포함한다. 환상의 '내용'이 현실의 범위 안에 있다는 말이 아니라 환상이 작동하는 '맥락'

이 허구와 현실을 뚜렷이 나누지 않는다는 말이다.

2000년대 소설의 허구성이 전보다 다양해지고 과감해졌다는 의미에서 '환상'의 심화를 말할 수도 있으나, 소설의 허구가 실행되는 차원이 현실의 맥락에 밀접하게 얽히는 현상이 전보다 더 당연시되고 확장되었다는 의미에서 환상의 심화를 얘기할 수도 있다. 어떤 소설에서 '환상'이 작동한다는 것은 우리가 허구의 논리를 실제처럼 믿는 일이라기보다 우리 삶의 어떤 맥락이 그 허구에 의해 현실적으로 활동을 시작했다는 뜻이다. 이를테면 박민규의 소설 『핑퐁』에서 지구를 "언인스톨"하는 결말에 대해 '환상'을 얘기할 때, 이런 허구가 '현실'과 관련하여 얼마만큼 거리를 지니며 얼마나 믿을 수 없이 비현실적인 사건인가 아닌가 하는 점은 핵심이 아니다. 그보다는 그 허구의 이야기에 독자가 공명(안)한다는 사실이 각자의 현실에서 어떻게 의미화되는가 하는 점이 더 중요하다. 예전에는 전혀 그렇지 않았다가 2000년대 들어 갑자기 그렇게 된 것이라 할 수는 없지만, 이 점은 2000년대 전반적인 문화환경의 변화와 관련해서도 특히 의미화될 만하다. 지난 세기의 주요 매체인 책, 신문, 잡지, 영화, 라디오, 텔레비전 등을 통해 송신자(생산자) 중심의 텍스트가 문화 전반을 담당했던 데 비해, 대략 2000년대 이후의 일상화된 인터넷 환경에서는 생산 단계에 이미 쌍방향성이 확보된 텍스트들이 출현/범람했고, 이는 적어도 문화 전반의 분위기 혹은 경향을 커뮤니케이션 지향적으로 변모케 했다. 지난 세기에는 재현된 리얼리티가 현실 그 자체와 같은 위상에 놓였듯, 창작과 향유 전반에 변화를 겪은 2000년대적 환경에서는 실현된 환상이 현실에 이미 포함되어 있는 것이다. 요컨대 환상은 제작된 질서일 뿐만 아니라 정신 활동의 계기다.

"문학의 공간은 제도화된 허구일 뿐만 아니라 원칙적으로 모든 것을 말할 수 있게 해주는 허구적 제도"[22]이기도 하다는 것은 오늘날 문학 혹은 여타 허구적 장치들에 관한 일반적인 견해가 되었다. 문학을 비롯한 제 허구적 장치들의 제도, 기능, 효과 등이 이미 한 차례 재고(再考)되었다는 뜻이겠다. 가령 20

세기 후반까지 우리는 '문학'이라고 믿어온 글쓰기의 관습과 효과를 '문학'으로 다시 획정하는 제도에 안착해 있었다면, 21세기적 현장에서 재래의 문학적 규정을 준수하는 글쓰기가 효력을 발휘하지 못하는 상황이 산발했기 때문이리라. 어떻게 쓰는 것이 문학인가를 고민하기보다 이렇게 쓴 것이 문학인가 아닌가를 질문하는 일이 늘어났고, 마찬가지로, 소설은 어떻게 쓰는가, 소설의 현실은 어떠한가를 생각하기보다 '이렇게 쓴 것은 소설이 아닌가', '이것도 현실적이지 않은가' 등등을 묻지 않을 수 없었다. 2000년대 소설에 나타난 '환상'에 대한 다양한 검토와 논의들은 이런 질문과 더불어 기존 문학의 관습과 범위와 효과를 심문하였다. 이 글에서는 그 양상을, 소설에서 환상의 '기능'과 '개념'과 '층위'의 문제로 나누어 서술해보았다. 허구인 소설에서 환상에 대해 따져보는 일은 환상 자체의 역할 혹은 지위를 제고하기 위한 것이 아니다. 이런 작업을 통해 최종적으로 (재)인식하게 되는 것은 환상이 아니라 차라리 현실, '현실'이라 불리는 어떤 고정성, '현실'이라 믿는 가장 공고한 환상이다. 유동하는 환상에 대해 계속해서 사유하지 않으면 세계는 가장 불편한 현실로 응고되고 말 것이기 때문이다.

주석

1 이광호, 「혼종적 글쓰기, 혹은 무중력 공간의 탄생」, 《문학과 사회》, 2005년 여름호, 168면.

2 이광호, 위의 글, 164-5면.

3 이광호, 좌담 「이제, 2000년대 문학을 말할 수 있다」, 《문학과 사회》, 2005년 겨울호, 268면.

4 박진, 「환상과 현실의 다층적 관계」, 『키워드로 읽는 2000년대 문학』, 작가와 비평, 2010. 인용문 내 작은따옴표는 김태환, 「환상성의 구조」, 『문학의 질서』, 문학과지성사, 2007, 217-218면.

5 필자는 2000년대 소설의 '환상적 경향'에 대한 담론들을 살펴 「신.소.설.사.—환상소설론고」(《오늘의 문예비평》, 2011년 여름호)라는 글을 쓴 바 있다. 이 서론에서 '환상이 소설과 관계 맺는 방식'을 문제제기하기까지 검토한 논의의 일부(당대 소설에 대한 이광호와 박진의 진단), 그리고 이하 본론에서 환상의 확장에 대한 논의의 일부는 그 글에서 고찰된 바를 거쳐서 도출되었다. 이 글의 주요 논지와 최종 결론 —환상의 기능, 영역, 층위 각각의 변화를 본론의 세 장으로 분리하여 가시화하고, 각 장을 이어 서사적으로 구성한 것, 그럼으로써 환상을 경유한 여러 가지 사유들의 논리적 흐름을 살핀 것, 그리고 특히 환상의 층위를 조정하여 소설(문학) 전반의 변화된 위상을 인식한 결론-에 이르는 과정에서 기왕에 검토한 바를 딛고 나아가야 했음을 밝혀둔다.

6 김영찬, 「2000년대, 한국문학을 위한 비판적 단상」, 《창작과비평》, 2005년 가을호, 309-310면.

7 김영찬, 좌담 「우리 문학의 현장에서 진로를 묻다」, 《창작과비평》, 2006년 겨울호, 160-179면.

8 김영찬, 같은 좌담, 187면.

9 김형중, 「병든 신, 윈도즈Windows 속의 영웅」, 『살아있는 시체들의 밤』, 문학과지성사, 2013, 200면.

10 김형중, 위의 글, 204면.

11 김형중, 좌담 「한국 소설의 현재와 미래」, 《문학과 사회》, 2009년 봄호, 347면.

12 김영희, 좌담 「우리 문학의 현장에서 진로를 묻다」, 《창작과비평》, 2006년 겨울호, 188면.

13 김영찬, 앞의 좌담, 187-188면.

14 박진, 앞의 글, 121면.

15 김태용, 좌담 「당신은 '나쁜' 작가입니까?」, 《문예중앙》, 2010년 가을호, 394면.

16 배명훈, 같은 좌담, 394-5면.

17 김종호, 같은 좌담, 394면.

18 박민규, 「그렇습니까? 기린입니다」, 『카스테라』, 문학동네, 2005, 92-93면.

19 황정은, 「모자」, 『일곱시 삼십이분 코끼리열차』, 문학동네, 2007, 39면.

20 황정은, 위의 글, 62-63면.

21 환상의 개념을 이와 같이 이동, 확대하는 데까지 논의를 진행하였으므로, 이렇게 (재)사유하게 된

내용을 가지고 '환상'이라는 기존 용어와의 변별을 규범화하여 환상의 개념을 재정의하는 데로 나아가야 마땅할 것이다. 즉 기존 용어인 '환상'의 외연을 변경하거나, 그 용어를 대체할 새로운 이름을 발명해야 한다. 이를테면 앞에서 언급한 소설들의 '기린'이나 '모자'에 대해 '심상' 혹은 심리적 현실의 표현이라 말했던 것처럼 말이다. 그것을 어쩌면 소설적 주체들의 '증상'이라고 바꿔 부를 수 있을지도 모르겠다. 그러나 2000년대 소설의 '환상'을 경유하여 이루어진 다양한 문학적, 개념적 사유를 탐색하고 정리하는 이 글에서 새로운 용어 혹은 개념을 주창하는 결론을 내리는 것은 다소 과도한 듯하여, 보다 심화된 주장은 차후의 일로 남긴다.

22 데릭 애트리지 편, 정승훈·진주영 역, 『문학의 행위—자크 데리다』, 문학과 지성사, 2013, 53면.

| 제3절 |

만들어진 비애와 감성의 연대[1]

: 뮤지컬 〈프랑켄슈타인〉(2014)의 원작 변주 방식과 팬덤에 대한 고찰

1. 뮤지컬 〈프랑켄슈타인〉(2014) 성공의 의미

메리 셸리의 소설 『프랑켄슈타인』(1818년 초판, 1831년 개정판 출간)은 그 자체로만 존재하는 텍스트가 아니다. 다층적인 해석을 낳는 괴물의 '괴물성', 괴물과 빅터의 관계, 그리고 괴물의 탄생을 견인한 당시의 과학적 상상력 등은 이후 무수한 재해석을 자극했다. 『프랑켄슈타인』 재해석은 '문화산업'[2]이라는 용어로 포괄될 정도로 다양하고 다층적으로 이루어져왔다.[3] 특히 대중문화 안으로 흡수된 『프랑켄슈타인』은 '언어를 박탈당한 공포스럽고 기괴한 괴물'이라는 원형적 이미지를 탄생시켰는데, 이는 제임스 웨일 감독의 영화 〈프랑켄슈타인〉(1931)에서 보리스 카를로프의 페르소나가 만든 것이었다. 또한 『프랑켄슈타인』 문화산업은 괴물과 프랑켄슈타인이 같은 대상을 지칭하는 다른 이름이라는 대중적 관념을 만들면서 원작 소설의 흔적을 지우기도 했다. 이와 같은 대중의 인식과 더불어 원작 소설 역시 19세 소녀의 '구멍 뚫린 텍스트'로 논의될 가능성이 충분하면서도, 소설을 지배하고 있는 낭만주의적 열정과 고독, 광기, 위반, 욕망의 주제들이 문화산업 형성에 매력적인 요소로 작용하는 듯 보인다.

이 글의 문제의식은 이러한 바탕에서 출발한다. 2014년에 초연된 창작 뮤지컬 〈프랑켄슈타인〉(왕용범 작/연출, 이성준 음악, 2014. 3. 18.~2014. 5. 18.,[4] 충무

아트홀 대극장)은 어떠한 텍스트로 설명될 수 있는가? 수많은 『프랑켄슈타인』의 변주들 속에서 어디에, 어떻게 위치하는가? 이 작품의 예상을 뛰어넘은 '2014년의 상업적 성공'은 무엇을 의미하는가?[5] 이 질문들은 다시 다음과 같은 가설로 정리될 수 있을 것이다; "창작 뮤지컬 〈프랑켄슈타인〉은 2014년 한국에서 제작된 프랑켄슈타인 문화산업의 하나로서 팬덤을 일으킬 정도의 대중적 소통 코드를 발명하는 데 성공했다." 그리고 이 가설을 구체화하기 위해서 다음과 같은 세 가지 맥락을 고려할 필요가 있다.

2. 뮤지컬 〈프랑켄슈타인〉을 가로지르는 몇 가지 맥락들

위의 가설은 세 가지 (대중)문화사적 맥락에 대한 이해를 전제로 한다. 첫째, 뮤지컬 〈프랑켄슈타인〉이 원작 소설을 변주하는 방식을 국내외 재창작 텍스트들의 경향과 연관 짓는 것이다. 서구의 재창작은 수많은 변종을 만들어냈으나, 변종의 핵심에는 괴물과 빅터를 각각 '살인기계'와 '냉정하고 미친 과학자'로 재현하여 작품을 기이한 공포물로 만들고자 하는 지향의 정도가 있었다. 또한 괴물과 빅터 외에 빅터의 조수 꼽추 이고르(Igore), 괴물의 신부(여성), 빅터를 조종하는 또 다른 과학자 등 새로운 인물을 탄생시켜 이들을 후발 텍스트가 인용, 변주하기도 했다. 이러한 양상은 1930년대 미국의 고전적 공포영화 시리즈로 재탄생된 〈프랑켄슈타인〉이 세계적으로 스릴러와 공포영화가 붐을 이루던 1960년대의 미국과 영국에서 재해석되던 맥락 속에서 만들어졌다.[6]

이러한 흐름 속에서 괴물과 빅터가 기계적인 공포물 캐릭터에서 벗어나 고뇌하는 인물로 묘사되면 원작과의 동질성이 거론되곤 했다. 케네스 브레너가 감독한 영화 〈메리 셸리의 프랑켄슈타인〉(1994), 영국 국립극장(NT)에서 공연된 연극 〈프랑켄슈타인〉(닉 디어 작, 대니 보일 연출, 2011)은 이러한 경향을 대표한다. 두 작품 모두 원작이 메리 셸리의 소설임을 명시하며 작품이 단순히 공포와 스릴러 장르 안에 머물고 있지 않음을 내세웠다. 인간 사회에 소속되지 못하는, 언어구사력이 복원된 괴물의 고뇌와 그러한 괴물을 창조한 빅터의 갈등, 그리고 이들의 복합적인 관계를 다루어 원작 소설의 틀을 공유하고 있다.[7]

그런가 하면, 뮤지컬 장르 안에서도 『프랑켄슈타인』의 전유와 변주가 관찰된다. 컬트 뮤지컬의 대표적인 작품으로 기록되어 있는 〈록키 호러쇼〉(1973)와 멜 브룩스의 코미디 뮤지컬 〈영 프랑켄슈타인〉(2007)은 각각 영국과 미국에서 제작된 『프랑켄슈타인』의 뮤지컬 버전이다. 이 작품들은 첫째, 원작 소설을 컬트와 코미디물로 변환하여 박사와 피조물 괴물이라는 기본 설정을 제외하고 전부 해체한다는 점, 둘째, 영화와의 교유 현상을 보인다는 점에서 공통점을 갖는다. 양성애자인 프랑큰퍼터(Frank'n'furter) 박사가 자신의 쾌락을 위해 남성 피조물 록키(Rocky)를 만들고(〈록키 호러쇼〉), 빅터 프랑켄슈타인의 손자인 뇌 전문 외과의사 프레드릭 프랑켄슈타인이 조부가 남긴 실험일지를 보고 괴물을 만든다는 설정 자체에서 이미 원작 소설이 제기하고 있는 문제는 작품의 관심사가 아님이 관찰된다. 또한 〈록키 호러쇼〉는 1975년에 〈록키 호러 픽쳐쇼〉라는 영화로 각색되면서 뮤지컬이 알려지는 계기가 되었지만, 〈영 프랑켄슈타인〉은 멜 브룩스 본인이 감독한 동명의 영화(1974)를 뮤지컬로 각색한 경우로서, "뮤지컬은 멜 브룩스의 영광에만 그저 젖어 있다."[8]는 혹평을 받으며 흥행에 실패했다. 따라서 뮤지컬에서 프랑켄슈타인은 영화의 장 안에 축적되어 있던 비주류적 감각과 교유하면서 그동안 'B급 문화'[9]의 재료로 활용되어왔던 것이다.

창작 뮤지컬 〈프랑켄슈타인〉은 기계적인 공포물도, B급 문화의 재료도 아닌 자리에 놓여 있다. 오히려 빅터와 괴물이 고뇌하는 인물로 설정되어 있으므로 원작 소설과 가깝다고 할 수 있다. 그러나 빅터와 괴물의 관계 및 괴물의 재현방식이 원작 소설과 결정적으로 달라서, 뮤지컬로서는 이례적으로 원작의 자장 안에 놓여 있되 또 다른 뮤지컬적 변주의 모델을 제시하는 작품이라고 이야기될 수 있다.

둘째, 창작 뮤지컬의 역사적 흐름 안에서 뮤지컬 〈프랑켄슈타인〉의 위치를 규정하는 것이다. 창작 뮤지컬은 그 시작부터 대형 매머드급을 지향해왔다. 그리고 그 규모로 재현해왔던 것은 역사와 고전, 즉 전통으로 호명될 수 있는 세계였다.[10] 1995년에 제작된 에이콤의 〈명성황후〉가 오랫동안 창작 뮤지컬의 대표작으로 인식되고, 경우에 따라서 킬러 콘텐츠로서 빈번히 호출된 것은 이러한 관념을 더욱 공고히 했다. 창작 뮤지컬의 시작은 주지하다시피, 1960년대 박정희 정권이 북한과의 대결에서 '민족주의'를 내걸고 승기를 잡고자 했던 문화 프로젝트의 일환이었다. 박정희는 "서구적 형식의 모방을 거부하는 동시에 남한을 서구적 장치 위에 놓아야" 했던, 양가성/차이를 지닌 아포리아적 민족주의의 태도를 갖고 있었다.[11] 따라서 이 모순적 민족주의는 스펙터클이 강조된 대형 무대, 재즈적 감성이 섞인 음악이라는 형식과 전통의 세계라는 내용 사이의 결합을 이끈 원인이 되었다. 이 혼종성이야말로 서양의 뮤지컬에 뒤지지 않고 동시에 북한의 음악극을 제압할 수 있는 원천으로 인식되었던 것이다.

이러한 인식 태도는 역사뮤지컬이 역사 자체가 아니라 만화와 드라마로 흡수된 역사를 취함으로써 퓨전화된 전통을 다루기 시작하자 서서히 그 경계를 흐리기 시작했다. 가령, 2000년대 초중반 〈바람의 나라〉, 〈불의 검〉 등에서 시도되었던 '대하역사 순정만화'의 대형 뮤지컬화 작업은, 역사를 순정만화적 감수성과 결합하거나 후경화하는 방식으로 전통의 경계를 '산업화'에 겹쳐 놓았다.[12] 2007년에는 초국가적 흥행을 거둔 TV 드라마 〈대장금〉이 뮤지컬로 제작되었으나, 원작 드라마의 아우라에서 벗어나지 못하며 실패한 작품으로 역사화되었다. 그러나 1년 뒤 의상과 음악이 퓨전화된 〈고궁뮤지컬 대장금〉으로 재탄생하자 오히려 흥행에 성공하고 국내의 각종 뮤지컬 어워즈에서 상을 수상하면서 제도적으로 작품의 가치가 인정되었다. 그러나 이처럼 역사뮤지컬이 한국 뮤지컬 시장의 산업화 흐름과 속도를 정확히 따라가면서도, 창작 뮤지컬의 대표작은 여전히 1995년에 탄생한 〈명성황후〉였으며 그 이후 포스트 명성황후를 욕망하는 수많은 작품들의 모델이 되어왔다. 2014년 〈프랑켄슈타인〉은 이처럼 전통으로 호명되는 소위 '한국적' 콘텐츠를 활용하지 않고도 초연에서 성공을 거두었으며, 이후 해외 수출과 레퍼토리화의 움직임을 보여준다는 점에서 주목할 필요가 있다.[13] 전통이 아닌 대중의 감성과 결합된 판타지물이 차후 해외 수출까지 이어지는 유효한 대형 창작 뮤지컬 프로젝트로 인식될 수 있다는 점에서 더욱 그러하다.

이제 여기서 세 번째의 맥락이 설정된다. 그렇다면 〈프랑켄슈타인〉은 판타지뮤지컬 계열에서 어디에 위치하는가? 기실 뮤지컬에서는 판타지가 아닌 것과 판타지인 것을 구분하기가 거의 불가능할 정도로, 판타지는 뮤지컬이라는 장르적 본질을 결정하는 핵심요소라고 할 수 있다. 또한 국내 뮤지컬의 팬덤 현상은 팬들이 뮤지컬이라는 대상과 '환상' 속에서 연애하는 것이라 이야기할 수 있을 정도로, 향유 방식 자체 역시 판타지적이다. 미국의 젊은 층은 뮤지컬을 "예측 가능한 장르", "전통적이고 오래된 예술 매체"[14]라고 치부하여 즐겨 관극하지 않는 반면, 전체 관객의 약 80% 이상을 차지하는 20~30대 여성들로 구성된 한국의 뮤지컬 마니아들은 뮤지컬을 통해 "감정적인 동요"[15]를 느낀다. 텍스트와 팬 사이의 '감성교류'는 텍스트 안과 밖을 모두 아우르는 현상으로서, 향유의 공간에서는 환상이 현실로서 실행된다는 것이 특징적이다.

뮤지컬의 판타지는 다음과 같은 계열들로 정리될 수 있다.[16] 꿈과 환상의 세계, 삶의 이상적 비전의 현시, 추리-스릴러 계열이 그것이다. 첫째, 뮤지컬에서 '꿈과 환상의 세계'는 판타지를 화두로 할 때 가장 먼저 나설 수 있는 주제이다. 사실 뮤지컬은 심각한 주제를 다루는 순간에도 '꿈과 환상의 세계'를 위한 공간을 열어둘 만큼,[17] 환상을 넓은 범위 안에서 활용하는 장르이다. 그리고 이러한 면은 간혹 뮤지컬이 폄하되는 요인이 되기도 한다. 꿈과 환상을 전경화하는 작품들은 디즈니의 가족 뮤지컬과 이를 아동 뮤지컬로 전유하는 한국의 아동 뮤지컬, 환상과 현실의 질서가 섞여 있는 '어른을 위한 동화'물을 우선 예로 들 수 있다. 현재까지 한국에 수입된 디즈니 뮤지컬은 〈미녀와 야수〉(2004년 라이선스 한국 초연), 〈라이온 킹〉(2006년 라이선스 한국 초연) 두 편이다. 두 편 모두 디즈니 뮤지컬 애니메이션의 대중적 인지도 위에서 주목을 받기는 했지만, 현지의 흥행성적에는 미치지 못했다. 가족극을 표방하는 디즈니 뮤지컬이 마니아 편향의 한국 뮤지컬 시장에서 흥행 포인트를 맞추지 못했으며, 게다가 〈라이온 킹〉의 경우에는 일본의 시키(四季)가 디즈니에서 수입한 버전을 재수입, 당시 오픈했던 샤롯데 극장의 개관기념작으로 공연되어 공교롭게도 '민족주의'를 자극하는 공연이 되고 말았기 때문이다. 한국 아동뮤지컬 시장은 디즈니 뮤지컬에서 디즈니의 해석방식을 벗겨내고 그것을 국내에서 제작 가능한 수준으로 재맥락화하고 있다. 〈매직컬 신데렐라〉, 〈백설공주와 일곱 난장이〉, 〈알라딘〉, 〈인어공주〉, 〈잠자는 숲 속의 공주〉, 〈미녀와 야수〉 등은 지속적으로 아동 뮤지컬 시장에서 반복 재생산되는 콘텐츠이며, 2014년에는 심지어 〈겨울왕국〉이 'OST 라이브 뮤지컬'이라는 방식으로 한국적 아동 뮤지컬로 재탄생되기도 했다. 이러한 공연물들은 디즈니에게 라이선스를 구매하지 않고 디즈니의 환상을 욕망하는 탈 디즈니식 공연물로서, 한국의 아동뮤지컬 시장을 오랫동안 점유해오고 있다.

한편, 뮤지컬은 '어른을 위한 동화'를 생산하기도 한다. 스티븐 손드하임(작곡, 작사)/제임스 라핀(극본)의 〈숲 속으로(Into the Woods)〉(1987)와 스티븐 슈왈츠(작곡, 작사)/위니 홀즈맨(극본)의 〈위키드〉(2003), 그리고 연우무대가 제작한 한국 창작 뮤지컬인 〈여신님이 보고계셔〉(2013), 제3회 예그린 앙코르를 수상한 〈난쟁이들〉(2015)과 같은 작품들은 동화적 세계와 현실의 질서를 결합, 병치하여 뮤지컬의 '꿈과 환상'에 대한 현대적 관점을 보여주고 있다. 브로드웨이와 국내 창작 뮤지컬의 차이가 있다면, 전자는 서양의 동화와 민담에 개입된 이상적 세계를 해체하여 현실의 질서를 삽입하고 있고, 후자는 냉혹한 현실에 동화적 상상력을 삽입하거나 아예 동화를 B급으로 비틀어 버린다는 점이다.

한편, 뮤지컬의 '모든 것'이라고 이야기될 수 있는 '사랑의 드라마' 역시 꿈과 환상의 틀 안에서 설명 가능하다. 국내의 소극장용 창작 뮤지컬에서 가장 처음으로 주목했던 로맨틱 코미디 계열, 역사물과 같은 비장미 넘치는 작품들에서 극적 긴장감의 완화를 위해 사용되는 연애의 화소는 특히 싱글 여성들이 갖고 있는 사랑에 대한 낭만적 관념을 뮤지컬의 현실로 작동시킨다는 점에서 사랑 자체를 판타지화한다. 이 사랑의 드라마에서 사랑을 방해하는 요소들은 오히려 판타지로서의 사랑을 공고히 구축하는 기제가 된다.

둘째, 현대 뮤지컬로 올수록 뮤지컬의 스펙트럼이 넓어져 비극적인 세계를 다루는 계열이 점차 두꺼워지고 있지만, 뮤지컬은 전통적으로 이상주의를 발언해왔고 또 여전히 그러한 작품들을 다수 보유하고 있다. 뮤지컬은 개연성을 파괴하면서까지 이상적인 삶의 비전을 제시하는 유토피아적 태도를 즐겨 취한다. 전통적으로 뮤지컬은 자본주의 사회의 현실감각과 동떨어진 '더 나은 어떤 것'을 향한 의식을 갖고 있다. 따라서 리처드 다이어가 지적하고 있듯이, 뮤지컬은 에너지(energy), 풍부함(abundance), 강렬함(intensity), 투명성(transparency), 공동체(community) 등을 담은 유토피아적 감각을 노래와 내러티브 등에 내장하고, 이를 자본주의 사회에서 결여된 감각에 대한 대안으로 제시한다.[18] 이렇게 제시되는 유토피아적 감각을 환상으로 인식할 수밖에 없는 이유는 현실세계의 질서가 견고하게 일상을 압도하고 있기 때문이다. 따라서 뮤지컬은 초현실적인 존재를 내세워 아예 유토피아를 실현하기도 한다. 〈메리 포핀스〉의 메리 포핀스, 〈날아라, 박씨!〉(2013)의 천사와 같은 존재들은 이에 대한 대표적인 예가 될 수 있다. 그러나 대개 뮤지컬은 초현실적 존재 없이도 이상주의를 고수한다. 멀게는 1943년의 〈오클라호마!〉에서, 가깝게는 2005년에 초연된 창작 뮤지컬 〈빨래〉까지 뮤지컬은 꿈이 실현된 미래를 희구한다.

미국 내에서 국가주의와 유토피아니즘을 표상하는 〈오클라호마!〉는 미국적 신화 만들기에 충실하고,[19] 정확히 그 반대편에서 〈헤어스프레이〉(2002)[20]와 〈빨래〉(2005)는 미국 내 흑백의 인종문제와 한국의 이주노동자 문제 등 인종차별과 관련된 사회적 이슈를 제기하며 그것을 넘어선 지점에서의 유토피아를 꿈꾼다. 〈헤어스프레이〉와 〈빨래〉는 당대의 가장 예민한 문제인 인종차별, 비주류적 삶의 문제를 넘어선 지점에서 공동체 의식을 고양시키고, 그들의 꿈이 사장되지 않는 사회를 소망한다. 이러한 이상적인 삶을 향한 뮤지컬의 발언은 현실의 결여태를 드라마틱하게 보완하는 대중예술의 한 양식이 된다. 〈오클라호마!〉와 같이 정치적으로 해석 가능한 텍스트 역시 '현실에 대한 환상적 보완물'로 이해할 수 있으며, 이러한 점에서 뮤지컬이 즐겨 다루는 역사물, 특히 지배담론을 실어 나르는 역사물의 계열 역시 동일한 맥락에서 해석될 수 있다.

셋째, 뮤지컬의 판타지는 이처럼 밝고 긍정적인 세계를 재현하는 원리이기도 하지만, 어둡고 공포스러운 세계를 재현하는 원리이기도 하다. 이는 다른 대중예술에서도 마찬가지일 것이다. 그러나 뮤지컬 무대에서 이는 앤드류 로이드 웨버 작곡, 카메론 매킨토시 제작의 〈오페라의 유령〉(1988)[21]이 초국가적 흥행을 거둠으로써, 뮤지컬의 중요한 방법론이 되었다. 작품은 프랑스 작가 가스통 르루의 동명 소설을 원작으로 하고 있어서, 원작 소설이 갖고 있는 추리소설과 고딕소설의 요소를 무대 위에 구현한다. 전 세계를 돌아다니며 익힌 복화술과 마술의 힘으로 오페라 하우스 지하에 살면서 유령을 자처하는 주인공의 기이함, 감춰진 유령의 공간으로 건너가는 경계 구역에 놓인 마술 거울, 오페라 하우스 지하의 비밀통로와 호수, 저절로 떨어지는 샹들리에 등의 고딕소설적 요소는 '매지컬(magical)'이라 호명된 무대의 일루전을 활용해 유령의 환상성을 극대화 시킨다.[22] 음악적 재능이 뛰어난 유령은 자신의 정체를 드러내지 않은 채 크리스틴에게 자신이 '음악의 천사'임을 피력하고 동시에 오페라 하우스의 질서를 자신의 힘 아래 두려고 한다. 그러나 유령은 사실 흉측스러운 외모 때문에 (원작 소설에 의하면 이러한 외모 덕분에 유령은 어머니에게조차 사랑받지 못하고 가면을 쓰고 살아야 했다[23]) 세상과 떨어져 오페라 하우스 지하에서 홀로 살아야 했던 연약한 인간일 뿐이었고, 사랑받고 싶은 욕구를 크리스틴을 통해 해결하려 했던 '안면장애인'이었음이 밝혀지는 순간 뮤지컬은 유령을 향한 비애로 넘쳐나게 된다. 결말에 도달할 즈음 작품에서 공포의 겹이 벗겨지고 비애로 향하는 정서가 초점화되면서 관객의 연민을 자아내는데, 국내에서 이러한 정서적 코드의 흡입력은 '슬프고 외로운 괴물'을 주인공으로 하고 공포→비애→연민의 감성이 작동되는 추리-스릴러 내러티브를 로맨틱 코미디 이후 뮤지컬의 주류적 내러티브로 위치시켰다. 이러한 맥락에 놓여 있는 〈지킬 앤 하이드〉(1997년 브로드웨이 초연, 2004년 한국 초연), 〈스위니 토드〉(1979년 초연, 2007년 한국 초연), 〈드라큘라〉[24] 등의 라이선스 뮤지컬들은 수입된 후 흥행에 성공하면서 지속적으로 한국 관객들의 취향을 자극하고 개발해왔다. 따라서 〈프랑켄슈타인〉은 추리-스릴러라는 판타지 계열 위에서 이미 개발되어왔던 국내 뮤지컬장의 감성과 취향을 반영하는 지점에 놓여 있다고 보인다. 그동안 뮤지컬장에서 의도된 "싼티, 촌티, 날티"[25]와 결합된 에로그로넌센스적 상상력으로 재현되던 『프랑켄슈타인』이 다른 방향으로 국내 뮤지컬 대중들과 소통할 수 있었던 동인은 이러한 지점에서 모색 가능하다. 게다가 이 작품에 대한 선행연구가 '성공요인에 대한 산업적 접근'으로 시작되었다[26]는 점은 이 연구의 필요성을 더욱 요청하고 있다.

3. 원작의 변주 방식: 비애와 아이러니의 활용

뮤지컬은 원작 소설을 '새로 쓰기'하고 있다. 〈프랑켄슈타인〉의 작가이자 연출가인 왕용범은 뮤지컬 〈삼총사〉, 〈잭 더 리퍼〉와 같은 전작들에서 이미 체코의 원작 뮤지컬을 '새로 쓰기'하는 방식을 모색했으며 이를 통해 대중과 직접 소통하는 방법을 체득해왔다. 원작 소설은 과학소설, 페미니즘, 마르크시즘, 정신분석학 등 다양한 틀로 독해할 수 있는 다층적인 텍스트로서 인정된다. 뮤지컬은 원작 소설을 전술한 바와 같이 '슬프고 외로운 괴물'을 주인공으로 내세우는 계열 위에 놓고 그 정서를 더 확장하는 방향으로 전유한다.[27] '슬픈 판타지'라 호명할 수 있는 이러한 방향성은 특히 '괴물의 창조', '괴물의 몸', '괴물성의 인식'이라는 세 가지 지점들에서 두드러지게 관찰된다.

1) 괴물의 창조: 기이한 열정과 생명의 주체

괴물은 왜 창조된 것일까. 소설의 빅터는 '금기'를 깨고 생명체를 만드는 '미친 과학자'의 원형으로 논의된다.[28] 작품 초반, 자연철학에 경도된 빅터는 생명의 원리를 탐구하는 데까지 나아간다. 빅터는 이를 "이제까지 늘 하느님의 신비로운 섭리로 간주되었던 부분"[29]이었다고 말하면서도 이를 곧 탐구열을 방해하는 '비겁함'과 '부주의'라 부정하고, '초자연적인 열정'과 '연금술적 욕망'[30]에 사로잡혀 결국 생명체를 창조하게 된다. 금기를 깨고 생명의 원리를 발견하는 일은 '지독한 중노동'과 같았다고 고백하면서도 빅터는 발견 이후의 쾌감과 황홀경이 단숨에 자신을 '욕망의 절정'에 오르게 했다고 말한다. 그리고 "광기에 가까운 충동"에 사로잡혀 다음과 같이 대승적인 차원에서 자신의 작업을 합리화한다.

> 새로운 종(種)이 생겨나 조물주이자 존재의 근원인 나를 축복하리라. 헤아릴 수도 없는 행복하고 탁월한 본성들이 내 덕에 탄생하리라. 나만큼 자식의 감사를 받아 마땅한 아버지는 이 세상에 다시없으리라. 이런 생각들을 따라가던 나는 무생물에 생명을 불어넣을 수 있다면, (지금은 불가능해도) 시간이 지나면 겉보기에는 죽음으로 부패된 육신에도 새 생명을 줄 수 있겠다는 데 생각이 미쳤다.[31]

자신은 생사를 조절하는 창조주이며 창조물들이 이러한 자신을 축복할 것이라는 빅터의 허무맹랑함은 자신의 작업을 합리화하기 위한 집착일 뿐이다. 이렇듯 괴물을 창조하는 빅터의 내면은 열정과 욕망이 광기로 변하는 과정을 고스란히 보여준다. 김미숙은 이 기이한 빅터의 집착을 "어머니의 죽음을 인정하지 못한 무의식적인 발현"[32]으로 해석한다.[33] 즉, 고딕소설은 현실의 한계를 넘어서기 위하여 현실에 등장하지 않는 괴물이나 유령을 주인공으로 한 섬뜩한 이야기를 하는 것인데, 이는 현실에 갇힌 인간 삶의 정신과 육체, 그리고 사회나 문화의 한계를 벗어나려는 시도와 연결된다는 것이다.[34] 이러한 관점에 찬동하여 정리하면, 소설은 어머니의 갑작스런 부재를 견디지 못한 빅터의 내면이 빅터를 광기로 몰아가며 괴물을 창조하게 한 것이라 해석될 수 있다.

뮤지컬은 이러한 소설의 이면에 초점을 맞춘다. 빅터의 내면을 해석되어야 할 행동의 근거로 괄호 안에 두는 것이 아니라 빅터의 기이한 실험에 대한 직접적인 이유로 '보여준다(showing).' 이는 일차적으로 소설과 뮤지컬이라는 상이한 매체성에 근거하지만, 뮤지컬은 빅터의 기이함을 아예 '트라우마'에 의한 것으로 확장하고 있기 때문에 이러한 '차이'의 의미는 결국 매체성의 문제를 넘어서게 된다. 다음의 장면들은 빅터가 괴물을 창조하는 이유에 대한 뮤지컬의 해석이다.

가) 1막 2장: 빅터는 앙리에게 연합군 제1사단 무기연구소 생체실험실에서 함께 시체를 모아 전쟁무기를 만들자고 제안한다. 앙리에게 빅터는 "이건 기회일 뿐이지. 많은 자본과 명분이 모이는 기회. 난 이 기회를 통해 생명, 그 자체를 창조하고 정복할 생각이야."라고 말한다. 빅터는 앙리와의 논쟁 중에 "인류의 새로운 시작 생명을 창조하여 생명의 주체가 될 것"이라고 설파한다.

나) 1막 4장: 빅터의 누이 엘렌은 앙리에게 빅터의 어린 시절에 대해 이야기해준다. 치명적인 흑사병에 걸린 빅터의 어머니를 고치기 위해 의사인 빅터의 아버지

는 까마귀 탈을 쓰고 미신적인 치료 행위를 벌인다. 마을 사람들은 빅터의 아버지를 '미친 의사'라고 부르고 어머니는 결국 사망한다. 어린 빅터는 타다 만 어머니 시체를 가져와 자신이 되살릴 것이라 고집한다.

가)는 작품의 초반부로서, 빅터가 앙리에게 생명체 창조 프로젝트의 이유를 설명하는 장면이다. 시체를 되살려 전쟁무기를 만드는 것, 이는 결국 인간의 비극적인 역사를 구원하기 위한 행위임을 주장한다. 빅터에게 생명이란 "단지 우연"이고 "큰 우주에 아주 작은 사건일 뿐"[35]이어서, 시체를 부활시키는 것에 대한 윤리적 책임감은 애초에 삭제되어 있다. 빅터의 욕망은 인간의 비극적인 역사를 지우고 새로운 역사를 창조하는 것에 긴박되어서, 무감각한 상태로 생명의 주체가 되는 것에 초점화되어 있다. 이는 원작의 빅터가 '기이한 광기와 충동'에 사로잡힌 상태에서 괴물을 창조하는 것과 다르다. 빅터는 '무감각'한 상태에서 생명을 정복해야 할 대상으로 객관화하고 있는 것이다.

그런데 뮤지컬의 서사가 더 진행되면 빅터의 이러한 무감각은 실상 "외로운 소년의 슬픈 이야기"[36]에서 비롯된 것임이 드러난다. 나) 즉 1막 4장은 빅터의 그 슬픈 이야기를 과거의 환상과 현실이 겹쳐진 방식으로 '보여주는' 장면이다. 어머니의 죽음, 이를 막기 위해 미신적 행위를 한 의사-과학자인 아버지, 마녀로 몰리는 부모, 어머니의 타다 만 시체 그리고 이를 과학의 힘으로 되돌리려는 빅터의 이야기는 마녀의 자식으로 몰려 유령처럼 살아야 했던 빅터의 과거를 구성하는 요소들이다. 따라서 빅터가 무감각하게 스스로 생명을 주관하는 자리에 오르려고 했던 것은, 외롭고 슬픈 에고가 슬픔을 체화하기 위한 방편이었음을 뮤지컬은 친절하게 알려준다. 이러한 인물형의 변화로 인해, 빅터 역시 창조물을 자신의 안위를 위협하는 존재로 규정한 순간 괴물로 호명할 수밖에 없는 나약한 주체임이 강조된다. 이와 같이 뮤지컬의 빅터에게 환상의 방식으로 부여된 '슬픈 과거'는 이 작품의 핵심이 '슬픈 판타지'가 되는 첫 번째 요소가 된다. 빅터의 현실에 뒤섞이는 과거는, 빅터의 현실이 과거라는 유령의 이면이라는 것 즉, 극적 현실과 환상이 정확히 분리될 수 없는 지경에 놓여 있음을 보여준다. 이를 통해 빅터는 미친 과학자의 원형으로부터 관객이 공감하고 이해할 수 있는 경계 안으로 들어오게 된다.

빅터에 대한 이러한 이해는 뮤지컬 속에서 빅터의 내면이 노출될수록 더 심화된다. 소설의 빅터가 괴물을 창조한 이후 금기를 넘어선 행위에 대한 윤리적 감각을 회복하면서 심한 내적 갈등을 겪는 것과 달리, 뮤지컬의 빅터는 괴물이 탄생 직후 자신의 하인인 룽게를 우발적으로 살인하자 생명체 창조에 대한 윤리성 문제보다 이를 '자신의 욕망이 초래한 비극적 결과'라고 해석하며 '비관', '절규'한다. 이때 가창되는 뮤지컬 넘버 12. '또 다시'는 이러한 빅터의 탄식을 보여준다. Fm를 기본 코드로 한 베이스의 반음진행과 한 옥타브를 아우르는 Fm 음계에서 가장 고조된 음으로 끝나는 종지법은 빅터의 절규를 짧고 강렬하게 표현한다. '또 다시'에 게재되어 있는 빅터의 이야기는, 언제나 스스로 꿈이 실현되는 삶을 추구했으나 그것이 자신의 무감각에 의해 욕망 혹은 야망으로 전이되어 비극적 결과물을 초래해왔다는 것이다. 빅터에게 이 '저주받은 인생'은 운명과 같은 것으로서, 이 운명 앞에서 빅터는 탄식과 절규를 반복하는데, 이러한 맥락에서 뮤지컬 넘버 09. '나는 왜'는 동어반복을 하는 넘버라고 할 수 있다. 이는 앙리가 대신 희생당하는 것을 그저 보고만 있는 빅터가 내적 갈등을 벌이는 넘버로서, 이 안에서도 빅터는 욕망 앞에서 악마가 되어가는 자신을 탄식하고 절규한다. '또 다시'와 마찬가지로 클라이맥스에서 가장 높은 음을 사용하면서 절규하는 종지법이 반복되어 있으며, 마이너 음계(Bbm)를 장중하게 사용하고 있다. 두 넘버에서 '나는 왜 또 다시'라는 메시지는 강렬하게 울린다. 뮤지컬의 빅터는 대외적으로 강력한 신체를 소유한 군인을 만드는 생명의 주관자이지만, 그 내면에는 트라우마에 갇혀 울고 있는 나약한 자아가 있을 뿐이다.

2) 괴물의 몸: 봉합된 시체에서 부활한 친구로

원작 소설의 괴물은 극단화된 타자로 표상된다. 익명의 시체 조각들이 봉합된 괴물의 몸은 "타자는 우리의 해석이나 표상의 모든 범주를 뛰어넘는다."는 리처드 커니의 설명을 상기시킨다.[37] 거대하고 기형적인 몸으로 탄생한 괴물은 해석과 표상의 지경을 넘어서, 어떤 해석이나 설명에도 열린 상태로 남아 있다. 동시에 이는 그 어디에도 속할 수 없는 괴물의 근원적인 소외를 설명한다. 이러한 괴물의 타자성은 비율의 미가 파괴된 육체에 근원을 둔다. "그 누런 살갗은 그 아래 비치는 근육과 혈관을 제대로 가리지도 못했다. 윤기가 자르르 흐르는 흑발은 출렁거렸고 이빨은 진주처럼 희었지만, 이런 화려한 외모는 허여멀건 눈구멍과 별로 색깔 차이가 없는 희번덕거리는 두 눈, 쭈글쭈글한 얼굴 살갗, 그리고 일자로 다문 시커먼 입술과 대조되어 오히려 더 끔찍해 보일 뿐이었다."[38]

문제는 이러한 창조물이 '괴물'로 규정되던 순간에서야 비로소 빅터가 창조물에게서 공포를 느끼게 되었다는 점이다. 가령, 괴물이 생명을 얻고 근육과 관절을 움직이기 시작했을 때, "흐릿한 노란 눈"으로 "꿈쩍도 않고 나[빅터]만 바라보고 있을 때"라는 점이다. 시체 조각들을 찾아다니며 관절과 혈관을 봉합하던 극도로 복잡하고 피곤한 작업(work)에서 빅터는 공포보다 광기의 광휘를 보여주었다. 그러나 실제로 괴물의 몸이 완성되고 괴물이 자신을 '응시'하자 빅터는 비로소 그 존재를 괴물, 즉 타자로 규정해버린다. 정신분석학의 관점으로 이는 '근대의 프로메테우스', 금기의 영역에 도전한 근대적 주체인 빅터가 타자성을 잉여의 방식으로 자신의 내부에 투영하고 그 타자-괴물의 몸을 '낯선 두려움(uncanny)'으로 나타내는 것이라 논의된다.[39] 따라서 근대적 주체가 주장하는 자기 동일성이나 안정된 확실성이 불가능함을 말해주는 것이 원작 소설의 핵심이라는 것이다.

원작 소설이 갖고 있는 이와 같은 해석의 가능성을 뮤지컬은 사실상 차단하는 방향으로 괴물의 몸을 변주한다. 즉, 주체가 내부에 품고 있는 타자, 주체가 되지 못하는 비체라는 '더블(double)'의 개념을 무화시키는 자리에서 괴물을 전유하고 있다. 이는 뮤지컬에서 빅터의 친구, 앙리를 괴물로 만든다는 설정에 근거한다. 이를 통해 빅터와 괴물이 각각 개별적인 인물로서 정립되고, 이들이 친구에서 창조주와 피조물의 관계로, 다시 복수의 주체와 대상으로 전이되는 과정이 작품 전체에서 조명된다. 즉, 뮤지컬은 괴물의 몸을 원작과 가장 다른 지점에서 변주함으로써 빅터와 괴물의 '관계'에 주목하는 텍스트로 변환된 것이다.

이러한 차이는 이 작품의 작가이자 연출자인 왕용범의 원작 소설 해석 방식에 근거한다. 다음은 이 지점에 대한 왕용범의 설명이다.

> 그냥 재료로서의 시체가 아니라, 분명히 누군가의 것이죠. 누군가에 의해서 만들어진 것이라는 생각에 거기서 오는 슬픔이 있더라구요. 내가 나 자신이 아니고 누군가로 만들어진 나라는 것에 대한 슬픔이 있었어요. 그래서 그 누군가가 빅터와 가장 가까운 사이면 어떨까라는 점에서 사실 이야기가 시작됐어요.[40]

왕용범은 원작 소설 속 괴물의 몸을 익명의 시체가 아닌 '누군가의 시체 조각'으로 봉합된 것으로 보았다.[41] 괴물에게는 근원적으로 타자성 이외에 고유성을 상실한 존재의 비애가 관찰된다는 관점이다. 이러한 관점으로 괴물을 표현하기 위해 왕용범은 가장 극적인 방식을 선택, 빅터의 친구인 앙리를 괴물로 만든다는 설정을 활용했다. 그렇다면 뮤지컬에서 괴물로 재탄생하는 앙리는 누구인가. 앙리는 원작 소설에도 존재하는 인물로서, 빅터의 고향 친구, 오랜 지기로 등장한다. 앙리는 항상 빅터의 건강을 걱정하고, 빅터가 여성 괴물을 만들기 위해 떠나는 영국 여행에 동참할 만큼 빅터와 정서적으로 가깝다. 그러다 앙리는 결국 괴물에 의해 오크니 제도에서 목이 졸려 살해당한다. 뮤지컬은 이러한 소설 속 앙리를 더 적극적으로 변주하여, 빅터의 실험을 함께 하는 존재로 발전시킨다. 이는 소설의 앙리에게는 부여되지 않았던 요소로서, 앙리가 빅터 대신 단두대에서 희생당하여 괴물의 몸이 앙리의 머리를 취하는 결정적인 계기로 작동한다. 따라서 앙리에게는 다음과 같은 요소들이 부가되어 원전의 인물에서 완전히 탈주하게 된다.

ㄱ. 앙리 뒤프레는 잉골슈타트 대학을 수석으로 졸업한 신체접합술의 대가이다.
ㄴ. 앙리는 사체재활용 이론으로 생명과학계에 파문을 일으켰다.
ㄷ. 앙리는 전쟁터에서 부상당한 적군을 치료할 만큼 생명을 존귀하게 여긴다.
ㄹ. 앙리는 사람을 '살리는 과학'을 펼치기 위해 빅터의 실험에 동참한다.
ㅁ. 앙리는 빅터의 트라우마를 이해하고 그와 정서적으로 밀착하게 된다.
ㅂ. 앙리는 빅터의 우발적 살인에 대해 대신 책임을 지고, 단두대에서 사형을 당한다.

앙리의 인물형에 부여된 새로운 요소인 ㄱ에서 ㅂ은 빅터와 앙리의 관계에 집중하는 뮤지컬의 서사가 그들의 관계를 '어떻게' 다루고 있는지 설명해준다. ㄱ과 ㄴ은 앙리의 전사(前史)로서 빅터가 앙리에게 접근하는 이유가 된다. 이들 관계의 시작점이 신체접합술의 대가라는 앙리의 '명성'에 놓여 있다는 점은 빅터가 앙리에게 애초부터 '목적'을 갖고 접근했다는 사실을 알려준다. ㄹ은 빅터와 앙리의 관계가 실험을 함께 하는 '동지'로 발전하는 장면이다. 그러나 아직 ㄹ단계에서는 앙리와 빅터가 '동지' 이상의 관계는 아니다. 앙리와 빅터는 본질적으로 생명에 대해 다른 인식을 갖고 있었기 때문이다. 그러나 ㅁ으로 넘어가면 앙리가 빅터와 '정서적'으로 소통하는 단계로 접어들었음을 알 수 있다. 즉, 앙리가 엘렌의 이야기를 통해 빅터의 트라우마에 접속하고 그의 실험을 정서적으로 '이해'하게 되었기 때문이다. 이러한 관계의 발전은 결국 앙리가

빅터를 대신해 죽음을 선택하는 작품의 핵심으로 접근하게 만든다.(ㅂ)

따라서 앙리의 죽음 이후에 빅터가 이어가는 실험에는 그의 트라우마와 얽혀 있는 욕망 외에 자신을 대신하여 죽은 앙리를 부활시키겠다는 의지가 한 겹 더 추가된다. 이러한 욕망과 의지에 의해 탄생한 괴물은 앙리의 머리를 갖고 있지만 앙리가 아닌 모호한 존재, 아이러니한 존재가 된다. 앙리의 머리를 갖고 있는 괴물의 몸은 어디로 귀속되어야 할 것인가, 빅터는 이러한 몸을 지닌 괴물에게 어떤 반응을 보여야 할 것인가라는 질문을 낳는 이 아이러니는 앙리/괴물과 빅터의 방향성이 한 쪽으로 결정됨에 따라 비애의 정서와 뒤섞이게 된다.

그런데 이 비애는 빅터가 순수한 아기 상태의 앙리/괴물을 폭력으로 내치는 탄생 직후의 장면에서 시작하여, 앙리/괴물이 오로지 빅터에게 복수한다는 서사로 뮤지컬이 초점화되면서 더욱 확장된다. 앙리/괴물이 원작 소설과 달리 빅터에게 여성 괴물을 요구하지 않고 심지어 억울하게 죽은 누이 엘렌을 부활시키려는 빅터의 생명 창조 장치들을 앙리/괴물이 전부 파괴한다는 설정은, 원전에 내재되어 있던 "여성 괴물의 몸을 바라보는 괴물의 남근적 시선"[42]을 삭제함과 동시에 뮤지컬에서 가시적으로 드러나는 빅터의 근친상간적 욕망을 소거해버림으로써 오로지 빅터와 앙리/괴물의 관계에 집중하는 뮤지컬의 관점을 더욱 부각시킨다. 원작에서는 빅터의 실험이 작품에서 여성을 지우고 가족을 해체하는 방향으로 진행되는 데 반해,[43] 뮤지컬은 원작에 없던 빅터의 누이 '엘렌'을 창조하고 어머니의 대리자로 만들 뿐만 아니라 원작의 엘리자베스가 보여주었던 '가정의 천사'[44]라는 빅토리아 시대적 신화와 괴물에 의해 억울하게 죽는 저스틴의 화소를 섞어 이상적인 어머니의 자리를 복권시킨다. 따라서 죽은 엘렌을 되살리려는 빅터의 시도와 그것을 방해하는 앙리/괴물의 행위는 빅터의 근친상간적 욕망을 괴물이 차단해버리는 것으로 해석할 수 있다.

이제 두 인물에게서 삭제된 무의식적인 에로스를 채우는 것은, 가히 '브로맨스(bromance)'라 호명될 수 있는 동성애적 욕망이다. 뮤지컬의 2막이 이들의 관계를 복수의 주체와 대상으로 전환시켜 비극적으로 조명하면 할수록, 동성애적 욕망과 복잡하게 얽힌 앙리/괴물의 외로움은 수면 위로 떠오르고 단두대에서 처형당하기 직전 "너의 꿈에 살고 싶"[45]다며 처연하게 노래했던 앙리의 고백이 상기된다. 앙리는 뮤지컬 넘버 10. '너의 꿈 속에'에서 빅터와 처음 만난 날 그의 강렬한 의지와 신념에 스스로 초라해지는 것을 느꼈고 그 순간을 생각하면 '가슴이 두근거린다'라고 고백했다. 이러한 고백의 노래는 돌체(Dolce) 즉, '달콤하고 부드럽게' 가창되도록 디자인되어 있고, 멜로디에 반복되는 셋잇단음표(triplet)는 고백에 이은 앙리의 결단을 표상하고 있다. 돌체로 표현되어야 하는 셋잇단음표가 가득한 멜로디는 고백과 결단을 왕복 운동하는 앙리의 내면을 음악적으로 드러내는 방식이다.

이렇듯, 앙리의 머리를 갖고 있는 괴물의 몸은 달콤하고 강렬했던 과거의 추억을 고스란히 간직한 채, 앙리로 살아서는 안 되는 현실에 맞서 복수를 불태우는 아이러니와 비애를 극단적으로 보여주고 있다. 실제 무대에서 앙리/괴물의 몸이 기형적으로 왜곡되어 있지 않다는 점, 즉 앙리의 육체에서 그다지 변형되지 않은 상태라는 점은 그 아이러니와 비애를 더 드라마틱하게 강조한다.[46] 앙리의 부활이라는 맥락으로 수용되는 괴물의 몸은 더 이상 공포를 일으키는 대상이 아닌 것이다.

3) 괴물성의 인식: 오두막집에서 격투장으로

소름 끼치는 외모로 괴물이 탄생했다는 이유로 원작이 공포소설로 인지될 수는 없는 일이다. 오히려 소설의 구조상 가장 내부에 들어 있는 괴물의 이야기를 통해, 공포 대신 공감의 정서가 자극된다. 빅터가 괴물의 이야기를 들어주는 청자의 역할을 요구받은 것처럼, 독자 역시 그 역할을 요구받고 결국 괴물의 언변에 설득당하는 과정을 빅터와 함께 겪는다.

원작의 괴물은 탄생 후 겪어야 했던 극단적 소외현상을 제대로 이해하지 못한 채, 드 레이시 가족의 오두막집으로 흘러 들어온다. 그리고 오두막집 축사에 숨어 드 레이시 가족을 관찰하며 혼자 언어와 사고하는 법을 익히고 연마하게 된다. 그 와중에 괴물은 빅터의 외투에서 발견한 실험일지를 읽고 자신의 기원을 정확히 알게 된다. 밀턴의『실낙원』, 플루타르코스의『영웅전』, 괴테의『젊은 베르테르의 슬픔』은 괴물의 스승이 된다. 이를 통해 괴물은 자신의 존재에 대해 연민의 정을 보이는 대조어법과 모순어법을 적절히 구사할 줄 아는 훌륭한 수사가로 거듭난다.[47] 이때 소설에서는 괴물이 괴물성을 인식하는 데 있어 언어와 시각이 양극단에서 중요한 매개체가 되고 있는데, 바로 이 지점에서 뮤지컬은 소설과 다른 선택을 함으로써 앙리/괴물이 괴물성을 인식하는 방식에 결정적인 차이를 보인다. 뮤지컬은 전술했듯이 앙리/괴물의 몸을 흉측한 기형으로 묘사하지 않음으로써, 원작의 괴물처럼 수사가로 거듭나야 할 필요성을 아예 삭제해버린다. 원작의 괴물은 드 레이시 가족을 훌륭한 품위와 교양이라는 사회적 가치로 이미지화하고, 이를 '아름다움'이라 번역한다. 이에 반해 그렇지 못한 자신은 타자, 괴물로 인식한다. 괴물은 그 아름다움에 접속하기 위해 언변을 더욱 갖추게 된다. 맹인인 드 레이시와 소통할 수 있었던 것도, 괴물이 갖고 있는 언어의 힘이었다. 그러나 괴물이 시각적으로 노출되기만 하면 언어의 힘은 파괴되고, 결국 괴물이 갖춘 언변은 시각에 굴복하고 말 뿐이라는 관점이 부각된다. 괴물은 인간과 소통할 수 있는 유일한 수단인 언어능력을 갖추어도 결국 인간의 커뮤니티에 속할 수 없는 영원한 타자일 뿐이라는 것이다.

소설에서 괴물성이 스스로에게 인지되는 이러한 방식은 괴물이 언어능력과 사고능력을 갖추게 되는 과정을 비교적 길게 묘사함으로써 선취된다. 그러나 뮤지컬은 이 과정을 완전히 생략한다. 앙리/괴물은 인간과 따로 접속해야 할 필요성을 애초에 느끼지 못할 정도로 인간 사회에 이미 들어와 있으며, 외모 때문에 공포를 자아내는 존재가 아니기 때문이다.

까뜨린느	저에요, 까뜨린느… 기억나요?
괴물	기억해.
까뜨린느	어머, 말을 하네요? 전에는…
괴물	**어제부터 말이 나와. 머릿속에서 뭔가 막 튀어나오는 것처럼… 그런데, 왜 나한테…**[48](강조—필자)

원작이 보여주었던 '언어'에 대한 관념을 B급의 상상력으로 비틀어버린 것 같은 이러한 변화는 작품 전체의 질감과 균열을 보일 정도로 이질적이다. 쉽게 동의하기 어려운 이 장면은 맥락상 괴물성 재현 방식에 따라 변화한 것으로 보인다. 그렇다면 뮤지컬에서 앙리/괴물은 괴물성을 어떻게 인식하는 것일까. 이는 전적으로 앙리/괴물에게 가해지는 **인간의 폭력**에 근거한다. 위에서 인용한 부분 이후에 이어지는 그들의 대화는 이를 직설적으로 보여준다.

괴물	넌 내가 무섭지 않아?
까뜨린느	네, 무섭지 않아요.
괴물	난인간이 아닌데…
까뜨린느	네, 인간이 아니라서 무섭지 않아요.[49]

인간이 아닌 앙리/괴물에게 공포를 느끼지 못하는 까뜨린느는 아버지에게 강간을 당하고 어머니에 의해 헐값에 격투장 노예로 팔려왔다는 전사를 갖고 있다. 뮤지컬에서 새로 창안된 까뜨린느라는 인물은, 남자 주인공의 드라마를 위해 내러티브의 흐름 상 도구화되고 동시에 성적으로 도구화되는 뮤지컬 속 여성 인물형에 속한다는 점에서 매우 뮤지컬스러운 인물형을 보여준다.[50]이는 괴물과 드 레이시가 교양인의 언어로 소통하던 원작을 소외된 남녀가 '정서'적으로 소통하는 것으로 재맥락화하면서 발생한다. 그들이 정서적으로 소통할 수

있었던 것은 까뜨린느가 경험했던 '극한의 폭력'이었다. 그녀가 앙리/괴물을 공포스러운 괴물이 아닌 '괴물 아저씨'로 인식하는 것은 이미 앙리/괴물이 까뜨린느를 죽음의 공포에서부터 구해주었을 뿐만 아니라,[51] 그녀의 삶 자체가 극한의 폭력 위에 놓여 있었기 때문이었다. 그 앞에서 아직 앙리의 정신을 갖고 있는 앙리/괴물은 전혀 두려운 존재가 아닌 것이다. 그러나 까뜨린느는 앙리/괴물과의 짧은 소통 이후, 결국 이기적 목적에 의해 그를 배반하면서 작품에서 곧바로 삭제된다. 언어의 힘이 시각적 노출에 제압당하는 문제로 원작의 괴물성이 재현되었다면, 뮤지컬은 외부에서 주어지는 폭력의 문제로 다루고 있는 것이다.

따라서 앙리/괴물의 괴물성은 존재가 영원한 타자로 이미 탄생된 것이 아니라, 창조주에게 버림받고 격투장이라는 공간에 던져짐으로써 인간의 폭력에 길들여지고 공포스러운 존재로 발견된다는 점에서 만들어진다. 격투장 부부의 폭력, 특히 괴물이 입고 있던 빅터의 외투에서 발견된 실험일지 내용을 주지시키며 앙리의 휴머니즘을 버리고 '살인격투사' 괴물로 살아야 할 이유를 '주입하는' 주인 자크의 폭력은 과장되게 그려지고 있으며, 앙리/괴물과의 정서적 유대관계를 일방적으로 끊어버린 까뜨린느의 행동은 앙리/괴물이 결국 '난 괴물'임을 선언하는 결정적인 이유가 되어야 하므로 더욱 극단적인 폭력의 사이클 안에 배치되어 있다.

문제는, 앙리/괴물이 자신의 괴물성을 인정하고 선언하는 뮤지컬 넘버 19. '난 괴물'이 슬픔과 외로움의 파토스 자체라는 점이다. 인간 사회에 내몰렸던 앙리/괴물이 인간이 부여한 극한의 폭력을 경험한 후 인간과의 분리를 선언하는 '난 괴물'은 그동안 한계 상황에 수동적으로 대처했던 앙리/괴물이 '괴물'로서 창조주에게 복수를 다짐하는 넘버이다. 원작의 괴물은 빅터에게 요구했던 여성 괴물이 거의 완성된 단계에서 파괴되자 빅터에게 복수를 예고하지만, 뮤지컬에는 그 중간단계가 생략되어 있다. 빅터에게 곧바로 향하는 "내가 아팠던 만큼 당신께 돌려드리리/ 세상에 혼자가 된다는 절망 속에 빠트리리라"[52]라는 절규는 복수의 내용이자 '난 괴물'의 센티멘털리즘을 표상한다. 뮤지컬 속 괴물의 고통은 "자기보존의 본능"[53]과 자기연민이 뒤섞인 것으로서, '버려진 채로 혼자 울고 있는' 괴물의 외로움을 전경화한다. 이를 위해 넘버는 크게 세 부분으로 나뉘고, 앞과 뒤는 동일한 선율을 변주하는 Colla Voce(Colla Parte와 동의어)로 표현되고 있다.

Colla Voce, Freely -A- Colla Voce, Freely

Colla Voce란 반주가 중심 성부 또는 독창 성부의 리듬과 빠르기를 따를 것을 지시하는 표현방법[54]으로서, 가창자가 최대한 자기 페이스대로 가창할 수 있도록 고안된 것이다. A부분은 상향 진행의 선율과 고음으로 종결되는 강렬한 파토스를 보여주며, 이를 앞뒤의 Colla Voce가 시작—정리한다. 실제로 격투장을 앙리/괴물이 모두 파괴하며 부르는 '난 괴물'은 A부분의 절규와 Colla Voce의 비애, 연민이 교차하면서 비로소 앙리/괴물이 인간에게 종언을 고하는 모멘트가 어떤 정서로 구현되는지 보여준다. 이로써 괴물은 공포가 아닌 센티멘털리즘의 정서 위에 완벽히 구축되게 된다.

4. 〈프랑켄슈타인〉 팬덤의 양상

1) 감정이입—취미의 연대

이처럼 비애와 아이러니를 활용하여 『프랑켄슈타인』을 감성적으로 전유한 뮤지컬 〈프랑켄슈타인〉은, 바로 이러한 방법론으로 인해 내러티브의 개연성이 부족하게 되었다는 비판을 피하기 어렵다.[55] '생명'에 대해 빅터와 완전히 다른 관점을 갖고 있던 앙리가 빅터의 실험에 동참하게 되는 과정,[56] 앙리가 빅터를 대신하여 죽는 과정, 갑자기 말을 하게 된 앙리/괴물이 까뜨린느와 정서적 교류를 나누는 것, 엘렌의 허무한 죽음, 줄리아의 미미한 역할 등 변화로 인한 내러티브의 공백은 보완이 반드시 필요할 정도이다.

그러나 문제는 〈프랑켄슈타인〉 팬덤의 공간에서 이러한 약점은 크게 두드러지지 않았다는 것이다. 심지어 뮤지컬은 빅터와 괴물의 내면을 명확히 보여주어(showing) 인물 행동의 근거를 마련한 반면, 원작은 '그렇지 않다'는 이유로 오히려 평가절하 되기도 했다. 이 장에서는 작품의 팬덤이 〈프랑켄슈타인〉의 대중적 소통방식을 설명할 수 있는 중요한 기제가 된다고 보고, 위와 같은 원작의 변주가 작품의 흥행을 이끈 팬덤과 어떻게 공명하고 있는지 분석하도록 한다.

> 일단, 빅터가 생명창조에 집착하는 확실한 이유를 주었다. 원작에서는 소위 '배부르고 등 따뜻하니까 헛짓거리한다'는 느낌이 강했는데, 뮤지컬에서는 어릴 적 트라우마를 보여주면서 보는 관객으로 하여금 빅터의 행동을 납득하게 할 수 있게 만들었다고 할까?(28세 여, 경기도 평택 거주, 프리랜서 방송작가)

> 원작 소설에서는 빅터와 괴물 사이에 그 어떤 정서적인 교류도 느낄 수가 없었는데, 뮤지컬에서는 원작과 다른 몇 가지 설정(빅터의 가족, 앙리의 머리 등)이 들어가면서 이야기가 큰 울림을 주었음. (31세 여, 광주 거주, 취업준비생)

> 가장 다른 점은 괴물의 정체성, 빅터의 트라우마에 관련한 부분. 인물들의 내면을 좀 더 입체적으로 그렸음. (34세 여, 서울 거주, 바이올린/피아노 강사)

인용문은 〈프랑켄슈타인〉의 메모리북을 제작한 핵심 팀원 7명을 대상으로 필자가 시행한 서베이 데이터에서 추출된 것이다. 이 서베이는 2015년 1월

26~30일까지 이메일을 통해 이루어졌다.[57] 응답자들은 모두 〈프랑켄슈타인〉 메모리북 제작팀에 소속되어 '뮤지컬 프랑켄슈타인 2014 메모리북 블로그(http://franken_book.blog.me/220181693658)'에 집결되어 있었다. 메모리북이란 텍스트의 수용자가 자신이 기억하고 있는 텍스트의 내용을 다른 수용자들과 함께 추억하고 공유하기 위해 이미지로 남은 기억을 물적 자료화하는 행위로 인해 탄생한다. 국내 뮤지컬장에서 메모리북 제작은 현재 팬덤 문화의 하나로 정착되었는데, 콘텐츠의 질과 양적인 면에서 단순 아마추어들의 향유 수준을 벗어나 있다. 특히 뮤지컬 메모리북 제작은 다시인사이드 연극뮤지컬갤러리(이하 연뮤갤)에서 대개 발의되고 있으며 〈프랑켄슈타인〉 메모리북도 이와 동일한 과정을 거쳐 탄생되었다.[58] 따라서 서베이 응답자들은 연뮤갤이라는 뮤지컬 팬덤의 본산지에 근거를 두고 다시 제작팀에 자체적으로 합류한, 이중의 선발 과정을 거친 〈프랑켄슈타인〉의 핵심 마니아 집단이라고 볼 수 있다. 그러므로 이미 뮤지컬이라는 장르 자체에 대한 일정 수준 이상의 식견을 갖고 있는 이들에게 내러티브의 개연성 부족보다 더 중요했던 요소가 무엇이었는지 질문하는 것은 결국 이들이 메모리북 제작 행위를 통해 자발적 연대를 이룬 이유를 질문하는 것이 된다.

> 괴물이 자아를 찾고 괴로워하며 '난 괴물'을 부르는 지점/ 괴물이 느끼는 고통, 원작에서는 3년에 걸쳐 일어나는 인간에 대한 감정변화(믿음과 배신)가 짧은 시간 안에 응축돼서 관객들을 자극하기 때문에. (26세 여, 경기도 성남 거주, 기자)

> 왜냐하면 빅터의 사연과 감정에 제가 크게 이입을 했기 때문입니다. 방법과 가치관이 잘못되긴 했지만 자신이 추구하려던 것에 대해 최선을 다하고, 정말 잘하려고 했던 것인데 모든 것이 꼬여버린 빅터의 신세에서 제 삶의 모습을 발견했기 때문입니다. (26세 여, 서울/안산 거주, 기간제 미술 고등학교 교사)

인간이라면 누구나 다 느끼는 외로움, 사랑에 대한 갈망이 나타나는 부분에 강하게 공감했던 것 같습니다. (30세 여, 경기도 고양시 거주, 공연예술관련 전공생)

"착한 거 싫어! 착하면 죽잖아!"라고 외치며 엄마를 살리겠다고 시신을 홀로 끌고 가던 어린 빅터의 이야기. 제가 가족과 정서적인 유대감이 깊지 않은 사람이어서 유독 기억에 남은 것 같네요. (31세 여, 광주 거주, 취업준비생)

위의 인용문들은 "당신이 뮤지컬 〈프랑켄슈타인〉의 내용에 특별히 반응하는 지점이 있었다면, '왜' 그런 반응을 보였다고 생각하시나요?"라는 항목에 대한 응답이다. 이 항목은 '뮤지컬 〈프랑켄슈타인〉과 자아 정체성 관련성 분석'이라는 상위 항목에 포괄되어 있다. 이들의 대답에서 공통분모는 빅터와 괴물의 외로움과 고통에 감정이입, 즉 '공감'을 하고 있다는 것이다. 인물에 대한 공감은 대상과의 심리적 거리가 짧아질수록 발생한다. 따라서 이들은 '슬픈 정서'를 매개로 작품 속 인물과 자신의 처지를 동일시하고 있으며, 이것이 바로 〈프랑켄슈타인〉의 팬덤 현상이 일어난 핵심 이유임을 알 수 있다. 이와 같은 맥락에서, 또 다른 공감의 양상이 포착되는데 그것은 팬들이 스스로 자신을 '빅터맘' 혹은 '괴물맘'이라고 내부적으로 구별 지어 지칭하는 현상이다. 이러한 현상은 빅터와 괴물 중 한쪽의 사연에 팬들이 '무조건' 공감하여 '엄마'의 심정으로 인물을 끌어안는다는 심리적 현상이 발생할 정도로, 팬과 인물 사이의 공감의 밀도가 높다는 것을 보여준다. 일반적으로 대중문화의 팬덤 현상은 "감정을 체험하는 경험"[59]이라고 논의된다. 뮤지컬 〈프랑켄슈타인〉은 원작의 서사가 부정될 정도로 인물과 팬 사이의 감정 교류가 형성됨으로써 팬덤을 일으켰으며 이는 뮤지컬이 인물들의 '슬픈 사연'을 전경화함으로써 가능했다.

서베이 대상자 7명은 기자, 방송작가, 바리스타, 바이올린/피아노 강사, 기간제 미술 고등학교 교사, 공연예술관련 전공 대학생, 취업준비생 등 전문직

종사자와 교강사, 대학생으로 구성된 20~30대 여성들이었으며, 특히 메모리북 제작팀에 남성은 완전히 부재하였다는 이들의 증언은 결국 한국 뮤지컬 시장에 팬덤을 일으키는 주체, 즉 20~30대 여성 마니아 집단에 대한 고찰을 이끈다. 첫째, 그녀들은 서로 동일한 취미를 발견하면 연대할 준비가 되어 있다. '메모리북 활동을 통해 팀원으로서 누리게 되는 장점은 무엇인가'에 대한 질문에 7명 중 4명이 "같은 취미를 가진 좋은 사람들을 만났다는 것"이라는 답변을 내놓았다. 이 답변에서 핵심은 '같은 취미'를 갖고 있는 사람들은 '좋은 사람'일 수 있다는 관점이다. 여기서 같은 취미란 소위 '회전문 관객'이 될 정도로 뮤지컬을 좋아하고 그중 〈프랑켄슈타인〉을 특별히 애호하는 취미를 말한다. 실제로 이들은 '회전문 관객'의 개념을 묻는 질문에 그 개념 자체가 매우 주관적이나 대체로 동일한 작품을 3번 이상 관람하면 회전문 관객이라고 말할 수 있으며 〈프랑켄슈타인〉은 모두 10번 이상 관람한 경험을 갖고 있다고 응답했다. 이들은 단순 관객이 회전문 관객이 되는 변화는 곧 한 작품에 대해 이성을 잃는 순간 도래하는 것이라 정확히 판단하면서도, 스스로 회전문 관객으로서의 정체성을 숨기지 않았다. 즉 "하드코어 팬덤"에 대한 '팬덤 되기의 즐거움'을 향유하고 있는 것이다.[60] 따라서 이들에게 같은 취미란, 〈프랑켄슈타인〉에 대해 무조건적인 애호를 보내는 심적 상태를 말하며 이러한 심리적 동질성은 결국 이들에게 서로가 '좋은 사람'이 될 수 있는 첫 번째 조건이 되고 있음을 알 수 있다. 이러한 '취미의 연대'라는 영역에 철저히 남성은 배제되어 있다.

둘째, 따라서 〈프랑켄슈타인〉은 사실상 여성들—뮤지컬의 기존 마니아층—에게 지지를 받았던 작품임을 재확인할 수 있다. 이를 통해 그녀들은 '공감'의 파괴력이 높은 작품에 반응한다는 결론을 얻는다. 그녀들에게 높은 공감의 밀도는 작품에서 얻어지는 '쾌락'의 다른 이름이다. 이 쾌락은 원전 소설의 이면을 '멜로드라마적 상상력'으로 표면화한 변주의 방향성에서 만들어진다. 피터 브룩스는 멜로드라마적 상상력이란 극심한 공황상태와 동정어린 연민을 만들어내지만, 그 대상이 비극과 같지 않으며 고도의 깨달음에 의한 상호침투도 없다고 간파한 바 있다. 즉 세속화된 시대의 형식인 멜로드라마는 더 이상 확실한 존재론이나 인식론을 가질 수 없는 세계에서 신성하고 우주적인 가치에 가장 가까운 접근을 제공한다는 것이다.[61] 뮤지컬 〈프랑켄슈타인〉은 "원전의 이면에 담긴 비극적인 감정구조를 활성화시키고, 이를 매개로 실제의 감정을 자극하는 쾌락을 만들어낸다."[62] 음악과 연기로 표면화되는 과잉된 슬픔, 빅터와 앙리의 내면이 보여주는 강한 대조, 브로맨스로 재현될 정도로 과잉되어 있던 이들의 관계가 어그러지면서 형성되는 모순과 아이러니는 팬들의 일상을 환기시키는 감정의 현실성을 갖고 있다. 또한 이 작품의 외형은 이미 여러 작품의 반복 관람을 통해 '이상적인 뮤지컬'에 대한 기준을 갖고 있는 그녀들을 만족시키며, 공감의 밀도에 더욱 상승작용을 일으켰다. 즉, 대형 세트와 3D가 사용된 무대와 파토스로 가득한 멜로디의 넘버들, 연기력과 가창력이 인정되고 있는 본격 뮤지컬 배우들의 캐스팅[63] 등은 그녀들의 문화적 우월감과 취향을 충분히 자극할만한 요소였던 것이다.

2) 비공식적 문화자본의 폐쇄성과 개방성

이렇듯 뮤지컬 〈프랑켄슈타인〉은 예술적 대상화, 객관화 대신 마니아들의 내면과 겹쳐지며 개별화된 텍스트로 재창조됨으로써 의미를 획득하였다. 이러한 팬덤의 문화는 팬들에 의해 재창조된 개별적 텍스트들을 실제 2차 창작물로 전환하는 행위로 발전되었고, 그 결과 전술한 메모리북과 팬픽(Fan fic)의 관습을 이어받은 애니메이션이 탄생하게 되었다.

이동연은 팬덤의 문화자본이 공식적인 것과 비공식적이고 상징적인 것의 두 가지 형태를 갖고 있다고 설명한다.[64] 공식적인 문화자본이란 존 피스크(John Fiske)의 용어로서, 대량의 소비구매 욕구를 가진 팬덤의 주체들에 의해 주도적으로 형성되는 것이다. 이는 팬덤이 되기 위해 팬이 지불하는 자본, 즉 음반구

매, 공연관람, 공개방송 참여, 각종 광고상품 구매와 같은 반복적이고 일상적인 행동을 통해 다른 사람들이 근접할 수 없는 문화자산들을 취득하는 것이 된다. 이와 달리 비공식적이고 상징적인 문화자본은 팬덤이 자신의 문화적 결속감을 위해 비공식적인 문화기호들을 생산하고 사회적 서비스에 기여하는 행위들에 의해 만들어진다. 이것은 상업적인 시장에서 상품으로 출시된 것이 아니라 팬들 스스로가 만들어낸 것이다. 따라서 비공식적인 문화자본은 자발적이고 헌신적인 행동을 통해서 이익을 서로 나누고, 감정을 공유하는 친밀한 형태로 탄생된다.

현재 한국 뮤지컬 시장의 팬덤 현상은 이러한 설명에 잘 들어맞는다. 한국 뮤지컬 시장이 일반적인 팬덤 현상을 보이고 있다는 것은, 그 자체로 수용자에게 유효한 시장이라는 이야기가 된다. 특히, 〈프랑켄슈타인〉의 팬덤은 대량의 소비욕구를 지닌 팬들의 반복관람과 MD 구매[65]를 통해 공식적인 문화자본을 형성한 이후, 메모리북과 애니메이션 제작으로 비공식적인 문화자본을 만들어냈다. 팬들은 소비와 생산을 동시에 추구하는 프로슈머(prosumer)로서 소비 이후 생산의 영역으로 넘어가면 체계적이고 상호협동적인 양상을 보였다.

메모리북 제작 과정과 그 결과물은 이를 명확히 보여준다. 전술했듯이 메모리북은 디시인사이드 연뮤갤에서 제작이 발의된 이후, 제작 총괄을 맡은 팬이 직접 제작사와 홍보대행사[66]에 연락을 취하고 연뮤갤에서 팀원을 모으는 초기 과정을 거쳤다. 팀원들은 리뷰, 스터디&정보수집, 교정, 디자인 팀으로 나뉘어 팀별로 온라인 회의를 진행했으며, 온라인 회의가 불가능할 경우 오프라인 회의를 소집하기도 했다. 제작기간은 약 8개월 정도 소요되었으며 이 기간 동안 팀원들은 완전히 무보수로 메모리북 제작을 이어갔다. 제작이 완료된 후 메모리북은 두 번에 걸쳐 공동구매 형식으로 판매되었는데, 이 모든 판매와 유통은 메모리북 블로그를 통하여 이루어졌다.[67]

이와 같은 제작과정을 통해, 몇 가지 특징이 추출된다. 첫째, 〈프랑켄슈타인〉 메모리북 제작은 팬덤의 구별짓기 욕망에서 비롯된다는 것이다. 이는 일반적으로 팬덤의 문화자본이 보여주는 구별짓기 현상과 연관되어 있다. 팬덤의 문화자본은 팬덤과 팬덤이 아닌 것, 팬덤 내부에서는 팬덤과 다른 팬덤을 구별짓는다.[68] 〈프랑켄슈타인〉 메모리북 제작은 실질적으로 다른 뮤지컬들의 메모리북 제작에 자극을 받아 추동된 것으로, 이러한 현상에는 비공식적 문화자본의 소유가 결국 공식적 문화자본의 배타성, 접근불가능성을 강화시켜준다는 의식이 내면화되어 있다. 특히 메모리북 제작이 대개 디시인사이드에서 발의된다는 점은 뮤지컬에 대한 다양한 취향과 미학적 기준을 갖고 있는 마니아들이 '팬덤과 다른 팬덤'을 구별짓고 위계화하는 작업에 큰 영향을 줄 수 있다. 〈프랑켄슈타인〉 외에도, 〈두 도시 이야기〉, 〈살리에르〉, 〈스릴미〉, 〈글루미 데이〉, 〈구텐버그〉, 〈트레이스 유〉 등의 작품이 메모리북으로 제작되었고 각 메모리북은 관련 팬덤을 상징하는 문화기호로 역할하고 있다.[69]

둘째, 〈프랑켄슈타인〉 메모리북 제작은 팬덤의 텍스트 생산성(textual productivity)을 보여준다.[70] 〈프랑켄슈타인〉 메모리북은 총 2권 양장판으로 되어 있다. 1권은 작품에 대한 전반적인 소개, 원작과 뮤지컬의 차이점 분석, 제작과정 일지, 행사 소개로 구성되어 있는 서론과 작품 스터디, '북극의 오로라'라는 제목의 짧은 팬픽, 마니아들의 수다, 배우&제작진 메시지, 제작 후기로 이루어져 있다. 2권은 작품에 대한 다양한 리뷰들로 채워져 있고, 빅터와 괴물을 연기한 배우들을 그 조합별로 묶어 분석한 후 작중 인물을 분석하는 것으로 마감되어 있다. 이러한 내용에 배우들의 공연 사진, 캐리커처, 그림 등이 잘 조합되어 있어 메모리북이라는 2차 창작물이 실제 창작물에 실질적 영향을 줄 수는 없지만 공식 문화에 의해 정당화되는 예술 생산에 매우 근접한 형태로 제작되어 있다.[71]

이처럼 메모리북은 공식 문화에 필적할 만큼 높은 생산성을 보이고 있지만, 철저히 폐쇄적인 구조 안에서 유통되고 소비되는 2차 창작물이다. 〈프랑켄슈

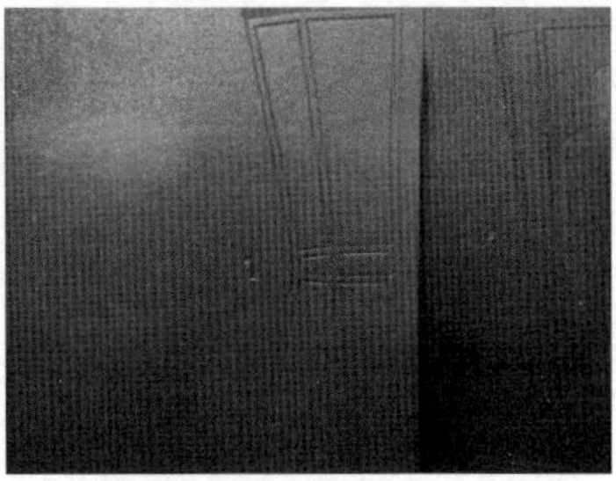

〈프랑켄슈타인〉 메모리북. 메모리북은 사진처럼 1권과 2권으로 되어 있다. 표지에 있는 반각 이미지는 빅터의 실험도구(1권), 실험도구에 의해 부활되는 앙리/괴물(2권)이다. 이 이미지는 공연시 사용되었던 무대 구조물을 그대로 차용한 것이다.

타인〉 팬들이 집결되어 있는 블로그에서만 판매 정보가 노출되기 때문에, 인위적인 노력 없이는 팬덤 밖에서 정보를 얻기가 원천적으로 불가능하다. 팬덤 안에서 통용되는 은어들이 대거 사용되어 있는 메모리북은 대중 시장을 겨냥한 것이 아니라, 팬덤의 커뮤니티 안에서 유통된다는 목적을 갖고 있다. 공식적인 문화자본을 소유하고 있는 마니아들의 추억은 대중 시장과 공유할 수 없는 성질의 것이기 때문이다.

이처럼 협송적(narrowcast) 텍스트인 메모리북과 달리, 애니메이션은 유튜브에 게재됨으로써 방송적인 양상을 보인다. '〈뮤지컬 프랑켄슈타인—너의 꿈속에서〉를 그냥 그려봤습니다'와 〈절망〉[72]이라는 제목이 붙어 있는 애니메이션은, 〈프랑켄슈타인〉 팬덤에서 배태된 특정 개인이 공적인 장에 뮤지컬을 '마음 가는 대로' 재맥락화한 2차 창작물이다. 특히 뮤지컬 넘버 '너의 꿈속에서'에 대한 애니메이션은 뮤지컬에 내재되어 있는 동성애적 욕망을 전경화하여 작품 전체를 아예 소프트한 동성애물로 변주한 것이다. 작품의 그림체는 빅터에 비해 앙리의 여성성을 강조하여 빅터 대신 죽는 앙리의 희생을 '태양처럼' 다가와 자신을 구해준 빅터를 향한 애정의 행위로 묘사하고 있다. 특히 가사가 붙어 있지 않는 부분에서는 '너의 꿈속에서' 이전까지 이루어졌던 빅터와 앙리의 과거가 적절하게 삽입되어, 아예 〈프랑켄슈타인〉 전체를 동성애물로 변주시켜 놓았다. 이러한 변화는 한국 온라인 팬픽의 서사적 관습, 즉 실재하는 아이돌을 활용하여 유독 '인물'을 통해 서사를 발현하는 방식을 상기시킨다.[73] 아이돌

'너의 꿈속에서'에 대한 애니메이션. 뮤지컬에 내재되어 있는 동성애적 욕망을 전경화하여 작품 전체를 아예 소프트한 동성애물로 변주한 것이다.

이라는 원재료와 팬픽으로 변주된 아이돌은 실재하는 인물과 상상적 인물로서 중첩되고 상상적 인물은 팬픽의 서사적 관습으로 수렴된다. 이에 비해 애니메이션의 원본은 특정 배우의 이미지로 구현된 뮤지컬이므로, 원본과 2차 창작물의 관계는 스타로서의 배우—배우가 연기하는 인물—애니메이션으로 변주된 인물이라는 한층 복잡한 양상으로 발전된다. 그러나 이러한 '관계의 중첩'과 상관없이 애니메이션의 서사는 팬픽의 '공수관계'를 연상시키는 '버디 슬래시(boddy slash)'[74]물로 구현되어 있고, 이러한 변화는 유튜브 게재를 욕망할 정도로 강력한 향유의 지침을 제공해주었다. 이는 폐쇄적 유통을 지향하는 메모리북 제작 목적과 정면으로 대치되는 것으로서, 버디 슬래시의 감성으로 재해석된 〈프랑켄슈타인〉은 불특정 다수에게 개방되어 유통될 수 있을 정도로 폭넓은 공감대를 형성할 수 있음을 보여주고 있다.

5. 환상, 멜로드라마적 상상력 그리고 뮤지컬

이 글은 2014년에 제작된 창작 뮤지컬 〈프랑켄슈타인〉이 거둔 성공의 원인을 질문하는 데에서 시작되었다. 〈프랑켄슈타인〉은 첫째, 원작 소설을 B급의 재료로 활용하지 않은 새로운 대중문화 텍스트라는 점, 둘째, '한국적'인 것을 다루지 않은 대형뮤지컬로서 성공한 창작 뮤지컬이라는 점, 셋째, '슬프고 외로운 괴물'을 내세운 추리-스릴러 뮤지컬 계열에서 본격적으로 '슬픈 판타지'를 내세웠다는 점에서 분석 대상이 될 수 있다. 이를 위해 이 글은 '괴물의 창조', '괴물의 몸', '괴물성의 인식'이라는 세 가지 틀로 원작 변주의 양상을 분석했다. 빅터에게 어린 시절의 트라우마가 첨가되고 괴물이 부활한 빅터의 친구 앙리로 묘사되며 인간의 극단적인 폭력을 겪은 후 앙리/괴물의 괴물성이 발견된다는 설정은 뮤지컬이 원작에서 탈주하는 방식이다. 이는 비애와 아이러니를 활용해서 작품을 멜로드라마적 상상력으로 재맥락화 함으로써 선취되었다.

그러나 그 결과 뮤지컬의 내러티브에 개연성이 결여되고 인물이 도구화되는 등 작품의 약점이 상당 부분 노출되고 말았다. 흥미로운 것은, 〈프랑켄슈타인〉 팬덤 안에서는 이러한 작품의 약점보다 뮤지컬이 원작을 변주한 방식이 실제로 영향력을 발휘했다는 점이다. 이 글에서는 〈프랑켄슈타인〉 팬덤이 흥행의 성공을 이끌었다고 보고, 〈프랑켄슈타인〉 메모리북을 제작했던 실제 마니아들을 대상으로 진행한 서베이 결과로 텍스트와 팬들 사이의 소통방식을 설명하고 팬덤의 문화자본이 〈프랑켄슈타인〉 수용에 미친 영향을 분석하였다. 이들은 〈프랑켄슈타인〉의 팬덤을 이끈 핵심 마니아들로서, 작품 속 인물들의 '슬픈' 사연에 공감하고 그것을 자신의 사연과 접속시키는 순간, 작품은 이들에 의해 개별적으로 전유된 텍스트로 재창조됨으로써 의미를 획득하였다. 이러한 팬덤의 향유는 마니아들의 '2차 창작물' 생산, 즉 폐쇄적인 방식으로 메모리북을 제작·배포하고, 다른 한편 개방적인 방식으로 유튜브에 애니메이션을 게재하는 적극적인 참여문화의 동인이 되었다.

그 핵심에 웅숭그리고 있는 '슬픈 판타지'라는 멜로드라마적 변주의 방향성은 이 작품의 탄생과 향유 과정 전반을 『프랑켄슈타인』의 한국적 변용의 예라고 호명할 수 있는 이유가 된다. 마니아들의 예민한 감수성이 지배하는 한국 뮤지컬 시장에서 멜로드라마와 판타지의 결합은 이처럼 여전히 강력한 힘을 갖고 있다. 지금—여기의 싱글 여성들이 공유하고 있는 집단화된 감성들은 이와 같은 모습으로 '환상'이라는 탈현실적 상상력을 통해 뮤지컬과 공명하고 있는 셈이다.

주석

1 이 글은 뮤지컬 〈프랑켄슈타인〉 메모리북 제작팀의 도움을 받아 집필되었다. 집필에 도움을 주신 뮤지컬 팬들에게 진심어린 감사를 보낸다.

2 장정희, 『프랑켄슈타인』, 살림, 2004, 66면.

3 이에 대하여 장정희, 위의 책, 69-71면과 질 메네갈도, 「괴물은 여전히 어슬렁거리고 있다」, 이영목 역, 『프랑켄슈타인』, 이룸, 2004, 34-79면에 잘 정리되어 있다.

4 프리뷰 공연이 있었던 2014년 3월 11일 이후 본 공연은 3월 18일부터 시작되었으며 공연이 마감되었던 5월 13부터 18일까지 '연장 공연' 되었다.

5 뮤지컬 〈프랑켄슈타인〉은 총 89회 공연에서 누적 관객수 8만 명을 넘기고 평균 객석점유율 95%를 달성했다. 또한 투자사들의 투자가 이루어진 2013년 9월부터 공연이 종료된 5월까지 약 9개월간의 기간 동안 40% 이상의 순이익률을 달성했다. (오하나·김영택, 「창작 뮤지컬 개발 성공사례: 프랑켄슈타인을 중심으로」, 《서비스경영학회지》 제15권 제4호, 2014, 285면.)

6 백문임, 『월하의 여곡성』, 책세상, 2008, 98면 참고.

7 영국 NT의 연극은 국내에 라이선스로 수입되어 조광화 연출로 2014년 하반기에 공연되었다. 이는 뮤지컬 〈프랑켄슈타인〉의 성공에 이어 연극장 안에서도 '프랑켄슈타인'의 잠재력을 확인시키는 계기가 되었다.

8 Leonard Jacobs, "YOUNG FRANKENSTEIN", *Back Stage East*, Vol. 48, No. 46, 2007. 11. 15.

9 B급 문화의 기원은 1920~1950년대 미국의 'B무비'이다. 미국 주요 영화사들이 관객들을 극장으로 불러 모으기 위해 한 편의 관람료로 두 편을 보여주었다. 본 상영작을 'A무비'라고 하고, 서비스로 제공되는 두 번째 영화는 저예산으로 무명의 배우를 캐스팅해 짧은 시간에 제작하는 'B무비'였다. 후대의 비평가들은 오히려 'B무비'에서 전복적 의미를 발견했다. 이와 같은 영화의 개념이 한국으로 넘어오면서 '급'으로 해석되어, 위계의 의미가 덧붙여졌다. 따라서 'B급'은 저급의 하위문화를 지칭하는 개념으로 확장되었고 기존의 고급, 주류 문화에 반발하고 저항하는 새로운 예술적 시도를 일컫게 되었다. (이형석, 『B급 문화, 대한민국을 습격하다』, 북오션, 2013, 29-30면 참고.)

10 이에 대해서 최승연, 「고전의 해체와 뮤지컬적 감성의 내장—뮤지컬 키드의 전통 활용 방식에 대한 고찰」, 《한국문학이론과 비평》 제63집(18권 2호), 한국문학이론과 비평학회, 2014, 353-381면 참고.

11 테드 휴즈, 나병철 역, 『냉전시대 한국의 문학과 영화—자유의 경계선』, 소명출판, 2013, 237면.

12 이에 대해 최승연, 「뮤지컬 〈불의 검〉의 공연방식과 그 의의」, 《민족문화연구》 44권, 고려대학교 민족문화연구원, 2006을 참고.

13 뮤지컬 〈프랑켄슈타인〉은 2015년 11월에 재연되었으며, 2017년 일본 제국극장에서 공연될 예정이다.

14 「《뉴욕타임스》 패트릭 힐리-브로드웨이가 바라보는 한국 뮤지컬 시장」, 《더뮤지컬》 130, 2014. 7, 62면.

15 위의 기사, 같은 면.

16 판타지뮤지컬에 대한 논의는 대상 텍스트를 창작 뮤지컬로 한정할 수 없다. 한국에서 창작 뮤지컬로 시도되는 수많은 작품들이 라이선스의 방법론이나 세계관에 의해 절대적인 영향을 받고 있는데, 특히 판타지 계열은 더욱 그러하기 때문이다.

17 가령, 뮤지컬 〈남태평양〉은 제2차 세계대전을 배경으로 남태평양의 어느 섬에서 펼쳐지는 이야기를 다룬다. 프랑스인 에밀 드 베크, 미 해군 간호사인 넬리 포부시 커플과 조 케이블 중위, 원주민 리아트 커플의 사랑 이야기가 전쟁이라는 정치적 상황과 공간, 인종적 편견과 차별이라는 사회적 주제를 전경화하며 다루어진다. 여기서 리아트가 사는 원주민의 공간, 발리하이는 그야말로 원시적인 환상의 공간으로 묘사되며 조 케이블은 그곳을 '기이한' 체험이 가능한 곳으로 인식한다. 프랑스인 에밀과 미국인인 넬리의 사랑은 나이의 현저한 차이에도 불구하고 이루어지지만, 조 케이블과 리아트의 사랑은 조 케이블이 전투에서 전사함으로써 좌절되고 만다. 작품은 철저히 오리엔탈리즘적 시각으로 미국인과 원주민의 사랑을 환상의 공간에서만 가능한 것으로 재현함으로써, 뮤지컬의 전사적 공연물인 민스트럴쇼부터 이어져 내려오는 백인 우월주의 사상을 환상의 기제를 활용하여 드러내고 있다.

18 Richard Dyer, "Entertainment and Utopia", *Genre: The Musical*, Routledge & Kegan Paul, 1981, pp. 180-181.

19 이에 대해서 Raymond Knapp, *The American Musical and the Formation of Personal Identity*, Princeton University Press, 2005, pp. 122-134를 참고할 것.

20 뮤지컬 〈헤어스프레이〉는 2007년에 라이선스로 국내 무대에서 초연되었다. 이는 브로드웨이 초연 연도(2002년)에서 그리 멀지 않은 시기에 수입된 것이었다. 2007년은 한국 뮤지컬 시장이 성장의 가속도를 달리고 있던 시점으로서, 영미권 뮤지컬의 현지 제작과 수입의 시차가 점차 좁혀지고 있던 시기였다.

21 국내 무대에서 〈오페라의 유령〉은 2001년 12월 2일, 총 제작비 100억여 원이 투입되며 LG아트센터에서 공연되었다. 약 7개월의 공연 기간 동안 42억 원의 순이익을 내면서 한국 뮤지컬 시장은 이 작품을 기점으로 본격적인 '산업화'로 접어들게 되었다.

22 고딕소설은 서구의 사실주의적이며 합리주의적인 전통과는 달리 경험주의적 물질세계를 넘어선 신비롭고 불가해한 영역에 대한 탐구로서 독자들의 호기심과 상상력을 자극한다. 18세기에 등장한 고딕소설의 사건은 주로 오래된 성, 사원, 수도원 등을 배경으로 일어나는데 그 안에 얽히고설킨 복잡한 비밀통로, 지하 감옥, 비밀의 문, 함정, 문, 숨겨진 방 등을 두루 갖추고 있다.(정연재, 「포우와 미국 고딕소설의 전통」, 《근대영미소설》 13.1, 근대영미소설학회, 2006, 242-243면 참고.)

23 "나는… 나의 어머니는, 나의 불쌍한 어머니는 절대로… 절대로 내가 입 맞추는 것을 허락하지 않으셨어. 내가 다가가면 어머니는 달아버리곤 하셨지. 그리고 내 얼굴을 향해, 내게 가면을 던졌어!"(가스통 르루, 최인자 역, 『오페라의 유령』, 문학동네, 2002, 483면.)

24 브람 스토커의 원작 소설 『드라큘라』는 특히 뮤지컬에서 다양하게 변주되고 있다. 국내에 라이선스로 소개된 것만 해도 체코 뮤지컬 〈드라큘라〉(1995년 체코 프라하 초연, 1998년 한국 초연), 릭 애보트의 〈드라큘라 더 뮤지컬〉(2009년 한국 초연), 프랭크 와일드혼의 〈드라큘라〉(2001년 샌디에이고 초연, 2014년 한국 초연)의 세 편이 존재한다. 이 중 릭 애보트의 작품은 코미디물이

고, 나머지 두 작품은 여기서 논의되고 있는 스타일과 일치한다.

25 이형석, 앞의 책, 43면.

26 창작 뮤지컬 〈프랑켄슈타인〉의 성공은 시도되기 어려운 대형 창작 뮤지컬의 성공이라는 점에서 주목을 받았다. 공연이 종료된 후 바로 오하나·김영택의 「창작 뮤지컬 개발 성공사례: 프랑켄슈타인을 중심으로」(《서비스경영학회지》 제15권 4호, 서비스경영학회, 2014.)라는 논문이 나온 것은 이 작품이 추후 대형 창작 뮤지컬 제작에 모델이 될 수 있다는 인식에 근거한다. 그러나 이 논문은 〈프랑켄슈타인〉의 탄생과 제작과정을 산업의 관점으로 고찰하고 있어서 텍스트의 의미와 향유 방식은 논문의 고려대상이 되지 못하고 있다. 가령, "따라서 원작 소설의 충실한 재현을 통해 호러가 작품의 중심이 된다면 대상 고객에 관람유인을 제공하기 힘들다."(오하나·김형택, 위의 논문, 279면.)와 같은 일차원적 서술은 이 논문의 관심사를 정확히 알려준다. 한 편의 뮤지컬이 성공하기 위해서 제작과 마케팅이라는 콘텍스트와 텍스트 내적인 요소들이 잘 결합되어야 함은 상식적인 사실이다. 이 논문은 후자에 방점을 두고 뮤지컬 〈프랑켄슈타인〉을 이해하려는 시도라고 할 수 있다.

27 필자는 「공포의 스펙터클」(《한국연극학》 51호, 2013.)이라는 논문에서 뮤지컬 〈프랑켄슈타인〉이 괴물의 탄생과 관련된 일련의 사건을 공포스럽게 강조할 것이라 예상한 바 있다(위의 논문, 150-151면). 그러나 이러한 예상은 실제 결과물과 달랐다. 따라서 차후 수정되어야 한다.

28 빅토리아 시대의 과학소설을 연구한 추재욱에 따르면, 영국뿐만 아니라 유럽 전반에 걸쳐 과학실험 연구가 활발하게 시작되던 당시, 실험실은 사회적으로 완전히 공인받은 연구소로서의 기능을 수행하지 못했기 때문에 과학자의 능력이 과소평가되었고, 심지어 비정상적으로 보이는 연구의 특이성으로 인해 오히려 과학자들이 기이한 '미친 과학자(mad scientist)'로 불렸다고 한다. (추재욱, 「실험실의 과학혁명—빅토리아 시대 소설에 나타난 '미친' 과학자들의 실험실」, 《영어영문학》 제58권 2호, 2012, 306면.) 추재욱은 이러한 양상이 나타나는 소설인 『프랑켄슈타인』, 『지킬 앤 하이드』, 『모로우 박사의 섬』을 분석하고 『프랑켄슈타인』을 빅토리아 시대 과학소설의 원형으로 논의하고 있다.

29 메리 셸리, 김선형 역, 『프랑켄슈타인』, 문학동네, 2012, 63면.

30 메리 셸리의 『프랑켄슈타인』에 대한 선행연구는 매우 두껍고 입체적으로 진행되고 있다. 가장 최근에 나온 오윤호의 「새로운 인간 종의 탄생과 진화론적 상상력」이라는 논문은 빅터의 연금술적 욕망과 과학적 상상력을 키워드로 작품을 분석하고 〈트랜센던스〉와 비교 고찰함으로써 '사이언스 픽션'을 재인식하고 있다. (오윤호, 「새로운 인간 종의 탄생과 진화론적 상상력」, 《대중서사연구》 제20권 3호(통권 33호), 2014, 339-365면.)

31 위의 책, 66-67면.

32 김미숙, 「『프랑켄슈타인』에 나타난 '공포'와 '숭고'」, 《세계문학비교연구》 제45집, 2013, 163면.

33 이러한 해석에 낯선 두려움(uncanny)을 핵심어로 한 조현준의 정신분석학적 해석을 더하면, 괴물의 창조는 어머니의 죽음 때문이기도 하고 "어머니만이 할 수 있는 재생산의 영역에 대한 질투 때문이기도" 하다는 양가적 시각으로 확장될 수 있다. (조현준, 「『프랑켄슈타인』에 나타난 "낯선 두려움"—서사 구조, 응시, 비체에 대한 정신분석학적 접근」, 《19세기 영어권 문학》 제13권 1호, 2009, 182면.)

34 김미숙, 앞의 논문, 164면 참조.

35 왕용범 작/연출, 〈프랑켄슈타인〉 공연 대본(5th), 2014, 5-6면.

36 왕용범 작/연출, 위의 대본, 14면. "외로운 소년의 슬픈 이야기"는 빅터의 누이인 엘렌이 부르는 뮤지컬 넘버 6. '외로운 소년의 이야기'의 초반부 가사이다. 빅터에게 어머니를 대리하는 엘렌은 그의 무감각을 특별하고, 외롭고, 슬픈 것으로 개념화한다. 빅터와 정서적 거리를 갖고 있지 않은 엘렌의 이야기를 통해 앙리는 빅터를 한 인간으로서 이해하게 된다.

37 리처드 커니, 이지영 역, 『이방인, 신, 괴물』, 개마고원, 2004, 119면.

38 메리 셸리, 앞의 책, 71-72면.

39 『프랑켄슈타인』에 대한 정신분석학적 관점은 피터 브룩스의 『육체와 예술』(이봉지·한애경 역, 문학과지성사, 2000, 370-409면.)에서 흥미롭게 전개되고 있으며, 이를 조현준이 앞의 논문에서 더 상세하게 이어갔다.

40 「한국 뮤지컬의 질적 성장을 기대하며—왕용범 뮤지컬 연출가와의 만남」, 《한국희곡》, vol.58, 2015년 여름호, 118-119면.

41 이러한 관점은 뮤지컬 넘버 19. '난 괴물'의 가사에 반영되어 있다. "피는 누군가의 피/ 살은 누군가의 살/ 나는 누군가의 피와 살로 태어났네."(이성준 음악, 왕용범 작사, 『뮤지컬 프랑켄슈타인 Piano Vocal Score』, 2014, 19. 난 괴물, 6-7면.)

42 피터 브룩스, 앞의 책, 391면.

43 이에 대해 김순원은 「괴물과 함께 경계선 넘기: 『프랑켄슈타인』과 『드라큘라』」(《인문학 연구》 제11집, 2004.)라는 논문에서 빅터의 생명창조 의지는 죽은 어머니를 되살려내고 싶은 개인적 욕망에 근원이 있다고 본다. 즉, 무의식적 차원에서 어머니에 대한 근친상간적 욕망과 부친살해의 욕망이 결부되어 있다는 것이다.(김순원, 위의 논문, 43면.) 이러한 견해는 '어머니의 부재'를 감내하지 못하는 내면이 창조에 대한 광기로 전이되었다는 이 논문의 입각점과도 일맥상통한다.

44 리처드 D. 앨틱, 이미애 역, 『빅토리아 시대의 사람들과 사상』, 아카넷, 2011, 94-98면 참조.

45 이성준 음악, 왕용범 작사, 『뮤지컬 프랑켄슈타인 Piano Vocal Score』, 2014, 10. 너의 꿈 속에, 10면.

46 앞의 인터뷰에서 왕용범은 앙리/괴물의 외모를 흉측하게 묘사하지 않은 이유에 대해서 다음과 같이 설명하였다. "소설의 설정으로 간다면 현대에는 '그냥 못나서'라고 이야기할 수밖에 없거든요. 그럼 현대에 괴물을 잘 만들었다면, 예쁘게 만들었다면 어땠을까요. 그러면 소설 속의 비극이 일어나지 않아요. 크고 못생기고 흉측하다는 이유만으로 인간의 어떤 오만이나 욕심이 그려지지만 저는 이 설정이 가장 큰 오류라고 생각해요. 문학적으로는 충분히 이해가 되지만 지금 현실의 무대에서는 굉장히 큰 문제라고 판단을 했어요. 그래서 괴물이 그렇게 흉측한 존재로 절대 묘사되면 안 되겠다, 그래서 분장에서 얼굴을 건드리지 않았고, 그래서 거기서부터 시작되다 보니까 괴물의 존재에 대한 고민을 많이 하게 되었어요."(앞의 인터뷰, 120면.)

47 피터 브룩스, 앞의 책, 374면.

48 왕용범 작/연출, 앞의 대본, 45면.

49 왕용범 작/연출, 위의 대본, 45면.

50 사실 뮤지컬은 여성보다 남성을 주인공으로 즐겨 내세우는 장르라고 할 수 있다. 물론 〈에비타〉, 〈드림걸스〉, 〈위키드〉와 같은 작품이 있기는 하지만, 대다수의 뮤지컬들이 남성 주인공의 드라마를 위해 여성을 이중적으로 도구화하는 경향을 보여주며, 특히 추리-스릴러물은 이러한 경향을 더 강화한다. 〈지킬 앤 하이드〉의 루시, 〈잭 더 리퍼〉의 폴리는 대표적인 예라고 할 수 있다. 뮤지컬

과 젠더의 문제는 뮤지컬의 팬덤, 음악적 톤의 배치 문제와 함께 입체적으로 논의되어야 한다.

51 까뜨린느와 앙리/괴물의 관계는 앙리/괴물이 까뜨린느를 곰의 출현으로부터 막아주었던 장면에서부터 시작한다.

52 이성준 음악, 왕용범 작사, 『뮤지컬 프랑켄슈타인 Piano Vocal Score』, 2014, 19. 난 괴물, 7면.

53 Edmund Burke, *A Philosophical Enquiry into the Origin of Our Ideas of the Sublime and Beautiful*, Adam Philips (ed.), Oxford & London, 1990, pp. 33-34; 김혜련, 『아름다운 가짜, 대중문화와 센티멘털리즘』, 책세상, 2012, 31면에서 재인용.

54 서울대학교 서양음악연구소 편, 『Dictionary of Music』, 음악세계, 2003, 82면.

55 실제로 내러티브의 개연성 부족 문제는 평단과 관객으로부터 두루 지적되었다. 필자 역시 같은 견해를 갖고 있다. 이에 대해서 장경진, 지혜원, 「〈프랑켄슈타인〉, 피로도 높은 괴물 같은 뮤지컬」, 웹진 《ize》 2014. 4. 10.; 김영주, 「〈프랑켄슈타인〉 괴물의 탄생」, 《더뮤지컬》 No. 127, 2014. 5월호를 참고.

56 빅터와 대립하던 앙리가 뮤지컬 넘버 2. '단 하나의 미래'를 부르던 중 빅터의 논리에 설득된다는 설정은 설득에 걸리는 시간이 매우 짧고 논리도 빈약해서 쉽게 이해되기 어렵다.

57 이 서베이 질문지는 최정봉의 『K-pop 세계화의 정치경제학: 팬트로폴로지』(KBS 방송문화연구소, 2014.)의 서베이 내용과 방법론에서 착안되었다.

58 '갤러리(gallery)'란 디시인사이드 내에 설정된 하나의 카테고리로서 그 형태는 여느 인터넷 게시판과 크게 다르지 않으나, 그 명칭에 걸맞게 사진, 동영상 등의 디지털이미지를 올리는 것이 의무로 되어 있다.(이길호, 「우리는 디씨: 사이버스페이스에서 증여, 전쟁, 권력」, 서울대학교 석사학위논문, 2010, 6면.) 따라서 이러한 조항은 메모리북이나 동영상 제작을 자연스럽게 추동하는 역할을 하고 있다고 판단된다.

59 윤우경·채지영, 「대중문화의 심리학적 접근과 탐색」, 《한국심리학회지》 vol.11, no.3, 2005, 83면.

60 이동연, 「문화비평: 진화하는 팬덤의 문화세계」, 《안과 밖》 30호, 2011, 222-225면 참고.

61 피터 브룩스, 이승희·이혜령·최승연 역, 『멜로드라마적 상상력』, 소명출판, 2013, 335-336면 참고.

62 존 스토리, 박만준 역, 『대중문화와 문화연구』, 경문사, 2003, 181-182면. 이러한 감정구조와 '감정의 현실성'은 드라마 〈달라스(Dallas)〉를 멜로드라마적 상상력으로 독해하는 방식과 동일하다. 존 스토리는 〈달라스〉 읽기에 적용될 수 있는 멜로드라마적 상상력이란 기실 독특한 읽기 방식의 구성이기 때문에 〈달라스〉의 모든 시청자들의 시청방식에 적용될 수는 없다고 말한다. 그러나 이 논문은 뮤지컬 〈프랑켄슈타인〉 변주에 작용한 멜로드라마적 상상력은 거의 절대적이어서, 이러한 독해방식이 〈프랑켄슈다인〉올 분석하는 가장 유효한 관점이 될 수 있다는 입장을 갖고 있다.

63 여기서 '본격 뮤지컬 배우'라는 용어는 뮤지컬 무대에서 실력을 쌓아온 배우들(류정한, 유준상, 이건명, 박은태, 한지상 등)을 가리킨다. 이는 K-pop 시장에서 넘어온 아이돌이 〈프랑켄슈타인〉에 캐스팅되지 않았다는 말이다. 아이돌의 '뮤지컬 배우 되기'는 수명이 짧은 아이돌의 자구책과 해당 아이돌의 팬을 새로운 뮤지컬의 관객으로 흡수하려는 제작사의 전략이 공명한 결과라고 할 수 있다. 왕용범은 엠뮤지컬컴퍼니가 제작한 작품들에서 수많은 아이돌과 함께 작업했던 경험을 갖고 있었지만, 스스로 프로덕션을 만들고 캐스팅을 주관하게 되면서 본격 뮤지컬 배우로만 캐스팅을

채우는 정공법을 선택했다. 이는 결과적으로 마니아들의 문화적 우월감을 더욱 자극하면서 작품의 팬덤에 상승작용을 일으켰다.

64 팬덤의 문화자본에 대한 설명은 이동연, 앞의 글, 211-213면을 참고하여 정리하였다.

65 뮤지컬의 MD는 '끼워 팔기 마케팅(tie-in marketing)'을 활용한 예가 된다. 마우랴 윅스톰은 '미키, 미니 마우스 코스튬 판매를 통한 미키 마우스 클럽 회원 되기'라는 전략으로 미키 마우스 애니메이션을 상품화했던 1930년대 디즈니의 마케팅 방식에 주목하고, 여기에서부터 이어지는 디즈니 뮤지컬의 끼워 팔기 마케팅에 대해서 논의한 바 있다. 한국 시장에서는 MD로 대표될 수 있는 이러한 마케팅 방식은 마우랴 윅스톰의 용어를 빌려 "원시적 미메시스와 상품 페티시의 결합"이라고 이야기될 수 있다.(Maurya Wickstorm, "Commodities, Mimesis, and The Lion King: Retail Theatre for the 1990s", *Theatre Journal 51.3*, 1999, pp. 285-298.)

66 〈프랑켄슈타인〉의 제작은 중구문화재단이 운영하는 충무아트홀이 맡았고 홍보대행은 주식회사 랑이 맡았다.

67 제작과정에 대한 내용은 제작 총괄을 맡았던 방송작가(28세, 여)의 서베이 답변지를 참고한 것이다.

68 이동연, 앞의 논문, 213면.

69 뮤지컬 메모리북 제작은 2012년 이후 특징적으로 나타나는 현상이다. 메모리북으로 제작되는 작품들이 지닌 공통점과 차이점에 대한 고찰은 팬덤 현상을 일으키는 작품들에 대한 고찰로 이어질 수 있다. 현재 한국 뮤지컬 시장의 팬덤은 뮤지컬 시장을 좌지우지할 정도로 파괴력을 갖고 있다. 따라서 이에 대한 연구는 매우 시의적이면서 국내 시장의 특징을 설명할 수 있는 키워드를 제시할 가능성을 갖고 있다.

70 존 피스크, 「팬덤의 문화 경제학」, 손병우 역, 『문화, 일상, 대중: 문화에 대한 8개의 탐구』, 한나래, 1996, 197면.

71 존 피스크, 위의 논문, 197면.

72 유튜브에 게재된 애니메이션의 주소는 각각 https://www.youtube.com/watch?v=GQOFzBn6DDg, https://www.youtube.com/watch?v=vzX6iKCo2rY이다.

73 한혜원, 「한국 온라인 팬픽의 인물 형상화 방식」, 《한국방송학보》 27권 4호, 2013, 315-316면 참고.

74 버디 슬래시란 팬픽의 공수관계를 분석한 토젠버그의 용어이다. 토젠버그는 팬픽의 공수관계를 버디 슬래시, 에네미 슬래시, 파워 슬래시의 세 유형으로 분석한다. 이 중 버디 슬래시는 서로 친밀한 관계에서의 우정이 열정적 사랑으로 넘어가는 과정을 다룬 작품을 말한다.(한혜원, 위의 논문, 321-322면 참고.)

참고문헌

정 환 국

기본자료

郭　璞,「山海經序」(丁錫根 編著,『中國歷代小說序跋集(上)』, 人民文學出版社, 1996)

白居易,『白氏長慶集』(上海商務印書館)

王　充,『論衡』(劉盼遂,『論衡集釋』, 古籍出版社, 1957)

胡應麟,『少室山房筆叢』(중화서국, 1958)

『삼국유사』(조선사학회편, 1971)

『수이전』 일문(이대형 편역,『殊異傳』, 소명출판, 2013)

李奎報,「東明王篇 并序」(『東國李相國全集』 권3)

李　穡,「幻菴記」(『牧隱文藁』 권4)

논문 및 기타 자료

정출헌,「나말여초 서사문학사의 구도와『수이전』」,『고전소설사의 구도와 시각』, 소명출판, 1999.

정환국,「고전소설의 환상성, 그 연구사적 전망」,《민족문학사연구》 37호, 민족문학사학회, 2008.

______,「불교 영험서사의 전통과『법화영험전』」,《고전문학연구》 40집, 한국고전문학회, 2011.

______,「불교 영험서사와 志怪」,《민족문학사연구》 53호, 민족문학사학회, 2013.

______,「베트남 불교서사의 성격」,《한국어문학연구》 63집, 한국어문학연구학회, 2014.

엄 기 영

기본자료

(高麗) 金富軾,『三國史記』

(朝鮮) 權文海,『大東韻府群玉』

(宋) 張敦頤 編,『六朝事迹編類』

이대형 편역,『수이전(殊異傳)』, 소명출판, 2013.

논문 및 기타 자료

김종철, 「서사문학사에서 본 초기 소설의 성립 문제—전기소설과 관련하여—」, 茶谷 李樹鳳先生 回甲紀念論叢 刊行委員會 編, 『고소설연구논총』, 경인문화사, 1988, 183-208면.

_____, 「고려 전기소설의 발생과 그 행방에 대한 재론」, 《어문연구》 26, 충남대학교 어문연구회, 1995, 529-552면.

김태준, 박희병 교주, 『교주 증보조선소설사』, 한길사, 1997.

魯 迅, 조관희 역주, 『中國小說史』, 소명출판, 2004.

박소현, 「위진남북조 지괴의 서사적 특수성 분석」, 《동아문화》 32집, 서울대학교 동아문화연구소, 1994, 3-56면.

박희병, 「한국 고전소설의 발생 및 발전단계를 둘러싼 몇몇 문제에 대하여」, 《관악어문연구》 17, 서울대학교 국어국문학과, 1992, 31-53면.

_____, 「전기소설의 문제」, 《한국한문학연구》 17, 한국한문학연구회, 1994, 455-472면.

_____, 「나려시대 전기소설 연구」, 《대동문화연구》 30집, 성균관대학교 대동문화연구원, 1995, 33-78면.

_____, 「전기적 인간의 미적 특질」, 민족문학사연구소, 《민족문학사연구》 7, 창작과비평사, 1995, 120-140면.

서경호, 「志怪의 소설적 가능성에 대한 검토」, 《중국학보》 제30호, 한국중국학회, 1990, 31-49면.

소인호, 「최치원의 작자와 원작의 문제」, 『고소설사의 전개와 서사문학』, 아세아문화사, 2001, 15-39면.

윤재민, 「전기소설의 인물 성격」, 《민족문화연구》 제28호, 고려대학교 민족문화연구소, 1995, 53-67면.

이헌홍, 「최치원전의 전기소설적 구조」, 《수련어문논집》 제9집, 부산여자대학교 국어교육학과 수련어문학회, 1982, 163-182면.

임형택, 「나말여초의 전기문학」, 《한국한문학연구》 5, 한국한문학연구회, 1981, 89-104면.

장효현, 「전기소설 연구의 성과와 과제—장르 개념과 장르사의 문제—」, 《민족문화연구》 제28호, 고려대학교 민족문화연구소, 1995, 1-31면.

조수학, 「최치원전의 소설성」, 《영남어문학》 제2호, 영남어문학회, 1975, 92-107면.

周紹良, 『唐傳奇 箋證』, 人民文學出版社, 2000.

지준모, 「전기소설의 효시는 신라에 있다—「조신전」을 해부함—」, 《어문학》 32, 한국어문학회, 1975, 117-134면.

_____, 「신라수이전 연구」, 《어문학》 35, 한국어문학회, 1976, 207-247면.

차용주, 「雙女墳 說話와 遊仙窟과의 비교 연구」, 《어문논집》 제23집, 안암어문학회, 1982, 121-136면.

최진아, 『환상, 욕망, 이데올로기—당대 애정류 전기 연구』, 문학과지성사, 2008.

한영환, 「崔致遠傳과 遊仙窟의 비교 연구」, 《인문과학연구》 제7호, 성신여자대학교 인문과학연구소, 1987, 1-30면.

엄 태 웅

기본자료

「구운몽」(서울대본) / 「구운몽」(완판본, 한글본) / 「구운몽」(경판본) / 『금강경』
김병국, 『서포연보』(최재남 역, 『서포연보』, 서울대학교 출판부, 1992.)
이우준, 『몽유야담』 / 이 재, 『삼관기』
드라마 〈별에서 온 그대〉(21부작), SBS, 2013-2014.

논문 및 기타 자료

김일렬, 「구운몽 신고」, 『한국고전산문연구』, 동화출판사, 1981.
김태환, 「소설 몽환구조 연구」, 한국학대학원 석사학위논문, 1991.
신재홍, 「몽유양식의 소설사적 전개에 관한 연구」, 서울대학교 박사학위논문, 1992.
엄기주, 「유가의 소설적 대응양상에 관한 연구」, 성균관대학교 박사학위논문, 1992.
엄태웅, 「완판본 〈구운몽〉의 인물 형상과 주제 의식」, 《어문논집》 72, 민족어문학회, 2014.
______, 「경판본 〈구운몽〉에 나타난 비일상적 면모의 변모 양상과 의미」, 《일본학연구》 47, 단국대학교 일본연구소, 2016.
장효현, 「〈구운몽〉의 주제와 그 수용사」, 『김만중문학연구』, 국학자료원, 1993.
______, 『한국고전소설사연구』, 고려대학교 출판부, 2002.
정규복, 「구운몽의 空觀 시비」, 『水余 成耆說 박사 환갑기념논총』, 1989.
______, 『구운몽 연구』, 고려대학교 출판부, 1974.
조동일, 「구운몽과 금강경, 무엇이 문제인가」, 『김만중연구』, 새문사, 1983.

이 정 안

기본자료

김교제 역, 『삼촌설 上』, 동양서원, 1913.
김소운 역, 「천일야기담」, 《매일신보》, 1930. 3. 14.~9. 10.
이상협 역, 「만고기담」, 《매일신보》
최승일 역, 『홍등야화』, 박문서관, 1926.

논문 및 기타 자료

고운기, 「모험 스토리 개발을 위한 『삼국유사』 설화의 연구」, 《新羅文化》 41권, 동국대학교 신라문화연구소, 2013.
공병혜, 「칸트 철학에서 상상력과 놀이에 관한 미학적 고찰」, 《철학연구》 57권, 철학연구회, 2002.
구사노 다쿠미, 송현아 역, 『환상동물사전』, 도서출판 들녘, 2001.
김병철, 『한국근대번역문학사연구』, 을유문화사, 1975.
김종욱, 「쥘 베른 소설의 한국 수용과정 연구」, 《韓國文學論叢》 49권, 한국문학회, 2008.
김현숙, 「창경원 밤 벚꽃놀이와 夜櫻」, 《한국근현대미술사학》 19권, 한국근현대미술사학회, 2008.

바네사 R. 슈와르츠, 노명우·박성일 역, 『구경꾼의 탄생』, 마티, 2006.
박숙자, 「100권의 세계문학과 그 적들」, 《한국문학이론과비평》 18권 1호, 한국문학이론과 비평학회, 2014.
박진영, 「문학청년으로서 번역가 이상수와 번역의 운명」, 《돈암어문학》 24호, 돈암어문학회, 2011.
______, 「한국에 온 톨스토이」, 《한국근대문학연구》 23호, 한국근대문학학회, 2011.
박진영 편, 『신문관 번역소설 전집』, 소명출판, 2010.
徐　椿, 「萬人必讀할 今日의 經濟常識 第二課 今日의 問題 조선 사람은 웨 가난해지나」, 《별건곤》 제39호, 1931. 4, 6-7면.
서태정, 「대한제국기 일제의 동물원 설립과 그 성격」, 《한국근현대사연구》 68권, 한국근현대사학회, 2014.
申泰翊, 「朝鮮最大財閥解剖」, 《삼천리》 제11호, 1931. 1.
에드워드 사이드, 박홍규 역, 『오리엔탈리즘』, 교보문고, 2007.
오창영, 『韓國動物園八十年史: 昌慶苑編, 1907~1983』, 서울특별시, 1993.
오현숙, 「개화계몽기 『로빈슨 크루소』의 번안과 아동 텍스트로의 이행」, 《批評文學》 46호, 한국비평문학회, 2012.
尹白南 외, 「神出鬼沒 奇談篇」, 《별건곤》 제22호, 1929. 8.
이경돈, 「별건곤과 근대 취미독물」, 《대동문화연구》 56권, 성균관대학교 대동문화연구원, 2004.
李基泳 외, 「職業奇談」, 《별건곤》 제22호, 1929. 8.
이동은, 「천일야화의 번역본에 관한 소고」, 《통번역학연구》 3호, 한국외대통번역연구소, 1999.
이순진, 「조선 무성영화의 활극성과 공연성에 대한 연구」, 중앙대학교 첨단영상대학원 박사학위논문, 2009.
이재원, 「식민주의와 "인간 동물원(Human Zoo)"—"호텐토트의 비너스"에서 "파리의 식인종"까지」, 《西洋史論》 106권, 한국서양사학회, 2010.
이주라, 「식민지시기 괴담의 출현과 쾌락으로서의 공포」, 《한국문학이론과 비평》 61권, 한국문학이론과 비평학회, 2013.
전은경, 「《대한매일신보》의 〈편편기담〉과 '쓰는 독자'의 출현」, 《한국현대문학연구》 30권, 한국현대문학회, 2010.
차혜영, 「지역 간 문명의 위계와 시각적 대상의 창안」, 《현대문학의 연구》 24호, 한국문학연구학회, 2004.
漢陽學人, 「財界의 怪傑洪鍾華·金基德 兩氏, 突現한 壹千萬圓의 兩大富豪 一代記」, 《삼천리》 제4권 제12호, 1932. 12, 20면.

정 종 화

기본자료

《동아일보(東亞日報)》, 《매일신보(每日申報)》, 《조선일보(朝鮮日報)》, 《중외일보(中外日報)》, 《황성신문(皇城新聞)》 각 기사 및 광고

《영화조선》 제1책(冊), 1936년 9월 1일호, 《조선영화》 제1집 1936년, 《키네마순보(キネマ旬報)》 1926년 12월 11일호(248호)
김종욱 편저, 『실록 한국영화총서 제1집(1903.~1945. 8.)』(상), 국학자료원, 2002.
노 만, 『한국영화사』, 필사본, 1964.
문 일 편, 『영화소설 〈아리랑〉』, 박문서관, 1929.(『아단문고 미공개 자료 총서 2013: 영화소설·시나리오·희곡_01』, 소명출판, 2013.)
한국영상자료원 엮음,『식민지 시대의 영화 검열 1910~1934』, 한국영상자료원, 2009.
한국영상자료원 한국영화사연구소 엮음, 『일본어 잡지로 본 조선영화1』, 한국영상자료원, 2010.
______________________, 『일본어 잡지로 본 조선영화2』, 한국영상자료원, 2011.
한국예술연구소 편, 『이영일의 한국영화사 강의록』, 도서출판 소도, 2002.
__________, 『이영일의 한국영화사를 위한 증언록—윤봉춘 편』, 도서출판 소도, 2004.
《키네마순보》 영화데이터베이스 KINENOTE
http://www.kinenote.com/main/public/home/

논문 및 기타 자료

가미야 마키코(紙屋牧子), 「초기 일본영화의 괴기와 트릭—마키노 쇼조와 오노에 마쓰노스케의 인술영화를 중심으로(初期日本映畫の怪奇とトリック—牧野省三と尾上松之助の忍術映畫を中心に」, 우치야마 가즈키 편(内山一樹編), 『일본영화사총서8: 괴기와 환상에의 회로—괴담부터 제이호러로(日本映畫史叢書8: 怪奇と幻想への回路—怪談からJホラーへ)』, 신와샤(森話社), 2008.
노엘 버치 지음, 이윤영 옮김, 『영화의 실천(Une Praxis du cinema)』, 아카넷, 2013.
다나카 준이치로(田中純一郎), 『일본영화발달사 I 활동사진시대(日本映畫發達史 I 活動寫眞時代)』, 추코분코(中公文庫), 1975.
데이비드 보드웰 지음, 김숙·안현신·최경주 옮김, 『영화 스타일의 역사』, 한울, 2002.
로버타 피어슨, 「초창기 영화」, 제프리 노웰-스미스 책임편집, 이순호 외 옮김, 『옥스퍼드 세계영화사』, 열린책들, 2005.
수잔 헤이워드 저, 이영기 역, 『영화사전: 이론과 비평』, 한나래, 1997.
아론 제로우(Aaron Gerow), 「변사에 대해—수용규제와 영화적 주체성(辯士について—受容規制と映畫的主体性)」, 고마쓰 히로시(小松弘) 등 편집협력, 『일본영화는 살아있다 제2권: 영화사를 다시 읽는다(日本映畫は生きている 第2巻: 映畫史を讀み直す』, 이와나미서점(岩波書店), 2010.
야마모토 기쿠오(山本喜久男), 『일본영화에 있어 외국영화의 영향—비교영화사적 연구(日本映畫における外國映畫の影響—比較映畫史研究)』, 와세다대학출판부(早稲田大學出版部), 1997.
우치야마 가즈키 편, 『일본영화사총서8: 괴기와 환상에의 회로—괴담부터 제이호러로』, 신와샤, 2008.
이순진, 「조선 무성영화의 활극성과 공연성에 대한 연구」, 중앙대학교 박사학위논문, 2008.

이효인, 「일제하 카프 영화인의 전향 논리 연구: 서광제, 박완식을 중심으로」, 《영화연구》 45호, 한국영화학회, 2010. 9.
장 루이 뢰트라, 『영화의 환상성』, 동문선, 2002.
전평국, 「우리 영화의 기원으로서 연쇄극에 관한 시론」, 《영화연구》 24호, 한국영화학회, 2004. 12.
정종화, 「조선 무성영화 스타일의 역사적 연구」, 중앙대학교 박사학위논문, 2012.
한상언·정태수, 「1920년대 초반 조선영화의 형식적 특징」, 《한국콘텐츠학회논문지》 제13권 제12호, 2013. 12.
Noël Burch, *Life to Those Shadows*, University of California Press, 1990.
__________, *To the Distant Observer: Form and Meaning in Japanese Cinema*, University of California Press, 1979.
Tom Gunning, "The Cinema of Attraction[s]: Early Film, Its Spectator and the Avant-Garde", Wanda Strauven (ed.), *The Cinema of Attractions Reloaded*, Amsterdam University Press, 2006.

고 영 란

논문 및 기타 자료

고마쓰 가즈히코(小松和彦), 「일본의 괴담을 생각한다」, 『귀신·요괴·이물의 비교문화론』, 소명출판, 2014, 36-39면.
고영란, 「근세기 한일 여성 괴담(怪談) 비교 연구」, 《민족문화연구》 1권 56호, 고려대학교 민족문화연구원, 2012, 37-68면.
로지 잭슨 저, 서강여성문학연구회 옮김, 『환상성—전복의 문학』, 문학동네, 2007, 12-15, 18면.
캐서린 흄 지음, 한창엽 옮김, 『환상과 미메시스』, 푸른나무, 2000, 19-20, 94면.
편용우, 「쓰루야 난보쿠(鶴屋南北)의 「도카이도 요쓰야 괴담(東海道四谷怪談)」 연구」, 고려대학교 일어일문학과 대학원 석사학위논문, 2004, 1-80면.
프랑수아 레이몽, 다니엘 콩페르 저, 고봉만 외 옮김, 『환상문학의 거장들』, 자음과 모음, 2001, 14면.
東雅夫, 『日本幻想文學事典』, 筑摩書房, 2013, 12면.
片岡德雄, 『四谷怪談の女たち』, 小學館, 1993, 192-213, 240면.
周　萍, 「累からお岩へ—『東海道四谷怪談』のお岩の形成に關する一思考」, 《歌舞伎研究と批評》 46号, 雄山閣, 2011, 77-92면.
末廣保, 『四谷怪談—惡意と笑い—』, 岩波書店, 2009, 2-4면.
須永朝彦, 『日本幻想文學史』, 平凡社, 2007, 10-12면.
諏訪春雄, 「怨靈·幽靈 東海道四谷怪談」, 『岩波講座 日本文學と佛教 2巻 因果』, 岩波書店, 1994, 6-24면.
高田衛, 「實錄小説『四谷雑談』と『東海道四谷怪談』」, 『江戸文學研究』, 新典社, 1993, 1-14면.
______, 「憑依傳承の虚構と愉樂—『死靈解脱物語聞書』考—」, 『'89江戸文學年誌』, ぺりかん社, 1989, 37-47면.

堤邦彦,「怪談特集 江戸怪談の思想と表現ー因果·因縁を語るということ」,《澁谷近世》17号, 國學院大學近世文學會, 2011, 4-14면.
藤尾眞一編,『鶴屋南北全集』第11巻, 三一書房, 1992, 162면, 184-185면, 191-192면, 212-213면, 251-253면, 339-340면, 368면, 384-385면, 391-396면.
三津田信三,「特集 : 怪談『四谷怪談』お岩様の恐怖」,《國文學》52巻11号, 學燈社, 2007, 122-129면.
光延眞哉,「讀む『東海道四谷怪談』の初期構想ー番付のカタリを讀む」,《日本文學》59巻111号, 日本文學協會, 2010, 72-75면.

이 주 영

기본자료

성현 지음, 민족문화추진회 편역,『慵齋叢話』, 솔출판사, 1997.
유몽인 지음, 신익철·이형대·조융희·노영미 옮김,『어우야담』, 돌베개, 2006.
임방 저, 정환국 역,『교감역주 천예록』, 성균관대학교 출판부, 2006.
임형택·이우성 譯編,『李朝漢文短篇集』中, 일조각, 1978.
임형택,『한문서사의 영토—실사와 허구 사이』1·2, 태학사, 2012.
정재륜,『感異錄』, 서울대학교 규장각한국학연구원 소장.
정태제,『菊堂俳語』, 국립중앙도서관 소장.

논문 및 기타 자료

강상순,「성리학적 귀신론의 틈새와 귀신의 귀환—조선 전·중기 필기·야담류의 귀신 이야기를 중심으로」,《고전과해석》9, 고전문학한문학연구학회, 2010.
______,「조선 전기 귀신 이야기에 잠복된 사회적 적대」,《민족문화연구》56, 고려대학교 민족문화연구원, 2012.
김정숙,「조선시대 필기 야담집 속 귀신 요괴담의 변화양상—귀신, 요괴 형상의 변화와 관심축의 이동을 중심으로」,《한자한문교육》21, 한국한자한문교육학회, 2008.
______,「한·중·일 文言短篇集 속 요괴와 귀신의 존재양상과 귀신담론—『天倪錄』,『聊齋志異』,『夜窓鬼談』을 대상으로—」,《대동한문학》28, 대동한문학회, 2008.
______,「17, 18세기 韓中 鬼神 妖怪談의 逸脫과 慾望」,《민족문화연구》56, 고려대학교 민족문화연구원, 2012.
무라야마 지쥰(村山智順) 지음, 김희경 옮김,『조선의 귀신』, 동문선, 1990.(『朝鮮の鬼神』, 조선총독부, 1929.)
백문임,『월하의 여곡성—여귀로 읽는 한국공포영화史』, 책세상, 2008.
윤혜신,「『어우야담』 소재 귀신담의 귀신 욕망과 욕망의 실현방법」,《열상고전연구》29, 열상고전연구회, 2009.
이주영,「조선 후기 서사의 살인 범죄와 해결방식」, 대중서사장르연구회,『대중서사장르의 모든 것:

3. 추리물』, 이론과실천, 2011.
정솔미, 「청구야담의 환상성 연구」, 서울대학교 석사학위논문, 2012.
정환국, 「고전소설의 환상성, 그 연구사적 전망」, 《민족문학사연구》 37, 민족문학사연구소, 2008.
최기숙, 「불멸의 존재론, '한'의 생명력과 '귀신'의 음성학—18,19세기 야담집 소재 귀신과 자살 일화를 중심으로」, 《열상고전연구》 16, 열상고전연구회, 2002.
______, 『환상』, 연세대학교 출판부, 2007.

이 주 라

기본자료

신문

《매일신보》, 《동아일보》, 《조선일보》, 《시대일보》, 《조선중앙일보》

잡지

《대동학회월보》, 《개벽》, 《농민》, 《동광》, 《별건곤》, 《삼천리》, 《월간야담》, 《조광》

논문 및 기타 자료

가와무라 구니미쓰[川村邦光], 「일상성日常性/ 이상성異常性의 문화와 과학」, 엄미옥 역, 『내셔널리즘의 편성』, 소명출판, 2012.
강민성, 「한국 근대 신문소설 삽화 연구—1910~1920년대를 중심으로」, 이화여자대학교 석사학위논문, 2002.
강상순, 「조선시대 필기, 야담류에 나타난 귀신의 세 유형과 그 역사적 변모」, 《우리어문연구》 38, 우리어문학회, 2010.
강진옥, 「상사뱀 설화의 '몸바꾸기'를 통해 본 욕망과 규범의 문제」, 《고전문학연구》 18, 2000. 12.
고마쓰 가즈히코, 박전열 역, 『일본의 요괴학 연구』, 민속원, 2009.
고은지, 「1930년대 오락물로서 역사의 소비—야담방송과 《월간야담》을 중심으로」, 《대중서사연구》 19, 대중서사학회, 2008.
______, 「20세기 '대중 오락'으로 새로 태어난 '야담'의 실체」, 《정신문화연구》 31, 한국학중앙연구원, 2008.
공성수, 「근대 소설 형성기 신문연재소설 삽화의 구성 원리 연구」, 《한국문학이론과 비평》 59, 2013.
공임순, 「재미있고 유익하게, "건전한" 취미독물 야담의 프로파간다화」, 《민족문학사연구》 34, 민족문학사학회, 2007
권보드래, 『1910년대, 풍문의 시대를 읽다—《매일신보》를 통해 본 한국 근대의 사회·문화 키워드』, 동국대학교 출판부, 2008.
김민정, 「《월간야담》을 통해본 윤백남 야담의 대중성」, 《우리어문연구》 39, 우리어문학회, 2011.
김소영, 『근대성의 유령들: 판타스틱 한국영화』, 씨앗을뿌리는사람, 2000.
김예림, 「조선, 별천지의 소비에서 소유까지」, 『1930년대 후반 근대인식의 틀과 미의식』, 소명출판, 2004.

김윤상·표정옥·김문희·박지현·정의진, 『동서양 서사문학의 환상과 기이의 미학』, 소명출판, 2011.
김정숙, 「조선시대 필기·야담집 속 귀신·요괴담의 변화 양상—귀신·요괴 형상의 변화와 관심축의 이동을 중심으로」, 《한자한문교육》 21, 2008.
김지영, 「'기괴'에서 '괴기'로, 식민지 대중문화와 환멸의 모더니티」, 《개념과 소통》 5, 한림대학교 한림과학원, 2010. 6.
______, 「식민지 대중문화와 기괴/괴기/그로테스크」, 몸문화연구소 편, 『그로테스크의 몸』, 건국대학교 출판부, 2010.
니콜라스 루만, 정성훈·권기돈·조형준 역, 『열정으로서의 사랑: 친밀성의 코드화』, 새물결, 2009.
로즈마리 잭슨, 서강여성문학연구회 역, 『환상성—전복의 문학』, 문학동네, 2001.
몸문화연구소, 『그로테스크의 몸』, 쿠북(건국대학교 출판부), 2010.
문선영, 「전설에서 공포로, 한국적 공포물 드라마의 탄생」, 《우리문학연구》 45, 우리문학회, 2015.
바바라 크리드, 손희정 역, 『여성 괴물—억압과 위반 사이』, 도서출판 여이연, 2008.
박숙자, 「괴기에서 넌센스까지: 1920년대 취미독물에 나타난 여성인물의 재현 양상—《별건곤》을 중심으로」, 《여성문학연구》 14, 여성문학회, 2005.
백문임, 「미지와의 조우—"아랑형(阿郞型)" 여귀(女鬼) 영화」, 《현대문학의 연구》 17, 한국문학연구학회, 2001.
______, 『월하의 여곡성—여귀로 읽는 한국 공포영화史』, 책세상, 2008.
볼프강 카이저, 이지혜 역, 『미술과 문학에 나타난 그로테스크』, 아모르문디, 2011.
소래섭, 『에로 그로 넌센스: 근대적 자극의 탄생』, 살림, 2005.
수요역사연구회 편, 『식민지 동화정책과 협력 그리고 인식—일제의 식민지 지배정책과 매일신보 1920~30년대』, 두리미디어, 2007.
______________, 『식민지 조선과 《매일신보》—1910년대』, 신서원, 2003.
______________, 『일제의 식민지 지배정책과 매일신보—1910년대』, 두리미디어, 2005.
슬라보예 지젝, 김종주 역, 『환상의 돌림병』, 인간사랑, 2002.
신동흔, 「구전 이야기의 갈래와 상호관계에 관한 연구」, 《비교민속학》 22, 비교민속학회, 2002.
신이와 이단의 문화사 팀, 『귀신·요괴·이물의 비교문화론』, 소명출판, 2014.
이동원, 「《월간야담》의 전대 여성관련담 개작 양상과 의미」, 《한국고전여성문학연구》 20, 한국고전여성문학회, 2010.
이미림, 「일본근세회화의 다양성—교토화단의 요괴미인화를 중심으로」, 《일본문화학보》 26, 2005.
이순진, 「한국 괴기영화의 변화과정에 대한 연구」, 중앙대학교 첨단영상전문대학원 석사학위논문, 2001.
이승윤, 「근대 대중지의 '역사' 수용 방식과 글쓰기 전략—《별건곤》을 중심으로」, 《한국문학논총》 56, 한국문학회, 2010.
이영아, 「1910년대 《매일신보》 연재소설의 대중성 획득 과정 연구」, 《한국현대문학연구》 23, 2007.
이충호·나카무라 시즈요 편역, 『식민지 조선 일본어 잡지의 괴담·미신』, 학고방, 2014.
일본고전문학문화연구회, 『환상과 괴담—기묘한 일본문학으로 떠나는 시간여행』, 문, 2010.
조현설, 「원귀의 해원 형식과 구조의 안팎」, 《한국고전여성문학연구》 7, 2003.

중앙대학교 한일문화연구원 편, 『일본의 요괴문화 그 생성원리와 문화산업적 기능』, 한누리미디어, 2005.
지그문트 바우만, 함규진 역, 『유동하는 공포』, 산책자, 2009.
지그문트 프로이트, 「두려운 낯설음」, 정장진 역, 『예술, 문학, 정신분석』, 열린책들, 2010.
차혜영, 「1930년대 《월간야담》과 《야담》의 자리」, 《상허학보》 8, 상허학회, 2002.
채석진, 「제국의 감각: '에로 그로 넌센스'」, 《페미니즘 연구》, 2005. 9.
츠베탕 토도로프, 최애영 역, 『환상문학서설』, 일월서각, 2013.
캐서린 흄, 한창엽 역, 『환상과 미메시스—서구문학에 잠재된 환상성의 재발견』, 푸른나무, 2000.
폴 웰스, 손희정 역, 『호러 영화: 매혹과 저항의 역사』, 커뮤니케이션북스, 2011.
프랑코 모레티, 조형준 역, 『공포의 변증법—경이로움의 징후들』, 새물결, 2014.
Dominique Iehl, *Le grotesque*, Vendôme: Presses Universitaires de France, 1997.
Miriam Silverberg, "Japanese Modern Times" & "Down-and-Out Grotesque", *Erotic Grotesque Nonsense-The Mass Culture of Japanese Modern Times*, Berkeley and Los Angeles: University of California Press, 2009.

문 선 영

기본자료

〈전설 따라 삼천리〉 1~2권
임충, 〈전설의 고향〉 1~12권
〈전설의 고향〉 1996~1999 영상
〈전설의 고향〉 2008~2009 영상
문화방송사, 『문화방송사』, 1982.
한국방송협회, 『한국방송연감』, 1973.
《경향신문》, 《동아일보》

논문 및 기타 자료

강진옥, 「원혼설화의 담론적 성격 연구」, 《구비문학연구》 12, 2002.
고은지, 「1930년대 오락물로서의 역사와 소비」, 『대중서사장르의 모든 것: 2. 역사허구물』, 이론과실천, 2009.
김양지, 「한국 공포영화의 관습의 반복과 변화」, 이화여자대학교 석사학위논문, 2000.
김우종, 「인기프로의 속화(俗化)과정」, 『방송』, 1968. 5
박상완, 「텔레비전 역사드라마의 야담 수용 과정 연구」, 《인문학연구》 91호, 2013.
박윤희, 「한국공포드라마에 나타난 성격분장 연구—2008년 KBS납량특집 8부작 〈전설의 고향〉 작품을 중심으로—」, 건국대학교 석사학위논문, 2009.
백문임, 『월하의 여곡성—여귀로 읽는 한국 공포 영화사』, 책세상, 2008.
송아름, 「1990년대 불안과 〈여고괴담〉의 공포」, 《한국극예술연구》 34집, 2011.

윤석진, 「2000년대 한국 텔레비전 역사드라마의 장르 변화 양상 고찰 1」, 《한국극예술연구》 38집, 2012.
이명현, 「〈전설의 고향〉에 나타난 구미호 이야기의 확장과 변주—90년대 구미호와 2008 구미호를 중심으로—」, 《우리문학연구》 28집, 2009.
______, 「이물 교혼담에 나타난 여자요괴의 양상과 문화콘텐츠의 변용」, 《우리어문연구》 21집, 2007.
이병훈, 「TV 사극의 변천과 특성에 관한 연구」, 한양대학교 언론정보대학원 석사학위논문, 1997.
이주라, 「식민지시기 괴담의 출현과 쾌락으로서의 공포」, 《한국문학이론과 비평》 61집, 한국문학이론과 비평학회, 2014.
임종수, 「텔레비전의 사회문화사」, 『한국의 미디어 사회문화사』, 한국언론재단, 2007.
주창윤, 「역사드라마의 장르사적 변화과정」, 《한국극예술연구》 25집, 한국극예술학회, 2007.
주현수, 「공포의 효과적 표현을 위한 컴퓨터 그래픽 활용 연구—2008년 납량특집 〈전설의 고향〉을 중심으로—」, 한양대학교 석사학위논문, 2012.

이 현 경

논문 및 기타 자료

대중서사장르연구회, 『대중서사장르의 모든 것: 1. 멜로드라마』, 이론과실천, 2007.
대중서사장르연구회, 『대중서사장르의 모든 것: 2. 역사허구물』, 이론과실천, 2009.
대중서사장르연구회, 『대중서사장르의 모든 것: 3. 추리물』, 이론과실천, 2011.
대중서사장르연구회, 『대중서사장르의 모든 것: 4. 코미디』, 이론과실천, 2013.
유세문, 유재응, 『3D 입체영상』, 커뮤니케이션북스, 2015.
줄리아 크리스테바, 서민원 역, 『공포의 권력』, 동문선, 2001.

고 장 원 · 박 상 준

논문 및 기타 자료 (본문에서 각주 등으로 밝힌 자료는 제외함)

고장원, 『세계과학소설사』, 채륜, 2008, 63-66면.
______, 『SF란 무엇인가』, 부크크, 2015, 309-329면.
대중문학연구회, 『과학소설이란 무엇인가』, 국학자료원, 2000.
로벗 스콜즈·에릭 랩킨, 김정수 외 옮김, 『SF의 이해』, 평민사, 1993.
박상준, 『멋진 신세계:SF를 읽는 즐거움』, 현대정보문화사, 1992.
소준선, "미래지향적인 세계관을 가져야: 국내 최초의 SF장편 『완전사회』의 저자 문윤성", 계간 《SF 매거진》, 1993년 여름호, 43면.
______, "열린 우주를 향한 무한한 가능성의 세계: 서광운 인터뷰", 계간 《SF 매거진》, 1993년 창간호, 48면.
임종기, 『SF부족들의 새로운 문학 혁명, SF의 탄생과 비상』, 책세상, 2004.

조성면, 『대중문학과 정전에 대한 반역』, 소명출판, 2002.
Barry Baldwin, "Ancient Science Fiction", 2006, http://www.shattercolors.com/nonfiction / baldwin_ancientscifi.htm
L. Sprague de Camp & Catherine C. de Camp, "Those Crazy Ideas", *Science Fiction Handbook* (revised), Owlswick Press, Philadelphia, 1975, pp. 69-77.

조 계 숙

기본자료 1

월간 《학생과학》(1965. 11.~1984. 4.)에 수록된 한국 청소년과학소설

이동성, 과학소설 『크로마뇽인의 비밀을 밝혀라』, 65. 11. 창간호~66. 5.(미완성)
서기로, 과학소설 『북극성의 증언』, 65. 12.~66. 12.(13회 완성)
박석기, 과학단편소설 「기적」, 66. 2.
강성철, SF 『방랑하는 상대성인』, 66. 8.~11.(4회 완성)
오민영, SF 『지저인 오리거』, 66. 12.~67. 3.(4회 완성)
서기로, 과학소설 『해류 시그마의 비밀』, 67. 1.~67. 12.(12회 완성)
지 영, SF 「이별」, 67. 4.
오민영, 과학소설 『화성호는 어디로』, 67. 6.~68. 4까지 확인.
서광운, 과학소설 『관제탑을 폭파하라』, 68. 1.~68. 12.(완성)
강성철, 과학소설 『우주에서의 약속』, 68. 9.~68. 11.(3회 완성)
오민영, 과학소설 '해양소설' 『바다밑 대륙을 찾아서』, 68. 12.~69. 6.(7회 완성)
서광운, 과학소설 '우주소설' 『우주함대의 최후』, 69. 1.~69. 6.까지 확인.
김학수, 우주소설 『우주 조난』, 71. 8.~71. 10.(3회 완성)
이동성, SF '과학추리소설' 『악마박사』, 71. 8.~72. 10.(14회 완성)
오민영, SF 『사건 2732년!』, 71. 11.~72. 5.(7회 완성)
이동성, 과학소설 『지문의 비밀』, 72. 11.~73. 6, 73. 8.~10.(11회 완성)
서광운, 우주소설 『절대시간 003으로!』, 74. 1.~6.까지 확인.
강성철, 『서기 2026년』, 74. 11?~75. 12.(14회 완성)
이형수, 『잠수함 유격대』, 76. 1.~8, 10~77. 3.(14회 완성)
서광운, SF 『아공간의 밀사』, 77. 5, 7, 9.(미완)
문홍기, 『코리아륨 254를 찾아라』, 79. 6.~8.(3회 완성)
주승원, 『사라진 원자력잠수함을 찾아라』, 79. 9.~11.(3회 완성)
문홍기, SF소설 『환상의 제국 곤드와나시티를 찾아라』, 79. 12.~80. 6, 80. 8.~11.(11회 완성)
신문성, SF 『SOS 안드로이드』, 81. 1.~12.(11회까지 확인)
김병일, 공상과학소설 『21세기의 인형극』, 81. 3.~81. 5.

기본자료 2
《동아일보》, 1959. 4. 13.~14., 1959. 4. 24.~25., 1969. 7. 30.

논문 및 기타 자료
김지영, 「1960~1970년대 청소년과학소설 장르 연구—『한국과학소설(SF)전집』(1975) 수록 작품을 중심으로」, 《동남어문논집》 제35집, 동남어문학회, 2013. 5, 125-149면.
대중문학연구회, 『과학소설이란 무엇인가』, 국학자료원, 2000.
송성수, 『과학기술종합계획에 관한 내용분석: 5개년계획을 중심으로』, 과학기술정책연구원, 2005, 40-55면.
송효정, 「실험실의 미친 과학자와 제국주의적 향수—1960년대 한국 고딕SF영화 연구」, 《대중서사연구》 제20권 3호, 대중서사학회, 2014. 12, 271-308면.
이정옥, 「페미니스트 유토피아로 떠난 모험 여행의 서사—문윤성의 『완전사회』론」, 대중문학연구회, 『과학소설이란 무엇인가』, 국학자료원, 2000, 139-165면.
임태훈, 「1960년대 남한사회의 SF적 상상력: 재앙부조, 완전사회, 학생과학」, 『우애의 미디올로지』, 갈무리, 2012, 239-273면.
조계숙, 「얄개들의 전성시대와 웃음의 수사학」, 대중서사장르연구회 지음, 『대중서사장르의 모든 것: 4.코미디』, 이론과실천, 2013, 240-266면.
_____, 「탐정소설의 민족주의적 의장과 대중오락화」, 대중서사장르연구회 지음, 『대중서사장르의 모든 것: 3.추리물』, 이론과실천, 2011, 354-386면.
조은숙, 「한국아동판타지에 나타난 '어린이나라'의 시공간과 유토피아적 상상력의 계보」, 대중서사의 표상체계와 매체역학 워크숍, 고려대학교 민족문화연구원 HK 한국문화연구단, 2015. 4. 24, 141-160면.
지그문트 프로이트 저, 정장진 역, 『예술, 문학, 정신분석』, 프로이트전집14, 열린책들, 2004, 434면.
최애순, 「우주시대의 과학소설—1970년대 아동전집 SF를 중심으로」, 《한국문학이론과 비평》 제60집, 한국문학이론과 비평, 2013. 9, 213-242면.
한민주, 「인조인간의 출현과 근대SF문학의 테크노크라시—『인조노동자』를 중심으로」, 《한국근대문학연구》 25, 한국근대문학회, 2012, 417-448면.

송 효 정

기본자료
* 영상이 남아 있지 않아 시나리오로만 검토한 작품을 [S]로, 영상이 남아 있는 경우를 [F]로 표기하였음. 영상이 남은 작품은 시나리오도 동시에 검토하였음.
〈투명인의 최후〉(이창근, 1960)[S].
〈악의 꽃〉(이용민, 1961)[S].
〈목숨을 판 사나이〉(혹은 '생명을 판 사나이')(신현호, 1964)[S].
〈목없는 미녀〉(이용민, 1965)[F].

〈우주괴인 왕마귀〉(권혁진, 1967)[F], 오리지널 시나리오, 심의대본
〈대괴수 용가리〉(김기덕, 1967)[F], 오리지널 시나리오, 심의대본, 녹음대본
〈악마와 미녀〉(이용민, 1969)[S].
〈투명괴인〉(이규웅, 1969)[S].
〈원〉(남태권, 1969)[F].
〈공포의 이중인간〉(이용민, 1974)[F].
〈반수반인〉(김기, 1975)[S].
〈한녀〉(이유섭, 1981)[S].
〈투명인간〉(김기충, 1986)[F].

논문 및 기타 자료

가라타니 고진, 조영일 역, 『세계공화국으로』, 도서출판b, 2006.
김근배, 「과학기술국의 해부도—1960년대 과학기술 지형」, 《역사비평》 85, 2008.
김미현 편, 『한국영화사』, 커뮤니케이션북스, 2006.
김종원·정중헌, 『우리영화 100년』, 현암사, 2001.
김지영, 「1960~1970년대 청소년 과학소설 장르 연구: 『한국과학소설 전집』(1975) 수록 작품을 중심으로」, 《동남어문집》 35, 2013.
______, 「한국 과학소설의 장르소설적 특징에 대한 연구—『한국과학소설전집』(1975)을 중심으로」, 《인문논총》 32, 경남대학교 인문과학연구소, 2013.
문만용, 「1960년대 '과학기술 붐': 한국의 현대적 과학기술체계의 형성」, 《한국과학사회학지》 제29권 1호, 2007.
문옥배, 『한국공연예술통제사』, 예솔, 2013.
박상준, 「21세기, 한국, 그리고 SF—SF문학의 개괄과 한국적 SF의 반성」, 《오늘의 문예비평》 59, 2005.
박유희, 「박정희 정권기 영화 검열과 감성재현의 역학」, 《역사비평》 99, 역사비평사, 2012.
박창선, 「90년대 이후 한국 SF영화의 경향성 연구: 한국적 SF영화의 가능성을 중심으로」, 동국대학교 석사학위논문, 2007.
백문임, 『월하의 여곡성』, 책세상, 2008.
송효정, 「실험실의 미친 과학자와 제국주의적 향수—1960년대 한국 고딕SF영화 연구」, 《대중서사연구》 20-3, 대중서사학회, 2014.
______, 「한국 소년SF영화와 냉전 서사의 두 방식—〈대괴수 용가리〉와 〈우주괴인 왕마귀〉의 개장 과정 연구」, 《민족어문학회》 제73호, 2015.
수전 헤이워드, 이영기 외 역, 『영화사전』, 한나래, 2012(개정판).
알랭 바디우, 박정태 역, 『세기』, 이학사, 2013.
요모타 이누히코, 박전열 역, 『일본영화의 이해』, 현암사, 2001.
이성희, 「1970년대 한국 SF애니메이션 연구: 한국사회의 근대적 욕망에 대한 소망충족을 중심으로」, 중앙대학교 첨단영상대학원 석사학위논문, 2007.

이영일, 『한국영화전사』, 도서출판 소도, 2004.
이의경, 「한국 SF영화에 대한 고찰: 2000년대 한국 SF영화를 중심으로」, 중앙대학교 첨단영상대학원 석사학위논문, 2009.
이정아, 「소년의 근대와 모험, 기획된 표상: 〈똘똘이의 모험〉과 〈똘이장군〉 시리즈를 중심으로」, 《문화연구》 2권 2호, 2013.
임종기, 『SF부족들의 새로운 문학혁명, SF의 탄생과 비상』, 책세상, 2004.
장연이, 「〈똘이장군〉에 반영된 반공적 이데올로기 이미지 표현에 관한 연구」, 《만화애니메이션연구》 15, 2009.
정연재, 「포우와 미국 고딕소설의 전통」, 《근대영미소설》 제13집 1호, 2006.
정종화, 『한국영화사』, 한국영상자료원, 2008.
조계숙, 「국가이데올로기와 SF, 한국 청소년 과학소설—《학생과학》지 수록작을 중심으로」, 《대중서사연구》 20-3, 대중서사학회, 2014.
조미라, 「한국 장편 애니메이션의 서사 연구」, 중앙대학교 첨단영상대학원 박사학위논문, 2004.
조미영, 「한국 SF영화에 나타난 환상성 연구: 2000년도 이후 SF영화를 중심으로」, 경희대학교 박사학위논문, 2014.
조해진, 「한국 판타지영화의 시대별 양상과 특징 연구」, 《한국디자인문화학회지》 17, 2011.
지그문트 프로이트, 정장진 역, 「두려운 낯설음」, 『예술, 문학, 정신분석』, 열린책들, 2003.
최애순, 「우주시대의 과학소설—1970년대 아동전집 SF를 중심으로」, 《한국문학이론과비평》 60, 2013.
폴 웰스, 손희정 역, 『호러영화』, 커뮤니케이션북스, 2011.
프랑코 모레티, 조형준 역, 『공포의 변증법』, 새물결, 2013.
프레드릭 제임슨, 남인영 역, 『보이는 것의 날인』, 한나래, 2003
한국영상자료원 편, 이효인 외, 『한국영화사공부 1960~1979』, 이채, 2004.
_______________, 『신문기사로 본 한국영화 1967』, 한국영상자료원, 2008.
_______________, 『한국영화를 말한다: 한국영화 르네상스 1』 한국영화구술총서 02, 이채, 2005.
허인욱, 『한국 애니메이션 영화사』, 신한미디어, 2002.
허지웅, 『망령의 기억: 1960~1980년대 한국공포영화』, 한국영상자료원, 2010.
호현찬, 『한국영화 100년』, 문학사상사, 2000.
David Seed, *Science Fiction; A Very Short Introduction*, Oxford Univ. Press, 2011.
Rick Worland, *The Horror Film*, Blackwell, 2007.
Steve Neal, *Genre and Hollywood*, Routledge, 2000.

박 숙 자

기본자료

「환상수첩」(김승옥, 《산문시대》 2호, 가림출판사, 1962.)

논문 및 기타 자료

권선희, 「괴물성의 정치학」, 경희대학교 석사학위논문, 1998.

김소영, 『근대성의 유령들』, 씨앗을 뿌리는 사람, 2000.

김승옥 외, 《산문시대》 1호, 가림출판사, 1962. 6.

김영희, 「푸코의 역사—비판 존재론으로서의 의학적 시선의 고고학」, 《의철학연구》 7권, 2010, 43-61면.

김 원, 『박정희 시대의 유령들』, 현실문화연구, 2011.

로즈메리 잭슨, 『환상성』, 문학동네, 2001, 211면.

리차드 커니, 『이방인, 신, 괴물: 타자성 개념에 대한 도전적 고찰』, 개마고원, 2004.

바디우, 『존재와 사건』, 새물결, 2013, 186면.

박숙자, 「문학소녀를 허하라」, 《대중서사연구》, 2014. 8. 30.

박유희, 「박정희 정권기 영화 검열과 감성 재현의 역학」, 《역사비평》, 2012 여름호.

아감벤, 정문영 역, 『아우슈비츠의 남은 자들』, 새물결, 2012, 161면.

______, 박진우 역, 『호모사케르』, 새물결, 2008, 238면.

오양진, 「전후소설에 나타난 아이러니와 인간상 탐구」, 『한국어문학국제학술포럼』, 2012. 5, 123-148면.

윤태욱, 「푸코를 읽는 한가지 방법」, 《의철학연구》 12집, 2011. 12, 49-72면.

장정윤, 「괴물: 임의적인 법의 폭력—메리 쉘리의 프랑켄슈타인 을 중심으로」, 《19세기 영어권문학》, 19세기영어권문학회, 2012. 2, 107-127면.

푸 코, 박정자 옮김, 『비정상인들: 1974~1975, 콜레주 드 프랑스에서의 강의』, 동문선, 2001.

김 유 미

기본자료

『대한민국연극제희곡집 2』, 문예진흥원, 1979.

오영진 원작, 장소현 각색 대본, 예술자료원.

오영진 원작, 장소현 각색, 하길종 감독 영화 영상, 영상자료원.

오태석, 『오태석희곡집』 2, 평민사, 1994.

______, 『초분』, 현암사, 1979.

윤대성, 『윤대성희곡전집』 2, 평민사, 2004.

이근삼·서연호 편, 『오영진전집』4, 범한서적, 1989.

최인훈, 『옛날 옛적에 훠어이 훠이』, 문학과 지성사, 1979.

허 규, 『물도리동』, 평민사, 1998.

논문 및 기타 자료

강성률, 『하길종, 혹은 행진했던 영화바보』, 이론과실천, 2005.

권오만, 「오영진 삼부작에 대하여—구비문학과의 관련을 중심으로」, 《국어교육》 18, 1972.

극단 민예 〈한네의 승천〉, 《경향신문》, 1975. 12. 3.
김남석, 『오태석 연극의 역사적 사유』, 연극과 인간, 2005.
김동식, 「4.19세대의 정치적 무의식과 초현실주의라는 기호」, 《대중서사연구》 27, 2012.
김미도, 「윤대성희곡의 전통수용 양상」, 《한국연극학》 29호, 2006.
______, 「한국 현대극의 전통수용」, 《한국연극학》 27호, 2005.
김방옥, 『열린 연극의 미학』, 문예마당, 1997.
김성례, 「일제시대 무속담론의 형성과 식민적 재현의 정치학」, 《한국무속학》 24집, 2012.
______, 「한국의 샤머니즘 개념 형성과 전개」, 《샤머니즘》 5집, 2003.
김성희, 「오영진 희곡의 대립구조와 그 의미」, 《한국극예술연구》 6, 1996.
김승옥, 「한국현대희곡의 전통수용 연구」, 단국대학교 박사학위논문, 1996.
김 원, 「하길종이란 역사적 사건—1970년대 하길종 텍스트에 재현된 대중」, 《현대문학의 연구》 50, 2013.
김월덕, 「호남지역 마을굿의 전승 양상과 공연 원리 연구」, 《공연문화연구》 15집, 공연문화학회, 2007.
김유미, 「한국현대희곡의 제의구조 연구」, 고려대학교 박사학위논문, 2000.
김윤미, 「〈한네의 승천〉에 나타난 한국적 영상의 의미 연구」, 《드라마연구》 28호, 2008.
김현철, 「윤대성 희곡의 전통극 양식 수용과 현실의 형상화」, 《한국극예술연구》 28집, 한국극예술연구회, 2008.
《동아일보》, 1978. 12. 14.
로지 잭슨, 서강여성문학연구회 역, 『환상성—전복의 문학』, 문학동네, 2001.
박유희, 「샤먼의 기억—한국영화에 나타난 '무당' 표상」, 《현대문학이론연구》 48, 2012.
박진숙, 「한국근대문학에서의 샤머니즘과 민족지의 형성」, 《한국현대문학연구》 19, 2006.
배재훈, 「최인훈 작 〈둥둥 낙랑둥〉의 공연사 연구」, 중앙대학교 석사학위논문, 2012,
백현미, 「1970년대 한국연극사의 전통담론 연구」, 《한국극예술연구》 13, 2001.
______, 「최인훈 희곡 〈둥둥 낙랑둥〉의 감성 연구」, 《국어국문학》 157호, 2011.
서연호·이상우, 『우리 연극 100년』, 현암사, 2000.
송 전, 「원초심성의 탐구—최인훈 희곡세계」, 《외국문학》 15, 1998.8
오명석, 「1960~1970년대의 문화정책과 민족문화담론」, 《비교문화연구》 4호, 1998.
오태석·서연호 대담, 『오태석 연극: 실험과 도전의 40년』, 연극과 인간, 2002.
유인경, 「극단 민예극장의 가무극 〈한네의 승천〉 연구」, 《한국극예술연구》 23집, 2006.
이미원, 「한국현대연극의 전통수용 양상(1)」, 《한국연극학》 6호, 1994.
이 반, 「70년대 한국연극—문제작을 말한다」, 《연극평론》 1979년 겨울호.
이상록, 「1960~70년대 비판적 지식인들의 근대화 인식」, 《역사문제연구》 18호, 2007.
이상우, 「한국희곡의 동양지향성과 오리엔탈리즘」, 《한국문학이론과 비평》 39집, 2008.
이상일, 「국립극단의 〈물보라〉를 보고」, 《동아일보》, 1978. 9. 20.
이승희, 「최인훈의 극작 여정, 그 보편성에의 유혹과 정치적 무의식」, 《민족문학사연구》 35집, 2007.
이용범, 「무속에 대한 근대한국사회의 부정적 시각에 대한 고찰」, 《한국무속학》 9, 2005.

이종승, 『영화와 샤머니즘』, 살림, 2005.
이주라, 「식민지 시기 괴담의 출현과 쾌락으로서의 공포」, 《한국문학이론과 비평》 61집, 2013.
조남욱, 「샤머니즘의 개념과 접근방법의 관계에 대한 연구」, 서울대학교 석사학위논문, 2005.
츠베탕 토도로프, 최애영 역, 『환상문학서설』, 일월서각, 2013.
한국예술종합학교 한국예술연구소 편, 『한국현대예술사대계』 4, 시공사, 2004.
허 규, 『민족극과 전통예술』, 문학세계사, 1991.
허미경, 「천도재와 씻김굿에 관한 비교 연구」, 《동양학연구》 3, 2007.
홍태한, 「서울 진오기굿의 공연예술성」, 《공연문화연구》 8집, 2004.

이 영 미

기본자료(괄호 안은, 제작사와 연도)

〈쌀〉(신필림, 1963).
〈김약국의 딸들〉(극동흥업, 1963).
〈갯마을〉(대양영화주식회사, 1965).
〈무녀도〉(태창영화, 1972).
〈이어도〉(동아수출공사, 1977).
〈한네의 승천〉(한진흥업, 1977).
〈초분〉(합동영화, 1977).
〈을화〉(동아수출공사, 1979).
〈신궁〉(태창흥업, 1979).
〈물도리동〉(합동영화, 1979).
〈피막〉(세경영화, 1980).
〈물보라〉(대양필림, 1980).
〈불의 딸〉(동아흥행, 1983).
〈불새의 늪〉(화풍흥업, 1983).
〈태〉(하명중영화제작소, 1986).
〈나그네는 길에서도 쉬지 않는다〉(판영화, 1987).
〈진도〉(3부작)(한국방송, 1989).
〈그 섬에 가고 싶다〉(박광수필림, 1993).
〈태백산맥〉(태흥영화사, 1994).
〈꽃잎〉(미라신코리아, 1996).

논문 및 기타 자료

강인철, 『저항과 투항—군사정권들과 종교』, 한신대학교 출판부, 2013.
김미현 책임편집, 『한국영화사: 개화기에서 개화기까지』, 커뮤니케이션북스, 2006.
김성진, 「삶과 노동의 놀이」, 고은 외, 『문학과 예술의 실천논리』, 실천문학사, 1983.

김영희, 「무용」, 한국예술연구소 편, 『한국현대예술사대계 Ⅳ—1970년대』, 시공사, 2002.
민족굿회 편, 『민족과 굿』, 학민사, 1987.
민주화운동기념사업회 편, 『한국민주화운동사 2—유신체제기』, 돌베개, 2009.
박유희, 「샤먼의 기억—한국 영화에 나타난 '무당' 표상」, 《현대문학이론연구》 48호, 현대문학이론학회, 2012.
백현미, 『한국연극사와 전통담론』, 연극과인간, 2009.
이영미, 「운동권 노래의 전개과정과 노래운동의 전망」, 『민족예술운동의 역사와 이론』, 한길사, 1991.
_____, 「총론」, 한국예술연구소 편, 『한국현대예술사대계 Ⅳ—1970년대』, 시공사, 2002.
이영미 편, 『구술로 만나는 마당극 3』, 고려대학교 민족문화연구원, 2011.
정종화, 『한국영화사』, 한국영상자료원, 2007.
주강현, 『굿의 사회사』, 웅진출판, 1992.
황루시, 『우리 무당 이야기』, 풀빛, 2000.

박 노 현

기본자료

〈M〉, 〈거미〉, 〈별〉, 〈전설의 고향〉, 〈환상여행〉, 〈천사의 키스〉, 〈고스트〉, 〈천년지애〉, 〈두근두근 체인지〉, 〈구미호외전〉, 〈안녕, 프란체스카〉, 〈환생-넥스트〉, 〈궁〉, 〈돌아와요 순애씨〉, 〈궁S〉, 〈마왕〉, 〈태왕사신기〉, 〈누구세요?〉, 〈혼〉, 〈구미호: 여우누이뎐〉, 〈내 여자친구는 구미호〉, 〈시크릿 가든〉, 〈마이 프린세스〉, 〈49일〉, 〈뱀파이어 검사〉, 〈빠담빠담〉, 〈해를 품은 달〉, 〈프로포즈 대작전〉, 〈히어로〉, 〈더킹 투하츠〉, 〈옥탑방 왕세자〉, 〈인현왕후의 남자〉, 〈닥터 진〉, 〈아이러브 이태리〉, 〈빅〉, 〈신의〉, 〈아랑사또전〉, 〈천 번째 남자〉, 〈울랄라 부부〉, 〈전우치〉, 〈나인: 아홉 번의 시간여행〉, 〈구가의 서〉, 〈너의 목소리가 들려〉, 〈환상거탑〉, 〈후아유〉, 〈주군의 태양〉, 〈미래의 선택〉, 〈별에서 온 그대〉, 〈처용〉, 〈신의 선물—14일〉, 〈꽃할배 수사대〉, 〈야경꾼 일지〉, 〈아이언맨〉, 〈미스터 백〉

논문 및 기타 자료

구보학회, 『환상성과 문학의 미래』, 깊은샘, 2009.
김영찬, 「1970년대 텔레비전 외화시리즈 수용 연구」, 《한국언론학보》 제55권 6호, 한국언론학회, 2011. 12.
다카하시 도시오, 김재원 외 역, 『호러국가 일본』, b, 2012.
대니얼 J. 부어스틴, 정태철 역, 『이미지와 환상』, 사계절, 2004.
로지 잭슨, 서강여성문학연구회 역, 『환상성』, 문학동네, 2001.
류철균·서성은, 「영상 서사에 나타난 대체역사 주제 연구」, 《어문학》 제99집, 한국어문학회, 2008.
박노현, 「텔레비전 드라마와 한류 담론」, 《한국문학연구》 제45집, 동국대학교 한국문학연구소, 2013.

_____, 「텔레비전 드라마와 환상(성)」, 《한국문학연구》 제47집, 동국대학교 한국문학연구소, 2014.
_____, 「텔레비전 드라마의 '王政'과 '復古'」, 《한국학연구》 제30집, 인하대학교 한국학연구소, 2013.
_____, 『드라마, 시학을 만나다』, 휴머니스트, 2009.
브라이언 마수미, 조성훈 역, 『가상계』, 갈무리, 2011.
서강여성문학연구회, 『한국문학과 환상성』, 예림기획, 2001.
심은진, 「영화의 환상성: 뤼미에르 영화에서 〈매트릭스〉까지」, 《문학과영상》 제7권 2호, 문학과영상학회, 2006. 12.
아즈마 히로키, 이은미 역, 『동물화하는 포스트모던』, 문학동네, 2007.
__________, 장이지 역, 『게임적 리얼리즘의 탄생』, 현실문화연구, 2012.
이 숙, 「한국 대체역사소설 연구」, 전북대학교 박사학위논문, 2013.
이정환, 「타임슬립 소재의 영상화에 관한 연구」, 국민대학교 석사학위논문, 2012.
조해진, 『판타지영화와 문화콘텐츠 산업』, 새미, 2012.
츠베탕 토도로프, 최애영 역, 『환상문학 서설』, 일월서각, 2013.
캐서린 흄, 한창엽 역, 『환상과 미메시스』, 푸른나무, 2000.

백 지 은

소설

김유진, 『늑대의 문장』, 문학동네, 2009.
김중혁, 『펭귄뉴스』, 문학과지성사, 2006.
김태용, 『풀밭 위의 돼지』, 문학과지성사, 2007.
박민규, 『카스테라』, 문학동네, 2005.
_____, 『핑퐁』, 창비, 2006.
박형서, 『자정의 픽션』, 문학과지성사, 2006.
배명훈, 『안녕, 인공존재!』, 북하우스, 2010.
윤고은, 『무중력 증후군』, 한겨레출판사, 2008.
윤이형, 『셋을 위한 왈츠』, 문학과지성사, 2007.
_____, 『큰 늑대 파랑』, 창비, 2011.
편혜영, 『아오이가든』, 문학과지성사, 2005.
한유주, 『달로』, 문학과지성사, 2006.
황정은, 『일곱시 삼십이분 코끼리 열차』, 문학동네, 2008.

비평

김영찬, 「2000년대, 한국문학을 위한 비판적 단상」, 《창작과 비평》 2005년 가을호.
_____, 「방법론적 상상제국의 아이들」, 《문장웹진》, 2006. 4.
김태환, 「환상성의 구조」,『문학의 질서』, 문학과지성사, 2007.

김형중, 「병든 신, 윈도즈Windows 속의 영웅」, 『살아있는 시체들의 밤』, 2013.
박 진, 「환상과 현실의 다층적 관계」, 『키워드로 읽는 2000년대 문학』, 작가와 비평, 2010.
백지은, 「신.소.설.사.—환상소설론고」, 《오늘의 문예비평》, 2011년 여름호.
손정수, 「변형되고 생성되는 한국소설의 문법」, 《자음과 모음》, 2008년 가을호.
이광호, 「혼종적 글쓰기, 혹은 무중력 공간의 탄생」, 《문학과 사회》, 2005년 여름호.

좌담

좌담 「이제, 2000년대 문학을 말할 수 있다」, 《문학과 사회》, 2005년 겨울호.
좌담 「우리 문학의 현장에서 진로를 묻다」, 《창작과 비평》, 2006년 겨울호.
좌담 「한국 소설의 현재와 미래」, 《문학과 사회》, 2009년 봄호.
좌담 「당신은 '나쁜' 작가입니까?」, 《문예중앙》, 2010년 가을호.

최 승 연

기본자료

메리 셸리, 김선형 역, 『프랑켄슈타인』, 문학동네, 2012.
뮤지컬 〈프랑켄슈타인〉 메모리북 제작팀과의 인터뷰.
왕용범 작/연출, 이성준 음악, 〈프랑켄슈타인〉 공연 대본(5th) 및 악보, 2014.
전화쏘세지&염전노예들, 『Musical 프랑켄슈타인 메모리북』, (재)FRANKEN SSOSEZI, 2014.
필자와 왕용범과의 인터뷰, 「한국 뮤지컬의 질적 성장을 기대하며」, 《한국희곡》 2015년 여름호.

논문 및 기타 자료

강진숙, 강연곤, 김민철, 「인터넷 팬덤 문화의 생산과 공유에 대한 연구—외국영상물 '팬 자막' 제작자들과의 심층인터뷰를 중심으로」, 《한국방송학보》 26권 1호, 2012.
김미숙, 「『프랑켄슈타인』에 나타난 '공포'와 '숭고'」, 《세계문학비교연구》 제45집, 2013.
김순원, 「괴물과 함께 경계선 넘기: 『프랑켄슈타인』과 『드라큘라』」, 《인문학연구》 제11집, 2004.
김영주, 「〈프랑켄슈타인〉 괴물의 탄생」, 《더뮤지컬》 No.127, 2014. 5월호.
김혜련, 『아름다운 가짜, 대중문화와 센티멘털리즘』, 책세상, 2012.
리처드 D. 앨틱, 이미애 역, 『빅토리아 시대의 사람들과 사상』, 아카넷, 2011.
리처드 커니, 이지영 역, 『이방인, 신, 괴물』, 개마고원, 2004.
박명진 외 편역, 『문화, 일상, 대중: 문화에 관한 8개의 탐구』, 한나래, 1996.
송아름, 「괴물의 변화: '문화세대'와 '한국형 좀비'의 탄생」, 《대중서사연구》 19권 2호, 대중서사학회, 2013.
송효정, 「실험실의 미친 과학자와 제국주의적 향수」, 《대중서사연구》 제20권 3호, 대중서사학회, 2014.
오르테가 이 가세트, 황보영조 역, 『대중의 반역』, 역사비평사, 2006.
오윤호, 「새로운 인간 종의 탄생과 진화론적 상상력—『프랑켄슈타인』과 〈트랜센던스〉를 중심으로」,

《대중서사연구》 제20권 3호, 대중서사학회, 2014.
오하나·김영택, 「창작뮤지컬 개발 성공사례: 프랑켄슈타인을 중심으로」, 《서비스경영학회지》 제15권 제4호, 서비스경영학회, 2014.
윤우경·채지영, 「대중문화의 심리학적 접근과 탐색」, 《한국심리학회지》 vol.11, no.3, 2005.
이길호, 「우리는 디씨: 사이버스페이스에서 증여, 전쟁, 권력」, 서울대학교 대학원 석사논문, 2010.
이동연, 「문화비평: 진화하는 팬덤의 문화세계」, 《안과 밖》 30호, 2011.
장경진·지혜원, 「〈프랑켄슈타인〉, 피로도 높은 괴물 같은 뮤지컬」, 웹진 《ize》 2014. 4. 10.
장정윤, 「괴물: 임의적인 법의 폭력—메리 쉘리의 『프랑켄슈타인』을 중심으로」, 《19세기 영어권 문학》 16권 1호, 2012.
장정희, 『프랑켄슈타인』, 살림, 2004.
조현준, 「『프랑켄슈타인』에 나타난 "낯선 두려움"—서사 구조, 응시, 비체에 대한 정신분석학적 접근」, 《19세기 영어권 문학》 13권 1호, 2009.
존 스토리, 박만준 역, 『대중문화와 문화연구』, 경문사, 2003.
존 피스크, 「팬덤의 문화경제학」, 손병우 역, 『문화, 일상, 대중: 문화에 대한 8개의 탐구』, 한나래, 1996.
질 메네갈도 편, 이영목 역, 『프랑켄슈타인』, 이룸, 2004.
최승연, 「고전의 해체와 뮤지컬적 감성의 내장—뮤지컬 키드의 전통 활용 방식에 대한 고찰」, 《한국문학이론과 비평》 제63집(제18권 제2호), 2014.
_____, 「뮤지컬 〈불의 검〉의 공연방식과 그 의의」, 《민족문화연구》 제44권, 고려대학교 민족문화연구원, 2006.
최유준, 『대중의 음악과 공감의 그늘』, 전남대학교 출판부, 2014.
최정봉, 『K-pop 세계화의 정치경제학: 팬트로폴로지』, KBS 방송문화연구소, 2014.
추재욱, 「실험실의 과학혁명—빅토리아 시대 소설에 나타난 '미친' 과학자들의 실험실」, 《영어영문학》 제58권 제2호, 2012.
테드 휴즈, 나병철 역, 『냉전시대 한국의 문학과 영화—자유의 경계선』, 소명출판, 2013.
프랑코 모레티, 조형준 역, 『공포의 변증법』, 새물결, 2014.
피터 브룩스, 이승희·이혜령·최승연 역, 『멜로드라마적 상상력』, 소명출판, 2013.
__________, 이봉지·한애경 역, 『육체와 예술』, 문학과지성사, 2000.
한혜원, 「한국 온라인 팬픽의 인물 형상화 방식」, 《한국방송학보》 27권 4호, 2013.
H. P. 러브크래프트, 홍인수 역, 『공포 문학의 매혹』, 북스피어, 2012.
Leonard Jacobs, "Young Frankenstein", *Back Stage East*, 48, 2007. 11. 15.
Maurya Wickstorm, "Commodities, Mimesis, and The Lion King: Retail Theatre for the 1990s", *Theatre Journal* 51.3, 1999.
Raymond Knapp, *The American Musical and the Formation of the National Identity*, Princeton University Press, 2005.
Richard Dyer, "Entertainment and Utopia", *Genre: The Musical*, Routledge&Kegan Paul, 1981.

찾아보기

| ㄱ |

| ㄴ |

| ㄷ |

| ㄹ |

| ㅁ |

| ㅂ |

| ㅇ |

| ㅊ |

| ㅋ |

| ㅌ |

일러두기

이 책의 원고 중 일부는 학술지에 게재된 논문을 수정한 것입니다.

박유희 [총론]은 박유희, 「한국 환상서사의 매체 통합적 장르 논의를 위한 서설」(《한민족문화연구》 51, 한민족문화학회, 2015)의 논지를 바탕으로 가필한 것입니다.

정환국 제2부 Ⅰ.1절은 정환국, 「동아시아 환상의 지표와 한국 초기서사의 환상성」(《한문학보》 32집, 우리한문학회, 2015)을 수정·보완한 것입니다.

엄기영 제2부 Ⅰ.2절은 엄기영, 「초기 전기(傳奇)에 나타난 기(奇)의 성격: 전기 「최치원(崔致遠)」을 대상으로」(《우리말글》 67, 우리말글학회, 2015)를 바탕으로 한 것입니다.

엄태웅 제2부 Ⅰ.4절은 엄태웅, 「완판본 「구운몽」의 인물 형상과 주제의식」(《어문논집》 72, 민족어문학회, 2014)을 일부 수정한 것입니다.

이정안 제2부 Ⅱ.1절은 이정안, 「식민지시기 『천일야화』 수용 연구: 『신드바드 모험』에 나타난 근대적 특성을 중심으로」(《어문논집》 73, 민족어문학회, 2015)를 수정한 것입니다.

정종화 제2부 Ⅱ.2절은 정종화, 「조선영화의 실천과 '환상'의 문제」(《영화연구》 63, 한국영화학회, 2015)를 수정·보완한 것입니다.

조은숙 제2부 Ⅱ.3절은 조은숙, 「한국 아동 판타지에 나타난 '어린이 나라' 공간과 유토피아적 상상력의 계보」(《한국학연구》 37, 인하대학교 한국학연구소, 2015)를 수정·보완한 것입니다.

고영란 제2부 Ⅱ.4절은 고영란, 「에도시대 환상문학 소고: 『도카이도 요쓰야 가이단(東海道西谷怪談)』의 환영의 의의」(《일본언어문학》 28, 한국일본언어문화학회, 2014)를 수정·가필한 것입니다.

이주라 제3부 Ⅰ.2절은 이주라, 「식민지 시기 괴담의 출현과 쾌락으로서의 공포」(《한국문학이론과비평》 61, 한국문학이론과비평학회, 2013)와 「일제강점기 괴담의 특징과 한국 공포물의 장르적 관습: 《매일신보》 소재 괴담을 중심으로」(《우리문학연구》 45, 우리문학회, 2015)를 수정·보완한 것입니다.

문선영 제3부 Ⅰ.3절은 문선영, 「전설에서 공포로, 한국적 공포물 드라마의 탄생」(《우리문학연구》 45, 우리문학회, 2015)을 수정·보완한 것입니다.

박상준 제3부 Ⅱ.1절은 박상준, 「21세기, 한국, 그리고 SF—SF문학의 개괄과 한국적 SF의 반성」(《오늘의 문예비평》 59, 2005)을 비롯한 몇몇 글에 발표되었던 내용을 상당 부분 수정·보완한 것입니다.

조계숙 제3부 Ⅱ.2절은 조계숙, 「국가이데올로기와 SF, 한국 청소년 과학소설: 《학생과학》지 수록작을 중심으로」(《대중서사연구》 33호, 대중서사학회, 2014)를 수정·보완한 것입니다.

송효정 제3부 Ⅱ.3절은 송효정, 「실험실의 미친 과학자와 제국주의적 향수: 1960년대 한국 고딕SF영화 연구」(《대중서사학회》 20-3, 대중서사학회, 2014)와 「한국 소년SF영화와 냉전 서사의 두 방식: 〈대괴수 용가리〉와 〈우주괴인 왕마귀〉의 개작과정 연구」(《어문논집》 73, 민족어문학회, 2015)를 요약·정리한 것입니다.

박숙자 제4부 Ⅰ.1절은 박숙자, 「괴물의 탄생: 무감정, 반윤리, 비죽음: 김승옥의 「환상수첩」을 중심으로」(《한국문학이론과 비평》 18-4, 한국문학이론과비평학회, 2014)를 수정·보완한 것입니다.

김유미 제4부 Ⅰ.2절은 김유미, 「1970년대 연극 속에 드러나는 무속의 기능과 의미」(《한국문학이론과 비평》 63, 한국문학이론과비평학회, 2014)를 수정·보완한 것입니다.

이영미 제4부 Ⅰ.3절은 이영미, 「공포에서 해원으로: 1980년대 전후 영화 속 무당 표상과 사회적 무당의 탄생」(《민족문화연구》 65, 고려대학교 민족문화연구원, 2014)을 수정·보완한 것입니다.

박노현 제4부 Ⅱ.1절은 박노현, 「한국 텔레비전 드라마의 환상성: 1990년대 이후의 미니시리즈를 중심으로」(《한국학연구》 35, 인하대학교 한국학연구소, 2014)를 수정·보완한 것입니다.

백지은 제4부 Ⅱ.2절은 백지은, 「2000년대 소설에서 '환상'을 사유하기」(《Journal of Korean Culture》 29, 한국어문학국제학술포럼, 2015)를 수정·보완한 것입니다.

최승연 제4부 Ⅱ.3절은 최승연, 「만들어진 비애와 감성의 연대—뮤지컬 〈프랑켄슈타인〉(2014)의 원작 변주 방식과 팬덤에 대한 고찰」(《한국극예술연구》 48, 한국극예술학회, 2015)을 수정·보완한 것입니다.

저자 약력(원고 수록순)

박유희

고려대학교 미디어문예창작학과 교수. 줄곧 '서사와 매체'라는 큰 틀 안에서 한국문화사를 연구하면서, 대중서사장르 연구를 기획·총괄했다. 저서로 『서사의 숲에서 한국영화를 바라보다』, 『디지털 시대의 서사와 매체』, 『1950년대 소설과 반어의 수사학』 등이 있고, 역서로 『소설과 카메라의 눈』(공역)이 있다.

정환국

동국대학교 국어국문문예창작학부 교수. 「17세기 애정류 한문소설 연구」로 박사학위를 받았고, 동아시아 문화권역과 초기서사의 지형 연구에 관심을 갖고 있다. 『천예록』, 『신단공안』, 『유양잡조』 등을 번역했다.

엄기영

대구대학교 국어국문학과 교수. 한국고전서사문학의 창작과 역사·역사지식 사이의 관련 양상에 대해 관심을 가지고 있다. 논저로 「천군전, 남명학파의 정치적 상상력」, 『16세기 한문소설 연구』, 『서사문학의 시대와 그 여정』(공저) 등이 있다.

이종필

대구대학교 국어교육과 교수. 「조선중기 전란의 소설화 양상과 17세기 소설사」로 박사학위를 받았고, 고전 서사에 나타난 전쟁, 가족, 여성의 문제에 관심을 갖고 있다. 주요 논문으로 「'행복한 결말'의 출현과 17세기 소설사 전환의 일 양상」, 「김자점 담론의 추이와 소설적 악인 형상화의 정치적 역학」 등이 있다.

엄태웅

강원대학교 인문대학 국어국문학과 교수. 「방각본 영웅소설의 지역적 특성과 이념적 지향」으로 박사학위를 받았고, 최근에는 한국 고전 서사문학 연구에서 소외되었던 비선본(非善本) 계열 이본들에 대해 관심을 갖고 있으며, 특히 『구운몽』의 비선본 계열 이본에 주목하고 있다.

이정안

고려대학교 민족문화연구원 HK연구원. 고려대학교 국어국문학과 박사과정 수료. 문화 연구와 국어 교과서 연구에 관심을 가지고 있다. 주요 논문으로 「식민지시기 『천일야화』 수용 연구」, 「고등학교 국어 교과서 소재 외국문학 연구」 등이 있다.

정종화

한국영상자료원 선임연구원, 현재 교토대학 인문과학연구소 JSPS 외국인특별연구원으로 일본 체류 중이다. 「조선 무성영화 스타일의 역사적 연구」로 박사학위를 받았고, 식민지기와 1960년대를 중심으로 한일비교영화사 연구를 하고 있다. 주요저서로 『한국영화사』가 있다.

조은숙

춘천교육대학교 국어교육과 교수. '어린이'를 중심으로 한 문화 현상 전반에 관심을 두면서 '어린이 문학'을 공부하고 있다. 저서로 『한국 아동문학의 형성』, 『근대 한국의 일상생활과 미디어』(공저) 등이 있다.

고영란

고려대학교 민족문화연구원 HK연구교수, 「일본 근세 유형 소설 『가타기모노(氣質物)』에 대한 연구」로 박사학위를 받았고, 한일 비교문학에 관심을 갖고 있다. 근래의 논저로는 「18세기 에도시대 소설에 보이는 상인의 致富와 그 의식」, 『귀신·요괴·이물의 비교문화론』(공저) 등이 있다.

이주영

가산불교문화연구원 상임연구원. 고려대학교 국어국문학과 박사과정 수료. 문학에 나타난 귀신 등 기이한 이야기와 환상성 등에 관심을 가지고 있다. 주요 논문으로 「'기괴하고 낯선 몸'으로 『변강쇠가』 읽기」, 「19세기 역병 체험의 문학적 형상」 등이 있다.

이주라

한림대학교 한림과학원 HK연구교수. 「1910~1920년대 대중문학론의 전개와 대중소설의 형성」으로 박사학위를 받았고, 근대 초기 대중의 출현과 대중문학의 형성에 관심을 가지고 연구하고 있다. 저서로는 『웹소설 작가를 위한 장르 가이드1—로맨스』가 있으며, 주요 논문으로는 「나도향 소설에 나타난 충동과 향유」, 「1930년대 김규택의 유모어소설과 웃음의 새로운 가능성」 등이 있다.

문선영

상명대학교 강사. 「한국 라디오 드라마의 형성과 장르 특성」으로 박사논문을 썼고, 라디오 드라마부터 텔레비전 드라마까지 방송극 전반에 대해 관심을 가지고 연구하고 있다. 주요 논문으로 「TV 드라마 〈마왕〉의 추리 서사적 특성 연구」, 「1960년대 라디오 홈드라마 형성과 작품 특성」, 「1950~60년대 라디오 방송극과 청취자 위상」 등이 있다.

이현경

영화평론가. 제11회 《씨네21》 영화평론상을 받았고, 「한국 근대 영화잡지 형성 연구」로 박사학위를 받았다. 장르영화, 대중서사에 관심을 갖고 글을 써왔으며, 최근에는 식민지시기 잡지에 흥미를 느껴 향후 연구과제로 생각하고 있다. 단편영화 〈행복엄마의 오디세이〉(2011), 〈어른들은 묵묵부답〉(2015)을 만들기도 했다.

고장원

SF작가이자 평론가. 「디지털 쌍방향 TV수용자 연구」로 성균관대학교에서 석사학위를 받았고 과천과학관 주최 SF어워드를 포함하여 SF관련 문학상의 심사위원을 수차례 맡아왔다. 저서로 몇 편의 SF소설 외에 평론서 『세계과학소설사』, 『SF의 법칙』, 『SF란 무엇인가?』, 『스페이스오페라란 무엇인가?』, 『대재앙이후의 세계와 생존자들』, 『외계인신화: 최초의 접촉에서 외계인침공까지』, 『하느님도 웜홀을 지름길로 이용할까?』, 『SF영화가 보고 싶다!』, 『SF로 광고도 만드나요?』 등이 있다.

박상준

서울SF아카이브 대표. 한양대학교 지구해양과학과를 졸업하고 서울대학교 대학원 비교문학과를 수료했다. 장르문학 전문지 '판타스틱'의 초대 편집장과 SF전문출판 '오멜라스'의 대표를 지냈다. 한국의 SF문화사, 과학문화사에 관심을 갖고 관련 자료를 꾸준히 찾아보고 있으며 『화씨451』 등 몇 권의 번역서를 냈다.

조계숙

대진대학교 한국어문학부 초빙교수. 고려대학교에서 「한국문학비평에 나타난 묘사론 연구」로 박사학위를 받았고, 청소년 문학과 대중 서사물에 관심을 가지고 활동 중이다. 주요 평론으로 「1318세대를 위한 비망록」, 「오늘의 요리, 칙릿 레시피」, 논문으로 「탐정소설의 민족주의적 의장과 대중오락화」, 「얄개들의 전성시대와 웃음의 수사학」이 있다.

송효정

대구대학교 기초교육대학 교수, 영화평론가. 고려대학교 국어국문학과에서 「식민지 후반기 문학의 근대 기획 양상」으로 박사학위를 받았으며, 식민지-해방기-냉전기를 가로지르는 문화의 변이양상 연구에 지속적인 관심을 두고 있다. 제12회 《씨네21》 영화평론상을 받았으며 영화 비평과 한국영화 연구도 병행하고 있다.

박인하

청강문화산업대학교 만화콘텐츠스쿨 교수, (사)한국만화가협회 부설 만화문화연구소 소장. 1995년 《스포츠서울》 신춘문예 만화평론부문에 당선된 뒤 지속적인 만화비평 작업을 하고 있다. 만화역사를 발굴하고, 구성하는데 관심이 많다. 저서로 『장르 만화의 세계』, 『만화공화국 일본여행기』, 『월트디즈니 vs 미야자키 하야오』 등이 있다.

박숙자

경기대학교 융합교양대학 교수. 인간의 감정에 밀착된 문화사 연구에 관심을 갖고 있다. 저서로 『속물교양의 탄생』이 있고, 논문으로 「100권의 세계문학과 그 적들」, 「문학소녀를 허하라」 등이 있다.

김유미

단국대학교 교양교육대학 교수. 「한국 현대희곡의 제의구조 연구」로 박사학위를 받았고, 연극평론을 쓰면서 TV 드라마를 포함한 다양한 극 장르에 관심을 갖고 있다. 평론집으로 『내일을 위한 오늘의 연극』이 있다.

이영미

성공회대학교 문화대학원 초빙교수. 연극과 대중예술에 대한 평론과 연구를 해오고 있으며, 대중가요, 방송드라마, 영화 등을 분야를 가로지르는 연구를 즐긴다. 『마당극 양식의 원리와 특성』, 『한국대중가요사』, 『대학로 시대의 극작가들』, 『요즘 왜 이런 드라마가 뜨는 것인가』 등 여러 권의 책을 썼다.

박노현

동국대학교 경주캠퍼스 국어국문학과 교수, 「텔레비전 드라마 미학 연구」로 박사학위를 받았고, 지금도 여전히 텔레비전 드라마를 중심으로 하는·영상문학을 공부하고 가르치고 있으며, 최근에는 미국과 일본 등의 텔레비전 드라마로 관심을 넓혀 '트랜스 내셔널 드라마'를 키워드로 연구 중이다. 대표 저서로 『드라마, 시학을 만나다』가 있다.

백지은

문학평론가. 「한국 현대 소설의 문체 연구: 김승옥, 이청준, 서정인, 황석영의 글쓰기를 중심으로」로 박사학위를 받았고, 2007년 계간 《세계의 문학》 평론 부문 신인상으로 등단했다. 평론집으로 『독자 시점』이 있다.

최승연

뮤지컬평론가. 「〈맹진사댁 경사〉의 각색 양상 연구」로 박사학위를 받았고 동시대 공연예술이 대중과 만나는 방식에 관심이 있다. 주요 논문으로 「스펙터클로서의 요리, 소통으로서의 먹기」, 「뮤지컬로 돌아온 '김광석(들)'과 복고의 경제학」, 「공포의 스펙터클」, 역서로 『멜로드라마적 상상력』(공역) 등이 있다.